Mićić · Der ZukunftsManager

Der ZukunftsManager

Wie Sie MarktChancen vor Ihren Mitbewerbern erkennen

Pero Mićić

Haufe
Freiburg · Berlin · München

Bibliografische Information der Deutschen Bibliothek
Die Deutsche Bibliothek verzeichnet diese Publikation in der Deutschen Nationalbibliografie; detaillierte bibliografische Daten sind im Internet über http://dnb.ddb.de abrufbar.

ISBN 3-448-05769-X Bestell-Nr. 00100-0003

Redaktionsanschrift: Haufe Mediengruppe
Postanschrift: Postfach 1363, 82142 Planegg
Hausanschrift: Fraunhoferstraße 5, 82152 Planegg
Tel. (089) 89517-0, Fax (089) 89517-250
E-Mail: online@haufe.de, Internet: http://www.haufe.de
Lektorat: Jasmin Jallad

Umschlaggestaltung: Atelier Höpfner-Thoma, 81679 München
Satz u. Layout: WerbeAgentur S6 GmbH, 82166 Gräfelfing
Zeichnungen: Hartmut Gunkler, Plettenberg
Druck: Bosch-Druck GmbH, 84030 Ergolding

Vorwort zur 3. Auflage

ZukunftsManagement ist die einzige unternehmerische Aufgabe, die man nicht delegieren darf. Je schneller die Zukunft kommt, je schneller sich die Welt um uns herum verändert, desto notwendiger wird es, Zukunftsfaktoren zu analysieren, Chancen zu erkennen und selbst den eigenen Weg aus unzähligen Optionen zu bestimmen.

Seit das Grundmanuskript des „ZukunftsManagers“ entstand, konnten wir die methodische Sequenz weitere unzählige Male durchlaufen. Die Methodik konnten wir in wenigen Details optimieren, das Grundgerüst erwies sich als überaus solide und in seiner Praktikabilität bestechend.

Aus der Praxis für die Praxis. Unsere Selbstverpflichtung gilt weniger den aktuellsten Theorien, sondern unverändert dem in der betrieblichen Praxis Sinnvollen und Machbaren, so unspektakulär es gelegentlich auch sein mag. Frühe Erfolgserlebnisse sind ein wesentlicher Motivationsfaktor und diese wiederum werden umso wahrscheinlicher, je zugänglicher wir Ihnen die Methodik und je leichter wir Ihnen die ersten kleinen systematischen Schritte machen.

In diesen turbulenten Zeiten schafft ZukunftsManagement Überblick über das Wesentliche. Es vermag die Art von Ruhe und Souveränität zu vermitteln, die man für die strategische Führung eines Unternehmens und auch eines Lebens benötigt. Und im nächsten Moment kann ZukunftsMangement eine enorme Bewegungs- und Schaffensenergie entfalten helfen, ohne die jede Idee und jeder Gedanke wertlos zu bleiben droht.

Eltville, Juni 2003

Pero Mićić

Vorwort zur 1. Auflage

Januar 1998: Pero Mićić moderierte für unser Team des „*Seiwert-Instituts für Time-Management, Life-Leadership & Erfolgs-Strategie*", Geschäftsfreunde, Kollegen und wichtige Kunden einen StrategieRadar-Workshop. Nach drei Tagen intensiver Workshoparbeit hatte er uns erfolgreich geholfen, die Weichen für unser *ZukunftsManagement* zu stellen. Positiv angetan von seiner zukunftskompetenten Vorgehensweise empfahl ich Pero Mićić, seine Strategien zu einem Buch zusammenzustellen. Zwar ist schon viel geschrieben worden – sowohl über Trends als auch über Strategien und Visionen. Was meines Erachtens bisher fehlte, war eine praktikable Verbindung zwischen diesen Schlüsselfaktoren für den unternehmerischen Erfolg.

Pero Mićić verbindet in seinem Buch Zukunftsforschung und Unternehmensstrategie zu einer „sinn-ergetischen" Einheit. Seine Arbeitsmethodik entspricht dem Thema: Sie ist futuristisch und effektiv zugleich. Mit Hilfe der Story vom Unternehmer Lichtenberg und seinem Berater Michels illustriert er auf unterhaltsame Weise die Phasen und Inhalte eines Entwicklungsprozesses im Bereich *ZukunftsManagement.* In diese Rahmenhandlung eingebettet, finden Sie eine äußerst fundierte und zugleich sehr praktisch geschriebene Anleitung für Ihre unternehmerische und persönliche Zukunftsarbeit.

Ich wünsche Ihnen, dass Pero Mićićs Buch Ihnen den Weg zum *Zukunfts-Manager* ebnet und Ihnen zeigt, dass Zukunftsarbeit noch erfolgreicher wird, wenn Sie sie mit dem nötigen Quentchen Humor und Abstand vom trockenen Tagesgeschäft erledigen. Besonders empfehlen möchte ich Ihnen den vierten Schritt zur *StrategieVision.* Wenn Sie sich als Lebensunternehmer begreifen, wird Ihnen dieses Buch ein wertvoller Begleiter auf dem Weg in Ihre erfüllte Zukunft sein.

Gestalten Sie Ihre Zukunft heute, denn das ist die Zeit,
in der Sie morgen zufrieden arbeiten und leben wollen!

Prof. Dr. *Lothar J. Seiwert* Heidelberg, November 1999

Autor der Bestseller „Mehr Zeit für das Wesentliche" und
„Wenn Du es eilig hast, gehe langsam" (*www.seiwert.de*)

Inhalt

Für den eiligen Leser

Sie können die Kerninhalte dieses Buches erfassen, wenn Sie zunächst die Zusammenfassung in Kernthesen auf den Seiten 16/17, dann das Inhaltsverzeichnis und schließlich die grau unterlegten Abschnitte der Erzählung über das Projekt Lichtenberg ab Seite 9 lesen.

1 Zu diesem Buch

Szene 1; Das Treffen

21. Dezember: „Schon wieder ein Fotostop!" So langsam wurde es ihm zuviel Natur. Nein, dafür war er nicht in die USA geflogen. Fast wurde er auf dem Highway 163 von einem Bus voller Japaner angefahren. Zumindest sahen sie wie Japaner aus. „Ja, die machen das anders", dachte er, „die steigen erst gar nicht aus, sondern fotografieren die Fäustlinge des Monument Valley direkt durch die Scheibe." Ellen Lichtenberg nahm ihren Mann bei der Hand und zog ihn weg aus der Reisegruppe. Die Lichtenbergs genossen es, nach zwanzig arbeitsreichen Jahren wieder hier zu sein. Seit sich Simon Lichtenberg aus dem Tagesgeschäft zurückgezogen hatte, blühte er geistig und körperlich wieder richtig auf. Das behauptete zumindest seine Frau. Er selbst spürte, dass er seinen Ideen und Gedanken wieder freien Lauf lassen konnte. Kein hektisches Tagesgeschäft, keine mehr oder minder wichtigen Detailprobleme. Lichtenberg hatte sich vorgenommen, viel zu reisen, über das Unternehmertum und das Management nachzudenken und – vielleicht – ein Buch zu schreiben.
Simon Lichtenberg ist das, was manche einen arrivierten Unternehmer nennen würden. In dreißig Jahren Arbeit haben seine Frau und er ein kleines, aber in seinem speziellen Geschäftsfeld führendes und sehr rentables Unternehmen aufgebaut. Sein Unternehmen errichtet und versorgt Lebenswelten für die höchsten Ansprüche. Man könnte es auch Einfamilienhäuser nennen, jedoch wird diese Bezeichnung den Werken der Lichtenberg-Mannschaft nur unvollständig gerecht. Die operative Führung hat Lichtenberg einer Geschäftsführerin übertragen. Er selbst fungiert als Berater in Fragen der Unternehmensstrategie.
Mit einem Bus der Navajo fuhren die Lichtenbergs ins Herz des Monument Valley. 'In diesem Bus bekommt man eine Ahnung davon, wie man sich bei einem Erdbeben fühlt', dachte Simon Lichtenberg. Die Hinweistafel „use at your own risk" bekam jetzt nachträglich ihre Bedeutung. Während Ellen Lichtenberg schweißtupfend die Spitzen des „drei Schwestern" genannten Steinmonumentes bestaunte, musterte ihr Mann die anderen Teilnehmer der Reisegruppe. So ganz gehörten sie hier eigentlich nicht hin, in diesen bunt durcheinander gewürfelten Haufen deutscher und österreichischer Touristen. Lichtenberg ertappte sich bei der Frage, ob es überhaupt jemanden in der Gruppe gäbe, mit dem er näher bekannt werden wollte. Nur ein Paar, das im Bus zwei Reihen vor den Lichtenbergs gesessen hatte, würde ihn interessieren.

Zwei Stunden später saßen die Lichtenbergs genau mit diesem Paar in der schon gut betagten einmotorigen Rundflugmaschine. Das Verkaufsfoto für den Rundflug, das die niederländische Reiseführerin Corinne vorher im Bus hatte rund gehen lassen, zeigte einen modernen, zweistrahligen Kleinjet. Dieser hatte Ellen Lichtenberg ihre auf einmotorige Propeller-Maschinen konzentrierte Flugangst vergessen lassen. Doch der Kleinjet war offensichtlich gerade im Moment nicht verfügbar und der Flug schon bezahlt. Die sechs Passagiere konnten es gar nicht vermeiden, sich in dieser Kiste näherzukommen. Geteiltes Schicksal verbindet. Die faszinierenden Eindrücke des Fluges über das Monument Valley und den Lake Powell nach Page überlagerten die Bedenken, obschon das ehrfürchtige Staunen immer noch mit der Angst um die Vorherrschaft im Bewusstsein kämpfte.
Die beiden Mitfliegenden hießen Peter Michels und Clara Schrader. Beim Frühstück am nächsten Morgen setzte man sich gezielt zueinander. Peter Michels stellte sich als Managementberater vor, seine Frau Clara Schrader arbeitete mit ihm zusammen. „Sagen Sie, Herr Michels," begann Ellen Lichtenberg den morgendlichen Smalltalk „wen oder was beraten Sie denn?" „Wir unterstützen Unternehmer bei der Früherkennung von ZukunftsChancen", antwortete Michels, ohne von seinem Obstteller aufzuschauen. „Entschuldigen Sie, aber das klingt ziemlich abstrakt", merkte Simon Lichtenberg an, „was machen Sie denn da genau?" Michels hatte diese Frage erwartet. Er dachte an die Weisheit, dass man mit einem Brunnenfrosch nicht über das Meer sprechen kann. „Jedes Unternehmen ist daraus entstanden, dass irgend jemand eine Chance oder eine Bedrohung früher als andere erkannt hat. Im Verlauf des Unternehmenslebens entsteht jeder Misserfolg aus spät erkannten Risiken und Bedrohungen und jeder Erfolg aus früh erkannten Chancen." Die Lichtenbergs sahen einander an. „Ja, wenn Sie das so sagen, da ist etwas dran", kommentierte Unternehmer Lichtenberg. Der Kellner unterbrach die Unterhaltung mit seiner reichlich verspäteten Frage nach dem bevorzugten Frühstücksgetränk.
Als lebenslanger Unternehmer hatte Lichtenberg natürlich so seine Erfahrungen mit den Damen und Herren Unternehmensberatern gemacht. Doch wollte er den beiden sympathischen neuen Freunden noch eine Chance geben, seiner nicht gerade gemütlichen Schublade „Unternehmensberater" zu entkommen. „Ich kann mich erinnern, Mitte der siebziger Jahre einige Artikel über Frühwarnsysteme und so'n Zeugs gelesen zu haben", lässt Lichtenberg seine betriebswirtschaftliche Bildung erkennen. „Haben Sie damit etwas zu tun?" Michels hatte dieses Ver-

ständnis seines Fachgebietes gar nicht erwartet und zeigte sich sichtlich beeindruckt: „Ja, das ist so ungefähr die Richtung, obwohl das damals natürlich ausgesprochene Irrwege waren. Das war alles viel zu sehr an der Stabsarbeit in Großkonzernen orientiert und viel zu mechanistisch."
Während der Fahrt nach Las Vegas setzten sich Lichtenberg und Michels zusammen. Sie hatten sichtlich Gefallen aneinander gefunden. Für Michels gehörte Lichtenberg genau zu der Art von Mensch, mit der er es am liebsten zu tun hat. Für ihn umgab Lichtenberg wirklich dieser Nimbus des dynamischen Unternehmers, einer Spezies, ohne die nach seiner Überzeugung keine Werte, kein Wohlstand und keine neuen Arbeitsplätze möglich sind.
„Wer braucht denn Ihr Wissen?" fragte Lichtenberg bewusst provozierend. Michels lächelte: „Stellen Sie sich vor, Sie würden beim Autofahren nur in den Rückspiegel sehen. So genau Sie den zurückgelegten Weg auch analysieren, die kommenden Kurven werden Sie mit diesem „Management by Rückspiegel" nie erkennen. Zwei amerikanische Professoren haben es auf den Punkt gebracht: *Kein* Unternehmen kann heute wirklich eine Spitzenstellung erreichen oder halten, ohne eine klare Vorstellung von den Chancen und Herausforderungen der Zukunft zu haben[1]. Jeder Unternehmer muss sich systematisch mit der Zukunft seines Unternehmens beschäftigen. Wer nicht an die Zukunft denken will, der wird auch keine haben. Es gibt natürlich Unternehmer, die das ohne weiteres selbst können und quasi Naturtalente sind, und es gibt solche, die das zwar könnten, sich aber lieber professionelle Hilfe einkaufen. Genau für die arbeiten wir. Es sind aufgeschlossene, zukunftsorientierte und erfolgreiche Unternehmerinnen und Unternehmer."
Das leuchtet Lichtenberg ein, „wir machen das alles schon. In jedem unserer Unternehmen setzen wir uns jährlich mit der Führungsmannschaft zusammen, um die Strategie zu planen." „Und wie sieht das Ergebnis aus?" wollte Michels wissen. „Ein ganz konkreter Finanzplan mit Planbilanz, Plan-Erfolgsrechnung und Leitstrategien für die nächsten drei Jahre". Michels wollte es genauer: „Haben Sie dann auch Antworten auf die fünf Kernfragen des ZukunftsManagements?" Michels begann die Finger seiner linken Hand abzuzählen:

1. „Welche Entwicklungen kommen in den nächsten fünf Jahren auf Ihr Unternehmen zu?

2. Welche Chancen bringen diese Veränderungen für Ihr Unternehmen?

3. Welche Bedrohungen bringen diesen Veränderungen für Ihr Unternehmen?
4. Wie kann und soll Ihr Unternehmen in fünf oder zehn Jahren aussehen?
5. Was müssen Sie jetzt und in der Zukunft dafür tun?"

Lichtenberg sah nachdenklich aus dem Fenster, „nun, im Prinzip schon, obwohl wir uns die Fragen in dieser Form natürlich nie bewusst gestellt haben. Wenn ich es genau überlege, ergeben sich die Antworten für uns nebenbei, quasi als Abfallprodukt". „Abfallprodukt", wiederholte Michels langsam. „Können Sie sich vorstellen, welchen Wissensschub, welche Energiespritze Sie im Unternehmen erzielen, wenn Sie sich regelmäßig und systematisch die richtigen Antworten holen und sie nicht als 'Abfallprodukt' anfallen lassen? „Lieber Herr Michels", begann Lichtenberg überlegen zu dozieren, „wenn Sie im Tagesgeschäft stecken, haben Sie einfach nicht den Kopf frei, um sich mit solchen Sachen zu beschäftigen." Michels begegnete diesem Einwand: „Genau das ist das Problem. Sie erinnern sich, dass wir es in der Regel nur mit einigermaßen erfolgreichen Unternehmern zu tun haben. Leider finden meist nur erfolgreiche Unternehmer Zeit, Geld und Geist, um ihre zukünftigen Erfolge vorzudenken. Das ist ein interessantes Phänomen. Wer kauft, glauben Sie, die meisten Bücher über Kreativität? Es sind diejenigen, die ohnehin schon sehr kreativ sind. Das gleiche Phänomen finden Sie bei erfolgreichen Verkäufern, wie eben auch bei erfolgreichen Unternehmern."
Lichtenberg ließ sich nicht beirren: „Wissen Sie, angesichts der vielen Probleme, mit denen wir in der Gegenwart zu kämpfen haben, fällt es natürlich schwer, weit vorauszublicken. Der Wettbewerbsdruck steigt in allen Märkten, die strukturellen Veränderungsprozesse werden immer schneller und gravierender, die Wirksamkeit unseres Marketings nimmt immer weiter ab und die Umsatzrenditen sinken. Das sind die Dinge, für die wir Lösungen suchen!" Michels konterte: „Das sind nicht die Probleme, sondern die Wirkungen. Die Ursache dafür liegt in der größeren Vergleichbarkeit der Unternehmen. Alle Probleme, die Sie da eben genannt haben, sind doch nur deshalb so brennend, weil Sie deren Entstehung in der Vergangenheit nicht früh genug erkannt haben. Auf der anderen Seite fehlen Ihnen heute die Chancen, weil Sie in der Vergangenheit nicht für einen vollen Chancen-Topf gesorgt haben. Sie können entweder hektisch von einem tagesgeschäftlichen Brandherd zum anderen laufen oder eben durch ZukunftsManagement strategisch intelligent agieren."

Das Hinweisschild am Rande des Highway zeigte noch 20 Meilen bis Las Vegas. „Das sind ja nun wirklich einfache und einleuchtende Prinzipien", bestätigte Lichtenberg nachdenklich. „Im Nachhinein ist man natürlich immer schlauer. Ich gehe davon aus, dass Sie dafür auch echte Lösungen haben und nicht nur darüber predigen. Das Ganze interessiert mich. Wo sitzen Sie eigentlich in Deutschland?" „Kennen Sie den Rheingau?", fragte Michels vorab. Natürlich kannte Lichtenberg den Rheingau. Er war mehr als ein Mal dort gewesen, im kleinen feinen Weinanbaugebiet am Rheinknick. „Dort wohnen wir", ergänzte Michels. „Und wo haben Sie sich niedergelassen?" „Hai, in Stuegad", schwäbelte Lichtenberg künstlich. Sie wohnten etwas mehr als 200 Kilometer voneinander entfernt. Abends an der Hotelbar schenkte Michels Lichtenberg sein neuestes Buch, den „ZukunftsManager". Lichtenberg begann noch am gleichen Abend darin zu lesen. (Weiter auf Seite 21)

1.1 Worum geht es?

Fragen Sie erfolgreiche Unternehmer nach den Grundlagen ihres Erfolges und Sie werden immer wieder die Formulierung hören, „damals erkannten wir schon früh, dass ...". Das zeigt, dass die früh erkannte Chance die Grundlage jedes Unternehmenserfolges ist. Wer auch in Zukunft erfolgreich sein will, muss sein Unternehmen immer wieder neu gründen, indem er die Chancen im Wandel vor seinen Mitbewerbern erkennt!

Stellen Sie sich vor, Sie würden beim Autofahren nur in den Rückspiegel sehen und Ihren Wagen nur aufgrund dieser Informationen steuern. So genau Sie den zurückgelegten Weg auch analysieren, die kommenden Kurven werden Sie mit diesem „Management by Rückspiegel" nie erkennen. Wenn Sie Ihr Unternehmen so führen, wie ein kurzsichtiger und scheuklappenbewaffneter Kapitän sein Schiff, werden Sie immer häufiger über den starken Verkehr auf Ihrem Kurs staunen, immer häufiger „das war knapp" sagen und mit großer Wahrscheinlichkeit bald untergehen.

Ein vorausschauendes Denken und Handeln wird immer notwendiger und gewinnbringender, weil man Ihr Geschäft in fünf Jahren wahrscheinlich zu einem sehr großen Teil mit Produkten und Dienstleistungen betreibt, die Sie heute noch gar nicht kennen. Welche riesigen Vorteile werden diejenigen Unternehmen erzielen, die bereits heute diese Chancen erkennen und die Grundsteine dafür legen?! Die Fähigkeit, Veränderungen und Entwicklungen zu antizipieren und die daraus folgenden Chancen und Bedrohungen früher als der Mitbewerber zu erkennen, wird im 21. Jahrhundert zu

den wichtigsten unternehmerischen Erfolgsfaktoren gehören. Man muss den Brunnen zu graben beginnen, bevor der Durst kommt.
Im Verlauf der über 500jährigen Genese betriebswirtschaftlicher Steuerungsinstrumente wurden zahlreiche Ansätze entwickelt, so genannte Diskontinuitäten bzw. Trendbrüche frühzeitig zu erkennen. Es ist jedoch bis heute sehr schwierig geblieben, Veränderungen in einer Phase zu erkennen, in der sie noch keine substantiellen Auswirkungen auf Ihr Unternehmen haben.
Es liegt uns nichts daran, den zahllosen Strategie-Konzepten ein weiteres hinzuzufügen. Ganz gleich, welches Strategie-Konzept Sie haben, ganz gleich, ob Sie überhaupt ein explizites Strategie-Konzept haben, der Vorausblick ist ein Grundbestandteil *jeder* Unternehmensstrategie.

1.2 Was ist das Neue an diesem Buch?

Aus der Praxis für die Praxis

Die „Früherkennung" ist bereits seit 1967 Gegenstand der Managementlehre. Vor allem in den siebziger Jahren erschienen zahlreiche Bücher und Artikel, die überwiegend nach dem gleichen Muster aufgebaut waren. Nach einer allgemeinen Beschwörung des Wandels und der turbulenten Zeiten forderte man die Einrichtung von Früherkennungssystemen und zeigte dann „wissenschaftlich fundierte" Wege auf. Die meist von Hochschullehrern unter Begriffen wie „Frühwarnsystem", „Früherkennungssystem", „Frühaufklärungssystem" oder „Problementdeckungssystem" konzipierten Ansätze konnten und können jedoch bis heute nur äußerst selten auf praktische Anwendungen bei den Unternehmen verweisen. Diese Systeme waren nicht für Unternehmer, sondern für Management-Fachleute entwickelt.
Die alten und immer wieder aufgewärmten Konzepte zur Früherkennung zukünftiger Bedrohungen und Chancen bestechen häufig durch ihre Praxisferne, die den Einsatz im Unternehmen erfolgreich verhindern. Nicht selten wurden Konzepte veröffentlicht, für deren erste Umsetzung mit Hilfe der Veröffentlichung noch die Versuchsunternehmen gesucht wurden.

Nur wer lacht, kann Chancen sehen

Dieses Buch ist genau andersherum entstanden.
Wir berichten in diesem Buch aus der Praxis, wie die Funktion der strategischen Früherkennung auf eine praktikable und interessante Art im Führungsteam erfüllt werden kann und vor allem, in welcher Form diese unternehmerische Kernaufgabe von vielen Unter-

nehmen verschiedenster Größen und Branchen tatsächlich erfolgreich gemeistert wird.

Die aktuellen Diskussionen der Managementlehre ranken sich um die Phänomene Qualität, Kundenorientierung und Zeit. Viele der dabei angewandten Methoden sind schon Jahrzehnte alt, so etwa das Quality-Function-Deployment. Dies werten wir als weiteren Hinweis darauf, dass die klassischen operativen Ansätze, Methoden und Techniken zwar Heerscharen von internen und externen Fachleuten beschäftigen, aber im Kern nicht wirklich zum Nutzen des Unternehmens weiterentwickelt werden. Die Theorie ist der Praxis um Jahrzehnte voraus und auf seltsame Weise läuft sie gleichzeitig um mindestens so viele Jahre hinterher. Wir berichten hier überwiegend aus unserer täglichen Praxis für Ihre tägliche Praxis, um diese ineffektiven Kommunikationslücken erst gar nicht entstehen zu lassen.

Gebrauchsanweisung für Zukunftsforscher

Wissen Sie, wie Sie das Wissen der Zukunftsforscher für Ihre Arbeit einsetzen können? Es gibt zwar die vielen Zukunftsforscher und andere Experten, die sich über die Zukunft Gedanken machen und diese Gedanken auch publizieren. Das Problem der Unternehmer ist aber die Übertragung dieses Wissens in praktische und erfolgreiche Unternehmensführung.

Sie beschäftigen sich natürlich täglich auf die eine oder andere Weise mit der Zukunft. Dieses Buch gibt Ihnen einfache und praktikable Methoden für Ihre Zukunftsarbeit. Dieses Buch hilft Ihnen, sich selbst und Ihre Mitarbeiter ab und zu in den Ausguck Ihres Unternehmens zu schicken und sich auf den Weiten der Chancenmeere umzusehen. Es ist eine Gebrauchsanweisung für Zukunftsforscher und hilft Ihnen dadurch, tückische Eisberge gelassen zu umfahren, und es hilft Ihnen, die für Sie schönsten Häfen anzufahren.

Angeln statt Fische

Wir möchten den vielen Trendbüchern kein weiteres hinzufügen. Wir möchten Ihnen keine „Chancen von der Stange" bieten. Wir möchten Ihnen – bildlich gesprochen – keine Fische, sondern erprobte Bauteile für Ihre ganz persönliche Angel an die Hand geben. Wir möchten Sie dabei unterstützen, das intern und extern vorhandene Zukunftswissen für Ihr Unternehmen so nutzbar zu machen, dass Sie auf eine angenehme Art und Weise zu neuen Chancen, neuen Visionen, neuen Perspektiven, neuen Erträgen und damit zu neuen Erfolgen kommen.

Vielleicht haben Sie dieses Buch in der Erwartung gekauft, es würde Ihnen eine Reihe fertiger ZukunftsChancen für Ihr Unternehmen präsentieren. Wir wollen dieses Buch in einem sokratischen Sinne verstanden wissen. Sokrates spielte durch gezieltes Fragen die Rolle des Geburtshelfers für Ideen anderer. Selbst erkannte Chancen sind aus mehreren Gründen um ein Vielfaches wertvoller als Chancen von der Stange:

- Die selbst entdeckte Chance hat die wichtigste Voraussetzung schon erfüllt, nämlich die Begeisterung und den eigenen Glauben an den Erfolg. Echte Überzeugung und echtes Verständnis muss von innen her kommen.
- Chancen, die Sie selbst erkennen, sind mit höherer Wahrscheinlichkeit auf irgendeine Art im Markt einzigartig. Chancen von der Stange hingegen sind vielen in gleicher Weise bekannt. Was jeder weiß und jeder kann, ist wenig wert.
- Selbst von Ihnen erkannte Chancen passen meist besser zu Ihrem Unternehmen als von anderen erkannte Chancen.
- Wer sich das Instrumentarium des ZukunftsManagements selbst aneignet, ist von fremden Souffleuren unabhängig und damit freier und zukunftskompetenter.

1.3 Zusammenfassung in Kernthesen

■ Es gibt eine Verständnislücke zwischen dem Zukunftsforscher und dem Unternehmer, die mit der in diesem Buch vorgestellten Methodik geschlossen werden kann.

■ Jedes Führungsteam muss regelmäßig und systematisch die fünf Kernfragen des ZukunftsManagements beantworten:

1. Welche Veränderungen des wirtschaftlichen, technologischen, politischen und sozio-kulturellen Umfeldes kommen in den nächsten Jahren auf unserer Unternehmen zu?
2. Welche Chancen stecken für uns in diesen Veränderungen?
3. Welche Bedrohungen bringen diese Veränderungen?
4. Wie kann und soll unser Unternehmen in fünf oder zehn Jahren aussehen?
5. Was müssen wir jetzt konkret dafür tun?

- Führungs-Teams können ZukunftsChancen vor ihren Mitbewerbern erkennen, wenn Sie das strategemische Denken anwenden, also ...
  - vor-denken, aus der Zukunft für die Gegenwart lernen,
  - hinein-denken, mit den Augen der Zielpersonen sehen und
  - quer-denken, über den Tellerrand hinaussehen.

- Ohne ZukunftsChance gibt es keine Vision, ohne Vision gibt es keine Strategie, ohne Strategie keine Strukturen und ohne Strukturen keine Erfolge.

- Jedes Unternehmen kann einen individuellen StrategieRadar entwickeln und ihn als mächtiges Erfolgswerkzeug einsetzen.

- Systematisches ZukunftsManagement ist einfach, macht Spaß und ist zugleich einer der wichtigsten Beiträge zur Existenzsicherung des Unternehmens.

1.4 An wen wendet sich dieses Buch?

Dieses Buch haben wir vor allem für Unternehmer, Führungskräfte und die so genannten Lebensunternehmer[2] geschrieben. Wenn Sie zudem aufgeschlossen und zukunftsorientiert sind, gehören Sie genau zur Zielgruppe dieses Buches. Auch sollten Sie zu der großen Mehrheit der ganzheitlich interessierten Unternehmer gehören, denn dies ist kein Buch für den im Tagesgeschäft aufgeriebenen „Geld-**jetzt**-egal-wie-Unternehmer".

Qualität und Nutzen eines Managementkonzeptes müssen sich zukünftig noch stärker daran messen lassen, wie es für die Umsetzung in mittelständischen Unternehmen geeignet ist. Es ist eine der wichtigsten Chancen der Großunternehmen, sich in überschaubare kleinere Einheiten zu fragmentieren, weshalb wir hier durch die Konzentration auf die Arbeit in mittleren Unternehmen den Führungs-Teams großer Unternehmen den besten Gefallen tun.

Die praktische Anwendbarkeit ist in diesem Buch der wichtigere Maßstab als die vermeintlich wissenschaftliche Perfektion, mit deren Verfolgung meist nur der Umsetzungsstau vergrößert wird. Wir gehen mit Ihnen den Weg des praktisch Machbaren und nicht den des theoretisch Möglichen und auch nicht den Weg des aus perfektionistischer Sicht Nötigen.

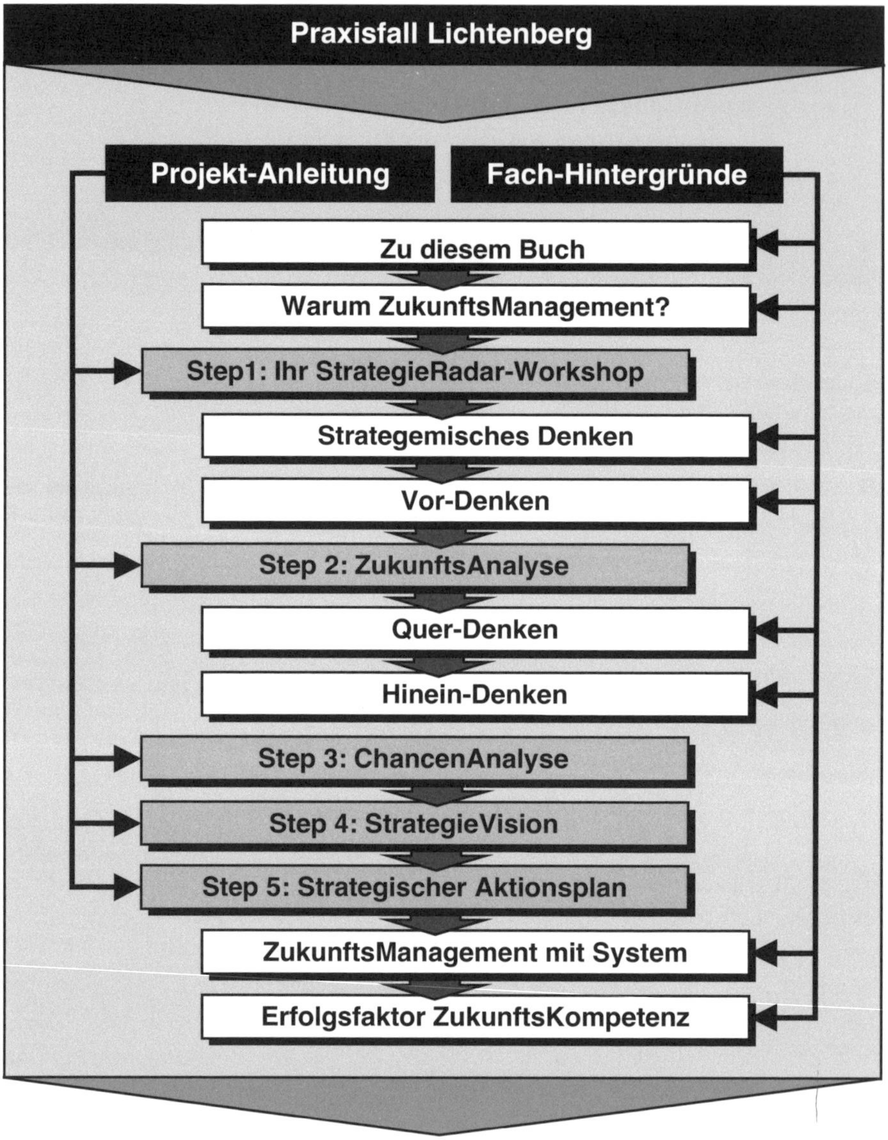

Abbildung 1; Die Struktur dieses Buches

Dieses Buch soll zugleich unterhaltsam, informativ, motivierend sowie methodisch hilfreich sein. Wir gehen in diesem Buch in die methodische Tiefe, geben Ihnen aber auch die Freiheit und die Möglichkeit, ansehnliche Ergebnisse ohne die letzten Feinheiten der Methodik erzielen zu können.

Das Einzige, was wir an Wissen und Können voraussetzen, ist, dass Sie in den letzten Jahren mit offenen Augen durch die Welt gegangen sind und sich bereits etwas mit Management und Strategie beschäftigt haben.
Sie werden dieses Buch genießen, wenn Sie hin und wieder bereit sind, die Phantasie ihrer Kindheit zu entfalten und bereit sind, auch in der unbestechlichen Welt des Materiellen zu spielen, zu träumen und zu experimentieren. Diese Kultur und dieses Verständnis von „Wissen schaffen" wünschen wir uns von unseren Lesern und damit wünschen wir Ihnen, dieses Buch mit Freude, Vergnügen und Spaß zu lesen und zu nutzen.

1.5 Die drei Stränge dieses Buches

Dieses Buch ist aus drei Strängen geflochten, die in der chronologischen Abfolge von Inhalten und Projektschritten aufeinander abgestimmt sind.

1. Der erste Strang besteht aus einer Erzählung über das Unternehmerpaar Lichtenberg, die ein ZukunftsProjekt durchführen. In dieser Erzählung sind Firmierungen, Namen, Orte und Branche geändert, denn verständlicherweise möchte niemand die wertvollen Früchte seines ZukunftsProjektes veröffentlicht sehen. Nutzen Sie diese Rahmenhandlung zur Orientierung für Ihr eigenes Projekt und als anschauliche Zusammenfassung. Auch wenn die Erzählung nur wenige Seiten umfasst, sind die Inhalte des ersten und zweiten Stranges darin integriert.

2. Die fünf Steps als zweiter Strang in den Kapiteln 3, 6, 9, 10 und 11 sind eine detaillierte Projektanleitung und führen Sie Schritt für Schritt durch ein ZukunftsProjekt nach der Methodik des StrategieRadar-Workshops. Dieses Workshop-Programm systematisiert die zentrale Aufgabe eines jeden Unternehmers, die Früherkennung zukünftiger Bedrohungen und Chancen. Sie können es zu geringen Kosten und mit geringem Zeitaufwand durchführen.

3. Den dritten Strang des Buches bilden die fachlichen Hintergründe und theoretischen Fundierungen der Praxis-Schritte in den Kapiteln 2, 4, 5, 7, 8, 12 und 13.

1.6 Leser-Support im Internet

Ein gutes Buch beantwortet nicht nur viele Fragen, es wirft auch welche auf. Alles Wissen ist vorläufig. Daher haben wir für Sie einen Leser-Support im Internet eingerichtet. Unter ➔**www.Micic.com** finden Sie:

1. Vertiefende Ergänzungskapitel, die in diesem Buch aus Platzgründen nicht aufgenommen werden konnten und auf die in diesem Buch an verschiedenen Stellen verwiesen wird, insbesondere das Ergänzungskapitel 11 zum „Erfolgsfaktor ZukunftsKompetenz".
2. Neue Erkenntnisse, Ergänzungen und Aktualisierungen seit der letzten Ausgabe dieses Buches
3. Wertvolle Checklisten für die Durchführung und Organisation Ihres ZukunftsProjektes
4. Weitere Praxisbeispiele
5. Antworten auf die häufigsten Umsetzungsfragen
6. Viele Links zu hilfreichen Sites, Unternehmen und Organisationen.

Senden Sie eine E-Mail mit Ihrem Namen, Firma und vollständiger Adresse sowie der Versicherung, dieses Buch gekauft oder persönlich als Geschenk erhalten zu haben an **Zukunftsmanager@Micic.com** und Sie erhalten Ihr Kennwort und die Nutzungsanleitung für Ihren persönlichen Leser-Support.

2 Warum ZukunftsManagement?

Szene 2; Die Erinnerung

Stuttgart, 28. März (drei Monate später): „Das wäre alles leichter, wenn wir eine konkrete Definition davon hätten, wohin wir uns eigentlich in den nächsten Jahren entwickeln wollen." Der telefonische Bericht von Claudia Lebien, seiner Geschäftsführerin, klang nicht besonders ermutigend. Mit ihrer Randbemerkung löste sie in Simon Lichtenberg die Erinnerung an Peter Michels aus, den er vor drei Monaten in den USA kennen gelernt hatte. Eine halbe Stunde zuvor war ihm auch noch ein Artikel aus der mitgebrachten Zeitschrift „Futurist" in die Hände gefallen. Dort las er die 'ten reasons to think about the future':

❶ To succeed in your career
❷ To prepare for change
❸ To choose your future
❹ To make better decisions
❺ To help your children and grandchildren
❻ To prevent disasters
❼ To seize opportunities
❽ To understand today's world
❾ To develop self-confidence
❿ To expand your horizons.

Das waren nun wirklich zwingende Gründe. (Weiter auf Seite 29).

2.1 Warum müssen Sie vorausdenken?

Das ZielSzenario des ZukunftsManagements

Wir möchten mit diesem Buch wertvolles Wissen mit Ihnen teilen. Wenn Sie es wirklich optimal nutzen, haben Sie die Chance, viele Aspekte des folgenden idealen ZielSzenarios für Sie und Ihr Unternehmen Realität werden zu lassen.

Ihr Denken

- Sie haben bessere Argumente in Diskussionen über die Unternehmenszukunft
- Sie können sich auf das für die Zukunft Wesentliche konzentrieren

Ihr Wissen

- Sie sind immer up to date mit dem neuesten Zukunftswissen
- Sie verfügen immer über einen gefüllten ChancenTopf

Ihr Unternehmenserfolg

- Viele Ihrer Kunden sind zu „Fans“ geworden
- Ihr Ertrag kommt überwiegend aus jungen Produkten
- Sie erzielen hervorragende Betriebsergebnisse
- Sie sind Ihren Konkurrenten immer ein Stück voraus
- Sie haben gute Potenziale für zukünftige Erfolge aufgebaut

Ihr Management

- Ihr Unternehmen hat eine klare Richtung durch eine konkrete Vision
- Die Mitarbeiter haben einen weiten und breiten Chancenhorizont
- Sie verfügen über ein professionelles StrategieRadar-System
- Ihr Unternehmen zeichnet sich durch große strategische Flexibilität aus

Ihr persönliches Image

- Sie werden als innovativer Querdenker geschätzt
- Sie stehen in der Szene für Ihr Geschäft, Sie haben die „geistige Marktführung“
- Sie sind aufgeschlossen und der Zukunft zugewandt

Gute Gründe

Wir befinden uns bekanntlich inmitten eines tiefgreifenden strukturellen Wandels, der sich auch über die nächsten beiden Jahrzehnte fortsetzen wird. Erfolgswillige Führungsteams müssen und sollten sich auf die Suche nach den Märkten von morgen machen und ein systematisches ZukunftsManagement einführen. Zusammenfassend lassen sich die folgenden Nutzenmomente definieren:

Fragen Sie erfolgreiche Unternehmer!

Wenn Sie erfolgreiche Unternehmer nach den Ursachen und Grundlagen ihres Erfolges fragen, werden Sie – neben vielen verschiedenen Rezepten – immer wieder eine Formulierung hören: „Damals erkannten wir schon

Die Chance zu sehen, ist keine Kunst. Die Kunst ist es, eine Chance als erster zu sehen. (Benjamin Franklin)

früh, dass ...". Dieser Satz kommt in unzähligen Festreden, Broschüren, Websites und Selbstdarstellungen vor. Auch wenn die früh erkannte Chance nichts gekostet hat und in einer Sekunde entstanden ist, so ist sie doch genauso wichtig wie alle Strukturen, Systeme und Vermögenswerte, die daraus entstanden sein mögen. Die damaligen Gründungschancen wurden meist intuitiv oder zufällig, selten aber systematisch erkannt. Sobald ein Unternehmen einen höheren Reifegrad erreicht hat und in starker Konkurrenz zu anderen Unternehmen steht, kann und sollte es sich ein zufallsabhängiges Erkennen von ZukunftsChancen nicht mehr leisten. Viele Unternehmen, die einen tiefgreifenden Wandel hinter sich haben, verdanken ihren Erfolg der Fähigkeit, neue Chancen frühzeitig zu erkennen und zu nutzen. Die Antizipation zukünftiger Entwicklungen ist eine der ergiebigsten, wenn nicht die Chancenquelle schlechthin.

Untersuchen Sie gescheiterte Unternehmen

Wenn Sie untersuchen, warum ehemals erfolgreiche Unternehmen niedergegangen sind, werden Sie immer wieder feststellen, dass sie wesentliche Veränderungen ihrer Märkte gar nicht oder zu spät erkannt und demgemäß gehandelt haben. Neben dem Festhalten am tradierten Strategie-Konzept ist das die Hauptursache für das Scheitern eines Unternehmens.[3] So wie durch bewusste medizinische Früherkennung jeder Mensch und jedes Krankenkassensystem weitaus „gesünder" werden könnte, ist auch für die erfolgreiche Unternehmensführung die Früherkennung eine der zentralen Funktionen. Wir können *vor* dem Schadensfall lernen, nicht erst *durch* den Schadensfall.

ZukunftsKompetenz ist ein Erfolgsfaktor der Zukunft

In Zukunft hängen Unternehmenserfolge immer stärker davon ab, wie zukunftskompetent ein Unternehmen im Vergleich zum Mitbewerber ist, das heißt, wie gut und wie früh die Führung die zukünftigen Veränderungen erkennt, wie gut und schnell sie sie in Chancen verwandeln kann und wie fruchtbar das Unternehmen für die Saat dieser Chancen ist. Wer sein Unternehmen heute zukunftskompetenter macht, der schafft damit zukünftige Erfolgspositionen.

Unter ➔**www.Micic.com** finden Sie ein umfassendes Ergänzungskapitel zum „Erfolgsfaktor ZukunftsKompetenz".

Weitblickende Früherkennung bringt Zeitvorteile

Eine Untersuchung der Unternehmensberatung Arthur D. Little[4] zeigt, dass Unternehmen, die ein weiterblickendes Management haben, die Veränderungen des Umfeldes und vor allem der Kundenbedürfnisse viel früher als ihre Mitbewerber erkennen und darauf reagieren können. Sie haben also einfach mehr Zeit gewonnen. Gleiches gilt etwa für die Früherkennung der günstigsten Bezugsquellen im Weltmarkt, für Standortvorteile oder für die Integration der Logistik als mitentscheidenden Wettbewerbsfaktor der Unternehmensstrategie. Wenn dann eine Rezession einsetzt, haben die weitblickenden Unternehmen ihr Haus längst in Ordnung gebracht. Vernünftigerweise wird man zugeben, dass ein wie auch immer geartetes Früherkennungssystem nicht vollkommen zuverlässig alle zukünftigen Chancen und Bedrohungen anzeigen kann. Wenn Sie sich aber systematisch mit den zukünftigen Veränderungen Ihres Umfeldes und Ihres Unternehmens beschäftigen, können Sie einen wesentlichen Zeitvorsprung erzielen und werden nicht mehr so stark überrascht.

Es kostet viel Zeit, neue Produkte und Dienstleistungen zu entwickeln und einzuführen, neue Wettbewerbsvorteile aufzubauen und Anpassungsprozesse durchzuführen. Wer sich frühzeitig auf die Suche nach ZukunftsChancen macht, kann viel Zeit gewinnen und heute säen, was er in fünf oder zehn Jahren ernten will.

ZukunftsManagement erleichtert Differenzierung

Sie bekommen täglich Informationen über mögliche Zukünfte auf den Tisch. Wenn Sie aber die gleichen Informationen haben, wie Ihre Mitbewerber, die gleichen Studien und Bücher lesen, die gleichen Seminare besuchen und die gleichen Projekte mit den gleichen Umsetzungsmethoden und zum gleichen Zeitpunkt starten, wird sich kaum etwas ändern. Sie werden sich zwar auf einem höheren Niveau, aber dennoch in altbekannter Gesellschaft Ihrer Mitbewerber wiederfinden. Anders zu werden, bedingt aber, anders zu denken und anders zu handeln. Die Betrachtung der Zukunft führt verschiedene Führungsteams zu sehr verschiedenen Vorstellungen und das wiederum mündet in sehr voneinander verschiedenen Strategien. So trägt ein systematisches ZukunftsManagement dazu bei, dass Sie sich deutlicher von Ihren Mitbewerbern abheben können.

Wir müssen über den Kopf der Kunden hinaussehen

Unsere Kunden können uns sehr viel über unsere heutigen Produkte sagen, wenn wir uns in ihre Situation hinein-denken und die Dinge mit ihren Augen sehen. Sie sagen uns, was wir besser machen müssen, was fehlt und was überflüssig ist. Sie können aber nicht und sie wollen uns auch in der Regel nicht sagen, welche Produkte und Dienstleistungen sie in der Zukunft benötigen und kaufen werden. Diese Zukunftsarbeit müssen Sie als Unternehmer selbst leisten, damit Sie heute schon an den Erfolgen von morgen arbeiten können.

Der Erste belegt den Markt generisch

Das erste Produkt oder die erste Marke einer neuen Problemlösung hat die größte Chance, „generischen", also für alle späteren Angebote stellvertretenden Charakter zu gewinnen. Bekannte Beispiele sind Tempo, Tesa, Hilti, Aspirin, Odol, Asbach, Kleenex, Nivea, Hoover oder Holder. Den größten Teil des Marktpotenzials kann der Erste nutzen, der Zweite schafft häufig nur noch weniger als die Hälfte, und die Dritten können oft nur existieren, weil sie geringere Entwicklungskosten hatten. Die Wirtschaftsgeschichte ist voller Beispiele, in denen die Zweiten und Dritten die eigentlichen Gewinner waren. Doch genau genommen waren *sie* die Ersten, die den Markt erkannten, auch wenn andere das Produkt erfunden hatten. Die Chance besteht immer im Markt, nicht im Produkt. Das Faxgerät, das Siemens an die Japaner verkaufte, ist nur eines von vielen Beispielen dieser Art.

Natürlich ist me-too eine funktionierende Strategie, doch haben wir dieses Buch für diejenigen geschrieben, die in ihrem Unternehmen mehr als nur ein Geldversorgungssystem sehen und daher höhere Ansprüche an sich und ihr Unternehmen stellen.

Chance oder Bedrohung? Der Zeitpunkt der Erkenntnis entscheidet!

Sind die Entwicklungen der Zukunft nun Chancen oder Bedrohungen oder beides? Die Chinesen haben bereits vor Jahrtausenden erkannt, dass es letztendlich keinen wirklichen Unterschied zwischen Chance und Bedrohung gibt. Sie haben die Rationalisierungschance genutzt und für beides ein und dasselbe Schriftzeichen verwendet.[5] Beides ist beides zugleich. Veränderungen der Unternehmensumwelt bergen demnach sowohl Chancen als auch Bedrohungen in sich, deren Charakter eindeutig dadurch bestimmt wird, zu welchem Zeitpunkt sie als relevant erkannt werden.

a) Eine nicht erkannte Entwicklung ist immer eine Bedrohung, weil sie früher oder später von einem der denkbaren Mitbewerber erkannt und zu deren Vorteil bewältigt wird. Werden Veränderungen nicht erkannt, gereichen sie immer zu bedrohlichen Risiken.

b) Eine spät erkannte Entwicklung kann Chance oder Bedrohung sein, je nachdem, wann sie von einem der denkbaren Mitbewerber erkannt wird. Werden zukünftige Entwicklungen spät erkannt, wird das Unternehmen zum Spielball von Mitbewerberstrategien. Ob die Veränderung Chance oder Bedrohung ist, hängt letztendlich von der Schwäche oder Stärke der Mitbewerber ab. Das späte Erkennen zukünftiger Entwicklungen ist mit den heute noch üblichen, auf oft veralteten Glaubenssätzen beruhenden Informations- und Managementsystemen eher die Regel als die Ausnahme.

c) Eine früh erkannte Entwicklung kann am ehesten eine echte Chance sein, weil zu diesem Zeitpunkt noch keine oder nur sehr wenige Mitbewerber darum kämpfen. Es wird hier deutlich, dass Investitionen in die Früherkennung zukünftiger Veränderungen die höchsten Renditen bringen, denn damit wird das Unternehmen in die Lage versetzt, jede sich abzeichnende Veränderung zur Chance zu machen und die in der Veränderung liegende Dynamik auf die eigenen Mühlen zu lenken.

Chance oder Bedrohung?

Veränderung	Bedrohung	← ? →	Chance
Nicht erkannt	X		
Spät erkannt		X	
Früh erkannt			X

Der Zeitpunkt der Erkenntnis entscheidet

Abbildung 2; Chance oder Bedrohung?

Die Intensität sämtlicher Problemfelder des Managements (Überkapazitäten, Gemeinkostendruck, Kundenverluste etc.) resultiert hauptsächlich daraus, dass deren Entstehung in der Vergangenheit nicht frühzeitig erkannt wurde. Informationen haben in der Unternehmensführung keinen absoluten, sondern nur einen relativen Wert, der sich vor allem nach dem Zeitpunkt der Information bestimmt. Da jedes menschliche und damit auch unternehmerische Handeln durch Informationen bestimmt wird, ist frühe Information am rechten Ort unbezahlbar.

Zukunftsorientierung macht flexibler

Zukunft ist immer mehrdeutig und komplex. Wenn wir uns intensiv mit der Zukunft auseinandersetzen, erkennen wir die Bedeutung der Flexibilität. Ein frisch gegründetes Unternehmen ist flexibel, weil die Strukturen noch nicht etabliert und die Systeme noch nicht definiert sind. Das neu gegründete Unternehmen lässt sich mit einem kleinen Motorboot vergleichen. Es kann Geschwindigkeit und Richtung sehr schnell ändern, kann sich also neuen Entwicklungen und Notwendigkeiten sehr schnell anpassen. Nach der Gründung folgt – im günstigen Fall – die Phase des Wachstums und dann die Phase der Reifung. Bleibt die Unternehmensführung handlungsfähig, folgt die Phase des langsamen Ausbaus, der dann sehr bald wieder eine Phase der Reife folgt. Auch wenn Sie die genannten Phasen anders benennen, gemeinsam bleibt diesem Modell, dass mit dem Alter des Unternehmens und so mit dem wachsenden Reifegrad eine eindeutige Tendenz zur abnehmenden Flexibilität besteht. Je größer und älter ein Unternehmen wird, desto eher gleicht es einem großen Luxusliner, der einen Bremsweg von etlichen Meilen hat. Eine Regel aus dem Straßenverkehr heißt: Je länger der Anhalteweg ist, desto weiter muss der Vorausblick gehen. In der Unternehmensführung ist das nicht anders. Das kleine Schnellboot kann es sich selbst bei dichtem Nebel leisten, auf Sicht zu fahren. Der Luxusliner hingegen ist darauf angewiesen, mit seinem Radar möglichst weit vorauszublicken, um frühzeitig nötige und notwendige Kurskorrekturen einleiten zu können. Vorausblick gibt mehr Zeit und erweitert so die Zahl der Handlungsoptionen und erhöht damit die Flexibilität.

Vorausblick verbessert Ihre Entscheidungen

Wenn Sie als Unternehmer auf die Ergebnisse umfassenden Zukunfts-Managements zurückgreifen können, treffen Sie aufgrund der besseren Information zwangsläufig auch bessere Entscheidungen. Es ist ein beruhigendes Gefühl, alles Menschenmögliche dafür getan zu haben, zukunftssicherere Entscheidungen treffen zu können. Im übertragenen Sinne sorgen wir durch die Beschäftigung mit zukünftigen Entwicklungen dafür, dass die Fragezeichen über die zukünftigen Jahre mehr und mehr in Ausrufungszeichen, also in Gewißheiten verwandelt werden.

ZukunftsManagement weckt auf und hält wach

Nach den ersten Pionierzeiten eines Unternehmenlebens drohen die vielen formalen und strukturellen Aspekte in den Mittelpunkt des Denkens zu geraten. Es scheint immer wichtiger zu werden, die Struktur und die Abläufe zu beherrschen. Das eigene Verständnis des Marktes und die Richtigkeit der Annahmen werden seltener in Frage gestellt. Die Aufmerksamkeit richtet sich stärker nach innen. Ein Teil dieser Entwicklung ist wünschenswert, denn in vielen Bereichen wird Erfolg erst dadurch möglich, dass man nicht ständig über die Grundannahmen nachdenkt. Ein Pianist darf nicht mitten im Spiel seine Technik analysieren, denn er wird sich unweigerlich verspielen, weil das bewusste Denken dafür viel zu langsam ist.
Nichtsdestotrotz dürfen wir Unternehmensführung nicht so wie das Autofahren oder das Klavierspielen dauerhaft an unser Unterbewusstsein delegieren. Wer sich regelmäßig mit den immer größer und schneller werdenden Veränderungen der Zukunft auseinandersetzt, wird sein Unternehmen immer wieder in Frage stellen und neu definieren müssen und auf diese Weise immer wieder aufwachen und wach bleiben.

Sage mir das Ziel und ich nenne Dir den Wert deines Standortes

Wo stehen wir eigentlich? Eine lobenswerte Frage, auf die Sie allerdings nur dann eine brauchbare Antwort finden, wenn Sie wissen, wohin die Reise eigentlich gehen soll, welche Straßen neu gebaut werden und welche Umleitungen auf Sie zukommen.

Weniger Stress

Ihr Stress ist um so größer, je weniger Bewältigungskompetenz Sie sich in einer bestimmten Situation zumessen. Wieviel Kompetenz Sie subjektiv empfinden, hängt unter anderem davon ab, wie sicher Sie sich sind, alle relevanten und verfügbaren Informationen verarbeitet zu haben. Wenn Sie gewiss sind, im Rahmen einer ZukunftsAnalyse das Menschenmögliche dafür getan zu haben, die zukünftigen Entwicklungen vorzudenken, wird Ihre emotionale Belastung relativ gering sein, womit Sie wiederum bessere Entscheidungen treffen können.

Vor-Denken ermöglicht salutogenetisches Management

Chancen-Suche macht in gewisser Weise immun gegen Bedrohungen. In der Medizin gibt es eine Reihe von Wissenschaftlern, die eindringlich fordern, die althergebrachte Suche nach den Ursachen von Krankheiten, die sogenannte Pathogenese, in den Hintergrund zu stellen. Statt dessen plädieren sie für einen Paradigmenwechsel, hin zur so genannten Salutogenese, einer Strategie, die nach den Ursachen der Gesunderhaltung fragt. Kern der Salutogenese ist das Aufzeigen von Wegen zu Selbstvertrauen und Eigenverantwortlichkeit, die als Ursachen des Gesundseins ausgemacht wurden. Auch in der Managementpraxis fragen wir viel zu häufig nach den Ursachen für Fehler und Misserfolge. Dabei kommen wir mit Hilfe von Beratungsgesellschaften immer wieder zum gleichen Ergebnis, es gebe zu viele Indianer und immer öfter auch zu viele Häuptlinge. Wenn wir aber nach den Ursachen unternehmerischer Gesundheit forschen, zieht sich neben dem persönlichen Antrieb ein spezielles Phänomen durch alle Strategien; es ist die früh erkannte Chance.

Szene 3; Der zweite Kontakt

28. März: Gerne hätte Lichtenberg weitergelesen, doch die Zeit drängte. Ellen hatte wieder mal einen dieser kraftraubenden Spaziergänge mit einigen ihrer Freunde vereinbart. Um des lieben Friedens willen räumt er das kleine kreative Chaos auf seinem Schreibtisch auf, das immer entstand, wenn er sich etwas erarbeiten wollte. Er hatte Feuer gefangen für die Suche nach seinen Märkten von morgen. Das Thema begann ihn zu faszinieren. Die Visitenkarte von Michels in der Hand griff er zum Telefon. „Hallo Herr Michels, hier ist Lichtenberg. Vielleicht erinnern Sie sich, wir hatten uns im Urlaub kennengelernt." Michels konnte sich noch gut an ihn erinnern: „Herr Lichtenberg, was macht die Kunst?" Lichtenberg kam gleich zur Sache: „Ich möchte Sie zu einem Gespräch hier bei uns einladen. Ich habe gerade in Ihrem Buch geschmökert und würde gern mit Ihnen darüber sprechen, wenn Sie Zeit und Lust haben." „Sie, ich halte am 14. April einen Vortrag vor einer Gruppe von Finanzberatern in Ludwigsburg, das können wir doch miteinander verbinden. Am Abend des 15. kann ich bei Ihnen vorbeischauen", schlug Michels vor. „Wenn Sie möchten, sorge ich dafür, dass Sie eine Einladung für den Vortrag bekommen". (Weiter auf Seite 32).

Strategy follows chances

„Damals erkannten wir schon früh, dass ...“. So leiten erfolgreiche Unternehmer häufig ihren Bericht über Grundlagen und Ursachen ihres Erfolges ein. Die früh erkannte ZukunftsChance ist Grundlage und Voraussetzung jeder Vision, jeder Strategie, jeden Gewinns und jeder Organisationsform. So können wir Chandlers alte Regel „structure follows strategy“ erweitern um „strategy follows vision“ und „vision follows chances“.

Die früh erkannte ZukunftsChance ist das Phänomen, aus dem Erfolge entstehen. Sie lässt Gebäude und Software entstehen, lässt Arbeitsverträge notwendig werden, lässt Maschinen laufen und Organisationssysteme funktionieren. Gedanken sind es, die die Welt beherrschen. Jedes marktführende Produkt, jedes Unternehmen, jedes Gebäude war irgendwann nur ein Gedanke. Auch wenn wir uns 90 oder 98% unserer Zeit mit der Struktur beschäftigen, so haben wir sie nur deshalb, weil wir eine Strategie haben, für deren Umsetzung die Struktur nötig ist. Wozu haben wir aber eine Strategie? Weil wir eine wie auch immer geartete Vorstellung und Vision davon haben, wo die Reise hingehen soll und was wir mit unserem Unternehmen erreichen wollen. Und wenn wir keine echte Vision erarbeitet haben, dann substituieren wir sie mit Träumen von Schönheit, Reichtum und Güte. Es

Abbildung 3; Strategie folgt Chancen

ist modern geworden, über Visionen zu sprechen und sie zu fordern. Wie und woraus aber entstehen Visionen? Es ist die früh erkannte ZukunftsChance! Wir brauchen die ZukunftsChance als Samen, um uns vorstellen zu können, welches exzellente Geschäft einmal daraus werden könnte. Die ZukunftsChance ist dabei wie das Sandkorn, das in die Muschel eindringt und um das herum dann die Perle entstehen kann. Ohne Sandkorn keine Perle und ohne ZukunftsChance keine Vision.

Der Zweck der Chancen-Suche besteht darin, neue Pfade in Ihrem Gehirn anzulegen. So wie jede Autobahn irgendwann einmal als Pfad begann, so begann jeder Erfolg mit einem Denkpfad, einer neuen Struktur in Ihrem neurologischen Netzwerk im Kopf. Die ZukunftsChance zeugt und schafft die Vision, und die Vision zeugt und schafft die Strategie, und die Strategie zeugt und schafft die Struktur. Bis zur endgültigen Geburt der ZukunftsChance braucht es jeweils eine mehr oder minder lange Schwangerschaft, die sich im Kopf der Entscheider abspielt. Die Hierarchie der Begriffe ist gleichzeitig eine Hierarchie der Materialisierung, denn die Chancen sind nicht sichtbar, häufig sogar nicht einmal wirklich beschreibbar. Erst die Vision ist manchmal schriftlich niedergelegt, aber selten visualisiert. Die Strategie manifestiert sich schon eher in konkreten Prozessen und Systemen, während die Struktur das eigentlich Sichtbare am Unternehmen ist. Die gesamte Wissenschaft und Literatur zu Betriebswirtschaft und Management beschäftigt sich bei weitem zu wenig mit der Entstehung der ZukunftsChance und bei weitem zu viel mit den kleinsten der kleinen Aspekte der Struktur.

Die Idee ist das Absolute, und alles Wirkliche ist nur Realisierung der Idee. (Georg W. F. Hegel)

Wie weit Gedankenexperimente selbst bei komplexen Verhältnissen in die Zukunft reichen können, beweist die Tatsache, dass erst Ende 1994 eine Forschergruppe der Universität Konstanz begonnen hat, Heisenbergs Gedankenexperimente der „Unschärferelation" im Labor praktisch nachzuvollziehen. Entgegen allen Unkenrufen von Zeitgenossen mit finitem Gesichtsfeld, zeigt dies einmal mehr, welchen immensen Nutzen die Vorstellungskraft für die Schaffung neuer Wirklichkeiten hat. Es kommt daher auch bei der Chancen-Suche vor allem darauf an, den Impuls für weiteres Arbeiten an neuen Ideen zu geben. Angesichts begrenzter Mittel kann es nicht Sinn und Zweck sein, alles sofort zu Ende zu denken.

ZukunftsChancen können Sie mit dem alten Computerspiel „Pacman" vergleichen, bei dem sich ein kleines, aus zwei sich permanent öffnenden und schließenden Halbkugeln bestehendes Männchen durch ein Labyrinth bewegt und dabei Nahrungskugeln frißt. Die Kugeln sind wie die Chancen bzw. wie die zu lösenden Spannungen, an denen Sie Ihr Unternehmen im-

mer wieder aufladen können. ZukunftsChancen sorgen dafür, dass Sie Ihr Unternehmen immer wieder neu gründen und so zu immer neuen Erfolgen führen können.
Warum bringt sich ein Mensch um? Weil er keine Chance mehr sieht, ein nach seinen Vorstellungen akzeptables Leben zu führen. Warum stirbt ein Unternehmen? Weil es keine Chancen mehr hat, ein nach den Vorstellungen des Marktes akzeptables Dasein zu fristen. Nehmen Sie regelmäßig eine Chanceninventur vor. Wenn wir die gleiche Mühe und den gleichen Aufwand für eine Chanceninventur treiben würden wie für die Bilanzinventur, wäre so mancher Unternehmenstod vermeidbar gewesen.

Denken Sie zurück

Szene 4; Der Vortrag

Ludwigsburg, 14. April (drei Wochen später): Alles hatte hervorragend geklappt. Lichtenberg saß in einem Ludwigsburger Hotel inmitten der fast 200 Mitglieder irgendeines Bundesverbandes freier Finanzberater. Das traf sich gut, denn von diesem Geschäft verstand er einiges. Michels begann fast pünktlich seinen Vortrag zum Thema „Auf der Suche nach den Märkten von morgen."
Mit grundsätzlichen Überlegungen begann Michels seine Zuhörer zu interessieren: „Sie haben es sicher schon beobachtet; Zukunft ist wieder „in". Doch anders als in der Planungseuphorie vergangener Jahrzehnte weicht das Paradigma mathematisch-mechanistischer Prognosen und Planungen einem ehrfürchtigen und vielerorts recht hilflosen Staunen über die neuen Optionen zukünftiger Jahre. Vieles von dem, was man vor gar nicht allzu langer Zeit noch der Science Fiction und vermeintlichen Utopisten zuschrieb, begegnet uns heute in der täglichen Arbeit, so die kleinen Notepads, die sich an unsere Handschrift gewöhnen, oder der sekundenschnelle Zugang zu jeder gewünschten Information über weltweite Datennetze. Dass sich US-Amerikaner und Russen freundschaftlich im Weltraum und in Datennetzen begegnen, schien vor wenigen Jahren noch ausgeschlossen zu sein. Die lange gelehrten Marktmodelle und Segmentierungsmethoden können größtenteils als unnötiger Ballast abgeworfen werden, weil sich unsere Kunden unseren wohlüberlegten Zielgruppen-Definitionen mit List entziehen. Unternehmen wie Phillip Morris laden zum „talk with tomorrow" ein; „welcome to tomorrow" dröhnt es allenthalben aus den Boxen und Zukunft ist ein Top-Thema

der Managementliteratur. Es gibt sogar in Deutschland Zukunftsministerien, Zukunftsinitiativen und Zukunftskommissionen, die in vielen anderen Ländern wie in den USA, in Finnland und der Schweiz schon eine Selbstverständlichkeit sind."
Michels erläuterte: „Es geht mir in diesem Vortrag nicht darum, Ihnen etwas über „Geschäftsideen" zu erzählen. Ich will Ihnen aufzeigen, dass und wie Sie sich mit der Zukunft Ihrer Unternehmen befassen müssen. Warum haben sich Menschen schon immer bemüht, in die Zukunft zu sehen? Weil Sie nach Chancen gesucht haben. Chancen, um sich auf Schwieriges vorzubereiten, und Chancen, um ein erfüllteres Leben zu führen. Damit ist das Streben nach Früherkennung von Chancen und Bedrohungen so alt wie die Menschheit selbst. Aber die Suche nach neuen ZukunftsChancen gestaltet sich aus mehreren Gründen schwierig. Erstens weiß man nicht, was man eigentlich sucht, zweitens weiß man nicht, in welcher Richtung man suchen soll und drittens weiß man nicht, wie man suchen soll."
Michels referierte weiter: „Welche Bedeutung das Nachdenken über die Zukunft Ihrer Unternehmen hat, machen Sie sich am einfachsten deutlich, wenn Sie zunächst zurückdenken. Hier ein kleiner Test für Sie. Schreiben Sie sich diese vier Fragen auf und finden Sie in einer ungestörten Stunde Ihre Antworten darauf." Auf einer Grafik las Lichtenberg die erste Frage:

❶ **„Wie sah Ihr Unternehmen im Jahr 1989 aus, dem Jahr, in dem die Mauer fiel?"** Nachdenkliches Schweigen prägte das Auditorium. Simon Lichtenberg stellte erschrocken fest, wie viele Jahre seit diesem erfreulichen Ereignis schon vergangen waren. Damals war er noch voll im Aufbau seines Unternehmens. Die Verhältnisse im Baugeschäft schienen angesichts der seitherigen Veränderungen geradezu paradiesisch. Nach wie vor in nachdenklicher Stille lasen die Teilnehmer eine Reihe von Fragen, die Michels auf einer Übersicht als Denkhilfe anbot:

- ➡ Mit wem haben Sie damals zusammengearbeitet?
- ➡ Welche Leistungen haben Sie damals verkauft?
- ➡ Wie sah damals Ihre Kundschaft aus?
- ➡ Wie stand es damals um Ihr Unternehmen?
- ➡ Wie stand es damals um Ihre Branche?
- ➡ Mit welchen brennenden Problemen kämpften Sie damals?
- ➡ Welche Zukunftsvisionen hatten Sie damals?
- ➡ Wie sah Ihre Arbeitsumgebung damals aus?
- ➡ Wie gestaltete sich damals Ihr Tagesablauf?

Michels fragte weiter:

❷ **„Was hat sich seitdem verändert?**“ Jetzt brachten sich einige der Zuhörer ein. Von einem Konzentrationsprozess sondergleichen war die Rede. Lichtenberg dachte für sich an die schier inflationäre Anzahl mehr oder minder seriöser Mitbewerber. Eigentlich war kein Stein mehr auf dem anderen geblieben. Auch für diese Frage gab es eine Fragenliste:

- Was ist seitdem besser geworden?
- Was ist seitdem schlechter geworden?
- Wo stünden wir heute, wenn wir die seitherigen Veränderungen etwas früher erkannt hätten?

Michels zog seinen Test durch:

❸ **„Was wird in fünf Jahren anders sein?** Denken Sie daran, dass die Veränderungen der nächsten fünf Jahre mindestens so gravierend sein werden, wie die der letzten zehn.“ Wieder versuchte Simon Lichtenberg diese Frage auf seine Belange zu übersetzen. Zufällig hörte er die geflüsterte Unterhaltung seiner Nachbarn mit. Der eine sprach von Touch-Screen-Terminals, die an jeder Ecke aufgestellt werden und dem Kunden vom Investmentfonds über die „Immobilien-Drehscheibe“ bis hin zum Veranstaltungstipp alle Informationen des Finanzberaters bieten wird. „Na prima“, erwiderte ein älterer Finanzberater, „wenn das die Zukunft der Finanzberatung ist! Dann kommt der elektronische Finanzsupermarkt wohl per interaktivem Fernsehen ins Wohnzimmer“. Lichtenberg richtete seine Aufmerksamkeit wieder nach vorne und vernahm, dass im Bankenbereich nur noch 30% der früheren Bankdienste am Schalter verkauft werden. Lichtenberg dachte an sein Geschäftsfeld in der Baubranche. „Dort geht es doch etwas ruhiger zu“, so seine von Selbstberuhigung und Hoffnung geprägte Feststellung.
„So“, unterbrach Michels die Zurufe seines Publikums, denen Lichtenberg gar nicht mehr zugehört hatte. „An dieser Stelle hören wir meistens auf zu denken. Natürlich kennen Sie alle diese Trends, Prognosen und Szenarien. Wir nehmen die Botschaften zur Kenntnis, stellen enttäuscht fest, wie spekulativ das Ganze ist und wenden uns wieder dem ach so wichtigen Tagesgeschäft zu. Damit geben wir aber quasi fünf Minuten vor dem Ziel auf. Begreifen Sie Projektionen über zukünftige Entwicklungen zunächst nur als Kreativitätshilfe bei der Bestimmung Ihrer eigenen ZukunftsAnnahmen. Und dann beantworten Sie für dieses Zukünftige die vierte Frage:

❹ **„Welche Chancen stecken für uns darin?“** Lichtenberg waren seine Gedanken über die zukünftigen Entwicklungen noch gegenwärtig. Ihm wurde langsam klar, dass die zukünftige Branchenlandschaft sehr viel differenzierter und bunter sein würde. Instinktiv spürte er aber, dass es die vermeintliche Zukunftssicherheit in seinem Unternehmen auch nicht mehr gibt und eigentlich auch nie gab. Michels wiederholte seine fordernde Frage: „Welche Chancen stecken für Sie in diesen Veränderungen?“ Das war der Knackpunkt. Das war die Schwierigkeit. Allmählich verstand Lichtenberg, worum es bei Michels Arbeit eigentlich ging. „Das Wichtigste an dieser Frage ist, dass Sie jeder einzelne von Ihnen selbst für sich und sein Unternehmen beantworten muss“ relativierte Michels. „Was sind die Chancen wert, wenn ich sie Ihnen hier und heute dutzendfach nenne? Genau genommen sind sie dann nichts wert. Wenn Sie alle die gleichen Chancen erkennen, geraten Sie in die Trendfalle. Denken wir doch mal an das Stichwort ‘Senioren’. Es gibt kaum noch ein Unternehmen, das sich nicht Gedanken darüber gemacht hätte, was sie dieser vermeintlich neuen Zielgruppe Gutes tun könnten. Zweifelsohne heben sich damit alle auf ein höheres Niveau, übersehen aber, dass sie in altbekannter Gesellschaft ihrer Mitbewerber bleiben. Nicht umsonst definieren manche das Wort Strategie als ‘Management des Vorsprungs’.“ Michels zeigte anhand eines Charts: „Ich will Ihnen deutlich sagen, wo die zukünftigen Chancen *nicht* liegen. All diese Strategien sind Notwendigkeiten, aber niemals Chancen. Jeder kann es sofort nachmachen. Kostensenkung hat natürliche Grenzen und intensivere Werbung nach der Methode ‘wir brauchen einen größeren Hammer’ bringt allenfalls nur kurzfristige Erfolge. Auch die Standard-Trends sind im Prinzip keine Chancen. Denken Sie nur an unser Senioren-Beispiel. Sobald alles über einen Trend wie die ‘jungen Alten’ spricht, ist die Chance, damit einen wesentlichen Wettbewerbsvorsprung zu erzielen, schon längst vertan. Und tun wir uns den Gefallen,“ beschwor Michels die Finanzberater, „die Standardrezepte, ob Lean Management, Benchmarking, Reengineering, TQM oder Prozessmanagement und wie sie auch alle heißen mögen bestenfalls als Notwendigkeiten, nie aber als echte ZukunftsChancen zu betrachten. Was machen Sie denn, wenn Sie alle zertifiziert sind? Die Zukunft Ihres Unternehmens wird nicht durch Lean-Konzepte und schlanke Strukturen, straffe Sortimente und Qualitätsmanagements bestimmt. Das ist Engineering der Vergangenheit. Die Wettbewerbsvorteile der Zukunft entstehen nicht durch das Management des Rückstands, sondern des Abstands. Das letztendliche Ziel des ZukunftsManagements besteht in der Bewahrung und Steigerung der Attraktivität Ihres Unternehmens für Ihre Kunden.“

Simon Lichtenberg ertappte sich dabei, schon gar nicht mehr zuzuhören. Michels sprach noch darüber, was eine Chance eigentlich genau ist und welche Arten es davon gibt. Er referierte über die „Landkarte der ZukunftsChancen" und über die drei Meta-Strategien zur Früherkennung von ZukunftsChancen und so weiter. Doch Lichtenberg schaltete ab. Zu sehr hatten ihn die letzten Tage angestrengt, als dass er sich jetzt noch auf mehr Neues konzentrieren konnte. Schon längst hatte er beschlossen, mit Michels zusammenzuarbeiten.
„Auf dass Ihre Unternehmen zu Perlen werden, vielen Dank!" Das Ende des Vortrages kam jetzt etwas plötzlich. Lichtenberg hatte sich schon vorsorglich zum Ausgang begeben, um nicht in der Masse zu versinken. Als er die Tür hinter sich schloss, hörte er heftigen Beifall. Ein Blick auf die Uhr sagte ihm, dass zu Hause ohnehin schon alles schlief. Er konnte also noch ein bisschen mit Michels in der Hotelbar plaudern. Fünfzehn Minuten später hatten sich die Wissbegierigen um Michels verflüchtigt. „Gehen wir noch schnell auf ein Bier in die Bar?", kam er Lichtenberg zuvor. Die Bar war fast leer, dafür aber kaum verraucht. Michels war – wie immer nach einem Vortrag – etwas aufgedreht. „Na, hat's Ihnen etwas gebracht?", wollte er gut gelaunt von Lichtenberg wissen. Der nickte zustimmend und relativierte gleichzeitig, er habe zwischendurch 'zumachen' müssen, weil er sich nicht mehr hatte konzentrieren können. „Ich habe aber noch etwas mit Ihnen vor, lieber Michels", kündigte er an. „Sie wissen ja, dass ich mittlerweile mehr Zeit habe als früher. Ich habe mich unter anderem deshalb aus der aktiven Arbeit zurückgezogen, weil ich wissen will, ob ich mit weniger Aufwand und mehr Überlegung mehr erreichen kann. Ich habe mich früher nie getraut, das auszuprobieren. So, und jetzt kommen Sie ins Spiel. Ich würde mich gerne regelmäßig mit Ihnen austauschen. Sind Sie daran interessiert?" Michels nippte an seinem Bier und schaute an die Decke. „Es stellt sich hier die Frage, wie intensiv Sie das Thema angehen wollen. Wollen Sie schnell Ergebnisse erzielen, oder wollen Sie die Zusammenhänge gründlich durchdringen?" Was Lichtenberg machte, machte er gründlich. Die Antwort war klar. „Gut, dafür gibt es zwei Möglichkeiten", bot Michels an. „Entweder ich stelle Ihnen ausführliches Informationsmaterial zum Selbststudium zur Verfügung, oder wir schließen einen Beratungsvertrag". Lichtenberg wollte auf etwas anderes hinaus. „Was halten Sie davon, wenn Sie mir sozusagen eine Lizenz als Berater für mein eigenes Unternehmen geben? Sie bringen mir alles bei und erhalten ein Honorar dafür." Schnell waren sie sich einig geworden. Michels sollte mit Lichtenberg das erste ZukunftsProjekt durchführen ihn damit zum Be-

rater für ZukunftsManagement ausbilden. Sie verabredeten sich für den Abend des nächsten Tages. (Weiter auf Seite 38)

Vom Wesen der ZukunftsChance

Lassen Sie uns ein bisschen mit dem Begriff und dem Wesen der Chance spielen und experimentieren. Das hilft Ihnen, ein besseres Verständnis davon zu gewinnen, was ZukunftsChancen sind und was sie nicht sind. Was unterscheidet die ZukunftsChance von der Alltagschance bzw. der Gegenwartschance? Die Chance ist grundsätzlich eine lohnende Handlungsoption. Es würde sich lohnen, jetzt so zu handeln. Die ZukunftsChance hingegen ist eine Chance, bei der wir aus der Zukunft für die Gegenwart gelernt haben. Die ZukunftsChance ist nur für diejenigen wenig sichtbar und offensichtlich, die sich ausgemalt haben, was in Zukunft anders sein wird. Sie haben beispielsweise heute und schon immer die Alltagschance, Ihre B-Kunden zu A-Kunden zu machen. Sie haben aber auch die heute noch theoretische ZukunftsChance, die von Ihnen hergestellten Motorräder irgendwann mit Brennstoffzellen auszustatten und sich bereits heute darauf vorzubereiten, und Sie haben die Chance, die von Ihnen bisher verkauften Möbel zu verleasen.

Chancen erwachsen aus Spannungen zwischen einem gewünschten Soll und einem existierenden Ist. Art und Ausprägung des Solls sind dabei ausschließlich subjektive Einschätzungen des Betrachters. Der eine mag eine Chance darin sehen, Ihre Produkte zu verleasen, weil er bei den Kunden Liquiditätsengpässe beobachtet, der andere mag darin eben keine Chance sehen, weil er sich auf diejenigen konzentrieren will, die keine Liquiditätsengpässe haben.

Es gibt heute mehr Chancen als jemals zuvor, sie sind nur immer schwieriger zu erkennen. Unsere Welt hat sich so fragmentiert und fragmentiert sich immer weiter, dass es häufig den Kleinen und den Spezialisten vorbehalten bleibt, die Lücken zu sehen. Nichtsdestotrotz hat auch der vermeintliche Generalist mehr Chancen als früher, denn er kann weitaus mehr kleine Elemente zu neuen Lösungen kombinieren und so die Fragmentierung mindern, wenn er im Gegensatz zum Spezialisten den Überblick über mehrere Gebiete hat.

Ein kluger Mensch schafft mehr Gelegenheiten, als dass er findet. (Francis Bacon).

Die Chancenlücke schließen

Szene 5; Vor dem Besuch

15. April, morgens: Vor dem Gespräch mit Michels wollte Simon Lichtenberg noch den ersten Teil des Buches fertiglesen. Er sprach nicht gerne über Dinge, von denen er nichts versteht. Der nächste Abschnitt des Kapitels „Warum ZukunftsManagement" sprach davon, die Chancenlücke zu schließen. (Weiter auf Seite 55).

Kurz und einfach gesagt, hat die Führung Ihres Unternehmens folgende Kernfunktionen:

❶ Aufbau (neue Geschäfte aufbauen)
❷ Betrieb (den Betrieb bestehender Geschäfte optimieren)
❸ Schließung (alte oder erfolglose Geschäfte schließen).

Natürlich verursacht der Betrieb den größten Anteil des Aufwandes an Geld, Zeit und Geist, aber wir dürfen diesen operativen Arbeitsaufwand nicht mit der Führungsfunktion verwechseln. Es gibt nur *eine* Situation, in der der Betrieb für Sie als Unternehmer wirklich den größten Teil Ihrer Zeit frisst, und das ist die Situation, wenn Sie sich als Sachbearbeiter zweckentfremden. Der Betrieb erfordert den geringsten Anteil an wirklich unternehmerischer Arbeit. Wenn wir unternehmende und ausführende Funktionen unterscheiden, stellen Sie fest, dass sich der unternehmerische Fokus zu gleichen Teilen auf die drei genannten Kernfunktionen verteilen muss.
Jetzt die gnadenlose Frage: Wieviel Prozent Ihrer Arbeitszeit verbringen Sie mit dem Vor-Denken und dem Aufbau neuer Geschäfte? Bei Unternehmen mit mehr als nur wenigen Mitarbeitern wäre alles unter 30 Prozent nicht akzeptabel. In der täglichen Praxis dürfte der tatsächliche Wert häufig bei zehn Prozent liegen. Das ist eine Chancenlücke, die wie eine unerkannte Wunde ähnlich dem Krebs an der Existenzfähigkeit zehrt. Ökonomie heißt eigentlich Landwirtschaft. Dort muss sich der Landwirt als Ur-Unternehmer über neue Ländereien, neue Pflanzen und neue Aussaaten Gedanken machen. Die Pflege und selbst die Ernte sind größtenteils delegierbare Funktionen, die des unternehmerischen Faktors kaum bedürfen. Erst der Verkauf fordert wieder den Unternehmer. Insofern ist eine Drittelverteilung der unternehmerischen Aufmerksamkeit sogar noch schmeichelhaft für den Betrieb bestehender Geschäfte. Wenn ein Unternehmen, eine Branche oder gar eine ganze Volkswirtschaft niedergeht, dann ist die beschriebene Chancenlücke oft die Ursache dafür.

Wenn sich der selbstständige Luxusliner-Kapitän am liebsten darum kümmert, dass seine Passagiere ein besonders vorzügliches Menü bekommen, wird er sehr bald keine Passagiere mehr haben. Entweder konzentriert er sich selbst darauf, immer wieder faszinierende und lohnende Destinationen zu finden und ihre Erreichung zu ermöglichen, oder er beauftragt einen anderen mit der Führung seines Unternehmens. Den gelegentlichen empörten Einwänden, dass „unsere Leute davon nicht satt werden", müssen wir entschieden widersprechen. Liquiditätsprobleme, also die äußere Ursache von Konkursen, sind nichts anderes als die in Geldeinheiten manifestierte Lücke, die eine nicht getane Zukunftsarbeit in das Portemonnaie reißt.

Lebenslauf von Chancen und Bedrohungen

Ich habe mit der Gegenwart genügend Probleme! Wenn diese Aussage von Ihnen stammen könnte, dann erlauben Sie eine höfliche Frage: Warum haben Sie nicht schon vor fünf oder zehn Jahren frühzeitig erkannt, dass Ihre Kosten aus dem Ruder zu laufen drohen und diese oder jene Produktverbesserung notwendig werden wird? Wer sich heute nicht konsequent die Zeit nimmt, die Zukunft seines Umfeldes vorzudenken, wird niemals aus dieser „Zeitfalle" entkommen.

Wenn das Geld nicht mehr zur Zahlung der Löhne ausreicht, müssen Sie viel Kraft für die Lösung dieses Problems aufwenden. Wenn Sie aber zurück in die Vergangenheit reisen könnten, hätten Sie es sehr viel leichter. Je weiter Sie zurück in die Vergangenheit reisen könnten, desto leichter wäre die Problemlösung. Bereiten Sie sich mal das Vergnügen, Nachrichtensendungen anzusehen, die zehn oder zwanzig Jahre alt sind. Dann wissen Sie, was wir meinen. Nun können wir leider nicht in die Vergangenheit reisen, aber wir können eine Zeitreise dahin simulieren. Wie? Indem wir zum Zeitpunkt der zukünftigen Vergangenheit, also der heutigen Gegenwart, soweit wie nötig in die Zukunft blicken, um uns zu bemühen, kommende Probleme und Bedrohungen zu verhindern, anstatt sie später aufwendig lösen zu müssen.

Bedrohungen und Probleme haben die unangenehme Eigenschaft, im Verlauf ihrer Existenz zu wachsen, also ihre negativen Auswirkungen zu potenzieren. Je früher wir die Bedrohungen erkennen, desto geringer ist der zu ihrer Überwindung notwendige Aufwand. Die Automobilzulieferer, die sich heute einem enormen Druck ihrer Abnehmer gegenübersehen, konnten die dafür verantwortlichen Spannungen bereits zu Beginn der achtziger Jahre erfassen. José Ignacio Lopez hat nicht erst 1991 mit seiner Arbeit begonnen.

Wenn Sie einen Stein in einen Teich werfen, breiten sich Wasserringe aus. Je mehr Zeit vergeht, desto größer ist das Auswirkungsfeld. Jetzt halten wir den Zeitablauf fest, indem wir im Sekundentakt Fotografien der Wasserringe machen. Wenn Sie diese Fotografien übereinander legen, entsteht ein Trichter, den wir den Bedrohungstrichter nennen. Wie groß die Auswirkungsfläche, also der Grad der Bedrohung ist, ergibt sich aus der Existenzdauer der Bedrohung mal der Ausbreitungsgeschwindigkeit. Wenn Sie die Entstehung eines Problems oder einer Bedrohung früh genug erkannt haben, sind die Auswirkungen noch sehr klein und es lässt sich mit weniger Kraftaufwand lösen. Das gilt für Überkapazitäten und wegbrechende Märkte genauso wie für unzufriedene Mitarbeiter. Mit jedem Monat, den sie die Bedrohung später erkennen, wächst der Aufwand zu ihrer Überwindung exponentiell.

Viel wichtiger ist aber der Chancentrichter. Wir haben uns in unserer Arbeit angewöhnt, gar nicht mehr bewusst nach Bedrohungen zu suchen, weil es einfach motivierender ist, nach Chancen Ausschau zu halten. Die Bedrohungen findet man dabei auch, nur kann man so leichter eine Chance darin sehen, die Bedrohung abzuwenden. Der Chancentrichter ist genau das Spiegelbild des Bedrohungstrichters, da Chancen mit ihrer Existenzdauer schrumpfen. Je früher sie erkannt werden, desto größer ist der potenzielle Nutzen für das Unternehmen. Wenn der richtige Zeitpunkt zur Realisierung der Chance noch nicht gekommen ist, gibt es im Grunde genommen auch die Chance nicht. Am Anfang ist der potentielle Gewinn aus einer Chance daher immer groß. Wer sie früh erkennt, für den sind sie unendlich wertvoll. Doch im Verlauf der Zeit schrumpfen die Chancen, weil sie von immer mehr Unternehmern wahrgenommen werden oder weil sie durch neue Chancen an Bedeutung verlieren. An anderer Stelle nennt man die frühe Phase der Chance 'window of opportunity', also das Chancenfenster. Die Chancen, die IBM in den siebziger Jahren als damals unangefochtener Marktführer im EDV-Markt nicht erkannt hatte, haben junge, gerade erst erwachsen gewordene Männer und Frauen zu Millionären und Milliardären gemacht. Akademisch gesagt: Die Auswirkungsfläche einer Bedrohung oder Problems ist als Funktion der Zeit divergent (<), die Potenzialfläche einer Chance ist konvergent (>).[6]

Unternehmen sind in erster Linie Problemlöser. Insofern ist jede Bedrohung und jedes Problem auch die Chance desjenigen, der rechtzeitig und in angemessener Art und Weise eine Lösung zu bieten hat.

Diese Betrachtung ist keineswegs nur philosophisch. Sie müsste Ihrem Controller hervorragend gefallen, denn wir kennen keine andere Grundregel der Unternehmensführung und auch der Lebensführung, die stärker

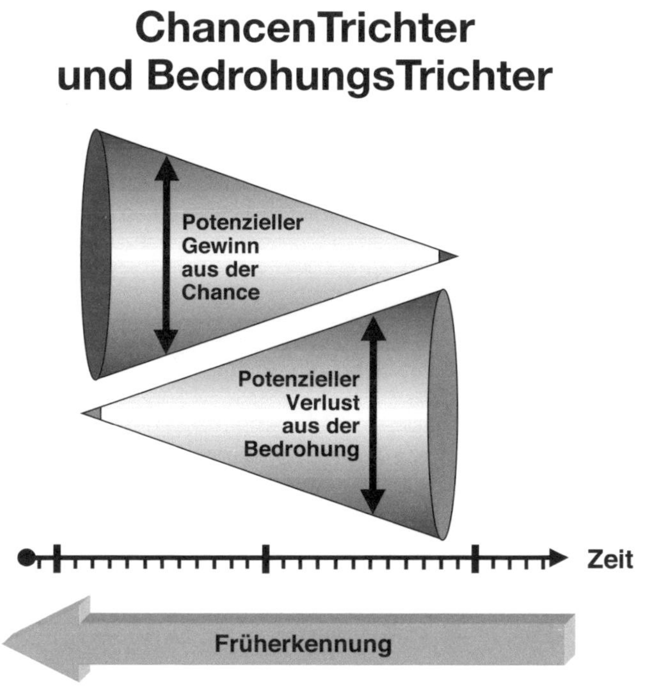

Abbildung 4; Chancentrichter

dazu beiträgt, Lebensqualität zu verbessern, Erträge zu steigern und Kosten zu senken.

Den Chancenhorizont erweitern

Selbstmörder werden zu solchen, weil sie keine Chancen mehr sehen. Sie sehen keine Alternativen und keine Möglichkeiten mehr. Bildlich gesprochen sehen sie in ihrem geistigen ChancenTopf keine bzw. keine geeigneten Chancen, aus ihrer Situation herauszukommen. Der Selbstmörder war entweder nicht in der Lage, aus eigener Denkkraft neue Chancen zu sehen oder er hielt die weitere Suche nach Möglichkeiten und Chancen für zwecklos und gab die Suche auf. Ein wichtiges Ziel des ZukunftsManagements ist die Erweiterung des Chancenhorizontes der Unternehmensführung. Die Praxis zeigt immer wieder, dass nur ein sehr kleiner Teil der schwachen Signale über zukünftige Chancen und Bedrohungen allen Führungskräften und Leistungsträgern im Unternehmen bekannt ist. Und das ist genau der Teil des Zukunftswissens, der für Sie und Ihr Unternehmen am wenigsten wert-

voll ist. Was jeder in Ihrem Unternehmen weiß, weiß auch jeder in Ihrer Branche, und wenn es in der Branche in aller Munde ist, sind die großen Chancen aus diesem Wissen bereits von anderen belegt. Interessanter ist schon das Zukunftswissen, das nur in einzelnen Köpfen vorhanden ist, denn dort ist die Wahrscheinlichkeit höher, dass es sich um besonderes Zukunftswissen handelt. Aber auch dieses Wissen ist noch nicht das wertvollste, weil es immer noch vielen anderen bekannt ist. Das wertvollste Zukunftswissen ist das selbst erarbeitete. Mit dem selbst erarbeiteten Wissen habe Sie die besten Chancen, Wettbewerbsvorteile zu erzielen.
Wenn Sie Ihr ZukunftsManagement einführen, erweitert sich der Chancenhorizont Ihres Führungsteams grundlegend, auch wenn Sie zunächst gar nichts oder wenig davon spüren. Ein ZukunftsWorkshop ist für neue Mitarbeiter oftmals eine hyperschnelle Einführung in das Geschäft des neuen Arbeitgebers. Ein Team, das die Zukunft seines Unternehmensumfeldes intensiv und systematisch nach den hier angebotenen Methoden untersucht, lernt so viel wie selten zuvor über das eigene Geschäft. Die Unternehmensführung kann ihre Entscheidungen also auf einem größeren gemeinsamen Fundament von Zukunftswissen bauen.

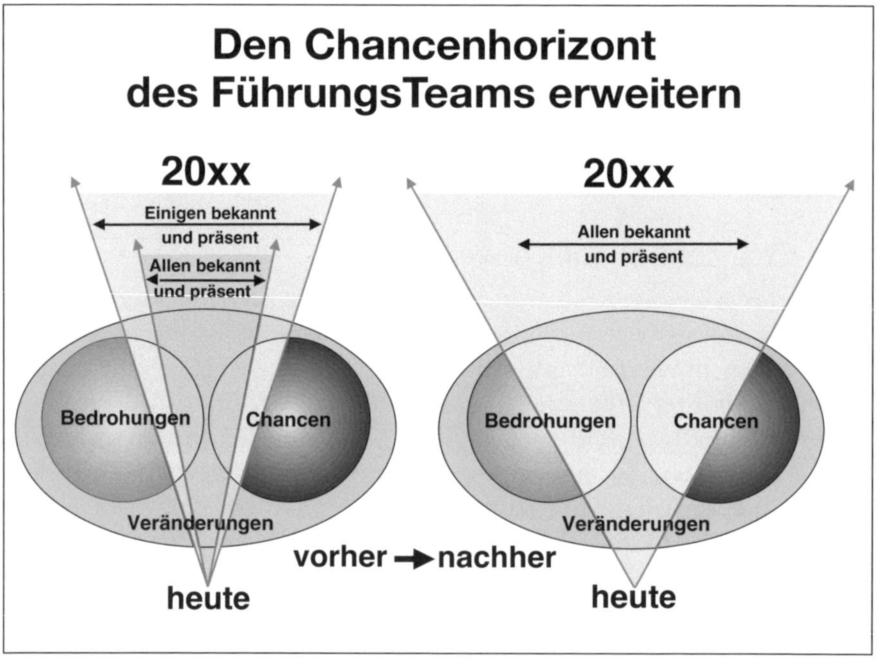

Abbildung 5; Den Chancenhorizont erweitern

Wer muss vorausdenken?

Im Grunde genommen hat jedes Unternehmen ein wie auch immer geartetes ZukunftsManagement, weil es ohne ein solches nicht dauerhaft existieren kann. Es gibt allerdings Unternehmen, die im Besonderen vorausdenken müssen, die gleichzeitig aber auch besonderen Nutzen daraus ziehen können. Es ist …

… eher das größere Unternehmen als das kleine Unternehmen

Sie erinnern sich an die Unterschiede zwischen Schnellboot und Luxusliner. Besonders große Unternehmen erkennen Chancen und Bedrohungen meist lange nach dem dafür günstigsten Zeitpunkt, auch wenn es später häufig anders aussieht. Das hat mit der wenig unternehmerischen Unternehmenskultur, der geringeren Flexibilität und der komplexeren und damit langsameren Kommunikation zu tun. Besonders große Unternehmen neigen dazu, Veränderungen solange zurückstellen, bis sie ganz offensichtlich sind. Zu diesem Zeitpunkt ist ein guter Teil der Chancen auf Wettbewerbsvorteile schon längst vertan.

… eher das marktführende Unternehmen als das nachziehende Unternehmen

Wer zweiter, dritter oder zehnter auf einem Markt ist, der *kann* die Zukunft seines Geschäftes vor-denken, um auf der Leiter nach oben zu steigen. Der Erste allerdings, der Marktführer, *muss* die Zukunft seines Geschäftes vordenken, allein schon, um seine Position halten zu können und als erster immer wieder neue Märkte und Geschäfte zu gründen. Wer einmal wie ein Ballon im zu engen Karton die Grenzen seines Marktpotenzials erreicht hat, muss wissen, wie sich der Karton verändert und wo es Schlupflöcher aus diesem Karton heraus und auch in diesen Karton selber gibt.

… eher das erfolgreiche Unternehmen als das erfolglose Unternehmen

Es mag für Sie paradox klingen, doch unsere Erfahrung ist, dass gerade die erfolgreichen Unternehmen Zeit, Geld, Geist und Motivation haben, über die Zukunft nachzudenken. Die erfolglosen Unternehmen glauben immer, nur über Spitzenleistungen im so vertrauten Tagesgeschäft ließen sich Erfolge erzielen. Zukunft zu schaffen, heißt Risiken einzugehen. Der beste Zeitpunkt, einen Verlust zu riskieren, ist der Zeitpunkt der Stärke. Deshalb ist das erfolgreiche Unternehmen genau in der richtigen Situation, das erfolgreiche Geschäft gemäß Schumpeter selbst „kreativ zu zerstören“, bevor es andere tun. Das Verlustrisiko ist hier auf Geld beschränkt, die Existenz des Unternehmens wird dabei nicht aufs Spiel gesetzt. Zukünftige Veränderungen vor den Mitbewerbern zu erkennen und die daraus entstehenden Chancen frühzeitig zu nutzen, ist langfristig erheblich wichtiger, als die bestehenden Produktionsanlagen und Unternehmensstrukturen auszulasten. Es ist nur leider so schwierig einzusehen. Insofern lässt sich resümieren, dass die Erfolglosen ZukunftsManagement zwar mindestens genauso gut gebrauchen könnten, dass aber die Erfolgreichen es am ehesten tun.

... eher das sich entwickelnde Unternehmen als das stehende Unternehmen

Auf dem Rastplatz brauchen Sie an Ihrem Wagen nur das Standlicht anzuschalten und das auch nur bei Nacht. Wenn Sie jedoch eine Strecke hinter sich bringen wollen, wenn Sie sich also im übertragenen Sinne weiterentwickeln wollen, dann werden Sie zumindest das Abblendlicht einschalten. Weiter entwickeln heißt nicht unbedingt quantitativ wachsen. Wer sich weiterentwickeln will, will seine Kategorie verändern oder verlassen und will ein Stück weit auch die Welt verändern. Je stärker dieser Entwicklungsdrang ist, desto hilfreicher ist es, ab und zu das Fernlicht einzuschalten. Mit Fernlicht können Sie bei Nacht schneller fahren. Der Inhaber des örtlichen Supermarktes wird sich auf die langfristige Profitabilität seines Unternehmens konzentrieren. Er wird in der Regel kein großes Bedürfnis verspüren, die Welt des Handels zu revolutionieren. Doch die zentrale Unternehmensentwicklung der Supermarktkette wird sich und ihr System weiterentwickeln wollen und wird daher auch häufiger das Fernlicht einschalten müssen.

... eher das kundenferne Unternehmen als das kundennahe Unternehmen

Strikte Kundennähe schützt zu einem guten Teil vor unangenehmen Überraschungen durch verpasste Trends und Veränderungen. Für eine wirksame Früherkennung reicht es jedoch keineswegs aus, dem Kunden nah zu sein, weil einerseits nicht nur der Kunde über das Unternehmensschicksal entscheidet und er auch nicht sagen kann und will, was er wo morgen kaufen wird. Andererseits kommen zukünftige Chancen und Bedrohungen immer öfter nicht mehr aus der eigenen Branche, sondern von jenseits des Branchenhorizontes.

... eher das produzierende als das dienstleistende Unternehmen

Der Zeithorizont Ihres Unternehmens sollte stets etwas weiter reichen als der Zeitraum, den Sie für eine vollständig neue Findung, Entwicklung und

Einführung eines neuen Produktes oder einer neuen Dienstleistung benötigen. Da die Entwicklung von Dienstleistungen in der Regel erheblich schneller vonstatten geht, sind produzierende Unternehmen sehr viel dringender und notwendiger auf ZukunftsManagement angewiesen.

… eher die Pioniere als die Nachahmer

Es ist Ihre persönliche strategische Entscheidung, ob Sie Pionier auf Ihrem Markt sein wollen, oder ob es Ihnen reicht, genügend Geld zu verdienen, egal womit. Da Sie bis hierher gelesen haben, gehören Sie aber eher zu den Pionieren als zu den Nachahmer. Als Pionier sind Sie viel stärker auf den Vorausblick angewiesen als Ihre Nachahmer, die lediglich Ihre Aktivitäten im Blick haben.

Vielleicht sagen Sie sich jetzt, „wir haben doch die Trendforscher, warum soll ich mir den Kopf über die Zukunft zerbrechen?“ Die Trend- und Zukunftsforscher unserer Zeit erweisen uns einen wertvollen Dienst. Sie erarbeiten die Grundlagen für das ZukunftsManagement. Es sind aber wirklich nur die Grundlagen, nicht mehr und nicht weniger. Sie dürfen nicht den Fehler machen, die Prognosen und Projektionen dieser Denker ungefiltert zu Ihren persönlichen Annahmen zu machen. Niemand kann Ihnen die Arbeit abnehmen, aus dem Zukunftswissen der echten oder selbsternannten Experten diejenigen Bausteine und Bausteinkombinationen auszuwählen, die Sie zur Basis Ihrer Unternehmensstrategie machen.

2.2 Was heißt hier Zukunft?

Unter → **www.Micic.com** finden Sie eine ausführliche Charakteristik der Zukunft. Darin zeigen wir die unterschiedlichen Sichtweisen der Zukunft auf und geben Definitionen für die wichtigsten Begriffe wie Trend oder Projektion.

2.3 Was heißt ZukunftsManagement?

In jeder Minute, mit jedem Gedanken und mit jeder Handlung gestalten wir Zukunft. Es ist daher bedauerlich, wie wenig wir Zukunft als einen analysierbaren Denkgegenstand begreifen. Wir sprechen bewusst von Zukunftsarbeit, auch wenn es danach klingt, als dürfe es keinen Spaß machen. Zukunftsarbeit nennen wir es, weil wir all diejenigen dafür gewinnen wollen, die sonst beim Thema Zukunft nur an Kristallkugeln oder schwafelnde Trendforscher denken und folglich die Finger davon lassen.

Mensch und Zukunft

Menschen haben sich – seit sie so etwas wie ein Bewusstsein haben – schon immer bemüht, in die Zukunft zu sehen. Warum? Weil Sie nach Chancen gesucht haben. Chancen, um sich auf Schwieriges vorzubereiten, das heißt, um Bedrohungen besser begegnen zu können. Aber auch nach Chancen, um ein besseres und erfüllteres Leben zu führen. Damit ist das Streben nach Früherkennung von Chancen und Bedrohungen so alt wie der denkende Mensch selbst. Ausdrücke des ewigen Bemühens um Früherkennung sind beispielsweise …

- die überall auf der Erde dokumentierten Instrumente und Anlagen zur Voraussage astronomischer Entwicklungen (z.B. Stonehenge),
- die Vielzahl der „weissagenden" Autoren von der Antike bis zur Gegenwart,
- die immerwährende Existenz von Wahrsagern der verschiedensten Arten, vom Kartenlegen bis zum Kaffeesatzlesen,
- die große Bedeutung von Astrologen und Weisen in der Geschichte der Politik,
- die Erzählungen von antiken Orakeln wie dem Apollon-Orakel in Delphi,
- die abertausenden und jedem Volk ureigenen Bauernregeln der Art „wenn-dann".

Voraussicht ist ein Grundbedürfnis der menschlichen Psyche, und damit ist es auch ein Grundbedürfnis des Unternehmers und seines Führungsteams. Leider haben im Angesicht all der Schwierigkeiten und Enttäuschungen, die man im Bemühen um Voraussicht offenbar erleben muss, viele aufgegeben.

Wenn mich niemand fragt, dann weiß ich es; soll ich einem Fremden es erklären, dann weiß ich es nicht. (Augustinus zum Wesen der Zeit)

Der Mensch ist ein sonderbares Wesen. So sehr wir uns mit allen möglichen und unmöglichen Mitteln bemühen, in die Zukunft zu sehen, so sehr sind wir auch erfolgreich darin, fast sichere Entwicklungen der Zukunft bewusst zu ignorieren. Die Demographie, die Bevölkerungswissenschaft, ist einer der wenigen Bereiche, in denen sehr wahrscheinliche ZukunftsAnnahmen über zwei und mehr Jahrzehnte getroffen werden können. Und trotzdem hat es die Verantwortlichen nicht wirklich interessiert, dass durch die allmähliche

Umkehrung der klassischen Bevölkerungspyramide die umlagenfinanzierte Rente nicht funktionieren kann. Sie sind spätestens seit dem Pillenknick sehenden Auges in die finanzielle Katastrophe gelaufen. Neben diesem Kardinalfehler, den manche politischen Zeitgenossen am liebsten weiterhin machen würden, nehmen sich die alltäglichen Verdrängungsprozesse in unseren Unternehmen blass aus. Offenbar können wir Menschen durch das Licht der heutigen Verhältnisse so geblendet sein, dass wir die Konturen von neu Gedachtem kaum erkennen und glauben können.

Arten der Zukunftsarbeit

Unter ➜**www.Micic.com** finden Sie eine kritische Darstellung zu den verschiedenen Formen der Zukunftsarbeit, nämlich der Zukunftsforschung, Trendforschung, Zukunftsphilosophie, Zukunftsplanung, Innovation und Science Fiction.

ZukunftsManagement als Zukunftsarbeit im Unternehmen

Der Pessimist spricht davon, die Zukunft zu bewältigen; der Optimist will Zukunft gestalten. Für den Unternehmer hat ZukunftsManagement zwei grundlegend verschiedene, aber sich ergänzende Pole. Der eine Pol heißt „Zukunft erkennen", der zweite Pol heißt „Zukunft schaffen".

Zukunft erkennen erfordert ein Denken von außen nach innen und fragt danach, welche Entwicklungen und Veränderungen das eigene Unternehmen treffen werden und wie das Unternehmen quasi zum Spielball der Entwicklungen wird. Zukunft erkennen ist der eher pessimistische, negative, technokratische und destruktive Ansatz. Zukunft erkennen lehnt sich an die klassische Zukunftsforschung an, ohne jedoch ihren rein explorierenden Charakter zu teilen. Denn der Unternehmer braucht konkrete Orientierungspunkte, während die Zukunftsforscher gerne davon ausgehen, ihre Zielgruppe wolle unterschiedliche Szenarien.

Zukunft schaffen erfordert ein Denken von innen nach außen und fragt danach, wie der Unternehmer dafür sorgen kann, dass die Zukunft so kommt, wie er sie nehmen will, auch wenn sonst niemand an den Erfolg glaubt. George Bernhard Shaw sagte dazu treffend: „Der vernünftige Mensch passt sich der Welt an; der unvernünftige besteht darauf, zu versuchen, die Welt an sich anzupassen. Deshalb hängt aller Fortschritt von unvernünftigen Menschen ab."

Zukunft schaffen ist der eher unternehmerische Teil des ZukunftsManagements und ist eher aktiv, optimistisch und konstruktiv. Dennoch braucht

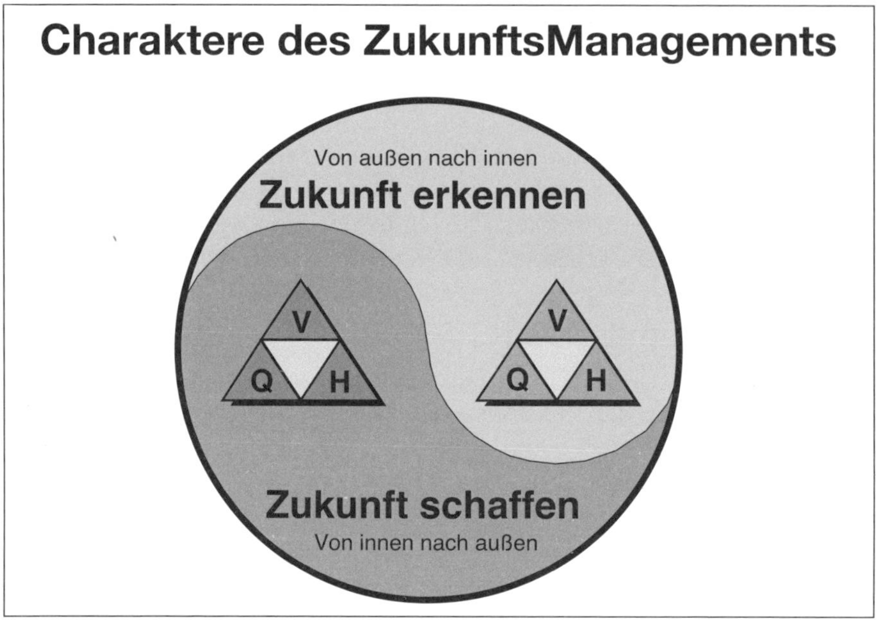

Abbildung 6; Charaktere des ZukunftsManagements

auch der dynamischste Unternehmer einen zuverlässigen Vorausblick für seine strategischen Entscheidungen. Zukunft zu erkennen ist für Sie als Unternehmer die Grundlage für das Schaffen von Zukunft. Beides ist beides zugleich und in beidem ist etwas vom anderen und für beide Pole ist Vor-Denken, Hinein-Denken und Quer-Denken wichtig. Deshalb bietet sich zur Illustration die an das asiatische Yin-Yang bzw. Um-Yang erinnernde Darstellung an.
Mit der reinen Aufstellung von ZukunftsAnnahmen über zukünftige Entwicklungen wird kein Unternehmen überleben können, auch wenn die Zukunft noch so klar und eindeutig gesehen wird. Unternehmen des 21. Jahrhunderts werden darüber hinausgehen müssen. Einige Beispiele für Unternehmen, die Zukunft geschaffen haben:

- Eine ganze Reihe von Unternehmen hat mit einem einzigen Produkt eine neue Gattung geschaffen, so beispielsweise
    - Hexaglot (Übersetzungscomputer)
    - Nintendo (Computerspiele)
    - 3M (z.B. mit den bekannten Post-its)
    - Sony (z.B. Walkman).

■ Die ASWO Elektronik-Vertriebs GmbH aus Eime bei Hildesheim hat gleich zweifach Zukunft geschaffen. 1974 startete der Initiator Karl-Börris Aschitsch den ersten Ersatzteil-Schnelldienst für Radio- und Fernsehtechniker und fünfzehn Jahre später gebar ASWO die Reparaturdatenbank EURAS, in der Reparatur-Know-how für weiße und braune Ware aus aller Welt bereit gehalten wird.

■ Die BELIMO AG aus Wetzikon in der Schweiz hat aus kleinsten Anfängen heraus einen Markt für Stellantriebe nach dem Steckprinzip in raumlufttechnischen Anlagen geschaffen. BELIMO wurde in den ersten zwanzig Jahren ihrer Existenz auch von zwanzig Unternehmen kopiert, die lieber nachahmen als eigene Kategorien zu schaffen.

■ Silicon Graphics aus Kalifornien hat mit seinen 3D-Anwendungen den Markt für Grafik-Computer revolutioniert.

■ Die LOEWE AG aus Kronach hat in ihren Anfängen nicht nur an der Erfindung des Fernsehers mitgewirkt, sondern auch den Multimedia-Fernseher in Deutschland eingeführt.

■ Die Hannover Rückversicherungs AG, weltweit der fünftgrößte Rückversicherer, hat als erste die Chancen in der notwendigen Diversifizierung ihrer Aktivitäten erkannt und umgesetzt und sich auch als Pionier im Spezialgeschäft mit Katastrophen-Anleihen hervorgetan.

■ Federal Express mit seinem Hauptsitz (Super-Hub) in Memphis, Tennessee hat – angestoßen durch die vom Gründer Frederic W. Smith im Rahmen seiner Diplomarbeit entwickelte Idee – seit 1973 eine einmalige Position im Transportgeschäft errungen. FedEx ist heute der größte Luftfrachtexpressdienst der Erde. Im Prinzip verkauft FedEx Zeit. Manche Ärzte richten sogar ihre Operationstermine nach den FedEx-Lieferzeiten. Übrigens: Im Abschnitt „Vorstellungskraft und Phantasie“ im Ergänzungskapitel „Erfolgsfaktor ZukunftsKompetenz“ unter → **www.Micic.com** lesen Sie, welches vernichtende Urteil die Professoren über das von Smith vorgelegte Konzept fällten.

■ Die ibis acam-Gruppe, eines der größten privaten Weiterbildungsunternehmen Europas, hat ihre 500.000 überwiegend in schwierigen beruflichen Situationen befindlichen Seminarteilnehmer als erster Anbieter nicht im Wesentlichen durch fachliche, sondern vor allem durch persönliche und soziale Kompetenzen weiterqualifiziert und so die berufliche Abwärtsspirale umgekehrt.

■ American Airlines hat mit seinem Reservierungssystem Sabre die gesamte Reisebranche umgekrempelt und dabei natürlich einen enormen strategischen Vorteil erlangt.

■ Hans-Peter Wodarz, der ehemalige Vorzeige-Koch aus der „Ente vom Lehel“ in Wiesbaden, hat mit seiner Restaurant-Theater-Show „Pomp, Duck and Circumstance“ eine neue Gattung geschaffen, die zwar nicht überall gut ankam, dafür aber ihrem Initiator eine enorme Bekanntheit verschaffte. Dann stieg mit MGM ein finanzstarker Partner ein und baute mit Wodarz im MGM-Park in Las Vegas eigens einen Zirkus für „Pomp, Duck and Circumstance“.

■ Artur Fischer aus Tumlingen bei Freudenstadt ist ein Bilderbuch-Beispiel für den „zukunftschaffenden“ Unternehmer. Artur Fischer hat sage und schreibe über 5.300 Patente. Vom Fotoblitzer im Jahr 1949 – sein erster großer Markterfolg – bis zum bekannten Fischer-Dübel, dem heutigen Hauptumsatzträger. Wie nicht anders zu erwarten, provozierten die ersten Fischer-Dübel den Spott der Branche. Fischer ist Erfinder und Unternehmer in einem, eine heutzutage höchst selten gewordene Kombination. Seine Leidenschaft galt jedoch mehr dem Tüfteln, denn von 10.00 Uhr bis 18.00 Uhr soll er sich – auch nach seinem „Rückzug“ – im konzerneigenen Forschungs- und Entwicklungszentrum aufgehalten haben.

■ Bill Gates hat mit Microsoft Zukunft geschaffen. Kennen Sie auch sein anderes Privatunternehmen, die „Corbis Corporation“? Corbis ist der digitale Bilderkorb, der schon mehrere Hundert Menschen beschäftigt und sein Geld erst in Zukunft verdienen wird. Mit Corbis schafft Bill Gates erneut Zukunft und sein nächstes Imperium. Gates hat für Corbis bereits die Rechte an Millionen Motiven gekauft, darunter das gesamte Bettmann-Archiv aus New York, das von der Höhlenzeichnung, über Albert Einstein mit herausgestreckter Zunge und Marilyn Monroe mit wehendem Rock bis hin zum gesamten United Press International Archiv alles hat. Das Bettmann-Archiv war und ist das größte kommerzielle Bild-Archiv der Erde. Dabei kauft Corbis meist nur die Rechte für die elektronische Verbreitung, denn dieser Rechtsteil ist heute noch billig und der Rest in zwanzig Jahren weit weniger wert. Der Corbis-Chef Doug Rowan nennt die Vision beim Namen: „Wir wollen die größte Enzyklopädie der Welt zusammenstellen – die gesamte menschliche Erfahrung aus einer Hand“. Wenn Sie dieses Buch lesen – ob im Jahr 2000 oder 2009 – wird Corbis vielleicht schon in aller Munde sein.

Diese Beispielreihe ließe sich beliebig fortsetzen, vor allem, wenn es um den Erfindungsreichtum der kleineren Unternehmen bei neuen Produkten und Dienstleistungen geht. Die erste Kernfrage des ZukunftsManagements erfüllt die Funktion „Zukunft erkennen", die restlichen vier Fragen erfüllen die Funktion „Zukunft schaffen". Leider wird das Vor-Denken häufig nur als Gegenstand für PR-Veranstaltungen benutzt und nicht selten als „Schönwetterbeschäftigung" angesehen. Sobald dunklere Rezessionswolken aufziehen, füllen sich die Samstagsausgaben der großen Tageszeitungen mit Stellenanzeigen für Controller. Auch die autoritären Führer der „alten Schule" sind dann wieder gefragt. Vom Wandel als Chance spricht man nur in guten Zeiten, so scheint es. Wird es ernst, kommt das „Management by Rückspiegel" wieder zur vollen Blüte. Das liegt zu einem guten Teil an unserer auf Problemlösung und weniger auf Chancensuche getrimmten Führungskultur (siehe Abschnitt „Vom Problemlöser zum Chancensucher" im Ergänzungskapitel „Erfolgsfaktor ZukunftsKompetenz" unter ➔**www.Micic.com**). Erst wenn es in guten Zeiten weniger ernsthafte Probleme gibt, nehmen sich die Problemlöser das „Problemfeld" Zukunft vor. Für viele kommen diese Zeiten nie.

Bei aller Kritik wollen wir uns hier auf Ihren Weg konzentrieren, eines der vielen Zukunft schaffenden, zukunftskompetenten und höchst erfolgreichen Unternehmen zu werden, in denen ZukunftsManagement eine selbstverständliche Erfolgsvoraussetzung ist.

Objekte des ZukunftsManagements

Worum geht es im ZukunftsManagement? Das nachfolgend dargestellte „Eltviller Modell" zeigt im Überblick die Objekte des ZukunftsManagements, die uns in den folgenden Kapiteln immer wieder begegnen und die wir dort auch ausführlich untersuchen werden.

ZukunftsProjektionen

Ihr ZukunftsManagement beginnt mit Projektionen über die zukünftige Entwicklung Ihres Marktes und Ihres Umfeldes. ZukunftsProjektionen sind subjektive Aussagen von Laien oder Experten über den zukünftigen Zustand eines Bobachtungsobjektes.

ZukunftsAnnahmen

Das Fundament Ihres ZukunftsManagements sind Ihre Annahmen über die zukünftigen Entwicklungen Ihres Umfeldes. Die ZukunftsAnnahme

Abbildung 7; Objekte des ZukunftsManagements

unterscheidet sich von der Projektion dadurch, dass sie zur Überzeugung des Führungsteams geworden ist.

ZukunftsChancen und Bedrohungen

Jede Veränderung Ihres Umfeldes birgt Chancen und Bedrohungen in sich. Da eine früh erkannte und in Angriff genommene Bedrohung wiederum eine Chance ist, sprechen wir in diesem Zusammenhang ausschließlich von Chancen. Diese Chancen bestimmen Ihre Mission, Ihre Vision, Ihre Leitlinien, Ihre Ziele, Ihre Projekte und Aktionen sowie die noch weiter zu entwickelnden EntwicklungsChancen.

Mission

Die Mission ist der langfristige Auftrag Ihres Unternehmens, der durch Änderungen des Unternehmensumfeldes letztlich auch Veränderungen unterliegen kann.

StrategieVision

Die StrategieVision ist das langfristig angestrebte Zukunftsbild Ihres Lebens oder Ihres Unternehmens. Sie beschreibt, was Sie dereinst erreicht und verwirklicht haben wollen und wo Sie – ja nach individuellem Zeithorizont – in fünf oder zehn Jahren sein wollen.

Ziele

Die Zwischenetappen auf dem Weg zu Ihrer StrategieVision sind die Ziele für die nächsten ein bis drei Jahre.

Projekte und Aktionen

Sie erreichen Ihre Ziele und damit Ihre StrategieVision durch die Umsetzung von Projekten und Aktionen, die gleichsam die kleinen Meilensteine auf Ihrer Reise durch die Zeit sind.

Strategische Leitlinien

Die Leitlinien sind die Rahmenbedingungen Ihres unternehmerischen Handelns. Sie sind die im Führungsteam getroffenen Vereinbarungen, in deren Rahmen die strategische Arbeit erfolgt.

EntwicklungsChancen

Viele Chancen haben einen so hohen Innovations- und Unsicherheitsgrad, dass sie nicht kurzerhand in die Zukunftsstrategie übernommen werden können. Solche ZukunftsChancen erhalten daher einen Übergangsstatus als EntwicklungsChancen, um sie sorgfältig prüfen und verifizieren zu können.

Diskontinuitäten

Diskontinuitäten sind gar nicht oder nur sehr schwierig vorhersehbare Ereignisse und Entwicklungen, die das gesamte Gefüge Ihrer Zukunftsstrategie ins Wanken und zu Fall bringen könnten. Es gilt, die potenziell gefährlichen Diskontinuitäten zu durchdenken und mögliche Konsequenzen für die Strategie abzuleiten oder vorsorglich Krisenpläne zu erarbeiten.

3 Step 1: Vorbereitung Ihres StrategieRadar-Workshops

Der erste praktische Schritt Ihres ZukunftsManagements ist die Durchführung eines ZukunftsProjektes in Form des StrategieRadar-Workshops, für den Sie hier das nötige Rüstzeug erhalten. Der StrategieRadar-Workshop ist das Kernelement Ihres ZukunftsManagement-Systems und zugleich der natürliche Einstieg in das ZukunftsManagement. Wir sehen aus umsetzungsmotivatorischen Gründen ganz bewusst davon ab, im ersten Schritt komplexe strategische Radarfunktionen aufzubauen. In Ihrem ersten StrategieRadar-Workshop werden Sie mit Ihrem Team ein umfassendes Verständnis für das Nötige und Hilfreiche entwickeln und dieses Verständnis wird Sie motivieren, Ihr ZukunftsManagement-System auszubauen.

Szene 6; Der Besuch

Stuttgart, 15. April (einen Tag später): Lichtenberg hatte sich einen störungsfreien Tag angeordnet. Solche Denkergespräche, wie jetzt eines anstand, pflegte er in der gemütlichen Sitzecke seines klassisch, aber erfrischend eingerichteten Büros zu führen. Michels hatte im Hotel in Ludwigsburg übernachtet und musste jeden Moment mit dem Taxi eintreffen, es war kurz vor 17.00 Uhr. Eine halbe Stunde später hatten sie den einführenden Smalltalk schon hinter sich. „Wissen Sie, lieber Michels," ließ sich Lichtenberg nachdenklich vernehmen, „ich habe heute das einleitende Kapitel Ihres Buches gelesen und muss sagen, dass mich das Thema mehr und mehr fesselt. Über das Kapitel zum StrategieRadar-System kam ich zwar noch nicht hinaus, aber ich kann mir so langsam die praktische Umsetzung vorstellen." „Fein", freute sich Michels, „Sie haben sicher Talent zum Experten für ZukunftsManagement. Nun zum Praktischen. Für die Hintergründe haben Sie das Buch. Darin haben Sie eine umfassende Anleitung für unser Projekt. Die erste Projektphase ist die Bedarfsanalyse, in der wir gemeinsam die Ziele und das Projektdesign festlegen. Die erste Frage ist die nach dem Projektgegenstand. Erzählen Sie mir doch ein bisschen etwas über Ihr Unternehmen."
Simon Lichtenberg schlug ein Glas Rotwein vor. Er stand auf und holte eine Flasche vom trockenen Südafrikaner, bevor er seine Gedanken drei Jahrzehnte zurückwandern ließ. „Ich wollte mich unbedingt selbstständig machen, also dachte ich dabei an das, wovon ich am meisten ver-

stand, nämlich vom Häuser bauen. Ich hatte ja auf dem Bau gelernt und später Architektur studiert. Ich wollte nicht einfach ein normales Bauträgerunternehmen gründen, es sollte ein bisschen etwas Besonders sein. Zur gleichen Zeit lernte ich zwei vermögende Interessenten kennen, eine Dame und einen Herrn. Sie suchten nach einem Bauunternehmen, das ihnen das Traumhaus ohne Wenn und Aber aus einer Hand lieferte. Ich erinnere mich, wie ich gleich am nächsten Morgen meine Ideen für ein solches Unternehmen zusammenschrieb. So entstand ein erster sehr einfacher Geschäftsplan. Um es kurz zu machen, ich habe dann mit zwei Partnern, die ich zwischenzeitlich ausbezahlt habe, mein Unternehmen gegründet, und einer der beiden Topverdiener war unser erster Kunde. So wurde die Lichtenberg GmbH nach und nach zum deutschen Marktführer für moderne Luxushäuser mit allem Schnickschnack. Beispielsweise ist für uns die zentrale Computersteuerung aller Geräte vom Rolladen über die Heizung bis zur Beleuchtung schon lange selbstverständlich. Wir arbeiten für die ominösen oberen 10.000, obwohl es davon einige mehr gibt. Wir sind nichtsdestotrotz ein kleines Unternehmen, denn zu unserer Kernmannschaft gehören nicht mehr als 550 Mitarbeiter. Insgesamt koordinieren und kanalisieren wir so etwa um die 3000 Mitarbeiter, die Materiallieferanten nicht mit eingerechnet." Michels nippte an seinem Rotwein und hörte interessiert zu. „Schöne Erfolgsstory", bemerkte er anerkennend. „Wie steht es um das Unternehmen heute?" fragte er ergänzend. „Wir wachsen jedes Jahr zweistellig, obwohl wir das nicht aktiv verfolgt haben, und erzielen dabei einen gesunden Ertrag", gab Lichtenberg Auskunft und wollte von Michels wissen. „Sind wir nicht zu klein für Sie, mit unseren paar Leuten?" Michels grinste. „Ein Unternehmen kann nicht zu klein sein fürs ZukunftsManagement. Sie vermuten schon richtig, dass ich es überwiegend mit den größeren Unternehmen zu tun habe. Mit dem Buch und vielleicht einem Seminar kann jedoch auch das kleinste Unternehmen ein für sich maßgeschneidertes ZukunftsManagement-System betreiben und im Übrigen sind 550 Mitarbeiter schon eine ganze Menge." (Weiter auf Seite 79).

3.1 Ihr erstes ZukunftsProjekt

Inhalt Ihres ersten ZukunftsProjektes ist die Durchführung eines StrategieRadar-Workshops in all seinen Teilschritten. Mit dem Workshop-Programm nach der Methodik des „StrategieRadars" können Sie folgendes erreichen:

1. Sie lernen alles, was Sie als Unternehmer über die Früherkennung von Bedrohungen und Chancen wissen müssen.
2. Sie erarbeiten in einem ersten Zyklus Ihre Antworten auf die fünf Kernfragen des ZukunftsManagements (s.o.).
3. Mit dem ersten Durchlauf entwickeln Sie die wichtigsten Instrumente für die Praxis Ihres ZukunftsManagements fast nebenbei.
4. Sie legen die Grundlage für den schrittweisen Ausbau Ihres ZukunftsManagements.

Wir haben die diesem Workshop-Programm zugrundeliegende Methodik des StrategieRadars unter den verschiedensten Umständen und in den verschiedensten Intensitäten und Versionen in der Praxis angewendet. Sie hat sich bewährt. In den nächsten Abschnitten werden Sie Schritt für Schritt das „Vier-Topf-Modell" kennenlernen. Es ist ein einfaches Modell, das die wesentlichen Inhalte Ihres ZukunftsProjektes verdeutlicht. Zunächst wird der AnnahmenTopf mit ZukunftsAnnahmen über zukünftige Entwicklungen gefüllt. Diese ZukunftsAnnahmen sind konkrete Aussagen und Festlegungen darüber, welche Veränderungen und Entwicklungen Sie für die nächsten Jahre erwarten. Der AnnahmenTopf nimmt also alle Antworten auf die

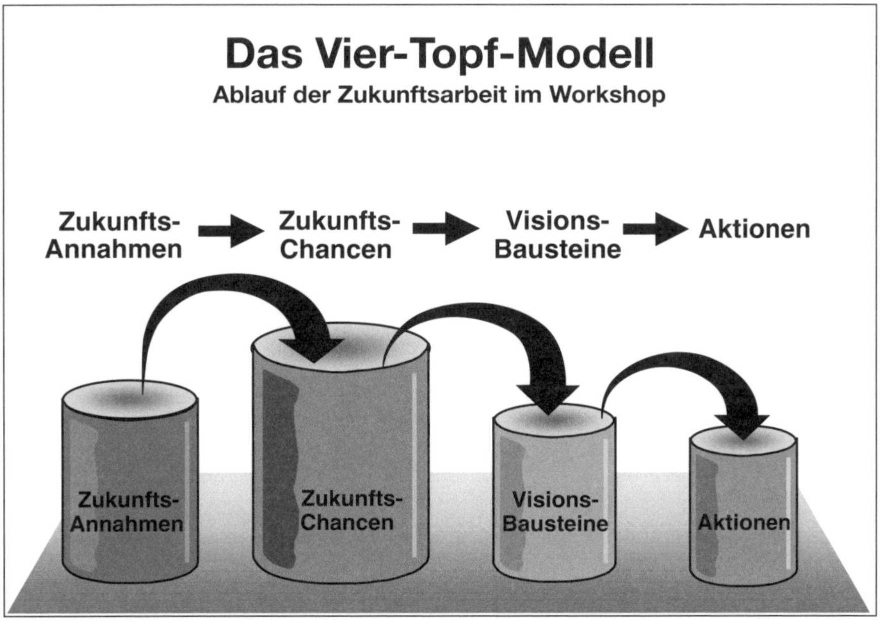

Abbildung 8; Das Vier-Topf-Modell

erste Kernfrage des ZukunftsManagements auf, nämlich „welche Veränderungen kommen in den nächsten Jahren auf uns zu?"
Der ChancenTopf nimmt alle Antworten auf die zweite und dritte Kernfrage des ZukunftsManagements auf, nämlich „welche Chancen stecken in diesen Veränderungen?" und „welche Bedrohungen bringen diese Veränderungen?" Es gibt keinen „Bedrohungstopf", weil wir jede Bedrohung als „Chance, der Bedrohung zu begegnen" formulieren können. Bedrohungen sind Chancen in Arbeitskleidung. Der VisionsTopf enthält diejenigen ZukunftsChancen, für deren Realisierung Sie sich entschlossen haben und die zum langfristigen Zielbild Ihres Unternehmens gehören sollen, enthält also die Antworten auf die vierte Kernfrage „wo kann und soll unser Unternehmen in fünf oder zehn Jahren stehen?" Die StrategieVision als konkrete und umfassende Vorstellung davon, wohin Sie Ihr Unternehmen entwickeln wollen, bildet dann die Grundlage für Ihre Entscheidung über die anstehenden Aktionen der nächsten Monate und Jahre. Der AktionsTopf enthält alle Antworten auf die Frage, „was müssen wir jetzt und in Zukunft dafür tun, um unsere StrategieVision zu realisieren?"

3.2 Die Methodik

Methodische Grundsätze

Systematisches ZukunftsManagement soll die Handlungsfähigkeit Ihres Unternehmens in Belangen der Zukunft erhöhen. Doch viele methodische Ansätze der Zukunftsforschung sind von einer Eignung für die unternehmerische Wirklichkeit so weit entfernt wie der Papst vom Kiez[7]. Wir sind weniger der Zukunftsforschung als dem unternehmerischen ZukunftsManagement verpflichtet. Wir haben in vielen Jahren des praktischen ZukunftsManagements in sehr großen Unternehmen wie auch im für solche Themen schwierigen Umfeld des Mittelstandes gelernt, welche Mittel und Früchte wissenschaftlicher methodischer Arbeit angenommen und welche abgelehnt werden. Daraus ist die hier vorgeschlagene Methodik entstanden, welche die Anforderungen des wissenschaftlichen ZukunftsManagements mit den Notwendigkeiten des unternehmerischen Alltags verbindet.
Jede Methodik des ZukunftsManagements, die eine Chance auf eine regelmäßige Anwendung im Unternehmen haben will, muss in der Lage sein, folgende Anforderungen zu erfüllen:

1. **Effektivität:** Der Output der Methodik muss aus Antworten auf alle fünf Kernfragen des ZukunftsManagements bestehen.

2. **Fokus auf Chancen:** Der Fokus muss auf der ChancenAnalyse und damit auf der offensiven Gestaltung der Zukunft liegen. Aus Gründen der Motivation und des Nutzens muss die Versorgung des Unternehmens mit neuen Marktchancen im Vordergrund stehen. Die ZukunftsAnalyse sollte dabei Diener der ChancenAnalyse sein.

3. **Effizienz:** Die Methodik muss um der breiten Akzeptanz in mittleren und größeren Unternehmen und um eines optimierten Zeit-Ergebnis-Verhältnisses Willen einfach sein. Ein frappierendes Ergebnis von Untersuchungen über die Qualität von Zukunftsforschungsmethoden ist, dass methodologische Perfektion die Genauigkeit von ZukunftsAnnahmen nicht erhöht. Intuitive, auf Analogien basierende Denkmethoden, wie beispielsweise die hier vorgestellten Strategeme, führen in der Regel zu mindestens genauso zu falschen oder richtigen ZukunftsAnnahmen, wie exakte mathematische Modelle. Der zusätzlich erforderliche Zeitaufwand darf für die Mitglieder des Führungsteams jährlich nicht mehr als fünf Arbeitstage betragen. Zusätzlich lassen sich weitere Schwerpunkte der Aufmerksamkeit von operativen Aufgaben hin zum ZukunftsManagement verschieben.

4. **Für Herz und Hirn von Unternehmern:** Unternehmer und Führungskräfte können alles delegieren, nur nicht das Vor-Denken. Die Methodik muss daher geeignet sein, unter methodischer Anleitung von der erweiterten Unternehmensspitze selbst angewendet zu werden. Zu komplexe Methodik wird gerne an Stäbe und von der Führung weit entfernte Projektteams oder Berater delegiert und damit zu einer „Übung" degradiert. Es wird in Ihrer unternehmerischen Praxis erfolgsentscheidend sein, dass Ihr Führungsteam an die selbst erarbeiteten Zukunftsergebnisse glaubt. Wer eine Methodik der ZukunftsAnalyse nicht nachvollziehen kann, und das ist bei den meisten überperfektionierten Methoden der Fall, wird seine Strategien nicht auf deren Grundlage definieren und umsetzen, auch wenn dies offiziell so aussehen mag. Das ist die Erfahrung der Praxis. Sie und die Leistungsträger müssen die Zukunft Ihres Umfeldes durchdenken, denn Sie müssen mit Ihrem Hirn und Ihrem Herzen entscheiden und im Zweifelsfall mit Ihrem Ruf und Ihrem Geld dafür gerade stehen. Der Methodenperfektionist trägt diese schwere Verantwortung nicht und das merkt man seinen Ergebnissen meistens an.

5. **Laufender Prozess**: Die Methodik soll nicht ein einzelnes Projekt oder eine Entscheidung, sondern den laufenden Kernprozess des strategischen Managements unterstützen. Es muss ein permanenter oder zumindest regelmäßiger Informationsfluss über Veränderungen des Zukunftswissens stattfinden. Es reicht bei weitem nicht aus, alle fünf Jahre ein meist teures Zukunftsprojekt durchzuführen. Hierbei sind Effizienz und Effektivität der Methodik dienlich.

Konventionelle Methoden

Wir haben eine Vielzahl an Methoden und Verfahren in der Praxis getestet und wollen uns hier auf eine kurze Analyse der Praxistauglichkeit der wichtigsten klassischen Methoden der Zukunftsforschung konzentrieren. Wir sehen aus genannten Gründen ab von einer Betrachtung der mathematisch-statistischen Methoden wie etwa der Trendextrapolation, der exponentiellen Glättung oder der Regressionsmodelle. Auch möchten wir die Methoden der System-Analytik, wie beispielsweise der Cross-Impact-Analyse, der dynamischen oder korrelativen Modellierung unbeachtet lassen, da es sich dabei vom Prinzip her eher um Erkenntnismethoden für die Gegenwart als um Erforschungsmethoden für die Zukunft handelt. Den gesamten Bereich der Mantik, also der „Seherkunst" im weitesten Sinne möchten wir als chancenlos für die breite Akzeptanz in der unternehmerischen Praxis zurückstellen. Dagegen haben wir viele Teilmethoden der Zukunftsforschung in die Methodik des StrategieRadar integriert, so etwa das Konzept der schwachen Signale, das Scanning, das Monitoring, die Meinungsbefragung oder die Inhaltsanalyse. Lassen Sie uns kurz die drei wichtigsten klassischen Ansätze betrachten.

Strategisches Management

Es gibt nicht *die* Methode des klassischen strategischen Managements. Es gibt vielmehr einen großen Werkzeugkasten, der im Laufe der letzten Jahrzehnte von Hochschulen, Beratern und von den Unternehmen selbst entwickelt wurde. Zu diesem Werkzeugkasten gehören beispielsweise

- Portfolio-Analyse
- SWOT-Analyse (strengths-weaknesses-opportunities-threats)
- Kennzahlensysteme unterschiedlichster Art
- Suchfeldanalyse

- Strategische Erfolgspositionen
- Engpassanalyse
- Gap-Analyse
- Erfahrungskurven
- Wettbewerbsanalyse
- Strategische Gruppen
- Lebenszyklusanalysen
- Strategische Bilanz
- Potenzialanalysen
- Schwache Signale
- und viele andere.

Aus dem großen Werkzeugkasten der strategischen Planung haben Sie sich ein mehr oder minder systematisches, aber sicher sehr individuelles Modell für Ihre Strategiegestaltung zusammengestellt. Doch ohne ein wie auch immer geartetes strategisches Radarsystem ist eine dauerhaft erfolgreiche strategische Unternehmensführung nicht möglich.

Delphi

Die Delphi-Methodik basiert auf Expertenmeinungen und ist damit eine intuitionsgeleitete Methode. Bekannt wurde Delphi durch die Anwendung in der RAND-Corporation in der ersten Hälfte der sechziger Jahre. Sie wurde 1953 von Olaf Helmer und Norman Dalkey für eine militärische Anwendung entwickelt. Die großen Zukunftsstudien dieser Jahre wurden nach dieser Methodik durchgeführt, und Anfang der siebziger Jahre hatten bereits 10% der 500 größten amerikanischen Unternehmen mit Delphis gearbeitet[8]. Sie setzt sich in ihrer Urform aus mehreren strukturierten und in der Regel schriftlichen Expertenbefragungen zusammen. Eine Reihe möglicher Zukunftsentwicklungen wird den Experten mit der Bitte vorgelegt, den wahrscheinlichen Eintrittszeitpunkt zu benennen. Durch die Mehrfachbefragung und durch Wiedervorlage aller Expertenmeinungen erzielt man eine gewisse Nivellierung extremer Meinungen. So erwarteten die Experten in der RAND Langfristprognose aus dem Jahr 1964 mehrheitlich, dass bis zum Jahr 1988 Roboter die Müllbeseitigung im Haushalt erledigen werden oder dass bis zum Jahr 1990 eine Maschine einen Intelligenztest mit einem IQ von 150 abschließen wird[9].

Die Werkzeuge des Geistes werden zur Last, wenn die Umwelt, die sie notwendig machte, nicht mehr existiert. (Henri Bergson)

Im Prinzip ist die Delphi-Methode, wie die meisten angeblichen Zukunftsforschungsmethoden, eine Methode für das Informationsmanagement und für die Konsensfindung, denn sie gibt nichts dazu vor, *wie* die Experten zu ihrer Einschätzung kommen, und sie gibt erst recht nicht vor, welche Projektionen den Experten zur Begutachtung vorgelegt werden. Obschon Abwandlungen der Delphi-Methode auch die Erarbeitung der einzuschätzenden Grundannahmen den Experten überlassen, kommt sie für die Beantwortung der fünf Kernfragen des ZukunftsManagements nur eingeschränkt in Frage, kann jedoch zu Detailaspekten der unternehmerischen ZukunftsAnalyse wertvolle Entscheidungshilfen bieten.

Szenario-Technik

Die Szenario-Technik ist die wohl bekannteste Methode der ZukunftsAnalyse. Sie hat rund um den Globus die verschiedensten methodischen Abwandlungen erlebt und überall dort ihre Praktikabilität und ihren Nutzen unter Beweis gestellt, wo alternative zukünftige Entwicklungen eines komplexen Denkgegenstandes systematisch erarbeitet werden sollten. So erstellt beispielsweise der Shell-Konzern regelmäßig Szenarien über den Verkehr und die Mobilität in Europa, und militärische Einsatzplanungen sind als eine der frühesten Anwendungen noch heute ein Haupteinsatzfeld. Die Szenario-Technik setzt sich in einer feinen Gliederung aus folgenden Schritten zusammen:

1. Definition des Gegenstandes bzw. des Systems
2. Bestimmung der bisherigen Kernstrategie
3. Definition der Systemelemente
4. Identifikation der treibenden Kräfte des Systems durch Einschätzung oder Berechnung
5. Identifikation wesentlicher Trends innerhalb der treibenden Kräfte
6. Definition des Regelwerkes zur Szenariobildung
7. Entwicklung eines Szenarios
8. Entwicklung alternativer Szenarien

9. Untersuchung möglicher Störereignisse
10. Ermittlung der Konsequenzen aus den Szenarien
11. Bestimmung von Handlungsmöglichkeiten.

Die Szenario-Technik ist von ihrem Ansatz her zwar grundsätzlich für das unternehmerische ZukunftsManagement geeignet, hat in ihrer detaillierten Form jedoch eine Reihe gravierender Nachteile:

1. **Aufwand:** Durch den immensen Aufwand werden Szenario-Projekte fast immer nur im Rhythmus von mehreren Jahren durchgeführt. Die Funktion der Früherkennung lässt sich jedoch nur mit einem permanenten System erfüllen.

2. **Orientierungsmangel:** Es entstehen zwei oder mehr verschiedene Szenarien, die dafür sensibilisieren sollen, dass die Zukunft multipel sein kann. Genau diese Eigenschaft ist es jedoch, die Ihnen als Unternehmer nicht die gesuchte Orientierung bieten kann. Das menschliche und unternehmerische Bedürfnis nach Vorauswissen ist auch ein Bedürfnis nach Orientierung. Ein weiterer Aspekt ist ebenfalls gefährlich für die unternehmerische Orientierung. Bei zwei Extremszenarien sind wir immer geneigt, die wirkliche Zukunft *dazwischen* zu vermuten oder eines der Szenarien intuitiv als das „wahrscheinliche" anzunehmen und vergessen damit, dass die Zukunft genauso gut in allen Dimensionen anders kommen kann, nämlich links und rechts davon, davor oder dahinter, darunter oder darüber und früher oder später. Wir ziehen es vor, im Rahmen der ZukunftsAnalyse eine Landschaft aus erwarteten Entwicklungen und Veränderungen zu beschreiben und diese regelmäßig zu revidieren. Es handelt sich dabei keineswegs um ein einziges Szenario, sondern um die Summe dessen, was man über die Zukunft einigermaßen zuverlässig wissen kann und dessen, was man über die Zukunft eben nicht wissen kann. Der Szenario-Technik fehlt zudem die Orientierung bietende und mit Herz wie Hirn entwickelte Vision als Bild einer erstrebten Zukunft.

3. **Passives Zukunftsverständnis:** Wir sehen weder die Notwendigkeit, noch die Sinnhaftigkeit, ein oder mehrere in sich geschlossene Zukunftsbilder zu entwerfen, die fatalistisch gesehen „geschehen", ohne dass wir es verändern können. Wir wollen vielmehr, dass Sie sich unter Beachtung der möglichen Veränderungen und Entwicklungen und unter Nutzung der sich daraus ergebenden Chancen Ihre eigene ge-

wünschte Zukunft definieren und erreichen. Das wird durch die Szenario-Technik zwar nicht verhindert, aber auch nicht wesentlich unterstützt.

4. **Mathematisierung und Komplexität:** Ein professionell durchgeführtes Szenario-Projekt sieht beispielsweise unter vielem anderem Vernetzungsanalysen und Konsistenzanalysen vor, die bei der gebotenen Ganzheitlichkeit und Zeitökonomie nur per Computer durchführbar sind. In der Praxis erleben wir immer wieder, dass unternehmerische Entscheider mit Recht ein tiefes Misstrauen gegen allzu ausgefeilte Management-Methoden hegen und sogar Angst davor haben. Nie haben wir einen Unternehmer und Top-Manager erlebt, der seine existenziellen Entscheidungen auf berechnete weiche Zukünfte stützte. Wo es selbst Meteorologen bei eindeutigen physikalischen Gesetzen nicht möglich ist, das Wetter auch nur über eine Woche vorherzusagen, versuchen Manche, die von subjektiv und irrational handelnden Menschen geprägten Zukünfte über mehrere Jahre zu „berechnen". Das müsste nach den Jahren der Chaosforschung eigentlich in die Horrorkiste methodischer Unternehmensführung verbannt sein. Doch scheinen viele nach wie vor tief im deterministischen kartesianischen Weltbild verhaftet zu sein, das sie doch gerade verlassen zu haben vorgeben. Das klägliche Scheitern des Operations Research - Ansatzes in der Unternehmensführung zeichnet unseres Erachtens das Schicksal solcher Art der Zukunftsarbeit vor. Selbst die vergleichsweise einfachen Aufgaben des Operations Research konnten nur mit Hilfe praxisferner Grundannahmen und ceteris paribus - Regeln gelöst werden. Wo noch nicht einmal der Fall eines Blattes berechnet werden kann, versuchen sie den Gang der Welt zu berechnen. Wie können wir beispielsweise die Auswirkungen des Bereiches „Gesellschaft" auf den Bereich „Technologie" in den Klassen null, schwach, mittel und stark einschätzen, wenn wir noch nicht einmal genau definieren können, was wir unter „Gesellschaft" und was unter „Technologie" verstehen, geschweige denn die genaue Anzahl und Art der Einflussfaktoren oder das reale Maß der Dynamik kennen können? Man bestreitet diese Unsicherheiten nicht, wendet aber ein, man brauche doch schließlich irgendeinen Ansatzpunkt, um die Weite der zukünftigen Möglichkeiten aufzeigen zu können. Wenn aber die berechneten Szenarien so zufallshaft und beliebig sind, können wir sie zum Zwecke der Horizonterweiterung genau so gut auch durch lustvolles logisches Denken formen und dabei ganz nebenbei unser Gehirn im Verstehen komplexer Zusammenhänge trainieren. Aus reiner Erfahrung und Phantasie

eines guten Teams lassen sich binnen kurzer Zeit Dutzende wenn nicht Hunderte zukünftiger Extremsituationen erdenken, anhand derer man die Robustheit einer Strategie weitaus besser prüfen kann als anhand zweier oder dreier Szenarien. Die Mathematisierung entlarvt sich spätestens dann als Selbstzweck, wenn man - und darauf kommt es letztlich an - nach Wochen detaillierter Arbeit im Ergebnisprotokoll schier unglaublich banale Erkenntnisse liest.

5. **Zielgruppe:** Die Zielgruppe für die professionelle Mitarbeit an der Szenario-Technik sind in erster Linie Fachleute und Spezialisten. Das meist generalistisch geprägte Top Management ist in der Praxis selten bereit, mehrere Wochen in einem fein und ausführlich gegliederten Szenario-Projekt mitzuarbeiten. Es ist aber gerade die Unternehmensspitze, die für ihre Entscheidungen selbst erlebtes und erarbeitetes Zukunftswissen braucht und mit der wir den größten Effekt für den Unternehmenserfolg erzielen können, wenn wir sie überhaupt zum Tun und zur Verwendung der Ergebnisse bringen können. Der wirkungsvollste Ansatzpunkt für die praktische Nutzung des ZukunftsManagements durch Führungsteams liegt in seiner Anpassung an genau diese Zielgruppe.
6. **Chancenblindheit:** Mancher Verfechter der Szenario-Technik wird es anders sehen, doch wir können der Szenario-Technik nur eine sehr schwach ausgeprägte Chancenorientierung bescheinigen. Es werden zwar Leitstrategien erarbeitet, aber das kreative Element der aktiven und offensiven Chancensuche ist der Szenario-Technik und erst recht manch anderen prognostischen Methoden fremd. Szenarien sind als Entscheidungsunterstützung hilfreich, etwa um defensiv die Folgen und die Robustheit einer entwickelten Strategie zu testen. So lassen sich sehr schön die Auswirkungen eines verdoppelten Bodenpreises untersuchen, aber neue Marktchancen, wie etwa ein neues Vertriebsmodell für Windeln, lassen sich mit der Szenario-Technik kaum erkennen. Die im Rahmen der Szenario-Technik erkennbaren Zukunftsoptionen sind bei weitem zu unspezifisch und damit wenig motivierend und wenig wertvoll.
7. **Trockenheit:** Jede Beschäftigung mit der Zukunft hat ihren Reiz und Ihre Faszination, so auch die Szenario-Technik. Doch haben fein methodisierte Szenario-Projekte in der Praxis die Tendenz, recht langweilig und zäh zu verlaufen. Zukunftsgestalter bevorzugen einen freien und kreativen Ansatz, wie wir ihn hier vorstellen.

Aus diesen Gründen sind selbst professionelle Zukunftsforschungsinstitute dazu übergegangen, stark vereinfachte Methoden anzuwenden.

3.3 Das Projektdesign

Nehmen Sie für die Gestaltung Ihres ersten ZukunftsProjektes einige Weichenstellungen vor, um „von der Gegenwart in die Zukunft" kommen zu können. Wenn Sie für sich alleine arbeiten, beantworten Sie für sich selbst schriftlich die folgenden Fragelisten. Wenn Sie im Team arbeiten, laden Sie Ihre wichtigsten Leistungs- und Entscheidungsträger zu einem kurzen Workshop ein, in dem die konkrete Zielsetzung für Ihr ZukunftsProjekt definiert wird.

Was ist Gegenstand Ihres ZukunftsProjektes?

Je komplexer die Welt, desto notwendiger wird es, sich in einem ZukunftsProjekt einen klaren, transparenten, übersichtlichen Gegenstand zu wählen. Wenn Ihr Unternehmen bereits auf den Kern seines Geschäftes konzentriert ist, haben Sie die sonst übliche Komplexität bereits im Wesentlichen vermieden. Wenn Ihr Unternehmen jedoch eine diversifizierte Ansammlung von Geschäftsfeldern ist, sollten Sie den Gegenstand Ihres ZukunftsProjektes enger definieren. Für ein produktives ZukunftsManagement brauchen Sie daher einige Konstanten, auf die Sie sich konzentrieren können. Die große Widersprüchlichkeit und Multidimensionalität zukünftiger Entwicklungen auf der einen Seite und die Reflexion der eigenen Aktionsmöglichkeiten auf der anderen Seite können nur durch Konzentration zu einem für Ihr Unternehmen brauchbaren Ergebnis führen. Wir haben in der Praxis beobachten dürfen, dass gerade diejenigen Unternehmen nicht zu einem produktiven ZukunftsManagement fähig waren, die ihre Produkte und Dienstleistungen nach dem Prinzip „alles für alle" anbieten. Es kann für Sie und Ihr Unternehmen keinen besonderen Sinn machen, beispielsweise die Freizeitwelt des Jahres 2008 zu durchdenken, wenn Sie nicht wissen, *wessen* Freizeitwelt zu analysieren ist. Es macht ebensowenig Sinn, sich über Technologie-Szenarien des frühen 21. Jahrhunderts zu unterhalten, wenn die Mission Ihres Unternehmens nicht eng genug umrissen ist.
Um den Gegenstand eines ZukunftsProjektes festzulegen, müssen Sie einige Fragen beantworten:

Um welche strategische Geschäftseinheit geht es?

Nach unserer Erfahrung muss ein ZukunftsProjekt eine ganzheitliche Geschäftseinheit, eine Entität zum Gegenstand haben. Das bedeutet eine durch Aufgabe, Produkt und Zielgruppe eindeutig definierte Geschäftseinheit. Die Betonung liegt hier auf *eine.* Idealerweise haben wir es mit einer Geschäftseinheit zu tun, die sich um klar beschriebene Probleme und Wünsche einer oder weniger konkreter Zielgruppen kümmert. Dazu gehört etwa das Unternehmen, das ausschließlich korrosionsbeständige Werkstoffe an die chemische Industrie liefert oder das Unternehmen, das Sicherheitssoftware für die Übertragung von Kundendaten in dezentrale Notebooks von Vertriebsmannschaften liefert. Seit geraumer Zeit ist es erklärte Strategie vieler Unternehmen, (wieder) solche Geschäftseinheiten zu bilden, um wieder schlüssige und eindeutige Strategien entwickeln und umsetzen zu können. Ein Beispiel dafür ist der Hoechst-Konzern (Aventis), der seit 1997 in seiner Unternehmenszentrale nur noch wenige Hundert Mitarbeiter hat. Einen großen Konzern mit 50 Geschäftsfeldern und vielleicht 200 Zielgruppen kann man nicht produktiv in einem ZukunftsProjekt bearbeiten, hier müssen viele kleine ZukunftsProjekte bottom up zu einem Gesamtprojekt verdichtet werden. Für Ihr erstes ZukunftsProjekt müssen wir Ihr Unternehmen solange gedanklich zerlegen, bis wir wieder auf natürliche Geschäftseinheiten kommen. Die strategische Geschäftseinheit können Sie nach folgenden Kriterien beschreiben:

Checkliste 1: Kriterien für strategische Geschäftseinheiten

- ☑ Profitcenter
- ☑ Tochterunternehmen
- ☑ Land oder eine Region
- ☑ Sortiment
- ☑ Produkt oder eine Dienstleistung
- ☑ Zielgruppe
- ☑ Grundbedürfnis
- ☑ Technologiefeld
- ☑ Handelsstufe
- ☑ Standort
- ☑ Markt
- ☑ Vertriebsweg
- ☑ Teilbranche
- ☑ Ressource

Sie können gerne mehr als eine Geschäftseinheit zum Gegenstand Ihres ZukunftsProjektes machen. Das werden Sie besonders dann gerne tun wollen, wenn Ihr Unternehmen aus wenigen miteinander in wesentlichen Aspekten eng verwandten Geschäftsfeldern besteht. Bedenken Sie jedoch dabei, dass jede Geschäftseinheit, die Sie sich für Ihr ZukunftsProjekt vornehmen, die zu verarbeitende Informationsmenge exponentiell wachsen lässt. Als Grundregeln können gelten, dass der Zeitaufwand und auch der Aufwand in Geld und Geist für ein ZukunftsProjekt mit folgenden Faktoren mindestens proportional wächst:

Checkliste 2: Aufwandsfaktoren für ZukunftsProjekte

- ☑ Größe des Unternehmens
- ☑ Anzahl der Kulturen oder Länder
- ☑ Anzahl der Beobachtungsfelder
- ☑ Weite des Beobachtungsfeldes
- ☑ Weite des Zeithorizontes
- ☑ Anzahl der Geschäftsfelder
- ☑ Anzahl verschiedener Produkte
- ☑ Anzahl verschiedener Zielgruppen
- ☑ Anzahl der Jahre
- ☑ Anzahl der Teilnehmer

Wir empfehlen, sich zu Beginn auf eine Geschäftseinheit zu konzentrieren. Der Idealfall liegt dann vor, wenn Ihr Unternehmen prinzipiell einer strategischen Geschäftseinheit entspricht. Dann können Sie das gesamte Unternehmen als Projektgegenstand nehmen. Andernfalls sollten Sie zunächst nur eine wichtige Geschäftseinheit wählen. Wenn Sie sich auf Ihre persönliche Zukunft konzentrieren wollen, haben Sie ja auch eine „Geschäftseinheit", nämlich sich selbst. Der Einfachheit halber werden wir weiterhin von „Ihrem Unternehmen" sprechen.

Was ist die Mission oder die Kernaufgabe dieser Geschäftseinheit?

Definieren Sie in einem Satz die Mission Ihres Unternehmens bzw. der gewählten Geschäftseinheit. Die Mission ist die Antwort auf die Frage „wofür sind wir da?“ und bezeichnet damit die Lebensberechtigung des Unternehmens, sie ist die „raison d'être“. Sie bestimmt alle weiteren bzw. darauf folgenden strategischen Leitlinien. Die Mission ist nach außen gerichtet, sie besteht also nicht darin, „Geld zu verdienen“, sondern darin, eine bestimmte Aufgabe in der Umwelt zu erfüllen, für die man dann mit Geld oder anderer „Gegenenergie“ belohnt wird. Leider denken fast alle Deutschen sofort an „Missionare“ und „missionarisch“, wenn sie das Wort Mission hören und sehen dabei das Bild eifernder und rücksichtsloser Glaubenskrieger. Wir verwenden Mission im oben beschriebenen Sinne der „raison d'être“.
Achten Sie darauf, Ihre Mission von der Wirkung her zu definieren. Wenn Sie Kraftfahrzeuge herstellen, dann besteht Ihre Mission vielleicht darin, individuelle Mobilität zu geben. Wenn Sie Medikamente herstellen, besteht Ihre Mission darin, Krankheiten zu heilen oder zumindest deren Folgen zu lindern. Bedenken Sie, dass Ihre Mission sich von derjenigen Ihrer Mitbewerber unterscheidet, denn gleichartige Missionen verschärfen den Konkurrenzgrad und minimieren die für die Anbieter erzielbaren Umsatzrenditen. Einige Beispiele für Missionen:

- Connecting People (Nokia)
- Ganzheitliche Lebens- und Arbeitswelten umweltverantwortlich schaffen und erhalten
- Versorgung mit Teilen und Apparaten aus Tantal (Cometec)
- Schnelle Bereitstellung gebrauchter Spezialtiefbaumaschinen
- Einrichtung von Lebens- und Arbeitswelten
- Wir bieten passive Hilfen zur Verbesserung des persönlichen körperlichen und geistigen Wohlbefindens
- Verbrauchsmessung und Abrechnung von Wasser und Energie (Techem)
- Menschen und Organisationen zu mehr Effektivität verhelfen

Folgende Denkfragen werden Sie dabei unterstützen, Ihre eigene Mission zu definieren.

Checkliste 3: Denkfragen zur Mission
☑ Wofür ist unser Unternehmen da?
☑ Was tut unser Unternehmen für andere Menschen?
☑ Welches Grundbedürfnis befriedigt unser Unternehmen?
☑ Worum würde die Welt ärmer, wenn es uns nicht gäbe?
☑ Wie tragen wir zum Ganzen bei?
☑ Wozu wurde unser Unternehmen eigentlich gegründet?

Wer sind die Kern-Zielgruppen dieser Geschäftseinheit?

Die Kern-Zielgruppen sind eine weitere Konstante Ihres ZukunftsManagements, obschon Sie bei der Früherkennung von ZukunftsChancen auch offen für Veränderungen und Ergänzungen der Zielgruppen bleiben müssen.

Was sind die wichtigsten Gestaltungsfelder?

Unabhängig davon, ob Sie Ihr Unternehmen noch als relativ statische Kombination von „Be-Reichen“ oder „Ab-Teilungen“ sehen oder ob Sie bereits in Prozessen denken, führen und gestalten, Sie haben immer eine Reihe von Gestaltungsfeldern. Diese Gestaltungsfelder können beispielsweise die folgenden sein:

Checkliste 4: Gestaltungsfelder
☑ Strategie
☑ Marketing
☑ Leistungen (Produkte und Dienstleistungen)
☑ Absatz / Vertrieb
☑ Mitarbeiter
☑ Vorleistungen
☑ Organisation (Aufbau, Ablauf, Arbeitsordnung, Handbücher)
☑ Wertschöpfung/Produktion/Prozesse (Material, Investitionen, Zulieferungen)
☑ Kapital (Darlehen, Beteiligungen, Finanzbedarf von außen)

Sie haben sicher festgestellt, dass diese Begriffe relativ amorph sind und dadurch eine Reihe deutlicher Überschneidungen erkennbar sind, so etwa zwischen Strategie und Marketing und zwischen Wertschöpfung und Leistungen. Bestimmen Sie diejenigen Gestaltungsfelder und verwenden Sie diejenigen Begriffe, die für Sie schlüssig und vertraut klingen. Es gibt hier keinen besten Standard, an dem Sie sich auszurichten hätten. Ihre ganz individuellen Gestaltungsfelder des Unternehmens bzw. des Projektgegenstandes bestimmen Sie mit folgenden Denkfragen:

Checkliste 5: Denkfragen zu Gestaltungsfeldern

- ☑ Von welchen Faktoren hängt die Existenz unseres Unternehmens ab?
- ☑ Welche Faktoren tragen am stärksten zur Entwicklung unseres Unternehmens bei?
- ☑ In welchen Bereichen könnten wir neue Chancen und Ideen sehr gut gebrauchen?
- ☑ In welchen Gestaltungsfeldern liegt zur Zeit der strategische Engpass unseres Unternehmens (bzw. des Projektgegenstandes)?

Wie binden Sie die Mannschaft ein?

Das Projekt-Team

Im Ergänzungskapitel „Erfolgsfaktor Zukunftskompetenz" legen wir ausführlich dar, welche Fähigkeiten, Eigenschaften, Charaktere und Persönlichkeiten für das ZukunftsManagement besonders hilfreich sind. Sie können die Gliederung dieses Abschnittes im Prinzip als Checkliste für die Zusammenstellung des Projekt-Teams heranziehen.

Wer nicht an die Zukunft denken will, der wird auch keine haben.

Die Zusammensetzung der Teilnehmer muss soweit wie möglich interdisziplinär sein, um die allein schon durch fachliche Prägungen unterschiedlichen Weltbilder übereinander zu lagern und aneinander zu knüpfen und damit den „Erfassungsraum" vergrößern zu können. Es müssen daher möglichst alle wesentlichen Wissensbereiche und Gestaltungsfelder des Unternehmens vertreten sein, beispielsweise die in der obigen Checkliste genannten.

Die Workshop-Teilnehmer sollten möglichst problemnah und vor allem kundennah sein. Die Teilnahme externer Experten bietet sich an, wenn spezielle Wissensbereiche von den eigenen Mitarbeitern nicht abgedeckt werden oder wenn Sie vermuten, dass das Zukunftswissen Ihres Führung-Teams Ergänzungen vertragen könnte. Externe Teilnehmer könnten beispielsweise folgenden Personenkreisen entstammen.

Checkliste 6: Externe Mitgestalter
☑ Kunden
☑ Lieferanten
☑ Berater
☑ Vertriebspartner
☑ Kooperationspartner
☑ Wissenschaftler
☑ Verbandsführer
☑ Quer-Denker und Innovatoren

Vielleicht sind Ihnen auch die folgenden Anmerkungen zur Auswahl der Mitgestalter Ihres ZukunftsProjektes hilfreich.

Checkliste 7: Auswahl von Mitgestaltern
Sie brauchen im Projekt-Team Menschen, …
☑ die aufgeschlossen sind,
☑ die kreativ sind und die quer-denken können,
☑ die auch bereit sind, auf der Grundlage „schwacher Signale“ und unvollständiger Information zu entscheiden und zu handeln,
☑ die sich für Veränderungen einsetzen und sich bei Veränderungen wohlfühlen,
☑ die Veränderungen als Chance und Herausforderung begreifen,
☑ die möglichst auch schon in anderen Branchen gearbeitet haben,

Checkliste 7: Auswahl von Mitgestaltern (Fortsetzung)

- ☑ die genau so gut selbstständiger Unternehmer sein könnten,
- ☑ die immer nach neuen, besseren Wegen suchen (und sie gelegentlich auch finden!),
- ☑ die vom Ziel her denken und sich nicht an der Frage des Weges festbeißen,
- ☑ die Zukunft nicht als Schicksal, sondern als Ergebnis eigenen Handels begreifen,
- ☑ die es gewohnt sind zu agieren statt zu reagieren,
- ☑ die anders als andere sind.

Für das Projekt-Team brauchen Sie nicht die Menschen, …

- ☑ die aus Ihrer subjektiven Sicht einen kurzen Zeithorizont haben, die also nicht willens oder nicht in der Lage sind, mehrere Jahre vorauszudenken,
- ☑ die bei jeder Gelegenheit „die Praxis“ beschwören. Sie sind selten in der Lage, sich für ein vor allem langfristig wirksames und rentables Vorgehen zu begeistern,
- ☑ die überkritisch sind. Sie sollten gemäß ihren Stärken allenfalls an der abschließenden Aktionsdefinition teilnehmen, um auf die möglichen Risikopunkte der diskutierten Projekte und Aktionen hinweisen zu können.
- ☑ die eher dem Pessimismus zuneigen und als überkritische Zeitgenossen auffallen,
- ☑ die Erfahrung für den wichtigsten Erfolgsfaktor halten,
- ☑ denen es wichtiger ist, die Dinge richtig zu tun, als die richtigen Dinge zu tun, die also mehr an Effizienz als an Effektivität interessiert sind.

Sie können für die Zusammenstellung des Projekt-Teams methodische Auswahlhilfen wie das Struktogramm, das HDI, DISG-Profile oder den Team Management Index einzusetzen. Wir halten es jedoch nicht für unbedingt nötig.

Es bietet sich an, neben einem Projektleiter auch einen Moderator für die Workshops zu bestimmen, wobei es sich hier durchaus auch um ein und dieselbe Person handeln kann. Er oder sie sollte Erfahrung in der Methodik des ZukunftsManagements haben. Mit externen Spezialisten werden Sie regelmäßig bessere Erfahrungen machen als mit internen. Die Einschaltung eines internen Mitarbeiters ist zwar möglich, jedoch ist die Qualität der Ergebnisse meist erheblich niedriger. Wer sich nur einmal jährlich ans Klavier setzt, wird nur mühsam Note für Note spielen. Wie anders klingt dagegen das Spiel des Profipianisten, der täglich auf seinem Instrument spielt. Wir werden Sie der Verständlichkeit halber zwar als Projektleiter und Moderator ansprechen, raten aber aus Gründen hierarchiebedingter Informations- und Denkprobleme davon ab, dass die Unternehmensspitze selbst diese Funktion erfüllt.

Einbindung aller Mitarbeiter

Wenn Ihr Unternehmen fünfzehn Mitarbeiter hat, können Sie getrost die gesamte Mannschaft ins Projekt-Team nehmen. Da Ihr Unternehmen aber wahrscheinlich erheblich größer ist, können wir häufig den größeren Teil der Mitarbeiter lediglich in abgestufter Intensität in das Projekt einbinden. Gegen Ende Ihres ZukunftsProjektes werden Sie alle Mitarbeiter auf geeignete Art und Weise über Inhalte und Ergebnisse des Projektes informieren. An dieser Stelle geht es uns darum, wie Sie die Weisheit aller Mitarbeiter als Input in die frühe Phase Ihres Projektes einbinden. Hierzu gibt es eine Reihe von Möglichkeiten, von denen wir Ihnen hier einige ausgewählte vorstellen wollen:

Der ZukunftsBrief

Die Unternehmensleitung schreibt allen Mitarbeitern einen Brief und informiert sie kurz über Ziele und Inhalte des ZukunftsProjektes. Im zweiten Teil fordert sie jeden Adressaten auf, seinerseits einen „ZukunftsBrief" an das Projekt-Team zu schreiben. Im ZukunftsBrief haben die Mitarbeiter Gelegenheit, ihre Gedanken zur Zukunft und zu den Chancen des Unternehmens einzubringen. Die Aussagen in den ZukunftsBriefen werden anschließend gruppiert und als Input in die Workshops eingebracht. Anstelle des persönlichen Briefes an die Mitarbeiter können Sie die Aufforderung natürlich auch am schwarzen Brett aushängen, im Intranet bekanntgeben oder im Unternehmens-TV senden.

Vorbereitende Workshops

Besonders in größeren Unternehmen können die Mitarbeiter in der Art eingebunden werden, dass jede organisatorische Einheit einen halbtägigen

Workshop durchführt, in dem die fünf Kernfragen des ZukunftsManagements ohne besondere Methode beantwortet werden. Die protokollierten Ergebnisse werden aufbereitet, zusammengefasst und in das ZukunftsProjekt eingebracht.

Zukunftskonferenz

Mit einer so genannten Zukunftskonferenz können bis zu 100 Mitarbeiter in einer Veranstaltung ihre Gedanken und Gefühle zur Zukunft Ihres Unternehmens einbringen. Mit mehreren Zukunftskonferenzen lassen sich so auch in großen Unternehmen alle Mitarbeiter integrieren. Der ähnlich klingende Name darf nicht darüber hinwegtäuschen, dass die Zukunftskonferenz kein inhaltlich tiefgreifendes ZukunftsManagement liefern kann. Die Zukunftskonferenz hat eher den Charakter des „discovering common ground“, also den einer Basiskonferenz, in der es vor allem darum geht, gemeinsame Werthaltungen und gemeinsamen Geist zu entdecken. Nichtsdestotrotz können Zukunftskonferenzen einen gewissen inhaltlichen und motivatorischen Beitrag für Ihr ZukunftsProjekt liefern.

Wie ist Ihre Ausgangssituation?

Das Thema der Analyse von Ausgangssituationen füllt ganze Bibliotheken, nicht zuletzt deshalb, weil es so schön leicht und folgenlos ist, die Ausgangssituation zu analysieren. Wir wollen uns hier darauf konzentrieren, einen groben Eindruck vom derzeitigen strategischen Standort zu gewinnen. Es geht uns hier nicht um Stärken-Schwächen-Analysen im Vergleich zu Mitbewerbern und auch nicht um eine wertanalytische Betrachtung Ihrer Unternehmensfunktionen. Auch hier helfen Ihnen einige Leitfragen:

Checkliste 8: Analyse der Ausgangssituation

Fragen zum Unternehmen

- ☑ Was sehen wir als Misserfolge?
- ☑ Was sehen wir als Erfolge?
- ☑ Worauf sind wir stolz?
- ☑ Worauf sind wir ganz und gar nicht stolz?
- ☑ Was befürchten wir für die Zukunft?
- ☑ Was wünschen und hoffen wir für die Zukunft?

Checkliste 8: Analyse der Ausgangssituation (Fortsetzung)
☑ Was sind zur Zeit unsere brennendsten Probleme?
☑ Was empfinden wir als größten Engpass?
☑ Wie alt sind unsere Produkte bzw. Dienstleistungen?
☑ Wie ist unsere Ertragssituation?
☑ Wie hoch ist unsere Zukunftskompetenz?
☑ Wie hoch ist unser strategischer Reifegrad?
☑ Was ist unsere heutige Vision für die Zukunft?
☑ Wie hoch ist unser strategischer Reifegrad?
Fragen zum Markt
☑ Was sind die zur Zeit dringenden und brennenden Probleme auf unserem Markt?
☑ Was sind die heutigen Erfolgsfaktoren im Markt?
☑ Wie ist die Wettbewerbssituation?
☑ Wie ist unsere Markposition?
☑ Wie stark unterscheiden wir uns von unseren Mitbewerbern?
☑ Werden die Preise akzeptiert, wie gut werden sie durchgesetzt?
☑ Wodurch wird das Marktgeschehen bestimmt?
☑ Wie entwickelt sich das Marktvolumen?

Sie haben sich jetzt ein grobes Bild Ihres strategischen Standortes gemacht. All diese Standortbausteine waren Ihnen auch vorher bekannt, aber nun sind sie Ihnen auch wieder bewusst, quasi von der Festplatte in den Arbeitsspeicher geholt, um damit besser arbeiten zu können.

Was sind die Ziele Ihres ZukunftsProjektes?

Erfolge beginnen immer mit Wünschen und Zielen. Sagen Sie nicht, Sie hätten keine Ziele für Ihr ZukunftsManagement, denn die Tatsache, dass Sie dieses Buch lesen, ist ein deutlicher Beweis dafür, dass Sie irgendwelche, wenn auch unbewusste Ziele für Ihre Suche nach Ihren Märkten von morgen haben. Menschen haben immer Ziele, nur machen sie diese nur selten klar und deutlich. Die Masse der Bücher, Kassetten und Seminare zum Thema der Zielsetzung ist unüberschaubar. Kein ernstzunehmende „Erfolgstrainer“ verzichtet darauf, auf die immense Bedeutung der Zielsetzung hinzuweisen und die ausgefeiltesten Techniken der Zielfindung vorzuschlagen. Seitdem Menschen ernsthaft über Erfolg im weitesten Sinne nachdenken, ist Zielorientierung ein absolutes Grundgesetz. Gehen wir aber in die Niederungen des Tagesgeschäftes, stellt der aufmerksame Beobachter immer wieder erstaunt fest, mit welcher Konsequenz es ignoriert oder versäumt wird, zielorientiert zu arbeiten. Da es hier um den Weg zu neuen Märkten geht, sprechen wir nicht von Umsatz- oder Kostenzielen, die als einzige relativ weit verbreitet sind.

Wer den Hafen nicht kennt, in den er segeln will, für den ist kein Wind ein günstiger. (Lucius A. Seneca).

Wir haben viele Zusammenkünfte hochintelligenter Menschen miterlebt, in dem ein „führender“ Teilnehmer ein Problemfeld ansprach und sodann ein allgemeines Herumstochern in verschiedenen Dimensionen, Ausprägungen und Phänomenen begann. Nach vielen Stunden wussten alle mehr, doch die notwendige Antwort kannte keiner. Wenn eine Zielsetzung für eine Besprechung oder gar für ein Projekt fehlt, setzt sich jeder Beteiligte sein eigenes Ziel. Das ist eine natürliche Substitution, weil Menschen gar nicht ohne Ziele leben und arbeiten können. Auch „nehmen, was kommt“ und „in den Tag hineinleben“ sind spezielle Arten von Zielen. Wenn jeder das Zielvakuum durch sein individuelles Ziel ersetzt, brauchen wir uns nur das aus dem Physikunterricht in der Schule vertraute Kraftdiagramm zu vergegenwärtigen, um die Folgen absehen zu können. Alle ziehen, aber nichts wird wirklich bewegt, da die Zugrichtungen verschiedene sind. Das multidirektionale Tauziehen endet im Patt. Damit wir uns richtig verstehen. Auch der reine Gedankenaustausch kann das Ziel sein. Es muss nur genannt werden, sonst ist der eine enttäuscht, nicht einen priorisierten, terminierten und delegierbaren Aktionsplan zu haben, während der andere sich darüber ärgert, dass seine mit „verrückter“ Begeisterung vorgetragenen Ideen nicht aufgegriffen wurden, weil man doch schließlich vernünftig sein müsse. Legen Sie daher die Ziele Ihres ZukunftsProjektes schriftlich fest. Je genauer Sie zu Beginn die Zielsetzung Ihres ZukunftsProjektes definieren, desto größer wird Ihr Erfolg sein.

Weitere Überlegungen und Tipps zur Definition einer nützlichen Zielsetzung für Ihre ZukunftsProjekt finden Sie unter ➔ **www.Micic.com**.

Welchen Zukunftshorizont setzen Sie sich?

Sie können zukünftige Entwicklungen und die daraus abgeleiteten Chancen besonders produktiv bearbeiten, wenn Sie einen zeitlichen Fixpunkt haben, an dem Sie Ihre Einschätzungen festmachen. Wichtig ist, dass sich der Zukunftshorizont Ihres Projektes antiproportional zur Flexibilität der Unternehmensstrukturen verhalten muss. Der Zukunftshorizont muss mindestens den Zeitraum umfassen, den es in Ihrem Unternehmen braucht, um ein vollkommen neues Geschäftsfeld zu erschließen. Es ist nicht wirtschaftlich, *möglichst weit* in die Zukunft sehen zu wollen. Ihr Zukunftshorizont muss nur erheblich weiter reichen als der Ihrer Mitbewerber. Vielleicht helfen Ihnen bei der Bestimmung Ihres eigenen Zukunftshorizontes einige Beispiele:

Checkliste 9: Zukunftshorizonte

❶ Zukunftshorizonte zwischen einem und drei Jahren haben z. B.:

☑ Regional orientierte Einzelhändler

☑ Freiberufler

☑ Finanzberatungsunternehmen

☑ Kleinere Computerhändler

❷ Zukunftshorizonte zwischen drei und fünf Jahren haben z. B.:

☑ Mittlere Unternehmensberatungen

☑ Größere Schulungsunternehmen

☑ Größere Computerhändler

☑ Bauunternehmen

❸ Zukunftshorizonte zwischen fünf und zehn Jahren haben z. B.:

☑ Automobilzulieferer

☑ Größere Möbelhandelskonzerne

☑ Mittlere Maschinenbauer

☑ Große überregional orientierte Banken

☑ Hersteller von Komponenten für Gebäudetechnik

☑ Computerhersteller

Checkliste 9: Zukunftshorizonte (Fortsetzung)

❹ Zukunftshorizonte über zehn Jahre haben z. B.:

☑ Großkonzerne

☑ Forschungsorganisationen

☑ Pharmakonzerne

☑ Staaten

Damit wir uns richtig verstehen. Wenn ein regionaler Einzelhändler sich eine wirklich weite Zukunftssicht vorgenommen hat, darf und soll er natürlich über den engen Zukunftshorizont von drei Jahren hinausgehen. Genauso muss sich ein Automobilzulieferer auf einen zweijährigen Zukunftshorizont beschränken, wenn er sich nur um seine Vertriebswege kümmern will. Ein einzelner Mensch kann sein persönliches ZukunftsProjekt auf sein restliches Leben, also auf 20, 30 oder 40 Jahre ausrichten, oder sich aber auf die kurzfristigen Chancen konzentrieren und nur über die nächsten drei Jahre oder auch die nächsten Monate nachdenken. Die genannten Kategorien und Beispiele sind nicht mehr als zwangsläufig unscharfe Orientierungshilfen. Wichtig ist, dass Sie sich festlegen, ob Sie nur das Abblendlicht oder das Fernlicht einschalten wollen. Bestimmen Sie daher bitte den Zukunftshorizont Ihres ZukunftsProjektes mit einer konkreten Jahreszahl.

Szene 7; Der Besuch, Teil II

15. April: Nach zwei Stunden hatten Michels und Lichtenberg das Design für das Projekt LICHTENBERG 2011 festgelegt.
Gegenstand des Projektes war das gesamte Unternehmen Lichtenberg GmbH, weil es auf nur einem natürlichen Geschäftsfeld mit klarer Leistung und relativ eindeutiger Zielgruppe basiert. Als Mission definierten Lichtenberg und Michels „Wir errichten familienfreundliche Lebens- und Arbeitswelten auf höchstem Niveau." Als Zielgruppe wurden einfach all diejenigen Bauherren definiert, die von höchstem technischen und architektonischen Niveau fasziniert und für ein Ein- bis Zweifamilienhaus mehr als drei Millionen Euro zu zahlen bereit sind. Da die Lichtenberg GmbH ihre Klienten ohnehin fast ausschließlich über Empfehlungen gewann und dann bei weitem nicht jedem Interessenten ein Angebot unterbreitete, reichte diese grobe Zielgruppen-Definition aus. Folgende Gestaltungsfelder der Lichtenberg GmbH wurden definiert:

- Strategie & Marketing
- Management
- Mitarbeiter
- Leistungen
- Vorleistungen
- Wertschöpfung
- Finanzierung

Als Teilnehmer wählten Michels und Lichtenberg neben sich selbst und Frau Lichtenberg die Geschäftsführerin sowie die Leiter der Prozesse Produktion, Marketing und Administration. Als externe Teilnehmer sollten ein Professor für Gebäudetechnik und ein Soziologe eingeladen werden. Simon Lichtenberg hatte seine Projektziele bereits vorbereitet und nach wenigen Korrekturen und Ergänzungen konnten sie verabschiedet werden:

1. Wir wollen für die Lichtenberg GmbH die fünf Kernfragen des ZukunftsManagements beantworten.
2. Wir wollen unsere strategische Ausrichtung überprüfen und aktualisieren.
3. Durch unser ZukunftsProjekt wollen wir die Gewissheit haben, das unter Wahrung der Wirtschaftlichkeit alles Menschenmögliche getan zu haben, um zukünftige Entwicklungen unseres Umfeldes und die sich daraus ableitenden Bedrohungen und Chancen früher als unsere Mitbewerber zu erkennen.
4. Unser ZukunftsProjekt soll in einer klaren umfassenden strategischen Vision und einem Aktionsplan münden.

Michels sah davon ab, auf einer präziseren und umfassenderen Zielsetzung zu bestehen, denn schließlich wollte Lichtenberg ja das Handwerk lernen und das geschieht eben durch eigene Einsicht viel besser als durch Ratschläge.
„So, mein lieber Herr Lichtenberg, jetzt haben wir das Projektdesign im Kasten. Sie haben ja im Buch über das Vier-Topf-Modell gelesen. Der erste Topf enthält die ZukunftsAnnahmen, und wie man die erarbeitet, steht im Abschnitt „Vor-Denken“. Ich habe da eine Idee. Sie können in den nächsten Wochen an zwei öffentlichen Seminaren teilnehmen. Es ist zwar beide Male das gleiche Seminar, aber Sie nehmen zunächst am ersten Tag des ersten Seminares, in dem es um das Vor-Denken geht, und dann am zweiten Tag des zweiten Seminares teil, in dem es um das Hin-

ein-Denken und das Quer-Denken geht. Dazwischen führen wir unseren ersten Workshop-Tag mit der ZukunftsAnalyse und danach unseren zweiten Workshop-Tag mit der ChancenAnalyse durch. Für den dritten Workshop-Tag reicht dann wieder die Buchlektüre. Auf diese Weise durchlaufen Sie ein optimales Trainingsprogramm, was halten Sie davon?" Endlich holte Michels wieder Luft, und Lichtenberg wunderte sich über seine Gelassenheit, denn er reagiert sonst allergisch darauf, wenn man für ihn seine Tage verplant. „Das klingt ganz vernünftig", gab er zu, „so soll es geschehen", ergänzte er pathetisch. (Weiter auf Seite 83).

4 Strategemisches Denken

Szene 8; Das erste Grundlagen-Seminar

19. Mai: Der Ausblick war herrlich. Das Rheintal, umsäumt von Weinbergszeilen und romantischen Örtchen, lag wie gemalt vor den Lichtenbergs, die an keinem Ort der Erde auf ihr morgendliches Jogging verzichten würden. In anderthalb Stunden sollte das Seminar beginnen, in dem Frau und Herr Lichtenberg in den ersten Teil des „strategemischen Denkens" eintauchen wollten. Dieses Seminar sollte ihnen das intellektuelle Handwerkszeug für das Vor-Denken in der ersten Workshop-Phase vermitteln.

Pünktlich um 9.00 Uhr begann das Seminar. Die moderne Atmosphäre des Seminarraumes passte zum Thema, stand aber in reizvollem Gegensatz zur romantisch klassischen Umgebung des Rheingaus. Im Kreis saßen fünfzehn Frauen und Männer mit den verschiedensten Hintergründen, wie der Teilnehmerliste zu entnehmen war. Da war der Bereichsvorstand einer großen deutschen Bank, der Handwerker, die erfolgreiche Unternehmensberaterin, der agile Freizeitunternehmer, der selbstständige Softwarespezialist wie auch ein Student der Betriebswirtschaft mit seinem Professor.

Michels gestaltete Workshops und Seminare multimedial. Lichtenberg erinnerte sich, dass Michels ihm berichtet hatte, er führe auch die Workshops mit Hilfe des Computers durch. Davor hatte er leichten Bammel, denn in seiner Welt fanden in Workshops nur Moderationstechniken mit Wölkchen und Kärtchen Anwendung. Schließlich sollte er den zweiten Zyklus des StrategieRadar-Systems ganz alleine durchführen. Michels hatte ihm zwar beruhigend in Aussicht gestellt, er könne mit einigem Effektivitätsverlust auch ganz konventionell moderieren, aber Lichtenberg war schließlich Perfektionist.

Es ging los mit der Frage „was ist ein Strategem?" Ellen und Simon Lichtenberg erlebten einen interessanten Tag mit einer enormen Anzahl neuer Anstöße und neuer Ideen. Nie hätten Sie sich vorgestellt, dass man so frei und doch systematisch, so produktiv und doch mit so viel Spaß über die Zukunft nachdenken kann. Sie nahmen sich vor, am nächsten Wochenende gemeinsam das passende Kapitel im Michels-Buch zu lesen und die Inhalte für sich selbst aufzuarbeiten. (Weiter auf Seite 133).

4.1 Was ist ein Strategem?

Ein Strategem ist eine Art „Denkwerkzeug" mit Rezeptcharakter. Angenommen, Sie wollen in Ihrem Unternehmen prüfen, ob der monatliche Marktbericht von Ihren Führungskräften auch wirklich genutzt und gebraucht wird. Sie können zu diesem Zweck entweder den wenig erfolgversprechenden Weg gehen, die Adressaten danach zu fragen. Sehr viel intelligenter und zuverlässiger ist es aber, die Aussendung des Berichtes einfach einzustellen und genau zu beobachten, ob und von wem die ersten Anmahnungen kommen. Wenn sich niemand beschwert, wurde der Monatsbericht bisher völlig umsonst erarbeitet. Auf diese Weise haben Sie ein Strategem angewendet, dass man beispielsweise „Kreative Unterbrechung, den üblichen Impuls abstellen" nennen könnte.
Strategeme gibt es, seit es denkende Wesen gibt. In der Tradition fernöstlicher Kulturen haben sich Strategeme über Jahrtausende entwickelt. Sie sind Denk- und Handlungsmuster für das tägliche Leben. In China kennt und nutzt man jahrtausendealte Strategeme, um Kriege zu führen, um im Geschäft erfolgreicher zu sein und um menschliche Beziehungen besser zu gestalten. So sorgten in China kurz vor Jahresende 1995 Gerüchte über die bevorstehende Einführung einer Zusatzsteuer beim Kauf von Neuwagen in Höhe von 30 Prozent ab dem 01.01.96 für einen Run auf die Autohändler. Die Zahl der verkauften Autos stieg von durchschnittlich acht auf 50 Fahrzeuge je Tag und Händler. Niemand konnte später sagen, woher das Gerücht kam, und eine Sondersteuer wurde niemals eingeführt.
Strategem ist ein im Deutschen kaum gebrauchtes Wort für Kriegslist, Kunstgriff, Trick oder Kniff. Auch Mao kam nicht ohne sie aus, wie Prof. Dr. Harro von Senger, Jurist und Sinologe aus Freiburg, in seinem 1992 erschienenen Buch „Strategeme, Lebens- und Überlebenslisten aus drei Jahrtausenden" schreibt (Scherz-Verlag). Senger befasst sich in diesem Buch mit den ersten 18 der 36 Strategeme der Chinesen. Dieses Buch ist übrigens eine sehr kurzweilige Lektüre über das „strategemische Denken" der Asiaten. Von dieser jahrtausendealten Denkweise können wir hier im nüchternen Europa noch sehr viel lernen. Goethe behauptete, alles Wesentliche sei bereits gesagt und gedacht, man müsse es nur im rechten Augenblick erneut denken. So entdecken wir in den Weisheiten des Sun Tzu eine kaum zu überblickende Vielfalt an Strategemen für das Geschäftsleben[10]. Auch wenn diese Weisheiten eigentlich dem Krieg entstammen, so vermögen sie nicht nur im Krieg, sondern auch im fairen Wettbewerb dienlich zu sein. Auch der Philosoph Arthur Schopenhauer hat sich in seiner „Eristischen Dialektik" mit „Strategemata" der Gesprächsführung befasst. Die mittelalterliche

Literatur ist voller, meist lateinischer Bücher über Strategeme. In neuerer Zeit tauchen wieder vermehrt Publikationen auf, die aus dem uralten Wissen des fernen Ostens Lehren für das Management ziehen wollen.[11] Einige weitere Beispiele für strategemisches Denken:

1. In Frankreich wurde 1997 eine Ecole de Guerre Economique gegründet, also eine Schule für den Wirtschaftskrieg, an der Methoden der „offensiven Informationsbeschaffung" der „Destabilisierungsstrategie" oder der „Umzingelungstaktik" lernt. Die Franzosen verteidigen ihre militärische Sicht der Dinge mit dem angeblichen Wirtschaftsimperialismus der USA.
2. Der russische Wissenschaftler Genrich Altschuller aus Petersburg hat zahllose Patente auf innovative Grundregeln hin untersucht und ermittelte daraus 200 Grundprinzipien, also Strategeme der Innovation. Diese Grundprinzipien gibt es sogar als Software.[12] Bislang sind wir mit solchen Lösungen noch auf technische Anwendungen beschränkt. Es wird in absehbarer Zeit auch Software geben, die bei operativen und später auch bei strategischen Managementfragen mit Grundprinzipien hilft, was weit über die Möglichkeiten von Planspielen hinausgeht.
3. Japanische Industrieunternehmen nutzen die Strategeme des Sun Tzu, um ihre Patentstrategien zu verbessern, das meint jedenfalls der Vorsitzende Richter des Bundespatentgerichtes.

Die Theorie bestimmt, was wir entdecken können. (Albert Einstein)

Auch Witze werden nach Strategemen gebildet. Es ist eine wirkungsvolle und interessante Übung, nach den Strategemen im Witz zu suchen. Dabei werden Sie unter anderem die Muster Übertreibung, Untertreibung, Missverständnis, strikt wörtliches Verständnis, Vergleiche zwischen normalerweise vollkommen getrennten Bereichen, andere Länder – andere Sitten usw.

Im Prinzip können Sie jede Idee, jedes Handlungskonzept, jede Methode und jedes Modell ein Strategem nennen. Uns geht es hier jedoch ausschließlich um die Früherkennung von ZukunftsChancen und somit auch nur um solche Strategeme, die genau dieser Funktion dienen. Wenn wir hier über Strategeme sprechen, dann meinen wir damit immer diejenigen zur Früherkennung von ZukunftsChancen.

4.2 Strategemisches Denken zur Früherkennung

Geburt und Leben der Früherkennungs-Strategeme

Strategeme sind im Allgemeinen knappe Handlungskonzepte und „Zielerreichungsstrategien". Die Strategeme zur Früherkennung zukünftiger Chancen und Bedrohungen sind hingegen „Erkenntnisstrategien", die Ihnen helfen, zu neuem Wissen zu kommen. Wie alle Analogien werden Strategeme entdeckt und nicht im eigentlichen Sinne erfunden. Wir haben das Prinzip des Strategems erstmals zur Früherkennung von Chancen und Bedrohungen im Management genutzt und daraus Strategeme zur Früherkennung von Chancen und Bedrohungen formuliert. Wir suchten nach Möglichkeiten, auf die Entwicklung, Einführung und Pflege umfangreicher, bürokratischer und teuerer Früherkennungssysteme verzichten zu können. Unsere Unternehmer sahen zwar durchaus ein, dass Früherkennung notwendig war, aber sie scheuten zu Recht großen Aufwand. Im strategemischen Denken fanden wir einen sehr effektiven Weg zur unternehmerischen Früherkennung zukünftiger Chancen und Bedrohungen, der kein explizites System zur Voraussetzung hatte, sondern sich sehr subtil in den gewöhnlichen Geschäftsbetrieb einfügen ließ.
Die Strategeme zur Früherkennung zukünftiger Chancen und Bedrohungen sind ein denkmethodischer Ausweg aus der immer weniger überschaubaren und teilweise auch beängstigenden Beschleunigung der wirtschaftlichen Veränderungen. War es für den Unternehmer vor zwanzig Jahren noch fraglos plausibel und nützlich, viele einzelne Trends und Zukunftsszenarien zu analysieren, ufert diese wichtige Unternehmensaufgabe heute und in Zukunft noch mehr zeitlich aus. Für den einzelnen Menschen und auch für das Team ist es kaum noch möglich, sich wirklich ein umfassendes Bild von allen relevanten Markttrends zu machen. Das Verstehen und Nachvollziehen all dieser Entwicklungen ist schon lange zur Illusion geworden. Ein Ausweg besteht darin, die Entwicklungen auf eine höhere Erkenntnisebene, quasi eine Metaebene zu heben. Das Wesentliche war schon immer einfacher als die Details. Je tiefer man in das Wissensgeflecht eines kegelförmigen Wissensraumes eindringt, desto größer wird die erforderliche Kapazität der Informationsverarbeitung. Sie wächst in der Regel exponentiell. Diese höhere strategische Ebene erreichen Sie, indem Sie Gesetzmäßigkeiten in der Veränderung suchen, finden und auf andere Situationen transferieren. Beispiele für solche Gesetzmäßigkeiten in der Veränderung sind die Fraktionierung der Märkte oder das Zusammenwachsen der Branchen.

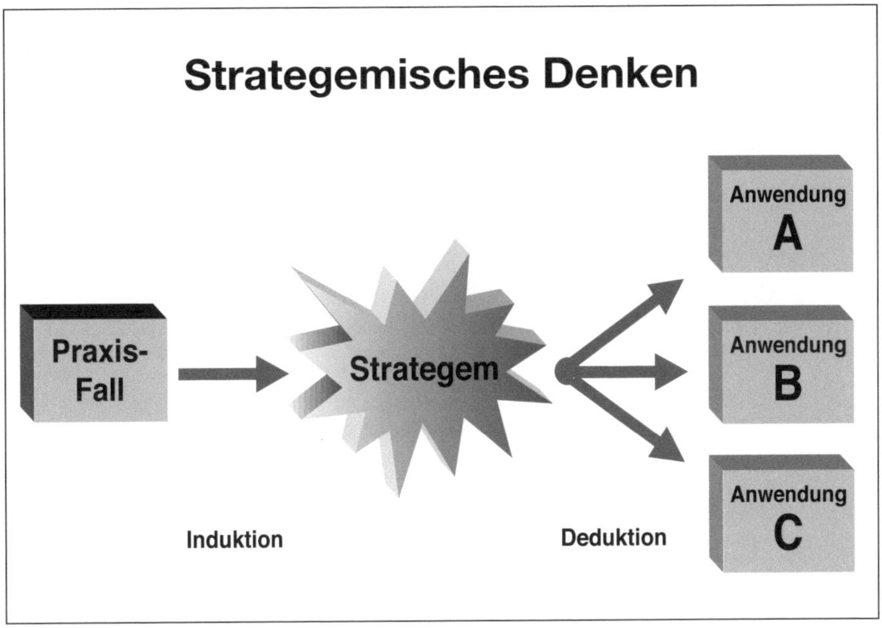

Abbildung 9; Strategemisches Denken

Wie entsteht ein Strategem? Wir beobachten unternehmerische Erfolge und Misserfolge bei der Früherkennung und beschreiben die erfolgreichen und funktionierenden Verhaltensweisen – vom Speziellen ins Allgemeine – mit einem kurzen prägnanten Namen und verwenden sie sofort als grundsätzliches Denkmodell. Hinter jedem Strategem steht also mindestens *ein* Praxisfall. Es handelt sich bei der Entdeckung und Formulierung eines Strategems um eine induktive Vorgehensweise. Das Strategem wenden wir dann – jetzt deduktiv, also vom Allgemeinen ins Spezielle – auf gestellte Aufgaben und Situationen an, so dass sie als Ideengeneratoren und Lösungsgeneratoren dienen können.
Ein Beispiel: Für unzählige Fälle, in denen die traditionellen Branchengrenzen aufbrechen, beispielsweise das Verwischen der Marktgrenzen zwischen Herstellern von Autoradios und Produzenten von Stadtkarten, haben wir das Strategem „Strategische Verwandtschaft, von verwandten Systemen lernen" geformt. Daraus konnte im einfachsten Beispiel ein Bäcker von seinem „Strategischen Verwandten", dem Metzger, lernen, wie man anstelle des Wurst-Aufschnittes einen „Brot-Aufschnitt für den anspruchsvollen Kleinhaushalt" verkauft. Während beim Metzger niemand auf die Idee kommen würde, einen ganzen „Laib" Wurst zu kaufen, um diesen dann bis

zum Ende zu verzehren, war und ist genau das beim Bäcker immer noch üblich. Eine Auswahl von fünf und mehr verschiedenen Brotsorten hat der Kleinhaushalt nur im Hotel, oder jetzt eben bei unserem strategemisch denkenden Bäcker, der heute einen Großteil seines Ertrages mit seinem Brot-Aufschnitt verdient.
Induktion-Deduktion ist eine uralte und im Grunde genommen höchst einfache Verfahrensweise. Sie ist fast banal, aber vielleicht gerade deshalb besonders wirkungsvoll, weil sie tatsächlich angewendet werden kann und nicht – wie so vieles andere – einfach nur zur Kenntnis genommen und dann wieder vergessen wird. Diese Art von Zusammenspiel von Induktion und Deduktion ist die erfolgversprechendste Strategie zur Früherkennung neuer ZukunftsChancen, die wir kennen. Nahezu alle erfolgreichen Geschäfte sind durch die Übertragung eines Konzeptes auf einen anderen Sachverhalt entstanden. Diese Tatsache kann man sich mit den Strategemen zur Früherkennung zu Nutze machen.

Meta-Strategeme zur Früherkennung

Wir sind bei unserer Arbeit immer wieder auf drei unterschiedliche Strategem-Charaktere gestoßen. Es sind quasi drei „Meta-Strategeme", drei Wege, wie Sie auf der „Landkarte der ZukunftsChancen" navigieren können. Vor-Denken heißt, aus der Zukunft für die Gegenwart zu lernen. Hinein-Denken heißt, mit den Augen Ihrer heutigen und zukünftigen Kunden zu sehen und Quer-Denken heißt, über den Tellerrand hinauszusehen. Die Strategeme sind demjenigen Meta-Strategem zugeordnet, zu dem sie am stärksten passen. Nichtsdestotrotz passt grundsätzlich jedes Strategem auf irgendeine Art in jede Kategorie. Strategemisches Denken ist hochgradig amorph. Es ist schon fast zu viel Klassifikation und Unterteilung, die Strategeme den drei Meta-Strategemen Vor-Denken, Hinein-Denken und Quer-Denken zuzuordnen.

Strategeme zur Antizipation zukünftiger Entwicklungen (Vor-Denken)

Einige der Strategeme können genutzt werden, um voraussichtliche Entwicklungen bereits heute zu erkennen. Diese Strategeme beschreiben „Konstanten der Veränderung", d. h. sie beschreiben archetypische Grundmuster und Gesetzmäßigkeiten, nach denen sich die Welt erfahrungsgemäß verändert. Die Fragmentierung existierender Märkte in kleinere Märkte oder die Übertragung von Entwicklungen aus fortschrittlichen Ländern auf weniger fortschrittliche Länder sind beispielsweise solche Konstanten der Veränderung. Die Strategeme des Vor-Denkens beschreiben vertikale Denkstrate-

Abbildung 10; ZukunftsChancen früher erkennen

gien, d. h. die Chancen-suche in der Zeit durch Unterlaufen der Zeitachse, um aus der Zukunft für die Gegenwart zu lernen und damit früher als andere die Lösung zu haben.

❷ Strategeme zur Erkennung von Bedarfsfeldern (Hinein-Denken)

Ein typisches Grundmuster des Erkennens von ZukunftsChancen besteht im Hinein-Denken in die Zielperson bzw. den Kunden, also darin, mit seinen Augen zu sehen. Es ist eine uralte Weisheit, dass man einen Menschen nur dann kennen lernen kann, wenn man einen längeren Weg „in seinen Schuhen" zurückgelegt hat. Einige der Strategeme zur Früherkennung von ZukunftsChancen beschreiten diesen grundsätzlichen Weg einer horizontalen Denkstrategie, welche die Chancen in der Gegenwart aber neben der heutigen Realität sucht.

❸ Strategeme zur Förderung der Kreativität (Quer-Denken)

Strategeme zur Förderung der Kreativität sind ebenfalls vertikale Denkstrategien, mit denen Sie links und rechts über den Tellerrand hinaussehen können. Im Prinzip ist jede Kreativitätstechnik ein Strategem des Quer-Denkens, so dass diese Klasse durchaus auch als Sammelbecken für Strategeme dient, die nicht in die vorherigen beiden Klassen passen. Im engeren Sinne verstehen wir hierunter jedoch diejenigen Kreativitätstechniken, die aus ein- oder zweistelligen Denkvorgängen bestehen und ohne komplexe Modelle und Instrumente auskommen. Ein Beispiel hierfür ist das oben erwähnte Strategem „Strategische Verwandtschaft".

Vorteile des strategemischen Denkens

1. **Strategemisches Denken ist das Denken der Zukunft.** Unser Wissen unterliegt einem rasanten Verfall. Es soll uns an dieser Stelle egal sein, ob die Halbwertzeit unseres Wissens nun zehn, sieben oder gar nur drei Jahre beträgt. Fest steht, dass sie immer kürzer wird. Strategeme stellen allerdings ein Wissen dar, dass nur in sehr eingeschränktem Maße dem Nutzenverfall unterliegt. Strategeme beschreiben per Definition „Konstanten der Veränderung". Was auf den ersten Blick paradox anmutet, wird auf den zweiten Blick klar. Viele Grundmuster der Veränderung sind seit Jahrzehnten gleich geblieben und werden es voraussichtlich auch in Zukunft tun. Selbst die in der Früherkennung so problematischen Diskontinuitäten, also die nicht-kontinuierlichen, plötzlichen Veränderungen, folgen oftmals beschreibbaren Gesetzmäßigkeiten. Die nachfolgenden Abschnitte werden Ihnen ein breites Spektrum an Beispielen dafür liefern, wie und warum Strategeme kaum dem Nutzenverfall unterliegen. Die Strategeme sind eine Denkart der Zukunft und sie waren es auch in ferner Vergangenheit bei den alten Chinesen. Information über Information und damit auch Wissen über Wissen ist eine strategische Kernkompetenz. Es sollte beruhigend wirken, dass es in diesen schnelllebigen Zeiten auch Wissen gibt, dessen Erwerb sich wirklich langfristig auszahlt.

2. **Werden Sie Unternehmer mit 1.000 Jahren Erfahrung.** Strategeme machen es Ihnen möglich, auf die gesammelten Erfahrungen vieler anderer Unternehmer zurückzugreifen. Mit jedem Strategem können Sie Jahre, Jahrzehnte, Jahrhunderte oder gar Jahrtausende an Wissen und Erfahrung für sich fest einprogrammieren. Strategeme machen es möglich, auf die Schultern anderer zu steigen.

3. **Strategeme sind modellierte Erfolgsrezepte.** Strategeme sind nichts anderes, als beobachtete und beschriebene Handlungs- und Denkweisen, die Andere zu einem nennenswerten Erfolg geführt haben. Daher legen Sie sich mit Ihren Strategemen einen immerfort wachsenden und wertvolleren Fundus an Erfolgsrezepten an.

4. **Strategeme nehmen Zukunft vorweg.** Mit Ihren Strategemen nehmen Sie die Zukunft vorweg. Wenn die von Ihnen erkannte Chance auch nur den geringsten Sinn macht, wird sie früher oder später von einem anderen ebenfalls erkannt und genutzt werden.

5. **Strategeme sind jederzeit und leicht anwendbar.** Das unternehmerische Grundbedürfnis der Früherkennung zukünftiger Chancen und Bedrohungen gab es schon immer, auch wenn es explizit erst seit den sechziger Jahren so genannt wird. Der Zweck, das Ziel hat sich kaum geändert, aber die Methoden, die Wege sind ganz andere geworden. Während man in den siebziger Jahren noch umfangreiche Indikatormodelle aufbaute und ganze Stabsabteilungen monatelang mit Projekten zur strategischen Früherkennung beschäftigte, suchen Unternehmer heutzutage den einfachen, direkten und unkomplizierten Weg, zukünftige Chancen und Bedrohungen vor ihren Mitbewerbern zu erkennen. Es muss nur gelingen, das Strategem zum richtigen Zeitpunkt gedanklich präsent zu haben und schon wird das unternehmerische Denken weitaus zukunftskompetenter.

6. **Strategemisches Denken macht Spaß.** Die Strategeme sind eine kurzweilige intellektuelle Herausforderung. Es macht einfach Spaß, und es gibt weiß Gott zu wenige solcher Aufgaben. Wenn Sie versuchen, Strategeme auf Ihre eigene Situation anzuwenden, werden Sie feststellen, wie unzählig und facettenreich die Möglichkeiten zur Früherkennung zukünftiger Chancen und Bedrohungen sind.

Zur Arbeit mit Strategemen

Sie können Ihre Strategeme verwenden, wie Sie wollen. Es gibt eigentlich keine festen Regeln und es darf auch keine solche geben. Es gibt keine Grenzen des Denkens. Wir wollen Ihnen lediglich einige unserer Erfahrungen übermitteln.

Schaffen Sie Ihre eigenen Strategeme

Obschon wir Ihnen eine Reihe verschiedener Strategeme zur Früherkennung vorstellen werden, ist unsere Botschaft und Bitte an Sie, dass Sie sich selbst ihren ganz persönlichen Werkzeugkasten mit Strategemen zusammenzustellen. Wir glauben, dass Sie nur solche Strategeme anwenden werden, deren „Geburt und Leben“ Sie verstanden haben. Natürlich sollen Sie Ihre Strategeme mit Anderen austauschen, denn ein Gehirn kann leichter neue Muster schaffen, wenn andere Gehirne seine alten Muster sprengen. Ohne diese Kommunikation wird es sich immer wieder der Übermacht seiner eigenen Trampelpfade des Denkens ergeben.

Strategeme sind heuristische Denkwerkzeuge

Heuristisch ist etwas immer dann, wenn es dazu beitragen kann, zu neuen Erkenntnissen zu gelangen, auch wenn der Ausgangspunkt der Suche falsch war. Die Heuristik ist ein mittlerweile anerkanntes Prinzip der Forschung und Problemlösung.

Ihre Strategeme müssen nicht „wahr", „bewiesen" oder gar „wissenschaftlich anerkannt" sein. Wichtig ist einzig und allein, dass Sie damit etwas Sinnvolles anfangen können. Selbst wenn es nicht wahr wäre, dass Brasilien einen erheblichen zeitlichen Fortschritt in der Automatisierung von Bankdienstleistungen hat (siehe „Große Schwester"), so kann Ihnen dieser Gedanke durchaus dazu verhelfen, dass Sie eine spezielle Bedienungssequenz des Bankterminals der Itaù-Bank in Brasilia auf eine millionenträchtige Idee bringt.

Natürlich ist es besser, wenn die Wirksamkeit Ihres Strategems in mindestens einem Fall belegt ist. Nicht nur werden Sie selbst Ihre Strategeme sicherer und vertrauensvoller anwenden. Sie werden ein konkretes Beispiel auch brauchen, wenn Sie Ihr Strategem mit anderen teilen und es beschreiben wollen.

Strategeme sind universell anwendbar

Sie können ein Strategem des Vor-Denkens auch für das Quer-Denken verwenden und so weiter. Es ist geradezu charakteristisch für die Früherkennungs-Strategeme, dass sie als Kreativitätswerkzeug universell anwendbar sind. Natürlich ist die Anwendung um so leichter, je mehr die zu lösende Frage der Entstehungssituation des Strategems gleicht. Im Umkehrschluss ist aber der Innovationsgrad um so größer, je weiter die zu lösende Frage von der Entstehungssituation entfernt ist. Wie so oft liegt das Optimum wohl irgendwo in der Mitte.

4.3 Strategeme ohne Grenzen

Wie werden Sie zum strategemischen Denker?

Wie werden Sie zum strategemischen Denker? Zunächst einmal gilt es, die hier beispielhaft vorgestellten Strategeme zu lernen und dann eigene Strategeme zu entdecken und zu formulieren. Der kritische Faktor in der Praxis wird dann sein, die Strategeme zum rechten Zeitpunkt „parat" zu haben. Entdecken Sie Ihre eigenen Strategeme! Die in diesem Buch vorgestellten Strategeme zur Früherkennung von ZukunftsChancen sind nur ein Tropfen im Ozean der möglichen und existierenden Strategeme, die nur noch erkannt, benannt und „domestiziert" werden müssen. Machen Sie es sich einfach. Sehen Sie sich um, halten Sie die Augen offen. Strategeme können Sie tausendfach überall beobachten, beispielsweise in den Wissensbereichen Natur, Militär, Philosophie, Psychologie, Geschichte, Kommunikation oder Verkehrssteuerung.

Im Zusammenhang mit Strategemen ist interessant, dass jeder von uns bereits Strategeme anwendet, dass sie also bereits schon zum täglichen Leben eines jeden von uns gehören. Das mag Sie überraschen, zeigt Ihnen aber auch, dass es hier nicht um etwas „abgehobenes", sondern quasi um das „Tagesgeschäft" geht. Wer es versteht, „seine" Strategeme im richtigen Zeitpunkt im Bewusstsein zu haben und sie gezielt einzusetzen, hat wesentliche Vorteile gegenüber demjenigen, der nur auf den Zufall angewiesen ist.

Sie brauchen Phantasie und Aufgeschlossenheit. Ohne diese beiden Eigenschaften können Sie nicht den vollen Nutzen aus dem strategemischen Denken ziehen. Sie müssen bereit sein, auch Zusammenhänge zu sehen und aufzuzeigen, wo sonst niemand einen Zusammenhang sieht und kurz davor steht, an Ihrem Verstand zu zweifeln. Im Umgang mit Strategemen – vor allem wenn Sie anderen Menschen davon erzählen – ist auch eine gehörige Portion Mut notwendig.

Wie man ein Strategem formuliert

❶ Beschreiben Sie den Ausgangsfall

Schreiben Sie alles auf, was Sie an dem beobachteten Fall für interessant halten. Wenn Sie beispielsweise festgestellt haben, dass viele Softwaretrends zuallererst bei den Computerspielen beobachtet werden können, dann schreiben Sie alles auf, was Sie dazu wissen und was Sie unmittelbar in Erfahrung bringen können.

❷ Beschreiben Sie das grundsätzliche Modell dieses Falls (Induktion)

Wenn Sie beobachtet haben, dass sich Veränderungen von einem Land auf andere Länder übertragen haben, dann halten Sie fest, dass es Länder gibt, die in ganz speziellen Bereichen weiter fortgeschritten sind als andere Länder und dass man durch Beobachtung dieser Länder quasi „in die Zukunft sehen" kann („Große Schwester").

Formulieren Sie Ihr Strategem weder zu genau, noch zu allgemein. Ein zu genau formuliertes Strategem engt die Anwendungsmöglichkeiten ein und ist daher nicht so nützlich, wie es sein könnte. Ein zu allgemein formuliertes Strategem hat ein zu weites Anwendungsfeld und wird nur dem sehr geübten Anwender helfen können.

❸ Geben Sie Ihrem Strategem einen Namen

Ihre Strategeme benötigen einen Namen, damit sie damit arbeiten können. Wofür Sie keine Worte haben, das können Sie auch nicht denken und was Sie nicht denken können, das können Sie nicht planvoll tun. Wir haben gute Erfahrungen damit gemacht, die Strategeme nach folgendem Muster zu benennen:

1. Einprägsames Schlagwort, z. B. „Strategische Verwandtschaft“
2. Formulierung der Denkfrage, z. B. „Was können wir von strategisch verwandten Systemen lernen?“

Wie bereits erwähnt, wenden Sie Strategeme bereits an. Aber verbunden mit einem interessanten, provokanten Namen gewinnen sie einfach eine neue Qualität. Wenn wir Verhaltensweisen zu einem Konzept mit einem Namen machen, können wir uns besser daran erinnern und es besser anwenden. Denken Sie beispielsweise an die uralte Strategie, sich anhand von Erfolgen eines Vorbilds eigene Ziele zu setzen (Preise, Kosten, Stückzahlen, Messwerte etc.) und die Strategie des Vorbilds zu kopieren. Sobald man das „benchmarking“ oder „master modelling“ nennt, ist es leichter anwendbar, unter anderem, weil man sich eher daran erinnert. Ein weiteres Beispiel ist das „zero-base-budgeting“. Es ist nichts Neues und nichts Revolutionäres an dem Gedanken, bei der Planung immer wieder alles in Frage zu stellen und von Grund auf neu zu berücksichtigen. Der neue, angloamerikanische Name macht es aber möglich, ganze Bücherserien darüber zu schreiben. Ein weiteres Beispiel ist die alte Kaufmannsweisheit „Wenn der Preis das Problem ist, senke ihn und du wirst mehr verdienen“. Nennt man das aber „Kybernetische Kalkulation“[13], werden sich die Anwender sehr viel eher daran erinnern.

❹ Führen Sie einige Probeanwendungen durch (Deduktion)

Wenden Sie Ihr Strategem einfach mal auf einige Situationen an. Wenn Sie ein Strategem haben, dass die zeitversetzte Übertragung von Entwicklungen aus einer Branche in die andere beschreibt, dann stellen Sie einfach mal die Branchen zusammen, die für Sie in Frage kommen und schreiben Sie die demnächst auf Sie zukommenden Entwicklungen auf. Wenn Ihre Ergebnisse für Sie Sinn machen, haben Sie mit Erfolg einem Strategem zum Leben verholfen.

❺ Prüfen Sie Ihr Strategem

Bei aller Kreativität, nicht jede Idee, zu der Ihnen ein interessanter Name einfällt, ist gleich ein Strategem zur Früherkennung von ZukunftsChancen. Wenn Sie Ihre Strategeme als lebenslange Erfolgswerkzeuge einsetzen wollen, sollten Sie zwei Qualitätskriterien prüfen, bevor Sie einen Gedanken in den Rang eines Strategems erheben.

- Ist Ihr Strategem eine Erkenntnisstrategie?

Kommen Sie mit Ihrem Strategem wirklich zu neuem Wissen oder ist es lediglich ein Handlungskonzept zur Zielerreichung? Ein Beispiel: Wenn Sie eine besonders geschickte Methode beobachten, wie man an die Entwicklungsdaten der Konkurrenz kommt, ist das kein Strategem zur Früherkennung von ZukunftsChancen, sondern eine Methode zur Zielerreichung. Wenn Sie beobachten, dass Ihr bevorzugter Winzer seinen Sekt durch limitierte Auflage und Handnummerierung künstlich verknappt, um damit höhere Preise zu erzielen, ist das genauso wenig ein Strategem zur Früherkennung zukünftiger Chancen, sondern eben nur ein Handlungskonzept zur Verbesserung der Umsatzrendite. Dass Sie sich aber bei Ihrem Winzer umgesehen haben, könnte der Anwendung eines Strategems entspringen, wenn der Winzer für Sie ein „Strategischer Verwandter“ (s.u.) ist.

- Kommt Ihr Strategem auch ohne jeglichen Aufwand an Zeit und Geld aus?

Ein Hauptvorteil der Strategeme zur Früherkennung von ZukunftsChancen liegt darin, dass sie Ihnen auch ohne besondere Investitionen in Form von Zeit und Geld einen Erkenntnisnutzen bringen. Natürlich lässt sich die Informationsbasis zu jedem Strategem durch Recherchen oder eine Brainstormingsitzung verbessern. Ihr Strategem sollte Sie aber in die Lage versetzen, mit nicht mehr als nur dem Folgen des Gedankengangs zu neuen Erkenntnissen zu kommen.

❻ Schreiben Sie das Strategem auf eine Karte

Schneiden Sie einige Karten im Format von Spielkarten aus festerem Karton aus und schreiben Sie Ihr Strategem mit Namen und Denkfrage darauf. Auf diese Weise können Sie zu jedem Zeitpunkt auf Ihre „Denkkarten“ zurückgreifen und im richtigen Zeitpunkt auf die richtige Karte setzen. Begreifen Sie die Strategeme wirklich als „Karten auf Ihrer Hand“.

5 Vor-Denken

5.1 Aus der Zukunft für die Gegenwart lernen

Seit jeher fällt es dem Menschen schwer, sich die Entwicklungen und Veränderungen der Zukunft auszumalen. Es ist ihm aber ein Grundbedürfnis, sich auf Chancen und Bedrohungen der Zukunft vorzubereiten, und der erste Schritt auf diesem Weg besteht darin, ZukunftsAnnahmen darüber aufzustellen, wie sich die wesentlichen Beobachtungsfelder in Zukunft entwickeln und verändern werden.

Abbildung 11; Vor-Denken

Unternehmer, die vordenken, stellen sich etwa folgende Fragen. Dieser Fragenkatalog kann beliebig erweitert werden!

Checkliste 10: Fragen des Vor-Denkens
☑ Woran müssen wir uns in Zukunft gewöhnen?
☑ Wovon müssen wir uns in Zukunft verabschieden?
☑ Was werden in Zukunft die Wettbewerbsvorteile sein?
☑ Welche Mitbewerber werden in unseren Markt eintreten?
☑ Welche Technologien werden in zehn Jahren einsatzfähig sein?
☑ Welche heutigen Marktregeln werden sich in fünf Jahren wie geändert haben?
☑ Welche Bedarfsfelder werden in Zukunft auftauchen?
☑ Welche Absatzwege werden in Zukunft in unserem Geschäft beschritten?
☑ Welche Kernkompetenzen werden in unserem Geschäftsfeld erfolgsentscheidend sein?

Aus der Zukunft für die Gegenwart zu lernen, heißt für den Unternehmer, sich darüber klar zu werden, wie sich seine Märkte in den nächsten fünf, zehn oder zwanzig Jahren verändern werden und welche Konsequenzen diese Veränderungen auf sein heutiges Denken und Handeln haben müssen, welchen Chancen und/oder Bedrohungen daraus erwachsen.
Das Vor-Denken als eines der drei Meta-Strategeme bildet gleichsam den Rahmen und die Voraussetzung für die Früherkennung von Zukunfts-Chancen durch Hinein-Denken und Quer-Denken. Ohne Vor-Denken bleibt die Suche nach Chancen eine auf die Gegenwart konzentrierte Suche nach Optionen und Alternativen. Es ist durchaus sinnvoll, auch in der Gegenwart nach Chancen zu suchen, doch müssen Sie sich im Klaren darüber sein, dass die Konzentration auf die vermeintliche Gegenwart im Prinzip eine Konzentration auf die Vergangenheit ist, denn bevor Sie die womöglich erkannte Chance wirklich angegangen sind, ist es eine Chance der Vergangenheit geworden. Wir leben bekanntlich in einer Zeit der schrumpfenden Gegenwart, in der die Zukunft und die Vergangenheit einen immer größeren Anteil an unserem Denken haben, auch wenn wir nur in der Gegenwart handeln können. Die Chancen-Suche, die sich allein im Koordinatensystem der Gegenwart bewegt, ist mit einem weiteren Nachteil verbunden. Da die Chancen-Suche in der Gegenwart leichter ist als die Chan-

cen-Suche in der Zukunft, wird es auch zu jedem Zeitpunkt mehr Unternehmer geben, welche die Gegenwart und nicht die Zukunft nach Dollarzeichen absuchen. Das bedeutet für Sie, dass Sie sich nur dann auf frischen Jagdgründen bei der Chancen-Suche bewegen, wenn Sie die Möglichkeit nutzen, auf der Zeitachse zu konkurrieren und damit nicht nur nach Chancen, sondern nach ZukunftsChancen Ausschau halten.

Regen vorhersagen kann jeder, Archen bauen – das zählt. (Reinhard Sprenger)

Mit den Strategemen für das Vor-Denken kann es Ihnen gelingen, auf gedankliche Zeitreise in die Zukunft zu gehen. Die Menschheit hat unzählige und mehr oder minder ernsthafte und wirksame Methoden entwickelt, die Zukunft zu antizipieren. Die Strategeme des Vor-Denkens sind speziell für die Anwendung im Unternehmen und mit dem Anspruch konzipiert, brauchbare Hinweise auf zukünftige Veränderungen zu liefern.

5.2 Große Schwester

Denkfrage: Welches Land ist in diesem Bereich weiter entwickelt und was können wir davon für unsere Zukunft lernen?

Von weiter entwickelten Ländern lernen

Ein besonders einfaches und in der Anwendung daher weit verbreitetes Denkwerkzeug ist ein Strategem, das wir „Große Schwester“ genannt haben. Ältere Geschwister gehen ihren jüngeren Schwestern oder Brüdern um einige Jahre im Leben voraus. Die Jüngeren können von den Erfahrungen der Älteren lernen[14]. Auch kennen Sie die bildende Wirkung des Reisens und schließlich kennen Sie den Spruch „andere Länder, andere Sitten“. So hatte die dänische Schauspielerin Annette Sörensen zwei Nächte in einem New Yorker Gefängnis zubringen müssen, weil sie – wie in Dänemark wohl üblich – ihre vierzehn Monate alte Tochter in einem Kinderwagen vor einem Lokal stehen ließ, weil sie durch ein Fenster direkten Blickkontakt hatte. Dieses in Dänemark übliche, in New York aber höchst ungewöhnliche Verfahren hatten Passanten zum Anlass genommen, die Polizei zu rufen. Andere Länder, andere Sitten.

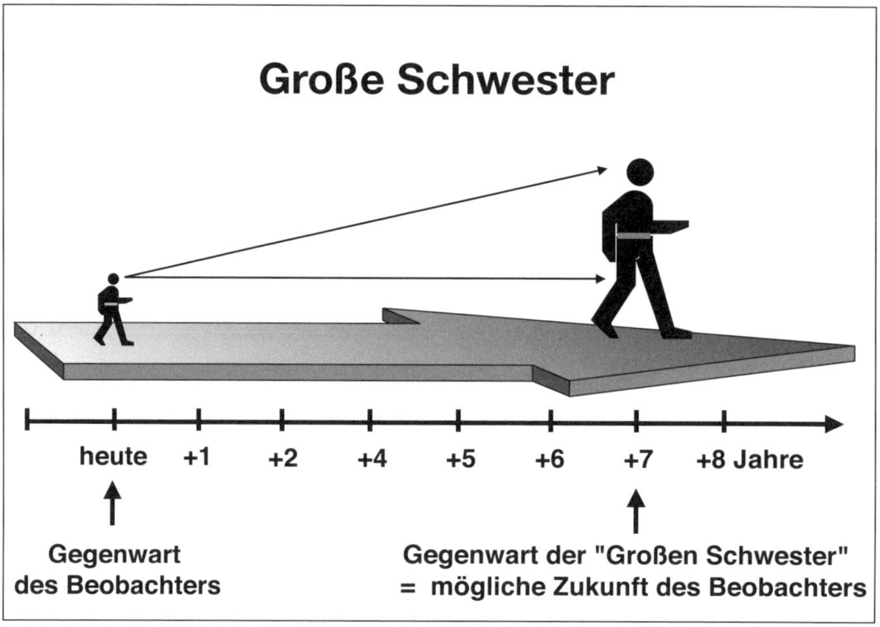

Abbildung 12; Große Schwester

Große Schwester besagt: Suchen Sie das Land, in dem Ihr Geschäft am weitesten entwickelt ist, lernen Sie, wie Ihr Geschäft dort betrieben wird, und übertragen Sie Ihre Erkenntnisse nach sorgfältiger Prüfung der Umsetzungsmöglichkeit auf Ihr Unternehmen. Mit der Großen Schwester suchen Sie bewusst die Möglichkeit einer gedanklichen Zeitreise. Sie nutzen einen Entwicklungslag zwischen Ihrem Geschäft und dem gleichen Geschäft in einem anderen Land, um eine geografisch-zeitliche Übertragung zu ermöglichen. Die Erfahrungen, die dort heute gemacht werden, können Sie morgen hier bei uns nutzen, da Ihre Große Schwester Ihnen auf der Reise durch die Zeit um einige Wochen, Monate oder gar Jahre vorausgeht. Das Strategem Große Schwester führt, richtig angewendet, zu einem enormen Fundus an Zukunftsinformationen. Wirtschaftsorientierte Buchverlage haben es beispielsweise jeweils auf ihre eigene Art organisiert, dass sie über erfolgreiche und aussichtsreiche Managementliteratur der USA informiert sind. Weil diese Strategie aber so nahe liegend ist, stellt sie keine besondere Erfolgsposition mehr dar, was sich an dem Zerren und Ringen um die besten Buchrechte zeigt. Manche Buchverlage sehen sich daher bewusst in anderen Ländern nach guter Managementliteratur um, beispielsweise im skandinavischen oder asiatischen Raum.

Die USA sind – fast schon eine Binsenweisheit – die wichtigste Große Schwester Deutschlands, gemessen an seiner Wirtschaft wie auch seiner Gesellschaft. Bereits der französische Politiker und Staatstheoretiker Charles Alexis Henri Clérel de Tocqueville behauptete nach einer Analyse des amerikanischen Regierungssystems zwischen 1835 und 1840, nach Amerika sehen hieße, in unsere eigene Zukunft zu sehen. Heute erreichen uns grundlegende Veränderungen aus den USA mit einem time-lag von zwei bis fünf Jahren. Matthias Horx hat in seinem ersten Trendbuch diese „Kultur-Pipeline" zwischen den USA und Deutschland beschrieben.[15] Der ehemalige Bundespräsident Herzog wurde anlässlich seines USA-Besuches von der Washington Post im Juli 1997 mit der Bemerkung zitiert: „Wir müssen die Illusion aufgeben, dass Lösungen für deutsche Probleme nur in Deutschland gefunden werden können. Wir müssen Teil einer weltweiten lernenden Gesellschaft werden, die sich überall auf dem Globus umsieht und die besten Ideen und Lösungen sucht."

Das Strategem „Große Schwester" ist eine der am weitesten verbreiteten Handlungs- und Denkweisen für Innovationsanstöße. Dass in den vergangenen Jahren die Völker so vieler Nationen zu neuem Selbstbewusstsein gefunden haben, dass sie sich ihrer Macht wieder bewusst wurden, ist selten eine Erfindung einzelner Politiker oder politischer Gruppen, es resultiert meist aus einem Überschwappen von Entwicklungen aus anderen Ländern. Damit wird zwar die Frage nach dem eigentlichen Ursprung nicht beantwortet, doch letztlich ist es einzig und allein wichtig, wie Sie diese Erkenntnisse zum Gesamtwohl Ihrer Umwelt und damit zum eigenen Wohl verwerten können.

Im Abschnitt „Anwendung" stellen wir klar, dass Sie sich davor hüten sollten, Ihre Beobachtungen in den Großen Schwestern unreflektiert auf die hiesigen Verhältnisse zu übertragen.

Beispiele für Große Schwester

Große Schwester USA

Um einem drohenden Minderwertigkeitskomplex vorzubeugen, sei bereits zu Beginn dieses Abschnittes gesagt, dass die USA vieles von uns importieren. Nicht nur behauptet fast die Mehrheit der Amerikaner, ursprünglich irgendwie aus Deutschland zu stammen. Seit Beginn der 90er Jahre werden beispielsweise immer mehr Bäckereien eröffnet, die das als Innovation verkaufen, was wir uns seit Menschengedenken jeden Morgen kaufen können, nämlich Mehrkornbrote, Brötchen und Weizengrießbrote. Und so etwas wie Nutella werden die amerikanischen Kinder zukünftig nicht nur durch Direktimporte oder in Delikatessenläden genießen können.

Kfz-Märkte in den USA

Die USA sind das Land, in dem Henry Ford der modernen Zivilisation zur weiten Verbreitung von Personenkraftwagen mit allen Vor- und Nachteilen verholfen hat. Katalysatoren und Airbags waren dort schon Standard, als hier noch kaum darüber nachgedacht wurde. Unsere deutschen Automobilhersteller lieferten diese Ausstattung schon lange in die USA, als sie hier dagegen aufbegehrten, die Katalysatoren allzu schnell für alle Neuwagen vorzuschreiben.

Zukunftskonferenzen in den USA

Die World Future Society wie auch die World Future Studies Federation haben ihren Hauptsitz nicht zufällig in den USA. In Nordamerika ist es für mittlere und größere Unternehmen schlichtweg üblich, sich mit Zukunftskonferenzen oder ZukunftsWorkshops auf zukünftige Entwicklungen vorzubereiten. Eine vergleichbar hohe Akzeptanz von ZukunftsManagement findet sich im europäischen Raum in Skandinavien und in der Schweiz. Während die Unternehmen in Europa eher zurück als nach vorne blicken – es gibt in Deutschland ca. 1.400 staatlich unterstützte Stellen zur Beschäftigung mit der Vergangenheit[16] – blicken US-Bürger und Unternehmer sehr viel häufiger in die Zukunft. Wir dürfen davon ausgehen, dass trotz aller deutschen Vergangenheitsorientierung die Aufgeschlossenheit gegenüber der Zukunft in den nächsten Jahren und Jahrzehnten weiter steigen wird. Wie bereits dargestellt, sind die ersten Anfänge seit Mitte der 90er Jahre deutlich spürbar.

Vertriebssysteme in den USA

Wenn es um Vertriebswege und Vertriebssysteme geht, ist ein Blick in die USA immer empfehlenswert. Nicht nur Multilevelmarketing, Partyvertrieb und Franchising sind in den USA sehr viel weiter entwickelt, sondern beispielsweise auch die Art und Weise, Mobiltelefone zu verkaufen. So gab es schon 1994 in den USA Automaten, an denen man Mobiltelefone für ca. 5€ pro Tag mieten konnte. Dieser Vertriebsweg war an den deutschen Vertriebsorganisationen gänzlich vorbeigegangen.

Wirtschaftsliteratur in den USA

Wie eingangs schon erwähnt, ist es fast schon eine Ausnahme, wenn ein in den USA sehr erfolgreiches Buch über Wirtschaft, Management, Marketing und Erfolg nicht nach Europa importiert wird. In diesem Beispiel kann jeder jederzeit die Wirkung des Strategems „Große Schwester“ ganz praktisch erleben, wer sich im Internet auf den Buchtippseiten einschlägiger Anbieter umsieht. Was Sie dort als aktuelle Tipps lesen, sind meist die Bestseller des nächsten Jahres hier bei uns.

In den USA ist der Bürger oft der Boss

In Phoenix, Arizona, der am schnellsten wachsenden Stadt der USA, werden regelmäßig die Bürger befragt, wie sie mit den kommunalen Dienstleistungen zufrieden seien und wieviel Geld einzelne Budgets bekommen sollten. Gemeinsam mit Christchurch in Neuseeland ist der Stadtverwaltung von Phoenix der Carl-Bertelsmann-Preis verliehen worden für ihre Erfolge auf dem Weg von der Behörde zum Dienstleistungsunternehmen. Die Millionenstadt Phoenix hat gerade einmal 8.500 Angestellte, das – ebenfalls in die engere Wahl gekommene und nur halb so große – Duisburg hat derer zehntausend. In Phoenix wird zudem der Beweis geführt, dass eine kostenbewusste und bürgernahe Verwaltung die Bürger auch zu selbstlosem Engagement verpflichten kann, denn immerhin arbeiten zehntausend Einwohner – also ein Prozent der Bevölkerung – unentgeltlich in Bibliotheken und Schulen oder gehen der Polizei zur Hand oder sammeln Abfälle auf.

Modellstadt für elektronische Kommunikation

In der amerikanischen Kleinstadt Blacksburg in Virginia korrespondierten bereits im Jahr 1997 65 Prozent der Einwohner über E-Mail. Blacksburg war die Gemeinde mit den relativ gesehen meisten Internet-Zugängen. Der Vorsitzende der örtlichen Seniorengruppe nannte das Internet „das beste, was Blacksburg passieren konnte, es hat das Leben der älteren Generation völlig verändert“. Angestoßen wurde die Entwicklung von der Idee, ein „elektronisches Dorf“ zu testen, die schließlich ab 1993 mit Hilfe von Sponsoren verwirklicht wurde. Wer also eine Zeitreise in die zukünftige Verbreitung elektronischer Kommunikation machen will, sollte Blacksburg im sonnigen Virginia besuchen.

Große Schwestern weltweit

Es sind nicht immer die so naheliegenden USA. Es ist sogar häufig interessanter, sich gerade diejenigen Länder zur Beobachtung vorzunehmen, die nicht auch im Blick Ihrer Mitbewerber sind. Sie werden vielleicht einwenden, dass es für ein so hoch entwickeltes Land wie Deutschland kaum andere Große Schwestern gibt. Doch an den folgenden Beispielen erkennen Sie, dass es eben oftmals nicht die „typischen" Vorreiterländer sind, in denen Ihr Geschäft weiter entwickelt ist. Daher finden Sie auch für die fortschrittlichen Branchen und Geschäftsfelder Deutschlands fast immer eine Große Schwester, die Sie nur intensiv genug beobachten müssen, um möglichen Entwicklungen des eigenen Geschäftsfeldes im voraus zu erkennen.

Seniorenmarkt in Japan

Wer die Zukunft unserer altersbezogenen Gesellschaftsstruktur sehen will, sollte nach Japan fahren. Die japanische Gesellschaft ist durch eine zunehmende Überalterung gekennzeichnet. Die Kfz-Hersteller Honda, Mazda, Nissan, Subaru und Toyota hatten bereits im Jahr 1995 jeder spezielle Pakete für Senioren und Behinderte im Angebot. Für die wichtigsten Arten von Behinderungen gibt es ein ebenfalls ein „Paket".

Freie Autohäuser fast überall im Ausland

Das Konzept des an einen Hersteller gebundenen Autohauses ist in den meisten anderen Ländern bereits überholt. Da die Herstellerbindung zudem in keinster Weise dem Grundgesetz der Orientierung an Kundenbedürfnissen entspricht, wird der deutsche Kfz-Handel diesen Umstand als Chance begreifen müssen oder darauf warten, bis diese Chance von anderen wahrgenommen wird und dann als Bedrohung und Risiko gegen sie wirkt. Noch wehren sich die Kfz-Hersteller gegen diese Chance, weil sie mit viel Aufwand verbunden ist. Doch sobald jemand mit viel Energie diese Marktbühne betritt, der nicht den Ballast vergangener Jahrzehnte mitschleppen muss, könnte hier, ganz im Sinne der Käufer, viel durcheinander geraten. Die ersten Freien sind kurz vor der Jahrtausendwende schon angetreten. Das Internet wird seinen Teil dazu beitragen. Im Jahr 2002 läuft bzw. lief die so genannte Gruppenfreistellungsverordnung aus, die die Händler auf eine Marke festlegt. Nicht wundern darf man sich, dass der Zentralverband des Deutschen Kraftfahrtgewerbes (!) behauptet, die Kunden wollten den parteiischen Händler.

Homeworking in Finnland

Die höchste Dichte an Internet-Anschlüssen und den höchsten Anteil an Telearbeitern hatte um die Jahrtausendwende Finnland. Wer zwei bis drei Jahre in die Zukunft der Internet-Nutzung sehen wollte, musste damals nach Finnland reisen.

Automatisierung von Bankdienstleistungen in Brasilien

Wir haben von 1994 bis 1998 viele Banker gefragt, wo sie denn auf dieser Welt hinfahren würden, um den höchsten Automatisierungsgrad bei Bankdienstleistungen zu besichtigen. Die meisten antworteten natürlich, sie würden gerne in die USA reisen. Andere wiederum wollten bescheidener mit dem Reisebudget ihres Institutes umgehen und sehnten sich nach Dänemark und der Schweiz. Sie alle wären an der echten Chancenquelle vorbeigelaufen. Es ist Brasilien. Brasilien ist die Große Schwester in der Automatisierung von Bankdienstleistungen. Bereits 1994 war es problemlos beispielsweise an Automaten der Großbank Itaù möglich, sich historische Buchungen anzeigen zu lassen, Überweisungen zu tätigen, Geheimnummern zu ändern, Schecks zu sperren, Sparkonten zu eröffnen, Staatsanleihen und Fondsanteile zu kaufen.
In den größeren Städten standen Automatenkioske fast an jeder Straßenecke. Die Kunden erledigten damals bei den Großbanken bereits 55 Prozent aller Transaktionen selbst, ob am Automatenkiosk oder über PC. Wer sich über dieses brasilianische Highlight wundert, braucht sich nur die Inflationsraten anzusehen, die diesen technischen Wettlauf der Banken ausgelöst und vorangetrieben haben. Das europäische Zahlungssystem mit seinen tagelangen Überweisungszeiten wäre einfach zusammengebrochen, wenn es zwei Prozent Inflation pro Tag (!) hätte verkraften müssen, wie das die Brasilianer noch im Juni 1994 schafften.

Marketing von Finanzdienstleistungen bei europäischen Schwestern

Nach der europaweiten Umfrage „Financial Services Survey" der IDMN (International Direct Marketing Networks) im Herbst 1993 konnten deutsche Finanzdienstleister im Direktmarketing noch viel von den Großen Schwestern in Europa lernen:

- Einsatz von Direktmarketing zur Kundenbindung: Deutschland: 60%, Spanien und Frankreich: 90%.
- Beim Einsatz von Lifestyle-Systemen und Regressionsmethoden sind die Spanier und die Briten am eifrigsten.
- Einsam in Führung sind die Spanier bei der Verwendung von Expertensystemen (knapp 50%).
- Im Upselling und Cross-Selling sind die Spanier ebenfalls führend.
- Wenn es darum geht, Kunden für die Gewinnung neuer Kunden einzusetzen, sind die Franzosen die fleißigsten Direktmarketer – vor den Türken. Diese beiden Länder sind auch Spitzenreiter bei der Schaffung von Management-Kontakten.

Generell gesprochen, scheinen die Spanier die aktivsten Direktmarketer im Segment der Finanzdienstleister zu sein.

Früherkennung des Geschlechtes von Ungeborenen in Indien

Eine aus unserer Sicht traurige Tradition verhilft in Indien einem medizintechnischen Feld zu weltweiter Führung. Indische Ärzte sind die weltweit führenden Experten in der Früherkennung des Geschlechtes eines Ungeborenen per Ultraschall. In Indien ist, wie anderswo, das Geschlecht der Kinder ausschlaggebend für das wirtschaftliche Schicksal der Familie. Dabei gelten Mädchen als teuer und Jungen als einträglich. Das macht deutlich, warum eine möglichst frühe Geschlechtsbestimmung wichtig ist und zu welchen Konsequenzen diese führt.

Verbreitung von Scanner-Kassen in Neuseeland

Die Trendanalysen Zentraleuropa in Nielsen-Insight, einem Informationsdienst der Marketingfirma Nielsen, wiesen 1993 auf einen interessanten Umstand im Einzelhandel hin. Schon damals wurden bereits 99% der Einzelhandelsumsätze in Neuseeland mit Scannern gebucht. Die Bedeutung von Scannern für eine zielgruppengerechte Feinarbeit im Marketing dürfte vorstellbar sein. Die zweitstärkste Verbreitung wies Australien mit 80% auf. Deutschland stand mit 37% auf Platz 16 der Hitliste[17]. Wer hätte in diesem Zusammenhang nach Neuseeland oder Australien geschaut?

Inkasso von Rundfunkgebühren in Japan

Die GEZ, die Einzugszentrale für unsere Rundfunk- und Fernsehgebühren, findet eine Große Schwester in Japan. In Japan wird die freiwillige monatliche Zahlung durch den Kauf einer Marke dokumentiert, welche die Japaner auf ihren Briefkasten kleben. Die Sozialkontrolle unter den Nachbarn ist in Japan mächtig genug, um sicherzustellen, dass über 97% der Haushalte ihre ca. 16 € monatlich bezahlen.

Süßwarenkonsum in Dänemark

Wer sich mit dem Marketing von Süßwaren oder mit der Herstellung von Kariesmedikamenten und -therapien befasst, sollte sich in Dänemark gut umsehen. Die Dänen naschen nämlich gern. In Dänemark werden pro Kopf und Jahr ca. 152 € für Süßigkeiten ausgegeben. In Norwegen sind es immerhin noch 112 €, während Deutschland, England und die kulturell und preisniveaubezogen verwandten Schweden mit 87, 86 und 85 € gleichauf liegen. Wird man jedoch spezieller und sucht nach den größten Schokoladenessern in Europa, kommt man an den Briten nicht vorbei, die zwischen 1992 und 1996 fast doppelt soviel für Schokolade ausgegeben haben wie die Bewohner des europäischen Kontinents.

Verkehrsmanagement in Singapur

Der Stadtstaat Singapur hat das städtische Verkehrsmanagement weltweit am besten im Griff, auch wenn die Maßnahmen fast diktatorischen Charakter haben. So erhebt Singapur Pkw-Eintrittskarten für die Innenstadt (zwischen einer und sechs Mark pro Tag) und hat damit einen hervorragend genutzten öffentlichen Personenverkehr, der trotz dieser „Kundengarantie" sehr pünktlich geblieben ist. Natürlich ist Autofahren entsprechend teuer, eine Lizenz, die am freien Markt gehandelt wird und dann zehn Jahre gilt, kann gut und gerne 20.000 € und mehr kosten. In Singapur hat dann auch nur jeder zehnte Bewohner ein Fahrzeug, während es in Frankfurt jeder zweite ist.
Beim Beispiel Singapur drängt sich noch eine Präzisierung auf. Manche winken beim Hinweis auf Singapur verächtlich ab. Natürlich ist Singapur ein weitgehend diktatorisch geführter Staat, in dem gilt „wer uns nicht wählt, wird bestraft", in dem Akademiker heiraten sollen, damit das „geistige Kapital" erhalten bleibt, in dem die Opposition radikal beschnitten wird, die Pressefreiheit als unnötig angesehen wird und insgesamt stalinistische Kontrollmethoden bevorzugt werden. Das Verkehrsmanagement ist trotzdem vorbildlich. Niemand fordert, alle Verhältnisse eines Landes zu kopieren.

Die Stadt als Aktiengesellschaft in Spanien

Die Aktiengesellschaft heißt „Barcelona SA". Vorstandsvorsitzender ist der Bürgermeister Maragall, und der von Arthur Andersen geprüfte Jahresabschluss attestiert einen Jahresüberschuss in Höhe von rund 82 Mio. €. Die katalanische Hauptstadt wird geführt wie ein Unternehmen. Durch den Einbezug aller Vermögensgegenstände und durch die Offenlegung der Teilergebnisse, beispielsweise der des Zoos, wurde erreicht, dass die Bevölkerung ganz im klassischen Unternehmerstil darüber diskutiert, warum sich diese oder jene Investition nicht auszahlt. Die guten Ergebnisse motivieren die Stadtverwaltung (eigentlich den Vorstand), Outsourcing-Konzepte zu entwickeln und umzusetzen, damit sich die Stadt wieder auf ihr Kerngeschäft (!) konzentrieren kann. Jetzt könnte man das alles natürlich der alten Händlertradition der Katalanen zuschreiben, aber es soll die Regel gelten: Wer Erfolg hat, hat Recht.

Service in Japan

Alles das, was wir uns an den Tankstellen der sechziger und siebziger Jahre noch zusätzlich zum damals noch bedienenden Tankwart erträumt hätten, ist in Japan Wirklichkeit. Japan hat weltweit die Tankstellen mit dem besten und umfangreichsten Service, der einer Rundumversorgung des Fahrers und seines Fahrzeuges nahe kommt. An den 59.000 Tankstellen Japans arbeiten Spezialisten in einem Pflegeberuf, der eine „fabelhafte Mischzunft aus Barmixer, Mechaniker, Fensterputzer, Fremdenführer und Butler" ist. Zum Service gehören ein nettes „Willkommen", Leerung der Aschenbecher und Befüllung derselben mit wohlriechenden Kügelchen, Scheibenputzen, Öl-, Wasser und Luftservice, Verbeugung bei Übergabe der Rechnung , alles im Laufschritt, versteht sich. Und beim Hinausfahren auf die böse Straße wird für Sie gelegentlich sogar der fließende Verkehr aufgehalten. Natürlich wird auch Japan globaler und damit westlicher, denn es toben die Diskussionen darüber, ob man durch Selbsttanken die 30 Yen weniger begrüßen würde oder nicht. In punkto Service sind die japanischen Tankstellen aber allemal eine Große Schwester. Und nicht nur diese, denn in Japan könnte beispielsweise kein Möbelhändler überleben, der die gekauften Möbel nicht am selben Abend in der Wohnung aufbaut.

Rock- und Popmusik aus Japan

Die USA sind die größte Nation im Weltmusikmarkt. Wer aber wäre so ohne weiteres auf Japan als zweitplatzierte Nation gekommen? Mit seinen fast 130 Millionen Einwohnern haben japanische Anbieter einen Marktanteil von 17% am Weltmusikmarkt (USA: 31%).

Bahnfahren in der Schweiz

In Luxemburg und Dänemark unternimmt ein Bürger im Durchschnitt 27 Bahnfahrten und damit 9 Fahrten mehr als der deutsche Kollege. Die Schweizer jedoch unternehmen sage und schreibe 42 Bahnfahrten pro Jahr und Bürger. Sie sind die Weltmeister im Bahnfahren. Woran das liegen mag, können Sie im Abschnitt zum Strategem „Parallelwelt" nachlesen.

Bahnfahren in Japan

Die Pünktlichkeit der japanischen Bahn ist fast schon sprichwörtlich. Im japanischen Hochgeschwindigkeitszug „Shinkansen", quasi ein ICE hoch drei, gibt es auf der Fukuen-Linie im Bezirk Hiroshima voll ausgerüstete Karaoke-Abteile, die sangesfreudige Reisegruppen für Ihre Zugfahrt buchen können. Eine Idee für die Deutsche Bahn im Jahr 2090.

Weitere Beispiele für Große Schwestern

Unter →**www.Micic.com** finden Sie weitere Beispiele für Große Schwestern, auch für das deutsche Staatswesen.

Anwendung

Bedeutung des Strategems Große Schwester

Die Bedeutung des Strategems Große Schwester wird in den nächsten Jahren etwas verblassen. Da Technologien, Dienstleistungen und Wissen zur weltweiten Echtzeitdiffusion tendieren, wird der zeitliche Vorsprung, den einzelne Länder erzielen können, immer geringer. Nichtsdestotrotz wird es auch weiterhin zeitliche Vorsprünge geben, nicht zuletzt, weil die Hintergründe des volkswirtschaftlichen Gesetzes komparativer Kostenvorteile dafür sorgen werden, dass die Bedingungen für das eine oder andere Geschäft in speziellen Ländern besser sind als in anderen. Eine Nation wird intellektuell reicher, wenn sie sich mit anderen Nationen austauscht. Eine Nation, die sich abschottet, verarmt materiell und immateriell. Das ist das Wesen des Gesetzes der komparativen Kostenvorteile. Selbst wenn die zeitlichen Vorsprünge dahinschmelzen, bleibt dieses Strategem in seiner Spielart „Parallelwelt“ (siehe Abschnitt „Quer-Denken“) nach wie vor sehr nützlich. Gerade weil aber die zukünftigen Chancen eher *zwischen* den Branchen als *in* den Branchen liegen, müssen wir uns immer häufiger mit neuen Märkten befassen, und dann können wir nicht darauf vertrauen, dass wir aus jahrzehntelanger Erfahrung genau wissen, wo die Große Schwester ist.

Wie Sie Ihre Große Schwester finden

Bedenken Sie in diesem Zusammenhang bitte, dass ein Strategem möglichst ohne große Vorbereitung angewendet werden sollte. Daher ist eine ausgesprochene Suche nach der Großen Schwester nur dann sinnvoll, wenn Sie dieses Denkinstrument in ein permanentes Beobachtungssystem einbauen wollen. Es gibt kein eindeutiges, deterministisches Verfahren, wie Sie Ihre Großen Schwestern finden. Wohl gibt es aber Suchstrategien, die mit hoher Wahrscheinlichkeit zum gesuchten Ergebnis führen.
Sie können es sich einfach machen und sich zunächst nur die fünfzehn entwickelten Staaten vornehmen. Dann streichen Sie im Ausschlussverfahren solange Länder weg, bis noch maximal drei übriggeblieben sind. So gehen Sie aber das Risiko ein, dass die wirkliche Große Schwester nicht unter den Vorausgewählten zu finden ist. Denken Sie an das brasilianische Beispiel.

Checkliste 11: Die Große Schwester finden
☑ Geben Sie englische Stichworte zu Ihrer Branche in die Internet-Suchmaschinen ein
☑ Fragen Sie Ihre Mitarbeiter bzw. Kollegen nach Ländern, die Ihnen voraus sind
☑ Fragen Sie spezialisierte Experten
☑ Fragen Sie bei Ihrem Verband nach (vielleicht gibt es einen Weltverband)
☑ Durchforsten Sie die Fachzeitschriften auf entsprechende Hinweise
☑ Fragen Sie die entsprechenden Fachbereichsleiter in Hochschulen

Wie Sie Informationen über Ihre Große Schwester erhalten

Das Strategem Große Schwester dient zunächst der Gewinnung qualitativer Information der Art, wohin die Entwicklung der eigenen Branche und damit Unternehmens gehen *könnte*. Wird es zu einem regelmäßigen Beobachtungssystem ausgeweitet, wird beispielsweise ein Mitarbeiter mit der laufenden Sammlung entsprechender Informationen aus Branchendiensten und Länderanalysen beauftragt, können auch quantitative Daten wie Kennziffern erfasst und längerfristig beobachtet werden. Die folgende Checkliste nennt Möglichkeiten und Strategien, um Informationen über Große Schwestern zu erhalten.

Checkliste 12: Informationsquellen über die Große Schwester
☑ Suchbegriffe im Internet eingeben
☑ Studienreisen durchführen
☑ Fachzeitschriften des Landes abonnieren
☑ Heimatsprachliche Zeitungen für die jeweiligen Staatsangehörigen des Landes anrufen
☑ Von der Bundesstelle für Außenhandelsinformation (BfAi) in Bonn passende Studien beziehen

Checkliste 12: Informationsquellen über die Große Schwester (Fortsetzung)
☑ Deutsche Konsulate vor Ort fragen
☑ Ausländisches Konsulat in Deutschland fragen
☑ Originalbücher (über das Internet) kaufen
☑ Spezialisierte Berater für zwischenstaatliche Kooperationen fragen
☑ Reisende Freunde bitten, Informationen mitzubringen
☑ Unternehmen mit Auslandsfilialen ansprechen
☑ Branchenverband nach Weltorganisation (Dachverband) fragen und dort weiter forschen
☑ Im Zielland spezialisierte Berater fragen
☑ Auslandsmessen besuchen (mit anschließender Stadterkundung)
☑ Reiseführer studieren

Ihre Recherche hierzu sollte in folgenden Phasen ablaufen:

Checkliste 13: Recherche zur Großen Schwester
☑ Zielbestimmung; Was wollen wir über wen wissen?
☑ Grobrecherche; Welches Material gibt es?
☑ Zielanpassung; Was wollen wir jetzt genau wissen?; Welche Fragen stellen wir uns?
☑ Konkrete Fragestellung an Zielpersonen und Zielmedien
☑ Zusammenfassung der Ergebnisse
☑ Aktionsplan

Übertragung auf Ihre Verhältnisse

Immer wieder hören wir die naheliegende Standardkritik, man könne ja nicht alles auf Deutschland übertragen, was man in den USA oder sonstwo gesehen hat. Es ist interessant, wie stark das binäre Denken in schwarzweiß, null-eins oder an und aus in unsere Hirne betoniert ist. Niemand hat behauptet, dass man alles undifferenziert auf die hiesigen Verhältnisse und Märkte übertragen kann. Das ist schon viel zu oft schief gegangen. Jede neue Idee und jedes Konzept, ganz gleich wie entstanden, muss auf seine Umsetzbarkeit hin geprüft oder einfach getestet werden. So auch die Ideen, Konzepte, Entwicklungen, Szenarien und Chancen, die sich aus dem Denkwerkzeug Große Schwester ergeben.

Die Zukunft begünstigt nur den vorbereitenten Geist. (Dennis Gábor)

Erst wenn wir den Zielmarkt in seinem Wirkungsgefüge verstehen, das heißt, wenn wir die Erfolgsfaktoren kennen, können wir uns vorsichtig wagen, Umsetzungen zu importieren. Beispielsweise ist ein Ersatzteil-Schnelldienst in Deutschland und in jedem zeitbewussten Land immer noch ein sehr gutes Geschäft; würde man es aber nach Nordafrika übertragen wollen, müsste man bedenken, dass die Dinge dort selten so eilig sind wie bei uns. Wir müssen uns tief in die Motive und in die Psyche der Zielmärkte und Zielgruppen hineindenken, um die Risiken der Übertragung von Ideen zu reduzieren. Dazu ist der zeitlich und finanziell begrenzte Test die denkbar einfachste Strategie.

Das brasilianische Beispiel der Automatisierung von Bankdienstleistungen oder das Beispiel der Ultraschall-Früherkennung des Geschlechtes Frühgeborener zeigt deutlich, dass es die unterschiedlichen Werte, Beweggründe und Triebkräfte sind, die zu Entwicklungslags zwischen Staaten und Kulturen führen. Not macht eben erfinderisch und genau diese Not ist es häufig, die geprüft sein will, bevor wir etwas nach Deutschland übertragen.

Wir haben volles Verständnis für den subjektiv empfundenen Zeitmangel vieler Entscheider und Leistungsträger. Sie sind vielleicht versucht, sich das Nachdenken über Entwicklungen in anderen Ländern zu sparen, indem Sie von vornherein die Übertragbarkeit anzweifeln. Doch empfehlen wir dringlich, erst dann an die Schwierigkeiten der Übertragbarkeit zu denken, *nachdem* Sie sich mit deren Chancen beschäftigt und konkrete Ansatzpunkte erkannt haben.

Es ist deutlich zu unterscheiden, ob ein Produkt, eine Idee oder ein Konzept auf ein anderes Land beim besten Wissen und Willen einfach nicht übertragbar ist oder ob der Zeitpunkt der falsche war, ob das Marketing nicht stimmte, oder die Nutzenargumentation an der nationalen Kultur vorbeiging. Es dürfte mit Sicherheit ein höchst seltener Fall sein, dass ein Produkt oder eine Idee beim besten Wissen und Willen nicht übertragbar ist. Meist sind dann die Möglichkeiten der Phantasie und Kreativität nicht ausgeschöpft worden.

5.3 Enterprise

Denkfrage: Was sagt uns die durchdachte Science Fiction über die Zukunft?

Aus durchdachter Science Fiction lernen

Phantasie ist wichtiger als Wissen. (Albert Einstein)

Als es der NASA darum ging, einen Namen für das erste Space Shuttle zu finden, wollten viele Amerikaner den Namen „Enterprise“ haben, weil dies auch der Name des Raumschiffes „USS Enterprise 1701-D“ in der seit Jahrzehnten höchst erfolgreichen Science Fiction-Serie „Star Trek“ ist. So erzählt man es sich zumindest. Science Fiction ist dem Zukunftsforscher Freund und Feind zugleich. Feind, weil der Zukunftsforscher von Laien immer mit dem phantasievollen Science Fiction-Fan verglichen wird. Das gefällt dem Zukunftsforscher aber nicht, denn er hat viel ernsthaftere Ziele als die Unterhaltung von Massen. Freund ist die Science Fiction dem Zukunftsforscher, weil sie ihm gerade im Bereich der Technologie mit ihren „belletristischen Entwürfen möglicher und unmöglicher Zukünfte“[18] zahlreiche und unschätzbare Anregungen liefert. Die Grenze der Möglichkeiten der Science Fiction ist dort zu ziehen, wo von ihr konkrete, bereits geprüfte ZukunftsAnnahmen erwartet werden. In der Science Fiction leben sich manch kreative Köpfe aus, lassen ihre Jugendträume wahr werden und beschreiben die zukünftigen Möglichkeiten der Technologie. Sie gehen weniger mit der Akribie der wissenschaftlichen, detaillierten Szenario-Technik vor. Sie erlauben sich einen künstlerischen Ansatz bei der Entwicklung ihrer hochkomplexen und dadurch freilich auch sehr unwahrscheinlichen Szenarien. Nichtsdestotrotz bietet die Science Fiction, etwa durch ihre neuen Wörter und Bilder sowie durch ihren weiten Zeithorizont, vor allem dem zukunftsforschenden Laien Gelegenheit und Anregung zu zukunftsgerichtetem Denken.

Jules Verne war einer der ersten echten Autoren der Science Fiction. Seine im 19. Jahrhundert entstandenen Werke beschrieben Zukünfte, die für uns heute zum Teil Vergangenheit, oder immer noch Zukunft sind. H.G. Wells setzte dieses Werk fort und beschrieb Waffen, Flugzeuge, Radios und auch die Gentechnik lange vor deren Realisierung. Gerade er wandelte sich schrittweise vom Romanautor zu einem frühen Zukunftsforscher des 20. Jahrhunderts, der die „Ausblicke und Folgen des technischen und wissenschaftlichen Fortschritts für Leben und Denken des Menschen“[19] be-

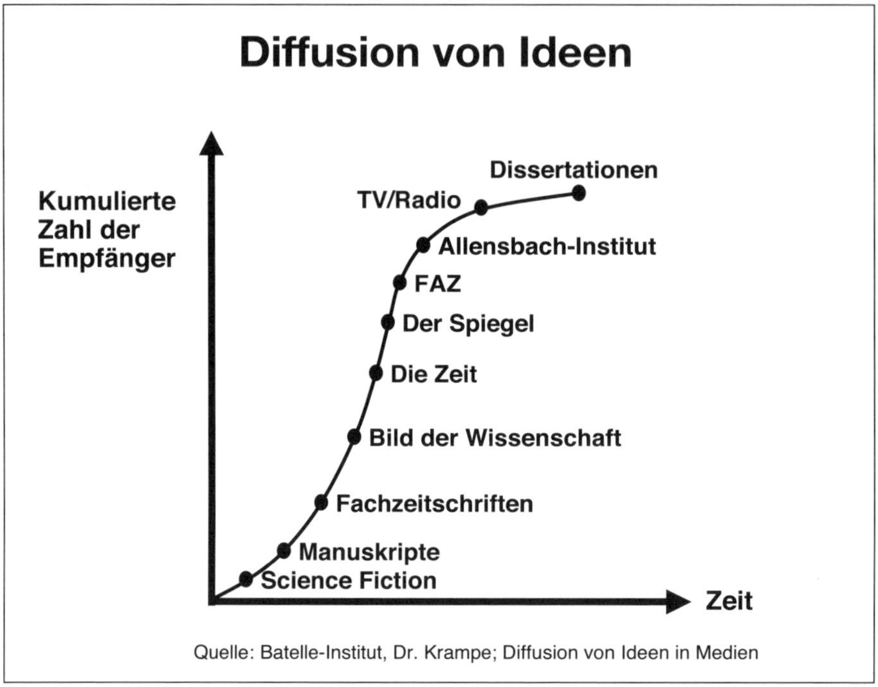

Abbildung 13; Diffusion von Ideen

schrieb. Den Weg von der Wissenschaft zur Belletristik beschritt eine Reihe weiterer Forscher, wie beispielsweise Wernher von Braun[20]. In den siebziger Jahren des 20. Jahrhunderts schlug das Pendel von den überwiegend positiven Zukunftsentwürfen hin zu den zeitweilig an Horrorgeschichten erinnernden Szenarien um. Dies können wir als Hinweis auf die zeitgeistbeschreibende Funktion der Science Fiction werten, denn sie spiegelt häufig die populäre Einschätzung der zukünftigen Entwicklung wider. Was die Fernsehmasse über die Zukunft denkt und fühlt, geht uns alle an, denn letztendlich liefern wir alle irgendwie direkt an den Endverbraucher und damit wiederum an uns selbst.

Das Batelle-Institut hat bereits in den siebziger Jahren festgestellt, dass die Diffusion von Ideen, vor allem technologischer Ideen, sehr früh bei der Science Fiction beginnt, dann die Forschungsinstitute streift und erst lange später die anspruchsvollen Tagesmedien und noch später die breite Bevölkerung erreicht.

Der Zusammenhang zwischen Zukunftsforschung und Science Fiction ist also keineswegs neu. Uns geht es darum, diesen Zusammenhang als Strategem zu einem Denkinstrument für Sie zu machen und Ihnen somit das

Vor-Denken zu erleichtern. Ihren Input aus der Science Fiction sollten Sie danach auswählen, ob es sich um durchdachte, oder einfach nur phantastische oder brutale Science Fiction handelt, die nicht mehr als ein ins Universum verlagerter Western ist. Wir haben den Namen „Enterprise" gewählt, weil er Menschen in weiter Verbreitung Captain Kirk, Captain Picard und Co. und damit die dortigen wirklich bis ins Detail durchdachten Zukunftsentwürfe lebhaft in Erinnerung ruft. So ermöglicht das Strategem Enterprise dem Unternehmer, „to boldly go where no man has gone before"[21].

Beispiele für Enterprise

Realisierte Projektionen in Star Trek

An Bord der namensgebenden „Enterprise" konnten wir zum Teil bereits seit dem Start der ersten Serie im September 1966 folgende Dinge beobachten, die heute Realität geworden sind:

- Gene Roddenberry würzte seine Inhalte mit damals fast revolutionärem Gedankengut. Er überließ mitten im Kalten Krieg einem Russen (Chekow) das Kommando über die Waffen des Raumschiffs. Das letzte Kommando behielt er allerdings einem Amerikaner (Kirk) vor.
- Roddenberry inszenierte auch die Zusammenarbeit von Farbigen und Weißen, die sogar zum ersten Fernsehkuss zwischen Farbig und Weiß führte (Lieutenant Uhura und Captain Kirk), was zum Zeitpunkt der Erstsendung in den USA unerhört war.
- Das Holodeck war die frühe Projektion der heutigen virtuellen Realitäten und der zukünftigen Hologramme. Bitten Sie mal Ihre Kinder oder mangels solcher diejenigen Ihrer Freunde, Sie an einem modernen Computerspiel teilnehmen zu lassen. Sie werden staunen, was heute schon möglich ist.
- Der Tricorder, ein Scanner, mit dem die Besatzung Lebewesen, Gegenstände und Umweltbedingungen analysiert, war Vorbild für eine ganz Reihe von Diagnosegeräten.
- Die primäre Direktive „not to interfere" (nicht in bestehende, meist gesellschaftliche Systeme eingreifen) ist zum Zeitpunkt der Erstsendung in

der breiten Bevölkerung kaum verstanden worden. Erst heute hat sich die Erkenntnis der Systemforscher durchgesetzt, dass die Nichtintervention eine vernünftige Strategie sein kann. Sogar die Psychotherapie und die Gruppenmoderatoren zählen die „prime directive" heute zu ihrem Repertoire.

- Der Schiffsarzt Dr. McCoy („Pille") verwendete Injektionsgeräte, die keine Nadel mehr erfordern. Genau dies wurde 1994 erstmals Realität, als eine Spritze auf den Markt kam, die ohne Einstich angewendet werden kann.

- Der Antimaterie-Antrieb der Enterprise ist für uns keine Fiktion mehr. Antimaterie kann für undenkbar kleine Zeiträume bereits künstlich hergestellt werden. Antimaterie würde eine Reihe der energiebezogenen Fragestellungen der Raumfahrt in Wohlgefallen auflösen.

- Für den zentralen Computer, wie auch für den Lift, den Replikator, das Holodeck und viele andere Geräte war die menschliche Sprache schon seit Beginn der Serie in den sechziger Jahren die Kommunikationsform zur Befehlseingabe.

- Auf der Enterprise kamen Speisen und Getränke aus dem Replikator, einem Gerät, das auf Zuruf die Atome des Bestellten zusammensetzte und dabei auch den Teller und das Glas nicht vergaß. Die Brotbackautomaten der neuesten Generation – schon 1993 wurden in den USA zwei Millionen davon verkauft – waren ein erster Schritt auf dem Weg zu dieser für heutige Verhältnisse immer noch als Vision zu betrachtenden Idee. Mr. Ellis D. Grondon regte dieser Umstand zur Entwicklung eines computergesteuerten Küchengerätes an, das man nur mit den Zutaten füllen muss, damit es nach verschiedenen Programmen die Mahlzeiten zubereitet. Er bekam dafür das US-Patent 5.363.746.

- Der schon in der ersten Generation der Enterprise bekannte Communicator hat in Form unserer Mobiltelefone längst Eingang in die Realität gefunden.

- Die Verwendung von Laserwaffen ist spätestens seit Ronald Reagans Strategic Defense Initiative (SDI-Programm) jedem Interessierten geläufig.

- Das Raumschiff in der dritten Generation von Star Trek, es heißt Voyager und nicht mehr Enterprise, wird von einer Frau befehligt. Wir können gespannt sein, wie sich die Frauenquote in den Vorstandsetagen der Gegenwart entwickelt und wann die erste Frau im Amt des US-amerikanischen Präsidenten mächtigster Mensch der Erde wird.

- Von Beginn der Fernsehserie „Star Trek" an, hatte die Besatzung eine Waffe, mit der man nicht nur töten, sondern nach entsprechender Einstellung stufenweise betäuben, lähmen, sprengen oder auflösen konnte (Phaser). Für den Unternehmer lag die Überlegung nahe: Wenn es möglich wird, Menschen mit einem Geschoss so schnell für eine oder für acht Stunden unschädlich zu machen, wie man das mit Kugeln „dauerhaft" machen kann, dann entsteht dadurch ein riesiger Markt, der noch nicht mal unmoralisch ist, weil man damit viele Menschenleben retten kann. Dass wir solches nicht brauchen, dürfte mehr Wunsch als Wahrheit sein. Für diesen Markt kämen alle offiziellen Polizeiorganisationen der Erde, alle Armeen der Erde aber auch alle Gangster und Terroristen in Frage, die jedoch allesamt viel weniger töten müssten. Selbstverständlich ist diese Idee noch lange kein fertiges, verkaufsfähiges Produkt. Aber wer, glauben Sie, würde wohl am ehesten mit solch einem Produkt auf den Markt kommen. Der, der die Idee nicht hat, oder der, der die Idee hat? Und tatsächlich wurde 1995 ein Gerät vorgestellt, das einen Angreifer oder Einbrecher mit einem sehr schnell trocknenden und fesselnden Schaum besprüht und ihn damit unbeweglich macht.

- „Picards Prinzip, Management by Trek" ist der deutsche Titel eines Buches von Wess Roberts und Bill Ross.[22] Das Buch ist aufgebaut wie ein Lehrbuch der Sternenflotte und beschreibt, der Buchtitel führt wie so oft etwas in die Irre, die neun Prinzipien des Captain Picard, des Kapitäns der zweiten Generation von Star Trek: Er konzentriert sich auf das Wesentliche, setzt Prioritäten, fördert die Initiative seiner Mitarbeiter, macht bei deren Qualifikation keine Kompromisse, sucht Verständigung mit Freund und Feind, erkennt Abhängigkeiten, vermeidet politisches Handeln, passt sich ungewöhnlichen Situationen an und bleibt bei allem ehrlich. Das sind zwar beileibe keine umwerfend neuen Managementerkenntnisse (gibt es die überhaupt?) doch ist dieses Buch ein gutes Beispiel dafür, dass Science Fiction zwar vorwiegend, aber nicht nur im Bereich der Technologie nützlich ist.

Cyberspace-Büro aus Hollywood

Der Otto-Normalverbraucher und auch der technisch nicht so bewanderte Unternehmer kann sich einen Eindruck von den Möglichkeiten des Cyberspace sehr leicht in den Produkten aus Hollywood verschaffen, beispielsweise mit dem Film „Enthüllung“ (engl. „Disclosure“). Dort ist die Ablage des Unternehmens im Cyberspace verschwunden, so dass die Filmhelden die hochbrisante virtuelle Akte mit einer virtuellen Hand aus einem virtuellen Aktenschrank mit Hängeregister holen.

Roboter

Der menschenähnliche Roboter ist einer der häufigsten Bausteine der Science Fiction. Nicht nur auf der Enterprise gibt es einen „Data“ einen Androiden, der ganz bewusst so konstruiert ist, dass er wie ein Mensch aussieht. Die menschlichen Roboter zu Beginn des zwanzigsten Jahrhunderts werden noch lange ein zumindest optisch weitgehend lächerlicher Versuch sein, der Science Fiction zu folgen. Doch Optik ist hier sekundär, denn die rationell denkenden Techniker haben aufgehört, den menschlichen Körper als Vorbild zu nehmen. Wozu auch? In den USA rollen elektronische Helfer, so genannte „HelpMates“, vielfach in den Krankenhäusern umher, liefern Post aus oder bringen Medikamente und Essen. Im Operationssaal hält der Roboter ebenfalls Einzug. Der amerikanische Roboter Cog kommt einem menschenähnlichen Roboter am nächsten. Wenn das Projekt gelingt, wird Cog die Intelligenz eines Zweijährigen haben. Doch den Turing-Test[23], der einem Computer das Menschsein bescheinigen würde, hat noch kein Roboter und Computer bestanden und wird dies vielleicht auch niemals tun.

Auf dem Hexenbesen der Technik

Es würde an dieser Stelle zu weit führen, die vielen Grundlagentechnologien, die in der Science Fiction die erste Verbreitung fanden, im Detail zu erörtern. Einige Beispiele mögen genügen, wie etwa die bereits künstlich für unendlich kurze Zeiträume erzeugbare Antimaterie, die 1985 zumindest theoretisch bewiesene Anti-Schwerkraft[24], die Gentechnik, die 1970 noch pure Fiktion war und vielfach als Hirngespinst abgetan wurde oder die zumindest von führenden Wissenschaftlern wie Steven Hawking nicht mehr ausgeschlossene Möglichkeit der Zeitreisen. Diese Reihe ließe sich auf Buchumfang fortsetzen.

Einfrierung von Menschen für Raumfahrten

Die Überlegung lag für die Science Fiction nahe; selbst wenn es gelänge, Lichtgeschwindigkeit zu erreichen, sind es immer noch einige Jährchen bis zu den ersehnten Zielen. Also musste die Besatzung eingefroren werden. Daraus hat ein findiger Geist in Arizona das Angebot konzipiert, betuchte Menschen einzufrieren, die sich in hundert oder fünfhundert Jahren eine Therapie gegen ihre Krankheit oder schlicht gegen den Tod erhoffen. Mitte 1997 hatten sich 30 Menschen so einfrieren lassen. Der wissenschaftliche Name dieses Verfahrens lautet Kryogenik und das seriöse Anwendungsfeld dafür ist das Einfrieren von Organen zur Transplantation.

Anwendung

Science Fiction kümmert sich selten um den Weg zu einer technologischen oder sozialen Problemlösung und ist gerade deshalb auf so produktive Weise frei von den Grenzen der Gegenwart und von den Grenzen des Denkens. Sie geht einfach davon aus, dass es einen Weg zur Lösung geben wird. Insofern gelten die hier genannten Beispiele natürlich nicht als Indizien dafür, dass Science Fiction Technologien ermöglicht. Science Fiction hilft lediglich, den geistigen Weg dafür zu ebnen, die Implikationen zu sehen und vor allem hilft es Ihnen, sich die Ergebnisse plastisch vorzustellen zu können.

Wir haben unser Ziel in diesem Abschnitt bereits erreicht, wenn Sie nicht geistig „zugemacht“ haben und sich dem Gedanken geöffnet haben, der zukunftsforschende Unternehmer könne etwas aus der Science Fiction gebrauchen. Allein diese Öffnung entfaltet eine gewisse Wirkung. Sie können natürlich auch tiefer einsteigen. Wie bereits erwähnt, sollten Sie nur die durchdachte Science Fiction als Grundlage für Ihre ZukunftsAnnahmen über zukünftige Entwicklungen verwenden. Der weit überwiegende Teil der Science Fiction ist für Sie unbrauchbar. Sie haben nicht so viel von düsteren Prognosen einer nuklear verseuchten Erde, auf der die Steinzeit eine Renaissance erlebt, und die Zukunft nur als Vorwand für die schier grenzenlose Grausamkeit der Handlung verwendet wird. Das verstehen wir nicht unter durchdachter, für Sie als Unternehmer nützlicher Science Fiction. Die Macher von Star Trek wurden von Beginn an und werden immer noch von Wissenschaftlern beraten. Das Durchdenken geht in diesem Stück Science Fiction sogar so weit, dass die Sprache der Klingonen tatsächlich geschaffen und sogar ein Wörterbuch geschrieben wurde. Zugegeben, die Unterscheidung fällt nicht leicht. Sie machen es sich leichter, indem Sie an sich selbst und Ihren Mitarbeitern beobachten, welche Gedanken die Projektionen auslösen und ob Sie etwas damit anfangen können. Botschaften, von denen Sie sich abgestoßen fühlen, würden Sie ohnehin niemals als Informationsquelle für die Führung Ihres Unternehmens oder Ihres Lebens verwenden. Zudem muss das Raster der Umwelt klar sein, über die Sie Zukunftsinformationen wünschen. Mit der Definition Ihrer Beobachtungsfelder (siehe entsprechenden Abschnitt) hätten Sie diese Grundlagenarbeit bereits geleistet.

Doch selbst äußerst durchdachte Science Fiction kann für Sie Zeitverschwendung sein, wenn es vornehmlich um Zeitreisen durch Wurmlöcher, um außerirdische Intelligenzen oder um intergalaktischen Krieg und Frieden geht. Die dort behandelten Fragestellungen, seien sie auch noch so schlüssig, sind für Sie einfach zu weit weg, wenn Sie nicht gerade Vorstand eines „integrierten Technologiekonzerns" sind oder jetzt schon darüber nachdenken, wie Sie die Weltraumurlaube im Jahr 2035 organisieren. Sie haben genügend Realitätssinn, sich nicht von den Jahresangaben in der Science Fiction beirren zu lassen. Sie müssen keineswegs bis zum Jahr 2264 warten, bis eine Maschine Ihr Essen auf Zuruf zubereitet.

In unserer heutigen Wissenswelt gibt es für fast jede Fragestellung ein Buch. So auch eine illustrierte Enzyklopädie der Science Fiction, die nach Themenblöcken wie Maschinen, Leben im All oder Stadt und in der zweiten Ebene chronologisch gegliedert ist.[25] Über die Star Trek – Serie gibt es eine Unmenge an Büchern, von dem genannten Managementbuch über technische Beschreibungen des Raumschiffes mit einem schier unglaublichen Präzisierungsgrad bis hin zum klingonisch-deutschen Wörterbuch. Wir empfehlen eine Recherche im Internet oder bei den professionell betriebenen Datennetzen. Bei Compuserve gibt es eine Datenbank zu Science Fiction, in der konkret nach Fragestellungen und Stichwörtern recherchiert werden kann. Es sei hier nochmals betont: Allein Ihre Öffnung für die Nützlichkeit der Science Fiction für Sie als zukunftsforschenden Unternehmer wird ihre Wirkung entfalten.

5.4 Weitere Strategeme für das Vor-Denken

Kids

Denkfrage: Welche Trends bei Kindern und Jugendlichen werden sich in Zukunft in die Gesellschaft ausbreiten?

Da Zeit zum Wettbewerbsfaktor Nr. 1 geworden ist, muss man das Gras wachsen hören. Wer auf gesicherte Erkenntnisse wartet, kann allenfalls noch mit anderen Zauderern um die Krümel streiten.
(Bill Gates)

Wenn Sie heute einem Zehnjährigen über die Schulter auf seinen Monitor schauen, können Sie in Form der vor ihm laufenden Computerspiele in die Zukunft der Software- und Computertechnik sehen. Die meisten großen Trends der Softwareindustrie haben ihren Anfang in den Computerspielen genommen[26]. Auch die Umweltbewegung fand ihren frühesten Resonanzkörper bei der Jugend. Nicht umsonst waren alle Diktatoren hinter der Jugend her, denn sie wird die Gesellschaft der Zukunft formen. Allein aus diesem Grund ist es für Sie wichtig, das Verhalten, die Aktivitäten, die Sprache, die Werte, die Produkte, kurz, das gesamte Lebensumfeld der Jugend zu beobachten.

Spannung

Denkfrage: Wo gibt es in diesem Beobachtungsfeld Spannungen, die sich in der nächsten Zeit lösen könnten?

Menschen schreiten zur Tat, wenn Sie eine Spannung verspüren. Eine Spannung in diesem Sinne ist eine Soll-Ist-Abweichung zwischen Anspruch und Wirklichkeit, also eine Abweichung vom Gleichgewicht. So essen sie, wenn sie Hunger haben, trinken, wenn sie Durst verspüren, entspannen sich, wenn sie zu sehr angespannt sind, stürzen eine Regierung, wenn der Wunsch nach einer neuen stärker ist als die Risiken des Putsches und kaufen einen neuen PkW, wenn der Wunsch danach stärker ist als die Budgetbedenken. Der Begriff Spannung ist in diesem Zusammenhang mit den Begriffen Bedürfnis, Leidensdruck und Disharmonie verwandt. So ist die Spannung die früheste Vorsteuergröße einer Handlung, obschon das Vorhandensein einer Spannung eine andere Spannung voraussetzt und wir somit leicht in einen gedanklichen Kreislauf verfallen können. So existiert eine Spannung zwischen dem Anspruch und der Wirklichkeit der demo-

kratischen Staatsform, die sich in irgendeiner Form irgendwann auch lösen wird. Diese Spannung hat als Vorsteuergröße wieder andere Vorsteuergrößen, die für Sie jedoch mit jeder Stufe abnehmende Relevanz haben.
Ein Beispiel, in dem man das Strategem Spannung anwenden konnte, war der Niedergang des mechanistischen Zeitmanagements. Bald nach dem Marktauftritt moderner Zeitplanungssysteme konnte man beobachten, dass die gut durchdachten Zeitplanbücher mit ihren vielen Hilfsmitteln (Karteien etc.) von den meisten stolzen Besitzern lediglich als einfache Terminkalender genutzt wurden. Es war nicht schwierig, aus dieser Soll-Ist-Abweichung, eben der Spannung, abzuleiten, dass immer mehr Nutzer die Frage nach dem Grenznutzen dieser Zeitplansysteme stellen werden. Warum sollten mehrere Hundert Mark für ein Buch oder gar nochmals über tausend Mark für ein dazugehöriges Seminar bezahlt werden, wenn 80% der erwünschten Wirkung auch mit einem einfachen Terminkalender für 4,80 € erzielt werden können? Genauso war es nur eine Frage der Zeit, bis im Jahr 1994 ein Gerät auf den US-Markt kam, das unerwünschte Werbespots aus Videoaufzeichnungen ausblendete.

Wirtschaftswunder

Denkfrage: Welche Exklusivitäten wird sich in Zukunft jeder leisten können?

Massenmärkte beginnen fast immer als Nischenmärkte. Nicht jeder Nischenmarkt wird zum Massenmarkt, aber fast jeder Massenmarkt war einmal ein Nischenmarkt. Was sich heute nur Spitzenverdiener leisten können, könnte sich in einigen Jahren jeder mehrfach leisten können. Beispiele sind der PC, der Anrufbeantworter, der PkW, Fernsehgeräte, Tennisclub-Mitgliedschaften, Mobiltelefone und Videorecorder. So waren Fernseher und Radiogeräte über Jahrzehnte Familiengeräte, bis sie individualisiert wurden. „Wirtschaftswunder“ kann auch in die Irre führen, wie die nach Einführung des Hubschraubers weit verbreitete Meinung, ein solches Verkehrsmittel würde in wenigen Jahrzehnten jeder Durchschnittsbürger haben. Schon einer der ersten echten Zukunftsforscher, der Franzose Antoine Marquis de Condorcet postulierte zur Zeit der französischen Revolution, dass alles das, was die Reichen heute essen, trinken und tun, morgen die Normalverdiener essen, trinken und tun werden. Beachten Sie bei der Anwendung von „Wirtschaftswunder“, dass die Zeiträume sich nach wie vor verkürzen. Während es beim Fernseher noch einige Jahrzehnte vom Nischenmarkt bis zur Massenverbreitung waren, können Nischenmärkte der Gegenwart und vor allem der Zukunft binnen Monaten und sogar Wochen zum Massenmarkt werden, wie im Jahr 1997 das Tamagochi bewies.

Vogelschrei

Denkfrage: Was sagen die Früherkenner in unserem Geschäft über die Zukunft?

Aus der Natur können Sie sich auch für die Früherkennung von Geschäftschancen und -bedrohungen einiges abschauen. In vielen Biotopen können Sie beobachten, dass eine gewisse Symbiose zwischen den Vögeln und anderen Tieren besteht. Bei aufkommender Gefahr sind diese Vögel durch ihr Geschrei ein „Frühwarnsystem“ für das gesamte Biotop, quasi ein AWACS[27] im wahrsten Sinne des Namens. Auch die kleinen Galagos, eine kleine Affenart, erfüllt in ihrem Lebensraum die Funktion des Frühwarners. Für die Unternehmenspraxis ist das Strategem „Vogelschrei“ besonders dann leicht umzusetzen, wenn mehrere Unternehmen kooperieren und für ihre Branche solche Früherkenner schaffen. Die Baubranche ist hier aufgrund besonders günstiger Verhältnisse recht fortschrittlich. So gibt es hier zahlreiche Informationsdienste und Verlage, die über Baupotenziale oder konkrete Projekte informieren. Sie bieten einen zwingenden Nutzen, der für den einzelnen Informationsempfänger jedoch seinen Wert verliert, wenn alle Mitbewerber ebenfalls über die gleichen Frühinformationen verfügen.
Die Hersteller von Investitionsgütern im Baubereich (z. B. Baukräne) „schreien“ immer zuerst, wenn in der Baubranche eine Flaute aufkommt. Es geht bei „Vogelschrei“ aber nicht nur darum, vor Bedrohungen und Risiken gewarnt zu werden. Viel wichtiger ist der frühzeitige Hinweis auf Chancen, die bekanntlich in gewisser Weise gegen Bedrohungen immunisieren. Ein gutes Beispiel ist das von Nicholas Negroponte geführte Media Lab des Massachussets Institute of Technology (MIT). Dort werden Produkte entwickelt, die in den nächsten zwanzig Jahren umgesetzt werden können. Das Institut lebt größtenteils von gestifteten Unternehmensgeldern und gibt seinen Sponsoren dafür bevorzugten Zugang zu den Früchten seiner Arbeit.

Spähtrupp

Denkfrage: Welches andere Geschäft geht unserem zeitlich voraus?

Jeder Autofahrer ist heilfroh, wenn im dichten Nebel ein anderer PkW vor ihm herfährt. Dessen Aktionen und Reaktionen (lenken, bremsen, beschleunigen etc.) sind das Spiegelbild dessen, was er in den nächsten Sekunden machen muss und machen wird. Mit einiger Denkarbeit lässt sich auch für

Ihr Geschäft ein „Spähtrupp“ finden. Beispielsweise ist für jede Reparaturdienstleistung der Markt für Neuprodukte ein solcher Spähtrupp, was in der Unterhaltungselektronik bereits genutzt wird. Investitionsgüterlieferanten haben das Strategem „Spähtrupp“ schon immer angewendet, wenn Sie den Absatzmarkt ihrer Kunden beobachteten. So muss ein Hersteller von Druckmaschinen mit Konsequenz die Printkonjunktur beobachten, weil deren geringste Schwankungen sehr große Auswirkungen auf den Bedarf nach Druckmaschinen haben. Die wenigen Hersteller von Karnevalsmasken und -kostümen müssen sich frühzeitig über die in Hollywood mit großem Budget geplanten Filme informieren, denn sie werden ein bis zwei Jahre später die Karnevalsmodelle bestimmen. Das ist in diesem Geschäft besonders wichtig, da das Geschäft zu einem Zeitpunkt gemacht wird, an dem die eigentliche Produktion fast vollständig gelaufen ist. Nach Ausstrahlung des Filmes Pocahontas waren Indianerkostüme besonders gefragt, und nachdem der neue Batman-Film die Kassen seiner Produzenten gefüllt hatte, wollten viele Jecken in schwarzer Fledermauskluft im Batmobil durch die feuchtfröhlichen Rheinmetropolen heizen.
Sie können Ihre Kunden frühzeitig und regelmäßig befragen oder noch besser beobachten, wie sie die Bedarfsentwicklung der nächsten Monate bzw. Jahre einschätzen. Sie können Ihre Kunden dazu motivieren, dass sie gegen entsprechende Vorteile bereits Vorabbestellungen erteilen, die sie immer weiter präzisieren können, bis die Menge als fester Auftrag gilt. Die Rechtsanwälte sind der strategische „Spähtrupp“ im Berufsrecht der Steuerberater. Die Beschlüsse des Bundesverfassungsgerichts zum anwaltlichen Standesrecht waren der geeignete Anlass, die lange diskutierten Pläne zur liberalen Ausschöpfung und aktuellen Fortentwicklung des Berufsrechts des Steuerberaters umzusetzen.[28] Hier passt auch das Beispiel zum Strategem „Kids“, dass alle Computertrends zuerst auf dem „Spähtrupp“ Computerspielemarkt beobachtet werden können. Im kurzfristigen Bereich verwenden die Verlage ihre Subskriptionspreise als „Spähtrupp“, um den Umfang der verkaufsfähigen Startauflage besser einschätzen zu können. Der Computerhersteller Hewlett Packard hat festgestellt, dass der Markt für Einzelbauteile das Schicksal des Gesamtmarktes um einige Monate vorwegnimmt. Der direkt messbare Nutzen zeigte sich unter anderem in der erleichterten Personalplanung. Bei der Ruhrkohle AG, einem Unternehmen mit langer Erfahrung bei der Anwendung von Frühwarnsystemen, soll es einen direkten Zusammenhang zwischen dem Auftragseingang bei Walzstahlerzeugnissen und dem Absatz von Koks und Kohle geben. Die zweite Kennzahl folgte der Entwicklung der ersten mit einer zeitlichen Verzöge-

rung von ca. sechs Monaten[29]. Dies mag sehr kurzfristig erscheinen, doch der gleiche Wirkungszusammenhang kann in Geschäften wie dem Anlagenbau einen Zeithorizont von weit mehr als fünf Jahren bedeuten. Sie können „Spähtrupp“ nur dann relativ vertrauensvoll anwenden, wenn sich die Beziehung zwischen dem „Spähtrupp“ und Ihrem Geschäft deutlich zu erkennen gibt.

Fraktionierung

Denkfrage: In welche Teilmärkte wird unser Markt in Zukunft zerfallen?

Wenn Sie die Gelegenheit hätten, ein zwanzig Jahre altes Lieferantenverzeichnis, Bezugsquellenverzeichnis oder die Gelben Seiten mit jeweils aktuellen Ausgaben zu vergleichen, könnten Sie feststellen, wie sich zahlreiche Märkte regelrecht in Bruchstücke aufgespalten haben. Der moderne populäre Musikmarkt hat sich seit den 50er Jahren vom amerikanischen Rock’n Roll ausgehend in eine kaum mehr überschaubare Vielzahl an Verästelungen und damit Teilmärkten fraktioniert. Es ist ein babylonisches Sprachgewirr an Stilen, Mustern und Themen entstanden, das uns heute erahnen lässt, wie fraktioniert etwa der Automobilmarkt sein wird. Beide Entwicklungen sind gezogen von der immer feineren Ausrichtung an Zielgruppen und haben daher, wenn auch nicht auf den ersten Blick erkennbar, durchaus viel miteinander zu tun. Weitere Triebkräfte dieser Entwicklung ist die zunehmende Individualisierung und Atomisierung der Bedürfnisse sowie die Inflation der Lebensoptionen.
Fraktionierung bedeutet in diesem Zusammenhang die fast zwingende Aufsplitterung bestehender Märkte in Teilmärkte, meist getrieben von dem zunehmenden Bedürfnis nach Differenzierung, das wiederum häufig in feinerer Zielgruppen-Segmentierung resultiert. Die Menschen wollen weg vom Durchschnitt. Das Wort Fraktionierung ist durchaus stark verwandt zu den Begriffen „Fragmentierung“ und „Atomisierung“. Wir verwenden den chemischen Begriff der Fraktionierung, weil er für unsere Begriffe eher den Charakter des Ganzen im Ganzen ausdrückt. Die Fraktionierung eines Stoffes in seine Mischelemente führt eben zu reinen Mischelementen und damit zu etwas Ganzem. Fraktionierung hat übrigens trotz dieses an Selbstähnlichkeit erinnernden Prinzips nur sehr entfernt etwas mit Fraktalen zu tun. Noch einige weitere Beispiele:

1. Vom Faustkeil für alles hin zu Spezialwerkzeugen (wohl die erste Fraktionierung eines Marktes).

2. Von der Kfz-Werkstatt für alles bis hin zum Spezialist für Reifen, Öl und Auspuff (Pit-Stop).

3. Von der Fernsehzeitschrift für alle hin zu zielgruppenorientierten Fernsehinformationsdiensten.

4. Von EDV-Kursen für alle hin zur Textverarbeitung für Frauen.

5. Von der Bank für alle bis zur „Jungen Bank“ der Raiffeisenbank Reutte, einer räumlich vollständig getrennten Bank, in der die jüngsten Mitarbeiter der Bank für Kinder und Jugendliche da sind.

6. Vom Business-Magazin für alle hin zu Wirtschafts-Magazinen für Schwarze oder für Türken. Die Frankfurt Spezialagentur für Ausländermedien T.E.T weiß hierüber einiges zu berichten.

7. Von Spielzeugpuppen für alle hin zur „ethnischen Puppe“ mit schwarzer, roter und gelber Haut (Cultural Toys)[30].

8. Von vier kaufmännischen Berufen hin zum Automobilkaufmann, Datenverarbeitungskaufmann, Immobilienkaufmann, Fremdenverkehrskaufmann etc.

9. Von drei Flaschengrößen für die gleiche Coca Cola hin zu Dutzenden Portionierungen und geschmacklichen und inhaltlichen Versionen (light, cristal, cherry etc.).

10. Von der normalen Kfz-Versicherung hin zum Spezialversicherer für „Hochrisikogruppen“ (Progressive Corporation)[31].

Überlegen Sie sich frühzeitig, ob, wann und in welcher Art sich Ihr Markt fraktionieren wird, d. h. welche Teilmärkte in Zukunft daraus entstehen werden. Fraktionieren Sie Ihr Unternehmen und Ihren Markt, bevor es andere für Sie tun. So können Sie diesen Trend auf Ihre Mühlen lenken. Es sei deutlich gemacht, dass Fraktionierung nichts mit Verzettelung zu tun hat, sondern geradewegs zur Konzentration der Kräfte auf wirkungsvolle Punkte, nämlich auf sich präzisierende Probleme und Wünsche Ihrer Kunden, führt. Immer dann, wenn ein Problem im Durchschnitt gelöst oder ein Wunsch im Durchschnitt erfüllt wird, besteht eine Chance zur Fraktionierung. Folgende Aspekte sind Signale für mögliche Fraktionierungschancen:

- Man spricht immer von „dem Kunden“ und differenziert nicht tiefer (z. B. an der Tankstelle).
- Es werden große Stückzahlen eines Produktes verkauft (z. B. Tamagochis).
- Ein Produkt richtet sich an viele verschiedene Zielgruppen (z. B. Zeitung).
- Ein Problemumfeld wird immer komplexer (z. B. Rechtsgebiete).

Wie die bisherigen Beispiele zeigen, muss die Fraktionierung keineswegs immer mit dem Tod des Ursprungsmarktes verbunden sein. Die alten Stile des Rock'n Roll werden nach wie vor gehört. Dort jedoch, wo wir es mit dem Prinzip der Ausschließlichkeit zu tun haben, etwa wo wir nicht gleichzeitig zehn Computerzeitschriften lesen können, dort wird der Ursprungsmarkt stark eingeschränkt, wenn nicht ganz aufgelöst.

Fraktionierung ist prinzipiell ein Strategem zur Antizipation zukünftiger Entwicklungen, aber gleichzeitig auch ein Trend. Das unterscheidet dieses Strategem von anderen, die lediglich Entwicklungsverläufe aufzeigen wie z. B. „Große Schwester“. Die Anzahl der Chancen, die sich aus der fortschreitenden Fraktionierung von Märkten ergeben, sind enorm, denn die Teilmärkte der Ursprungsmärkte bleiben selten ein Teilmarkt. Sie werden vielmehr selbst zum Ursprungsmarkt und potenzieren so die Zahl der zukünftigen Geschäftsfelder. Die Schwierigkeit der Fraktionierung besteht für die Massenhersteller alten Kalibers darin, die kritischen Mengen zusammenzubekommen, um Produktionsanlagen auslasten zu können. Einige Berater bieten zur Lösung eine Art „zur Hälfte zurück“ an, d. h. sie fordern Produkte, die wiederum so stark selbstähnlich sind, dass sie in „fraktalen Massen“[32] hergestellt werden können. Die Autoindustrie liefert mit ihren Basis-Chassis, auf die verschiedenste individuelle Karosserien montiert werden können, ein gutes Beispiel.

Die Fraktionierung der Märkte ist geradezu Grundlage für erfolgversprechende Spezialisierungen durch Differenzierung. Die Boston Consulting Group hat den Höhepunkt der Fraktionierung mit dem Begriff „Segment of One“ belegt und meint damit eine so tiefe Markt- und Zielgruppen-Segmentierung, dass letztendlich das kleinste Segment der einzelne Kunde ist. Für dieses „Segment of One“ wird ein absolut individuelles, maßgeschneidertes Produkt entwickelt und angeboten, wobei die Kunst eben darin besteht, die Vorteile der Multiplikation, die so genannten Skalenerträge, aufzugeben. Der Weg dahin ist allerdings in den wenigsten Branchen bekannt oder auch nur angedacht. Das ist eine Ihrer großen Zukunfts-Chancen!

Intermediär

Denkfrage: Wo in unserem Geschäft können sich in Zukunft Intermediäre etablieren?

Die Welt wird immer komplexer und viele Menschen sehnen sich nach Einfachheit und Überschaubarkeit. „Intermediär" beschreibt eines der vielen Grundmodelle der Wirtschaftsentwicklung, nämlich die Übernahme von Vermittlungsfunktionen in komplexen Märkten. Eine Reihe von Dienstleistern lesen im Auftrag von Unternehmen und vielbeschäftigten Personen die täglichen Nachrichten und stellen maßgeschneidert für den Auftraggeber einen Pressespiegel mit maximal zehnzeiligen Meldungen zusammen. Im Unterschied zum Ausschnittdienst, wird hier nicht nur mit der Information gehandelt, sie wird vielmehr verdichtet und auf diese Weise wird ein immer komplexeres Angebot passend für einen immer stärkeren Bedarf nach Vereinfachung gemacht.
Mitte der 90er Jahre entstandenen die ersten spezialisierten Beratungsunternehmen für die Optimierung der Kosten bei der Gebäudereinigung oder bei der Installation und beim Betrieb von Telekommunikationsanlagen. Reduktionen der Reinigungskosten um bis zum 30% allein durch bessere Vertragsgestaltung waren keine Seltenheit. Suzy Gershman hat sich zwischen Markenprodukthändler und Geschäftsreisende gesetzt und gibt ihre Reise- und Einkaufsführer „Born to Shop" heraus. Mit den gängigen Einkaufsführern hat das wenig zu tun, Frau Gershman verkauft ihren Lesern eine ausgefeilte Einkaufsstrategie für Markenprodukte, wie etwa Seidenkrawatten von Versace für 40 Dollar. Zahlreiche studentische Kleinunternehmen vermitteln ihre Kommilitonen per Datenbank und Katalog an potenzielle Arbeitgeber. Randy Petersen ist der amerikanische Vielfliegerpapst. Er weiß, wie man das Beste aus Vielfliegerprogrammen rausholt und verdient über seine Flight Plan Inc. in Colorado Springs damit angeblich über eine Million Dollar jährlich. Sein Wissen materialisiert er in Newslettern, in Verwaltungssystemen für Vielfliegermeilen, Gesprächsforen und so weiter. Das klingt erst dann nach einer guten Idee, wenn man über die mehreren Hundert Hotelketten, Autovermieter, Banken und Fluggesellschaften weiß, deren Punkte sich in den USA in Reisen tauschen lassen. Im Prinzip sind auch alle Verbraucherschützer Intermediäre zwischen Nachfrage und Bedarf, von Heinz Gerlach bis zur Stiftung Warentest.

In jedem komplexen oder erklärungsbedürftigen Markt wird früher oder später ein Intermediär eingeschaltet, der die Riegelstellung zwischen Bedarf und Angebot einnimmt. Im Idealfall ist er neutraler Berater. Das können ganze Unternehmen oder einfach nur eine Datenbank sein. Wichtig ist die Funktion, nicht das Subjekt. Die Schwacke-Liste kennt in Deutschland fast jeder. Sie ist nichts anderes als ein Intermediär zwischen dem komplexen Markt für Gebrauchtautomobile und dem Bedarf nach akkurater Preisfindung. Vergessen wir in diesem Zusammenhang auch nicht den Briefmarkenkatalog Michel, der seit Jahrzehnten eine Intermediär-Funktion erfüllt. Der Handel hat übrigens von jeher einen Teil der Funktion des Intermediärs übernommen, aber das exponentiell wachsende Wissens- und Informationsangebot macht es dem klassischen Handel alleine immer schwieriger, den Marktüberblick zu behalten.
Die Makler konnten nur aus dem Grund so lange überleben, weil ihre Rolle als Intermediär, d. h. als Vermittler zwischen dem Wissen um Immobilienverkäufer und Immobilieninteressenten notwendig war. Gerade in diesem Fall können wir gleichwohl erwarten, dass die Rolle des reinen Immobilienmaklers Stück für Stück an Bedeutung verliert, weil er von einem preiswerteren Intermediär, nämlich dem Internet, ersetzt werden wird. Derjenige Makler wird überleben, der sich auch früher schon mehr als Immobilienberater verstand.
Dem Strategem „Intermediär“ folgend, wird auch der Versicherungsmarkt immer stärker von neutralen Maklern geprägt sein und die abhängigen, auf eine oder wenige Gesellschaften fixierten „Berater“, werden ins Hintertreffen geraten. Der Unternehmensberater Wolfgang Schwetz aus Karlsruhe hat sich ebenfalls in eine solche Riegelstellung eingearbeitet. Er gibt regelmäßig einen Softwareführer heraus, der einen möglichst vollständigen Überblick über die am Markt angebotenen Softwaresysteme für CAS (Computer Aided Selling) gibt.
Etwas ähnliches macht die ISI Marketing GmbH. Sie liefert jeden Monat achtseitige Zusammenfassungen der nach ihrer Ansicht wichtigsten Managementbücher. So wird nicht nur die Zeit, sondern auch die unnötige geistige Anstrengung eingespart, Bücher zu lesen, mit denen man am Ende doch nichts anfangen kann. Nicht zu vergessen ist der Vorteil, auf Bücher hingewiesen zu werden, die einem sonst entgangen wären.
Die Chancen aus der vom „Intermediär“ erfüllten strategischen Riegelfunktion sind in den meisten dafür geeigneten Märkten noch gänzlich ungenutzt. Beispielsweise bekommen Topmanager in Zukunft ein zusätzliches brennendes Problem, weil die Managementhaftpflicht Schritt für Schritt erweitert werden wird, so wie das in vielen anderen Ländern bereits üblich ist

und mit Management-Haftpflichtversicherungen abgedeckt wird. Wer berät die Topmanager beim beruflichen Risikomanagement und wird hier „Intermediär"? Ein weiteres Beispiel sind die Telekommunikationsberater, die sich den Umstand zunutze gemacht haben, dass kein Laie mehr bei den verschiedenen Kommunikationssystemen, den Tarifen und den Techniken durchblickt. Oft wird das Honorar ausschließlich nach der erzielten Einsparung, also in vollem Umfang erfolgsabhängig berechnet. Auch hier ist binnen kurzer Zeit eine „Intermediär-Branche" entstanden. Ein weiteres Beispiel sind die Mitte der 90er Jahre entstandenen Agenturen, deren einziger Zweck es ist, Gäste für Spiel- und Talkshows heranzukarren. Der „Internatsberater und Karriereplaner" Wolfgang Tumulka, der für seine Euro-Internatsberatung in zahlreichen Zeitungen und Zeitschriften große Anzeigen schaltet, bietet Eltern Beratung bei der Entscheidung über die zahlreichen Internatsangebot an. Ob hier von neutraler Beratung gesprochen werden kann, wissen wir nicht. Laut Werbung gibt er eine Übersicht über 100 Internate und Ausbildungsangebote. Riesige Chancen aus dem Intermediär-Modell finden Sie auch im Feld der zukünftigen Kernkompetenz „Information über Information". Während wir unser tägliches Informationsmenü heute noch weitgehend per Zufall zusammenstellen, besteht eine große Chance darin, dafür eine zielgruppenorientierte „programmierte Beratung" zu schaffen.
In Zukunft werden die Märkte zwangsläufig komplexer. Wir haben den Höhepunkt des Komplexitätstrends, ab dem das Leben und Arbeiten insgesamt wieder ruhiger werden könnte, noch lange nicht erreicht. Daher bietet das Denkmodell „Intermediär" noch sehr lange gute Anregungen zur Antizipation zukünftiger Entwicklungen und zur Früherkennung zukünftiger Chancen.

Kielwasser

Denkfrage: Was wird im Kielwasser dieser Entwicklung entstehen?

Der Computer hat zu einer unüberschaubaren Zahl neuer Geschäftsfelder, neuer Berufe und neuer Forschungsfelder geführt. Beispielhaft seien hier genannt: Computerreinigung als Franchisesystem, Backupdienstleister, Ausweichanlagen, Reparaturdienste, Betriebssysteme, Programmierer, Vernetzungstechnologien, Datenverarbeitungskaufleute, EDV-Berater, Computerdesigner, Chipentwickler, Kommunikationsdesigner, Telecoaches und so weiter und so fort. All dies und noch viel mehr entstand im Kielwasser des Computers und erst recht im Kielwasser des PCs. Wir können und dürfen davon ausgehen, dass jedes mehr oder minder revolutionär neue Produkt in seinem Kielwasser eine Reihe weiterer Geschäftsfelder mit sich bringt. Wenn wir heute sagen, dass die Zahl der Chancen viel größer ist als noch vor zwanzig Jahren, dass diese eben nur viel schwieriger zu erkennen sind, dann liegt das genau an dieser kielwasserartigen Entwicklung. Als Kielwassertechnologie hat alleine das Internet, obschon es faktisch schon seit den sechziger Jahren existiert, wiederum Kielwassertechnologien und Kielwasserprodukte ermöglicht. Denken wir nur an die Browserprogramme oder die Suchmaschinen, die gewissermaßen über Nacht zu zum Teil horrenden Börsenkapitalisierungen kamen. Isolieren Sie zur Anwendung dieses Strategems die wesentlichen Innovationen der Gegenwart und der absehbaren Zukunft und brainstormen Sie in der Gruppe darüber, welche Kielwasserprodukte daraus entstehen oder dadurch begünstigt werden.

Diffusion

Denkfrage: Welche Trends und Veränderungen deuten sich bei den Innovatoren an, die in Zukunft starke Verbreitung finden können?

Das Strategem „Enterprise“ hat Ihnen gezeigt, wie sich vorwiegend technologische Ideen ausgehend von der Science Fiction allmählich in den Alltag des Privathaushaltes verbreiten, und das Strategem „Große Schwester“ hat Ihnen gezeigt, wie sich Ideen und Entwicklungen ausgehend von Vorreiterländern auf uns übertragen. Die „Diffusion“, die Verbreitung von Ideen, Produkten, Verfahren und Werten in sozialen Systemen, ist ein sehr einfaches und plausibles Denkmodell zur Antizipation zukünftiger Entwicklungen. Im Prinzip beruhen alle Marktveränderungen auf wie auch immer gearteten Diffusionen. Daher hat in der klassischen Marketinglehre die Diffusionskurve seit Beginn der 60er Jahre einen Stammplatz. Einige Beispiele hierzu:

1. Die Bekanntheit der Umweltverschmutzungsproblematik hatte ihren Anfang bereits zu Beginn des 20. Jahrhunderts, fand jedoch bis in die 70er Jahre kaum Anklang in der breiten Bevölkerung. Noch in den 80er Jahren waren es fast ausschließlich die Grünen, die fast schon impertinent auf die Risiken der Umweltbelastung hinwiesen. Heute finden sich selbst manche der erhabensten Umweltziele der Grünen in den Programmen beider großen Volksparteien Deutschlands.
2. Das Internet hatte seine ersten Anfänge in den 60er Jahren. Seine Diffusion verlief sprunghaft, nachdem durch das World Wide Web eine Mög-

lichkeit vorhanden war, die Inhalte sehr populär darstellen zu können und nachdem die technischen Voraussetzungen bezüglich der Leitungen wie auch der Endgeräte geschaffen waren. Schon drei Jahre nach der Entwicklung des World Wide Webs verwendeten selbst die anspruchslosesten Freizeit- und Modezeitschriften das Wort Internet ohne jegliche Erläuterung.

3. Das einstige Trendprodukt „Organizer“ verbreitete sich zunächst sehr langsam und fand dann enormen Anklang, bevor sich eine Gegenbewegung durch diejenigen entwickelte, die keine Lust auf kompliziertes und umständliches Übertragen und Wegradieren von Zielen und Terminen per Bleistift hatten.

4. Der militärische Komplex stritt sich früher mit den Raumfahrtentwicklern um die Führungsrolle bei der Entwicklung neuer Technologien und neuer Produkte. Unzählige Produkte, angefangen von der Mikrowelle über die Lasertechnik und weite Teile der Computertechnik bis hin zur beschichteten Bratpfanne haben dort ihren Ursprung. Vom Shuttle bis zum durchschnittlichen Privathaushalt vergingen manchmal nur wenige Jahre. Doch heute macht die Unterhaltungselektronik den Pionieren aus Raumfahrt und Militärtechnik den Rang streitig. Beispielsweise finanzierte die Unterhaltungselektronik-Industrie zu zwei Dritteln die Entwicklung virtueller Realitäten bzw. der dazu notwendigen Geräte.[33]

5. Das praktische Wissen über Unternehmensstrategie, Management und Organisation entsteht nach unserer Beobachtung hauptsächlich bei den Unternehmensberatern. Da es natürliches Bedürfnis und Existenzgrundlage dieses Berufsstandes ist, sein Know-how unter die Leute zu bringen, findet es von dort aus sehr schnelle Verbreitung bei den aufgeschlossenen Unternehmern und Managern. Irgendwann ist dann das Verbreitungsstadium erreicht, dass auch am Stammtisch des Fußballvereinsheimes über Qualitätsmanagementkonzepte diskutiert wird. Das Zusammentreffen leichter Verbreitungsmöglichkeit und bereitwilliger Adaption von Rezepten ist der Grund für die vielerorts beklagte Verwirrung durch immer wieder neue Methoden und Philosophien.

6. Marketingmethoden und -instrumente sickern kaskadenartig von wenigen innovativen Instituten und Agenturen in den Konsummärkten über die Gebrauchsgüterindustrie bis hin zu den Herstellern von Investitionsgütern durch. Das gilt für Konzepte wie fraktale Marken genauso wie für den Stil der Anzeigenwerbung. Selbst die sonst so auf Zurück-

haltung bedachten großen Beratungsunternehmen wie AndersenConsulting schalten große und locker gestaltete Anzeigen in der Tagespresse und tun vieles Ungewöhnliche mehr.

7. Dass eine Diffusion keineswegs dauerhaft sein muss, zeigt das Beispiel der digitalen Armbanduhren. Nach einer großen Adaptionswelle verschwanden diese Uhren genauso wie die gar nicht erst stark diffundierten digitalen Geschwindigkeitsanzeigen im Auto. Dem modischen Trend folgte hier die Einsicht, dass der rein zahlenorientierten Übermittlung der Information eine räumliche Dimension fehlte, nämlich die vom Zeiger „zurückgelegte" Strecke.

Wovon hängt nun der Verlauf der Diffusion ab? Einerseits von der Risikobereitschaft der betrachteten Zielgruppe und andererseits vom Nutzen der Adaption in Form des konkreten Produktnutzens sowie des psychologischen Nutzens. Ein an Bedeutung gewinnender Faktor für die Diffusionsgeschwindigkeit sind die Kommunikationsmöglichkeiten. Die Verbreitung von Wissen wie auch von Technologien tendiert immer stärker zur Echtzeitdiffusion. Einmal entwickelt und gelernt, steht das Wissen immer häufiger binnen kürzester Zeit weltweit zur Verfügung.

Szene 9; Die Vorbereitung

29. Mai: Es waren noch knapp zwei Wochen bis zum ersten Workshop-Tag des Projekt-Teams. Am Abend des 11. Juni sollte es mit einem zweistündigen Auftakt losgehen.

Jeder Teilnehmer, intern wie extern, hatte seine persönliche Vorbereitungsmappe erhalten und beantwortete für sich die darin genannten Fragen, wie …

- ❑ Auf welche Veränderungen muss sich die Lichtenberg GmbH in den nächsten Jahren Ihrer Meinung nach einstellen? Denken Sie an das technologische, sozio-kulturelle, wirtschaftliche und politische Umfeld.
- ❑ Wie wird sich die Branche in den nächsten Jahren verändern?
- ❑ Wie werden sich die Bedürfnisse und Anforderungen Ihrer Kunden verändern?
- ❑ Welche ZukunftsChancen sehen Sie für die Lichtenberg GmbH?

- Wie soll die Lichtenberg GmbH Ihres Ansicht nach in zehn Jahren aussehen?
- Was muss die Lichtenberg GmbH Ihrer Ansicht nach tun, um zukunftskompetenter zu werden?

Jeder Mitgestalter des ZukunftsProjektes hatte die Aufgabe übernommen, die wesentlichen Trends und Veränderungen seines eigenen Funktionsbereiches als kurze Präsentation sowie als Zusammenfassung auf maximal drei Seiten vorzubereiten. (Weiter auf Seite 144).

6 Step 2: ZukunftsAnalyse, welche Veränderungen kommen auf Sie zu?

Die ZukunftsAnalyse ist der erste praktische Schritt Ihres StrategieRadar-Workshops, der wiederum der erste Schritt Ihres systematischen Zukunfts-Managements zur Früherkennung zukünftiger Chancen und Bedrohungen ist. Mit der ZukunftsAnalyse wird der AnnahmenTopf gefüllt. Nach einem intensiv durchgeführten Workshop-Tag enthält Ihr AnnahmenTopf ca. 50 bis 250 ZukunftsAnnahmen über die zukünftige Entwicklung Ihres Umfeldes.

6.1 Wer und was gehört zu Ihrer Welt?

Interesse lenkt Aufmerksamkeit. Kant postulierte, erst sei die Kategorie da, dann komme die Wahrnehmung. Sobald Sie sich beispielsweise für einen bestimmten Wagen interessieren, werden Sie quasi an jeder Ecke ein Exemplar dieses Modells entdecken. Als Ihnen jemand glaubwürdig versichert hat, dass heute bei RTL etwas über Ihre Mitbewerber berichtet wird, sitzen Sie den ganzen Abend vor dem Kasten, obwohl Sie Fernsehen gar nicht mögen. Nachdem Sie etwas über einen gefährlichen Jugendtrend gehört haben, beobachten Sie aufmerksam Ihren Nachwuchs. Frau Vera F. Birkenbihl bietet hierzu ein kleines Experiment an: Wenn Sie eine Armbanduhr haben, schauen Sie bitte kurz nach der Uhrzeit, sagen Sie sie laut vor sich hin und decken dann das Zifferblatt mit Ihrer Hand ab. Können Sie jetzt mit Sicherheit sagen, mit welchen Zeichen auf Ihrer Armbanduhr die 6. Stunde angezeigt wird? Mit einer römischen Ziffer? Mit einem Punkt? Mit einem einfachen Strich oder gar durch Leere? Wenn Sie jetzt nachsehen, liegt die Wahrscheinlichkeit bei über 50%, dass Sie falsch liegen. Wenn Sie diese Armbanduhr seit nur zwei Jahren tragen und nur zehn Mal täglich draufschauen, hatten Sie 7.300 Gelegenheiten zu sehen, wodurch die Stunde angezeigt wird. Sie wussten aber nicht, dass das irgendwann einmal wichtig werden wird. Sie haben sich immer nur für die Uhrzeit interessiert, weniger für die Zeichen, mit denen sie angezeigt wird. Was bedeutet das praktisch? Was wir nicht für relevant halten, können wir tendenziell auch nicht oder nur ganz verzerrt wahrnehmen. Dazu kommt, dass wir Menschen nicht auf die Realität, sondern auf unsere eigene persönliche Landkarte der Realität reagieren. Wir müssen uns also gut überlegen, *wohin* wir sehen müssen, wenn wir über zukünftige Entwicklungen nachdenken und dabei Chancen erkennen wollen.

Das kumulierte Gesamtwissen der Menschheit wächst jährlich um ca. 10%, es verdoppelt sich folglich ca. alle sieben Jahre, wobei es hier unerheblich sein soll, ob diese Schätzwerte tatsächlich exakt stimmen. Die Informationsflut wächst jedenfalls exponentiell. Andererseits werden von den angebotenen Informationen wahrscheinlich weniger als ein Prozent bewusst empfangen. Der potenzielle Informationsinput für Ihr Nachdenken über die Zukunft ist demnach unendlich groß. Dies macht deutlich, welche Sorgfalt bei der Auswahl relevanter Informationen geboten ist. Wir ertrinken in Informationen, aber wir hungern nach echtem Wissen.

Die Grenzen der Wahrnehmung sind die Grenzen des Erfolges.

Sie haben im vorherigen Schritt den Gegenstand Ihres ZukunftsProjektes definiert. Wenn Sie dabei konsequent waren, haben Sie sich einen Gegenstand vorgenommen, bei dem relativ übersichtliche Verhältnisse herrschen. Es ist ein sehr erwünschter Nebeneffekt dieser Konzentration, dass dadurch Zahl und Größe der relevanten Beobachtungsfelder auf ein handhabbares Maß reduziert werden.

Verzichten Sie bei dieser allerersten Definition Ihrer Beobachtungsfelder auf komplexe System- und Vernetzungsanalysen, die in der Regel nur eine hochgradig gefährliche Illusion von Beherrschbarkeit und Berechenbarkeit bringen. Zudem würde das Projekt hierdurch bereits zu Beginn sehr komplex, was nach unserer Erfahrung der Motivation der Beteiligten sehr abträglich ist. Erst wenn Sie mit Ihrem ZukunftsTeam nennenswerte Erfahrungen in der Handhabung Ihres StrategieRadar-Systems gesammelt haben werden, können Vernetzungsanalysen – in eingeschränktem Umfang – weitere Erkenntnisse über das von Ihnen beobachtete System bringen. Es erscheint uns unverständlich, warum sogar manche Prediger der Komplexität und des Chaos den in hohem Maße und unzulässig simplifizierenden Vernetzungsanalysen so unkritisch gegenüberstehen.

Wären Vernetzungsanalysen nicht pseudogenaue, sondern zuverlässige Systemwerkzeuge, bräuchten Sie nur eine Studentengruppe mit der Erstellung eines Modells Ihres Geschäftes zu beauftragen und Sie würden damit nie wieder eine falsche Entscheidung treffen. Glauben Sie daran? Eben!

Zwingende Beobachtungsfelder

Aus welchen Zutaten backen Sie nun Ihren Zukunftskuchen? Eine Reihe von Beobachtungsfeldern halten wir für einen gelungenen Zukunftskuchen für zwingend:

Die externen Existenzfaktoren Ihres Unternehmens

Zu Ihren Beobachtungsfeldern müssen diejenigen Faktoren gehören, die Sie als Existenzfaktoren Ihres Unternehmens bezeichnen würden. Wenn Sie eine Mineralölspedition führen, dann ist es für Sie unabdingbar, sich über das Schicksal des Rohstoffes Mineralöl auf dem laufenden zu halten. Dazu gehört nicht nur seine Verfügbarkeit und seine Verwendbarkeit, sondern auch seine Akzeptanz in den Interessengruppen. Wenn Sie Ihr Geld mit der Beschichtung von Tennisplätzen verdienen, sollten Sie geflissentlich die Mitgliederzahlen der Tennisvereine, wie auch die Flächenpläne der Gebietskörperschaften in Ihrem Einzugsgebiet beobachten. Wenn Sie Fahrzeuge herstellen, muss die Beobachtung des allgemeinen Ranges des Wertes „Mobilität" zu Ihrem Handwerkszeug gehören, und sollten Sie eine Schule für exotische Sprachen Ihr eigen nennen, sollten Sie einen intensiven Blick auf die Anzahl der Reisen in die entsprechenden Destinationen werfen.

Die wesentlichen potenziellen Problemfelder Ihres Geschäftes

Alles, was für Sie zu einem strategischen Engpass werden könnte, muss zu Ihrer Beobachtungslandschaft gehören. Für die Softwarehersteller war es über viele Jahre ein Problem, kleinere Programmaktualisierungen zum Kunden zu bringen, für die es sich eigentlich nicht lohnte, Disketten in größerem Umfang per Post zu verschicken. Über Mailboxen ließen sich nur Profis erreichen. Seit das Internet zum Massenmedium geworden ist, kann sich selbst der Laie seine neue BIOS-Version binnen drei Minuten selbst auf den Rechner laden. Ist dieses Beispiel noch positiv und eher harmlos, so lohnt sich ein Blick auf die Entwicklung der Schreibmaschinenindustrie. Die Behandlung und Visualisierung des Speicherinhaltes elektronischer Schreibmaschinen war ein wichtiges Problem, jedenfalls für die Anwender. Die meisten Hersteller sahen in den achtziger Jahren nicht, dass dieses Problem durch die PCs hochgradig elegant gelöst und ihre eigenen Produkte in aller Deutlichkeit in Frage gestellt wurden.

Die für Ihr Unternehmen wichtigen Personen

Manchmal muss man von hinten durch die Brust ins Auge gehen, um die wirklich entscheidenden Beobachtungsfelder zu erkennen. Wenn es um die für Sie wichtigen Personen geht, an wen würden Sie denken? Nächste Frage: Von welchen Personen kennen Sie die Telefonnummer auswendig? Aha, sind diese beiden Personenkreise identisch? Nein, gar nicht? Dann haben Sie die erste Frage hochgradig subjektiv beantwortet, aber bekanntlich ist ja alles subjektiv. Wenn Sie schon Telefonnummern auswendig kennen, dann sollten es doch diejenigen der für Sie wichtigen Personen sein, oder? Warum lenken Sie Ihre Speicherfähigkeit nicht darauf, einen möglichst heißen Draht zu den für Sie wichtigen Personen herzustellen? Warum überlassen Sie es dem Zufall? Daher müssen die für Ihr Unternehmen wichtigen Personen zwingend zu den Beobachtungsfeldern Ihres ZukunftsProjektes gehören.

Makrowelt und Mikrowelt

Täglich haben Sie mit Ihren Kunden, Ihren Lieferanten, Vertriebspartnern, Fachmedien etc. zu tun. Es ist die Welt, in der man „Branchenerfahrung" gewinnen kann. Es ist die Welt, die sich durch eine Reihe von Regeln definiert, nach denen das Geschäft funktioniert. Früher konnten wir ein ganzes Berufsleben in dieser Welt verbringen, ohne in nennenswertem Maße mit den Welten anderer Geschäfte in Berührung zu kommen. Es ist unsere Mikrowelt.

Gemeinsam mit vielen anderen Mikrowelten sind wir alle in ein und dieselbe Makrowelt gebettet. Wir teilen diese Makrowelt in das technologische Umfeld, das sozio-kulturelle, das wirtschaftliche Umfeld und das politische Umfeld auf. Je nachdem, welche Aufmerksamkeitsschwerpunkte unsere Mikrowelt hat, erleben wir die Makrowelt äußerst individuell, so dass man sagen könnte, dass es so viele subjektiv erlebte Makrowelten gibt, wie es Entscheider in den Unternehmen gibt. Wirklich ist für uns nur das, was wirkt, und umgekehrt, nur was wirkt, ist für uns wirklich.

Zur Früherkennung zukünftiger Chancen und Bedrohungen ist nahezu vollständige Extrovertierung, also der Blick nach Außen notwendig. Wer introvertiert sich selbst beobachtet, kann vielleicht heutige Stärken und heutige Schwächen, nicht aber zukünftige Chancen und Bedrohungen erkennen. Während wir die internen Bereiche Gestaltungsfelder nennen, um damit zu manifestieren, dass wir sie fast vollständig in Eigenregie steuern und gestalten können, unterliegt die Mikrowelt zwar unserem Einfluss, aber direkt steuern können wir sie nicht. Die Makrowelt schließlich können wir nur zu einem minimalen Teil steuern.

Wie Sie Ihre Beobachtungsfelder finden

Nehmen Sie sich ein Blatt Papier und zeichnen Sie die Wertschöpfungskette Ihres Geschäftes auf. Zeichnen Sie auf der linken Seite des Blattes ein Kästchen für die Lieferanten und auf der rechten Seite des Blattes zeichnen Sie ein Kästchen für den letztendlichen Nutzer Ihrer Leistung. Irgendwo dazwischen liegen Sie mit Ihrem Unternehmen, Ihren Mitarbeitern und Ihren

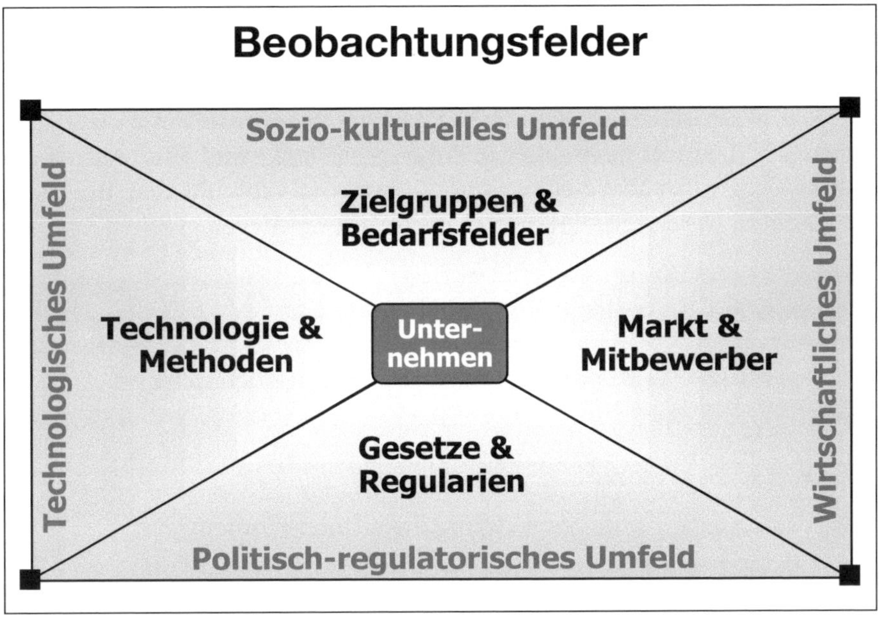

Abbildung 14; Beobachtungsfelder

externen Helfern. Das ist Ihre Mikrowelt. Legen Sie Ihr Blatt Papier jetzt auf den Boden und stellen Sie sich davor. Den Boden nördlich Ihrer Mikrowelt ernennen Sie zum „Sozio-kulturellen Umfeld“. Den Boden westlich Ihrer Mikrowelt bezeichnen Sie als „Technologisches Umfeld“, den Boden östlich Ihrer Mikrowelt nennen Sie „Wirtschaftliches Umfeld“ und den Süden nennen Sie „Politisches Umfeld“. Das ist Ihre Makrowelt. Wahrscheinlich haben Sie dann in etwa folgendes Bild hergestellt.

Im Zentrum des Bildes steht Ihr Unternehmen. Im ersten Kreis um Ihr Unternehmen haben Sie die Beobachtungsfelder in Ihrer Mikrowelt, also in Ihrem Geschäftsfeld definiert. Im zweiten Kreis um Ihre Mikrowelt sind die Beobachtungsfelder in Ihrer Makrowelt. Für die Beobachtungsfelder in der Makrowelt empfiehlt es sich aus Gründen der Komplexitätsreduktion, konkrete Indikatoren zu bestimmen. Wenn Sie die Konjunktur der deutschen Wirtschaft für relevant halten, sollten Sie dafür beispielsweise das Wirtschaftswachstum, die Inflationsrate und die Arbeitslosenquote heranziehen. Es leuchtet ein, dass Sie aus diesen Beobachtungsfeldern keine besonderen Chancen erkennen werden. Erstens sind solche Indikatoren blind für strategische Chancen, zweites gehören die beispielhaft genannten Indikatoren zum Allgemeinwissen, das beim besten Willen nicht besonders chancenträchtig sein kann, und drittens gelten diese Rahmenbedingungen immer auch für Ihre Mitbewerber. Sie können sich auf diejenigen Aspekte der Makrowelt konzentrieren, die autonome Einwirkung auf die Mikroebene haben. Und das sind sehr wenige, denn die Makrowelt ist meist stochastisch, d. h. sie ist die Summe der Mikrowelten, die wiederum meist deterministisch, d. h. von menschlichen Subjekten gelenkt sind. Eine Ausnahme bildet gelegentlich die Gesetzgebung. Zu Ihren individuellen Beobachtungsfeldern werden Sie durch die folgenden Denkfragen geführt:

Checkliste 14: Beobachtungsfelder finden

- ☑ **Kernfrage:** Welche Kräfte wirken auf Ihr Unternehmen ein?
- ☑ Was gehört alles zum Umsystem Ihres Unternehmens?
- ☑ Wer spielt alles mit?
- ☑ Was beeinflusst die Entwicklung Ihres Unternehmens?
- ☑ Wovon hängt Ihr Unternehmen ab?
- ☑ Woher sind zukünftige Veränderungen zu erwarten?
- ☑ Wer hilft Ihnen?
- ☑ Welche Bezugsgruppen spielen für uns eine Rolle?
- ☑ Wer stellt Ansprüche an uns und an wen stellen wir Ansprüche?
- ☑ Was wirkt auf Ihr Unternehmen ein?
- ☑ Wovon können Chancen und Bedrohungen ausgehen?
- ☑ Wer steht Ihnen entgegen?
- ☑ Wessen Schicksal ist für uns wichtig?
- ☑ Wer sind die Hauptdarsteller?
- ☑ Wer sind die Statisten?
- ☑ Wer oder was spielt bei unseren Entscheidungen eine wichtige Rolle?
- ☑ Wer oder was ist für Ihr Unternehmen wichtig?

Um Ihnen das Nachdenken zu erleichtern, haben wir für Sie eine Checkliste möglicher Beobachtungsfelder zusammengestellt. Achten Sie darauf, dass Ihre Beobachtungsfelder nicht ein Abbild der Vergangenheit, sondern der Gegenwart und vor allem der Zukunft sind.

Checkliste 15: Beobachtungsfelder

Zielgruppen

- ☑ Volumen des Bedarfes
- ☑ Qualität des Bedarfes
- ☑ Probleme und Wünsche
- ☑ Erwartungen
- ☑ Zielgruppen-Schicksal
- ☑ Neue Zielgruppen

Markt

- ☑ Mitbewerber
- ☑ Leistungen
- ☑ Marketing & Vertrieb
- ☑ Partner
- ☑ Lieferanten
- ☑ Branchenentwicklung

Technologisch-wissenschaftliches Umfeld

- ☑ Werkstoff- und Verfahrenstechnik
- ☑ Informations- und Kommunikationstechnik
- ☑ Biotechnologie
- ☑ Meeres- und Geowissenschaften
- ☑ Rohstoff- und Ressourcentechnik
- ☑ Energietechnik
- ☑ Ökologie- und Umwelttechnik
- ☑ Land- u. Wasserwirtschaftstechnik
- ☑ Bau- und Gebäudetechnik (Domotik)

Checkliste 15: Beobachtungsfelder (Fortsetzung)

☑ Raumfahrttechnik

☑ Transport- und Verkehrstechnik

☑ Mensch, Gesundheit und Medizin

☑ Naturwissenschaften

☑ Geisteswissenschaften

☑ Sozialwissenschaften

Wirtschaftliches Umfeld

☑ Staaten und Staatenbünde

☑ Konjunktur

☑ Arbeitswelt

☑ Geld und Kapital

☑ Volkswirtschaftliche Kenngrößen

☑ Unternehmensstruktur

☑ Branchenstruktur

☑ Infrastruktur

☑ Kapitalmarkt

☑ Politik & Gesetzgebung

☑ Ressourcen & Energie

☑ Umwelt & Natur

Sozio-kulturelles Umfeld

☑ Bevölkerung

☑ Bildung

☑ Religion und Bewusstsein

☑ Siedlungsstrukturen

Checkliste 15: Beobachtungsfelder (Fortsetzung)

- ☑ Mobilität
- ☑ Freizeit
- ☑ Werte und Einstellungen
- ☑ Wohnung und Lebenswelt
- ☑ Lifestyles
- ☑ Einkauf und Konsum
- ☑ Gesellschaft
- ☑ Interessengruppen
- ☑ Kunst und Kultur
- ☑ Kommunikation & Medien
- ☑ Ernährung
- ☑ Gesundheit und Wellness
- ☑ Kleidung und Outfit
- ☑ Selbstmanagement
- ☑ Bürgerrolle
- ☑ Mobilität
- ☑ Haushaltsmanagement
- ☑ Familie und Beziehungen

Mit diesen Schritten haben Sie die Umwelt Ihres Unternehmens rudimentär, aber für den Anfang ausreichend genau abgebildet. Die wesentlichen aktiven und passiven Mitspieler zukünftiger Veränderungen sind damit definiert.

Szene 10; Der Auftakt

11. Juni, Auftakt: Der Workshop-Auftakt begann mit einer Zeitreise in das Jahr 2011. Michels führte das gespannte Projekt-Team gedanklich um einige Jahre in die Zukunft, um sie für das Vor-Denken zu sensibilisieren. Er führte kurz und knapp in die Ziele und die Methodik ein und leitete gleich über in die Definition der Beobachtungsfelder. In einer einstündigen analytischen Diskussion wurden die wesentlichen Mitspieler und Faktoren im Umfeld der Lichtenberg GmbH sauber gegliedert erarbeitet.

Geschäftsumfeld

- ❑ Zielgruppen (Kunden, aktuelle und potenzielle Zielgruppen)
- ❑ Mitbewerber (aktuelle Mitbewerber, potenzielle Mitbewerber)
- ❑ Wohnkultur (Wohnformen, Architektur, Innenarchitektur)
- ❑ Baukonjunktur (Wohnraum, Gewerberaum)
- ❑ Finanzierung (Finanzierer, Kapitalmarkt, Modelle)
- ❑ Bauentscheider (Kommunen, Planer, Grundstückseigner)
- ❑ Vorleister (Lieferanten, Subunternehmer, Wertschöpfungspartner)
- ❑ Sonstige Beobachtungsfelder

Sozio-kulturelles Umfeld

- ❑ Arbeitswelt (Unternehmensführung, Selbstmanagement, Arbeitsformen)
- ❑ Gesellschaft (Lebensstil, Familie, Werte)
- ❑ Bevölkerung (Altersstruktur, Nationen)

Technologisches Umfeld

- ❑ Bautechnologie (Werkstoffe, Verfahren, Maschinen)
- ❑ Gebäudetechnologie (Klima, Versorgung, Management)
- ❑ Computing (Kommunikation, Medien, Verwaltung, Arbeit)

Wirtschaftliches Umfeld

- ❑ EU-Volkswirtschaften (Konjunktur, Kapitalmarkt, Struktur)
- ❑ Gesetzgebung (Steuern, Baustandards, Politik)
- ❑ Infrastruktur (Transport, Verkehr, Kommunikation)
- ❑ Umwelt (Ökologie, Energie, Ressourcen)

Das war es nun, das multidimensionale und hochkomplexe Spannungsfeld, in dem sich die Lichtenberg GmbH bewegte. Ehrfürchtig wurden die Mitgestalter des Workshops gewahr, dass und wie alles mit allem vernetzt ist und jeder Versuch, diese Vernetzungen mit dem Anspruch von Genauigkeit zu berechnen geradezu naiv erscheinen musste.
Michels kombinierte die in der Vorbereitungsphase definierten Gestaltungsfelder und die eben erarbeiteten Beobachtungsfelder und zauberte daraus eine Matrix an die Leinwand. „Mit diesem Beobachtungsmodell haben wir auf die denkbar einfachste Art eine Landkarte unserer Denkfelder gemalt. Ich beschreibe zu Beginn unseres zweiten Workshop-Tages, wie wir diese Matrix im Detail nutzen werden."

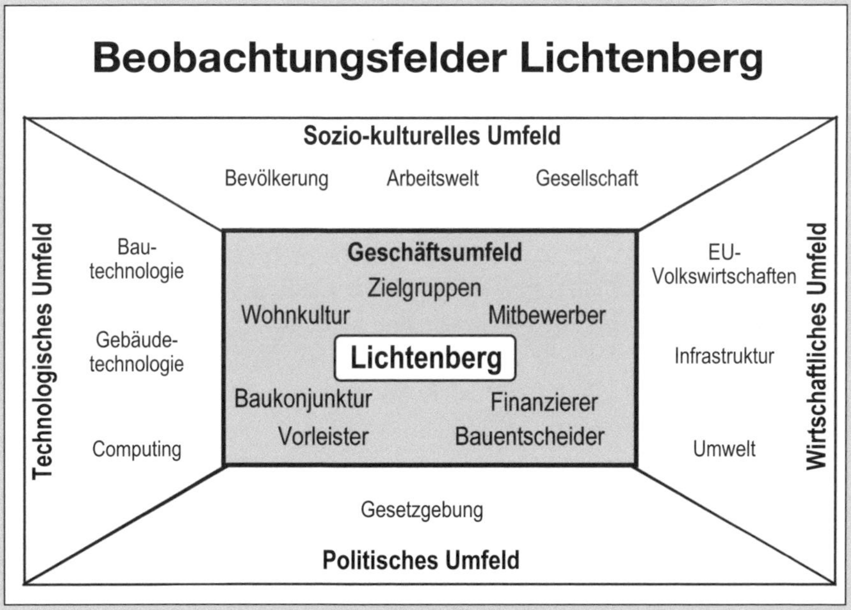

Abbildung 15; Beobachtungsfelder Lichtenberg

Das strategische Radar der Lichtenberg GmbH sollte diese Beobachtungsfelder in schöner Regelmäßigkeit und mit Sorgfalt auf Veränderungen abscannen, und jetzt stand der erste Zyklus an. Damit ging der abendliche Auftakt zu Ende und man labte sich an einer vorzüglichen Forelle nach Rheingauer Art aus der nahen Wisper. (Weiter auf Seite 181).

6.2 Wie wird sich Ihr Umfeld in Zukunft entwickeln?

Schalten Sie Ihr StrategieRadar ein

Stellen Sie sich vor, Ihr Unternehmen hätte ein Radargerät auf dem Dach Ihres Verwaltungsgebäudes. Ihrem Radargerät entgeht keine Veränderung des Umfeldes, Ihrer Kunden, Ihrer Partner und Ihrer Märkte. Bei jedem Zyklus scannt es Ihr Umfeld und meldet auffällige und weniger auffällige Veränderungen und Entwicklungen. Doch Ihr Radar sieht nicht nur die Gegenwart, es ist sogar in der Lage, aus schwachen Signalen der Gegenwart *zukünftige* Entwicklungen und Veränderungen zu antizipieren. Aufgrund dieser Eigenschaft wollen wir Ihr unternehmerisches Radargerät einfach „StrategieRadar" nennen.

Mit Ihrem Projekt-Team haben Sie sich einen Tag Zeit genommen, um sich den Meldungen Ihres StrategieRadars zu widmen. Sie lassen es seinen Input geben und überprüfen jede Meldung auf Herz und Nieren. Nur wenn das Projekt-Team im Wesentlichen einen Konsens über diese Meldung erzielt und möglichst alle von ihrer Gültigkeit überzeugt sind, legen Sie die Meldung als gemeinsam getragene ZukunftsAnnahme und Grundlage Ihrer Strategieentscheidungen fest. Was in Ihrem Unternehmen entspricht nun diesem Radargerät? Es können nur Ihre Mitarbeiter sein. Sie allein sind in der Lage, das Umfeld zu scannen, Veränderungen und Entwicklungen wahrzunehmen, die Chancen und Konsequenzen zu erkennen und Entscheidungen zu treffen.

Wir stellen immer wieder mit Staunen und Respekt fest, dass selbst durchschnittlich zukunftskompetente Führungs-Teams den größten Teil des für die ZukunftsAnalyse benötigten Zukunftswissens bereits haben. Je stärker sich ein Beobachtungsfeld im Rahmen tagesgeschäftlicher Arbeiten bewegt, desto besser ist naturgemäß der Informationsstand. In der Start-Recherche kann sich das Projekt-Team auf das äußere Umfeld, die Makrowelt konzentrieren, denn die wesentlichen Entwicklungen der Mikrowelt sind nach aller Erfahrung in ausreichendem Maße bekannt, wenn auch nicht immer bewusst. Die Start-Recherche im äußeren Umfeld stellt zudem sicher, dass das Branchenwissen nicht veraltet, denn Veränderungen verbreiten sich in unserem Modell der Beobachtungsfelder meist von außen nach innen. Wer sich in unserer Zeit auch nur ein Jahr lang nicht mit dem äußeren Umfeld befasst hat, dessen Wissen über das eigene Geschäft ist bereits veraltet.

Die Intuition ist als Informationsquelle gerne gesehen, doch müssen wir uns klarmachen, dass unsere Intuition im wesentlichen eine Funktion un-

serer Erfahrungen ist. Erfahrungswissen kann mitunter sehr einschränkend für eine freie Sicht auf die Zukunft sein. Daher dürfen wir uns nicht auf die Intuition verlassen, wenn wir neue Denkwege gehen wollen. Bei der Bewertung und der Synthese der erkannten Chancen und Ideen leistet unsere Intuition dann wieder wertvolle Dienste.
Wenn wir an den zyklischen Charakter des StrategieRadar-Systems denken, leuchtet es ein, dass wir diesem dynamischen Systemverständnis folgend beim Projektstart nur eine Anschubrecherche benötigen. Im zweiten Zyklus kann die Recherche schon tiefer gehen, da sie auf erkannte Informationslücken gerichtet werden kann und die zu verarbeitende Informationsmenge auf diese Weise in einem vertretbaren Rahmen bleibt.
Beauftragen Sie jeden Teilnehmer des Projekt-Teams mit einer kurzen Recherche zu einem wesentlichen Beobachtungsfeld. So sollte etwa der Entwicklungschef einen Überblick über die zukünftigen technologischen Entwicklungen erstellen, die Vertriebsleiterin die wesentlichen Marketing- und Führungstrends zusammenstellen und der ursprünglich in Soziologie promovierte Personalchef die wesentlichen gesellschaftlichen Trends zusammenfassen. Folgende Leitfragen sind für die Ausrichtung der allgemeinen Start-Recherche hilfreich:

Checkliste 16: Start-Recherche

- ☑ Auf welche Veränderungen der Zielgruppenbedürfnisse müssen wir uns in den nächsten Jahren einstellen?
- ☑ Auf welche zukünftigen oder aktuellen Veränderungen der Wettbewerbsstruktur müssen wir reagieren?
- ☑ Wie wird die Branche allgemein in (Zeithorizont) Jahren aussehen?
- ☑ Mit welchen technologischen Entwicklungen müssen wir rechnen?
- ☑ Wie wird sich das sozio-kulturelle Umfeld verändern? (Gesellschaft, Werte etc.)
- ☑ Wie wird sich das wirtschaftliche Umfeld verändern? (Volkswirtschaft, Staat etc.)
- ☑ Welche sonstigen Veränderungen sehen Sie für die Zukunft unseres Unternehmens?
- ☑ Was müssen wir Ihrer Meinung nach verändern, um „zukunftsfähiger“ zu werden?

Checkliste 17: Informationsquellen

1. Interne Quellen

☑ Mitarbeiter (Außendienst-Interviews, interne Beobachter, interne Experten)

☑ Eigene Wissensspeicher (Intranet, Statistiken, Außendienstberichte, Rechnungswesen, Kunden-Datenbanken, Korrespondenz etc.)

2. Persönliche Kontakte

☑ Freunde ☑ Bekannte ☑ Geschäftspartner

3. Internet

4. Medien

☑ Fachmedien ☑ Tagespresse ☑ Periodika

☑ Fernsehen ☑ Radio ☑ Datennetze

☑ Szene-Zeitschriften ☑ Publikumszeitschriften ☑ Kulturzeitschriften

☑ Infoletter

5. Informationsdienste

☑ Branchendienste ☑ Auskunfteien ☑ Nachrichtendienste

☑ Patentinformationszentren ☑ Verzeichnisse ☑ Ausschnittdienste

☑ Pressezentren ☑ Banken ☑ Verlage

☑ Adressverlage ☑ Rating-Agenturen ☑ Mitschnittdienste

☑ Datenbanken ☑ Archive ☑ Auftrags-Infodienste

6. Marktforscher

☑ Befragungen ☑ Beobachtungen ☑ Branchenreports

☑ Markt-Szenarien ☑ Zielgruppen-Typologien ☑ Produktvergleiche

☑ Mehr-Themen-Umfragen ☑ Panels

7. Zukunftsliteratur

☑ Trendbücher ☑ Szenariostudien ☑ Branchenstudien

☑ Delphi-Reports ☑ Trend-Reports

8. Forschungsinstitute

☑ Globale Institute ☑ Nationale Institute ☑ Technische Institute

☑ Wirtschaftliche Institute ☑ Sozio-kulturelle Institute ☑ Brancheninstitute

Checkliste 17: Informationsquellen (Fortsetzung)

9. Mitbewerber

☑ Kataloge ☑ Broschüren ☑ Geschäftsberichte
☑ Befreundete Mitarbeiter ☑ „Aktive Infobeschaffung“

10. Kunden / Zielgruppe

☑ Tiefeninterviews ☑ Fokusgruppen ☑ Kundenbeirat
☑ Bestehende Kanäle ☑ Kundenbarometer ☑ Pilotkunden
☑ Zielgruppenmedien ☑ Kundenbefragung ☑ Ladentests
☑ Testmärkte ☑ Kundenbeobachtung ☑ Feedbacksysteme
☑ Szenenteilnahme ☑ Scouts

11. Verbände

☑ Vereine ☑ Kammern ☑ Branchenverbände
☑ Interessenverbände

12. Experten

☑ Fachexperten ☑ Wirtschaftsexperten ☑ Journalisten
☑ Zukunftsforscher ☑ Unternehmensberater ☑ Trendforscher

13. Marktpartner

☑ Vertriebspartner ☑ Lieferanten ☑ Experten
☑ Kooperationspartner ☑ Wertschöpfungspartner

14. Behörden und öffentliche Unternehmen

☑ Gebietskörperschaften ☑ Ministerien ☑ Öffentliche Register
☑ Statistische Ämter ☑ Nachrichtendienste ☑ Medienanstalten
☑ Öffentliche Archive

15. Meetings

☑ Seminare ☑ Kongresse ☑ Symposien
☑ Messen ☑ Ausstellungen ☑ Tagungen

16. Kommunikationskanäle

☑ Ideenbörsen ☑ Foren in Datennetzen ☑ Mailboxen

17. Info-Dienstleister (z. B. Infobroker)

18. Eigene Suchanzeigen (z. B. für Ideen und Patente)

Die obige Checkliste gibt Ihnen einen Überblick über die wichtigsten Informationsquellen für Ihre Start-Recherche. Es gereicht Ihnen zum Vorteil, dass die Medienlandschaft heue so fraktioniert ist, denn es gibt für jedes noch so kleine und unbedeutende Fachgebiet eine Fachzeitschrift. Das Internet ist sicher die ergiebigste Informationsquelle, während die Zukunftsliteratur aufgrund ihres Aggregationsgrades naturgemäß die Zeit sparendste ist. Konzentrieren Sie sich im ersten Schritt eher auf aggregierte Zukunftsinformationen, wie Sie sie in Trendreports, Delphi-Studien und ähnlichen Publikationen finden. Achten Sie jedoch darauf, dass es sich um systematisch erstellte Projektionen der Zukunft handelt, wie sie etwa in Form von repräsentativen Befragungen vom B.A.T. Freizeitforschungsinstitut unter der Leitung von Prof. Dr. Horst Opaschowski oder von den Fraunhofer-Instituten erstellt werden. Meiden Sie zunächst solche Zukunftsliteratur, in der die genannten „Trends" eher Erfindungen des Autors sind. Diese erfundenen Trends werden dafür im zweiten und dritten Zyklus Ihres Projektes wertvolle Informationen für Sie sein, denn Sie sind so etwas wie gedanklich vorbereitete Diskontinuitäten der Zukunft.

Nach dem Wissen ist das nächstbeste zu wissen, wo man etwas findet. (Samuel Johnson)

Beobachtungssystem ZukunftsRadar

		InformationsQuellen										
Beobachtungsfelder		Tagespresse FAZ	Fachzeitschrift	Außendienstberichte	Kundenbefragung	Herbert Schule	Kundenberater	Trendletter	Infozentrum	Interne Beobachter	Branchenreport	
Marktumfeld	Fokusgruppen	1.1	1.2	X	X	1.5	1.6	1.7	1.8	X	1.10	1.11
	Mitbewerber	2.1	X	2.3	2.4	X	X	2.7	2.8	X	X	2.8
	Technologie	3.1	3.2	3.3	3.4	3.5	3.6	3.7	X	3.6	3.7	3.8
	Partner	4.1	4.2	4.3	4.4	X	4.6	X	4.8	4.6	4.7	4.8
	Vorleister	5.1	5.2	5.3	5.4	5.5	X	5.7	5.8	5.6	5.7	5.8
	Leistungen	X	X	6.3	6.4	6.5	6.6	6.7	6.8	6.6	X	6.8
	Vertriebswege	7.1	7.2	7.3	7.4	X	7.6	7.7	7.8	7.6	7.7	7.8
	Allgemeines Marktumfeld	8.1	8.2	8.3	8.4	8.5	8.6	X	8.8	X	8.7	8.8
Allg. Umfeld	Sozio-kulturelles Umfeld	9.1	9.2	X	9.4	9.5	9.6	X	9.8	9.6	9.7	9.8
	Technologisches Umfeld	10.1	X	10.3	10.4	10.5	10.6	X	X	10.6	10.7	10.8
	Wirtschaftliches Umfeld	X	11.2	11.3	11.4	11.5	11.6	X	11.8	11.6	11.7	11.8
	Politisches Umfeld	X	12.2	12.3	12.4	12.5	12.6	X	12.8	12.6	12.7	12.8

Abbildung 16; Beobachtungssystem

Stellen Sie Ihr individuelles Informationsmenü mit Hilfe einer einfachen Matrix zusammen. In die linke Spalte schreiben Sie nacheinander die für Ihr Unternehmen wesentlichen Beobachtungsfelder. Dann definieren Sie gemeinsam mit Ihrem Projekt-Team für jedes Beobachtungsfeld die geeignete Informationsquelle, schreiben diese in die oberste Zeile und markieren die jeweiligen Kreuzungspunkte. Dabei können Sie für jeden Beobachtungsbereich mehrere Informationsquellen bestimmen und jede Informationsquelle mehreren Beobachtungsfeldern zuweisen. Die recherchierten Informationen können unterschiedlichster Natur sein:

- Sogenannte „schwache Signale", d. h. als sehr unscharfe, unstrukturierte Information (z. B. Andeutungen in Nachrichten, Vorträgen und sonstigen Veröffentlichungen etc.)
- Fundierte ZukunftsAnnahmen (z. B. aus einer professionellen Delphi-Studie)
- Qualitative Indikatoren (z. B. Geschäftsklima)
- Quantitative Indikatoren (z. B. Auftragsbestand der Branche).

Grundsätzlich sind alle Manifestationsformen von Zukunftsinformationen willkommen. Der höhere Konkretisierungsgrad der quantifizierbaren Informationen wird mit einem geringeren Chancenpotenzial bezahlt und die chancenträchtige Unschärfe der weichen Informationen geht mit einer schwierigeren Handhabbarkeit einher.
Die Rechercheergebnisse können als Mindmap oder in Form einer Folienpräsentation vorbereitet werden. Wichtig ist, dass sich das Projekt-Team zunächst auf die wesentlichen Kernpunkte konzentrieren kann. Wer mit umfassenden und allzu detaillierten Rechercheergebnissen glänzen will, ist zu Beginn des Projektes fehl am Platze.
Im zweiten ZukunftsProjekt können Sie daran denken, Ihre Informationsversorgung zu perfektionieren und zu organisieren. Hierbei können moderne Werkzeuge des Informationsmanagements, wie die zahlreichen bedarfsprofilgerechten Alarm- und Informationsdienste der Datenbankanbieter sowie beispielsweise die Software „GrapeVine" eingesetzt werden, die den Anspruch haben, jeden in Ihrem Unternehmen mit den für ihn relevanten und wichtigen Informationen zu versorgen.

ZukunftsAnnahmen als Zukunftswerkzeug

Das Ziel des Vor-Denkens ist es, konkrete ZukunftsAnnahmen über zukünftige Entwicklungen der relevanten Beobachtungsfelder aufzustellen. Das Ergebnis ist eine Zukunftslandschaft, die sich aus den erwarteten und wahrscheinlichen Entwicklungen der wesentlichen Beschreibungsmerkmale zusammensetzt. Die ZukunftsAnnahme ist dabei ein wesentliches gedankliches Werkzeug, das Sie in diesem Abschnitt kennenlernen.

Was sind ZukunftsAnnahmen?

„Bis zum Jahr 2014 wird es ein Solarkraftwerk im All geben". „Die Nanotechnologie wird unser Geschäft nicht vor dem Jahr 2009 erreichen". „Im Jahr 2010 wird die Hälfte der Haushalte in unserem Einzugsgebiet aus Einpersonenhaushalten bestehen". Diese Aussagen haben eines gemeinsam; sie sind Annahmen über zukünftige Entwicklungen. Jede menschliche Entscheidung basiert auf Annahmen. Zukunftsorientiertes Handeln ist ohne ZukunftsAnnahmen über zukünftige Entwicklungen und Veränderungen nicht möglich. So wie Menschen nicht ohne Ziele leben können – auch das vermeintlich ziellose und uns unverständliche Handeln eines Amokläufers hat das hormonell gesetzte Ziel der Rache oder der Befriedigung -, so können Menschen nicht ohne ZukunftsAnnahmen leben. Sie haben dieses Buch in der mehr oder minder bewussten Annahme gekauft, dass Sie darin eine Reihe wertvoller Anregungen finden werden. Sie leisten täglich Ihre Arbeit in der Annahme, dass Sie dafür eine Gegenleistung erhalten werden. Sie kaufen eine Aktie in der Annahme, dass sie im Wert steigen wird oder dass zumindest die Dividendenrendite auskömmlich ist. Jedes unternehmerische Handeln basiert auf Annahmen über die aktuellen Zustände und die zukünftigen Entwicklungen wichtiger Wirkkräfte. Diese Annahmen entfalten selbst dann ihre Wirkung, wenn sie vollkommen unbewusst und unsystematisch entstanden sind. Sie nehmen beispielsweise an, ...

- dass Ihre Kunden auch in fünf Jahren noch einen Bedarf an Ihren Produkten und Dienstleistungen haben werden
- dass die Statik Ihres Hauses ordnungsgemäß berechnet wurde
- dass Sie in einem halben Jahr noch einen Arbeitsvertrag oder Liefervertrag haben werden
- dass der Standard Ihres Produktes auch in zwei Jahren noch marktgängig sein wird

- dass die bestellte Stanzmaschine auch in fünf Jahren noch ausgelastet sein wird.
- dass Sie in sieben Jahren noch problemlos gehen können.

Manche behaupten, aus der Erkenntnis der Unvorhersehbarkeit der Zukunft solle man doch bitte die Konsequenz ziehen und es ganz lassen. Wir müssen dann zurückfragen, wie wir täglich unseren strategischen Weg mit Investitionen auf Jahre und Jahrzehnte hinweg festlegen, dann aber davon absehen wollen, unsere ohnehin existierenden ZukunftsAnnahmen einer konsequenten Prüfung zu unterziehen. Wenn die ZukunftsAnnahmen nicht stimmen, gibt es Beulen.

Unternehmenserfolge entscheiden sich zuerst an der Qualität der ZukunftsAnnahmen, also am Grad der Übereinstimmung der Realität mit Ihrer angenommenen Wirklichkeitskonstruktion. Unternehmensstrategien sind meist richtig, es sind die zugrundeliegenden ZukunftsAnnahmen, die häufig falsch sind. Ob ein neu gegründetes Unternehmen erfolgreich sein wird, entscheidet sich zuallererst an zwei wesentlichen ZukunftsAnnahmen. Die erste ZukunftsAnnahme lautet: „Es gibt genügend Nachfragepotenzial für die Leistungen des Unternehmens". Die zweite ZukunftsAnnahme lautet: „Unser Leistungsprofil unterscheidet sich in den Augen der Käufer wesentlich und positiv von dem der etablierten Anbieter." Während die erste Annahme den Umsatz „garantiert", sorgt die zweite Annahme dafür, dass vom Umsatz auch eine Umsatzrendite übrigbleibt. Sie mögen es für banal halten, aber genau an diesen beiden ZukunftsAnnahmen entscheiden sich die Erfolge neuer Produkte und neuer Unternehmen. Wenn die ZukunftsAnnahmen falsch sind, wird sich Ihr Unternehmen falsch entwickeln, denn der beste Kapitän wird sich verfahren, wenn seine Grundüberzeugungen ihm den falschen Kurs als richtig erscheinen lässt.

Nicht umsonst besteht eine sehr wirkungsvolle Kreativitätstechnik darin, die einer Situation, Entscheidung oder einem Produkt zugrundeliegenden ZukunftsAnnahmen systematisch und hartnäckig in Frage zu stellen. Wenn Sie ein Haus bauen sollten, dann fragen Sie, ob es ein Dach haben muss, ob es einen Keller haben muss, ob wir einen Schlüssel brauchen, um eintreten zu können, ob es Fenster braucht, die man öffnen kann, ob die Wände fest sein müssen und so weiter. Sie werden feststellen, dass wir im Prinzip alles in unserem Leben und Arbeiten in Frage stellen können und so zu neuen Lösungen kommen.

Sie planen, gestalten und führen Ihr Unternehmen auf der Grundlage Ihres Weltbildes, also auf der Grundlage Ihrer ZukunftsAnnahmen. Wenn Sie zukunftskompetent sein und bleiben wollen, müssen Sie diese ZukunftsAnnahmen auf den Tisch legen bzw. zu Papier bringen. Erst dann wird es möglich, Fehler und Möglichkeiten bereits zu erkennen, bevor sie überhaupt ein Projekt gestartet oder eine Investition getätigt haben. Wenn Sie Ihre Zukunftslandschaft gemalt haben, können Sie unerwartete Entwicklungen leichter erkennen.

ZukunftsAnnahmen sind die Spitze der Wissenspyramide

ZukunftsAnnahmen sind eine gute Chance, der Informationsflut über mögliche Zukünfte zu begegnen. ZukunftsAnnahmen sind der Ausweg aus der immer weniger überschaubaren und teilweise auch beängstigenden Beschleunigung der wirtschaftlichen Veränderungen. Das Wesentliche bleibt und war schon immer einfacher als die Details. Für den einzelnen Menschen und auch für das Team ist es nicht mehr möglich, sich im Tagesgeschäft ein wirklich umfassendes Bild von allen relevanten Markttrends zu machen. Das umfassende Verstehen und Nachvollziehen all dieser Entwicklungen ist schon fast zur Illusion geworden.
Das Bild des Gesichtes eines Menschen ist die Spitze der Wissenspyramide über einen bestimmten Menschen. Vielleicht ist es auch sein Name, das kommt auf Ihre bevorzugte Speicherart an. Alles andere, was wir über diesen Menschen wissen, öffnet sich uns, wenn wir an ihn denken. Es geht natürlich auch anders. Wenn wir an Bogenschießen denken, fallen uns Menschen ein, mit denen wir diesen Sport verbinden. Auch hier haben wir wieder eine Wissenspyramide, die wir allerdings erst horizontal und dann vertikal von unten her durchdacht haben. Den Begriff Wissenspyramide haben wir gewählt, als wir uns vorstellten, wie ein Gefäß für ein sich dreidimensional verzweigendes Geäst wohl aussähe. Es sähe eben aus wie ein Kegel bzw. eine Pyramide. Die Spitze der Informationspyramide ist der höchste Zusammenfassungsgrad eines Sachverhaltes oder eines Wissensgebietes. Es ist praktisch der Satz im literarischen Sinne, der das Wesentliche beschreibt. Ein Beispiel: Die Verbreitungsgeschwindigkeit neuer Produkte und Dienstleistungen tendiert zur weltweiten Echtzeitdiffusion. Hinter diesem Satz steht ein ganzer Wissenschaftsbereich, der sich mit der Diffusion, d. h. der Verbreitung von Informationen beschäftigt. Hinter diesem Satz stehen auch unzählige Beispiele für Produkte und Dienstleistungen, die sich mit einer unglaublich hohen Geschwindigkeit über den ganzen Globus verbreitet haben. Dazu gehören CNN-Nachrichten, der Walkman oder auch der Internet-Navigator von Netscape. Wenn wir die Wissenspyramide um-

drehen, haben wir den Wissenstrichter. Der Trichter ist am dünnen Ende gerade so breit, dass eine Schlagzeile herauskommt.
Zukunftswissen für Unternehmer liegt in mannigfaltigen Manifestationsformen vor. Das Spektrum reicht von der detaillierten Prognose in harten Zahlen über das fundierte Szenario in Textform bis hin zur nicht fassbaren Ahnung eines Experten. Mit den Annahmen über zukünftige Entwicklungen kommen Sie in die Lage, all diese Manifestationsformen von Zukunftswissen nebeneinander zu verarbeiten.
Was ist die Spitze einer Wissenspyramide? Jeder Wissensraum ist kegelförmig bzw. pyramidenförmig. Je tiefer man in das Wissensgeflecht eindringt, desto größer wird die zur geistigen Informationsverarbeitung erforderliche Kapazität. Sie wächst exponentiell. Die Spitze der Wissenspyramide zur Astrophysik könnte etwas lauten: „Es gibt ein Universum". Darunter kommen die ebenfalls sehr groben Informationen „im Universum existiert eine unbekannte Zahl von Galaxien" oder „die Erde ist ein Planet des Sonnensystems". Die nächste Ebene könnte darüber informieren, dass die Erde der dritte Planet des Sonnensystems ist oder dass das Sonnensystem in einer Galaxie liegt, die „Milchstraße" heißt. Der Satz, „es gibt einen Mond", ist eine typische Spitze einer Informationspyramide. An den breiteren Stellen der Pyramide befindet sich beispielsweise das detaillierte Wissen über die Zusammensetzung des Mondgesteins oder über den Entstehungszeitpunkt unseres Trabanten. An der breitesten Stelle der Pyramide – die wir natürlich niemals sehen und kennen können – steht das Wissen über jedes einzelne Atom des Mondes und jedes einzelne Atom, das mit diesen außerhalb des Himmelskörpers in Verbindung steht. Wenn wir also als Schreibwarenhändler die zukünftige Entwicklung der Nachfrage nach Büroklammern beschreiben wollen, so werden wir uns vielleicht auf die Stückzahl pro Jahr konzentrieren und wir werden vernachlässigen, wie diese Zahl zustande gekommen sein wird. Wenn wir allerdings selbst Büroklammern herstellen, werden wir sehr viel tiefer einsteigen müssen und uns um mehrere kleine Wissenspyramiden rund um die Büroklammer kümmern müssen, so etwa um die Kupferressourcen, die Maschinenkosten pro Stunde, die Technologien zur Korrosionsverhinderung oder um die sozio-kulturelle Einstellung zur Büroklammer.
Je weiter das Beobachtungsfeld von Ihrem Geschäft weg ist, desto eher können Sie sich auf das Wesentliche konzentrieren. Aber nur in der Makrowelt, also in den äußeren Umfeldbereichen bringt uns der Überblick über große Wissenspyramiden mehr Nutzen als das Detail. In der Mikrowelt verkehrt sich diese Regel ins Gegenteil. Je näher das Beobachtungsfeld Ihrem Kerngeschäft ist, desto wichtiger werden Details, desto notwendiger ist es also,

Die größte Gefahr in Zeiten der Veränderung ist nicht die Veränderung an sich, sondern das Handeln mit der Logik von gestern.
(Peter F. Drucker)

aus einer großen Wissenspyramide weitere kleine Wissenspyramiden zu machen. In den äußeren Umfeldbereichen bringt uns der Überblick erheblich mehr Nutzen als das Detail. In der Mikrowelt, d. h. in den inneren Umfeldbereichen wird das Detail zunehmend wichtiger, denn den Überblick über Ihre Branche haben Sie in der Regel bereits vorher. Das Detail wird auch dann um so notwendiger und sinnvoller, je näher Sie beim Nachdenken über zukünftige Entwicklungen dem Kunden kommen.

Projektionen und ZukunftsAnnahmen

Wer hat sich nicht schon frustriert abgewendet, wenn wieder einmal in ein und derselben Fachzeitschrift zwei vollkommen widersprüchliche Voraussagen getroffen wurden. Sie gieren nach Orientierung und ernten Verwirrung. Zukunftsforscher A legt in einem 500-Seiten-Buch voller Faszination die Zukunft der Technologie dar und Zukunftsforscher B wird nicht müde, die Unmenschlichkeit der seiner Meinung nach kommenden Computerwelt anzuprangern.

Lernen Sie, deutlich zwischen Projektionen und Ihren ZukunftsAnnahmen zu unterscheiden. Projektionen sind Aussagen über die Zukunft, die mit der Absicht möglichst großer Eintrittswahrscheinlichkeit getroffen werden. Wodurch wird die Projektion zur ZukunftsAnnahme?

Die Projektion wird durch Glaube und Annahme zur ZukunftsAnnahme. Erstens müssen Sie und Ihr Führungsteam an die Projektion des Zukunftsforschers oder Zukunftsdenkers glauben und als Ihre ZukunftsAnnahme annehmen. Es mag wie ein kleiner Unterschied wirken, aber die Bedeutung ist enorm. Der Unterschied zwischen Projektion und ZukunftsAnnahme ist verantwortlich dafür, …

- dass es ein Irrweg ist, sich „die Zukunft“ Ihres Marktes von einem Trend- oder Zukunftsbüro erarbeiten zu lassen,
- wenn ZukunftsProjekte im Streit des Führungs-Teams enden,
- wenn sich die Mehrzahl der Menschen von der Nutzung des vorhandenen Zukunftswissens fernhält.

Die fremde Projektion ist eigentlich nicht mehr als eine Kreativitätshilfe für Ihre ZukunftsAnnahmen. Erarbeiten Sie daher Ihre *eigenen* ZukunftsAnnahmen über zukünftige Entwicklungen. Nur wenn Sie Projektionen in der

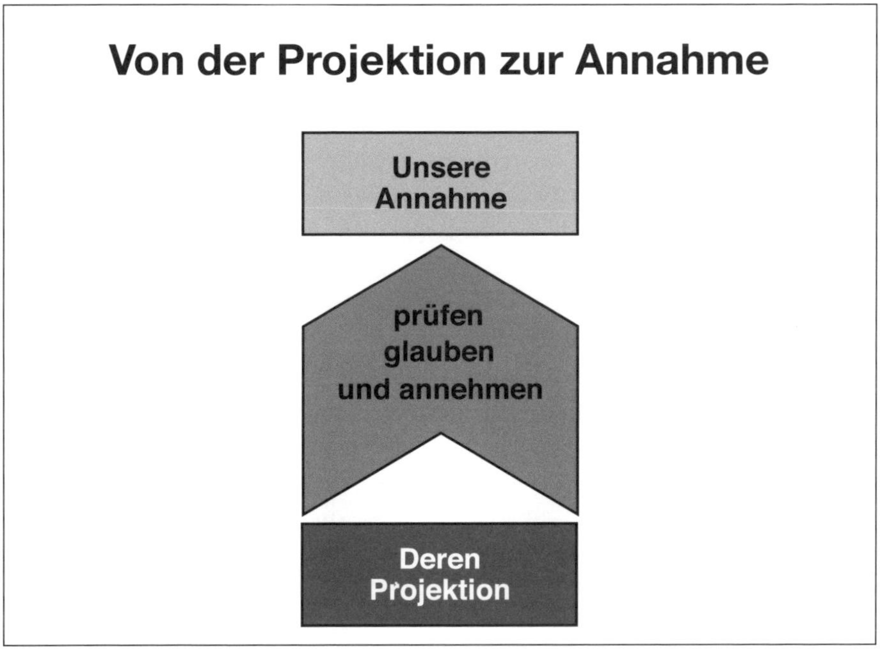

Abbildung 17; Von der Projektion zur Annahme

Erscheinungsform von Prognosen, Szenarien und Trends durch den Filter Ihrer Urteilsfähigkeit laufen lassen, können Sie in hohem Maße von der Arbeit der Trendforscher und Zukunftsforscher profitieren.

Zum Charakter von ZukunftsAnnahmen

Annahmen über zukünftige Entwicklungen haben eine Reihe besonderer Eigenschaften, die wir an dieser Stelle im Überblick darstellen wollen.

ZukunftsAnnahmen sind Glaubenssätze

Glaubenssätze sind es, die unser Verhalten und unsere Entscheidungen leiten. Probleme, Risiken, Chancen und Bedrohungen lassen sich an greifbaren Glaubenssätzen sehr früh erkennen. Glaubenssätze sowie ZukunftsAnnahmen werden greifbar, indem wir sie niederschreiben, denn dadurch sind wir gezwungen, unsere ZukunftsAnnahmen zu präzisieren und sie unserem vollen Bewusstsein gegenüber offenzulegen. Im Ergänzungskapitel „Erfolgsfaktor ZukunftsKompetenz“ unter →**www.Micic.com** lesen Sie mehr zum Thema der Glaubenssätze.

ZukunftsAnnahmen sind wie Leitplanken

ZukunftsAnnahmen sind wie die Nebenbedingungen in einer mathematischen Optimierung. Sie schränken den Raum der zukünftigen Möglichkeiten ein. Sie tragen damit zu unserer Orientierung bei, machen uns Entscheidungen leichter und lassen uns handlungsfähiger sein. Damit Sie wichtige Themen nicht unbeabsichtigt ausschließen, müssen Sie Ihre ZukunftsAnnahmen mit Sorgfalt und Bedacht formulieren und sie regelmäßig auf den Prüfstand stellen.

ZukunftsAnnahmen sind heuristisch

Durch das Aufstellen einer ZukunftsAnnahme wollen wir den zugrundeliegende Sachverhalt verstehen und unser Wissen über ihn verbessern. ZukunftsAnnahmen sind nicht als hundertprozentige Voraussagen über die Zukunft zu sehen. ZukunftsAnnahmen sind keine festen Prognosen, sondern zunächst einmal Vereinbarungen über die gemeinsam geteilte Sicht der Zukunft, die immer wieder revidiert werden müssen. ZukunftsAnnahmen reflektieren das derzeitige Wissen über die Zukunft und können daher nicht mehr als der Ausgangspunkt für permanentes Beobachten und Lernen sein. So wie Sie seit eh und je Sollwerte für Ihre Kostenarten und Kostenstellen setzen, um am Delta zwischen Soll und Ist ungewünschte Entwicklungen zu erkennen, so setzen Sie mit Ihrer ZukunftsAnnahme Wird-Werte für die Zukunft. ZukunftsAnnahmen sind daher heuristisch, ohne selbst wirklich wahr sein zu müssen, weil sie dazu beitragen, die Zukunft noch besser zu verstehen.

ZukunftsAnnahmen sind keine Chancen

Häufig werden Trends und Projektionen und damit auch ZukunftsAnnahmen mit Chancen verwechselt. Während Chancen Handlungsmöglichkeiten sind, deren Durchführung einen deutlich erkennbaren Nutzen bringen würde, sind ZukunftsAnnahmen nichts anderes als der Versuch, die zukünftige Entwicklung einschätzen zu wollen. Chancen gibt es nur in Verbindung mit Aktivität. ZukunftsAnnahmen hingegen unterstellen zunächst einmal eine passive Haltung zum Gang der Welt.

ZukunftsAnnahmen können auch diskontinuierliche Entwicklungen beinhalten

Menschliches Denken neigt zur Extrapolation. Es geht davon aus, dass sich die Dinge weiterhin so entwickeln werden, wie sie sich bisher entwickelt haben. Doch trotz aller Fortschritte werden Menschen niemals 100 m in einer

Sekunde laufen, und wir werden auch nicht 100 Milliarden Menschen auf der Erde erleben. Ohne Anleitung stellen Menschen Voraussagen über die Zukunft primär als lineare Entwicklungen dar. Selbst wenn wir betonen, dass viele Entwicklungen exponentiellen oder sprunghaften Charakter haben, bleiben unsere Workshop-Teilnehmer gerne bei ihrem geradlinigen Denken. ZukunftsAnnahmen können und sollen jedoch auch diskontinuierliche Veränderungen beschreiben, wie etwa die (von uns nicht geteilten) Überzeugungen, dass sich der Siegeszug des gemäßigten Kapitalismus in sein Gegenteil verkehren wird und dass in Europa bis zum Jahr 2022 ein sozialistisches Wirtschafts- und Sozialsystem eingeführt wird oder die ZukunftsAnnahme, dass bis 2040 ein Meteorit 60% der Lebewesen auf der Erde töten könnte. ZukunftsAnnahmen dieser Art zeigen deutlich auf ihren Autor. ZukunftsAnnahmen über zukünftige Entwicklungen sagen ebenso viel über die Zukunft wie über die Zeit, in der sie aufgestellt wurden und über den Autor, der sie aufstellte. Die Technikbegeisterung der sechziger Jahre gebar beispielsweise die ZukunftsAnnahmen über bemannte Planetenflüge bis 1980.

Scanning und Monitoring

Scanning beschreibt ein unscharfes, extensives Beobachten des Umfeldes. Wayne Burkan beschreibt eine solche Beobachtungsweise als „Streublick" des Geheimdienstlers und des Bodyguards[34]. Sobald er aufhöre, die Menschenmenge um seinen Schützling auf Auffälligkeiten hin zu scannen und sich statt dessen auf einzelne Menschen konzentriere, verliere er sofort den Überblick. Fokussierung führt zu Blindheit. Die Masse an Informationen lässt sich nur verarbeiten, wenn man sich auf das Scanning konzentriert. Sobald ein Mensch in der Menge auffällt – häufig wissen die Bodyguards noch nicht einmal genau warum – beginnt die Phase des Monitoring, also einer spezifischen scharfen und intensiven Beobachtung dieses Menschen. Zur gleichen Zeit jedoch müssen die anderen Bodyguards weiterhin das Umfeld scannen. Die gleiche Strategie wendet im Prinzip ein guter Fußballspieler wie auch ein Kampfflieger an. ZukunftsAnnahmen entstehen durch Scanning des Umfeldes. Sobald eine ZukunftsAnnahme aufgestellt ist, beginnt das Monitoring dieser ZukunftsAnnahme und ihrer Wahrheit.

ZukunftsAnnahmen erfordern Konsens im Führungsteam

Ihre Unternehmensstrategie basiert, wie wir nun wissen, auf einer Reihe von ZukunftsAnnahmen. Wenn Sie Ihre Strategie nicht ganz alleine, sondern vielleicht mit ein paar Kollegen, Führungskräften und Leistungsträgern umsetzen wollen, tun Sie gut daran, einen Konsens über die Basisannahmen herbeizuführen. Jede Unternehmensstrategie ist zum Scheitern verurteilt, wenn die Leistungsträger die verschiedensten Meinungen über die Basisannahmen haben.

Ihr Team schafft sich mittelfristig exakt den Grad an Komplexität und Innovation, den es vertragen kann

Wir haben StrategieRadar-Workshops mit den verschiedensten Unternehmen und Gruppen durchgeführt. Dabei haben wir die unterschiedlichsten Grade der Zukunftssicht kennen lernen dürfen. Es wurde immer offensichtlicher, dass sich zukunftskompetente Teams mit einem relativ hohen Grad an Komplexität und Innovation wohl fühlten, während Teams, die in Zukunftsangelegenheiten weniger vorbelastet waren, mit weitaus weniger Innovation und Komplexität zufrieden waren. So haben wir lernen dürfen, dass es nur in seltenen Fällen hilfreich war, viel neues Zukunftswissen in den Workshop einzubringen, denn es wurde nicht akzeptiert. Das mag man beklagen, denn schließlich schmort man im eigenen Gedankensaft, aber die Klagen ändern nichts an der Tatsache. Verlassen Sie sich also darauf, dass Ihr Projekt-Team mittelfristig exakt denjenigen Grad an Komplexität und Innovation schafft, den es vertragen kann.

Syntax der Zukunft

Was wir nicht sagen können, das können wir auch nicht richtig denken. Daher lohnt es sich, einen Blick auf eine nützliche Formulierung Ihrer ZukunftsAnnahmen zu werfen. Eine ZukunftsAnnahme besteht aus einer Schlagzeile und eventuell aus einem präzisierenden Annahmentext mit möglichst nicht mehr als fünf Zeilen. Anstelle einer Schlagzeile können Sie auch ein Schlagwort oder Schlüsselwort verwenden, wie z. B. das abgewetzte „Cocooning", die vielbeschworene „Globalisierung" oder die „Fragmentierung", denn Schlagwörter merken wir uns noch sehr viel leichter als vollständige Sätze. Alte und junge Werbehasen wissen um die magische Wirkung der Anzeigenüberschrift, und Generationen von Journalisten aller Medien haben deshalb an ihren Formulierungskünsten gefeilt. Die gute Schlagzeile als Annahmenüberschrift …

- sorgt dafür, dass wir uns die Nachricht besser für unsere alltäglichen Entscheidungen merken können,
- dass wir die „Spitze der Informationspyramide" erfassen und so den Überblick behalten können,

- dass wir unser Zukunftswissen unseren Kollegen und Kunden besser „verkaufen" können.

Eine einfache und gute Inhaltsstruktur einer ZukunftsAnnahme lässt sich nach der ZWIQ-Formel bestimmen. Die ZukunftsAnnahme sollte möglichst knapp die folgenden Informationen geben:

- **Z**eithorizont („ ist absehbar, bis 2011, bald" etc.)
- **W**ahrscheinlichkeit („ist, wird, könnte, nicht auszuschließen" etc.)
- **I**ntensität der Auswirkungen („an Bedeutung gewinnen, revolutionieren, beeinflussen" etc.)
- **Q**uelle der zugrundeliegenden Information.

Da Sie es bei Ihren Mitgestaltern kaum mit ausgebildeten Zukunftsforschern zu tun haben, ist diese Art der Annahmenformulierung ein praktikabler Weg, zwar eine umfassende und präzise Aussage zu treffen, aber dennoch auf unübersichtliche und dem unternehmerischen Entscheiden fremde Tabellenwerke zu verzichten. Durch eine saubere Differenzierung der Zeithorizonte, eine subtile Auswahl der die Wahrscheinlichkeit und die Intensität ausdrückenden Wörter und schließlich durch optionale Angabe der zugrundeliegenden Quellen haben Sie ein sprachliches und erkenntnistheoretisches Spektrum an der Hand, das „wissenschaftliche" Darstellungsmodelle in aller Regel vermissen lassen. Folgendes Beispiel mag das illustrieren:

Die Anzahl der Einpersonenhaushalte in den größten europäischen Ballungsgebieten wird bis 2005 auf über 50% steigen. *In Frankfurt hat die Prozentzahl der alleinwohnenden Personen seit 1992 die 50%-Marke überschritten. Eine niederländische Studie rechnet sogar damit, dass dieser Prozentsatz im dritten Jahrtausend noch weiter ansteigt und entsprechend noch mehr Einpersonenwohnungen benötigt werden (Architektenkongress, Prof. Dr. Iring Fischer).*

Diese ZukunftsAnnahme drückt durch das Wort „wird" eine Wahrscheinlichkeit von 100% aus. Der Zeithorizont ist präzise angegeben, und die Intensität der Entwicklung ist im präzisierenden Annahmentext ausgedrückt. Für Ihre ZukunftsAnnahmen muss es Ihnen gelingen, mit den vielen Generalisierungen, Ungenauigkeiten und Vieldeutigkeiten in unserer Sprache so umzugehen, dass präzise Kommunikation gesichert ist. Es ist ein großer Unterschied, ob Sie davon ausgehen, dass „asiatische Wettbewerber die geforderte Kundennähe nicht bieten können" oder ob Sie „nicht ausschlie-

ßen, dass asiatische Wettbewerber die geforderte Kundennähe nicht bieten können". Nach unserer Erfahrung stellt das Denkwerkzeug der „Zukunfts-Annahme" die effektivste Art und Weise dar, all die unzähligen Facetten möglicher Zukunftsentwicklungen und -veränderungen in einer einzigen Form darzustellen, die noch dazu jedem Menschen mehr oder minder geläufig und für jeden in seinem täglichen Tun anwendbar ist, nämlich der menschlichen Sprache! So wie die menschliche Sprache seit Millionen von Jahren entwickelt wird, lernen wir auch heute noch nach weit mehr als einem Jahrzehnt der Arbeit, an dieser Neues für unsere Fähigkeit, Zukunfts-Annahmen über zukünftige Entwicklungen präzise zu formulieren.
Wenn Sie Ihre Workshop-Arbeit von Beginn an noch stärker professionalisieren wollen, können Sie anstelle der einfachen ZWIQ-Formel die folgende Tabelle verwenden:

Checkliste 18; Syntax der Zukunft

Syntax der Zukunft

Brauchbare Annahmen formulieren

Beispiel: Die Lieferantentreue unserer Kunden wird bis 2010 enorm abnehmen!

Beobachtungsfeld	Indikator	Zeithorizont	Entwicklung	Wahrscheinlichkeit	Intensität
Um welches Beobachtungsfeld geht es?	Welchen Indikator des Beobachtungsfeldes betrifft es?	Um welchen Zeitpunkt oder Zeitraum geht es?	Wie entwickelt sich dieser Indikator?	Wie wahrscheinlich ist diese Entwicklung?	Wie intensiv ist die Entwicklung?
◆ Kunden ◆ Technologie ◆ Mitbewerber	◆ Lieferantentreue ◆ Bit-Transferrate ◆ Vertriebsweg	◆ 2005 ◆ 2036 ◆ In zehn Jahren ◆ Nächstes Jahr	◆ steigen ◆ stagnieren ◆ abnehmen ◆ beschreiten	◆ wird ◆ wird wahrscheinlich ◆ könnte ◆ nicht auszuschließen ◆ muss	◆ allmählich ◆ revolutionär ◆ gewinnt an Bedeutung ◆ explodierend ◆ enorm

Weitere Angaben: Quellen, Erläuterungen, Einschränkungen

Wie Sie Ihre eigenen ZukunftsAnnahmen aufstellen

In unserer Arbeit hat sich eine methodische Sequenz herausgeschält, die das Arbeiten mit ZukunftsAnnahmen vergleichsweise leicht macht. Diese Vorgehensweise wurde in zahlreichen Workshops mit Unternehmen verschiedenster Art und Größe angewendet. Immer wieder konnten wir einen Algorithmus anwenden und optimieren, den wir Ihnen hier vorstellen möchten.

Wählen Sie überschaubare Beobachtungsfelder

Je genauer Sie das untersuchte Beobachtungsfeld beschreiben, desto leichter wird es Ihnen fallen, konkrete Aussagen dazu zu treffen. Wählen Sie beispielsweise den großen Umfeldbereich Technologie, werden Sie kaum in der Lage sein, in einer vertretbaren Zeit sinnvolle ZukunftsAnnahmen dazu aufzustellen. Wie im obigen Abschnitt zur Definition der Beobachtungsfelder dargelegt, müssen Sie Technologie also weiter unterteilen, beispielsweise in Computertechnologie, Kommunikationstechnologie, Transporttechnologie, Meerestechnologie und so weiter. Wenn Sie jetzt die Zukunft der Computertechnologie bestimmen wollen, kann es sein, dass auch dieser Beobachtungsbereich noch zu grob ist. Je wichtiger die Computertechnologie für Ihr Unternehmen ist, desto notwendiger und sinnvoller ist eine weitere Unterteilung, etwa in Hardware- und Softwaretechnologie. Die Softwaretechnologie lässt sich wiederum weiter unterteilen in Wissenssoftware, Anwendungssoftware, Branchensoftware, Kommunikationssoftware etc. Das Beobachtungsfeld „Zielgruppe“ können Sie zumindest unterteilen in „Kunden“ und „Nicht-Kunden“. Die Kunden können Sie wiederum nach den verschiedensten Kriterien unterteilen.

Bestimmen Sie die Bearbeitungsreihenfolge

Denken Sie zurück, wann Sie zum letzten Mal etwas Grundlegendes in Ihrem Unternehmen verändert haben. Die Wahrscheinlichkeit ist groß, dass diese Veränderung durch eine Entwicklung des Umfeldes ausgelöst wurde. Wenn Sie eine neue integrierte Software für die Auftragsbearbeitung und die Finanzbuchhaltung eingeführt haben, dann könnte eine Neuentwicklung eines externen Softwarehauses, ein ebenfalls diesen Weg gehender Mitbewerber oder auch die gesetzlich gegebene Notwendigkeit zum Umweltmanagement der Auslöser gewesen sein. Wenn Sie den inneren Drang spüren, ein für den Markt vollkommen neues Produkt zu entwickeln, so orientieren Sie sich vernünftigerweise an den gegenwärtigen und zukünftigen Erfordernissen des Marktes. Wie wir es auch drehen und wenden, irgendwie sind alle internen Veränderungen zum großen Teil extern motiviert. Analog dazu verhält es sich zwischen dem Marktumfeld und dem allgemeinen Umfeld. Veränderungen des Marktumfeldes sind in aller Regel stärker durch das allgemeine Umfeld ausgelöst, als das allgemeine Umfeld vom Marktumfeld verändert wird. Zwar hat es für das allgemeine wirtschaftliche Umfeld erhebliche Bedeutung, wie sich der Automobilmarkt entwickelt, doch hängt genau diese Entwicklung zu wesentlichen Teilen davon ab, welche technologischen, politischen, sozio-kulturellen und wirtschaftlichen Verhältnisse das allgemeine Umfeld bereit hält.

Wenn wir uns also die harmlos klingende Frage nach der richtigen Bearbeitungsreihenfolge für die Beobachtungsfelder stellen, dann scheint es geboten zu sein, zunächst das allgemeine Umfeld als Orientierungsrahmen und dann das Marktumfeld zu bearbeiten. Und hier zeigt unsere Erfahrung, dass wir am besten mit dem technologischen Umfeld beginnen, weil die Vorstellungskraft der Teilnehmer durch jahrelange Einflüsse der Science Fiction hier am stärksten ausgeprägt ist und weil sich die Technologie weitgehend aktiv verhält, das heißt, dass die Technologie von anderen Beobachtungsfeldern und Wirkkräften relativ wenig *beeinflusst wird* (passiv), aber alle andere Felder sehr aktiv und stark *beeinflusst.* Innerhalb des Marktumfeldes sollten Sie mit Ihrer Zielgruppe beginnen, denn sie ist die aktive Energiequelle Ihres Marktumfeldes und bestimmt in letzter Instanz das Schicksal desselben.

Bestimmen Sie Indikatoren

Wenn Sie ZukunftsAnnahmen zur zukünftigen Entwicklung der Hardwaretechnologie in den nächsten zehn Jahren erarbeiten wollen, werden Sie unweigerlich versuchen, messbare oder zumindest konkret erfassbare Größen zu finden und zu beschreiben. So können Sie das große Beobachtungsfeld in kleinere, leichter erfassbare Felder zerlegen. Indikatoren, die einen Sachverhalt in aggregierter Form zu beschreiben vermögen, sind hier sehr hilfreich. Für die Entwicklung der Hardwaretechnologie könnten Sie beispielsweise die folgenden Indikatoren verwenden:

- Anzahl der MIPS (million instructions per second)
- Taktfrequenz des Mikroprozessors
- Größe der gängigen Festplatten
- Gewicht eines Standard-Notebooks
- Gängige Grafikauflösung
- Preis pro Megabyte RAM etc.

Für die Bevölkerungsentwicklung stünden als Indikatoren beispielsweise zur Verfügung:

- Einwohnerzahl insgesamt
- Anteil der Nicht-EU-Ausländer
- Anteil der über 60jährigen
- Anteil der Erwerbstätigen

- Anzahl der Einwanderer
- Anzahl der Geburten pro 1.000 Einwohner
- Anteil der Vier-Personen-Haushalte
- Scheidungsraten
- Lebenserwartung etc.

Ein geeigneter Indikator muss eine Reihe von Qualitätsanforderungen erfüllen. Der Indikator muss …

- für Ihr Unternehmen wirklich relevant und wichtig sein
- für das Beobachtungsfeld repräsentativ und aussagefähig sein
- heute und in Zukunft möglichst objektiv ermittelbar sein.

In der Theorie wird so getan, als wären Beobachtungsfeld und Indikator bzw. Deskriptor eindeutig voneinander zu trennen. In der Praxis werden Sie feststellen, dass Sie Beobachtungsfelder so lange unterteilen können, bis Ihre Teilbeobachtungsfelder auf einmal zu Indikatoren geworden sind.
Konzentrieren Sie sich möglichst auf fünf Indikatoren pro Beobachtungsfeld. Im Beispiel: Um die Entwicklung des elektronischen Einkaufens abzuschätzen, sollte es reichen, den Umsatzanteil elektronischer Vertriebskanäle am Gesamtumsatz des Einzelhandels und den Anteil der Haushalte mit wöchentlicher Nutzung elektronischer Einkaufsquellen anzugeben und anzunehmen. Der Vorteil weniger Indikatoren besteht darin, dass sie sich noch relativ leicht grafisch in Koordinatensystemen und Modellen darstellen lassen. Der Nachteil liegt natürlich in der starken Vereinfachung.
Indikatoren können in quantitativ absoluten Werten, in quantitativ relativen Werten oder auch in qualitativen Werten ausgedrückt werden. Dabei gilt die Regel, dass ein Indikator umso leichter verarbeitet werden kann, je genauer er in Zahlen ausgedrückt werden kann. Daraus folgt aber auch die Regel, dass gerade die konkret messbaren Indikatoren den Blick auf chancen- und bedrohungsträchtige Faktoren verstellen können. Mit der Bestimmung und Ausprägung von Indikatoren haben Sie zwar eine deutliche Reduktion der erforderlichen Informationsverarbeitungskapazität erreicht, jedoch gleichzeitig die ungerichtete Zukunftsbetrachtung durch eine lückenhafte gerichtete Zukunftsbetrachtung ersetzt. Demnach dürfen die Indikatoren immer nur ein Hilfsmittel zur Beschreibung des Beobachtungsfeldes, niemals aber die einzigen Denkgegenstände Ihrer Zukunftsbetrachtung sein.

Werden Sie sich über den Ist-Zustand klar

Sie erleben täglich, wie unterschiedlich Menschen die Gegenwart sehen und wahrnehmen. Jeder hat seine eigene Wahrheit und jeder hat seine eigene Wirklichkeitskonstruktion, die durch hochgradig individuelle Faktoren bestimmt wird. Solche Faktoren sind beispielsweise die Erziehung, die formale Bildung, die Nationalität, der Sprachraum, die Wertehierarchie, die Referenzerlebnisse, die Glaubenssätze und auch die momentane Zusammensetzung des persönlichen Hormoncocktails. Häufig werden statt der notwendigen Informationssammlung einfach frühere Erfahrungen oder nur Meinungen als Tatsachen hingestellt[35]. Wenn Sie mit Ihren Mitarbeitern und Kollegen keine gemeinsame Einschätzung der Gegenwart teilen, wird es schwierig bis unmöglich sein, zu einer gemeinsam getragenen Einschätzung der Zukunft in Form von ZukunftsAnnahmen zu kommen.

Sichten Sie das vorliegende Zukunftswissen

Es ist in der Praxis ein bedeutender Unterschied, ob Sie das vorliegende Zukunftswissen im stillen Kämmerlein und in einer mehrtägigen Aktion sichten, oder ob Sie es gerade noch so geschafft haben, die Mannschaft für drei Tage aus dem Tagesgeschäft zu holen, um einen Workshop durchzuführen. Die zweite Variante dürfte nach aller Erfahrung für Sie eher zutreffen und so heißt „sichten" einfach brainstormartig sammeln und diskutieren. Die Teilnehmer Ihres StrategieRadar-Workshops haben sich ja anhand der gemeinsam definierten Zielsetzung vorbereitet, und wir warten noch auf den Workshop, in dem die Mitgestalter nicht wenigstens einigermaßen ausreichendes Zukunftswissen mitbringen. Gelegentlich, wenn die Zeit nicht ganz so knapp ist, lassen wir jeden Mitgestalter eine kurze Präsentation der zukünftigen Entwicklung seines Wirkungsbereiches vorbereiten und durchführen.

Um es nochmals zu betonen, die Mitgestalter Ihres ZukunftsProjektes sind aller Wahrscheinlichkeit keine Zukunftsforscher und das ist gut so. Die Mitgestalter sind diejenigen, die Ihr Unternehmen im Tagesgeschäft zu schönen Häfen, durch schwere See und an gefährlichen Klippen vorbeiführen. Es sind genau diese Menschen, die eine gemeinsame Sicht der Zukunft bekommen müssen. Ein ganzer Pool honoriger und teurer Experten kann das Lernen des Einzelnen und des Teams nicht ersetzen.

Es geht auch hier nicht um die festen Prognosen. Es geht darum, sich die wichtigen Beobachtungsfelder, Wirkkräfte und Faktoren anzuschauen, um dann festzustellen, wohin sich die Dinge entwickeln *könnten*. Erst im zweiten Schritt formen Sie im Konsens Ihrer Weggefährten die ZukunftsAnnahmen, auf deren Grundlage Sie Ihr Geschäft betreiben wollen. Insofern ist auch jede verworfene und nicht zutreffende ZukunftsAnnahmen ein Erfolg, denn immerhin haben Sie darüber nachgedacht und dabei automatisch Ihre individuelle Bereitschaftsdiagnose gemacht.

Formulieren Sie Ihre eigene ZukunftsAnnahme

Sie haben die wichtigen Beobachtungsfelder und Indikatoren definiert. Sie haben recherchiert und Sie haben vorhandenes Zukunftswissen gesammelt und diskutiert. Nun ist der Zeitpunkt gekommen, dass Sie sich zu der von Ihnen angenommenen Zukunft bekennen und Ihre eigenen ZukunftsAnnahmen zu Papier bringen.

1. Sammeln Sie Projektionen als Annahmenkandidaten

Sammeln Sie im Rahmen eines Brainstormings wahl- und bewertungslos alle Aussagen, die von Teilnehmern als ZukunftsAnnahmen zu einem Beobachtungsfeld bzw. zu einem Indikator vorgeschlagen werden. Die hier hilfreichen Denktechniken haben Sie bereits im Abschnitt „Vor-Denken“ kennen gelernt. Masse geht hier zunächst vor Klasse. Wenn es beispielsweise um die Verteilung des Reichtums in der Welt geht, werden die einen Revolten des neuen Proletariats vermuten, die anderen werden das afrikanische Proletariat nach Europa kommen sehen und wieder andere werden vielleicht eine sukzessive Angleichung der Lebensstandards in den nächsten fünf Jahren zu erkennen glauben. In dieser Phase sind sämtliche Projektionen eben nur Annahmenkandidaten.

2. Fassen Sie ähnliche Annahmenkandidaten zusammen

Es ist eher die Regel als die Ausnahme, dass sich die Aussagen überlappen, zum Teil wiederholen, zum Teil aber auch widersprechen. Fassen Sie daher die Aussagen zu Clustern zusammen.

3. Formulieren Sie für jedes Cluster einen einzigen Annahmenkandidaten

Ringen Sie mit allen Beteiligten um diejenige Formulierung, welche die von allen erwartete Zukunft am besten beschreibt. Manches Mal werden Sie eine Stunde diskutieren, nur um dann festzustellen, dass die zwei Seiten von verschiedenen Verständnisbildern ausgegangen sind. Und Sie werden zwei Stunden diskutieren, nur um wahrzunehmen, dass die ZukunftsAnnahmen sich gar nicht wirklich widersprechen und beide ZukunftsAnnahmen gültig und zulässig sind. Doch es sind nicht zuletzt diese anstrengenden und vermeintlich unnötigen Diskussionen, die Sie und Ihre Mitgestalter weiterbringen werden. Denken Sie daran, dass Sie selten zuvor so viel über Ihr Geschäft und Ihr Unternehmen gelernt haben, wie in diesem Prozess.

4. Führen Sie einen Konsens herbei

Achten Sie darauf, dass Sie jede ZukunftsAnnahme im Konsens aller Mitgestalter verabschieden. Machen Sie immer wieder deutlich, dass jeder Mitgestalter die Pflicht zum Einspruch hat, wenn er die zukünftige Entwicklung anders einschätzt. Das mag langwierig sein, ist aber unabdingbar, wenn Sie in den anschließenden Phasen produktiv und effektiv arbeiten wollen. Zerlegen Sie nötigenfalls das Beobachtungsfeld und die Indikatoren so lange in untergeordnete Kategorien, bis sich ein Konsens zeigt. Wenn sich bei bestem Willen kein Konsens über eine Entwicklung erzielen lässt, sparen Sie diese ZukunftsAnnahme aus und beauftragen Sie die beiden Hauptkontrahenten, innerhalb von zehn Tagen bzw. bis zum nächsten Workshop-Tag stichhaltige Argumente für ihre These und gegen die andere These zu sammeln.

5. Gehen Sie zum nächsten Beobachtungsfeld

Wenn Sie gemeinsam das bestimmte Gefühl haben, alle wesentlichen Entwicklungen eines Beobachtungsfeldes erfasst zu haben, gehen Sie zum nächsten Feld über. An einem Tag können zwischen 50 und 250 ZukunftsAnnahmen über zukünftige Entwicklungen erarbeitet werden.

Wie Ihre ZukunftsAnnahmen zuverlässiger werden

Von Edison wird berichtet, dass er bei Einstellungsgesprächen mit neuen Mitarbeitern immer zu Mittag aß. Wenn der Kandidat seine Suppe salzte, ohne die Suppe probiert zu haben, war es schon gescheitert, denn Edison wollte, dass seine Mitarbeiter ihre Annahmen immer wieder in Frage stellen.
Warum werden nur fünf bis zehn Prozent der neuen Produkte ein Erfolg? Woran sind die anderen 90 bis 95 Prozent gescheitert? Sie ahnen es, es sind die falschen ZukunftsAnnahmen. Lassen Sie uns ein wenig darüber nachdenken, wie Sie Ihre eigenen ZukunftsAnnahmen verbessern können. Wir sind uns einig, dass 100%ig richtige ZukunftsAnnahmen eine Illusion sind. Nichtsdestotrotz können Sie etwas dafür tun, die Qualität Ihrer ZukunftsAnnahmen und damit Ihren Nutzen daraus zu erhöhen. Wer nun endlich

eine mathematische Fundierung der Annahmenfindung erwartet, wird neuerlich enttäuscht. Wer sich je mit den mathematisch – statistischen Verfahren zur Prognose beschäftigt hat, wird ob der Blauäugigkeit der ihnen zugrundeliegenden Regeln und Grundannahmen nur milde lächeln können. Die Mathematik und Statistik kann nur reproduzieren, was sie vorher sah. Insofern ist die menschliche Vorstellungskraft im Vorteil, denn sie hätte sich die Diskontinuität des Mauerfalls zumindest *vorstellen* können, auch wenn er sicher nicht voraussehbar war. Der Engpass, der wirklich limitierende Faktor auf der Reise hin zu besseren, weil zuverlässigeren Zukunfts-Annahmen, liegt nun wirklich nicht in der fehlenden Mathematisierung, sondern schlicht und einfach in der systematischen Anwendung des gesunden Menschenverstandes. Mathematisch fundierte und mit Computerhilfe berechnete Prognosen sind eben nicht genauer, als das einfache dialektische Aufstellen von ZukunftsAnnahmen. Steven P. Schnaars hat dazu ein schönes Buch über Musterbeispiele für Fehlprognosen geschrieben[36]. Wir brauchen also nicht die kilometertiefen Feinheiten der Mathematik, sondern eher die kilometerbreiten Selbstverständlichkeiten des Denkens. Es fehlt also einfach an der Konsequenz, die einfachen Fragen rechtzeitig zu stellen und zu beantworten.
Bedenken Sie bei den folgenden Anregungen auch den nachteiligen Effekt. Je besser wir unsere ZukunftsAnnahmen diesen Regeln anpassen, desto langweiliger, undifferenzierter und chancenärmer werden sie. Wenn Sie Ihre ZukunftsAnnahmen nach allen Regeln der Kunst verlässlicher gemacht haben, werden Sie feststellen, dass Sie auch die vielen Ecken und Kanten eliminiert haben, die so häufig auf die eigentlichen Chancen hinweisen. „Gestreamlinete“ ZukunftsAnnahmen werden mitunter zu sehr vorsichtigen und rein extrapolativen Aussagen zurechtgestutzt, so dass Diskontinuitäten darin keinen Platz finden. Und „gestreamlinete“ ZukunftsAnnahmen weisen die größte Wahrscheinlichkeit auf, dass Ihre Mitbewerber exakt die gleichen ZukunftsAnnahmen zugrunde legen und damit auf dem besten Wege sind, die gleichen Strategien zu fahren, was letztlich insgesamt sinkende Umsatzrenditen nach sich zieht. Übertreiben Sie es also nicht mit Ihrer „Annahmenhygiene“.

Berücksichtigen Sie den Charakter des menschlichen Geistes

Unzählige psychologische Experimente belegen immer wieder, wie leicht sich unsere menschliche Urteilsfähigkeit von der Formulierung einer Frage oder eines Sachverhaltes täuschen lässt. Unser Gehirn ist keine in Ihrem Prozess qualitätsgesicherte Erkenntnis- und Entscheidungsmaschine.

- Wir sind nicht in der Lage, sämtliche Aspekte einer Situation zu durchdenken, weil wir noch nicht einmal wüssten, wann wir sämtliche Aspekte haben.
- Wir sind nicht in der Lage, einen Denkprozess zehn Mal in exakt der gleichen Weise durchzuführen, um so unsere Entscheidungen konsistent zu halten.
- Wir vertrauen häufig lieber auf unser eigenes vermeintlich gesichertes Wissen als auf klare Fakten, die uns Dritte nennen.
- Wir gehen davon aus, dass jeder unserer Gesprächspartner unsere Worte verstehen muss. Wenn wir von einer Chance sprechen, hat er gefälligst das gleiche Verständnisbild zu sehen.
- Wir blenden Informationen und Sachverhalte einfach aus, weil sie uns Angst machen oder weil sie uns fremd sind.
- Wir haben Erfolg, weil wir so gut sind, wir scheitern, weil die Umwelt so schlecht war.

Diese Liste könnte noch sehr viel länger sein, doch zeigt sie jetzt schon, welche Grenzen des menschlichen Geistes Sie bei der Aufstellung Ihrer ZukunftsAnnahmen berücksichtigen müssen. Denken Sie daran, dass natürlich auch Ihre persönliche Fähigkeit, die Grenzen zu erkennen, Grenzen hat.

Technologie ist keine Magie

Für ein Urvolk sehen die Früchte und Wirkungen unserer modernen Technologie wie Magie aus. Wir tendieren bei unseren ZukunftsAnnahmen dazu, die Möglichkeiten der Technologie im gegebenen Zeitraum zu überschätzen und vergessen dabei, dass sich technologische Grundlagen nur langsam ändern. Wir sind ziemlich sicher, dass wir irgendwann in der Lage sein werden, die räumlichen Koordinaten von Atomen zu verändern, also Gegenstände zu beamen. Aber wir werden das wahrscheinlich nicht mehr erleben. Wir sprechen bereits seit fünfzig Jahren von Haushaltsrobotern und können froh sein, wenn wir im Rentenalter so etwas ähnliches haben werden. Bereits 1964 prognostizierte im „New Scientist“ eine Runde namhafter Experten für das Jahr 1985 die Abschaffung der Bibliotheken, Schreibkräfte und der Papierzeitung, den Ersatz von Geschäftsreisen durch Fernsehverbindungen, den Verlust von Identität durch Implantationen und die Möglichkeit sofortiger Abstimmung der gesamten Bevölkerung bei aktuellen Fragen.[37] Wenn Technologie auch eine wesentliche Triebkraft für

Veränderungen ist, so ist sie eben doch keine Magie. Das Potenzial des PC hat man hingegen eindeutig unterschätzt, was als positiver Irrtum ein ausgesprochen seltener Fall ist.

Menschliche Vorlieben entscheiden

Die für uns relevante Zukunft wird durch Menschen gestaltet. Es mutet trivial an, darauf hinzuweisen, und doch wird gerade diese Tatsache sehr gerne ignoriert. Fragen Sie sich daher, ob Ihre ZukunftsAnnahme wirklich die Chance hat, mit dem Menschen, gegen den Menschen oder trotz des Menschen zuzutreffen. Gerade die ZukunftsAnnahmen über die Lebensfähigkeit neuer Technologien, neuer Produkte und neuer Dienstleistungen sind unzählige Male mit voller Wucht gegen die Mauer der menschlichen Bedürfnisse und Nicht-Bedürfnisse gefahren. Denken Sie an Produktentwicklungen wie bewegliche Bürgersteige von Goodyear. Wem nützt es wirklich? Wer wird es unterstützen? Wer wird es bekämpfen? Wer wird es ignorieren? Wer wird es sabotieren? Die menschliche Trägheit, die Gewohnheiten und die gesellschaftlichen Regeln werden Ihnen gute Hinweise für die richtigen Antworten geben. Auch wenn manche „Trends" nicht mehr sind als selbstverständliche menschliche Wünsche, so etwa Einfachheit und Mehrfachverwendung, so bilden allgemein akzeptierte Trends der Verbrauchergewohnheiten recht gute Bewertungspunkte für Innovationen. So war bereits frühzeitig absehbar, dass die große Mehrheit der deutschen Bevölkerung aus Gründen der Ästhetik Windkraftanlagen skeptisch gegenüberstehen würde und dass sich trotz aller Vorteile kaum eine nennenswerte Anzahl an Menschen durch optimierte Nahrung in Pillenform ernähren will. Das Bildtelefon wurde bereits 1937 in der französischen Erfinderzeitschrift „Le Petit Inventeur" als bald bevorstehende Innovation angekündigt. Es hat weitere sechzig Jahre gedauert, bis die tatsächliche Verbreitung ganz allmählich begann. Das Bildtelefon ist ein besonders gutes Beispiel dafür, wie technische Entwicklungen an den tiefen Appetenzen und Aversionen des Menschen vorbeigehen, denn wer will schon wirklich beim Telefonieren gesehen werden? Ganz abgesehen von den damals gegenüber einem Normaltelefon viel höheren Kosten! Noch 1969 wurden dem Bildtelefon drei Millionen Benutzer in den USA bis 1985 vorausgesagt. Erinnern Sie sich bitte auch an die Ausführungen im Abschnitt Vor-Denken mit den Hinweisen auf die kulturellen Grenzen der Übertragbarkeit von Innovationen und Lösungen zwischen Branchen und Ländern.

Preis und Nutzen

Gary S. Becker hat den Nobelpreis für die – mit allem Respekt – sehr naheliegende These erhalten, menschliches Verhalten unterliege im Wesentlichen ökonomischen Grundregeln. Ob ein Mensch etwa heiraten und eine Familie gründen will, hänge im wesentlichen von dem „Gewinn“ ab, den er sich davon verspricht. Beckers „ökonomische Erklärung menschlichen Verhaltens“ ist eine sehr lesenswerte Arbeit. Es verwunderlich, mit welcher Konsequenz die Frage nach der Bezahlbarkeit ausgeblendet wird. Natürlich *könnte*, rein technologisch und bedürfnisbezogen gesehen, jeder Haushalt und zumindest jedes Unternehmen über einen eigenen Hubschrauber verfügen. Doch die Kosten eines solchen Fortbewegungsmittels sind eben überdurchschnittlich hoch, so dass die meisten darauf verzichten müssen. Hinzu kommt noch, dass es von staatlicher Seite ein Interesse daran gibt, „Staus“ im Luftraum zu vermeiden. Fragen wir uns also stets, ob der durch die ZukunftsAnnahme unterstellte Nutzen denn auch wirtschaftlich bezahlbar ist. Wir wollen nicht vergessen, dass es auch eine dynamische Art der Kalkulation gibt[38], die zunächst fragt, welcher Preis von einem großen Teil der Zielgruppe bezahlt werden würde und dann fragt, ob die durch Erfahrungseffekte und Skalenerträge erzielbare Stückkostendegression ausreichen würde, um die Gesamtkosten zu decken. Würden wir von vornherein strikt nach dem althergebrachten Muster der kostenorientierten Kalkulation arbeiten, so hätten wir auf Segnungen wie das Faxgerät, die Mikrowelle, den PC oder persönliche Zeitungen verzichten müssen. Wir dürfen von unseren designierten Käufern bezüglich des Preises auch kein „Ums-Eck-denken“ verlangen. Wenn ein Preis erst dann vertretbar erscheint, nachdem ein mehrstufiger Denk- und Vergleichsprozess durchlaufen wurde, wird es wahrscheinlich nichts mit Ihrem neuen Produkt.

Investition und Finanzierung

Wenn auch der kalkulierte Preis einer Leistung bezahlbar wäre, so bedeutet das keineswegs, dass sich auch jemand zur Finanzierung der nötigen Investitionen finden wird. Künstliche Inseln, künstliche Beleuchtungsmonde, Unterwasserhotels und Palmtops für alle Schüler mögen sinnvolle Innovationen sein, die jedoch alle im Rahmen eines Horizontes von zehn bis zwanzig Jahren an der Finanzierbarkeit scheitern könnten. Als die Concorde in den siebziger Jahren ihre vielbeachteten Geschwindigkeitsrekorde aufstellte, konnten nur Ignoranten und ewige Reichsbedenkenträger daran zweifeln, dass wir zwanzig Jahre später für die Reise von Paris nach New

York nicht mehr als drei Stunden einplanen würden. Natürlich können wir das, aber zu welchem finanziellen Aufwand und zu welchen Umweltkosten? Hier scheiterte die weitere Entwicklung von Überschallflugzeugen schlicht und einfach an der Investitionsbereitschaft und Finanzierungskraft der wesentlichen Schlüsselanbieter in der Flugzeugindustrie. Hätte es diese Investitionsbereitschaft und Finanzierungsfähigkeit gegeben, würde der normale Jet mit weniger als 1.000 Stundenkilometern ungefähr die heutige Rolle der Turbopropmaschinen spielen. So viel man auch auf das schnöde wirtschaftliche Denken schimpfen kann, es hilft ungemein bei der Beurteilung, ob sich eine Technik in großem Umfang durchsetzen wird.
Wenn sich das Koordinatensystem ändert, werden vorher undenkbare Dinge möglich, wie es Anfang der vierziger Jahre mit der Entwicklung der ersten Atombombe geschah, die in Friedenszeiten und ohne die Bedrohung einer deutschen Erstentwicklung nicht denkbar gewesen wäre.

Zeitpunkt

In ZukunftsWorkshops empfiehlt es sich der Einfachheit halber, einen singulären Zeithorizont zu wählen, also etwa das Jahr 2005 oder 2011. Die gewählte Zeitmarke wirkt dann allerdings wie ein „schwarzes Annahmenloch" mit einer enormen Anziehungskraft. Jeder möchte sein Zukunftswissen einbringen und bezieht es zwangsweise auf das gewählte Jahr. So kommt es dazu, dass gelegentlich der Antimaterieantrieb bereits im Jahr 2005 erwartet wird. Wir werden mit hoher Wahrscheinlichkeit *irgendwann* einmal eine Antriebsform haben, die mit Antimaterie im Zusammenhang steht, aber es wird höchstwahrscheinlich nicht das Jahr 2005 sein. Der pragmatische Ausweg besteht darin, die ZukunftsAnnahme – hier etwa den Antimaterieantrieb – zwar zu nennen, aber sich auf das im Jahr 2005 zu erwartende Entwicklungsstadium zu konzentrieren. Wenn diese Antriebsform auch im Jahr 2005 noch nicht nutzbar ist, so werden in den nächsten Jahren doch sicherlich Fortschritte damit erzielt. Für die Bestimmung von Eintrittszeitpunkten gibt es keine bessere Lösung, als fundierte Schätzungen mehrerer Experten statistisch zu mitteln. Dass auch dieser Methode Grenzen gesetzt sind, haben die Delphi-Projekte der Gegenwart und der Vergangenheit in oftmals amüsanter Weise deutlich gemacht.

Erwartung und Wahrscheinlichkeit

ZukunftsAnnahmen gehören ihrem Autor. Nur er kann sie wirklich in all ihren Dimensionen verstehen und nachvollziehen. Im StrategieRadar-Workshop ist das ZukunftsTeam der Autor der ZukunftsAnnahmen und es ist das ZukunftsTeam, das die in seinen ZukunftsAnnahmen widergespiegelte Zukunft erwartet. ZukunftsAnnahmen sind ein Bekenntnis zu einer erwarteten Zukunft, und diese kann durchaus eine Zukunft sein, wie wir sie haben wollen und nicht zwingend eine Zukunft, wie wir sie für am wahrscheinlichsten halten. Das sollten Sie akzeptieren und sich nicht verwirren lassen, wenn andere Experten gegenteilige Meinungen vertreten. *Sie* und nicht die Experten werden die nächsten Monate und Jahre mit Ihren ZukunftsAnnahmen leben müssen. Wenn Sie diese Färbung Ihrer ZukunftsAnnahmen akzeptiert haben, werden Sie verstehen, warum uns der Konsens so wichtig ist, denn der Konsens ist das wirksamste Mittel gegen allzu unrealistische ZukunftsAnnahmen.

Es gibt immer auch das Gegenteil

Der klassische Trend des „Cocooning" von Faith Popcorn gilt nicht unbedingt für alle Altersklassen und nicht für alle Jahreszeiten. Während die Jugend dem Gegenteil des Cocooning frönt, geben manch andere das beste Beispiel dafür ab. Während es in weiten Teilen wirklich einen „Abschied von der Schriftkultur" gemäß Matthias Horx gibt, schießt die Zahl der schriftlichen Mitteilungen über E-Mails in die Höhe, bedingt durch gegeneinander verschobene Erreichbarkeitszeiten. Daher ist es so enorm wichtig, vor der Erarbeitung von ZukunftsAnnahmen die Beobachtungsfelder klar und eindeutig zu definieren.

Interessengruppen

Der Abgaskatalysator im Auto und die Mülltrennung sind Beispiele dafür, wie Interessengruppen über Gesetze Veränderungen herbeiführen und Zukunft machen. Die Brennstoffzelle (der Wasserstoffantrieb) wie auch unser komplexes Steuersystem sind wiederum Beispiele dafür, wie Interessengruppen Veränderungen und Zukunft verhindern. Die auf klassische Verbrennungsmotoren ausgerichteten Kapazitäten der Kfz-Industrie sind nicht der einzige, aber ein wichtiger Hemmschuh für eine frühe Reife des Wasserstoffantriebes im normalen PkW. Zigtausende Menschen und ein Teil der über 60.000 Steuerberater leben in Deutschland vom kompliziertesten Steuerrecht der Erde. Ihr Arbeitsplatz würde zumindest unter vernünftigen Betrachtungsweisen einfach wegfallen, wenn wir auf so manche unsinnige Steuer und so manches Steuergesetz verzichten würden. Irgend jemand postulierte einmal, wenn man einen Teich trockenlegen will, dürfe man nicht die Frösche fragen. Unterschätzen Sie daher nicht den Einfluss, den mächtige Interessengruppen auf die zukünftige Entwicklung ausüben können.

Veränderungen des Koordinatensystems

Spätestens seit der Erdölkrise 1973 stieren wir auf die Prognosen, wie lange unsere Vorräte noch halten werden. Instinktiv wissen wir, dass wir auf eine der menschlichen Intelligenz unwürdigen Weise von der Substanz unserer Mutter Erde leben. Nach dem Ölschock sahen die Prognosen bereits zu Beginn des dritten Jahrtausends das schwarze Gold knapper werden und bereits die Preise steigen. Heute, an diesem Punkt angelangt, können wir immer noch nicht wirklich ein Ende der Versorgung absehen. Das Raumfahrtzeitalter, das in der zweiten Hälfte der sechziger Jahre angebrochen zu sein schien, schreibt heute recht lächerlich anmutende Entwicklungen in die Zukunft fort. Meerestechnologie und die damit mögliche Rohstoffgewinnung war in der Energiekrise hochaktuell und von enormen Investitionen und Hoffnungen begleitet. Heute sind sowohl die Hoffnungen wie auch die Investitionen auf einen Bruchteil geschrumpft. Immer sind wir gefangen im Koordinatensystem unseres heutigen Denkens, im Koordinatensystem unserer Annahmen hinter den Annahmen. Wenn wir heute beobachten, wie sich die Bevölkerungszahl wesentlicher Metropolen in der dritten Welt entwickelt, so bleibt uns kaum etwas anderes übrig, als in den nächsten zwei Jahrzehnten mit massiven Anstürmen auf die europäischen, ostasiatischen und nordamerikanischen Tore zu rechnen. Und doch sind wir damit wieder Gefangene unseres heutigen Koordinatensystems, denn wer kann ausschließen, dass sich die Entwicklung wieder umkehrt? Überprüfen Sie stets auch die Zukunft Ihres Koordinatensystems.

Trends und Diskontinuitäten

Heutige Trends können sich fortsetzen und neue Zukünfte schaffen. Sie können stagnieren, sich umkehren und nach der Umkehr wieder aufschwingen und so weiter. Unterscheiden Sie deutlich zwischen heutigen Trends und dem zukünftigen Zustand, auf den Sie zugehen. Ein Trend ist das Ergebnis seiner Umstände. Ändern sich die Umstände, ändern sich auch die Trends und mit ihnen die werdende Zukunft. Solche Diskontinuitäten werden wir im nächsten Abschnitt näher beleuchten.

Komplexität und Wahrscheinlichkeit

Sie treffen beispielsweise die ZukunftsAnnahme, „in fünf Jahren wird Desktop Manufacturing 10% der Produktionsleistung in Deutschland übernehmen“. Diese ZukunftsAnnahme hat eine Wahrscheinlichkeit von x%. Die ZukunftsAnnahme, „in fünf Jahren wird Desktop Manufacturing 10% der Produktionsleistung in Deutschland übernehmen und es wird einen

WBT[39]-Lehrgang dazu geben" hat eine Wahrscheinlichkeit von x – y %, also eine geringere Wahrscheinlichkeit. Die einfache Regel lautet: Je komplexer und mit Details ausgeschmückter eine ZukunftsAnnahme ist, desto geringer ist ihre Wahrscheinlichkeit. Wir können uns ausführlich beschriebene Szenarien besser vorstellen, als die auf eine einzige Kernaussage reduzierte ZukunftsAnnahme, und doch hat die singuläre ZukunftsAnnahme eine weitaus höhere Wahrscheinlichkeit. Tappen Sie nicht in die beliebte Denkfalle, Ihre ZukunftsAnnahmen unnötig mit Details auszuschmücken.

Plausibilität und Wahrscheinlichkeit

Die ZukunftsAnnahme, „aufgrund des wachsenden Anteils der Über-60-Jährigen wird die durchschnittliche Laufzeit von Hypothekendarlehen steigen", *klingt* plausibel und *ist* plausibel. Doch es kann genauso gut sein, dass die Preise für Eigenheime relativ gesehen fallen und dadurch die Laufzeiten gleichbleiben oder sogar kürzer werden. Die einfache Regel lautet: Auch wenn eine ZukunftsAnnahme schlüssig klingt, muss sie nicht zwingend wahrscheinlich sein.

Experten vor Laien

Während wir bei der kreativen Chancen-Suche eher den Laien als den mit seinen Unmöglichkeiten denkbehinderten Experten empfehlen, brauchen Sie bei der Erarbeitung und Überprüfung von ZukunftsAnnahmen Experten auf dem Fachgebiet. Laien mögen etwa in der Solarenergie oder der Windkraft die genialen Wundertechnologien ohne Probleme sehen, doch der Experte weiß um die chemischen Probleme der Produktion oder die sozialen Probleme der Akzeptanz dieser Energien.

Ehrlichkeit

Wir haben gelegentlich beobachtet, dass ZukunftsAnnahmen zurecht gestutzt werden, wenn sie zu folgenreich für das Unternehmen sind. Wie gravierend die Implikationen aus einer ZukunftsAnnahme auch sein mögen, bleiben Sie ehrlich zu sich selbst.

Zufall

Wir glauben an den Zufall. Es hat sich in der Erfolgs- und Esoterikszene der Spruch, „es gibt keine Zufälle", breit gemacht, den wir in dieser Absolutheit einfach nicht glauben können. Wir halten es beispielsweise im Wesentlichen für einen Zufall, dass das Tamagochi 1997 zu einem kurzen und schnellen Erfolg wurde. Wir vermuten den Zufall als wesentlichen Verantwortlichen dafür, dass das VHS-System und nicht das Beta-System zum Standard-Videosystem wurde, auch wenn es hier ex post sehr vernünftig klingende Erfolgserklärungen für Standardisierungsstrategien gibt. Der Zufall spielt überall mit. Die Erfolgsstory des Internets unterlag nicht primär dem Zufall, denn es war technologisch möglich und es wurde gewünscht. Dennoch spielten Zufälle bei Netscape, Yahoo, Microsoft und anderen eine wesentliche Rolle. Seien Sie also gelassen und beruhigt, wenn Ihre ZukunftsAnnahmen dem Zufall nicht trotzen können.

Vom Umgang mit Diskontinuitäten

Diskontinuitäten sind Trendbrüche, also von Ihrem Charakter her sehr schwierig vorhersehbare Ereignisse. Der Fall der Mauer zwischen den beiden deutschen Staaten, die Tschernobyl-Katastrophe, das große Erdbeben in der Türkei, die Börsencrashs der 80er und 90er Jahre wie auch die faktische Auflösung der RAF waren Diskontinuitäten. Die Beispiele lassen zu Recht vermuten, dass die Grenze zwischen Diskontinuität und kontinuierlicher Entwicklung fließend verläuft.

Seit Ende der 60er Jahre des 20. Jahrhunderts haben zahlreiche Wirtschaftswissenschaftler an der Frage gearbeitet, ob und wie man Diskontinuitäten vorher erkennen kann. Im Zuge dieser Arbeiten wurden ausgezeichnete theoretische Grundlagen und Systeme geschaffen, die in der Tagespraxis der Unternehmensführung leider so gut wie keine Anwendung fanden. Der Gründe gibt es dafür viele, die zwei wichtigsten sind neben der schieren Unkenntnis die durch methodische Komplexität verursachte Inakzeptanz sowie der fehlende Glaube an Wirksamkeit und Nutzen. Wir wollen uns auch hier das in der Praxis der Führung eines mittelständischen Unternehmens wirklich Machbare, wirklich Erprobte und für wirksam Befundene konzentrieren.

Was ist eine Diskontinuität?

Zwischen den beiden deutschen Staaten fällt die Mauer und löscht den ehedem eisernen Vorhang aus dem politischen Denken. AIDS taucht auf und wird um die Jahrtausendwende zur wichtigsten Todesursache in Afrika. Prinzessin Diana stirbt den Unfalltod und verändert nicht nur die Welt des britischen Königshauses. Diese Ereignisse sind Diskontinuitäten, weil ihr Eintreten keine eindeutig logische Folge des vorher Geschehenen und kein

voraussehbares Ergebnis des Systemverhaltens ist. Wir dürfen uns jedoch fragen, ob denn der Mauerfall wirklich eine echte Diskontinuität war, oder ob lediglich der frühe Zeitpunkt äußerst unerwartet und damit ein „bisschen diskontinuierlich" war. Wir dürfen auch fragen, ob das Aufkommen einer Immunschwächekrankheit nicht ohnehin auf dem Entwicklungsplan der Menschheit stand und AIDS daher ein Normergebnis der Menschheitsentwicklung ist. Und letztlich könnten wir uns sogar auf den Standpunkt stellen, der Tod von Diana sei voraussehbar gewesen, weil junge schöne Prinzessinnen ohnehin so häufig so früh sterben.
Eines können wir ganz sicher festhalten. Eine Diskontinuität ist eine Diskontinuität, wenn Sie sie für eine solche halten und sie ist eine bloße Kontinuität, wenn Sie nicht dieser Meinung sind. Im allgemeinen Verständnis haben wir es mit einer Diskontinuität zu tun, wenn ein Ereignis einen Trendbruch darstellt und / oder wenn für einen Betrachtungsgegenstand plötzlich ein ganz neues Koordinatensystem gilt. Doch wirkliche Diskontinuitäten sind selten, und wenn sie eintreten, betreffen sie meist das gesamte Wettbewerbsumfeld.

Lassen sich Diskontinuitäten früher erkennen?

Wenn wir es genau nehmen wollen, sind nur solche Ereignisse echte Diskontinuitäten, die in keinster Weise ihre Schatten vorauswerfen. Damit wären wir bar jeder Möglichkeit zur systematischen Früherkennung von Diskontinuitäten. Wenn wir – wie wir es tun – den Begriff der Diskontinuität etwas weiter und bewusst unschärfer fassen, dürfen wir der strategischen Theorie folgen, dass sich Diskontinuitäten in schwachen Signalen andeuten. Unsere Praxiserfahrungen haben uns allerdings davon überzeugt, dass der überwiegende Teil der schwachen Signale an den notorischen Informations- und Kommunikationsfiltern scheitert. Für eine kommende Diskontinuität gibt es keine eindeutigen Beweise, sondern nur Indizien und Hinweise. Entweder glauben Sie, dass die Diskontinuität mit einer gewissen Wahrscheinlichkeit eintritt, oder Sie glauben es nicht. Versuchen Sie einen Atheisten von der Existenz Gottes zu überzeugen. Sie haben dafür keine handfesten Beweise. Sie haben lediglich schwache Signale. Wenn Ihr lieber Atheist nicht glauben will, können Sie ihn mit schwachen Signalen in keinster Weise geistig bewegen. Wer aber glauben *will*, wird in jedem schwachen Signal eine Bestätigung für seinen Glauben finden.
Wer hat nicht schon erlebt, wie ungewöhnliche und vom konventionellen Grundmuster abweichende Ergebnisse von Kundenbefragungen und ähnlichen Erhebungen einfach als vorübergehende Erscheinung, als Fehlinterpretation, als Wunschdenken oder schlicht als irrelevant abgetan werden.

Wie sollen dann die sich in schwachen Signalen andeutenden Diskontinuitäten des strategischen Unternehmensumfeldes auf Glauben stoßen? Der noch so eifrige Vorstandsassistent und der noch so qualifizierte Stab für strategische Unternehmensentwicklung kann die ausgefeiltesten Antizipationsmethoden anwenden; wenn der Vorstand ihm seine Leistung im wahrsten Sinne des Wortes nicht „abkauft", hat er Information und Papier, jedoch keine Wirkung produziert. Das ist einer der Gründe, warum wir wenig davon halten, wenn sich die Unternehmensführung „abgeteilte" Früherkenner hält und diese wichtigste Unternehmerfunktion delegiert. Das Unternehmergehirn muss sich unseres Erachtens selbst von den zukünftigen Veränderungen und Chancen überzeugen.
Zusammenfassend lässt sich sagen, dass Diskontinuitäten zwar im Prinzip antizipierbar sind, dies aber einerseits häufig an persönlichen Glaubenssätzen scheitert und andererseits dafür ein indirekter Ansatz benötigt wird.

Was ist in der Praxis machbar?

Das Konstrukt der ZukunftsAnnahme ist im Grunde genommen ohne weiteres zur Verarbeitung von Diskontinuitäten geeignet. Die beschriebene Methodik zur Erarbeitung von ZukunftsAnnahmen bleibt allerdings gefärbt vom extrapolativen Denkmuster und ist daher nicht ausreichend dazu geeignet, diese alte menschliche Denkblockade zu überwinden, um Diskontinuitäten zu sehen. So werden Sie zur Beschreibung von Kontinuitäten tendieren, was jedoch insofern nicht gefährlich ist, als der weitaus überwiegende Teil der Umfeldveränderungen aus ebensolchen Kontinuitäten besteht.
Während die übliche Früherkennungsstrategie versucht, aufgrund schwacher Signale kommende Entwicklungen zu erkennen, besteht die praktikabelste Methode zur Antizipation von Diskontinuitäten darin, erst die Diskontinuität zu sehen und dann nach schwachen Signalen zu suchen! Was nach einer unlogischen Forderung klingt, ist nicht mehr als eine einfache retropolierende Erkenntnisstrategie, die Sie nach folgender Sequenz umsetzen können.

1. Machen Sie sich nochmals die für Sie wesentlichen Beobachtungsfelder klar und nehmen Sie vor allem die aktiven Wirkkräfte in den Fokus. Nehmen Sie beispielsweise die Computertechnologie.

2. Sammeln Sie mit Ihrem Projekt-Team in Form eines Brainstormings alle Ereignisse, die Sie in den einzelnen Beobachtungsfeldern als Diskontinuitäten ansehen würden. Verwenden Sie dabei folgende beispielsweise Denkfragen:

- Was könnte im schlimmsten Fall passieren?
- Was könnte im Idealfall passieren?
- Was würde die Welt auf den Kopf stellen?
- Wie könnte es ganz anders kommen?

3. Wenn Sie ein Zeitarbeitsunternehmen betreiben, könnten Sie im Bereich des politischen Umfeldes auf die mögliche Diskontinuität stoßen, dass Ihr Geschäft schlicht und einfach verboten wird. Im Bereich der Computertechnologie würden Sie vielleicht die Diskontinuität sehen, dass irgendwann einmal eine Softwareschmiede ein Programm auf den Markt bringen könnte, das alle Funktionen eines Zeitarbeitsunternehmens im Austausch zwischen dem Klientenunternehmen und Mitarbeiter auszufüllen in der Lage ist und das Zeitarbeitsunternehmen überflüssig macht bzw. virtualisiert.

4. Tragen Sie zu jeder dieser möglichen Diskontinuitäten die schwachen Signale zusammen, die auf deren Eintritt hinweisen könnten. Ein Verbot der Zeitarbeit passiert nicht von heute auf morgen, es würde über Jahre hinweg vorbereitet. Stellen Sie fest, welche staatlichen Stellen und welche Parteifunktionen damit zuallererst betraut werden würden und was deren erste Aktivitäten wären, an denen Sie ein eventuell kommendes Verbot erkennen könnten. Die Diskontinuität des Computerprogramms für Zeitarbeit müsste sich beispielsweise in strategisch verwandten (s. o.) Märkten und in Shareware-Versionen bemerkbar machen.

5. Ihre Zwischenergebnisse können Sie an dieser Stelle zur Einschätzung der Eintrittswahrscheinlichkeiten an Experten weiterleiten. Das ist ein fakultativer Schritt, der durchaus nachteilig wirken kann, denn durch die Expertenbefragung werden die den Diskontinuitäten zugemessenen Wahrscheinlichkeiten normalisiert und geglättet. So können Sie leicht Opfer der systembewahrenden „Fachwelten" werden.

6. Prüfen Sie nun, ob Sie die zusammengestellten schwachen Signale in Ihrem Umfeld tatsächlich beobachten können.

7. Formulieren Sie gegebenenfalls dazu eine ZukunftsAnnahme der Kategorie „nicht auszuschließen, dass".

8. Setzen Sie Sensoren auf diese schwachen Signale an. Knüpfen Sie also einen Kontakt zu den Auslösern und Verarbeitern für die möglichen schwachen Signale.

Szene 11; Die ZukunftsAnalyse

12. Juni, ZukunftsAnalyse: Was hat sich in den letzten zehn Jahren bei Lichtenberg verändert? Das war nach einigen einführenden Aspekten der erste praktische Arbeitsschritt, den Michels vorgab. Die neun Mitgestalter des Workshops erarbeiteten im Brainstorming binnen weniger Minuten eine grobe Analyse des letzten Jahrzehnts, die vor allem dazu diente, für den Wandel der Zukunft zu sensibilisieren. Es entstand ein elektronisches Mindmap zur Vergangenheit der Lichtenberg GmbH. Es gab einige erfreuliche Kontinuitäten, aber stellenweise war kein Stein mehr auf dem anderen geblieben. Die ursprüngliche Mission war immer noch die gleiche, die meisten Mitarbeiter von damals sind noch da, und es gibt keine wesentlich neuen Mitbewerber. Die Produktions- und Administrationsprozesse sind jedoch grundlegend überarbeitet, und dazu hatte man kein Reengineering benötigt. Ellen Lichtenberg ging ganze zwei Jahrzehnte zurück und ein kurzer Seitenblick zu Ihrem Mann verriet ihr, dass auch er nicht bei der zehnjährigen Zeitreise zurück geblieben sein konnte. Still machten sich beide ihre Notizen.

Eine Stunde später war die Standortbestimmung erfolgt, und Michels hatte anschließend in farbigen Bildern und Worten erläutert, wie man ZukunftsAnnahmen erarbeitet. Es ging um Sinn und Zweck von ZukunftsAnnahmen, deren methodisch saubere Erarbeitung, die richtige Syntax, und darum, wie ZukunftsAnnahmen zuverlässiger gemacht werden konnten. Lichtenberg hatte die dazu passenden Kapitel in Michels Buch bereits gelesen. Er hatte sich das Workshop-Handbuch als Datei von Simon Lichtenberg geben lassen und schrieb fleißig seine Fragen und Anmerkungen zur Methodik mit. Glücklicherweise schien sich niemand am leisen Klicken der Tastatur zu stören. Später wollte er jede Einzelheit mit Michels durchgehen.

Jetzt ging es daran, die wesentlichen Entwicklungen und Veränderungen der Zielgruppen in den Jahren bis 2011 zu bestimmen. Michels ließ die Lichtenberg-Mannschaft eine geistige Zeitreise mit geschlossenen Augen unternehmen. Zu ruhiger Musik startete ein jeder gedanklich seinen kleinen Beobachtungsflieger, der – mit einem Virtual-Reality-Helm verbunden – das Gefühl des freien Fliegens zu vermitteln vermochte. Michels führte sie an die Arbeitsstätten ihrer Kunden im Jahr 2011 und durch deren Wohnzimmer. Sie flogen an vollbesetzten Hochhäusern, an Fabrikhallen und an Kinderzimmerfenstern vorbei. Er lies sie sich in die verschiedensten Bedarfssituationen der Kunden hineinversetzen. Mit ihrem gedanklichen Beobachtungsflieger rasten sie in Sekundenschnelle

durch die Städte und Länder Europas und spähten die zukünftigen Entwicklungen aus. Nach fast zehn Minuten landeten sie wieder und konnten es kaum erwarten, ihre Eindrücke von der Zukunft ihrer Kunden aufzuschreiben. Jeder notierte für sich seine Erlebnisse, bevor sie in drei Gruppen Projektionen als Kandidaten für ZukunftsAnnahmen erarbeiten sollten.
Eine Stunde später hatten Sie mehr als dreißig gemeinsam getragene und im Detail diskutierte Annahmen zur zukünftigen Entwicklung ihres wichtigsten Beobachtungsfeldes, nämlich der Kunden, der Nicht-Kunden und der potenziellen Kunden erarbeitet. „Das nenne ich produktives Arbeiten", lobte Dr. Joachim Berner, der externe Soziologe, als er sich in der Pause das fertige Mindmap zur Zukunft der **Zielgruppe** ansah. Er las einige der ZukunftsAnnahmen:

- ❑ Die Bedeutung der Marken für die Kaufentscheidung wird stark zunehmen, diese Entwicklung wird bis 2011 auch im Hausbau gegriffen haben (siehe Marktuntersuchung).
- ❑ Die technische Zukunftsfähigkeit des Hauses wird für die Kaufentscheidung und in der Bedarfsdefinition bedeutender.
- ❑ Die allgemeine Aufgeschlossenheit gegenüber der Computertechnik wird durch deren Omnipräsenz im Haushalt steigen.
- ❑ Die wöchentliche Zeit für die Inanspruchnahme individueller Unterhaltung im Heimbereich wird bis 2011 um 50% steigen.
- ❑ Der Bedarf nach lokaler Information nimmt zu (Stadtinformationssysteme, Freizeitangebote, Speisekarten etc.).
- ❑ Bei aller multimedialer Begeisterung gibt es eine große, am traditionellen Wohnen orientierte Gruppe.
- ❑ Der Bedarf nach gehobener Ausstattung wird in unserer Zielgruppe noch deutlich zunehmen (siehe Nachfrageentwicklung Sauna).
- ❑ Es wird immer stärker das Gesamtpaket für das Top-Wohnhaus gefordert mit allen relevanten langfristigen Lösungsbausteinen (vom Bauen bis zum Unterhalten).
- ❑ Die Nachfrage nach Lösungen für das Sicherheitsproblem steigt stark an, da die Zahl der Wohnungseinbrüche in den nächsten Jahren jährlich um 10% zunehmen wird (siehe Kriminalstatistik).

- ❑ Das Leben und Arbeiten in grünen Lebensbereichen nimmt zu und führt zur langsamen Entflechtung der deutschen Großstädte.
- ❑ Es steht in unserer Zielgruppe immer weniger Zeit für Besorgungen zur Verfügung (Befragung des Institutes für Konsumforschung).
- ❑ Die Folgekosten und vor allem die Betriebskosten der Immobilie rücken auch in unserer Zielgruppe etwas mehr in den Vordergrund.
- ❑ Die langsame Entstehung eines „Informationsproletariates" ist nicht auszuschließen.
- ❑ Es wird zukünftig mehr Kinderlose (Dinkies) geben (wie hoch wird der Anteil?).
- ❑ Im Jahr 2011 wird es in Deutschland 30% mehr Senioren (über 65) geben als heute.
- ❑ Im Jahr 2011 nutzen 60% der europäischen Haushalte E-Commerce regelmäßig.
- ❑ 2011 werden 80% der qualifizierten Anfragen nach hochwertigen Einfamilienhäusern über das Internet eingehen.
- ❑ …

„Das kann doch nicht Ihr Ernst sein", empörte sich Friedrich Matrasse, der technische Leiter. 80% der Anfragen über das Internet? Wenn das wahr würde, müssten vorher die Vertriebsstrategien aller Anbieter umgekrempelt werden." „Sie verwechseln Ursache und Wirkung, mein Lieber", ließ sich Claudia Lebien vernehmen. „Wir haben es hier mit einer solchen Dynamik zu tun, dass wir genauso wie unsere lieben Mitbewerber vor vollendete Tatsachen gestellt werden. Wenn Sie sich heute ansehen, mit welcher Selbstverständlichkeit bereits Fünfzehnjährige ihre CDs und ihre Schulbücher über das Internet bestellen, dann können wir uns vorstellen, wie genau diese Jugend als Dreißigjährige die dann für sie wichtigen Dinge über die weltweite Wissensdatenbank Internet suchen werden. Ob es nun 80% oder 50% sind, spielt da gar nicht die entscheidende Rolle. Wichtig ist, dass uns hierbei klar wird, wo wir investieren müssen und wo für uns die Chancen liegen." Viele der ZukunftsAnnahmen fanden erst nach ausführlichen Diskussionen einen Konsens im Führungsteam der Lichtenberg GmbH. Nur der Konsens schaffte die Basis für eine gemeinsame Sicht der Zukunft, für eine gemeinsam getragene strategische Vision und letztlich für ein gemeinsames Handeln.

Die Pause war zu Ende und Dr. Berner sah davon ab, die restlichen ZukunftsAnnahmen des Mindmaps zu lesen. Sie sollten am nächsten Workshop-Tag im Detail analysiert werden. Nach der Analyse der zukünftigen potenziellen Zielgruppen wurde die Zukunftslandschaft des zukünftigen Wettbewerbs um den Bau von Top-Wohnhäusern gemalt. Michels führte sie gedanklich auf die europäische Fachmesse im Jahr 2011, wo sich die Wettbewerber messen sollten. Die Lichtenberg-Mannschaft war sich in einigen ZukunftsAnnahmen nicht einig, und so wurden mehrere Teilnehmer mit Detail-Recherchen beauftragt. So gehörten zu den ZukunftsAnnahmen über die **Mitbewerber:**

- ❑ Die Grenzen der Branche werden auch in unserem Geschäft aufgeweicht und verschoben (Beispiel: Sudmann reinigt und wartet Lüftungsanlagen).
- ❑ Mit einem nennenswerten Einstieg der „Asiaten" in unser Kerngeschäft ist bis 2011 nicht zu rechnen.
- ❑ GTL bleibt bis 2011 der wichtigste Mitbewerber, gemessen am Umsatz.
- ❑ Tradena wird bis 2008 in den USA „groß einsteigen" (siehe Messegespräch T. Müller).
- ❑ Die Herstellungskostenvorteile von Tradena werden in drei Jahren von uns und GTL wettgemacht worden sein (siehe Fraunhofer-Studie).
- ❑ Domos wird sich in zwei Jahren als Wettbewerber zurückgezogen haben.
- ❑ Architekten werden zukünftig stärker mit virtuellen Unternehmen in unserem Markt aktiv.
- ❑ Die Garantie von Kosten, Zeit, Qualität ist 2011 Standard.
- ❑ ...

Weitere anderthalb Stunden später ging es um die **Wohnkultur** des Jahres 2011. Wieder ging man auf Phantasiereise, um das Vor-Denken zu befruchten:

- ❑ Wohnung und Arbeitswelt verschmelzen immer stärker; die Nachfrage nach Bürowohnungen und Wohnbüros steigt rapide.

- ❑ Die Komplexität der Gebäude nimmt zu (weniger Grundstücksfläche, aber mehr Innen- und Außenleben, Multifunktionalität bzw. Mehrfachnutzung nimmt zu).
- ❑ 2011 ist die Barrierefreiheit neuer gehobener Wohnbauten Standard (siehe DIN).
- ❑ Es entsteht eine echte Nachfrage nach neuen, aber sehr flexibel nutzbaren Zimmern (Multimedia-Zimmer, Spielzimmer, Fitnesstaugliches Badezimmer etc.).
- ❑ Die Entspannung aus der Steckdose kommt in die Wohnzimmer (Mindmachines).
- ❑ Cocooning bleibt ein langfristiger Trend (es gibt aber auch immer das Gegenteil).
- ❑ Das Wohnen wird zum am stärksten vernetzten Bedürfnis und zum wichtigsten Innovationsbereich im Endgebraucherbereich.
- ❑ Die Wohnlandschaften werden langsam fließender und flexibler.
- ❑ 2011 ist die Wohnung das wichtigste Statussymbol, noch vor dem Auto und den Fernreisen.
- ❑ Der Trend zum „vollwertigen Wohnen" macht Lebensraum zum Kulturraum, die Wohnung ist das Naherholungsgebiet der Zukunft.
- ❑ Gleichzeitig steigt die Nachfrage nach High-Tech und ökologischer Ausstattung.
- ❑ Betreutes Wohnen (Full-Service-Wohnen) wird nicht nur für Senioren, sondern vor allem für den gehobenen Haushalt üblich.
- ❑ ...

Michels machte deutlich, dass er nicht alle Annahmen mittrug, aber er hielt sich zurück, denn schließlich sollten die strittigen Annahmen noch verifiziert werden. Die Zusammensetzung der Teilnehmer erwies sich als richtig, obschon man sich gelegentlich ein wenig mehr Sicherheit in den Annahmen gewünscht hätte. „Machen Sie sich keine Gedanken darüber," beschwichtigte Michels zwischen zwei „brain cookies", wie er es nannte, „erstens haben wir bis zum nächsten Workshop noch die Gelegenheit, unsere Wissenslücken zu schließen und zweitens müssen wir uns bewusst machen, dass wir hier in einen Regelkreis eingetreten sind, in dessen Verlauf wir uns immer tiefer und besser in die Zukunft unseres Umfeldes eindenken werden."

Die **Baukonjunktur** der nächsten Jahre bis 2011 wurde ebenfalls in knappen prägnanten Annahmen zusammengefasst:

- ❑ Die Neubautätigkeit im Nicht-Wohnungsbau (Bürobereich) könnte ab 2011 stark abflauen, z. T. wegen des Wegfalls der französischen und britischen Sonderabschreibungen.
- ❑ Die Abnahme der öffentlichen Bauinvestitionen wird zugunsten von Investorenmodellen bzw. der Sanierung bestehender Gebäude weiter fortschreiten.
- ❑ Die Tendenz zum Angebot „alles aus einer Hand" könnte zu vertikalen Verbünden zwischen Bau-, Wohnungs-, Finanz- und anderen Dienstleistungsunternehmen führen.
- ❑ Im Mainstream außerhalb unserer Zielgruppe gibt es eine Tendenz zu preiswerterem Bauen, was zu höherem Druck auf die Anbieter führt. In Deutschland liegen die reinen Baukosten für eine Wohnung mit derzeit ca. 125.000 € doppelt so hoch wie zum Beispiel in den europäischen Nachbarländern Dänemark, Niederlande, Frankreich oder Großbritannien.
- ❑ Zielgruppenorientiertes Bauen ist erst am Anfang. Siehe Beispiel der Spezialwohnungen für zerstrittene Eltern in Amsterdam.
- ❑ …

Nach einem virtuellen Besuch in der High-Tech-Ausstellung „Home 2011" war die Zukunft der Technologie als eine wesentliche Triebkraft klar:

Bautechnologie

- ❑ Die internationale Mobilität neuer Baumethoden tendiert zur Echtzeitdiffusion.
- ❑ Ökologisches Bauen wird zur Selbstverständlichkeit; Ökologie in letzter Konsequenz bleibt aber auch bis 2011 noch ein Nischenmarkt.
- ❑ Die traditionelle Baustellenfertigung verliert sukzessive zu Gunsten des industrialisierten Bauens und seiner Zeitvorteile.
- ❑ Bauroboter mauern morgen zentral in der Fabrikhalle und übermorgen dezentral an der Baustelle.

- ❑ Für unsere Zielgruppe werden auch im Wohnungsbau die „smart buildings“ attraktiv.
- ❑ Bauen in drei Schichten wird für zahlungskräftige eilige Bauherren langsam üblich.
- ❑ Gebäude und Anlagen werden zukünftig mehr mit Hilfe von Simulationsprogrammen konzipiert werden können (Planung auf Knopfdruck).
- ❑ Neue Materialien werden in hoher Zahl eingeführt, z. B. Schallschutzfolien (siehe Bericht von Hr. Matrasse).
- ❑ Die Grundrisse werden durch mobile Wände endlich variabel.
- ❑ Das deutsche „Bauen für Jahrhunderte“ verliert aus Kostengründen langsam an Bedeutung.
- ❑ Marktforscher, Psychologen und Betriebswirte werden die Gebäude in Zukunft noch vor dem Planer definieren.
- ❑ ...

Gebäudetechnologie

- ❑ Der Computer wird im Top-Wohnhaus ubiquitär.
- ❑ Inflation neuer Technologien wie beispielsweise das Heizen mit der Fassade (spart bis zu 60% der Heizkosten), das Kühlen mit der Sonne, die Beleuchtung mit Spiegeln und Fuzzy-Logic (spart bis zu 30% der Klimatisierungskosten).
- ❑ Natürliche Beleuchtung wird bis 2011 bis zu 30% der Beleuchtungskosten sparen können (siehe Forschungsbericht „Beleuchtung mit Spiegeln“).
- ❑ „Domotik“, die F&E rund um das „intelligente Haus“ wird für den Top-Wohnungsbau ein gewinnträchtiges Forschungsfeld.
- ❑ Gebäude werden transparenter und leichter zu verwalten (siehe Autodiagnostik).
- ❑ Dachbegrünung wird zunehmend beliebter.
- ❑ Die Wiederaufbereitung und Wiederverwendung von Abwasser und Wärme ist 2011 zur Regel geworden.

- ❑ Schadstoffabführung gewinnt als Alternative zur Klimatisierung sukzessive an Bedeutung.
- ❑ In jedem neuen und renovierten Top-Wohnhaus führt ein LAN die Regie (erste neuronale Netze im Hausmanagement).
- ❑ Der Netzmanager im Wohnhaus wird zur Schlüsselperson für den Fernwartungskundendienst aller Hausgerätehersteller (weiße Ware und braune Ware).
- ❑ Die Grenzen zwischen Computermonitor, Bild und Fernseher sind verwischt.
- ❑ Prinzipiell wird sukzessive jedes Gerät mit jedem anderen im Haus vernetzt.
- ❑ Die Prozesstechnik macht uns einige Entwicklungen vor, vor allem im Bereich der Bustechnik.
- ❑ Gesundheitsaspekte (siehe sick building syndrome) rücken in den Vordergrund der Gebäudetechnologie.
- ❑ Feng Shui und ähnliche fernöstliche Methoden finden immer mehr Anhänger (siehe Grafik Frau Max).
- ❑ Facility Management wird auch im Top-Wohnhaus zum Thema.
- ❑ Antinoise-Technologien finden im Top-Wohnhaus bis 2011 erste Einsätze.
- ❑ Das Badezimmer wird zum Fitness- und Gesundheitsraum, von der „Biogasanalyse“ in der Toilette, über die automatische Brustuntersuchung bis hin zur Onlineanbindung des Diagnosesystems an den Praxiscomputer des Hausarztes.
- ❑ Bei Hausbau ist der Einbau von Solarzellen in Dächern und Fassaden zum Standard geworden.
- ❑ Flachbildschirme, die wahlweise Bilder aus einer Datenbank, Websites, Videofonpartner oder einen Fernsehkanal zeigen können, ersetzen bei den Frühadaptoren die Wandbilder.
- ❑ …

Computing

- ❑ Durch Intranets und Extranets ist 2011 das papierarme Büro auch im Mittelstand üblich.
- ❑ Der Polier hat 2011 das Notebook am Handgelenk (mit Telefon, Videofon und Internet-Zugang).
- ❑ 2011 haben 50% der Haushalte die Möglichkeit zur Videofonie (i.d.R. über den Multimedia-Fernseher).
- ❑ Kommunikationstechnologie nivelliert langsam die Baulandpreise und gleicht die Siedlungsstruktur langfristig aus.
- ❑ Zahlreiche Hausgeräte werden virtualisiert (Digitalisierung von Geräten, wie z. B. der Unterhaltungselektronik).
- ❑ Schnellerer Workflow, die Transparenz der operativen Informationen wird größer.
- ❑ Die optischen Speicher haben sich durchgesetzt.
- ❑ Die klassische Tastatur hat ihre Bedeutung im wesentlichen eingebüßt.
- ❑ Multimedia-Computer haben Verkauf, Beratung und Schulung revolutioniert.
- ❑ Viele Tätigkeiten, die wir heute noch als dem Menschen vorbehalten ansehen, werden zunehmend von Computern übernommen (z. B. Beratung).
- ❑ Programmierte Berater: Die Wirkung eines klassischen Architekten lässt sich 2011 zu 60% durch ein Expertensystem realisieren.
- ❑ Die meisten Wissensinhalte sind in Expertensystemen verfügbar; Lernen auf Vorrat wird fast unnötig.
- ❑ Kommunikationstechnologie senkt Baulandpreise; Bürogebäude werden weniger gebraucht (-25% in den nächsten 10 Jahren).
- ❑ ...

Im Verlauf dieses ersten, in vollem Umfang der ZukunftsAnalyse gewidmeten Workshop-Tages wurde zudem die Zukunft der Arbeitswelt, der Gesellschaft, der Bevölkerung, der EU-Volkswirtschaften, der Infrastruktur und der Umwelt erarbeitet. Am Ende eines fordernden, aber sehr befriedenden Arbeitstages lag eine in 165 ZukunftsAnnahmen beschriebene Zukunftslandschaft vor dem Lichtenberg-Team. „Wie Sie vielleicht schon wissen,“ begann Lichtenberg so etwas wie eine kleine Ansprache als sein persönliches Résumé des Tages, „möchte ich unsere zukünftigen StrategieRadar-Workshops leiten, und ich muss sagen, ich freue mich sehr darauf.“ Grinsend ergänzte er: „Ich hoffe, Sie teilen meine Freude. Ich jedenfalls bin beeindruckt, was wir mit der richtigen Methodik im Verlaufe nur eines einzigen Tages an Ergebnissen erzielen können.“ Michels schloss den ersten Workshop-Tag des ZukunftsProjektes LICHTENBERG 2011 ab. „Vielen Dank, Herr Lichtenberg. Meine Damen und Herren, wir haben heute ein gutes Stück Arbeit geleistet. Sie haben das Menschenmögliche getan, um innerhalb kurzer Zeit eine umfassende Vorstellung davon zu gewinnen, welche Veränderungen in den nächsten Jahren bis 2011 stattfinden werden und stattfinden könnten. In zwei Wochen werden wir uns hier am gleichen Ort zur ChancenAnalyse treffen. Heute kam es uns sehr auf den Konsens an, darauf, eine gemeinsam getragene Sicht der Zukunft zu bekommen. In zwei Wochen brauchen wir keinen Konsens, dann soll es uns nur darum gehen, kreativ möglichst viele neue Chancen zu erkennen. Ich habe mit Frau und Herrn Lichtenberg besprochen, dass wir uns in der nächsten Woche gemeinsam das geistige Rüstzeug für die ChancenAnalyse erarbeiten, d. h. ich werde zu Ihnen nach Stuttgart kommen, um den zweiten Teil des ZukunftsSeminares durchzuführen. Damit sind wir im Workshop erheblich produktiver. Ich danke Ihnen!“ (Weiter auf Seite 191).

7 Quer-Denken

Szene 12; Das zweite Grundlagen-Seminar, Teil I

19. Juni: In der vertrauten Atmosphäre des bevorzugten Stuttgarter Konferenzhotels wollten die neun Mitgestalter des ZukunftsProjektes LICHTENBERG 2011 das Quer-Denken und das Hinein-Denken lernen, die beiden Meta-Strategien auf dem Weg zu neuen ZukunftsChancen. Das Vor-Denken hatten sie by doing im Workshop gelernt. „Wir haben uns letzte Woche eine gemeinsam getragene Zukunftslandschaft erarbeitet. Jetzt gehen wir in die kreativere, verrücktere Phase unseres ZukunftsProjektes," leitete Michels den Tag ein. Alle, auch die beiden Externen, waren sichtlich aufgeschlossen und gespannt auf das neue Wissen, das da kommen sollte. Auf dem ersten Chart stand „über den Tellerrand hinaussehen". (Weiter auf Seite 255)

7.1 Über den Tellerrand hinaussehen

Kennen Sie in Ihrer Umgebung Menschen, die sich kein bisschen um Prognosen und Marktforschungen gekümmert haben und trotzdem oder viel-

Abbildung 18; Quer-Denken

leicht gerade deshalb sehr erfolgreich geworden sind? Das Grundbedürfnis hinter dem Blick in die Zukunft – wir stellten es bereits mehrfach dar – ist das Verlangen nach neuen Chancen und die Neugier, zukünftige Bedrohungen früher als andere zu kennen. Zukünftige Bedrohungen lassen sich durch vor-denken erkennen, zukünftige Chancen aber lassen sich genauso gut durch reines quer-denken erkennen. ZukunftsChancen findet man nicht auf den ausgetretenen Denkpfaden von gestern, und daher fassen wir unter dem Quer-Denken alle Strategeme zusammen, die uns abseits unserer üblichen Denkwege führen.

Der beste Weg, die Zukunft vorauszusagen, besteht darin, sie zu erfinden. (John Sculley)

Natürlich kann systematische Imitation zu Unternehmenserfolgen führen, wie Steven P. Schnaars in einigen Fallstudien nachweist.[40] Doch kann unseres Erachtens keine Wirtschaft und kein Unternehmen dauerhaft von der Imitation leben, denn einerseits erfordert Weiterentwicklung auch neue Impulse und andererseits spielt das Selbstbild des Unternehmens auch für die Motivation der Mitarbeiter eine Rolle. Es war schon immer der unternehmerische Part des ZukunftsManagements, Zukunft einfach so zu schaffen, wie man sie sich wünscht, und Kreativität wird immer häufiger als einer der entscheidenden Erfolgsfaktoren genannt. So bekommen Sie übrigens auch ein bisschen das Problem der so schwierig früh zu erkennenden Diskontinuitäten in den Griff. Daher haben wir unter „Quer-Denken“ alle Strategeme zusammengefasst, die Ihre Kreativität beim Schaffen Ihrer erträumten Zukunft anregen können. Das Quer-Denken stellt beispielsweise folgende Fragen:

Checkliste 19: Fragen des Quer-Denkens

- ☑ Wie können wir die Gefahr zur Chance machen?
- ☑ Wie sieht die ideale Lösung aus?
- ☑ Was würden wir am liebsten tun?
- ☑ Wie würde die Natur die Aufgabe lösen?
- ☑ Wie hat man die Aufgabe in strategisch verwandten Bereichen gelöst?
- ☑ Wie hat man die Aufgabe in früheren Generationen gelöst?

Checkliste 19: Fragen des Quer-Denkens (Fortsetzung)

- ☑ Welche Regeln können wir zu unseren Gunsten ändern?
- ☑ Was haben wir, das für diese Aufgabe wertvoll wäre?
- ☑ Wie heißt das dahinterstehende Bedarfsfeld?
- ☑ Wem können wir hier das Leben leichter machen?
- ☑ Wem wäre eine gute Lösung Millionen wert?
- ☑ Welche Chancen ergeben sich aus unseren Schwächen?

Es gibt eine Reihe guter und weniger guter Bücher, die gängige Kreativitätstechniken katalogisiert mit Vor- und Nachteilen auflisten. Davon wollen wir absehen und als Ergänzung dieser Werke einige Strategeme darstellen, die im unternehmerischen Alltag ohne besonderen Aufwand zu neuen Chancen führen.

Was ist ein Quer-Denker? Er oder sie stellt gewohnte Denkwege und gewohnte Lösungswege bewusst in Frage und kommt so häufig zu besseren Lösungen. Ein einfaches Beispiel. Wenn es darum geht, wie man den Eigentümer eines Parkplatzes dazu bringt, seinen Grund und Boden für den Bau eines Hochhauses zu verkaufen, dann würde der Quer-Denker nicht wie alle anderen mit der Möglichkeit des Lebensabends in der Karibik argumentieren, sondern er würde billig den Luftraum über dem Parkplatz kaufen und das Hochhaus einfach auf „Stelzen“ über den Parkplatz bauen, denselbigen aber nicht antasten.

Die wahre Entdeckungsreise besteht nicht in der Suche nach neuen Ländern, sondern im Besitz neuer Augen. (Marcel Proust).

Mit dem Blick über den Tellerrand des eigenen Geschäftes und des eigenen Denkens wird es möglich, Zukunft vorwegzunehmen, sie vor den Mitbewerbern zu „erfinden“. Wenn wir uns Chancen als latent im Raum vorhandene Möglichkeiten vorstellen, von denen zu jedem Zeitpunkt nur ein kleiner Bruchteil erkannt ist, dann ist eine erkannte Chance auch vorweggenommene Zukunft. Wenn eine Chance wirklich eine echte Zukunfts-Chance ist, dann wird sie wahrscheinlich irgendwann von irgendjemandem auch erkannt und genutzt. Daher ist immer Eile geboten, wenn Sie eine ZukunftsChance erkannt haben, denn es ist fast sicher, dass potenzielle Mitbewerber, die Sie vielleicht noch nicht als solche ansehen, ebenfalls auf diesen „Markt von morgen“ stoßen werden. Irgendwann wäre in unserem Parkplatzbeispiel eben jemand auf die gleiche Idee mit dem Luftraum gekommen, wenn der Parkplatzbesitzer und die ihm folgenden Generationen stur bleiben.

Edward de Bono, die große bekannte Autorität auf dem Gebiet des Denkens, nannte die Art, eingefahrene Denkwege zu verlassen „Laterales Denken“. Ein Begriff, der mittlerweile sogar Eingang in die maßgeblichen Enzyklopädien der Welt gefunden hat. Laterales Denken könnte man übersetzen mit „um die Ecke denken“, die „Dinge von einer anderen Seite sehen“, die „Dinge auf den Kopf stellen“ usw. Man erzählt sich, dass Alexander Fleming, der Erfinder des Penizillins, kein Glück bei seinen Versuchen mit Bakterien hatte. Ein Pilz zerstörte sie. Als er sich sagte, „nun, dann züchte ich eben den Pilz“, war das Penizillin gefunden.[41]

Jeder gute Unternehmer und Forscher denkt häufiger quer. Ohne Quer-Denken betreiben wir „Management by Scheuklappe“ und ohne Quer-Denken gibt es auch keine wirklich neuen Lösungen für neue und alte Probleme. Zudem ist es geradezu die Pflicht eines verantwortungsvollen Unternehmers, im Rahmen seiner Mission alle denkbaren Lösungswege für die Probleme und Wünsche seiner Zielpersonen zu eruieren, und dazu muss er auch andere Denkwege beschreiten als seine Mitbewerber. Wenn wir Zeit wirklich als Währung der Zukunft akzeptieren, dann brauchen wir zeitliche Vorsprünge dringender als je zuvor. Gerade unsere besten Kunden können und wollen uns in der Regel aber nicht sagen, welche Chancen es so gibt und welche wir davon nutzen können. Quer-gedachte Chancen sind selten bedarfsmotiviert, sondern fast ausschließlich angebotsmotivert. Selten werden quer-gedachte Chancen von der Zielperson angeregt. Denken Sie beispielsweise an den Walkman, den einfach so erfundenen Minivan[42] oder an das Tamagochi.

Wenn Sie quer-denken wollen, müssen Sie sich von den Zwängen der Realität befreien, Sie müssen Regeln brechen. Ganz nach dem Philosophen Karl Popper: „Um Wissenschaft machen zu können, muss man die Probleme mit kühnen Gedanken fassen“. Für den externen Freund und Helfer ist es deshalb sehr viel leichter, Neues zu sehen, weil er schlichtweg weniger Regeln kennt und diese dann auch nicht immer von vornherein beim Denken befolgen muss.

7.2 Strategische Verwandtschaft

Denkfrage: Was können wir von strategisch verwandten Systemen für unsere Zukunft lernen?

Von strategisch verwandten Systemen lernen

ZukunftsChancen finden Sie, wie gesagt, nicht auf den ausgetretenen Denkpfaden von gestern, und Erfahrungswissen ist der ärgste Feind des Quer-Denkens. In den Führungsetagen geben wir sehr viel auf Branchenerfahrung, wo wir doch eigentlich wissen, dass die zukünftigen Chancen weniger innerhalb der heutigen Branchen, sondern vielmehr dazwischen liegen. Wenn Sie sich heute eine grafische Darstellung Ihrer Märkte ansehen, dann sehen Sie vor sich eine Landkarte der Vergangenheit. Wenn Sie eine Landkarte der Zukunft malen wollen, dann kommen sich nicht umhin, neue Cluster und neue Substrukturen zu bilden. Auch IBM hatte damals bei dem kleinen unbedeutenden Deal mit einer Klitsche namens „Micro-Soft" nicht begriffen, dass hier eine gänzlich neue Landkarte von der Zukunft gemalt wird. Was war schon ein bisschen Programmtext, was war schon Software gegen die so schön greifbaren Wunderwerke?

Wir legen Wert auf einen positiven, optimistischen Grundton dieses Buches und möchten demgemäß auch keine lähmenden Ängste schüren. Doch denken Sie bitte daran, dass Ihre zukünftigen Mitbewerber, je nach Geschäftsfeld, genauso wahrscheinlich aus anderen, von Ihnen völlig außer Acht gelassenen Branchen und Geschäftsfeldern kommen können und vielleicht auch kommen werden. Wir müssen die Scheuklappen unserer Branche ablegen. Das Denken in Branchen ist für die Früherkennung von ZukunftsChancen genauso schädlich, wie die theoretisch-hypothetische Einteilung unserer komplexen Welt in Schulfächer schädlich für die Problemlösungsfähigkeit junger Menschen ist.

Im Tagesgeschäft beschäftigen wir uns mit uns und unseren Kunden sowie mit unseren Mitbewerbern und deren Kunden. Damit wir uns konzentrieren können, haben wir geistige Mauern um diese Welt gebaut. Das ist eine vernünftige Idee, denn wer kann schon täglich über fremde Branchen nachdenken. Sie sollten sich jedoch regelmäßig und mindestens einmal jährlich die Zeit nehmen, über diese Mauern hinwegzusehen und nach lehrreichen Strategischen Verwandten zu suchen.

Das einfachste Beispiel für Strategische Verwandtschaft ist der Bäcker, der sich bei seinem Strategischen Verwandten, dem Metzger, den Aufschnitt abgeschaut hat. Beim Metzger muss man eben nicht wie beim Bäcker einen ganzen „Laib" Wurst kaufen und dann tagelang die gleiche Wurst essen.

Abbildung 19; Strategische Verwandtschaft

Daraus machte unser Bäcker einen „Brotaufschnitt" für anspruchsvolle Kleinhaushalte, die morgens Abwechslung auf dem Frühstückstisch haben wollen. Heute erzielt er einen Großteil seines Ertrages mit seinem „Brotaufschnitt". An diesem einfachen, aber reellen Beispiel erscheint es besonders einsichtswürdig, dass diese Chance irgendwann von irgendeinem anderen Bäcker auch erkannt worden wäre und mittlerweile auch von vielen erkannt wurde.

Die Verkürzung der Modezyklen in der Bekleidungsindustrie kann man in vielen Branchen nutzen, so wie es Nikolaus Hayek mit seinen Swatch-Armbanduhren vorgemacht hat. Ein bekannter Verlag für Stadtpläne muss sich plötzlich mit der Konkurrenz eines deutschen Autoradio-Produzenten abfinden. Softwarehäuser dringen in zahllose Branchen ein. Weder die Regelfirmen, noch die Druckereien und auch nicht die Banken haben daran gedacht, dass sie sich mal dem Wettbewerb durch Töchter von Industrieunternehmen oder durch Softwarehäuser ausgesetzt sehen werden. Wem das zu weit hergeholt vorkommt, sollte wissen, dass einer der besten „Früherkennungsprofis", Microsoft-Gründer Bill Gates, den Banken den bargeldlosen Zahlungsverkehr mit Online-Transaktionen abnehmen will und ihnen das Schicksal der Dinosaurier prophezeit.

In der Kindersendung Sesamstraße gab es vor Jahrzehnten eine Folge, in der ein weinendes Kind seine Mutter sucht. Auf die Frage sorgenvoller Passanten, wie denn die Frau Mama aussieht, antwortete der kleine Junge, seine Mutter sei die schönste Frau der Welt. In der Folge führte man ihm die schönsten Frauen der Umgebung vor, alles ohne Erfolg. Irgendwann, man war schon verzweifelt, schlich eine recht häßliche, doch offensichtlich warmherzige Frau auf die Szenerie, und das Gesicht des kleinen Abtrünnigen hellte sich auf. Es war seine Mutter, für ihn die schönste Frau der Welt. In seinem Buch „practical thinking" prägte Edward de Bono hierfür den Begriff „Dorfvenus-Effekt". Zu Zeiten, als es noch kein Fernsehen gab, galt das schönste Mädchen im Dorf meist als schönste Frau der Welt, denn man kannte ja nichts anderes. Diese Situation finden wir sehr häufig, wenn wir uns, wie es das Tagesgeschäft und wie es die vermeintlich bewährte Praxis fordert, ausschließlich auf unsere Branche und auf unsere Geschäftsfelder konzentrieren.

Eine Schwierigkeit überwindet man nicht immer dadurch, dass man beharrlich an ihr arbeitet, sondern oft dadurch, dass man an der nächsten arbeitet. Bestimmten Menschen und bestimmten Dingen muss man sich seitwärts nähern. (André Gide)

Wir schätzen, dass 80 bis 95% der Innovationen zumindest teilweise einfach von einer Branche in eine andere übertragen werden. Daher ist „Strategische Verwandtschaft" sicher eines der chancenträchtigsten Strategeme. Das renommierte MIT, das Massachusetts Institute of Technology, hat sich die Entwicklungslinien von Technologien angesehen und dabei festgestellt, dass Technologien, die ganze Branchen revolutionierten, in fast allen Fällen bereits jahrelang in anderen Branchen und Bereichen genutzt wurden, ohne dass man Notiz von ihnen nahm. Die revolutionierenden Technologien kommen fast immer aus einer anderen Branche. Die Beobachtung der eigenen Branche genügt nicht mehr. Prof. James Utterbeck erzählt, dass selbst umwälzende technologische Innovationen meist viele Jahre existieren, bevor sie kommerziell bedeutend werden. Während Ihrer Reifezeit sind sie jedoch schon gut dokumentiert. Ein Beispiel ist etwa die Mikrowelle, die aus Rüstungsprojekten bei Raytheon entstand. Ein noch prägnanteres Beispiel ist die CAD-Technik, die nach Jahrzehnten ihrer Existenz schließlich Mitte der 90er Jahre Eingang in die Medizintechnik und dort genauer in die Konstruktion künstlicher Knochen und in der Kariesforschung Eingang fand. Dies ist aus zweierlei Gründen interessant. Einerseits ist dies ein bestätigendes Indiz dafür, dass die größten Chancen nicht in technischen Innovationen oder gar buchstäblichen Erfindungen zu suchen sind. Sie liegen vielmehr in der intelligenten und

auf die eigenen Stärken konzentrierten Kombination vorhandener Leistungen zu besseren Problemlösungen für ganz konkrete Menschen. Zweitens liefert das weltweit anerkannte MIT ein gutes Argument für die Beschäftigung mit Strategischen Verwandten.
Natürlich hat unsere Forderung nach der Beschäftigung mit gänzlich fremden Branchen, fremden Geschäften und gar fremden Systemen eine gewisse Gefahr. Wenn Sie es nicht schaffen, diese Beschäftigung mit fremden Branchen in einem homöopathischen Maß zu halten, könnten und würden Sie sich geistig verzetteln. Es geht uns darum, dass Sie nicht immer mit der in Ihrem Geschäft üblichen Lösung aufwarten, sondern dass Sie sich einen Eindruck davon verschaffen, wie man die Dinge in anderen Bereichen und Geschäften angegangen ist. Und wenn wir es genau nehmen, gehören Ihre Strategischen Verwandten in gewisser Hinsicht doch zu Ihrem Geschäft! Um die notwendigen Vorsprünge, das Ziel jeglicher Unternehmensstrategie, zu erzielen, sollten Sie sich demnach dafür öffnen, Chancen durch die Beobachtung bislang völlig fremder, aber dennoch verwandter Geschäfte und Systeme zu erkennen.

Wer sind Ihre strategisch verwandten Systeme?

Strategisch verwandte Systeme sind mit Ihrem Unternehmen auf irgendeine Art vergleichbar. Sie haben ähnliche Zielgruppen, eine ähnliche Struktur oder erzielen durch Ihre Existenz ähnliche Wirkungen in der Umwelt. Der Gedanke wird Ihnen nicht fremd sein, dass der Bewusstseins- und Umsetzungsstand einer Chance oder eines Trends zwischen den Branchen stark differiert. Während die Individualisierung der Produkte im Top-Bekleidungsgeschäft und im Anlagenbau seit Generationen zum guten Ton gehört, ist diese Strategie für Waschmaschinenhersteller noch weitgehend fremd. Während die Baumärkte fast komplett franchisiert sind, versuchen sich die meisten Restaurants noch an der Erfindung ihres eigenen Rades. Strategische Verwandte zeigen Ihnen nicht nur neue ZukunftsChancen auf, sie zeigen Ihnen auch in aller Deutlichkeit mögliche Entwicklungslinien für die Zukunft Ihres Geschäftes. Sie finden Ihre strategischen Verwandten, indem Sie sich die in Checkliste 20 folgenden Fragen stellen und beantworten.
Wir sprechen mit Absicht von Systemen, weil wir Ihr Denken nicht gleich auf Naheliegendes wie die Unternehmen Ihrer Mitbewerber festlegen wollen. Wenn Sie sich diese Fragen als Psychotherapeut stellen, finden Sie zum Beispiel die Unternehmensberater als Strategische Verwandte. Als Existenzgründer finden Sie den Hochgebirgswanderer, weil auch er sich gut überlegen muss, dass er beim Start nicht zuviel, aber auch nicht zuwenig einpackt.[43]

Checkliste 20: Die Strategischen Verwandten finden
☑ Befriedigung ähnlicher Bedürfnisse?
☑ Lösung ähnlicher Probleme?
☑ Bedienung ähnlicher Zielgruppen?
☑ Erbringung ähnlicher Leistungen?
☑ Ähnliches Strategiedesign?
☑ Erzielung ähnlicher Wirkungen?
☑ Ähnliche Struktur?
☑ Ähnliche Organisation?

Die Banken finden den Einzelhandel als strategisch verwandtes System. Im „Supermarkt" werden die Standardgeschäfte möglichst automatisiert und rationell abgewickelt, und im „Fachgeschäft" werden die individuellen Probleme gelöst und Wünsche erfüllt, wie in der Bank. Auch die ubiquitäre Verbreitung der Supermärkte wird für die Bank zum Vorbild. So liefert das Strategem „Strategische Verwandtschaft" binnen Minuten fast fertige Chancen und Projektionen. Aus den Entwicklungen, Erfahrungen und Strategien verwandter Systeme und Unternehmen können offene und flexible Menschen ein riesiges Chancenpotenzial für Märkte von morgen schöpfen. Warum sollten Sie mit Ihrem schwer verdienten Geld die oftmals leichte Consultingkost bezahlen, wenn Sie sich viele neue Impulse und Ideen bei Ihren Strategischen Verwandten holen können? Wir wünschen uns Unternehmer, die ihren Denkhorizont auf diese Weise ganz bewusst erweitern.

Der Unterschied zum Benchmarking

Auf die Schnelle besehen, könnte man „Strategische Verwandtschaft" mit dem Hinweis auf das Benchmarking als alten Hut abtun. Es gibt Überschneidungen mit dem Benchmarking, etwa wenn sich der Blechbearbeiter beim Schneider die ausbeuteoptimierte Schneidstrategie abschaut. Doch gibt es auch einige wichtige Unterschiede. Durch Benchmarking können Sie Verbesserungsmöglichkeiten identifizieren und sich aktiv darum bemühen, der Beste zu werden.[44] Das ist das Ziel des Benchmarking, und es bedeutet zunächst, dass es beim Benchmarking vorwiegend um das Wie und weniger um das Was geht. Das Wie soll zeigen, wie man die Dinge richtig tut, welche beste Art und Weise es gibt, während es uns hier viel stärker darum geht, die richtigen Dinge zu tun. Wenn das Benchmarking die optimale Erfüllung der Kundenerwartungen durch einen optimierten Wertschöpfungsprozess verfolgt, dann stellt das Strategem „Strategische Verwandtschaft" eher die Frage, welche Probleme, welcher Kunden mit welcher Strategie gelöst werden sollen. Während Benchmarking weitgehend innerhalb des bestehenden strategischen Koordinatensystems bleibt, soll „Strategische Verwandtschaft" ganz bewusst neue Koordinatensysteme durch Verschiebung der alten bauen. Allein schon die Tatsache, dass es ein internes Benchmarking gibt, zeigt deutlich, welchen strategiewahrenden Denkrahmen das Benchmarking hat. Die Benchmarking-Experten werden hier gleich Einspruch erheben und natürlich den „ganzheitlichen" Aspekt des Benchmarking-Konzeptes betonen. Doch wollen wir uns hier an dem orientieren, was unter der Bezeichnung Benchmarking entstanden ist und was darunter in der Praxis verstanden und umgesetzt wird.

Ursprung des Benchmarking war eine Task Force, die Xerox in den 80er Jahren nach Japan schickte, um konkrete Mess- und Vergleichswerte für die so produktive Arbeitsweise der Japaner zu ermitteln. Die Messbarkeit der Werte ist ein unschätzbarer Vorteil des Benchmarking. Doch uns geht es bei der Strategischen Verwandtschaft eher um diejenigen Aspekte und Wirkkräfte, die sich gerade nicht so schön in Dollar, Mark, Zentimeter und Gramm festlegen lassen. Und wir wollen mit „Strategische Verwandtschaft" ermöglichen, ohne jegliche Voruntersuchung und aufwendige Systeme und Studien zu konkreten und innovativen Denkergebnissen zu kommen. Zudem basiert das Benchmarking auf der Notwendigkeit, dass das Vorbild in den Leistungsdaten konkret vergleichbar ist. Wenn sich eine Airline bei der Formel 1 umsieht, um deren Schnelligkeit in der Box zu studieren, dann muss gewährleistet sein, dass die erfassten Werte auch tatsächlich Orientierungsgrößen sein können. Oder populär gesagt, der Benchmarking-Prozess ist meist nur sinnvoll, wenn Äpfel mit Äpfeln verglichen werden. Das Denkmodell „Strategische Verwandtschaft" ist hingegen auch sinnvoll, wenn Äpfel mit Birnen verglichen werden, denn beides sind Früchte und gehören zur Kategorie Obst. „Strategische Verwandtschaft" soll Sie im Gegensatz zum Benchmarking ganz bewusst zu Systemen führen, die nicht ganz so naheliegend sind. Das Quer-Denken hat kein besonderes Suchsystem für „den Besten". Es hat bezüglich der Inhalte ein kreatives, quer-denkendes Element, das unseres Erachtens dem Benchmarking in dieser Ausprägung fehlt, weswegen es in der Praxis – nicht in der Theorie (!) – die Unternehmen auch gleicher macht.

Ihnen wird es egal sein, ob das Denkmodell Benchmarking oder Strategische Verwandtschaft heißt. Wichtig ist allein, dass es Ihnen zu neuen Denkergebnissen verhilft.

Beispiele für Strategische Verwandtschaft

Bereits seit 1986 tauschen sich gut zwanzig innovative und erfolgreiche deutsche Mittelständler wie Metabo, Rothenberger, Viessmann, Duscholux, Grohe und Schauff im Rahmen der Initiative Markenhersteller und Mittelstand (IMM) unter der Leitung von Klaus Beermann über ihre Erfolgsstrategien im Marketing aus. Wie und dass gerade weit entfernte Unternehmen voneinander lernen können, zeigen die folgenden Beispiele.

Autokonzern und Sportschuhhersteller

Ronald Zarrella, einst Marketingchef von General Motors, berichtete über eines seiner Vorbilder: „Die Kinder, die heute Nike-Schuhe tragen, kaufen in 15 Jahren Autos. Deshalb können wir eine Menge lernen, wenn wir uns anschauen, wie Nike seine Produkte entwickelt, um die Bedürfnisse seiner Kunden zu befriedigen."[45]

Whisky und Haarspülung

Der Kosmetikkonzern Wella aus Darmstadt schaute sich bei der Einführung seiner Produkte in Japan etwas aus den strategisch verwandten Bars ab. In teuren japanischen Bars ist es üblich, eine Flasche guten Whisky zu kaufen und sie dort im Regal zu lassen. Die Flasche wird mit dem Namen ihres Eigentümers versehen und mehrt so dessen Ansehen. Wella schuf aus dieser Idee heraus Großgebinde ihrer Spülung, die beim Friseur als sogenannte Keep-Bottles aufbewahrt wurden. Für den Friseur stimmte die Spanne und für den Salongast der Preis. Im Ergebnis konnten die japanischen Friseure hierdurch ihre Kundenbindung wie auch den Ertrag erheblich steigern.[46]

Autohersteller und Fußballteam

Was macht ein Fußballclub, wenn er einen guten Spieler im Moment nicht in der Mannschaft braucht, weil er trotz Qualität einfach nicht ins Team passt? Er wird kurzerhand verliehen. Das haben sich japanische Autohändler zum Vorbild genommen. 1994 hat Japans zweitgrößter Autoproduzent, Nissan, hundert „überschüssige" Arbeitskräfte für sechs Monate an den

Konkurrenten Isuzu ausgeliehen. Für die betroffenen Mitarbeiter bedeutet der Austausch, dass sie nicht arbeitslos werden, und der Verleiher muss zumindest zunächst keine in Japan so verpönten Entlassungen vornehmen.

Bekleidungsindustrie und Armbanduhren

Jeder kennt die ständige Verkürzung der Modezyklen aus der Bekleidungsindustrie. Dieses Phänomen war Vorbild und Vorläufer für eine ganze Reihe strategisch verwandter Branchen. Wer konnte sich früher ausmalen, dass es ein schweizer Uhrenhersteller schafft, Armbanduhren zu einem „modischen Accessoire zu machen, dass nebenbei die Zeit anzeigt" (Nikolaus Hayek, SMH). Wir kennen Personen, die weit mehr als 100 Armbanduhren besitzen und den größten Teil davon auch wirklich in Gebrauch haben. An diesem Beispiel bekommen wir ein Gefühl dafür, wie schädlich Erfahrungswissen sein kann, denn jahrhundertelang galt es als Regel, dass eine Person eben genau *eine* Uhr hatte und allenfalls durch das Aufheben alter und besonders wertvoller Exemplare als Mehrfachbesitzer in Frage kam. Hätte man uns in den siebziger Jahren gefragt, wie groß das Marktpotenzial für Armbanduhren in Deutschland ist, dann hätten wir natürlich aus der Bevölkerungszahl und der gewöhnlichen Nutzungsdauer ein Volumen errechnet, das für Swatches und andere bunte und schräge Chronographen gar keinen Platz gelassen hätte. Sie wissen ja, die Grenzen des Denkens sind die Grenzen des Erfolges. Wir wagen die Projektion, dass wir in den nächsten Jahrzehnten weitere Swatchisierungen erleben werden. Den Trend zum Drittauto wird es aus umweltpolitischen Gesichtspunkten vielleicht nicht geben, aber bei Schreibgeräten, Kleincomputern und Geräten der Unterhaltungselektronik erleben wir nur den Beginn der Swatchisierung.

Unterhaltungselektronik und PC-Hersteller

Seit Mitte der 80er Jahre sprechen breite Kreise von dem Megatrend der Verschmelzung von Unterhaltungselektronik und Computer. Die beiden Märkte waren schon immer strategisch verwandt. Sie wachsen Schritt für Schritt zusammen, bis wir irgendwann nicht mehr zwischen Monitor und Fernseher und nicht mehr zwischen der körperlichen Stereoanlage und dem virtuellen Modell auf dem Bildschirm unterscheiden werden. Die Alltäglichkeit des Computers konnten Sie auf dem Markt für sogenannte „braune Ware" Jahre früher beobachten.
Die Unterhaltungselektronik nahm den Trend zum massiven Preisverfall bei Personalcomputern um mehr als ein Jahrzehnt vorweg. Es erscheint unverständlich, warum gerade die damals marktstärksten PC-Anbieter auf diese Entwicklung so unzureichend vorbereitet waren.

Zeitschriften und TV-Sender

In den USA gibt es Business-Magazine für schwarze Amerikaner („Black Enterprise“), und wenn Sie sich an der Supermarktkasse oder in der Bahnhofsbuchhandlung umsehen, können Sie die tiefe Fragmentierung des Zeitschriftenmarktes erahnen. Dieser Entwicklung folgt, aus technologischen Gründen etwas verzögert, der Markt der Fernsehsender. Auch hier erleben wir durch das digitale Fernsehen eine tiefe Spezialisierung der Sender, die zu einer noch kaum absehbaren Fragmentierung der Gesellschaft zu führen droht. So sind und waren die Märkte für Zeitschriften und TV-Sender Strategische Verwandte.

Vereine und Fitness-Studios und TV-Sender

Sie können ein Fitness-Studio eigentlich nur dann rentabel betreiben, wenn Sie Ihre Kunden dazu bringen, „Mitglieder“ zu werden. Das heißt im Klartext, Sie müssen Ihre Kunden durch die Verpflichtung zur regelmäßigen Zahlung dazu zwingen, regelmäßig zu trainieren. Vor allem aber können Sie so Ihren Kundenkontakt intensivieren und neben dem reinen Training auch für Ihre Mitglieder „Freizeit organisieren“. Das haben auch einige TV-Sender entdeckt und den RTL-Club oder den Pro-Sieben-Club ins Leben gerufen. So haben mindestens zwei Branchen die Vorteile des strategisch verwandten Vereinswesens entdeckt und genutzt.

Softwarehaus und Musikanlagenhersteller

Durch die Digitalisierung und Virtualisierung sind dem Geschäft der Softwarehäuser fast keine Branchengrenzen mehr gesetzt. Bereits Mitte der 90er Jahre konnten wir die virtuellen, nur aus Programmzeilen bestehenden Stereoanlagen bewundern, die in professionellem Design aber vollkommen ohne Körper auf den Computerbildschirmen auftauchten. Wozu brauchen wir noch mehr oder minder große Würfel, wenn die Stereoanlage bereits im Computer steckt. Noch zu Beginn der 90er Jahre hätte sich kein großer professioneller Hersteller der Unterhaltungselektronik träumen lassen, dass er Konkurrenz von kleinen Softwareklitschen bekommen würde. Über die neue Konkurrenz für Regelfirmen, Druckereien und Banken durch die Softwarehäuser haben wir bereits gesprochen. Die Branchengrenzen werden in den Grundfesten erschüttert.

Autoradios und Stadtplän

Sie kennen wahrscheinlich Blaupunkt, den Autoradiohersteller aus Hildesheim. Und Sie kennen die patentgefalteten Stadtpläne des Falk-Verlages aus Hamburg. Diese beiden Unternehmen haben auf den ersten Blick nichts miteinander zu tun und sind auch auf den zweiten Blick keine Mitbewerber. Das war so bis zur Entwicklung der CD-ROM und der elektronischen Navigationssysteme im PkW. Mittlerweile haben aber beide Unternehmen quasi jeden Feldweg in Europa digitalisiert und bieten diese Information auf CD-ROM an. Diese beiden strategisch verwandten Unternehmen kommen aus gänzlich unterschiedlichen Richtungen in das gleiche Wettbewerbsdorf gezogen. Nun liegt es beispielsweise nahe, das Autoradio mit dem Telefon zu verbinden, was wiederum ganz neue Verwandtschaften aufdeckt.

Theater und Unternehmensberatung

Ein Trainingsunternehmen aus Mannheim hat das jahrtausendealte Theater als strategisch verwandtes System entdeckt. Seitdem wird unter dem Begriff „Business Theater“ die Ist-Situation des Kundenunternehmens in Form von Theaterstücken inszeniert und nicht, wie sonst üblich, in endlosen Chart-Orgien. So hat dieses Unternehmen ein Stück Zukunft erfunden und ein Stück Zukunft vorweg genommen, denn irgendwann wäre jemand anderer auch auf diese Chancen gestoßen. Das ist umso glaubwürdiger, als bereits zwei Jahre nach dem Bekanntwerden der Mannheimer mehr als zwanzig andere Unternehmen Business-Theater anboten.

Kfz-Hersteller und Möbelhandel

Ein deutscher Kfz-Hersteller hat staunend festgestellt, dass er auf eine gewisse Art Konkurrent des Möbelhandels ist, denn man konkurriert beim Privathaushalt um das gleiche Geld. So war für ihn eine Untersuchung der Mittel und Wege der Absatzförderung im Möbelhandel interessant.

Kirchen und Werbeagenturen

Diese beiden „Geschäfte“ haben beide mit Kommunikation und Glauben zu tun.[47] Was kann die Kirche von der Werbeagentur lernen und umgekehrt? Wie gewinnt die Werbeagentur ihre Mandanten, wie gewinnt die Werbeagentur Kunden für ihre Mandanten? Wie bindet die Kirche ihre Kunden, wie pflegt sie sie? Alles interessante Fragen für die Kirche und die Werbeagentur.

Patente und Immobilien

Im Immobiliengeschäft ist das „Sell and lease back“ eine übliche Finanzierungsmethode. Man verkauft eine Immobilie aus dem Bestand und least sie dann zurück. Äußerlich verändert sich nichts, weil man die Immobilie nach wie vor nutzen kann, aber der Wert der Immobilie kann zur Finanzierung notwendiger Investitionen oder Markterschließungen eingesetzt werden. Siemens hat dieses Verfahren auf Patente angewendet. Man verkaufte einfach Patente und leaste sie, d. h. die Nutzungsrechte an diesen Patenten zurück.

Versicherung und Unternehmensberater

Diese beiden Businesses sind insofern miteinander strategisch verwandt, als dass beide ihrer Klientel eine Art „Lebensversicherung“ bieten. Der begleitende Unternehmensberater, der regelmäßig für neue Impulse sorgt und immer wieder potenzielle Krisen frühzeitig abwendet, ist eine Art Lebensversicherung. Er könnte sich das Modell der echten Lebensversicherung vornehmen, um eine gänzlich neue Art der Honorargestaltung einzuführen. Falls Sie Berater sind oder einen solchen engagiert haben, lohnt es sich, diesen Gedanken weiterzudenken!

Friseure helfen bei der Familienplanung

Die staatliche Familienwohlfahrt Indiens hat die Friseure als ausgezeichnete Ratgeber für die Familienplanung entdeckt. Während des Haareschneidens können die Kunden bestens von Gebrauch und Nutzen eines Kondoms überzeugt werden, um die Verbreitung von AIDS einzudämmen. Die etwa 55.000 Friseure im Bundesstaat Andhra Pradesh sind angeblich begeistert von der Idee. So ist die staatliche Wohlfahrt strategisch verwandt mit den Friseuren.

Fotogeschäfte und Hotels

Im Einzelhandel sind Einkaufskooperationen weit verbreitet. Ob bei Fotogeschäften, bei Radio- und Fernsehhändlern oder bei Sportgeschäften. Überall findet man die Strategie, die Einkaufsmacht zusammenzufassen und so bessere Konditionen und Waren zu bekommen. Für die strategisch verwandten Hotels war das etwas ganz Neues. Zumindest bis ein gewisser Wolfgang Hertrich aus Bad Kissingen durch einen Hinweis auf das Schicksal der kooperationsfreien Photogeschäfte auf die Idee kam, das zu ändern. Seine Atlas Zentraleinkauf GmbH löst für die gehobene Hotellerie das Zeitproblem bei der Beschaffung, und zwar vom Besteck bis hin zum Anbau.[48]

Die Strategischen Verwandten eines Herstellers von Bauelementen

Der Bauelementelieferant sieht unter anderem folgende Systeme als strategisch verwandt an. Lassen Sie Ihrer Phantasie freien Lauf, worauf genau die Verwandtschaft gegründet ist und welche Chancen darin für unseren Bauelementehersteller stecken.

❶ Systeme, die ähnliche Bedürfnisse befriedigen

- Vögel
- Garten- und Landschaftsbauer
- Gebäudereinigung
- Kunst am Bau
- Lego
- Fischer-Technik
- Benneton

❷ Systeme, die ähnliche Zielgruppen haben

- Alle Bauhandwerke
- Baumärkte
- Fensterbauer
- Treppenbauer
- Installateure

Die Strategischen Verwandten eines Strategieberaters

Ein Strategieberater würde auf nachfolgende Strategische Verwandte stoßen können:

❶ Systeme, die ähnliche Bedürfnisse befriedigen

- Psychologische Berater
- Astrologen (bieten Orientierung, wenn man daran glaubt)
- Businessliteratur und -medien
- Popstars (Unternehmen, die sich mit großen Namen schmücken wollen)
- Der beste Freund (erzielt als „Berater“ ähnliche Wirkungen)
- Romanschriftsteller
- Filmproduktionsunternehmen

❷ Systeme, die ähnliche Zielgruppen haben

- Ärzte, die sich auf Manager spezialisiert haben
- Mind-Center („Entspannung aus der Steckdose“)
- Top-Finanzberater
- Event- und Erlebnisanbieter
- Werbeagenturen

Die Zahl und Mannigfaltigkeit der Beispiele ist unendlich. Lebensmitteleinzelhandel und Baumarkt sind offensichtlich strategisch verwandt. Musikverlag und Werft sind verwandt, da sie beide hohe Vorausinvestitionen zu amortisieren haben. Der Vortragsredner ist relativ eindeutig verwandt mit dem Schauspieler oder dem Rockmusiker und so weiter.

Anwendung des Strategems „Strategische Verwandtschaft"

Wie Sie Ihre Strategischen Verwandten finden, haben Sie bereits erfahren. Um einen guten Nutzen aus diesem Denkmodell zu ziehen, gehen Sie bitte bei der Anwendung wie folgt vor:

1. Definieren Sie das Anforderungsprofil

Schreiben Sie in Form eines Mindmaps auf, welche Anforderungen ein Strategisch Verwandter für Sie erfüllen muss.

2. Sammeln Sie die Kandidaten

Stellen Sie ebenfalls in Form eines Mindmaps alle Systeme zusammen, die Ihnen als Strategische Verwandte vorkommen.

3. Konzentrieren Sie sich

Wählen Sie die fünf oder zehn Systeme aus, deren dauerhafte Beobachtung neue Chancen verspricht.

4. Implementieren Sie die Liste Ihrer Strategischen Verwandten

Schreiben Sie die Liste der Strategischen Verwandten dorthin, wo Sie sie immer wieder zum Denken herangezogen werden können. Das kann das Unternehmenshandbuch, das Qualitätssicherungshandbuch, die Geschäftsordnung oder das Intranet sein. Wichtig ist, dass jeder in Ihrem Unternehmen zu jedem Zeitpunkt und möglichst auch an jedem Ort auf dieses Wissen zurückgreifen kann.

5. Kommunizieren Sie das Denkinstrument

Sorgen Sie durch ein Rundschreiben (Hauspost, Aktennotiz, Rundfax, Rundmail etc.) oder besser durch persönlichen Vortrag dafür, dass alle Leistungsträger Ihres Unternehmens über das Denkinstrument Strategische Verwandtschaft informiert sind und fordern Sie sie auf, in der nächsten Zeit die Strategien und Praktiken der Strategischen Verwandten zu beobachten und ihre Beobachtungen zu notieren.

6. Sammeln und analysieren Sie die Ergebnisse

Rufen Sie nach einigen Wochen die Adressaten Ihres Rundschreibens zusammen und analysieren Sie gemeinsam Ihre Erkenntnisse. Stellen Sie einen Aktionsplan auf, was Sie aus diesem neuen Wissen tatsächlich umsetzen wollen. Wenn dieser Zyklus für Sie erfolgreich war, dann wird die Motivation ausreichen, dieses Verfahren immer wieder zu durchlaufen.

7.3 Biostrategie

Denkfrage: Wie hat die Natur diese Aufgabe gelöst?

Von der ältesten Firma der Welt lernen

Die Natur bietet viele Anregungen für das Quer-Denken. In Schweden schüttet man künstlichen Wolfsurin an den Straßenrand, um Elche von der Straße fernzuhalten und um sie und die Autofahrer so vor Kollisionen zu schützen. In Kuwait interessiert man sich daraufhin für dieses Verfahren, um Kamele von der Straße fernzuhalten. Zwar können Kamele keine Wölfe kennen, reagieren aber dennoch wie die Elche in Schweden. Wir können beobachten, dass alle Lebensbereiche 'natürlicher' werden. Das Gehirn ist der für die Zukunft geeignetste Computer und daher Vorbild für die zukünftigen Rechner.
Viele Strategiekonzepte haben ihren Ursprung in der Natur, so etwa die Strategie der Spezialisierung. Die Organisation unserer Unternehmen wird von Dezentralität und „Selbstähnlichkeit“ geprägt sein. Wie eng unser Gesichtsfeld für Chancen manchmal ist, können wir an der Tatsache erkennen, dass die Natur die zwangsläufige Bildung von Subsystemen um Millionen von Jahren vor der Erkenntnis der Konzernlenker in die Erfordernis kleiner Einheiten vorwegnahm. Die Fledermausflügel waren Vorbild für die Drachenflieger. Die Vögel sind in Biotopen das klassische Vorbild des militärischen Frühwarnsystems. Die gerillte Haut der Haie bietet seit Millionen von Jahren weniger Widerstand als die glatten Außenflächen unserer heutigen Flugzeuge, und die Finken auf den Galápagos-Inseln fanden Jahrtausende vor den Unternehmensstrategen den Weg der Spezialisierung.
Überall diente die Natur als Vorbild und wird es in Zukunft immer häufiger tun. So wird eine Forschungsrichtung zur Erdbebenfrühwarnung sicherlich darin bestehen, die Empfindsamkeit der Tiere für Erdbebenwarnung zu analysieren bzw. nutzbar zu machen. All diese „Patente der Natur“ dürfen kaum verwundern, wo die Firma Natur doch seit gut vier bis fünf Milliarden Jahren ohne Bankrott existiert. Das Wort Bionik ist Ihnen sicher

schon einmal begegnet. Es wurde erstmals 1958 von Jack E. Steele für die interdisziplinäre, an der Natur orientierte Erforschung der Arbeitsweise des menschlichen Gehirns verwendet.[49] Es ist eine Kombination aus den Begriffen Biologie und Technik. Da es uns nicht so sehr um die Technik, sondern mehr um die Strategie geht, haben wir analog dazu den Begriff der Biostrategie gewählt.

Beispiele für Biostrategie

Die meist technische Natur der hier genannten Beispiele ist dadurch bedingt, dass die Bionik schon sehr viel intensiver angewendet wird als biostrategische Lernstrategien. Nichtsdestotrotz soll es uns und Ihnen vor allem um organisatorische und strategische Ideen und Chancen gehen.

Die Wachstumsstrategie der Buche

In einem dichten, dunklen Wald muss die Buche schnell wachsen, damit sie aus dem Schatten der sie umgebenden Baumkronen heraustreten kann. Das ist der Grund, warum im Wald die meisten Bäume schmal und hoch sind und nur in der Krone viele Äste und Zweige haben. Auf offenem Feld kann man beobachten, dass sich die Buche wesentlich mehr Zeit mit dem Höhenwachstum nimmt. So entwickelt sie statt dessen etwa sehr bald Seitenzweige. Freistehende Buchen haben daher auch einen kurzen, dicken Stamm und eine große, gewölbte Krone. Das ist eine klassische evolutionäre Marktstrategie, für die man in der unternehmerischen Praxis jedoch besondere Wahrnehmungsinstrumente benötigt, wie etwa eine Art Früherkennungssystem. Und tatsächlich entdecken wir bei der Buche eine Art Früherkennungssystem. Wie alle Pflanzen hat die Buche ein Sehvermögen, um leichter und gezielter einen Platz an der Sonne zu finden. Dieses innere Auge besteht aus einem so genannten eiweißgleichen Chromoprotein namens Phytochrom. Es teilt den Zellen der Pflanze mit, ob und wo Licht und Dunkelheit sind, so dass die Pflanze entsprechend reagieren kann.

Die Natur hat das Auge nur einmal erfunden

Das Facettenauge der Insekten und das Auge der Säugetiere und des Menschen haben einen gemeinsamen Ursprung. Es ist das gleiche genetische Steuerungselement, das die Entwicklungskaskade steuert. Lange Jahre und Jahrzehnte galt ein anderes Wissen, bis zwei Basler Wissenschaftler im Jahr 1995 diese Entdeckung machten. Durch genetische Manipulation konnte das eye-Gen, das besagte Steuerungselement, sogar dazu gebracht werden, auf Fühlern, am Bein oder auf den Flügeln perfekte Kopien des normalen Auges wachsen zu lassen. Hier bewährt sich wieder das Prinzip der Mehrfachnutzung, das wir Menschen in unserer Arbeit so wenig beachten, obwohl es doch große Chancen birgt.

Die Wärmepuffer der Vögel

Die YTONG-Unternehmensgruppe hat in einer Anzeigenserie im Jahr 1995 behauptet: „Unsere beste Idee ist geklaut". Die Anzeige zeigte einen Vogel, der seine Federn aufgeplustert hatte und so durch die Luft in den Federn einen natürlichen Wärmepuffer herstellt. Der Körper gibt weniger Wärme ab, und es ist dem Vogel insgesamt wärmer. Genau nach diesem Prinzip dämmen die bekannten YTONG-Steine[50].

Autolack und Schmetterling

Das Farbenspiel glitzernder Schmetterlingsflügel hat die Autohersteller Nissan und DaimlerChrysler zur Entwicklung von Lacken veranlasst, die ihre Farbenpracht je nach Lichteinfall ändern. Das Farbenspiel ermöglichen zahlreiche Schichten, die das Sonnenlicht in verschiedenen Winkeln und Wellenlängen reflektieren. Der Effekt basiert auf dünnen Fäden aus Polyester oder auf Flüssigkristallen.

Gehirn und Computer

Nach wie vor ist es noch nicht gelungen, einen Computer zu konstruieren, der auch nur annähernd die Leistungsmerkmale unseres Gehirnes nachbilden kann. Abgesehen von der Frage, ob das überhaupt ein erstrebenswertes Ziel wäre, bleibt die Natur das beste Modell für die Computertechnologie der Zukunft. Seit der erste echte Computer ENIAC 1946 das Licht der Welt erblickte, streben die Forscher nach einem gehirnähnlichen Computer und hatten nicht selten schon den kurz bevorstehenden Durchbruch gemeldet, nur um dann die Erwartung wieder auf die nächsten Jahrzehnte zu verschieben. Trotz allem bleibt das Gehirn für den Computer das Vorbild schlechthin.

Der Schmetterling und das IBM-Notebook

Mitte der 90er Jahre warb IBM mit einem Notebook, dessen Tastatur sich ausklappen ließ, damit man auf ihr leichter schreiben konnte. Neben dem

Notebook war ein Schmetterling abgebildet, der seine Flügel entfaltete. Dieses Beispiel zeigt, dass es nicht immer die großen technologischen Durchbrüche sein müssen, die bionisches Denken interessant machen. Es reicht häufig aus, wenn wir uns durch die Natur zu einer neuen Idee anregen lassen.

Keine wie die andere, wie bei Meissen

In einer Anzeige im Mai 1997 warb die „Staatliche Porzellan-Manufaktur Meissen" damit, dass die auf ihren Tellern von Hand gemalten Feldstiefmütterchen immer Unikate sind, ganz so, wie man nie zwei gleiche Lebewesen in der Natur findet. Die Unikatisierung und Individualisierung ist ein großes Chancenfeld für alle „menschennahen" Produkte und Dienstleistungen.

Die Düse für flüssiges Kalium[51]

Im Jahre 1964 wurde die Evolutionsstrategie „erfunden" oder vielmehr entdeckt. Sie wird heute mit Hilfe des Computers dazu eingesetzt, das Design von allerhand Gegenständen zu optimieren. So wird in der Verfahrenstechnik die optimale Formgebung eines Strahldüsenmischreaktors oder in der Werkstofftechnik die optimale Keramikmischung für Isolatoren mit dieser Methode ermittelt. Prof. Dr. Ingo Rechenberg, Leiter des Instituts für Bionik und Evolutionstechik in Berlin, schildert ein überzeugendes Beispiel für die Überlegenheit der Natur. Erhitztes, flüssiges Kalium, das durch Absenken des Drucks zum Teil verdampft, sollte durch eine Düse geleitet werden. Die Düse war so konstruiert, wie wir Menschen unsere Umwelt gestalten, klar, eindeutig, geradlinig. So war die verwendete Düse auch konvergent-divergent, so wie eine einfache Sanduhr. Die Kombination aus Flüssigkeit und Dampf ließ eine Berechnung des optimalen Düsendesigns aussichtslos erscheinen. Also wurde die Düse aus 330 variablen Scheiben zusammengesetzt. Damit ließen sich mehr als 10^{60} Düsendesigns formen. Als man dem Kalium, sprich der Natur die Gestaltung der Düse überließ, stieg der Wirkungsgrad von 55% auf nahezu 80%.
Die Grafik zeigt die Ausgangsform und die evolutionsstrategisch optimierte Endform. Nach wie vor kann man nur annehmen, wozu die gebildeten Kammern gut sind. Wissen tut es selbst das Versuchs-Team nicht. Das Bild lässt uns zumindest erahnen, wie begrenzt menschliches Denken und Vorstellungsvermögen bei der Konstruktion von Systemen ist. Wenn es selbst bei diesen relativ einfachen technischen Konstruktionen so schwierig ist, wie stümperhaft stellen wir uns dann im Vergleich zur Natur beim Aufbau und Betrieb unserer Unternehmen an?

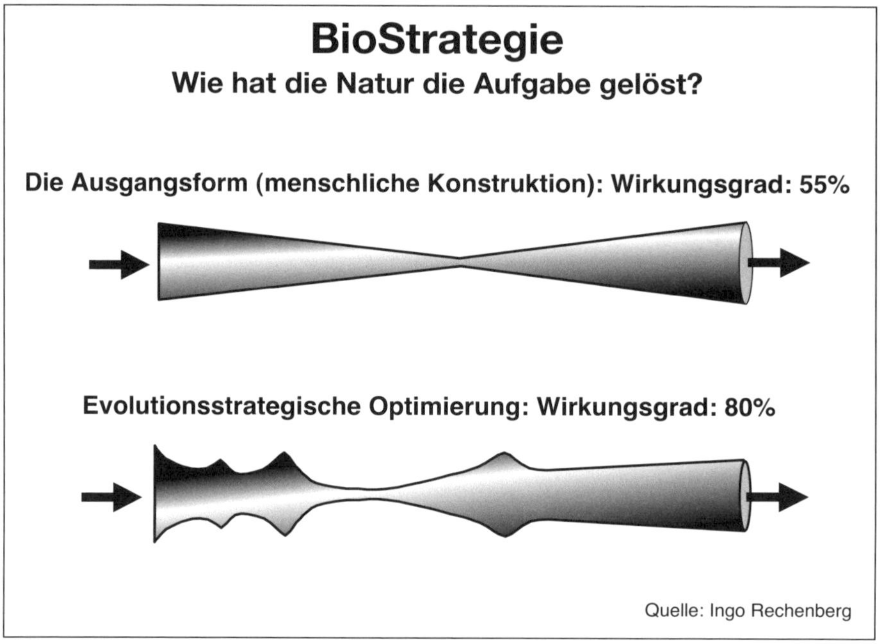

Abbildung 20; Biostrategie, Kalium-Düse[52]

Das Marketing in der Natur

Ab und zu taucht die Frage auf, ob denn ein intensives Marketing überhaupt zu vertreten sei und ob das eine „natürliche Funktion“ sei. Dabei werden die verschiedensten Begründungen aufgeführt. Schaut man sich allerdings die Natur an, muss man einsehen, dass die herrlichen Farben der Blumen, ihre Düfte und die Rufe vieler Tierarten nichts anderes darstellen als ein intensives Marketing. Selbst die ausgefeiltesten Strategien findet man in der Natur. Die Mistel lässt ihre Samen im Darm von Tieren zu entfernteren Gegenden zur „Expansion“ transportieren. Den Tieren muss sie aber einen besonderen Anreiz bieten, sonst lassen sie die nicht besonders attraktive Mistel links liegen. Also hat sich hier die Natur eine besonders interessante Lösung einfallen lassen. So wie heute kleine Unternehmen vorwiegend die nicht besetzten Nischen suchen, lässt die Mistel ihre Früchte mitten im Winter wachsen. Bei den Verbreitern der Samen, den Vögeln, herrscht zu dieser Zeit Nahrungsmangel, so dass sie sich auch mit der bescheidenen Mistelfrucht zufrieden geben. Offen bleibt natürlich, ob diese Strategie gezielt entwickelt wurde oder Zufall ist. Für den Erfolg dieser Strategie spielt diese Frage freilich keine Rolle.

Die Architektur der Natur

Seit den Ursprüngen der Architektur haben sich die Baumeister von der Natur inspirieren lassen. So soll sich etwa der Architekt Richard Buckminster Fuller von der Schalenbauweise der Kieselalgen zu seinen „Geodätischen Kuppeln“ anregen lassen haben.[53] Die Kuppel des Pantheon in Rom ist der Muschelschale nachgebaut. Sie braucht nur ein Minimum an Material im Vergleich zum überdachten Raum. Die Konstruktion des Eiffelturms lehnt sich an die dünne Bälkchenschicht im menschlichen Knochen an. Die technische Bauweise der Natur ist in unzähligen Fällen zum Vorbild für Ingenieure des Altertums und der Neuzeit geworden. Vor 400 Jahren fertigte Leonardo da Vinci detaillierte Zeichnungen der Flügel von Vögeln und Fledermäusen an. Er war einer der ersten Bioniker. Heute orientieren sich die Architekten an den Strahlentierchen, deren Skelett fast unzerbrechlich ist, obwohl es überwiegend aus Luft besteht!

Zahllose Beispiele in der Technik

- Der Reißverschluss, eine hochdotierte Erfindung, ist in den Federn der Vögel seit Jahrmillionen umgesetzt.
- Der Bombardierkäfer verwendet schon lange vor den Raketen und Raumfähren die Technik der getrennten Lagerung gefährlicher Flüssigkeiten. Er bespritzt Feinde mit einer Säure, die erst zum Zeitpunkt der Verwendung durch Vermischung aktiviert wird.
- Das thermographische Scannen der Mediziner beherrschen die Schlangen hervorragend. Sie sehen im Dunkeln durch Nerven, welche die infraroten Wärmestrahlen der Beute registrieren.
- Auch der Stachel der Stechmücke hat eine abgeschrägte Spitze. Ganz wie die Nadel in der Spritze vom Onkel Doktor.
- Kanadische Forscher haben die Konstruktion der Pferdehufe zum Vorbild für neues Design von Tennisschlägern, Stoßstangen und Flugzeugtragflächen genommen.
- Biber können ohne Schaden Kohlendioxid im Blut sammeln. Man arbeitet daran, das auf den Menschen zu übertragen, um etwa auf zukünftigen Raumflügen die Sauerstofftanks kleiner halten zu können.
- Die Delphinhaut war bereits Vorbild für Badeanzüge. Könnte man ein U-Boot mit einer Delphinhaut überziehen, ließe sich der Wasserwiderstand auf bis zu ein Drittel reduzieren.

- Leuchtkäfer können fast 100 Prozent ihrer chemischen Energie in Licht umsetzen, während wir mit einer herkömmlichen Glühlampe gerade einmal fünf Prozent erreichen und mit Ionen nur 40 Prozent in Licht umsetzen können.
- Bereits Anfang des neunzehnten Jahrhunderts zeichnete ein gewisser Sir George Cayley Fallschirme, zu denen er vom Samen des Löwenzahns angeregt wurde.
- Mitte des neunzehnten Jahrhunderts erkannten Wissenschaftler die Stärke des Spinnenfadens. Er ist fünffach so stark wie Stahl, dabei aber doppelt so elastisch wie Nylon. Kugelsichere Westen und Stoßstangen sind hier nur zwei der unzähligen Nutzungsmöglichkeiten.

Anwendung des Strategems „Biostrategie"

Für die Anwendung von „Biostrategie" empfiehlt es sich, einen konkreten Denkgegenstand zu haben. Es lohnt sich in der Praxis nicht, a priori eine Liste von biologischen Systemen zu erstellen. Konzentrieren Sie Ihre Chancen- und Lösungssuche auf eine konkrete Frage, beispielsweise „wie hat die Natur die Aufgabe X gelöst?" oder „welche Handlungsalternativen gibt es in dieser Situation Y?" Schreiben Sie dann diejenigen Lebewesen oder Natursysteme auf, die Ihnen zu dieser Situation einfallen. Nehmen Sie dann einfach ein Natursystem nach dem anderen und stellen Sie nacheinander all Ihre Fragen. Für strategische Fragestellungen wird dieses Verfahren meist ausreichen. Für tiefergehende technische Fragestellungen werden sie selten um Analysen und Experimente herumkommen, die hier nicht Gegenstand der Erörterung sein können.

7.4 Weitere Strategeme für das Quer-Denken

Parallelwelt

Denkfrage: Wie würde es in einer Parallelwelt aussehen?

Wir zählen es zu den große Tragödien der Menschheit, dass wir für die wirklich wichtigen Dinge immer nur *einen* Versuch haben. Wir können nur einmal leben, wir können nur einmal das dreißigste Lebensjahr verbringen und wir können nur einmal eine neue Wartungsdienstleistung im Herbst des Jahres 2001 einführen. Niemals werden wir wissen, wie es hätte sonst laufen können und niemals werden wir wissen, ob unsere Entscheidung

nicht hätte anders ausfallen sollen. Da gab es den Unternehmer, der sich über die angeblich vergeblichen Bemühungen seines gerade gefeuerten Geschäftsführers beschwerte. Oder da gab des den Kurgast, dem die Kur nach vier Wochen nichts gebracht hatte. Woher wissen die beiden, ob es ohne diese Bemühungen nicht noch sehr viel schlimmer gekommen wäre? In solchen Fällen wäre eine Parallelwelt das Nonplusultra. Mit dem Strategem Parallelwelt können Sie Ihr Denken zumindest mit einer Prise Parallelwelterfahrung würzen. Das Strategem Parallelwelt gibt Ihnen die Möglichkeit, komplexe Zusammenhänge, wie etwa den Aufbau eines Gesundheitswesens, in einer anderen Realität zu sehen.
Sie erinnern sich an das Strategem „Große Schwester". Parallelwelt geht den gleichen Weg, nämlich in andere Länder und Kulturen, verfolgt aber ein etwas anderes Ziel. Mit Parallelwelt suchen Sie nicht nach dem zeitlichen Vorsprung, dem Entwicklungs-Time-lag. Vielmehr suchen Sie einfach nach der Andersartigkeit der Verhältnisse in diesem Land und dieser Kultur. Es geht Ihnen darum, wie man in dieser Kultur Ihr Geschäft oder Ihr Problem anders angeht. Wenn man die deutsche „Schirmherrschaft" in Österreich „Ehrenschutz"[54] nennt, dann ist das ein marginaler, für einschlägige Eventkonzepte aber entscheidender Verständnisunterschied. Dieses Beispiel macht deutlich, dass es sich bei „Parallelwelt" nicht um Länder und Kulturen handeln muss, die sehr viel weiter fortgeschritten sind. Es geht vor allem darum, dass die Kulturen einfach signifikant anders sind.

Entwicklungshilfe anders herum

Eine amerikanische Arbeitsgruppe unternahm vor einigen Jahren den Versuch, die Richtung der „Entwicklungshilfe" umzukehren. Im Rahmen einer Konferenz „Hawaii 2000" versuchte man mit Erfolg, Lehren aus dem uralten und immer noch funktionierenden Gesellschaftssystem Polynesiens für eine menschlichere Zukunftsgestaltung zu ziehen.[55]

Managementprinzipien der Indianer

Die in den letzten Jahrzehnten so häufig zitierte Umkehrung der Managementpyramide, also der Chef als Diener und Dienstleister seiner Mitarbeiter, stammt ursprünglich von den Irokesen. Die umgedrehte Pyramide als sprachliches Symbol für den Führer als dem Diener des Volkes fand dann sogar Eingang in die Verfassung der USA. Was Edward de Bono mit seinem kreativitätsfördernden Sechs-Hüte-Denken propagiert, kennen die Indianer als Medizinrad, mit dem sie die Welt erfassen. Sie sehen alles in kreisförmigen Prozessen und so wird eine Frage immer aus acht Perspektiven, symbolisiert durch die acht Häuptlinge und Richtungen der Windrose, erörtert.

Sprachwelten

Eine Spielart der „Parallelwelt" besteht darin, einen Sachverhalt in zwei unterschiedlichen Sprachwelten zu betrachten. Karl V. soll gesagt haben „so viele Sprachen einer kann, so viele Male ist ein Mensch", womit er auf eine quer-gedachte Art deutlich macht, das Sprachwelten auch Denkwelten sind. An anderer Stelle haben wir bereits beklagt, dass man in Deutschland das kraftvolle amerikanische venture capital mit Risikokapital übersetzt hat. Es mag wie eine Marginalie aussehen, für unser Verständnis sagt diese Übersetzung mehr über die deutsche Kultur der Jahrtausendwende als viele Bücher. Auch messen wir der Tatsache, dass Controlling im Deutschen meist als Kontrolle verstanden wird, einen Schaden durch Demotivation, Reibung und Missverständnisse in Höhe von mehreren Milliarden Mark jährlich bei. Die deutsche Bezeichnung künstliche Intelligenz hat ebenfalls erheblichen Schaden nach sich getragen, denn im Prinzip meint das englische artificial intelligence eben weniger die Intelligenz als das Wissensmanagement. Ganze Bibliotheken könnten mit dem aus sprachlichen Differenzen und Gleichheiten entstandenen Wohl und Übel gefüllt werden.

Die Grenzen meiner Sprache sind die Grenzen meiner Welt. (Ludwig Wittgenstein)

Je exotischer die Sprache ist, desto stärker wird sich meist die Sprachwelt von der unsrigen unterscheiden. Im Englischen finden wir eine Sprachwelt, die sich nur wenig vom Deutschen unterscheidet. Im Französischen wie überhaupt in den romanischen Sprachen sind wir schon einen kleinen Schritt weiter, was sich etwa am französischen passé simple oder am spanischen „indefinido" festmachen lässt, beides Tempi, die es im Deutschen so nicht gibt. Im Serbokroatischen, als beispielhaftem weiteren Schritt, finden sich statt der deutschen vier Fälle insgesamt sieben mögliche Fälle und damit ein Facettenreichtum, der selbst den Lateiner mit seinen sechs Fällen im Schatten stehen lässt. Die Sprachen vermeintlich „primitiver" Völker schließlich weisen oftmals den Weg in gänzlich ungewöhnliche Strukturen und Wirklichkeitswahrnehmungen, so beispielsweise dort, wo ein Hubschrauber als „das Ding, das die Stimme raubt" bezeichnet wird.

Schweizer Bundesbahn

Das Lernen von Parallelwelten fängt schon bei den kleinen und einfachen Dingen an. Wer viel mit der Bahn unterwegs ist, hat von Zeit zu Zeit auch in Deutschland das Glück, mit einem schweizer Zug der SBB zu fahren. Woran auch immer es liegen mag, aber man wird das Gefühl nicht los, dass man sich in der Schweiz einfach mehr Gedanken um den Bahnreisenden gemacht hat, sich einfach besser hinein-gedacht hat. Nur einige Beispiele:

- Die herunterklappbaren Tische am Sitz sind wesentlich größer und haben einen Zeitschriftenhalter!
- Die Fahrhinweise über Lautsprecher sind weitaus freundlicher (in der Schweiz selbst übernimmt diese Aufgabe eine freundliche, dreisprachige Damenstimme), während die Deutsche Bahn meist einen preußisch-zackig sprechenden Zugchef bemüht, dem man die Bürde seiner Aufgabe mit jeder Silbe anmerkt.
- Die Aschenbecher sind sinnvoll plaziert und haben eine Ausdrückfläche (selbst in dem besten, was die Deutsche Bahn AG zu bieten hat, dem ICE, müssen die vielgeplagten Raucher bei jedem Ausdrücken ihrer Zigarette schwarze Fingernägel in Kauf nehmen).

Während diese Zeilen entstehen, fahren wir mit einem ebensolchen schweizer Zug das Rheintal in Richtung Mainz hinunter. Ja, genau, an der Lorelei vorbei. Der grundsätzlich positive Eindruck, der von äußeren Kleinigkeiten ausstrahlend zu einem allgemeinen „Wohlfühlen“ wird, treibt interessante Blüten. Die Sitze und Gänge erscheinen breiter (sie sind es nicht), die anonymen Mitreisenden scheinen entspannter (wer weiß das schon wirklich?) und der Mann mit dem Servicewagen ist vermeintlich sympathischer. All dies mag so sein, muss es aber nicht. Man ist einfach nur positiver eingestellt, und das Unterbewusstsein tut ein übriges.

Reinkarnation

Denkfrage: Wie hat man es früher gelöst?

Er läuft und läuft und läuft, der Käfer. Im Jahr 1998 wurde ausgehend vom US-Markt eine Legende wiederbelebt, der Volkswagen Käfer. Man konnte so schön über die drolligen Stärken und Schwächen des Käfers lächeln, aber wohl niemand dachte an eine Reinkarnation des Käfers und niemand hätte den grandiosen Erfolg dieser Wiedergeburt in den USA geahnt, ein Erfolg, der sich in Europa allerdings wesentlich bescheidener ausnahm.

Als die Deutsche Bahn Anfang 1996 zusätzliche Servicedienste einrichtete, kehrte auch der Dienstmann wieder zurück, jener hilfreiche Gepäckträger am Bahnhof. Dass diesem kein großer Erfolg beschieden war, lag wohl am ehesten daran, dass man sich in Deutschland heute fast schon schämt, eine persönliche Dienstleistung in Anspruch zu nehmen. Die Cargolifter AG aus Wiesbaden geht auch zurück in die Zukunft. Sie hat den zum Werbegag verkommenen Zeppelin wieder zum Leben erweckt und transportiert damit schwere Lasten wie Produktionsanlagen mit bis zu 160 Tonnen Gewicht über 5.200 Kilometer weit und das mit einer Geschwindigkeit von bis zu 140 km/h. Die Isofloc GmbH aus Hessisch Lichtenau bei Kassel wendet ein altes Arme-Leute-Prinzip der Wärmedämmung für Häuser an. Einfaches Zeitungspapier wird zu Flocken verarbeitet. Der besondere Vorteil liegt in der leichten Verarbeitungsmöglichkeit, da dieses Dämmmaterial nicht in Platten oder Rollen geliefert wird, sondern den Hohlraum in jedem Falle vollständig abdichtet. Man könnte versucht sein, auch einen Kostenvorteil zu vermuten, doch da können die Zeitungsflocken bis zu einem Drittel teurer sein. Der technische Vorteil führte die Isofloc zum Erfolg.
Reinkarnation öffnet das Denken für die Tatsache, dass nicht alles Alte heute auch wirklich überholt ist. So haben israelische Forscher vom Weizmann Institute of Science in Rehovot eine 2.000 Jahre alte Technik angewendet, um erstmals mit dem Solarofen einen keramischen Supraleiter aus Yttrium-Barium-Kupferoxid herzustellen. Auch die europäische Währungsunion ist eine Reinkarnation, nämlich der Geldbünde des 19. Jahrhunderts, und die für heutige Supermärkte so innovative Heimlieferung von Lebensmitteln ist ebenfalls uralt.

Mutation

Denkfrage: Was kann ich einfach anders machen?

Die amerikanische Restaurant-Kette Hooters profiliert sich darüber, dass sie ausschließlich modellreife Bedienungen einstellt. Zehn Jahre nach der Gründung gab es bereits 300 Niederlassungen. Mit T-Shirts und Bildkatalogen, die eine Auswahl der 1.000 Hooters-Girls zeigen, erzielte Hooters nach zehn Jahren bereits ein Zehntel des Umsatzes. Doch auch die USA sind nicht frei von konservativen und auf „Gerechtigkeit" bedachten Behörden und so wollten sie einen Männeranteil der Bedienungen von 40% vorschreiben. Nach kurzer Zeit waren 250.000 Protestbriefe dagegen eingegangen.
Ein junges Paar auf Wohnungssuche erkannte an gardinenlosen Fenstern eine wahrscheinlich leere Wohnung in einer hessischen Kleinstadt. Statt

nun, wie üblich, mit den genauso üblichen Argumenten vorzusprechen, ließen sie sich von einem talentierten Freund einige nette Zeilen dichten, in denen sie sich selbst darstellen und sich als Mieter empfehlen. Sam Walton, der Gründer von Wal-Mart soll gesagt haben, „schwimme gegen den Strom, ignoriere konventionelle Weisheiten. Wenn alle das gleiche tun, gibt es eine Nische für das genaue Gegenteil".

Es kommt hier entscheidend darauf an, dass die Mutation nicht bereits frühzeitig durch Kritik ausgeschlossen wird. Das Prinzip des trial and error spricht die einzige Wahrheit, nämlich die Wahrheit des Marktes. Entweder wirkt die Mutation positiv und sie überlebt, oder sie wirkt negativ und wird herausselektiert. Morphologische Modelle oder die Auflistung von Beschreibungskriterien können hilfreich dabei sein, die veränderbaren Details aufzufinden. Aus einem morphologischen Kasten zur Produktion von Kriminalromanen, in dem jeweils zehn Alternativen für Titelheld, Ermordeter, Todesursache, Ort der Handlung, Mörder, Motiv, Aufklärung durch und Art des Endes gegeben werden, können sage und schreibe 80 Millionen verschiedene Storys produziert werden.[56] Das gibt Ihnen einen Eindruck davon, wie groß die Möglichkeiten zur Differenzierung und Mutation von Unternehmen, Produkten und Strategien sind. In Japan wurde ein Wohnheim auf sehr ungewöhnliche Weise gebaut, denn zunächst wurde das neunte Geschoss, dann das achte, siebte, sechste und so weiter gebaut. Möglich wurde das durch eine hydraulische Hebevorrichtung, die jedes fertig gebaute Stockwerk so anhob, dass man immer ebenerdig bauen konnte. Bei fünfzehn Stockwerken ist dann die Hebekraft erschöpft. Angeblich konnten auf diese Weise dreißig Prozent an Bauzeit und fünfzig Prozent an Arbeitskraft eingespart werden.

Die obige Denkliste nennt mehr als 111 Ansätze zur strategischen Differenzierung gegenüber Ihren Mitbewerbern. Es ist nur einer, wenn auch einer der wichtigsten Aspekte, in denen das Strategem „Mutation" und diese Checkliste (siehe Seite 220/221) Anwendung finden können.

Differenzierung ist heute eine Frage der Phantasie. Die üblichen Differenzierungen nach Qualität, Zeit und Kosten verlieren immer mehr an Bedeutung. Versuchen Sie in dieser Checkliste Ansätze für Ihre Differenzierung zu finden. Immer wenn Sie einen Begriff lesen, lassen Sie Ihr Gehirn einfach frei assoziieren und notieren Sie Ihre Ideen. Es würde uns wundern, wenn nicht mindestens fünf der 111 Differenzierungsansätze für Sie brauchbar sind. Wohlgemerkt: Hier sind Differenzierungsansätze, nicht fertige Differenzierungen genannt! Denn Sie wissen ja, Chancen von der Stange sind wenig wert.

Checkliste 21: 111 Ansatzpunkte zur Differenzierung

Strategiedesign
Kooperation
Marktregeländerung
Spezialisierung
Diversifikation
Regionale Differenzierung
Verbundauftritt

Zusatzleistungen
Reparaturservice
Wartungsservice
After-Sales-Service
Erinnern
Sorgen abnehmen
Rahmenarbeiten übernehmen
Senfglas-Strategie

Zusatznutzen
Beratung
Wissen
Psychologische Zusatznutzen
Mehrfachverwendung

Image
Tradition
Modernität
Freundlichkeit
Kulanzverhalten
Sponsoring
Exklusivität
Philosophie
Grundsätze
Mainstream
Polarisierung
Kulturkreis
Kulturelles Engagement
Soziales Engagement
Ökologisches Engagement
Politisches Engagement
Nutzenversprechen
Corporate Design

Technologie
Stand
Art
Einsatzgrad
Aktualität
Komplexität

Kompetenzen
Zukunftskompetenz
Know-how
Soziale Kompetenz
Methodische Kompetenz
Innovationsstärke

Personen
Besonderer Gründer
Besonderer Schirmherr
Besondere Mitarbeiter

Wertschöpfung
Automatisierung
Handarbeit
Kapazität
Organisationssystem
Wertschöpfungstiefe
Wertschöpfungsstufe
Ressourcen
Standardisierungsgrad
Effizienz
Effektivität
Führungssystem
Eigentum der Betriebsmittel

Sicherheit
Glaubwürdigkeit
Garantie
Risikominimierung
Zuverlässigkeit

Leistungen
Sortiment (Tiefe, Breite etc.)
Lebensphase
Verwendungsfreundlichkeit
Knappheit
Auftragsvolumen
Ausstattung
Ohne Firlefanz (no frills)
Luxuslösung
Standardisierungsgrad
Design
Funktionen
Kombinationen
Kompatibilität
Einfachheit
Wirkung statt Produkt
Geheime Zutaten
Lösungsprogramme
Leistungsvariation

Zielgruppe
Größe
Bedürfnisse
Situation
Ansprachezeitpunkt

Preis
Kosten
Mengen
Gestaltung
Finanzierungshilfen
Zahlungshilfen
Höhe (absolut, relativ)

Qualität (materielle)
Anmutung

Checkliste 21: 111 Ansatzpunkte zur Differenzierung (Fortsetzung)		
Qualitätssiegel (eigenes)	Keine Werbung	**Mitarbeiter**
Verarbeitung	Präsenz	Anzahl
	Events	Zufriedenheit
Zeit	Marketinginstrumente	Qualifikation
Auftragsabwicklung	Eigenes Schlagwort	Knappheit
Lieferfähigkeit	Slogan	Aussehen
Lieferzeitpunkt	Ingredient Branding	Kleidung
		Ideologie
Absatzkanal	**Kundenbeziehung**	Motivation
Distributionsart	Kundennähe	
Vertriebsweg	Erreichbarkeit	**Und viele mehr**
Vertriebsart	Bestellabwicklung	Finanzierung
	Lieferung	Aggressivität
Marketing	Präsenz	Kartell
Garantie	Kommunikationskanäle	
Verpackung	Menschlichkeit	

Die zweite Denkliste nennt Variations- bzw. Veränderungsmöglichkeiten für Produkte, Dienstleistungen, Systeme etc. Beispiele sind die McDonalds-Restaurants auf Zügen der Deutschen Bahn (kombinieren) oder das „stille Klavier" von Yamaha (umkehren).

Checkliste 22: Variationen		
anders verwenden	umkehren	multiplizieren
mehrfach anwenden	kombinieren	hinzufügen
modifizieren	auseinandernehmen	minimieren
verdoppeln	vernetzen	neu anordnen
übertreiben	weglassen	invertieren
maximieren	anpassen	nach außen kehren
ersetzen	vergrößern	zusammenfügen

Potenzial

Denkfrage: Was haben wir, das für uns und andere wertvoll sein kann?

Potenziale sind ungenutzte Möglichkeiten. Jeder Mensch, jedes Unternehmen und im Prinzip auch jedes Ding hat Potenziale. Die Schwierigkeit besteht zunächst darin, die Potenziale zu sehen, dann die richtigen Potenziale zur weiteren Bearbeitung auszuwählen und dann darin, die ihnen innewohnenden Möglichkeiten auch wirklich zu nutzen. Zumindest für das Erkennen der Potenziale stellt das Strategem „Potenzial“ eine produktive Denkhilfe dar.

Checkliste 23: Potenziale		
Know-how	Flexibilität	Rechte
Fähigkeiten	Produkte	Quellen
Motivation	Dienstleistungen	Marktposition
Beziehungen	Serviceleistungen	Systeme
Macht	Zeit	Schnelligkeit
Kapital	Vertrauen	Handicaps
Wissen	Qualitäten	Visionen
Image	Kanäle	Bekanntheit
Preise	Kapazität	Schutzrechte
Kosten	Verkehrswege	Ressourcenzugang
Personen	Etablierungsgrad	Innovationsstärke
Aktivität		

Die obige Denkliste hilft Ihnen, binnen einer halben Stunde mehr Potenziale zu erkennen, als es durch umfassende klassische Potenzialanalysen möglich ist. Wir haben diese Denkliste bei zahlreichen Unternehmen angewendet und kamen in keinem einzigen Fall auf weniger als 50 nennenswerte Potenzialfelder. Wenn Sie für Ihr Unternehmen vielleicht 50 oder 100 Potenzialfelder erkannt haben, eröffnet sich für Sie eine große Reihe völlig neuer ZukunftsChancen, die Sie dann auf den Passungsgrad zu Ihrer Strategie hin prüfen können.

Regelbrecher

Denkfrage: Welche Regel kann hier gebrochen werden?

Jörg Kachelmann, der bekannte Wetterfrosch, hat seinen Erfolg vorwiegend der Tatsache zu verdanken, dass er alte Regeln brach. Sie kennen vielleicht noch die alten, roboterartig klingenden Wettervorhersagen des öffentlich rechtlichen Fernsehens: „nachts, Schauer; Temperaturen zwischen 10 und 12 Grad im Süden und 8 bis 10 Grad im Norden und Nordosten“. Kachelmann hingegen fragt seine Zuschauer, ob seine Ärmel nicht zu lang sind oder schimpft, natürlich mit Verlaub, über das Sauwetter über der

Kölner Bucht. Er spricht nicht von Kumulus, sondern von Blumenkohlwolken und er kennt keine Niederschläge, für Jörg Kachelmann „schifft" es. Wussten Sie, dass „Wetterman" Kachelmann Wettervorhersagen zum Geschäft gemacht hat und dass sein eigenes Wetterbeobachtungs-Unternehmen seine Prognosen an eine Vielzahl von Abnehmern verkauft? Es galt in diesem Geschäft die Regel, dass damit kein Geld zu verdienen war. Jörg Kachelmann belehrt uns eines Besseren. Seine Meteomedia AG im schweizerischen Gais setzte bereits im Jahr 1995 über eine Million Euro um. Marktregeln sind Regeln, wie „man" etwas macht. Eine Auflistung von Arten dieser „man"-Regeln finden Sie im Abschnitt zur Landkarte der ZukunftsChancen.

In Großbritannien ist ein Kollege von Kachelmann berühmt geworden, der auf einer in der Themse schwimmenden Landkarte von Großbritannien hin und her hüpft und dabei regelrechte Wettershows inszeniert. Kachelmann, sein Kollege und die mittlerweile zu beobachtenden Nachahmer haben sich in ihre Zielgruppe hinein-gedacht. Sie haben das natürlich nicht mechanistisch, sondern aus dem Bauch heraus gemacht. Jedenfalls haben sie erkannt, dass ein Bedürfnis nach „weathertainment" bestand.

Auf dem Markt für Industrieversicherungen wurden die Spielregeln in den letzten Jahren dramatisch geändert. Rückversicherer machen Erstversicherungen, Erstversicherer machen Rückversicherungen, Großunternehmen gründen eigene Versicherungen und von Finanzdienstleistern und sogar Anlegern aufgelegte Risikofonds sind ein nennenswerter Wettbewerbsfaktor geworden.

Aus gutem Grund träumen viele Versandhändler von Exklusivprodukten. Man sucht die Exklusivprodukte aber immer auf den ausgetretenen Pfaden, nämlich in der eingespielten Lieferantenliste und auf dem eingespielten „Wertschöpfungsweg". Nehmen wir als Beispiel den Werbeartikelmarkt. Dort können Sie immer häufiger beobachten, dass die üblichen Regeln der Produktsuche verlassen werden und somit auch Nicht-Werbeartikel zu Werbeartikeln gemacht werden. Beispiele sind etwa Bücher oder Messer aus Damaszener-Stahl.

Wenn ein Mensch sein Leben gelebt hat, so gehört Trauer und Stille zu einer der ungeschriebenen Regeln, zumindest in unserem Kulturkreis. Im Jahr 1996 startete ein Unternehmen in Hannover mit der Geschäftsidee „fröhliche Beerdigungen". Ob Grablegungen als Kostümfest, ob Techno-Party oder – das noch verbotene – Verschießen der Asche in einem Feuerwerkskörper. Natürlich gibt es auch in diesem Geschäft einen konservierenden Bundesverband des Deutschen Bestattungsgewerbes und sogar dieser hält eine Lockerung der starren Friedhofsordnung für wünschenswert.

Die Prognosefirma Marketing Systems hatte für die Eismarke Schöller-Mövenpick festgestellt, dass die Verbrauchsmengen für das Eis Magnum sehr stark von denen anderer Eissorten abweichen. Magnum isst man auch im Winter. Dass sich im Eismarketing viele Regeln verändert haben, zeigt sich auch an der Tatsache, dass Mövenpick entgegen aller früheren Gewohnheit und entgegen den alten Regeln nun regelmäßig besondere Eissorten für den Winter herausbringt.
Regeln sind im Markt gemeinsam geteilte Glaubenssätze darüber, wie der Markt funktioniert und wie man erfolgreich wird. Zur Zukunftsfähigkeit von Glaubenssätzen finden Sie im Ergänzungskapitel „Erfolgsfaktor ZukunftsKompetenz" unter ➜**www.Micic.com** noch einige Gedanken. Wir werden auch im Rahmen der „Landkarte der ZukunftsChancen" nochmals darauf zurückkommen. Stellen Sie immer wieder die Frage, welche Regeln im Markt bewusst oder unbewusst befolgt werden und wie Sie diese Regeln brechen können.

Reframing

Denkfrage: Wie sieht es in einem anderen Zusammenhang aus?

Reframing bedeutet, etwas in einen anderen Zusammenhang stellen. Wir kennen diesen Begriff aus dem NLP, dem Neurolinguistischen Programmieren. Wenn wir den Zusammenhang verändern, gewinnen Verhältnisse, Produkte, Tatsachen und Werte eine andere Bedeutung, denn Bedeutungen gibt es nur in Zusammenhängen. Ein Telefongerät, das im Weltall schwebt, hat für uns genauso wenig eine Bedeutung, wie die Goldmünze im tiefen Marianengraben. Es gehört zu den einfachen, aber wichtigen Weisheiten, dass wir niemals auf die Dinge an sich reagieren, sondern nur darauf, in welchen Zusammenhang wir diese Dinge für uns stellen. Denken Sie beispielsweise an folgende Zusammenhänge:

- anderes Land
- andere Branche
- andere Situation
- andere Zeit
- unterschiedliche Wertschätzungen
- anderer Zeitpunkt
- andere Mittel.

An den folgenden Beispielen sehen Sie, der Rahmen macht's.

- Englischkenntnisse sind heute nichts Besonderes, vor hundert Jahren waren sie es, zumindest in Deutschland.
- Auf dem französischen Arbeitsmarkt können Sie mit Französischkenntnissen wenig Wettbewerbsvorteile erzielen, in Deutschland schon.
- Die Eintrittskarte für ein ausverkauftes Konzert der Rolling Stones kann vor der Konzerthalle mitunter ein Vielfaches des normalen Kaufpreises wert sein.
- Eine Flasche Wasser im Supermarkt hat kaum eine Bedeutung, eine Flasche Wasser in der Wüste hat schon erheblich mehr Bedeutung, und erst recht dann, wenn alle anderen Wasservorräte aufgebraucht sind.
- Die Zeitschrift im Wartezimmer des Arztes kostet viel weniger als üblich, weil sie eine Woche älter ist und über den „Lesezirkel" verkauft wird.
- Die Arbeitsstunde eines Studenten der Elektrotechnik ist einen Tag vor der Abschlussprüfung einen Bruchteil dessen wert, was der frisch diplomierte Elektroingenieur nur einen Tag später verlangen kann.
- Eine fehlerhafte Klinge aus Damaszener-Stahl ist als Ausschussstück billig zu haben, als bedruckter Werbeartikel verkauft sich das gleiche Stück für ein Mehrfaches.
- In den siebziger Jahren war der Inhaber eines Tante-Emma-Ladens ein bedauernswerter Zeitgenosse, in den späten Neunzigern kehrte das gleiche Unternehmenskonzept als Nachbarschaftsladen, Convenience-shop oder Tankstellenshop wieder.
- Was für Manche eine wertlose Coladose ist, ist für manch Anderen eine unbezahlbare Sammlerkostbarkeit.
- Marlboro war zunächst eine Zigarette für Damen und als solche mäßig erfolgreich. Erst als Marlboro das heute bekannte „männliche" Cowboy-Image verpasst bekam, begann die Erfolgsstory.[57]

Sie sehen, der Rahmen macht's.
Wenn Sie das nächste Mal die Auswirkungen eines negativen Trends untersuchen, sei es ein kommender Preisverfall oder seien es neue Mitbewerber aus anderen Branchen, dann stellen Sie sich die Frage: „wie sieht es in einem anderen Zusammenhang aus?" Die Schwierigkeit, andere Zusammenhänge

zu sehen, löst sich dann leicht auf, wenn Sie sich in die Betrachtungsweisen anderer Menschen hinein-denken. Wenn Sie fragen, was der Vorteil in der vielleicht auf Ihr Geschäft zukommenden Rezession ist, dann versetzen Sie sich in die Betrachtungsweise eines Unternehmensmaklers und Sie werden die Chance sehen, dass die Unternehmenswerte aufgrund sinkender Renditen stark fallen und die Chance zur Akquisition von Konkurrenten besonders steigen. Jede Bedrohung ist eben eine Chance in Arbeitskleidung.

Wenn wir überholen wollen, müssen wir die Spur wechseln. (Hans Morawa)

Spektrum

Denkfrage: Was liegt dazwischen?

Eines der einfachsten Strategeme ist „Spektrum". In den meisten Denksituationen suchen wir – aus guten und meist auch produktiven Gründen – nach den Extremen und suchen die Entscheidung zwischen schwarz und weiß, zwischen null und eins, zwischen gut und böse und zwischen Erfolg und Misserfolg. Das Teuflische an diesem Denkweg liegt darin verborgen, dass wir so die in greifbarer Nähe unserer Denkwege liegenden Möglichkeiten nicht sehen können.

Wir sehen die Welt und die uns gestellten Aufgaben immer erst einmal rein binär, auch wenn es niemand von uns verlangt hat. Vielleicht haben Sie sich bereits mit der Frage befasst, ob Sie Ihren Betrieb am Standort Deutschland belassen, oder ob Sie die Produktion ins Ausland verlagern. Diese Frage ist binär formuliert, als ein Entweder-Oder. Wir haben erlebt, dass sich ganze Projekt-Teams wochenlang mit dieser so gestellten Frage befassten, ohne auch nur in Erwägung zu ziehen, dass es Möglichkeiten dazwischen gibt. Einfachste Zwischenwerte sind Teilverlagerungen in allen denkbaren Stufen der Produktionstiefen. Eine weitere Zwischenlösung besteht beispielsweise darin, Subunternehmen aus dem Ausland in die Produktion zu Hause einzubinden. Im Computing gibt es seit einigen Jahren ein logisches Konzept mit der Bezeichnung „fuzzy logic". Für die Nichttechniker sei erläutert, dass fuzzy logic das Ja-Nein-Prinzip des Computers um ein „Vielleicht" ergänzt. Mit dieser sehr unschuldig und unbedeutend anmutenden Veränderung kann der Computer stärker abstrahieren und widersprüchliche Befehle besser verarbeiten, was ihm ermöglicht, Untergrundbahnen ruckloser anfahren und anhalten zu lassen, die Interpretation menschlicher Spracheingabe leichter zu bewältigen und was ihn in der Gebäudetechnik bei der Temperaturregelung erfolgreicher sein lässt.

Ganz gleich, welches Problem Sie zu lösen suchen und ganz gleich, welchen Wunsch Sie realisieren wollen, sehen Sie Ihren Denkgegenstand als Spektrum auf einer Skala. Machen Sie zur Übung aus den folgenden Denkgegenständen eine Skala mit zwei Extremen und fünf Zwischenwerten.

- Angestellt oder selbstständig
- Erfolgreich oder erfolglos
- Eigenheim oder Miete
- Ein Produkt einführen oder nicht
- Eine Stelle schaffen oder keine Stelle schaffen
- Eine Maschine anschaffen oder nicht anschaffen
- Maßgeschneiderter Anzug oder Anzug von der Stange
- Im Arbeitsleben oder im Ruhestand
- Einen PkW besitzen oder nicht

Die eindimensionale Skala ist im Grunde genommen nur eine Krücke für die multidimensionale Wirklichkeit der Dinge und darin eine besondere Ausprägung des Strategems „Mutation". Sie können ein und denselben Denkgegenstand viele Male in Skalen sehen, so dass Schritt für Schritt ein Spektrum und damit ein „Denkraum" entsteht.

Wertanalyse

Denkfrage: Was passiert, wenn wir uns auf die Wirkung konzentrieren?

Gehen Sie gelegentlich in Baumärkte? Fragen Sie beim nächsten Besuch den Verkäufer in der Bohrmaschinen-Abteilung, wofür der Kunde zahlt, wenn er eine Bohrmaschine kauft? Er wird Sie – milde gesagt – verwundert anstarren und etwas stammeln, wie „na für die Bohrmaschine, natürlich!". Wenn Sie ihn dann darauf hinweisen, dass der Kunde ja eigentlich Löcher kauft und keine Bohrmaschine, werden Sie auf den Humor ihres Gegenüber angewiesen sein. Kunden kaufen keine Fahrkarte, sondern sie kaufen das „Dort-Sein". Kunden kaufen kein Haus, sondern Sicherheit, Geborgenheit, Prestige und vielleicht Erfüllung. Kunden kaufen keine Kleider, sondern gutes Aussehen und Image. Kunden kaufen keinen Dünger, sondern schön gewachsene Pflanzen. Kunden kaufen kein Shampoo, sondern saubere Haare und damit wieder gutes Aussehen und damit wieder Anerkennung und so weiter. Es ist banal, aber dennoch gerät diese Sichtweise der

Dinge, nämlich die Konzentration auf die Wirkung des Produktes und der Dienstleistung, häufig aus unserem Gesichtsfeld.
Es sind häufig die einfachen und banalen Fragen, die wir uns gelegentlich öfter stellen sollen. In welchem Geschäft sind wir eigentlich, was bewirken wir, wofür bekommen wir unser Geld?
Wer sich erstaunt gibt, warum ein Fotomodell oder ein Managementpapst 25.000 € pro Tag erhält, sollte sich vergegenwärtigen, dass mit dem Wirken dieser Menschen andere wieder Geld verdienen. Das Fotomodell lenkt mehr Aufmerksamkeit und Umsatz auf das Produkt, und der Managementpapst bekommt das genannte Honorar in der Regel nur für Auftritte auf teuren Kongressen und Seminaren, die er allein schon durch seinen Namen füllen kann.
Das uns mühsam antrainierte Denken in Ursachen treibt manchmal sehr unproduktive Blüten. Manchmal heißt es, „wir müssen eine Datenbank aufbauen", wo doch in der Wirkung eigentlich nur der Kundenkontakt verbessert werden soll. Die Datenbank *kann* das Ganze unterstützen oder ermöglichen, aber es gibt weitere Wege, wie etwa Kundenveranstaltungen und persönliche Besuche, die zur gleichen Wirkung führen. Nachdem sich die FIFA, der internationale Fußballverband, überlegt hatte, was eigentlich die gewünschte Wirkung der Abseitsregelung war, kamen sie auf die verblüffend einfache Idee, dass gleiche Höhe kein Abseits sein muss. Jahrzehnte lang hatte genau diese Regel gegolten, obwohl sie keine wirkliche Rechtfertigung hatte.
Mit der allzu starken Konzentration auf Ursachen und somit auf Produkte verbauen wir uns den Blick auf die gewünschte Wirkung und damit wieder auf alternative Ursachen. Wenn wir hingegen von der Wirkung her denken, fällt es uns leichter, neue Möglichkeiten zu sehen und zu ersinnen, wie diese Wirkung erzielt werden kann. So fand die australische Regierung 1996 einen ungewöhnlichen Weg, den Waffenbestand in der Bevölkerung zu reduzieren, um eine Wiederholung des Amoklaufes vom April 1996 zu verhindern, bei dem 35 Menschen erschossen wurden. Man kaufte einfach die Waffen auf. Auch illegale Waffen konnten straflos an den Staat verkauft werden. Binnen anderthalb Jahren wurden 600.000 Waffen für umgerechnet 390 Mio. Mark zurückgekauft. In den USA wurde diese Strategie 1999 ebenfalls angewandt, als in kurzem Abstand mehrere Amokläufer ihr tödliches Werk vollbrachten.
In der ökologischen Szene taucht in den letzten Jahren immer häufiger die Forderung „nutzen statt kaufen" auf. Wenn wir nicht das Produkt, sondern dessen Wirkung wollen, dann brauchen wir auch nicht das Produkt zu kaufen, sondern nur dessen Wirkung. Bekanntlich brauchen wir keine Kuh, um

täglich ein Glas Milch trinken zu können. Leasing-, Miet- und Pachtmodelle werden unserer Erwartung nach in den nächsten Jahren stark an Bedeutung gewinnen, unter anderem deshalb, weil diese Modelle das Recycling zum ureigenen Interesse des Produzenten machen und so einen wirklichen Kreislauf unterstützen.

In der managementrelevanten Gesetzgebung gibt es seit langem die Entwicklung zur „Internalisierung externer Kosten", was nichts anderes heißt, als dass Sie früher oder später für jede Spannung, die Ihr Unternehmen verursacht, gesetzlich haftbar gemacht werden. Vereinfacht gesagt bedeutet das, dass jede einzelne negative Wirkung des Unternehmens auf die Umwelt und das Umfeld in Zukunft in die Kostenrechnung aufgenommen werden muss. Das Früherkennungswerkzeug ist die Frage: Wo verursachen wir Spannungen? Machen wir also nach altbewährtem Rezept die drohende Gefahr zur Chance und fragen uns: Welche Produkte und Dienstleistungen können Sie verleasen?

8 Hinein-Denken

8.1 Mit den Augen der Zielperson sehen

Würden Sie immer nur vor-denken, wäre Ihnen das Schicksal des Hans-guck-in-die-Luft gewiss. Vor lauter Zukunft würden Sie das Naheliegende aus den Augen verlieren, nämlich Ihre Kunden als Energiequelle. Zu wirklich aussichtsreichen ZukunftsChancen kommen Sie in der Regel nur dann, wenn Sie sowohl die Augen weit geöffnet und in die Zukunft gerichtet, als auch das Ohr am Kunden haben. Das Motiv hinter der unternehmerischen Zukunftsforschung ist die Früherkennung von ZukunftsChancen. Dafür reicht das Vor-Denken und Quer-Denken alleine nicht aus, es braucht mit dem Hinein-Denken einen weiteren Baustein. Hinein-Denken macht Sie auf wichtige ungelöste Probleme und Wünsche Ihrer Kunden aufmerksam, irgendwann von irgendwem in Zukunft entdeckt und mit einem erfolgreichen Produkt befriedigt werden. So können Sie Zukunft vorwegnehmen.

Im Hafengebiet von Amsterdam hat sich ein Bauunternehmer vor Baubeginn überlegt, für wen er baut. Das ist für Bauinitiatoren schon beachtlich. Er kam auf die Idee, Spezialwohnungen für zerstrittene Eltern zu bauen. Die eine Seite der Wohnung war der Mutter, die andere dem Vater und der

Abbildung 21; Hinein-Denken

mittlere Teil der Wohnung war dem Kind vorbehalten. Das war für die Zielgruppe eine willkommene Möglichkeit, dem Kind die Trennung und sich selbst die Gegenwart des anderen zu ersparen. Das ist Hinein-Denken praktisch gemacht.
Hinein-Denken sorgt dafür, dass wir uns immer wieder an den für uns wichtigsten Menschen orientieren und für sie wertvoll bleiben. Hinein-Denken stellt und beantwortet Fragen wie diese:

Checkliste 24: Fragen des Hinein-Denkens

- ☑ Wir verbringen einen Tag im (zukünftigen) Leben unseres Kunden, was sehen wir?
- ☑ Welche subjektiven Probleme und Wünsche werden unsere Zielpersonen zukünftig empfinden?
- ☑ Was befürchten unsere Kunden für die Zukunft?
- ☑ Welche dringenden Fragen stellen sich unsere Zielpersonen?
- ☑ Was würden unsere Kunden am liebsten tun?
- ☑ Wie sieht die Wertearchitektur unserer Zielpersonen aus?
- ☑ Wovon fühlen sich unsere Zielpersonen angezogen?
- ☑ Wovon fühlen sich unsere Zielpersonen abgestoßen?
- ☑ Wie lauten die Glaubenssätze unserer Zielpersonen?
- ☑ Was behindert die Entwicklung unserer Zielpersonen am stärksten?
- ☑ Wie können wir unsere Kunden in Zukunft begeistern?
- ☑ Was sind die wahren Kaufmotive unserer Kunden?
- ☑ Was sind die wahren Nicht-Kaufmotive unserer Nicht-Kunden?

Wir sehen es an dieser Stelle nicht als angebracht an, die Details der Motivforschung, der Kundenzufriedenheitsanalysen, der qualitativen Marktforschung und der psychologischen Hintergründe darzustellen. Ein auch nur im Ansatz hilfreicher Abriss würde den Rahmen dieses Kapitels und dieses Buches sprengen, und es gibt darüber ausreichend gute Literatur. Wir konzentrieren uns hier darauf, Ihnen die grundsätzlichen Erfolgsfaktoren für das Hinein-Denken im Sinne der Früherkennung von ZukunftsChancen nahezubringen.

Warum Hinein-Denken?

Stichwort Empathie

Am fehlenden Hinein-Denken leidet die Wirtschaft und leidet die Welt. Sehen Sie sich fehlgeschlagene Produkte, Werbekampagnen und Projekte an. Immer ist die weitgehende Abwesenheit des Hinein-Denkens eine der Ursachen. Einige Beispiele:

1. Nur wenige Prozent der auf den Markt gebrachten Produkte haben einen nennenswerten Erfolg. Ein erheblicher Teil der Flops geht auf das Konto der schlichten Ignoranz des Wertesystems der Zielgruppe.
2. Viele europäische Unternehmen haben auf die Servicekultur in den USA reagiert. Manche stellen erstaunt fest, dass sich die Menschen an der Supermarktkasse fast schon gewaltsam gegen den Einpackservice wehren und dass stolze Schuhputzer fast verhungern. Vor allem die deutsche Mentalität hat offenbar ein Problem damit, bedient zu werden. Statt die tatsächlichen Probleme und Wünsche durch Beobachten, Fragen und Selbsterleben zu erkennen und zu lösen bzw. zu erfüllen, übernimmt man Serviceideen undifferenziert aus dem Ausland (siehe Abschnitt „Große Schwester").
3. Die meisten Kriege entstehen und werden geführt, weil der Eine den Anderen nicht versteht.
4. Mindestens jede dritte Ehe wird geschieden und viele davon nur deshalb, weil wir nirgendwo lernen, die Welt mit den Augen des Anderen zu sehen.
5. Nachdem der Slogan „Pepsi ist ein Lebenselixier" für eine chinesische Kampagne ins Chinesische übersetzt worden war, entdeckten die Repräsentanten des Unternehmens verblüfft, dass sie Millionen von Dollar für die Ankündigung ausgegeben hatten „Pepsi holt Ihre Ahnen aus dem Grab zurück".[58]
6. Sir Peter Ustinov, Unicef-Botschafter und Schauspieler, erzählte anlässlich eines Firmenjubiläums die Geschichte des Chevrolets in China. Der verkaufte sich dort so schlecht, weil auf Mandarin ein ähnliches Wort „nicht zu reparieren" bedeute.
7. Der Automobilkonzern General Motors sah sich vor ein Rätsel gestellt, weil sich der Verkauf seines neuen Kompaktmodells Chevrolet Nova in

Lateinamerika so schleppend anließ – bis man auf die Bedeutung von „no va“ im Spanischen stieß: „Nichts geht mehr“.

8. Der Mitsubishi Pajero, ein Auto für richtige Männer, hat sich in Spanien schlecht verkauft. Auf der Suche nach den Ursachen stieß man darauf, dass das Wort Pajero dort „Selbstbefriedigung“ bedeutet.

9. Einer unserer Klienten hat ein Wellnessprodukt unter dem Namen „Fitelio“ vorwiegend in der Schweiz verkauft und versucht, dieses Produkt auch in Schweden einzuführen, bis man bemerkte, dass Fitelio dort die Bezeichnung für die weiblichen Geschlechtsteile ist.

10. Wenn auf einem Karton nach Indien das Symbol „Vor Nässe schützen“ als Regenschirm dargestellt wird, könnten sich die Adressaten unangenehm an die Kolonialzeit erinnert fühlen, denn der Schirm war und ist dort ein Symbol für diesen geschichtlichen Abschnitt.

11. Ein US-amerikanischer Medikamentehersteller lieferte ein Schmerzmittel mit aussagekräftiger Symbolik im arabischen Raum. Erst ein Bild mit dem schmerzverzerrten Gesicht eines Leidenden und dann, nach Einnahme des Medikamentes, ein Symbol mit einem entspannten, schmerzfreien Gesicht. Dem von rechts nach links lesenden Araber verhieß das Medikament also Höllenqualen nach seiner Einnahme. Es sind eben häufig die Kleinigkeiten, die über Erfolg und Misserfolg entscheiden.

12. Wissenschaftler der Western Aerospace Labs Inc. führten eine Untersuchung über die Ergonomie von Bürostühlen durch. 57 NASA-Wissenschaftler unterzogen sich den Tests, mit erschreckenden Ergebnissen. Einige der Ingenieure waren nicht in der Lage, die Höhenverstellung zu finden, geschweige denn, sie zu betätigen. Sie berichteten, sie hätten solange die vorhandenen Burostühle durchprobiert, bis einer in der Höhe passte.

Fragen Sie Menschen aus, und man wird Sie für einen guten Gesprächspartner halten. Es gefällt uns, wenn sich jemand für uns interessiert und sich in unsere Situation hineindenkt. Wir sollten gelegentlich versuchen, nicht um jeden Preis interess*ant*, sondern interess*iert* und neugierig zu sein. Es geht hier nicht um die klassische Marktforschung. Es ist eine der besten Möglichkeiten, eine neue, unkonventionelle Idee abzuschießen, indem man sie mit Marktforschungsdaten konfrontiert. Da Marktforschungsdaten per

Definition innerhalb spezifischer Rahmenkoordinaten, also innerhalb einer spezifischen, strukturkonstanten Landkarte von der Wirklichkeit erhoben werden, können sie keinesfalls als Entscheidungsgrundlage für Fragen vom strukturvariablen Typ herangezogen werden. Es geht hier vornehmlich um Denkweisen, mit denen Sie ohne großen Forschungsaufwand grundlegende Motive, Wünsche und Probleme Ihrer Kunden erkennen. Wenn Sie wissen, welche Probleme und Wünsche Ihren Kunden am stärksten unter den Nägeln brennen, sind Sie als Unternehmer gefordert, nach zukünftigen Lösungen Ausschau zu halten. Es ist nicht neu, aber nicht weniger wahr: Der Kunde ist die letzte Instanz. Das Stichwort heißt hier Empathie. Empathie ist Einfühlungsvermögen, also die Fähigkeit, sich in andere Menschen hineinzuversetzen. Wir müssen besser lernen, unsere Unternehmen mit den Augen der Kunden zu sehen und eine Art empathischer Intelligenz zu entwickeln. Dann werden wir erkennen, dass wir nicht vier, sondern mindestens sechs Milliarden Dimensionen haben und jede dieser Dimensionen eine neue Produktkategorie bedeuten kann.

„Mit den Augen der Zielperson sehen" weist nicht nur auf die Feedbackfunktion hin. Es erfüllt primär die Funktion der Problem-, Bedarfs- und Bedürfnisforschung. Die Feedbackfunktion bedeutet, dass immer erst eine Handlung Ihrerseits notwendig ist, auf die Ihre Zielperson reagieren kann. Das ist jedoch nur der kleinere, unbedeutendere Teil des Hinein-Denkens, denn es geht eben primär darum, eine Vorsteuerungsfunktion zu erfüllen, die auch gänzlich ohne Ihr Zutun Informationen liefert.

Kundenorientierung, die „neue" Kernaufgabe?

Peter F. Drucker sagte einmal „Marketing heißt, die Welt aus der Sicht des Kunden sehen!" Er macht damit einen einfachen Zusammenhang sehr deutlich. Manchmal mutet es eigenartig an, die Schlussfolgerungen und Empfehlungen professoraler Studien zu lesen. Man hat viele Menschen gefragt, viele Standardabweichungen und Verteilungen berechnet und viel nachgedacht, nur um dann zu Erkenntnissen zu kommen, die des Professors Großmutter aus ihrem Volksmund-Nähkästchen hätte plaudern können. So verhält es sich denn auch mit dem Thema Kundenorientierung. Allenthalben fordert man von Ihnen Kundenorientierung und stellt diese Notwendigkeit als neues Ergebnis umfassender Forschung hin. An wem bitteschön sollen sich die Unternehmen denn sonst orientieren? Wir erkennen an, dass ein großer und dringender Handlungsbedarf bei der Umsetzung der Kundenorientierung besteht. Aber niemand hat jemals ernsthaft die Notwendigkeit zur Kundenorientierung in Abrede gestellt, denn es gibt keine echte Alternative zur Kundenorientierung. Zur Nicht-Kundenorientierung kann man sich nicht wohl nicht bekennen. Und dass sich Kundenpflege lohnt, wusste man bereits vor Epochen, lange bevor man korrekt empirisch ermitteln konnte, dass eine um fünf Prozent reduzierte Kundenflucht Ihren Unternehmensgewinn um 25 bis 85% steigern kann. Was sofort jeder nachmachen kann, ist keine echte ZukunftsChance. Wenn Sie im Kopf und im Herzen eines Menschen spazieren gehen und für ihn dort die Rolle eines freundschaftlichen Helfers einnehmen, kann Ihnen – dauerhaft gute Leistung vorausgesetzt – niemand mehr Ihren Platz streitig machen.

Kunden sind die Energiequelle

Kunden sind die primäre Energiequelle jedes Unternehmens. Ein ausgesprochener Allgemeinplatz, der häufig konsequent missachtet wird. Fragen Sie Ihre Mitarbeiter, wer ihr Gehalt bezahlt. Sie werden überrascht sein, wie lange es oftmals dauert, bis der Kunde als Zahlmeister erkannt wird. Die Zielgruppe ist eines von vielen Beobachtungsfeldern zur Früherkennung zukünftiger Chancen und Bedrohungen. Sie ist aber bei weitem das wichtigste. Poetisch gesagt: So wie das Schicksal der Sonne das Schicksal des Lebewesens ist, ist das Schicksal Ihrer Zielgruppe auch das Ihrige.

Zielperson statt Kunde

Wenn hier von Zielperson und nicht vom Kunden die Rede ist, dann sollen damit zwei Aspekte manifestiert werden: Erstens geht es immer um die gesamte Zielgruppe, sowohl die Kunden, als auch die Nicht-Kunden. Es kann für Sie erheblich interessanter sein, was diejenigen Zielgruppen-Mitglieder denken und tun, die eben gerade nicht in Ihrer Kundendatei stehen. Je kleiner der Anteil Ihrer Kunden an der gesamten Zielgruppe ist, desto gefährlicher ist es, nur die eigenen Kunden im Fokus zu behalten. Bei den Nicht-Kunden sehen Sie zukünftige Veränderungen erheblich früher als bei Ihren Kunden, denn Ihre Kunden haben ja noch nichts wesentliches geändert, sonst wären sie vielleicht keine Kunden mehr.

Zweitens heißt es Zielperson und nicht Zielgruppe, weil es letztendlich nur darauf ankommt, was der Einzelne denkt, entscheidet und tut. Gerade in der Zukunft wird diese Aussage durch die Fraktionierung bzw. Fragmentierung immer wahrer. Erst nach der Analyse der individuellen Probleme und Wünsche besteht der zweite Schritt darin, diejenigen Bedarfsfelder auszuwählen, die auf rentable Art und Weise erfüllt werden können.

Bewahren Sie sich ein gesundes Misstrauen gegenüber repräsentativen Kundenbefragungen. Wenn Sie bereits Kundenbefragungen durchgeführt haben, kennen Sie vielleicht die womöglich erst nachträglich geführte Diskussion, ob die Ergebnisse denn repräsentativ sind. Der Hang zur Repräsentativität hat in vielen Lebensbereichen seinen guten Sinn, so für die Wahlprognose, für Verkehrsplanungen und für politische Entscheidungen. Bei der Suche nach ZukunftsChancen ist er eher störend und hemmend, denn der repräsentative Durchschnitt enthält per Definition wenige Hinweise auf Neues und Innovatives. Der Wunsch, repräsentative Ergebnisse zu haben, hat seinen Ursprung in der Hoffnung, eine homogene Gruppe von Menschen als Kunden zu haben, die gleich denkt, gleich handelt und vor allem gleich kauft. Schließlich fordert die Betriebswirtschaft große Stückzahlen, um Anlage- und Marketinginvestitionen zu amortisieren. Wir steuern in hoher Geschwindigkeit auf eine Wirtschaft zu, in der die individualisierte Massenproduktion gang und gäbe sein wird. Wir werden dann nicht mehr die riesigen Lose haben und auch nicht benötigen, um eine Maschine, Anlage oder Betriebsstätte auszulasten. Es wird schon ausreichen, wenn beispielsweise eine Jeans im Grundsätzlichen der nächsten ähnelt, obwohl sie exakt für einen bestimmten Träger geschneidert wird. Der Jeanshersteller Levi Strauss nahm in einem Testladen in Cincinnati in den USA bereits sehr früh am Kunden Maß, übertrug die Daten per Internet direkt in die weit entfernte Produktionsmaschine und lieferte zwei Wochen später die maßgeschneiderte Jeans. Trotz höherer Preise konnte dieser Laden seinen Umsatz um 300 Prozent steigern. Das ist die Zukunft der Massenproduktion. Kaum eine Produktionsbranche wird sich dieser Entwicklung entziehen können, ob man nun Fenster oder Fahrzeuge herstellt.

Es wird immer schwieriger, Zielgruppen im klassischen Sinne zu definieren. Die Definition „Zielgruppen sind Menschen mit gleichen Problemen[59]“ schafft hier ein klareres Bild. Wie man in der Praxis häufig beobachten kann, verleitet der klassische Zielgruppenbegriff zur Verwendung hauptsächlich äußerer Kriterien. Besser ist jedoch ein empathischer Ansatz der Zielgruppendefinition, etwa nach Lebenssituationen, Bedarfssituationen oder Werthaltungen. Wer Ihre Zielgruppe empathischer definiert und segmentiert, kann ihr in diesen Teilsegmenten höchstwahrscheinlich einen besseren Nutzen bieten. Kommen Sie dem zuvor!

Obwohl dem die nahe Verwandtschaft zur Personenfahndung entgegensteht, schlagen wir den Begriff „Zielperson“ vor. Die Zielperson ist das von der Boston Consulting Group so genannte und als Marke geschützte „Segment of One®“, das Marktsegment, das nur noch aus dem einzelnen Menschen besteht. Über Zielgruppen sollten wir allenfalls dann noch sprechen, wenn es um Situationen geht, so beispielsweise „Wartende“, „werdende Eltern“, „Trauernde“ etc. Damit wir uns richtig verstehen; die Notwendigkeit, das Leistungsangebot des Unternehmens an den konkreten Wünschen und Problemen ganz bestimmter Menschen auszurichten, ist nicht obsolet. Sie gilt heute mehr denn je.

Der Eisberg; warum tun Menschen, was sie tun?

Fragen Sie mal Sonnenbrillenträger in einer herbstlichen Fußgängerzone, warum sie ihre Augen bedecken. Sie werden meist hören, man vertrage die Sonne nicht, auch wenn die Sonne gar nicht scheint. Sie erfahren bei solchen Fragen immer nur etwas über und aus der Spitze des Eisberges und fahren als Marktforscher gleich einer geistigen Titanic auf diesen zu. Ernest Dichter, der „Vater der Motivforschung“, gibt uns einige Beispiele aus seiner Praxis. Seifen wurden, so Dichter, erst in Massen gekauft, als man künstlich Schaum dazugab. Zigaretten schmecken subjektiv gesehen nicht, wenn sie nicht qualmen, auch wenn das mit dem Geschmack gar nichts zu tun hat.[60] Wie häufig erleben wir, dass wir unseren Kunden, Klienten, Mandanten und Patienten genau das bieten, was sie in ihren Fragebogen-Antworten verlangten, nur um damit triumphale Misserfolge zu verbuchen. Auch unterschätzen wir trotz mehrerer Jahrzehnte Marketinglehre immer noch die Wirkung des Images. Und wir staunen immer wieder von neuem über den Placebo-Effekt. Diese Testergebnisse und Beobachtungen machen uns klar, dass es „wahre“ Motive eigentlich nicht geben kann und dass sie, wenn man sie doch entdeckt zu haben glaubt, nicht an der Oberfläche des Bewusstseins festgemacht werden können. Test-Antworten, alltägliche Gedanken und Argumentationen und normale Gesprächsinhalte sind eben nur die kleine Spitze des sichtbaren Eisberges im Vergleich zu den Instinkten, der Psychosexualität, den vorbewussten wie unbewussten Konflikten usw. Warum tun Menschen, was sie tun? Natürlich lassen sich alle Motive irgendwie in die klassischen Kategorien Gewinn, Prestige, Sicherheit, Bequemlichkeit und Spaß einsortieren. Aber in welcher Reihenfolge und mit welcher Vernetzung diese Motive eine Rolle spielen, bleibt uns meist verschlossen. Es heißt, wenn das Bewusstsein des Menschen fünf Millimeter lang ist, dann hat das Unterbewusstsein eine Länge von elf Kilometern.[61] Wie auch immer solche Zahlen entstehen, es ist etwas Wahres daran.

Differenzierung durch Hinein-Denken in die Zukunft

Ihre Mitbewerber beschäftigen sich so wie Sie größtenteils mit der Vergangenheit und der Gegenwart Ihrer Zielgruppe. Wenn Sie statt dessen systematisch die kommenden Veränderungen Ihrer Zielgruppe analysieren, eröffnen sich Ihnen gänzlich neue Perspektiven und Chancen. Managementexperten fordern von Ihnen, schneller zu werden. Sie sollen schneller reagieren, schneller produzieren, schneller liefern, schneller abwickeln und so weiter. Doch kaum jemand erkennt dabei die Chance, sich Zeit durch Früherkennung zu verschaffen. Das bedeutet, Handlungsbedarf früher als Ihre Mitbewerber zu erkennen. Machen wir uns klar, dass auch Ihr Mitbewerber schneller werden kann. Aber er wird größte Probleme haben, wenn es Ihnen gelingt, zukünftige Chancen und Bedrohungen regelmäßig früher zu erkennen und früher als er mit Ihren Aktionen und Projekten zu beginnen, wenn es Ihnen also gelingt, sich Zeit durch Verbesserung Ihres Zukunftswissens zu „kaufen".

Sie können sich auf drei Zeitebenen mit Ihrer Zielgruppe befassen, mit ihrer Vergangenheit, ihrer Gegenwart und ihrer Zukunft. Mit den klassischen quantitativen Marktforschungsstrategien beschäftigen Sie sich nur scheinbar mit der Gegenwart Ihrer Zielgruppe, denn wenn sich das Kauf- und Entscheidungsverhalten in konkreten, harten Zahlen messen lässt, wird hierbei gleich einem „Hinein-Denken per Rückspiegel" lediglich die Vergangenheit abgebildet. So wertvoll und so einfach es für Sie auch wäre, Ihre Kunden und Nicht-Kunden einfach nach ihrer zukünftigen Entwicklung zu fragen, so problematisch und unzuverlässig ist dieses Ansinnen. Ihre Kunden haben erstens nicht die Aufgabe, für Sie über ihre zukünftigen Probleme und Wünsche nachzudenken, und zweitens zeigt es sich immer wieder, dass die Kunden – nach Hinweisen auf die Zukunft gefragt – meist mit ihrer Phantasie geizen. Kunden kennen ihre persönliche Zukunft als Kunde bei Ihrem Unternehmen nicht und sind in der Regel auch nicht daran interessiert, sie zu kennen. Sie können sich nur in der Gegenwart in Ihre Zielgruppe hinein-denken. Wenn Sie sich dabei auf die noch nicht sichtbaren Neigungen, Abneigungen, Probleme, Wünsche, Spannungen usw. konzentrieren, bewegen Sie sich gleichwohl in der Zukunft, denn das heutige Denken und Fühlen Ihrer Kunden ist deren zukünftiges Tun. Sie sind dann gefordert, über den Horizont des Kunden hinauszusehen und die für seine Probleme und Wünsche möglichen Lösungen zu finden und zu entwickeln

Franz Beckenbauer, ein Mann, der in Südamerika größere Chancen hat, von Regierungschefs empfangen zu werden als so mancher Minister, sagte einmal: „Ein erfolgreicher Fußballer darf auf dem Spielfeld nicht ständig dorthin rennen, wohin der Ball gerade fliegt. Er muss erahnen, wo der Ball

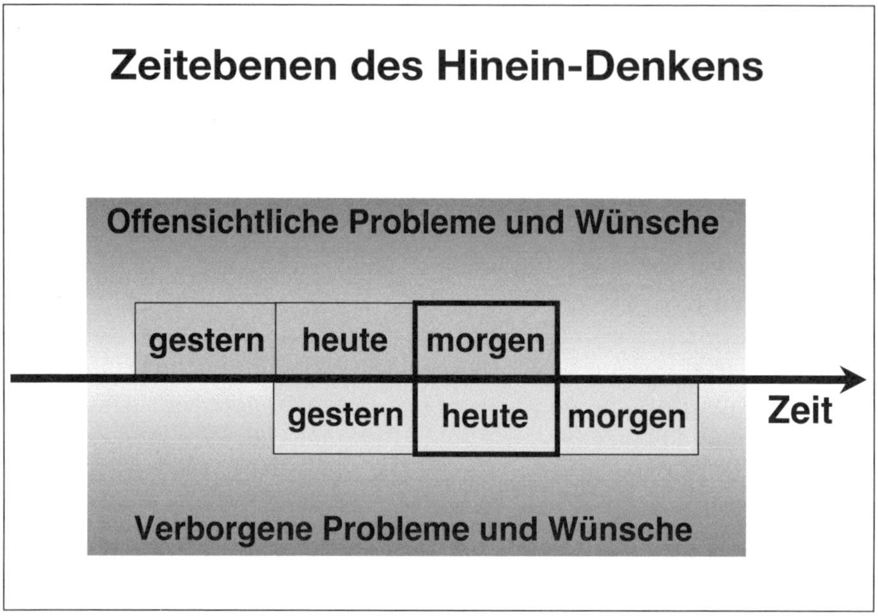

Abbildung 22; Zeitebenen des Hinein-Denkens

ankommen wird, und dann im richtigen Moment am richtigen Ort stehen." Nun kann es um die unternehmerischen Qualitäten Beckenbauers stehen wie es will, dieses Erfolgsrezept ist einfach wirksam. In gesättigten Märkten gieren Unternehmer nach Differenzierungsmöglichkeiten. Zukünftige Anforderungen, Bedürfnisse, Probleme und Wünsche der Kunden zu antizipieren, ist einer der wirksamsten Wege zur Differenzierung und damit zu hohen Umsatzrenditen. Und wenn uns das Tagesgeschäft wieder einmal glauben machen will, dass wir uns auf die Gegenwart unserer Kunden konzentrieren müssen, dann sollten wir ab und zu an die Worte des letzten deutschen Kaisers denken!

Der Geist schafft über die Bewegung die Materie. Also können wir uns die Zeitebenen des Hinein-Denkens auch als zwei übereinanderlegende Flächen vorstellen. Die obere Fläche, die des Bewussten und Augenscheinlichen, hat eine Vergangenheit, eine Gegenwart und eine Zukunft. Die untere Fläche, die des Unbewussten und Verborgenen hat ebenfalls Vergangenheit, Gegenwart und Zukunft, jedoch jeweils um eine Kategorie verschoben. So ist die offensichtliche quantitativ erfassbare und analysierbare Vergangenheit des Kunden, nämlich diejenige, welche wir in Branchenreports nachlesen können, eigentlich eine Vergangenheit der Vergangenheit. Sie ist das Vorgestern, das Plusquamperfekt. Selbst von seiner Gegenwart, die er auf unsere Fragen hin beschreibt, hat er sich im Innern schon längst verabschiedet. Sie sind selbst hundertfach Kunde bei irgendwelchen Unternehmen und werden vielleicht auch regelmäßig persönlich, per Telefon oder anhand von Fragebögen nach Ihrer Meinung zu diesem oder jenem Produkt gefragt. Prüfen Sie bei den nächsten Gelegenheiten Ihre Antworten und Sie werden feststellen, dass Sie erst dann eine wirklich brauchbare Antwort liefern können, wenn Sie für sich eine Entscheidung getroffen haben. Und getroffene Entscheidungen liegen per Definition in der Vergangenheit. Jede wirtschaftliche Entscheidung unterliegt einem gewissen Reifungsprozess, dessen Untersuchung für die Früherkennung von ZukunftsChancen von entscheidender Bedeutung ist. Nicht die offensichtlichen Probleme und Wünsche der Gegenwart sind die großen Chancen, sondern die der Zukunft. Und die offensichtlichen Probleme und Wünsche der Zukunft sind die verborgenen Probleme und Wünsche der Gegenwart.

Kontinuierliche Sozialisierung

Ihr Unternehmen hat nur dann eine Existenzberechtigung, wenn es konkrete Lösungen für konkrete Probleme und Wünsche seines Umfeldes bietet. Die Erfolgs- und Lebensfähigkeit eines Unternehmens hängt folglich davon ab, wie es sich in sein Umfeld integriert, wie es sich sozialisiert. Um sich zu sozialisieren, erfassen Menschen und Unternehmen die Verhältnisse ihres Umfeldes und passen dann ihr Verhalten an die Umfeldanforderungen an. Sie fragen sich also, wie sie ihren „Schlüssel" verändern müssen, um ins „Schloss" des Umfeldes zu passen oder wie sie das „Schloss" finden, das zu ihrem Schlüssel passt. Die Integration in ein Umfeld, ob Gesellschaft, Familie, Unternehmen oder Markt, wird um so leichter, je höher der Nutzen des sich sozialisierenden Subjektes für das Umfeld ist. Sie wird um so schwieriger, je größer der damit verbundene Schaden ist, weil das Umfeld die Sozialisation verweigert. Je besser Sie sich in Ihre Kunden und sonstigen Marktpartner hinein-denken und hineinfühlen können, desto eher sind Sie in der Lage, qualifizierte Problemlösungen zu bieten. Es ist also auch hierfür hochgradige Empathie erforderlich und nicht zuletzt deshalb, weil für Ihr Unternehmen nicht nur das Erkennen der Umfeldanforderungen an sich wichtig ist, sondern vor allem der zeitliche Vorsprung vor den Konkurrenten von entscheidender Bedeutung ist.

Immer auf die Kunden hören?

Die Sache mit der Kundenzufriedenheit

Kundenbefragungen sollen dem Hinein-Denken dienen, und einer der Schwerpunkte ist regelmäßig die Ermittlung der Kundenzufriedenheit. Wo liegt die optimale Kundenzufriedenheit? Wohl eher selten bei 100%, wenn mit 100%iger Kundenzufriedenheit die volle Befriedigung aller Wünsche der befragten Zielgruppe gemeint ist. Die Kundenzufriedenheit von 90% auf 100% zu steigern, ergibt in der Regel einen negativen Ertrag. Hier gilt das Gesetz vom abnehmenden Ertragszuwachs. Die letzten Prozentpunkte solcher Kundenzufriedenheit kosten einen unverhältnismäßig hohen Aufwand an Geld, Zeit und Geist, so dass unter maximaler Kundenzufriedenheit die Unternehmensergebnisse leiden. Entscheidend ist, dass die Kundenzufriedenheit wesentlich und dauerhaft über dem Vergleichswert der Mitbewerber liegt.

Wir reden hier keinesfalls einer kurzfristigen Gewinnmaximierung das Wort. Wir wollen verdeutlichen, dass die üblicherweise gestellten Fragen nach Kundenzufriedenheit meist in eine falsche Richtung zielen. Es gibt eine Vielzahl von Methoden zur Messung der Kundenzufriedenheit. Sie alle haben jedoch zur Voraussetzung, dass dem Messenden bekannt ist, welche Faktoren mit welcher Gewichtung und welcher kausalen Verkettung und zu welchem Zeitpunkt für den Kunden wichtig sind. Und das alles zusammen ist nahezu ausgeschlossen.

Die üblicherweise gestellten Fragen, etwa „wie zufrieden sind Sie mit unserer Qualität?“ oder „wie beurteilen Sie unsere Liefergeschwindigkeit“ zielen überwiegend ins Blaue der Theorie, weil diese Kategorien in dieser allgemeinen Form selten zu den erwarteten Nutzenaspekten gehören. Sie müssen nicht so weit gehen, den Kundennutzen beispielsweise per „Conjoint Measurement“ detailliert zu quantifizieren. Wenn Sie die richtige Kundenzufriedenheit ermitteln wollen, sollten Sie jedoch fragen, ob und in welchem Maße Sie das abgegebene Nutzenversprechen erfüllt haben. Wenn Ihr wichtigstes Nutzenversprechen „Zeit sparen“ ist, müssen Sie fragen, ob und in welcher Qualität Sie dem Kunden wirklich Zeit gespart haben. Wenn Ihr Nutzenversprechen darin besteht, den Kunden auf prestigefördernde Art und Weise mobil zu machen – etwa mit einem noblen PkW – dann müssen Sie fragen oder noch besser beobachten, ob Ihnen das gelungen ist. Damit haben Sie echte Orientierung gewonnen und Ihr Hinein-Denken fruchtbar gemacht.

Nicht zu tief hinein-denken

Wir plädieren dafür, die theoretische Suche nach den verborgenen Problemen und Wünschen nicht zu weit zu treiben. Kunden haben kein echtes Motiv und keinen Anreiz, zuverlässige Entscheidungsgrundlagen für ihre Lieferanten zu erarbeiten. So erntet man bei allzu tiefer theoretischer Motivforschung oftmals Wellensalat, mit dem man nichts anfangen kann. Wenn wir Hinein-Denken fordern, dann plädieren wir einfach dafür, im täglichen Leben zu fragen, zu beobachten und vor allem, ab und zu mal selbst der Kunde zu sein. Echte bedarfsmotivierte Chancen müssen recht offensichtlich sein, sonst spielt der Zufall eine so große Rolle, dass es im Erfolgsfalle eigentlich wieder angebotsmotiviert entstandene Chancen sind.

Machen Ihre Kunden gute Vorschläge?

Im rauhen heißen Texas gibt es eine äußerst erfolgreiche Fluggesellschaft namens Southwest-Airlines. Southwest hat ein Konzept, das sie „no frills" nennt, was soviel heißt wie „kein Firlefanz". Die 1971 gegründete Southwest ist die US-Airline mit dem besten Return on Investment seit 1973. Southwest wurde mehrfach mit höchsten Qualitätspreisen der USA ausgezeichnet. Worin besteht das Konzept? Southwest hat sich darauf spezialisiert, Geschäftsreisenden Verbindungen zwischen frequentierten Städten in Texas zu bieten und hat mittlerweile ihr Angebot auf die gesamten USA erweitert. 1992 ist Southwest nach Kalifornien gegangen und fliegt dort teilweise für 29 $ von Stadt zu Stadt, bei Buchung zwei Wochen vor Abflug. Wer drei Wochen vorher bucht, fliegt gelegentlich für 19 $, wer den gleichen Flug kurz vor Abflug bucht, zahlt 49 $. Eine Strecke wie Köln-Hamburg bietet Southwest standardmäßig für ca. 100 Dollar an, hin und zurück. Southwest kann diese sehr niedrigen Preise halten, weil man sich bewusst entschieden hat, folgenden Service *nicht* zu bieten.[62]

1. Keine Platzreservierung
2. Kein Essen
3. Kein Interline Ticketing und Baggaging (Ticket- und Gepäcktransfer zu und von anderen Airlines).

Durch diesen Verzicht braucht Southwest lediglich fünfzehn Minuten Aufenthalt im Flughafen. Würde Delta Airlines die gleiche Strategie fahren, bräuchte man dort angeblich sage und schreibe 100 Flugzeuge weniger. Ein

weiterer Baustein im Erfolgskonzept ist die konsequente Konzentration auf Maschinen des Typs Boeing 737, was die Wartung und Reparatur erheblich effizienter macht als bei einem gemischten Flugzeugpark.
Southwest Airlines befragt, wie es sich für eine ordentliche US-Airline gehört, jedes Jahr ihre Kunden, 5.000 an der Zahl. Raten Sie, was die drei häufigsten Kundenwünsche sind. Richtig, es sind:

1. Platzreservierung

2. Essen

3. Interline Ticketing und Baggaging.

Southwest ist kurioserweise genau deshalb erfolgreich, weil man nicht auf die Kunden hört. Würde Southwest ganz sklavisch auf die Kunden hören, käme am Ende eine stinknormale Airline heraus, wie es sie in den USA zuhauf gibt. Die anderen großen Airlines können Southwest nur schwer imitieren, weil deren Maschinen meist zu groß sind und weil Southwest durch die enorme Rendite einen technischen Vorsprung hat und umgekehrt. So verzichtete Southwest beispielsweise schon sehr früh auf die Ausstellung von Tickets auf Papier.
Sie kennen sicher die Reihe von Erfolgsprodukten, die es nicht gäbe, wenn man nur auf die Kunden gehört hätte, dazu gehört der Videorecorder, die Mikrowelle, das Telefon, das Mobiltelefon, der Walkman, der Nachrichtensender CNN und Tiefkühlkost. All dies sind eindrucksvolle Indizien dafür, dass es gefährlich sein kann, auf die Kunden zu hören und für die Gültigkeit der Regel: „Hören Sie auf Ihre Kunden, solange Sie gute Vorschläge machen.“

Wege des Hinein-Denkens

Beobachten, Fragen und Erleben

Hinein-Denken klingt komplizierter und schwieriger, als es im Prinzip ist. Nicht die Techniken sind dabei schwierig, sondern die innere Einstellung. Wem es gar nicht im Wesen liegt, sich auf andere einzustellen, dem wird natürlich auch die einfachste Methode schwerfallen. Der Wille bedeutet hierbei schon 80% bis 90% des Weges. Die im nächsten Abschnitt beschriebenen Strategeme des Hinein-Denkens werden Sie drei grundsätzlichen Wegen des Hinein-Denkens zuordnen können, nämlich dem Beobachten, dem Fragen und dem Erleben.

Das Beobachten unterscheidet sich vom Fragen dadurch, dass wir nicht in die Welt der Zielperson eingreifen. Man erzählt sich, dass Reinhold Würth, der Schraubenkönig, beobachtete, dass es den Handwerkern auf den Baustellen schwerfiel, das richtige Werkzeug zur Schraube zu finden. Sie hatten einfach Probleme, die gestanzten Größenangaben zu lesen. Durch diese Beobachtung wurde die Idee geboren, Schrauben und Werkzeuge durch gleiche Farben zu kennzeichnen.[63] Einfacher und bestechender geht es kaum. Sie können direkt beobachten, mit all Ihren Sinnen oder indirekt mit Statistiken oder Messungen. Sobald Sie aber fragen, greifen Sie in die Welt der Zielperson ein. Durch Ihre Frage verändern Sie die Welt, die Sie eigentlich neutral und unverfälscht beobachten wollten. Das ist einer der wichtigsten von den vielen Problempunkten bei Kundenbefragungen. Für den Fall, dass es Sie interessiert, sei nebenbei auf die Verwandtschaft zur Heisenbergschen Unschärferelation in der Physik hingewiesen.
Im Nachhinein vorgebrachte, vordergründige Kauf- und Nichtkaufargumente sind in der Regel andere als die wirklich wirkenden Faktoren. Ernstzunehmende Kommunikationsexperten gehen davon aus, dass nur unglaubliche zehn Prozent menschlicher Kommunikation über Wörter vermittelt werden. Der Rest der empfangbaren Botschaften wird über Körpersprache, Mimik und andere Kanäle übertragen, wobei wir natürlich auch hier nicht sicher wissen können, was genau die 100% menschlicher Kommunikation ausmacht.
Die höchste Form des Hinein-Denkens besteht darin, für eine gewisse Zeit die Zielperson zu werden. Amerikanische Indianer gaben die Weisheit weiter, bevor man einen Menschen beurteilen kann, müsse man erst einige Meilen in seinen Mokassins gelaufen sein. Wenn Sie das Hinein-Denken üben möchten, dann suchen Sie sich Personen aus, die Ihnen nicht sonderlich sympathisch oder die Ihnen politisch, beruflich oder sonst irgendwie entgegenstehen. Beginnen Sie bei jemandem, mit dem Sie noch einigermaßen können und tasten Sie sich dann schrittweise zu den Herrschaften vor, die überhaupt nicht Ihr Fall sind. Und gehen Sie davon aus, dass auch diese Personen aus ihrer Sicht Gutes und Rechtes wollen. Achten Sie bitte grundsätzlich darauf, Ihr empathisches Wissen zum gegenseitigen Wohl einsetzen.

Phasenmodell für das Hinein-Denken

Schritt 1: Bestimmen Sie konkret die Zielgruppe oder Zielperson

Je kleiner und konkreter die Zielgruppe, desto besser die Ergebnisse Ihres Hinein-Denkens. Die höchste Konzentration wählen Sie, wenn Sie sich eine einzige Person vornehmen. Wenn Sie mehrere Zielgruppen haben, nehmen Sie zunächst eine davon. Wenn Ihre Kunden keine Gemeinsamkeiten zu haben scheinen, nehmen Sie als Zielgruppe die tatsächlichen Käufer Ihrer Leistung, ganz gleich, welche äußeren Merkmale diese haben. Denken Sie daran, dass Ihre besten Kunden gleichzeitig diejenigen sind, die mit Ihrer bisherigen Art und Weise der Leistungserstellung durchaus zufrieden sind. Das gilt zumindest so lange, wie Sie sich in einem freien Markt bewegen. Wenn Sie an die schrägen, neuen, ungewöhnlichen und zukunftsträchtigen Ideen kommen wollen, dürfen Sie nicht nur diese besten Kunden fragen. Fragen Sie zusätzlich oder statt dessen diejenigen Kunden, die Sie kürzlich verloren haben oder diejenigen, die seit neuestem erheblich weniger kaufen oder auch diejenigen, von denen Sie und Ihre Mitarbeiter sich eigentlich sogar gestört fühlen. Diese Zielpersonen werden Sie auf die Fährte hin zu neuen ZukunftsChancen führen. Hätte Edison sehr intensiv mit den Nutzern der alten Lösung über Verbesserungsmöglichkeiten gesprochen, hätte er vielleicht eine größere oder länger brennende Kerze entwickelt, mit Sicherheit aber nicht die Glühbirne.[64]

Schritt 2: Bestimmen Sie Ihre Mission und Ihr Nutzenversprechen

Wofür sind Sie bei Ihrer Zielgruppe zuständig? Was ist Ihre Mission, Ihr Auftrag und Ihre Aufgabe für diese Zielgruppe? Was ist Ihr konkretes Nutzenversprechen? Wenn Sie keine klare Selbstbeschreibung haben, wird Sie die Vielzahl der auf Sie einströmenden Impulse eher behindern. Wer weder Ziel noch Aufgabe kennt, für den ist keine ZukunftsChance die richtige.

Schritt 3: Formulieren Sie Ihre Fragen

Das Ziel des Hinein-Denkens ist die Beantwortung Ihrer Fragen. Schreiben Sie daher detailliert Ihre Fragen auf, auf die Sie sich von dieser Zielgruppe für diese Mission konkrete Antworten wünschen. Zu Beginn dieses Kapitels zum Hinein-Denken wurde eine Reihe möglicher Fragen genannt.

Schritt 4: Ermitteln Sie die Wirkkräfte

Legen Sie fest, welche Faktoren, Menschen, Systeme und Kräfte einen Einfluss auf Ihre Fragen bzw. auf die dazugehörigen Antworten haben. So machen Sie sich das Umfeld und das System bewusst und können eine gemeinsame Basis mit Ihrer Zielperson schaffen. Das Neurolinguistische Programmieren spricht hier vom „Rapport", einer Atmosphäre des gegenseitigen Vertrauens und Respekts. Rapport soll, wie neurophysiologische Untersuchen ergeben haben, sogar so weit gehen können, dass sich bei nonverbaler Kommunikation die Gehirnwellen zweier Gesprächspartner einander angleichen, was in den EEG-Mustern sichtbar wird.[65]

Schritt 5: Wenden Sie mehrere Strategeme des Hinein-Denkens an

Wenden Sie in Abhängigkeit von der Lage des Einzelfalls eines oder mehrere der unten vorgestellten Strategeme für das Hinein-Denken an und – wir legten es mehrfach dar – scheuen Sie sich nicht davor, eigene Strategeme zu entwickeln und anzuwenden. Für Übungszwecke können Sie die Bedarfsfelder-Checkliste auf Seite 259 im Abschnitt „Landkarte der Zukunfts-Chancen" anwenden.

Schritt 6: Sammeln Sie kritik- und bewertungslos die Probleme und Wünsche

Nehmen Sie alle Probleme und Wünsche, die Sie mit Ihren Sinnen erfassen können ohne jede Bewertung auf und füllen Sie sich einen „ChancenTopf".

Schritt 7: Filtern Sie den dringendsten und wichtigsten Handlungsbedarf heraus

Wählen Sie nun diejenigen Probleme und Wünsche heraus, die für Sie und Ihre Zielperson(en) den größten gemeinsamen Vorteil versprechen. Wie Sie Chancen bewerten und auswählen, lesen Sie im Abschnitt zur Chancen-Analyse (Seite 257).

Schritt 8: Formulieren Sie einen Aktionsplan

Und wie immer: Formulieren Sie einen Aktionsplan, in dem Sie festhalten, wer, was, wie, mit wem und mit welchem Ergebnis tut. Einige Aktionen werden beinhalten, dass zu offenen Fragen oder nicht abschließend geklärten Sachverhalten recherchiert werden muss. Eine weitere Muss-Aktion besteht darin, einen Termin für einen „follow-up" zu vereinbaren.

8.2 Strategeme für das Hinein-Denken

Die folgenden Strategeme gehören zu den eher ganz offensichtlichen und vordergründigen Möglichkeiten des Hinein-Denkens. Das tiefere Hinein-Denken in andere Menschen ist wie besprochen weniger eine Frage der Methode als eine Frage der Sensitivität und vor allem des Wollens. Sie erinnern sich, Strategeme sind Denkmodelle und Denkstrategien, mit denen Sie ohne besonderen Aufwand und ohne umfangreiche Analysen Neues denken können. Auch an dieser Stelle möchten wir Sie darauf hinweisen, dass der eigentliche Zweck der beispielhaft dargestellten Strategeme darin besteht, Sie zur Eigenentwicklung zu animieren.

Rollentausch, mit den Augen der Zielperson sehen

Denkfrage: Was sehen wir, wenn wir einen Tag im Leben unseres Kunden verbringen?

Was haben die Unternehmen ARAL, Lufthansa, Allkauf, Hertz, McDonalds, General Motors, Federal Express, Henkel und Audi gemeinsam? Richtig, sie sind alle relativ groß, aber sie haben auch noch eine Gemeinsamkeit, nämlich den institutionalisierten Rollentausch. Während es die meisten Konzernlenker mit der alten Kriegsregel halten, der wertvolle Feldherr muss unnötige Gefahren meiden und sich von der Front fernhalten, müssen die Damen und Herren Vorstände und Geschäftsführer der genannten Unternehmen regelmäßig diejenige Arbeit tun, mit der bei ihnen das Geld verdient wird. Sie müssen BigMacs braten, Ölstände kontrollieren, Pakete ausliefern, Versicherungsscheine für Mietwagen ausfüllen und Abfälle sortieren. Von solchen Fällen abgesehen, wo Aktionen dieser Art mehr oder minder PR-Gags gleichkommen, ist „Manager in Practice" – so der Programmname bei der Lufthansa – eines der besten Instrumente des Hinein-Denkens.

A desk is a dangerous place from which to watch the world. (John le Carré).

Ihre Kunden sind oftmals die besten und zugleich preiswertesten Unternehmensberater. So heißt das Ganze bei Audi denn auch „Kunden-Erlebnis-Programm". Sie könnten einwenden, Führungskräfte seien zu teuer und hätten nicht die Zeit, um sich an die „Kundenfront" zu versetzen. Doch muss man sich dann auch fragen, wie teuer Führungskräfte sind, wenn sie schwindende Betriebsergebnisse produzieren.

So sehr die Kundenorientierung zur Binsenweisheit geworden sein mag, so erschreckend ist die im Alltag zu beobachtende Kundenferne der Unternehmensführungen. Wieviele der Probleme, die ein Kunde mit Ihnen hat, kennen Sie wirklich? Der japanische Managementberater Tominaga nennt einen Wert von 4%. Auch wenn bei solchen Werten generell große Skepsis angebracht ist (woher weiß er, welche Probleme zu den 100% gehören und welche nicht und woher weiß er, dass es keine weiteren Probleme gibt?), so schätzen wir die Größenordnung von wenigen Prozent als durchaus realistisch ein, denn es ist ja üblich, die Führungskräfte von Kundenbeschwerden fernzuhalten. Zum Teil wollen sie es auch so, denn vielen Chefs darf man so manche Dinge nicht sagen. Das mittlere Management soll laut Tominaga 14 bis 19% der Probleme und die Leute an der „Kundenfront" 75% der Kundenprobleme kennen. Das Beispiel weist auf ein Erfolgsrezept an. Selbst wenn das Topmanagement Angst vor dem Kunden hat, kann es allein schon durch den Einbezug der kundennahen Mitarbeiter einen großen Schritt in Richtung Früherkennung von ZukunftsChancen tun.

Wenn Sie Zeitaufwand und Kosten der dargelegten Aktionen scheuen, dann gibt es auch den Rollentausch light. Lesen Sie diesen Absatz und dann schließen Sie die Augen. Sie führen eine Kette von Computerläden. Sie sehen einen Ihrer Kunden bei einer seiner täglichen Verrichtungen. Sie sehen ihn im Pyjama beim Zähneputzen. Es ist Herr Dresler. Sie sehen Herrn Dresler – Frau und Kinder geküßt – aus dem Haus gehen, zur Bushaltestelle laufen und sich auf den Fensterplatz in der dritten Reihe hinter dem Busfahrer niedersetzen. Es regnet. Sie hören das Dröhnen und spüren den Geruch des Busses. Herr Dresler denkt an das bevorstehende Gespräch mit seinem Chef über die längst überfällige Gehaltserhöhung. Es kann gelegentlich schon sehr knapp werden mit so einem Monatsgehalt und kleinen Kindern. Herr Dresler steigt eine Station früher aus, weil er noch sein Notebook aus Ihrer Filiale in der Rheinstraße holen will. Er öffnet die Tür, schüttelt sich die nassen Haare aus und sieht sich um. Keiner der vier jungen Männer hinter der Theke beachtet ihn. Er geht auf den bohnenstangengleichen Blonden zu, dem er sein fünftbestes Stück in die Hand gedrückt hatte, nachdem ihn die Grafikkarte zur Verzweiflung gebracht hatte. Ja, da im Regal lag es. Ohne Begrüßung heißt es von der anderen Seite „wir ham alles geprüft, keine Ahnung, was da dran is, alles in allem macht das 125 Mark".

Das soll genügen, um den „Rollentausch light" zu vermitteln. Es geht also darum, sich in die Situation im eigentlichen Sinne hineinzu*denken.* Mit Übung und Phantasie können Sie sich im Geiste ohne weiteres in jede Situation versetzen, die Ihr Kunde im Kontakt mit Ihrem Unternehmen bzw. mit Ihren Produkten und Dienstleistungen erlebt. Schließlich ist das Ihr Geschäft. Sie können solche Phantasiereisen alleine oder in der Gruppe machen, wobei dann die Führung durch einen Mental-Trainer sinnvoll ist. Selbst mit dem nur gedachten Rollentausch können Sie sehr viel dafür tun, die Welten zwischen Eigenbild und Fremdbild Ihres Unternehmens schrumpfen zu lassen. Nebenbei bemerkt kann Rollentausch natürlich auch bedeuten, dass Ihre Zielperson mal Ihre Rolle einnimmt und Ihnen über ihre Erfahrungen berichtet.

Haben Sie schon mal darüber nachgedacht, wie sich ein älterer Mitbürger fühlt, wenn er mit Ihrem Kundendienst spricht? Das Beratungsunternehmen Meyer-Hentschel hat einen Alterssimulator entwickelt, mit dem sich Siebzehnjährige wie Siebzigjährige fühlen können. Ein Helm, ein Visier mit sichtbehindernder Folie, Schallschutzkopfhörer, Baumwollhandschuhe und bleiverstärkte Manschetten an den Arm- und Beingelenken machen das Hinein-Denken in den Senior einfach und lenken die Suche nach ZukunftsChancen in die richtig Richtung. Das Einfühlungsvermögen wird durch Realität ersetzt. Dabei stellen wir fest, wie schwer es fallen muss, Geld zu blättern oder wie problematisch es für einen Senior sein kann, seine Kundennummer wiederzufinden oder Ihr Ladenlokal zu betreten. Die hohe Beliebtheit der Zielgruppe „Senioren“ hat dazu geführt, dass es seit 1994 ein European Design for Aging Network (DAN) gibt, das Erfahrungen mit Produkten für ältere Menschen austauscht.

Test, das Hinein-Denken des Praktikers

Denkfrage: Was würde unsere Zielperson tun, wenn wir es testen?

Der Volksmund setzte schon immer das Probieren über das Studieren. Größere Anzeigenkampagnen werden schon seit jeher mit so genannten „Pre-Tests“ daraufhin geprüft, ob die Motive beim Verbraucher oder Gebraucher ankommen. Man mag sich zwar fragen, ob das auch wirklich mit jedem Spot gemacht wird, aber zumindest jede professionelle Agentur unterzieht ihre kreativen Filmchen einem solchen Testlauf. Testen heißt, den geplanten Zustand schon einmal vorübergehend und mit begrenztem Risiko eintreten zu lassen. Der Test ist das Hinein-Denken des Praktikers. Ohne lange und aufwendige Analysen und gänzlich ohne Mathematik werfen sie ihr Produkt ins kalte Wasser des Marktes und schauen zu, was passiert. Der Test ist eigentlich ein Fragen durch Taten. So kannte schon seit Februar 1995 jedes Kind in der belgischen Gemeinde Leuven die blaue Geldkarte mit dem gelben Punkt namens „Proton“. In Leuven wurde getestet, was nach bewiesener Erfolgsaussicht in ganz Belgien eingeführt wurde, nämlich eine Geldkarte, mit der man schon 1995 fast überall auch die kleinsten Beträge bezahlen konnte. Anstelle aufwendiger und hypothetischer Marktuntersuchungen hat man einfach die Erfolgsaussichten in begrenztem Umfang getestet und so die richtige Antwort gefunden. Viele Länder haben ihre repräsentativen Testmärkte, so hat Deutschland die kleine Stadt Haßloch in der Pfalz, und das US-amerikanische Pendant dazu ist Columbus in Ohio, wo die Konsumgüterproduzenten regelmäßig hinpilgern, um das landestypische Kaufverhalten von Durchschnittsbürgern zu beobachten.

Aussagekräftige Tests haben den unbestreitbaren Vorteil, dass sie deutlich zeigen, welche Handlungsalternative Ihre Zielperson im Moment und mit den für sie sichtbaren Informationen für die beste hält. Es ist ein himmelweiter Unterschied, ob Ihr Kunde Ihnen sagt, dass er kaufen *würde*, oder ob er Ihnen mit seinem Geld als Stimmzettel zeigt, dass er gekauft *hat*.
Der Test ist die älteste Entwicklungsstrategie. Auch die Natur entwickelt ihre Dinge einfach durch Versuch und Irrtum weiter. Sie probiert aus und lässt geschehen, ob etwas Erfolgreiches und Überlebensfähiges dabei herauskommt oder ob der Irrtum obsiegt. Wenn Sie aber unbedingt auch einen wirtschaftswissenschaftlichen Segen brauchen, dann bekommen Sie ihn von Peter F. Drucker, dem amerikanischen Professor österreichischer Provenienz, der als Begründer des wissenschaftlichen Managements gilt. Er sagt nämlich, dass es eigentlich nur einen sinnvollen Weg gibt, Ideen zu prüfen, nämlich sie auszuprobieren. Ein mit dem Ziel des Erfahrungsfortschritts durchgeführter Test kann gar nicht schiefgehen, denn jedes Ergebnis ist ein Erfolg.
Beim Bau geht man davon aus, dass die Baukosten bei komplexen Projekten um fünf bis zehn Prozent geringer sind, wenn vorher ein Modell angefertigt wurde. Die Nutzung der Möglichkeiten von Computersimulationen standen zum Zeitpunkt der Erstausgabe dieses Buches vor allem im privaten Bereich noch am Anfang. In die gleiche Richtung zielt die weit verbreitete Praxis, für lediglich angedachte und gar nicht entwickelte Produkte Anzeigen zu schalten und die Resonanz zu prüfen oder die gängige Strategie der Verlage, die voraussichtliche Auflage mit Hilfe von Subskriptionspreisen abzuschätzen. So paradox das zunächst auch klingt, wir müssen dafür sorgen, dass der unvermeidliche Flop möglichst früh eintritt. Und genau das erreichen wir mit zuverlässigen Tests. Zum Glück beginnen die Wirtschaftswissenschaftler, ihren Neid auf die exakten mathematischen Wissenschaften abzulegen. Man hat nämlich lange Zeit so getan, als könne man Unternehmens- oder Produkterfolge durch exakte Vorausberechnungen herbeiführen. Überspitzt gesagt, müssen wir unsere Unternehmen und Lebensunternehmen als eine Art Dauertest mit permanenter Änderung der Versuchsanordnung begreifen.

Strategische Simulation

Denkfrage: Was tut unsere Zielperson, wenn wir die Umstände verändern?

Das beschriebene Strategem „Test“ ist eine *gebundene* Beobachtung nach der Art, etwas Fertiges einwerfen und prüfen, ob es die Anforderungen erfüllt oder nicht. Von der Warte des Hinein-Denkens ist der Test mit *ungebundener* Beobachtung aber noch wichtiger. Sie haben in diesem Falle weder eine fertige noch eine halbfertige Lösung. Sie verursachen im Umfeld des Kunden einfach eine Veränderung, deren Auswirkungen Sie beobachten. Beauftragen Sie mal einen Freund, einem kleinen Teil Ihrer Kunden als vermeintlicher Mitbewerber ein Mailing zu schicken. Inhalt des Mailings, das Ihr Freund natürlich auf seinem Briefbogen schreibt, soll die Ankündigung eines erheblich verbesserten Lieferservices seines Unternehmens sein. Je nach Reaktion erfahren Sie unverfälscht, welche Ihrer Kunden sich exakt einen solchen Service wünschen, welche von ihnen durchaus zu einem Mitbewerber wechseln würden und – wenn das Mailing entsprechend konzipiert ist – was sie dafür bezahlen würden. Oder lassen Sie Ihre Freundin eine Anzeige schalten, in der sie zur Gründung einer Interessengemeinschaft XY-Geschädigter aufruft, wobei XY das Geschäftsfeld betrifft, in dem Sie tätig sind. Sie erfahren so sehr viel über die Hintergründe, Zufriedenheiten und vor allem Unzufriedenheiten in Ihrem Geschäft. Oder bauen Sie in die nächste Lieferung an einen sehr guten Kunden einen Fehler ein, um die Reaktion des Kunden zu sehen. Oder streuen Sie das Gerücht, dass Ihr Unternehmen von einem branchenfremden Unternehmen übernommen werden soll. All das sind strategische Simulationen, also künstlich geschaffene Situationen, in denen sich Menschen anders verhalten als unter normalen bekannten Umständen. Die Möglichkeiten dieses Strategems könnten eine ganze Bibliothek füllen. Es sei der Ordnung halber darauf hingewiesen, dass Sie bitte immer im Rahmen der gesetzlichen und ethischen Normen bleiben müssen.

Wertearchitektur, Realitäten folgen Werten

Denkfrage: Welche Werte bestimmen das Verhalten unserer Zielperson?

Menschen entscheiden vor allem nach ihren Werten. Entscheiden heißt, Möglichkeiten durch Priorisierung zu bewerten und so einen Teil dieser Möglichkeiten auszuschließen. Das klingt und ist idealisiert, denn wer kennt schon seine genaue Wertearchitektur? Sie? Wir alle haben zwar ein Gefühl für unsere Werte und ihren Zusammenhang, das heißt, wir spüren, ob etwas unseren Werten entspricht oder nicht. Aber nur die wenigsten dürften sich die Mühe gemacht haben, ein wissenschaftlich einwandfreies Modell ihrer Wertearchitektur erarbeitet zu haben. Realitäten folgen Werten. Wenn in einem Staat der Wert Freiheit immer größere Bedeutung erlangt, dann wird dieser Wert irgendwann einmal seine gewünschte Realität schaffen. Wenn Sicherheit ein zunehmend wichtigerer Wohnwert wird, werden mehr sichere Wohnungen gebaut und mit Sicherheitslösungen ausgestattet.
Das Wort „Wertewandel“ führt ein wenig in die Irre, denn es wandeln sich weniger die Werte als die relativen Bedeutungen der Werte untereinander.

Die Beobachtung der Veränderungen von Werthierarchien und Wertesystemen bei Kunden und Nicht-Kunden wie auch bei anderen Partnern lässt Voraussagen über zukünftige Aktionen und Reaktionen zu. Auch zur Konkurrenzanalyse können Sie dieses Strategem heranziehen, wenn Sie die Wertehierarchie der Führung Ihres Mitbewerbers kennen.

Es scheint häufig leichter zu sein, die Wertearchitektur eines fremden Menschen zu durchschauen, als diejenige im eigenen Hirnsumpf. Obschon ein Wertesystem etwas höchst individuelles ist, versuchen Sie sich daran, das Wertesystem der Gesamtheit Ihrer Kunden bzw. Ihrer Zielgruppe zu untersuchen. Das einzige praktische Arbeitsmittel für dieses Strategem ist die Frage: Welche Werte stehen über welchen Werten? Im Idealfall ergibt es eine „Bundesliga“ der Werte. Wahrscheinlicher ist aber ein Netz von Werten, in denen einige wenige die dominierende Rolle spielen, etwa Selbstbestimmung und Sicherheit. Es wird in einem Wertesystem immer konfliktträchtige Werte, harmonierende Werte und neutrale Beziehungen zwischen Werten geben.

Als Strategem für das Hinein-Denken verwenden Sie „Wertesystem“ einfach mit der oben genannten Frage. Welche Werte stellt Ihre Zielperson oder Ihre Zielgruppe ganz oben an und welche anderen Werte spielen darüber hinaus eine Rolle? Ohne eine solche Werteliste können Sie im Grunde genommen gar keine richtige Zielgruppe definieren, denn nur mit solchen Menschen, die aufgrund gleicher Werte gleiche Probleme und Wünsche verspüren, haben Sie eine brauchbare Zielgruppe. Ein ganz praktischer erster Schritt bestünde etwa darin, dass Sie das in Ihrer Kundendatenbank vorgesehene aber notorisch ungenutzte Datenfeld „Interessen“ mit einigen Anmerkungen zur Wertehierarchie des betreffenden Menschen füllen und diese Informationen systematisch ergänzen und sie vor allem wirklich nutzen.

Weitere Strategeme für das Hinein-Denken

Weitere Strategeme für das Hinein-Denken finden Sie unter
➔ **www.Micic.com**.

8.3 Das empathische Unternehmen

Das Hinein-Denken ist keine Frage eines Workshops oder einer isolierten Aktion. Sie müssen den Willen, die Fähigkeit und die Möglichkeit zum Hinein-Denken fest in Ihre Unternehmensorganisation einbauen. Dabei werden Ihnen die nachfolgenden Gedanken nützlich sein.

Zielpersonenorientierte Organisation

Eine an den Zielpersonen ausgerichtete Unternehmensorganisation ist eine wesentliche Bedingung für ein „empathisches Unternehmen". Nehmen wir an, Sie führten eine Bank. Sie haben einige tausend Kunden und diese Kunden könnten verschiedener gar nicht sein. Ihre Kundenberatung haben Sie womöglich nach Regionen organisiert, weil das so schön deutlich und übersichtlich ist. Dass es oberflächlich sein könnte, ist Ihnen zwar eingefallen, aber man kann schließlich nicht alles haben. Da muss ein und dieselbe junge Kundenberaterin den Zahnarzt bei der Praxiserweiterung, den Studenten bei der Finanzierung einer Sitzecke und den Unternehmer bei der Tarifdefinition einer Betriebshaftpflichtversicherung beraten. Natürlich haben Sie dafür gesorgt, dass im Hintergrund Spezialisten sitzen, aber diese Spezialisten sind wiederum Fach-Spezialisten. Zielgruppen-Spezialisten scheinen sich angesichts der vielfältigen Zielgruppen nicht zu lohnen. Aber was leicht ist, kann jeder. Warum sollte es nicht schon ein Vorteil sein, wenn Ihre Kundenberaterin vier Zielgruppen anstelle der ganzen Welt betreut? Sie merken, worauf wir hinauswollen.

Es ist uns unbegreiflich, warum in vielen Unternehmen nicht auch jeder Privatkunde einen persönlichen Ansprechpartner mit Telefon- und E-Mail-Adresse kennt. Der Kunde zieht die Wertschöpfungskette Ihres Unternehmens, der Kunde ist die Energiequelle. Also sollten Sie Ihre Organisation auch so ausrichten, dass Sie Ihre Kunden wirklich kennen können.

Professor Hermann Simon berichtet von der US-Firma Emerson Electric, die ein System namens „Adopt A Customer" eingeführt hat. Jeder Mitarbeiter kann jeweils einen Kunden adoptieren und die Interessen dieses Kunden in der Organisation vertreten[66]. Sie und Ihre Mitarbeiter können sich nur dann wirkungsvoll in Ihre Zielpersonen hinein-denken, wenn Sie sie gut kennen. Was hindert Sie daran, die Funktion von Kundenmanagern bzw. Zielgruppen-Managern einzuführen und Ihr Unternehmen so ein stückweit empathischer zu machen?

Der japanische Kfz-Hersteller Nissan hat in Los Angeles ein Marktforschungsinstitut eingerichtet, um sich vor Ort über die Wünsche und das Verhalten seiner amerikanischen Kunden zu informieren. Los Angeles ist als Szene sehr fortschrittlich und fungiert als Trendsetter. Eine ähnliche Umsetzung des empathischen Unternehmens hat Toyota vorzuweisen. Toyota hat in Japan „Amlux" gegründet, einen Ausstellungsraum mit Kaufhausatmosphäre und Videovorführungen, der täglich von 700 Interessenten besucht wird, die allesamt interviewt werden. Zielgruppe sind junge Leute, deren Verhalten und Kultur immer Frühindikatoren für die Entwicklung und die Wünsche der Gesellschaft waren. Die Kunden dürfen sich bereits seit 1993 ihren Traumwagen am Bildschirm konstruieren und die dabei entstehenden Daten können sogar für die Produktsteuerung verwendet werden.

Das Kundenbarometer als Früherkennungssystem

Unter →**www.Micic.com** finden Sie eine ausführliche Anleitung zum Aufbau eines unternehmensspezifischen Kundenbarometers als einem institutionalisierten Früherkennungssystem.

Szene 13; Das zweite Grundlagen-Seminar, Teil II

20. Juni: „ … und nach diesem Tag gehören wir mit Sicherheit nicht mehr zu denen, die mit den Scheuklappen spielen. Vielen Dank!“ Ellen Lichtenberg übernahm die abschließenden Worte dieses Tages, eines Tages, der jedem lange in Erinnerung bleiben sollte. Sie hatten eine neue Welt voller Denkmodelle und Praxisbeispiele durch ihre Köpfe und Herzen wandern lassen. Die fragende Neugier auf die Ergebnisse erster eigener Umsetzungen rang noch mit der Begeisterung für die neuen Geisteswerkzeuge. Frau Max, die Marketingleiterin, kündigte an, „bis zur ChancenAnalyse nächste Woche werde ich mit den Chancenstrategemen endlich das neue Marketingkonzept für die Umkehrosmose[67]-Nachrüstung fertig haben. Wenn's damit nicht klappt, klappt's nie mehr“, war sie sich sicher. (Weiter auf Seite 257).

9 Step 3: ChancenAnalyse, welche Bedrohungen und Chancen bringt die Zukunft?

Die ZukunftsAnalyse nach der im vorherigen Abschnitt beschriebenen Systematik und Methodik resultierte in unseren Projekten in etwa 100 bis 250 Annahmen zur zukünftigen Entwicklung und Veränderung des Unternehmensumfeldes. Diese Annahmen sind nun im nächsten Schritt die Grundlage für die ChancenAnalyse. Die Abschnitte „Hinein-Denken, mit den Augen der Zielperson sehen" und „Quer-Denken, über den Tellerrand hinaussehen" bilden das gedankliche Fundament für Ihre ChancenAnalyse.

Szene 14; Die ChancenAnalyse, Teil I

20. Juni, 09.05 Uhr: Mit einer kurzen Erläuterung der Ziele und des Wesens der ChancenAnalyse läutete Michels den zweiten Workshop-Tag ein. Die heute auf dem Programm stehende ChancenAnalyse sollte die Saat produzieren, von deren Früchten die Lichtenberg GmbH die nächsten Jahre und Jahrzehnte zehren kann. Es sollte ein Prozess in Gang gesetzt werden, in dessen Verlauf die Früherkennung von Zukunfts-Chancen so in das Denken und Handeln der Lichtenberg-Mannschaft eingeht, dass die Regie des Unterbewusstseins automatisch die Aufmerksamkeit darauf leitet. Es ging los mit „Ziele und Wesen der ChancenAnalyse". (Weiter auf Seite 274).

9.1 Ziele und Wesen der ChancenAnalyse

Für gewöhnlich wachsen Chancen wie Unkraut, vollkommen ungeplant, häufig ungewollt und selten systematisch und gezielt. Sie können Ihre ZukunftsChancen aber auch mit System züchten. Das Ziel der ChancenAnalyse ist es, möglichst viele ChancenKandidaten zu sammeln und daraus die besten ZukunftsChancen herauszufinden. Chancenfindung heißt

- neue Probleme erkennen,
- neue Wünsche erkennen,
- neue Lösungen für bekannte Probleme entdecken,
- neue Anwendungen für bekannte Lösungen entdecken.

In der ChancenAnalyse werden Denkfragen wie die folgenden gestellt und kreativ beantwortet:

Checkliste 25: Die ChancenAnalyse

- ☑ Wo sind die $-Zeichen?
- ☑ Wie können wir daraus einen Markt ganz für uns alleine machen?
- ☑ Wie könnten andere ein Geschäft daraus machen?
- ☑ Wem wäre eine gute Lösung Millionen wert?
- ☑ Wie könnten wir hier unsere Kunden begeistern?
- ☑ Wie hat man die Aufgabe in verwandten Bereichen gelöst?
- ☑ Wie hat man die Aufgabe in anderen Ländern gelöst?
- ☑ Wie hat man die Aufgabe in der Science-fiction gelöst?
- ☑ Welche Marktregeln können wir zu unseren Gunsten ändern?
- ☑ Welche Technologie können wir für diese Aufgabe einsetzen?
- ☑ Was müssen wir auf den einzelnen Handlungsfeldern tun?
- ☑ Wie können wir die Gefahr zur Chance machen?
- ☑ Wie sieht die ideale Lösung aus?
- ☑ Was würden wir am liebsten tun?
- ☑ Wie würde die Natur die Aufgabe lösen?
- ☑ Was haben wir, das für diese Aufgabe wertvoll wäre?
- ☑ Wie heißt das dahinterstehende Bedarfsfeld?
- ☑ Wem können wir hier das Leben leichter machen?
- ☑ Was passiert, wenn nichts passiert?
- ☑ …

Die ChancenAnalyse ist durch die Charakteristik des Brainstormings geprägt. Das bedeutet vor allem, dass eine Bewertung der Ideen und ChancenKandidaten erst in einem separaten, darauf folgenden Schritt vorgenommen wird. Die während der ChancenAnalyse notwendige Denkart ist offen, unkritisch, visionär, unkonventionell und auch unbequem.
Das Ergebnis der ChancenAnalyse ist ein voller „ChancenTopf" zur Gestaltung der Zukunft Ihres Unternehmens. Unsere ChancenAnalysen führten

in der Praxis niemals zu weniger als 100 und selten zu mehr als 400 Chancen, wobei es zunächst nicht darauf ankommt, ob diese Chancen auch tatsächlich umsetzbar sind und ob sie zu Ihrem Unternehmen passen.

9.2 Landkarte der ZukunftsChancen

Wenn Sie im StrategieRadar-Workshop sozusagen im Cockpit Ihres Unternehmens sitzen, ist eine Landkarte hilfreich, die Ihnen zeigt, welche Länder, Mächte und Kräfte eine Rolle spielen. Die Landkarte der ZukunftsChancen wird Ihnen die wesentlichen Wirkkräfte aufzeigen, aus denen ZukunftsChancen entstehen. Verschaffen wir uns zunächst einen Überblick. Wenn Sie Ihre Potenziale erkennen und bereit sowie in der Lage sind, verfügbare fremde Potenziale in Ihre Fähigkeiten einzubauen, dann können Sie die zukünftigen Bedarfsfelder unter Zuhilfenahme der Technologie und unter Nutzung neuer und alter Marktregeln erschließen und so neue ZukunftsChancen sehen oder gar schaffen. Das Ganze Wirkgefüge sehen Sie möglichst im Lichte der Zukunft und akzeptieren auch die Tatsache, dass die Zukunft zum großen Teil erfunden wird (Innovation).

Von den Unsicherheiten der Zukunft hängt ab, wer nicht versteht, in der Gegenwart für die Zukunft zu sorgen. (Lucius A. Seneca)

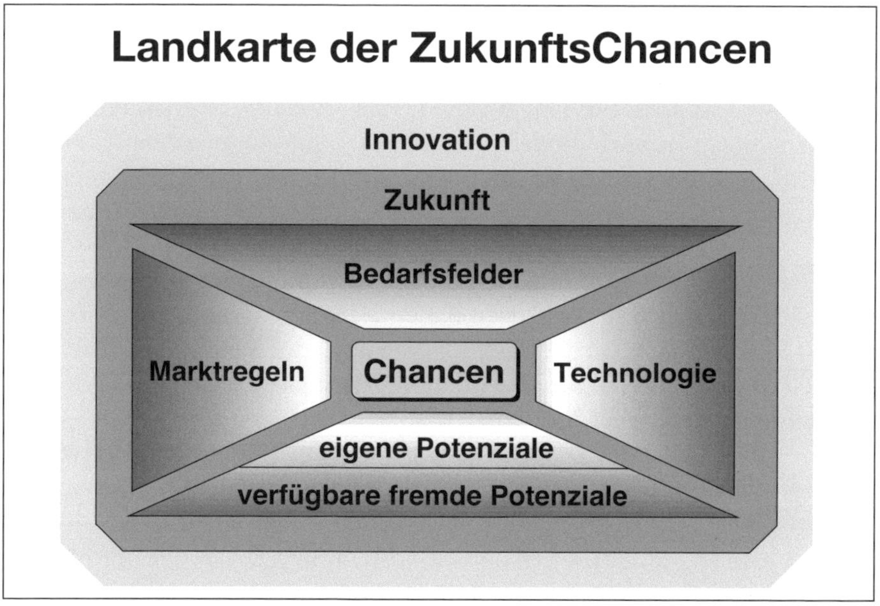

Abbildung 23; Landkarte der ZukunftsChancen

Land der Potenziale

Haben Sie je versucht, einem Freund zu einer neuen Existenz zu verhelfen? Wenn dieser Freund ein Mensch mit Fähigkeiten, mit Ressourcen und mit Wissen war, dürfte es Ihnen nicht schwergefallen sein. War dieser Freund jedoch ein unterdurchschnittlich gebildeter Mensch, am Rande seiner finanziellen Möglichkeiten oder verzweifelt, werden Sie sich erheblich mehr Mühe gegeben haben, und vielleicht ist es Ihnen trotz aller Anstrengung nicht gelungen, mit ihm eine neue Einkommensquelle zu schaffen. Wo lag der Unterschied? Ihr erster Freund hatte Potenziale, er hatte Karten auf seiner Hand, mit denen er ins Spiel gehen konnte. Ihr zweiter Freund hatte weniger Potenziale, aus denen Sie und er etwas machen konnten. Sie hätten also gut daran getan, mit Ihrem Freund zunächst nach den verborgenen Potenzialen zu suchen. Wir sind davon überzeugt, dass jeder Mensch und jedes Unternehmen zu jedem Zeitpunkt weitaus mehr Potenziale hat, als bekannt sind. Eine der größten und für jeden Menschen nutzbaren Zukunfts-Chancen besteht darin, die eigenen Potenziale umfassender zu erkennen und einzusetzen.

Als Potenzial bezeichnen wir hier Ressourcen und Kräfte aller Art, mit denen Sie mehr gestalten und kraftvoller handeln können, als Sie es bis jetzt tun. ZukunftsChancen können Sie für Ihren Erfolg nur dann wirkungsvoll nutzen, wenn Sie über die zu ihrer Erschließung und Nutzung notwendigen Potenziale verfügen. Eine uralte Weisheit besagt, man solle bei dem bleiben, was man kann. Neben diesem notorischen Hinweis auf die heute so genannten Kernkompetenzen gibt es noch eine uralte Regel: „Erfinde das Rad nicht neu!“ Das heißt für Sie, nutzen Sie nicht nur Ihre eigenen Potenziale, sondern nutzen Sie auch die verfügbaren Potenziale anderer Menschen und Unternehmen, die Potenziale Ihrer Vertriebspartner, Ihrer Lieferanten, Ihrer Dienstleister und so weiter. Was andere besser können und Ihnen anbieten, sollten Sie keinesfalls selbst machen.

Ihre Potenziale sind es, von denen Sie in der Zukunft leben können. Und wenn wir es genau nehmen, liegen die Potenziale in irgendeiner Form immer in Menschen. An der Denkliste „Potenziale“ auf Seite 227 im Abschnitt „Quer-Denken“ erkennen Sie, dass die wesentlichen und entscheidenden Potenziale immaterieller Art sind.

Es gibt zahlreiche Ansätze für Potenzialanalysen. Wir wollen hier wieder den einfachen und schnellen Weg gehen. Sie haben mit der Denkliste „Land der Potenziale“ ein Instrument, mit dem sich in der Form des Brainstormings mehrere hundert Potenzialbausteine finden lassen. Die auslösende Frage lautet, „was haben wir, das für uns und andere wertvoll sein kann?“ Fragen Sie sich durchaus auch, welche Potenziale in eventuellen Handicaps

liegen. Der Rollstuhlfahrer hat zweifellos ein Handicap bezüglich seiner Bewegungsfreiheit, aber er hat das Potenzial, anderen Leidensgenossen kompetent bei der Lebensbewältigung zu helfen. Der bei Misslichkeiten tröstende großmütterliche Ausspruch „wer weiß, wozu es mal gut ist", hat manchmal sehr viel Wahres.
Erst im zweiten Schritt sollten Sie bewerten, inwiefern sich diese Potenzialbausteine tatsächlich auch positiv von denen der Mitbewerber unterscheiden. Die Frage lautet hier „was davon ist besser als bei unseren Mitbewerbern?" Diese Reihenfolge ist wichtig. Würden Sie gleich danach fragen, wo Sie denn nun stärker oder besser sind als Ihre Mitbewerber, würden Sie sich bei Ihrer Denkarbeit selbst im Wege stehen.
Potenziale werden gelegentlich mit Chancen verwechselt. Was unterscheidet sie? Potenziale sind die Antwort auf die Frage, *womit* Sie in Zukunft etwas anfangen können, mit welchen „Karten auf der Hand" Sie ins Zukunftsspiel gehen. Chancen hingegen sind Antworten auf die Frage, *was* Sie in Zukunft mit Ihren Potenzialen anfangen können, also in welches Zukunftsspiel Sie gehen. Bedenken Sie, dass Potenziale immer mögliche und zukünftige Erfolgsfaktoren sind, die in der Gegenwart vielleicht noch nicht benötigt werden oder schlichtweg nicht vorhanden sind. Ob Sie aus Ihren Potenzialbausteinen tatsächlich existierende Wettbewerbsvorteile schaffen können, hängt einzig und allein von Ihrer Phantasie und Ihrem Entwicklungsdrang ab.

Land der Bedarfsfelder

Ihre Potenzialbausteine machen das unverwechselbare Eignungsprofil Ihres Unternehmens aus. Dieses Profil ist jedoch nur dann gewinnbringend, wenn Sie es für das Anforderungsprofil konkreter Menschen passend machen und wirklich einsetzen. Im Abschnitt „Hinein-Denken" haben wir klargestellt, dass wir Probleme und Wünsche umso besser erkennen können, je klarer wir den oder die Menschen vor Augen haben, um die es uns hier geht. Den sehr seltenen Idealfall haben wir dann, wenn wir uns mit nur einem einzigen Menschen in einer einzigen Situation befassen können. Sie können die Denkliste „Merkmale zur Definition von Zielgruppen" dazu benutzen, Ihre Zielgruppe klarer und eindeutiger zu definieren. Die in der Denkliste genannten 33 Kriterien sind insbesondere zur Definition privater Zielgruppen bzw. einzelner Personen in Unternehmen und Organisationen geeignet. Wenn Sie eine Zielgruppe mit nur zwei der 33 Merkmale beschreiben und jedes dieser Merkmale nur zehn Ausprägungen hat, können Sie mit dieser Denkliste 54.000 verschiedene Zielgruppen definieren.

Checkliste 26: Merkmale privater Zielgruppen		
Geschlecht	Beruf	Mitgliedschaft
Alter	Erfahrung	Produkte
Interessen	Sozialprestige	Region
Gewohnheiten	Wertschöpfungskette	Geschmack
Nationalität	Zukunftsaussichten	Verhalten
Charakter	Ziele	Bildung
Familiäre Situation	Probleme	Modernität
Arbeitssituation	Wünsche	Beziehungen
Einkommen	Erreichbarkeit	Fähigkeiten
Branche	Handicaps	Motivation
Neigungen	Potenziale	Reaktion

Was sind Bedarfsfelder? Ganz gleich, was Sie verkaufen und ganz gleich, wie Sie es verkaufen; immer steht eine Spannung hinter der Kaufentscheidung Ihres Kunden. Er oder sie will entweder von einem Zustand weg oder zu einem Zustand hin. Er oder sie hat ein Problem (Engpass, Mangel, Abneigung etc.) oder einen Wunsch (Traum, Vision, Bedürfnis etc.). Er oder sie will einfach etwas anders haben. So einfach sind die Dinge manchmal. Er oder sie will etwas oder jemanden X machen, wobei Sie für den Platzhalter X einen beliebigen Begriff aus der Denkliste „Land der Bedarfsfelder" einsetzen können. Nutzen Sie diese Denkliste als Ideengenerator. Es kommt im ersten Schritt immer zunächst nur darauf an, in Form eines Brainstormings alles zu sammeln, was Ihnen dazu einfällt.
Wie Bedarfsfelder und damit letztendlich die Chancen bewertet werden können, zeigen wir in einem späteren Abschnitt.

Checkliste 27: Zukünftige Bedarfsfelder		
	Etwas oder jemanden X machen	
schneller	unschädlich	freundlicher
möglich	sauberer	universeller
preiswerter	angenehmer	gesünder
schöner	persönlicher	neuer
leichter	einzigartig	übersichtlicher
nützlicher	rentabler	bewusster
genauer	effektiver	deutlicher
kleiner	effizienter	interessanter
größer	zeitgemäßer	leistungsfähiger
sicherer	einfacher	wertvoller
weg-	mobiler	menschlicher

Land der Technologie

Intuitiv glauben und wissen wir alle, dass Technologie eine entscheidende Rolle bei der Entstehung von ZukunftsChancen spielt. Gerade die Tatsache, dass die Zukunftsbedeutung der Technologie so naheliegend und logisch ist und dass sie uns immer wieder im Zukunftskontext präsentiert wird, lässt uns die Möglichkeiten und Potenziale der Technologie häufig überschätzen. Wir sprachen bereits darüber, dass sich nahezu alle umwälzenden Technologieanwendungen sehr langsam von einem Markt in den anderen verbreitet haben. Manche Experten gehen davon aus, dass wirklich bedeutende technologische Quantensprünge über einen Zeitraum von zehn bis fünfzehn Jahren vorbereitet werden. Wenn Sie die seit einiger Zeit auch in Deutschland betriebenen Delphi-Studien ansehen, werden Sie einen Eindruck davon bekommen, was damit gemeint ist. So darf man nach der jüngsten Studie beispielsweise davon ausgehen, dass etwa um das Jahr 2014 optische Neurocomputer verfügbar sein werden oder dass es zwischen 2009 und 2021 gelingt, Krebszellen in normale Zellen umzudifferenzieren.

Wir wissen leider nicht, welche Art von Unternehmen Sie führen oder unterstützen. Wenn Ihr Unternehmen ein ausgesprochenes High-Tech-Unternehmen ist oder wenn technologische Forschung der Zweck Ihrer Organisation ist, vergessen Sie am besten diesen Absatz, denn Sie müssen sich in diesem Falle sehr wohl sehr intensiv mit den technologischen Grundlagen befassen. Für alle anderen Unternehmen sollte gelten, dass wir Technologie immer nur als Instrument zur Erfüllung unserer strategischen und operativen Aufgaben ansehen dürfen. Wenn Sie technologische Grundlagen nicht selbst gestalten können, können Sie aus Technologie auch keine echten ZukunftsChancen, sondern lediglich Notwendigkeiten ableiten. Sicher war die Einführung der Scanner-Kassen ein großer Schritt für die Einkaufsmenschheit. Doch als echte ZukunftsChance war diese Technologie niemals geeignet, denn sie stand prinzipiell und faktisch jedem im Markt zur Verfügung, der nicht gerade in äußersten Liquiditätsschwierigkeiten steckte. Was jeder hat und haben kann, ist als ZukunftsChance nicht geeignet. Wirkliche ZukunftsChancen liegen sehr selten in technischen Innovationen wie gänzlich neuen Produkten oder gar Erfindungen. Vielleicht haben Sie auch von dem einfachen Arbeiter gehört, der durch die simple Klopapier-Befeuchtungsmaschine quasi über Nacht steinreich geworden ist und fragen sich jetzt, wie das denn in das eben Gelesene passt. Wir müssen uns die Dimensionen bewusst machten. Erstens verbietet es sich, im Zusammenhang mit der Klopapier-Befeuchtungsmaschine und ähnlichen Erfindungen von „Technologie“ zu sprechen und zweitens ist das ein Fall, wie er pro Jahr vielleicht zehn Mal pro Jahr in Europa passiert. Es gibt jährlich weitaus mehr Lottomillionäre als Erfindermillionäre in Europa, und Sie wollen Ihre ZukunftsChancen sicher mit einer größeren Wahrscheinlichkeit als 1:13.900.000 (6 aus 49) finden. Technologie ist eine äußerst wichtige Wirkkraft bei der Entstehung von ZukunftsChancen, die Sie jedoch nicht überschätzen dürfen. Sie finden Ihre echten ZukunftsChancen eher in der intelligenten und auf Ihren Potenzialen fußenden Kombination vorhandener Leistungen, Regeln und dann auch Technologien zu besseren Lösungen für Bedarfsfelder konkreter Menschen.

Land der Marktregeln

Stellen Sie sich vor, Sie nehmen an einem Fußballspiel teil, bei dem der Siegermannschaft eine hohe Spielprämie winkt. Die ersten zehn Minuten lang läuft das Spiel für Ihre Mannschaft wie am Schnürchen. Sie hat man zum Kapitän gemacht. Sie spielen auf ein Tor; Ihr erster Treffer liegt förmlich in der Luft. Plötzlich ändert der gegnerische Kapitän einfach die Spielregeln und behauptet dreist, die Abseitsregel gelte nur noch für Ihr Team, nicht aber für seine Mannschaft. Erst im nächsten Spiel könne man darüber sprechen, wieder gleiche Verhältnisse herzustellen. Diesen Spinner nehmen Sie natürlich nicht ernst. Da könnte ja jeder kommen. Aber irgendwie hat es der gegnerische Kapitän geschafft, auch den Schiedsrichter davon zu überzeugen, dass das Handicap der Abseitsregelung nur noch für Ihre Mannschaft gilt. Sie verstehen die Welt nicht mehr. Auch die Zuschauer sind von der neuen Regelung begeistert, weil sie viel mehr Tore verspricht und man schließlich genau diese sehen will. Leider ist Ihre Anhängerschaft in der Minderzahl. Zu allem Überfluss haben Ihre Gegner bereits schon seit Wochen die neue Strategie trainiert und die meisten der denkbaren Spielsituationen schon im Geiste und auf dem Platz durchgespielt. Selbst die Regel, dass Regeländerungen für beide gelten muss, wurde über Bord geworfen. Es kommt, wie es kommen muss. Sie verlieren mit 1:12 Toren, und Ihr Gegner kassiert die Siegprämie. Sämtliche Beschwerden und Anträge auf Annullierung gehen ins Leere. Es ist wie ein Alptraum. Ihre Kontrahenten werden ob ihres Kantersieges gefeiert, wie selten eine Mannschaft zuvor, obwohl Sie doch die besseren und teureren Spieler, den besseren Manager, den höheren Etat und den potenteren Sponsor haben.
So absurd und unmöglich Ihnen diese allegorische Geschichte auch erscheinen mag, sie spielt sich in den heutigen Märkten tagtäglich und tausendfach ab. Sie und Ihre Mannschaft erkennen Sie als Ihr Unternehmen. Die gegnerische Mannschaft sind die Mitbewerber und der Schiedsrichter ist der Markt. Die Zuschauer sind natürlich die Kunden.

Wenn Sie sich Branchen wie die Bankenlandschaft ansehen, wird schnell klar, dass Spielregeln heute am laufenden Band geändert werden. Märkte werden durch ihre Regeln definiert. Sobald eine Regel erfolgreich geändert wird, ist ein neuer Markt entstanden. Jede Branche wird durch einige wenige Kernregeln definiert, nach denen das Geschäft funktioniert. Marktregeln sind also die in Ihrem Geschäft üblichen, gewachsenen und überlieferten Handlungsweisen auf dem Weg zum Erfolg. In vielen Verlagen gilt beispielsweise der eiserne Grundsatz, dass die Bücher im Frühjahr und im Herbst erscheinen. Wer hat gesagt, dass das so sein muss? Marktregeln legen fest, wie man in einem Markt bzw. einer Branche Geschäfte macht. Es sind

- Regeln, wie man führt
- Regeln, wie man verkauft
- Regeln, wie man wirbt
- Regeln, wie man liefert
- Regeln, wie man produziert
- Regeln, wie man einkauft
- Regeln, wie man organisiert
- Regeln, wie man miteinander umgeht
- Regeln, wie man mit Regeln umgeht

Neue Gesellschaftsspiele werden aus ca. zehn archetypischen Grundregeln kombiniert. Wenn man durchschnittlich nur drei Regeln für ein Spiel braucht, sind daraus immerhin 480 verschiedene Kombinationen möglich. Genauso sind auch Unternehmen und ganze Märkte nach fünf bis zehn wesentlichen Regeln aufgebaut. Wenn man sich klarmacht, wer und was im Markt mitspielt, können die Regeln relativ einfach formuliert werden. Auch Ihre Branche wird von einigen wenigen Regeln bestimmt. Die Automobilindustrie als ein für jeden nachvollziehbares Beispiel mag das verdeutlichen. Nehmen wir – ohne den Anspruch auf Vollständigkeit zu erheben – einige Regeln, die einen Teilmarkt für Luxuslimousinen bestimmen könnten.

1. Baue einen Wagen, der mindestens das Jahresgehalt eines kleinen Managers kostet
2. Halte die Modellzyklen lang, um Wertbeständigkeit und geringe Stückkosten zu erreichen
3. Sorge dafür, dass der Wagen männlich und ernst „dreinschaut"

4. Stelle sicher, dass man den Käufer und Fahrer insgeheim bewundert
5. Lasse die Verkäufer guten Kontakt zu den Fuhrparkmanagern der Konzerne und der Politik halten.

Was haben diese Regeln mit ZukunftsChancen zu tun? Worin liegen sie? Natürlich kann man sehr erfolgreich sein, wenn man das durch die Regeln definierte Spiel besonders gut spielt. Wenn Ihnen das alte Spiel jedoch langweilig ist, wenn Sie selbst originäre Spuren hinterlassen wollen, wenn Sie wirklich Neues schaffen wollen, dann liegen Ihre ZukunftsChancen darin, die bestehenden Regeln zu verändern, sie zu missachten und sie zu brechen. Sie erinnern sich, mit jeder Regelveränderung wird ein neuer Markt geschaffen. Wer hat denn beispielsweise gesagt, dass ...

- man für Mikroprozessoren nicht zur besten Filmzeit im Fernsehen werben kann (Intel)?
- man freie Seminarplätze nicht über einen Last-Minute-Service belegen kann?
- ein Luxuswagen-Hersteller keinen Kleinwagen bauen kann (A-Klasse)?
- man einen Mercedes nicht gleichzeitig besser und billiger machen kann (C-Klasse)?
- die Schwäche eines schwierigen Namens nicht zur Stärke werden kann (Daewoo)?
- ein Mensch nur eine oder zwei Armbanduhren kauft (Swatch)?
- ein Autoradiohersteller nicht mit dem Stadtplan-Verlag konkurrieren kann und umgekehrt (Blaupunkt und Falk)?
- die Wettervorhersage langweilig und sachlich sein muss und nicht zum weathertainment werden kann (Jörg Kachelmann)?
- ein Softwarehaus nicht im Geldgeschäft mitmischen kann (Microsoft)?
- ein gutes Buch keine 500 € kosten kann (Rolf Berth[68])?
- das öffentlich-rechtliche Fernsehen Werbeeinnahmen haben muss. Im Februar 1995 wurde eine intensive Diskussion darüber geführt, ob dadurch nicht eine deutliche Differenzierung gegenüber den Privatsendern erreicht werden könnte. In Großbritannien wird das bereits erfolgreich praktiziert.

Die von uns sehr geschätzte Vera F. Birkenbihl ist eine Regelbrecherin par excellence. Sie ist eine der erfolgreichsten europäischen ErfolgsberaterInnen, und sie ist es zu einem guten Teil deshalb, weil sie sich nicht den konventionellen Regeln unterwirft. Wenn Sie einem Vortrag von Vera F. Birkenbihl beiwohnen, können Sie interessante Regelbrüche beobachten, die man als Erfolgsrezept geradezu gutheißen könnte:

- Sie kleidet sich in keinster Weise nach den „normalen" Regeln für eine Trainerin
- Sie befolgt nicht die Frisurregeln des Establishments
- Sie reist nicht in der Luxuskarosse, sondern im Büromobil an
- Sie läuft beim Reden im Raum umher, was jeder Rhetoriklehrer auf der Volkshochschule verbieten würde
- Sie benutzt im Vortrag Worte, die ein Redenschreiber niemals in den Mund nehmen würde
- Sie stellt harte Bedingungen, damit sie überhaupt zu einer Veranstaltung kommt, so etwa Autobahnnähe, den Stellplatz und Stromanschluss für ihr Büromobil oder das von ihr bestimmte Technik-Team.

Die obige Auflistung der vermeintlichen Regelverletzungen mag genügen, um zu zeigen, dass Erfolg heute eher eine Frage des Regelbrechens als des Regelbefolgens ist. Gehen Sie der Einfachheit halber davon aus, dass im Prinzip jede Marktregel irgendwann von irgendwem gebrochen werden wird. Wir sind am produktiven Umgang und an der nützlichen Gestaltung von Spielregeln häufig dadurch gehindert, dass wir Regeln nicht erkennen, wenn wir sie selbst gemacht haben. Fragen Sie ihren Lebenspartner, nach welchen Regeln Sie wohl leben, und Sie werden eine Aufzählung von Regeln hören, die Ihnen selbst niemals eingefallen wäre.
Stellen Sie also die Spielregeln Ihres Marktes und Ihres Wissensgebietes regelmäßig in Frage, auch wenn das durchaus sehr schwer fallen kann. Prüfen Sie, ob es sich um Muss-Regeln oder um Kann-Regeln handelt und welche Regeln bereits Logik von gestern sind. Ein einfaches Denkinstrument dafür ist die zero-base-Frage „was wäre, wenn wir alles von Neuem begännen?" Sie erkennen vielleicht einen Widerspruch zwischen der Annahme, es gebe Erfolgsregeln und der Erfolgsregel, man solle Regeln brechen und neue schaffen! Die Antwort ist einfach: Es gibt Muss-Regeln, die befolgt werden müssen und es gibt Kann-Regeln, die man brechen kann.

Perspektive Zukunft

Die Länder auf der Landkarte der ZukunftsChancen liegen alle im Länderbund der Zukunft. Damit möchten wir manifestieren, dass es uns weniger um die gegenwärtigen und mehr um die zukünftigen Verhältnisse geht. Auch wenn heutige Bedarfsfelder ebenfalls Chancen in sich bergen können, so liegen die größeren, weil schwieriger zu erkennenden ZukunftsChancen in den zukünftigen Bedarfsfeldern. Betrachten Sie daher die Potenziale, die Bedarfsfelder, die Marktregeln und die Technologie in der Zukunftsperspektive, denn was heute gang und gäbe ist, kann morgen schon überflüssig und schädlich sein und umgekehrt.

Perspektive Innovation

Wir haben bereits klargestellt, dass ein guter Weg, Zukunft vorauszusagen darin besteht, sie zu erfinden. Daher liegen alle Länder auf der Landkarte der ZukunftsChancen nicht nur im Staatenbund der Zukunft, sondern auch auf dem Kontinent der Innovation. Jahrtausende lang galt Erfahrung als Erfolgsvoraussetzung. Es zeigt sich jedoch immer deutlicher, dass der chronologisch erste Engpass auf dem Weg zu neuen ZukunftsChancen die ausgetretenen Denkpfade von gestern sind. Insofern ist die vielbeschworene „Erfahrung“ bei der Bewältigung neuer Probleme oft hinderlich. Erfahrung kann sowohl Erfolgsfaktor wie auch Erfolgsdivisor sein. Das „anders als andere“ muss ein unabdingbarer Bestandteil Ihres ZukunftsManagements sein.

Die Formel zur Chancen-Suche ☺

Verstehen Sie die untenstehende Formel bitte mit dem Schmunzeln, mit dem wir sie erstellt haben ☺. Für den mehr mathematisch und formell interessierten Lesen haben wir den Versuch gewagt, die Zusammenhänge auf der Landkarte der ZukunftsChancen in eine „Formel für ZukunftsChancen“ zu bringen.

Die Mathematiker unter Ihnen werden gleich mit Kennerblick höhnen, die meisten Klammern seien redundant. Das sind sie in der Tat und mit Absicht, damit Sie sich besser zurechtfinden können. Wir haben bislang noch nicht die internen und externen Engpässe und Widerstände berücksichtigt, die Ihren Erfolg natürlich behindern, wenn nicht gar verhindern. Theoretisch könnte man die einzelnen Bausteine und Faktoren nach alt und neu unterscheiden, doch das wird schon über das Z ausgedrückt. Alte Technologien können sich in Zukunft nicht verändern, weil sie damit automatisch zu neuen Technologien werden.

Die Navigationsformel für ZukunftsChancen (☺)

$$ZK \times \left[Z \times \left[K \times \frac{(Pe + Pf) \times T \times R}{(Ei + Ee)} \times (B \times I \times F) \right] \right] = ZC$$

ZK	= ZukunftsKompetenz	**Ei**	= interne Engpässe
Z	= Kenntnis zukünftiger Veränderungen	**Ee**	= externe Engpässe
K	= Kreativität	**B**	= Bedarfsfelder
Pe	= eigene Potenziale	**I**	= Intensität des Bedarfes
Pf	= verfügbare fremde Potenziale	**F**	= Frequenz des Bedarfes
T	= Technologien	**ZC**	= ZukunftsChancen
R	= Regeln des Marktes		

Abbildung 24; Navigationsformel für ZukunftsChancen

Zukünftige Veränderungen finden auch ohne eigenen Antrieb statt, weshalb sie in der obigen Formel von ihm auch nicht beeinflusst werden. Wohl aber wird die Kreativität vom eigenen Antrieb beeinflusst bzw. überhaupt erst ermöglicht. B x I x F ist ein Vorgriff auf den späteren Abschnitt zur Bewertung und Auswahl von ZukunftsChancen. I ist die Intensität des hinter dem Bedarfsfeld stehenden Bedürfnisses und F ist die Frequenz, also die Häufigkeit des Bedarfes in einer Zeiteinheit. Ein neues Produkt oder eine neue Dienstleistung hat nur dann gute Erfolgsaussichten, wenn sowohl Intensität als auch Frequenz des Bedarfs groß sind. Aber dazu später mehr.

Morphologie der ZukunftsChancen

Es gibt alltägliche und nicht alltägliche Chancen. Die alltäglichen ZukunftsChancen sind für Sie „daily business“ und im engeren Sinne eher Gegenwartschancen als ZukunftsChancen. Um die nicht alltäglichen ZukunftsChancen kümmern sich die meisten Führungs-Teams recht selten und sehr unsystematisch, obschon gerade mit den schrägen und ungewöhnlichen Ansätzen die so intensiv gesuchten Differenzierungsmöglichkeiten am größten werden. Es gibt insgesamt sieben Arten der Chance.

1. **Mehr Ertrag mit vorhandenem Umsatz.** Die erste alltägliche Art der Chance ist eine Effizienz-Chance, also eine Spar-Chance, die Ihnen hilft, einen höheren Ertrag aus dem vorhandenen Umsatz zu erzielen. Alle kostensenkenden und effizienzfördernden Maßnahmen gehören hierzu, wie etwa Reengineering, Prozessoptimierungen, Wertanalysen, atmende Organisation etc. Das scheinbar immerwährende volkswirtschaftliche Problem der Arbeitslosigkeit wie auch das betriebswirtschaftliche Problem des Kranksparens zeigt uns, dass wir heute und in Zukunft nicht mehr mit den Effizienz- und Spar-Chancen allein unsere Wettbewerbsfähigkeit erhalten können. Es mag eine Notwendigkeit sein, aber keine echte ZukunftsChance.

2. **Mehr Umsatz mit vorhandenen Leistungen.** Die zweite alltägliche Art der Chance besteht darin, von einem vorhandenen Produkt in einem bedienten Markt und mit den bewährten Mitteln schlicht und einfach mehr zu verkaufen. Dazu gehören alle Marketinginstrumente, Verkaufstechniken, Image- und PR-Arbeit und so weiter.

3. **ZukunftsChancen mit neuen Leistungen.** Neue Produkte und Dienstleistungen zu entwickeln und einzuführen, ist die nächste zweite Art der Gewinn-Chance. In manchen Branchen ist die Entwicklung neuer Leistungen tägliches Brot und damit weniger eine ZukunftsChance als ein grundlegender Erfolgsfaktor, während in anderen Geschäften, wie etwa den Finanzdienstleistungen, wirklich neue Produkte allenfalls im Jahresrhythmus am Markt auftauchen.

4. **ZukunftsChancen mit neuen Zielgruppen.** Auf Ihrer Reise durch das Land der Bedarfsfelder haben Sie erfahren, welche ungeahnten und unerschlossenen Möglichkeiten es in Zukunft und Gegenwart gibt, neue Zielgruppen zu finden und zu erfinden.

5. **ZukunftsChancen mit neuen Märkten.** Einen neuen Markt wollen wir hier als eine neue Kombination aus Zielgruppe und Leistung verstehen. Ein neuer Markt ist etwa durch digitales Geld oder durch den Smart-Car geschaffen worden.

6. **ZukunftsChancen mit neuen Strategien.** Neue Strategien zu entwickeln und sie auch erfolgreich einzusetzen, hat sehr viel mit der Umgestaltung, der Neuinterpretation, dem Erfinden und dem Brechen von Regeln zu tun, worüber wir bereits gemeinsam nachgedacht haben. Die Antwort auf die Frage „was tun wir wie für wen?“ eröffnet ein ganzes Universum an Möglichkeiten, aus dem dann solch einfache aber wirk-

Morphologie der ZukunftsChancen

Quelle der Chancen	Sieben Arten von ZukunftsChancen						
	Neue Märkte	Neue Leistungen	Neue Fokusgruppen	Neue Strategien	Neues Arbeiten	mehr Umsatz mit vorhandenen Leistungen	mehr Ertrag mit vorhandenem Umsatz
Vor-Denken	Internet-Banking	Programmierte Beratung	Home-Software	Karaoke per Datenautobahn	virtuelles Unternehmen	individualisierte Massenproduktion	Videofon-Coaching
Hinein-Denken	externer Pressespiegel	Kind-Simulation	Unternehmer-Reisen	Kunden als Mitinhaber	Telehaus	Wohnungen für zerstrittene Eltern	WissensDatenbank für Mitarbeiter
Quer-Denken	Luftraum für JamesCook Hotel	Wolfsurin auf Straßen	Brot-Aufschnitt	Lotus als Denkfabrik	autopoietisches Unternehmen	Inszenierte Fachliteratur	atmende Organisation
Nicht-Denken = Nachmachen	Einkaufszentren in NBL	Telefon-Banking	Senioren	E-Commerce	TQM	Verkaufstraining	Reengineering

Abbildung 25; Morphologie der ZukunftsChancen

same Lösungen wie der Verkauf von Anteilen an der eigenen Werbeagentur an die Kunden entstehen. Auch ein neuer Absatzkanal gehört zu den ZukunftsChancen mit neuen Strategien, beispielsweise das Internet für den industriell organisierten Maßschneider.

7. **ZukunftsChancen mit neuem Arbeiten.** Ob Sie ein virtuelles Unternehmen aufbauen, das immer nur dann auflebt, wenn es Aufträge hat, ob Sie ein autopoietisches[69] Unternehmen aufbauen, das sich selbst steuert und führt, ob Sie die Konstruktionen Ihrer Maschinen in Indien erledigen lassen oder einfach nur Ihre privaten Überweisungen nicht mehr altertümlich auf Papier zur Bank bringen, Sie haben mit diesen Lösungen ZukunftsChancen mit neuen Arten und Möglichkeiten des Arbeitens genutzt.

Die Botschaft dieser sieben Arten der ZukunftsChancen ist eine einfache: Kümmern Sie sich nach wie vor im Tagesgeschäft um die naheliegenden Alltagschancen und Gegenwartschancen, nehmen Sie sich aber mindestens einmal im Jahr die Zeit, über die anderen Chancenarten nachzudenken. Der Weg zu diesen neuen Chancen ist das Vor-, Quer- und Hinein-Denken und nur wenn Sie dem Nicht-Denken frönen, wenn Sie also die gleichen Seminare besuchen, die gleichen Bücher lesen, die gleichen Berater holen und die gleichen Zeitschriften abonnieren wir Ihre Mitbewerber, werden Sie genau das gleiche tun wie die Masse und werden sich daher nicht aus ihr hervorheben können.

9.3 Die StrategieRadar-Matrix

Von unerforschten Gebieten wollen wir keine Landkarte erwarten, denn Unentdecktes können wir nicht vorauskennen. So wie wir die Richtungen der Umfeldbeobachtung nur grob bestimmen, um der freien, ungerichteten Beobachtung Raum zu lassen, wollen wir auch die Richtung der Chancen-Suche nur grob festlegen. Wir wollen die sich aus den zukünftigen Veränderungen ergebenden ZukunftsChancen möglichst frei erforschen, allerdings ohne den Horizont zu weit zu fassen. Wir wollen mit der Chancen-Suche nicht nur Antworten auf gestellte Fragen finden, sondern auch neue Fragen kennenlernen. Wir wollen nicht nur Lösungen für bekannte Probleme, sondern auch neue Probleme suchen.
Diese Optimierung zwischen Effizienz und Effektivität gewährleisten Sie am besten mit einer relativ einfachen Strukturierung, wie sie in der nachfolgenden Abbildung zu sehen ist. Tragen Sie als Spaltenüberschriften die zu Beginn Ihres ZukunftsProjektes definierten Gestaltungsfelder ein. Tragen Sie dann als Zeilenüberschriften zunächst die ebenfalls bereits definierten und analysierten Beobachtungsfelder im Marktumfeld und darunter die Beobachtungsfelder im allgemeinen Umfeld ein. Die Ziffern in den Zellen bezeichnen die Nummer der Zeile und der Spalte.
Die so definierte StrategieRadar-Matrix bildet Ihre typische Denksequenz ab. Vereinfacht dargestellt besteht diese aus einer spiralartigen Abfolge von Frage und Antwort. Eine Zwischenstufe sind die eventuellen Antworthinweise. Damit lautet die Denksequenz wie folgt:

1. Frage nach Chancen in einem bestimmten Gestaltungsfeld
2. Einholung von Hinweisen
3. Findung von Antworten (ZukunftsChancen).

Die StrategieRadar-Matrix leitet Sie und Ihr Führungs-Team ganz systematisch durch alle zukunftsrelevanten Beobachtungs- und Gestaltungsfelder. Mit einiger Übung und Praxis gelingt Ihnen so innerhalb kürzester Zeit eine weitestmöglich vollständige Analyse der Umfeldentwicklungen und der

StrategieRadar-Matrix

		Gestaltungsfelder							
Beobachtungsfelder		Strategie	Absatz	Leis-tungen	Mit-arbeiter	Prozesse	Vorleis-tungen	Finan-zierung	Sonstige
Marktumfeld	Zielgruppen	1.1	1.2	1.3	1.4	1.5	1.6	1.7	1.8
	Mitbewerber	2.1	2.2	2.3	2.4	2.5	2.6	2.7	2.8
	Technologie	3.1	3.2	3.3	3.4	3.5	3.6	3.7	3.8
	Partner	4.1	4.2	4.3	4.4	4.5	4.6	4.7	4.8
	Vorleister	5.1	5.2	5.3	5.4	5.5	5.6	5.7	5.8
	Leistungen	6.1	6.2	6.3	6.4	6.5	6.6	6.7	6.8
	Vertriebswege	7.1	7.2	7.3	7.4	7.5	7.6	7.7	7.8
	Allgem. Marktumfeld	8.1	8.2	8.3	8.4	8.5	8.6	8.7	8.8
Allgemeines Umfeld	Sozio-kulturelles Umfeld	9.1	9.2	9.3	9.4	9.5	9.6	9.7	9.8
	Technologisches Umfeld	10.1	10.2	10.3	10.4	10.5	10.6	10.7	10.8
	Wirtschaftliches Umfeld	11.1	11.2	11.3	11.4	11.5	11.6	11.7	11.8
	Politisches Umfeld	12.1	12.2	12.3	12.4	12.5	12.6	12.7	12.8
	Spezielle Umfeldbereiche	13.1	13.2	13.3	13.4	13.5	13.6	13.7	13.8

Abbildung 26; StrategieRadar-Matrix

sich daraus für Ihr Unternehmen ergebenden Konsequenzen und Chancen. Wenn Sie annehmen, dass im Jahr 2006 die Hälfte der Aufträge in Ihrem Markt über das Internet eingehen, stellen Sie sich die folgenden Fragen:

1. Welche Chance bringt es uns?
2. Welche Bedrohung bringt es uns?
3. Was bedeutet das für …
    - unsere Strategie?
    - unseren Absatz, unseren Vertrieb und unser Marketing?
    - unsere Produkte und Dienstleistungen?
    - unsere Mitarbeiter?
    - unsere Wertschöpfung und Produktion?
    - unsere Vorleistungen (Lieferanten und Partner)?
    - unsere Finanzen?
    - mich persönlich?

Wenn Sie im Rahmen der ZukunftsAnalyse gemeinsam mit Ihren Leistungsträgern den anwendungstechnischen Durchbruch von Wissensdatenbanken und Expertensystemen in Ihrer Branche bis zum Jahr 2004 angenommen haben, fragen Sie zu jedem Gestaltungsfeld, welche Auswirkungen, Chancen und Ideen aus dieser ZukunftsAnnahme folgen. Was heißt das für Ihren Absatz? Sie können vielleicht damit die Beratungsintensität senken. Was bedeutet diese ZukunftsAnnahme für Ihre Produkte? Sie können evtl. ein Expertensystem zur Anwendung Ihrer Produkte auf CD-ROM anbieten. Welche Folgen hat diese ZukunftsAnnahme für Ihre Mitarbeiter? Sie müssen sich der Mitarbeit entsprechender Experten versichern oder bereits heute mit der Ausbildung eigener Mitarbeiter an Wissensdatenbanken beginnen.

Nichts ist gefährlicher als eine Idee, wenn sie unsere einzige ist. (Émile Chartier)

Die ChancenAnalyse ist durch die Charakteristik des Brainstormings geprägt. Das bedeutet vor allem, dass eine Bewertung der Chancen zunächst verboten ist, um das freien Denken nicht zu stören. Quantität hat hier zunächst Vorrang vor der Qualität. Die während der ChancenAnalyse notwendige Denkart ist offen, unkritisch, visionär, unkonventionell und unbequem.

Wenn Sie in Ihrer ZukunftsAnalyse die üblichen 100 bis 250 Annahmen erarbeitet haben, werden Sie daraus mit Hilfe der StrategieRadar-Matrix und des strategemischen Denkens mindestens 250 ZukunftsChancen generieren können. Damit ist Ihr ChancenTopf bis oben hin gefüllt, so dass im nächsten Schritt diejenigen Chancen ausgewählt werden müssen, die Sie wirklich angehen wollen.

Szene 15; Die ChancenAnalyse, Teil II

20. Juni, 09.40 Uhr: Die zu Beginn der ZukunftsAnalyse bereits einmal gesichtete StrategieRadar-Matrix kam jetzt zu ihrem großen Auftritt. Michels erläuterte: „Die StrategieRadar-Matrix stellt auf denkbar einfache Weise unsere Denklandkarte dar. Die Zeilen sind mit unseren Beobachtungsfeldern beschrieben und die Spalten mit unseren Gestaltungsfeldern. Jede ZukunftsAnnahme, die wir zu den einzelnen Beobachtungsfeldern erarbeitet haben, kann Konsequenzen für unsere Gestaltungsfelder haben." Anhand einiger Beispiele erläuterte er die Vorgehensweise, die den bevorstehenden Tag bestimmen sollte. Sie leuchtete offensichtlich allen sofort ein.

Es folgte eine Übung für exploratives Denken sowie eine kurze und prägnante Potenzialanalyse, mit der das Team sich seiner Potenziale bewusst wurde. (Weiter auf Seite 297)

StrategieRadar Lichtenberg								
		Gestaltungsfelder						
Beobachtungsfelder		Strategie & Marketing	Management	Mit-arbeiter	Leistungen	Vorleis-tungen	Wert-schöpfung	Finan-zierung
Geschäftsumfeld	Fokusgruppen	1.1	1.2	1.3	1.4	1.5	1.6	1.7
	Mitbewerber	2.1	2.2	2.3	2.4	2.5	2.6	2.7
	Wohnkultur	3.1	3.2	3.3	3.4	3.5	3.6	3.7
	Baukonjunktur	4.1	4.2	4.3	4.4	4.5	4.6	4.7
	Finanzierung	5.1	5.2	5.3	5.4	5.5	5.6	5.7
	Bauentscheider	6.1	6.2	6.3	6.4	6.5	6.6	6.7
	Vorleister	7.1	7.2	7.3	7.4	7.5	7.6	7.7
	Sonstige	8.1	8.2	8.3	8.4	8.5	8.6	8.7
Sozio-kulturelles Umfeld	Gesellschaft	9.1	9.2	9.3	9.4	9.5	9.6	9.7
	Arbeitswelt	10.1	10.2	10.3	10.4	10.5	10.6	10.7
	Bevölkerung	11.1	11.2	11.3	11.4	11.5	11.6	11.7
Technologisches Umfeld	Bautechnologie	12.1	12.2	12.3	12.4	12.5	12.6	12.7
	Gebäudetechnologie	13.1	13.2	13.3	13.4	13.5	13.6	13.7
	Computing	14.1	14.2	14.3	14.4	14.5	14.6	14.7
Wirtschaftliches Umfeld	EU-Volkswirtschaften	15.1	15.2	15.3	15.4	15.5	15.6	15.7
	Gesetzgebung	16.1	16.2	16.3	16.4	16.5	16.6	16.7
	Infrastruktur	17.1	17.2	17.3	17.4	17.5	17.6	17.7
	Umwelt	18.1	18.2	18.3	18.4	18.5	18.6	18.7

Abbildung 27; StrategieRadar Lichtenberg

Die Zielgruppe wurde als erstes Beobachtungsfeld bearbeitet. So wurde jede einzelne ZukunftsAnnahme mit ihren Querverbindungen daraufhin geprüft, welche Konsequenzen, Bedrohungen und Chancen daraus für die Lichtenberg GmbH erwachsen. Die ZukunftsAnnahme „die allgemeine Aufgeschlossenheit gegenüber der Computertechnik wird durch deren Omnipräsenz im Haushalt steigen“ konnte beispielsweise verbunden werden mit der Annahme „in jedem neuen und renovierten Top-Wohnhaus führt ein LAN die Regie (erste neuronale Netze im Hausmanagement)“ und der ZukunftsAnnahme „prinzipiell wird sukzessive jedes Gerät mit jedem anderen im Haus vernetzt“. Welche Chancen steckten nun in diesem Annahmenkomplex für die Lichtenberg GmbH? Michels ließ mit den Gedanken der Mitgestalter wieder das elektronische Mindmapping glänzen:

Chancen im Gestaltungsfeld Strategie

- ❑ Wir können der erste sein, der sich in Europa als moderne Mischung zwischen einem Systemhaus für Domotik und einem Bauunternehmen positioniert. Das vermittelt den Kunden Zukunftssicherheit.

- ❑ Ein Buch als populärwissenschaftliches Standardwerk über High-Tech-Wohnen schreiben lassen, um damit diese Kategorie im Markt zu belegen.
- ❑ Ein High-Tech-Haus mit allen denkbaren features mitten in Deutschland erstellen (von den einzelnen Lieferanten sponsoren lassen), um Aufsehen zu erregen.
- ❑ Holografische Darstellung der verkauften Häuser als Erster anbieten.
- ❑ Wir müssen eine Befragung zur Akzeptanz von High-Tech-Häusern durchführen bzw. durchführen lassen, um die kritischen Erfolgsfaktoren und die Hygienefaktoren zu ermitteln.

Chancen im Gestaltungsfeld Management

- ❑ Die Abrechnung der Hausverwaltung beleglos organisieren und durch Direktverbindungen automatisieren.

Chancen im Gestaltungsfeld Mitarbeiter

- ❑ Eine eigene Expertengruppe für „domotisches Computing" gründen.
- ❑ Wir können unseren Mitarbeitern helfen, sich eine moderne Infrastruktur im eigenen Haus zu installieren. Das ist wie ein permanentes und absolut praxisnahes Forschungslabor (Hinein-Denken).

Chancen im Gestaltungsfeld Leistungen

- ❑ Zu jedem Bauprojekt gehört die zukunftssichere Planung der Software- und Hardwareinfrastruktur.
- ❑ Die Fernwartung der Gebäudetechnik per Dauervertrag anbieten.
- ❑ Ein Seminar über High-Tech-Wohnen anbieten (Live, Video, Audio, CBT, WBT).
- ❑ Eine erste Version einer Wissensdatenbank über High-Tech-Wohnen erstellen lassen und auf einer separaten Website den Kunden exklusiv zur Verfügung stellen.
- ❑ Die elektromagnetische Verträglichkeit der vernetzten Geräte gewährleisten.
- ❑ Wir können über das Netz an jeder Stelle des Hauses als „Berater im Bildschirm" auftauchen, wenn der Kunde will und wenn wir wollen.

Chancen im Gestaltungsfeld Vorleistungen

- ❑ Wir brauchen zuverlässige Lieferanten für Hardware, Software und Netztopologien.
- ❑ Eine strategische Kooperation mit zwei untereinander im Wettbewerb stehenden universitären Forschungsinstituten eingehen. Wir sind der Sponsor und erhalten besonderen Zugang zu den Forschungsergebnissen.

Chancen im Gestaltungsfeld Wertschöpfung

- ❑ Unsere Fertigungstiefe reduzieren, das eigentliche Bauen stärker an qualitätsgesicherte Partner delegieren, um für die Kernaufgaben freier zu werden.
- ❑ Wir brauchen ein paar typische Topologien, um schneller planen zu können.

Chancen im Gestaltungsfeld Finanzierung

- ❑ Klären, wie die Zusatzinvestitionen in Computertechnik von unseren Kunden finanziert werden können.
- ❑ Kooperationsvertrag mit einem Leasingunternehmen.

So entstanden aus drei ZukunftsAnnahmen fast 20 Chancen. Ganz systematisch und doch kreativ und mit viel Spaß und Begeisterung sprudelten die Chancen nur so aus den Mitgestaltern heraus.

- ❑ Alle interessierten Mitarbeiter an einer Lichtenberg AG beteiligen und sie zu Mitunternehmern machen.
- ❑ Eine „Gewusst-wo-Datenbank“ aufbauen (wer kann was besser als wir?), mit der wir uns besser auf unsere Stärken konzentrieren können.
- ❑ Die Lichtenberg Kernmannschaft zieht sich auf eine Rolle als „think tank“ zurück. Der erste Schritt wäre eine eigene Consulting-Tochter.
- ❑ Unser Marketing stärker nach Zielgruppen ausrichten (Zielgruppenmanager).

- ❑ Einen Fernsehsender für Top-Wohnen initiieren (über interaktives Fernsehen lassen sich in Zukunft auch die kompliziertesten Produkte verkaufen).
- ❑ Eine olfaktorische corporate identity aufbauen.
- ❑ Eine Firmenhymne komponieren lassen.
- ❑ Unsere Häuser nicht mehr verkaufen, sondern nur noch verleasen (siehe EPEA-Studie) oder wenigstens eine bedingte Wiederkaufsgarantie abgeben.
- ❑ Ein virtuelles Kundenbüro einrichten mit allen denkbaren Informationsdiensten über Kooperationsabkommen (Gebäudemanagement, Abfall, Notfälle, Fachgeschäfte, Nahrungsmittelversorgung).
- ❑ Europäische Mitbewerber franchisieren bzw. als Benchmarking-Partner einbeziehen.
- ❑ Steuerliche Problemlösung über Kooperation bieten, z. B. legale Holding in einem Steuerparadies.
- ❑ Jedes Haus bekommt eine eigene Website, unsere Kunden miteinander vernetzen.
- ❑ Als erste eine zwanzigjährige Gewährleistung anbieten.
- ❑ Notwendige Innovationen und Erfindungen ausschreiben, z. B. Beleuchtung mit Hilfe von Spiegeln.
- ❑ Schnelle Eingreiftruppe für Renovationen und Schadensfälle installieren.
- ❑ Relocation-Berater vom Baubeginn bis zum Umzug zur Verfügung stellen.
- ❑ Assistance-Service per Telefon anbieten (siehe französische Assistance-Gesellschaften).
- ❑ Eine Osteuropa-Strategie festlegen.
- ❑ Beteiligungsgesellschaft für Ventures in unserem Geschäftsfeld gründen.
- ❑ Von der Bedarfsanalyse bis hin zum Richtfest organisieren wir für den Kunden alles.

- ❑ Zwei-Marken-Strategie mit einem Angebot im tieferen Preissegment fahren.
- ❑ Innenarchitektonische Beratung anbieten.
- ❑ Die regionalen Vertragspartner informatorisch stärker einbinden, z. B. in Form eines gemeinsamen Extranets.
- ❑ Bei großen Prestigeveranstaltungen präsent sein (Golf, Polo, Kieler Woche etc.)
- ❑ Wanderausstellung mit einem Musterhaus aus leichtem Material auf einem LKW-Anhänger tourt permanent durch Europa.
- ❑ Mimikry-Produktstrategie starten, z. B. orientalische Elemente für orientalische Kunden.
- ❑ Exklusiv-Linien mit Herstellern von Möbeln und Elektrogeräten vereinbaren.
- ❑ Funktionsanalyse eines Wohnhauses durchführen (es gibt wahrscheinlich 1.000 Wohnaspekte, die wir noch nicht kennen).
- ❑ …

In den 264 Chancen, die am Ende des Tages protokolliert waren, steckten viele verrückte Ideen, viel Bekanntes und viele unbestreitbare Notwendigkeiten. Es gelang dem Lichtenberg-Team fast ausnahmslos, in den sich aus den zukünftigen Veränderungen ergebenden Bedrohungen Chancen zu sehen. Es war leichter, als sie dachten, und es machte viel Spaß. Sie hatten das bestimmte Gefühl, alles in den gemeinsamen ChancenTopf geworfen zu haben, was sie zur Zukunft der Lichtenberg GmbH an Ideen und Gedanken beitragen konnten. Es war ein gutes Gefühl. (Weiter auf Seite 297).

9.4 Beurteilung und Auswahl Ihrer ZukunftsChancen

Manche halten die Frage der Chancenbeurteilung für die wichtigste. Es ist aber weniger die Bewertung und Beurteilung als die Findung und die Nutzung wirklicher ZukunftsChancen, die in den Unternehmen zum Engpass gereicht. Man hört Unternehmer und Führungskräfte oft darüber klagen, dass doch schon so viele Ideen und Chancen entwickelt seien und man es viel nötiger hätte, diese Ideen endlich auch einmal umzusetzen. Das mag vielfach zutreffen, doch scheint den bereits vorliegenden Ideen das entscheidende Element der Begeisterung und des offensichtlichen Nutzens zu fehlen, denn sonst wäre die Umsetzung ja schon vorangeschritten. Wir sind überzeugt davon, dass es sinnvoller ist, motivierendere und nützlichere ZukunftsChancen zu erarbeiten, als die vorhandenen Ideen um jeden Preis gegen den Widerstand der natürlichen menschlichen Trägheit durchzudrücken.

Unser Kulturkreis und die klassische Managementlehre haben unsere Fähigkeiten der kritischen Bewertung und Beurteilung von Ideen generationenlang gegenüber der Findung guter Ideen bevorzugt. Wir haben zwar das Gefühl, für die Umsetzung unserer vielen Ideen und Chancen im ganzen Leben keine Zeit zu haben, doch berücksichtigen wir dabei selten den Unterschied zwischen Quantität und Qualität. Die meisten unserer Chancen und Ideen sind es nämlich gar nicht wert, umgesetzt zu werden.

Selbst ohne eine systematische Chancen-Suche haben kreative Menschen stets mehr Chancen, als sie jemals in ihrem Leben umsetzen können und auch mehr, als sie jemals in ihrem Leben umsetzen sollten. Robert Jungk nannte es den „Walesa-Effekt[70]“, wenn Menschen, denen man vorher allenfalls die Funktion eines Elektrikers auf einer Werft zutraute, plötzlich ins Rampenlicht treten und es bis zum Präsidenten bringen. Dieser „Walesa-Effekt“ macht deutlich, dass wirklich jeder zu jedem Zeitpunkt mehr Chancen hat, als er glaubt. Mit Hilfe der hier dargestellten Methodik wird es Ihnen gelingen, einen Blick in die Tiefen des Chancenuniversums zu werfen und Ihren Chancenhorizont zu erweitern. Erst danach sehen Sie sich mit dem Problem der richtigen Beurteilung und Auswahl Ihrer Zukunfts-Chancen sowie der Umsetzung in die Praxis konfrontiert.

Auch wenn die technologischen Chancen bei weitem nicht die große Rolle spielen, wie ihnen allgemein im ZukunftsManagement zugeschrieben wird, so lohnt sich doch ein Blick auf das Schicksal technischer Innovationen. Horst Geschka, Professor an der Technischen Universität in Darmstadt, hat in einer Untersuchung über „kreative Leistungen in deutschen Unternehmen“ festgestellt, dass von 700 analysierten Innovationen am Ende nur vier übrigblieben, die von den Experten als „hervorragende kreative Leistung“ eingestuft wurden. Diesen vier Innovationen war gemeinsam, dass für ein komplexes Problem eine sehr einfache Lösung gefunden wurde. Bei der Neuentwicklung von Konsumprodukten geht man davon aus, dass für *ein* erfolgreiches neues Produkt im Durchschnitt elf Produkte auf den Markt gebracht und 175 Produktideen entwickelt werden müssen.[71] Lassen Sie sich daher nicht entmutigen, wenn sich in Ihrem ChancenTopf am Ende nur noch einige wenige wirkliche ZukunftsChancen befinden.

Ein universelles Bewertungsverfahren

Es sei bereits vorab klargestellt; es gibt gerade *kein* universelles Verfahren, mit dem Sie Ihre Chancen zuverlässig bewerten können. Der amorphe und unscharfe Charakter der ZukunftsChancen in Ihrem ChancenTopf und die Multidimensionalität der Entscheidungsfindungsprozesse lassen den verständlichen Wunsch nach einem zuverlässigen Universalverfahren fast schon lächerlich erscheinen. Vor dreißig Jahren versuchten die Betriebswirtschaftler noch, Chancen durch Verfahren des Operations Research zu bewerten und so einen Gutteil der eigenen Entscheidung an das mathematische Verfahren zu delegieren. Heute hat selbst die betriebswirtschaftliche Fachwelt die mangelnde Sinnhaftigkeit allzu starker Quantifizierung erkannt.
Ein vermeintlich universelles Bewertungsverfahren könnte sogar höchst gefährlich sein, denn es würde Sie ganz systematisch in die volle Vergleichbarkeit mit Ihren Mitbewerbern bringen. Wie Ihr Beurteilungsmenü aussehen wird, hängt unter vielem anderen ab…

- vom Grad der Zukunftskompetenz Ihres Führungs-Teams,
- vom strategischen Reifegrad Ihres Unternehmens
- vom Reifegrad Ihres Marktes,
- von Ihren persönlichen Werten und den Werten jedes Mitgestalters,
- von der Hierarchie und Bedeutung dieser Werte,
- von der wirtschaftlichen Situation, in der sich Ihr Unternehmen derzeit befindet,
- von der psychischen Verfassung, in dem sich Ihr Führungs-Team derzeit befindet,
- von den derzeit wichtigen und/oder dringenden Problemen Ihres Unternehmens,
- von den räumlichen und atmosphärischen Umständen, in denen Ihr Workshop stattfindet,
- vom Charakter und Stil des Workshop-Leiters.

Wir hoffen, dass Sie angesichts dieser noch nicht einmal besonders weit reichenden Liste der möglichen Einflüsse mit uns darin einig sind, dass es ein universelles und zuverlässiges Chancenbewertungsverfahren nicht geben kann. Es kommt hinzu, dass Chancen und Ideen nicht einer gewissen Hinterhältigkeit entbehren. Manches Mal kommen Sie wie harmlose kleine Verbesserungen daher, bergen aber Massenmärkte in sich. So geschehen mit dem Telefon oder dem Kugelschreiber. Ein anderes Mal versprechen Sie schlicht die Revolution der uns bekannten Welt und kümmern dann jahrzehntelang vor sich hin. So geschehen mit dem Bildtelefon nach seiner ersten Ankündigung 1937.[72] Chancen manifestieren sich in Wortkombinationen, die noch nicht einmal ein einigermaßen gutes Abbild der nebulösen Vorstellung des Autors wiedergeben, geschweige denn das gleiche Verständnisbild beim Empfänger erzeugen können. Manchen Chancen fehlt nur ein entscheidender Mosaikstein, um sie zu revolutionären Chancen zu machen, und manche Chancen werden dadurch revolutionär, dass man sie zurechtschneidet. Dieser amöbenhafte Charakter der Chance überzeugt uns vollends davon, dass es ein universelles Bewertungsverfahren nicht geben kann.

Wer alle Risiken ausschließen will, zerstört auch alle Chancen!

Präzise Beschreibung der Chance

Wenn Diskussionen hochkochen, wenn jeder irgendwie Recht und Unrecht hat, wenn Außenstehende nicht mehr genau die Streitpunkte erkennen können, spätestens dann haben wir es wieder mit dem Phänomen der unterschiedlichen Wirklichkeitskonstruktionen zu tun. Machen Sie den Landkartentest. Lassen Sie in der Familie oder in Ihrem Team einmal zehn Begriffe aufschreiben, welche die Anwesenden zu Stichworten wie Ziel, Spanien, Erfolg, Trend oder Kundenorientierung assoziieren. Nun müssten wir davon ausgehen, dass sich die in Landkarten manifestierten Wirklichkeitskonstruktionen der Beteiligten doch wenigstens zu einem nennenswerten Teil überschneiden. Und doch macht uns die harte Wirklichkeit einen Strich durch die Rechnung, denn spätestens bei fünf Beteiligten gibt es in der Regel keinen einzigen von allen assoziierten Begriff mehr. Bevor Sie beginnen, Ihre Chancen zu beurteilen, klären Sie mit allen Beteiligten, was genau Sie unter dieser Chance verstehen. Präzisieren Sie Ihre Chancen etwa nach den in Checkliste 28 folgenden Aspekten.
Auch wenn mit den nachfolgenden Untersuchungen manche Aspekte wiederholt auf den Tisch kommen werden, können Sie nur mit einem dieser Art sichergestellten gemeinsamen Verständnis wirklich effektiv diskutieren und beurteilen, denn auf diese Weise werden die verschiedenen Qualitäten und Erscheinungsweisen der ZukunftsChance etwas sichtbarer.

Checkliste 28: Präzisierung von Chancen

- ☑ Wer ist der Käufer bzw. Entscheider?
- ☑ Wer ist der Nutzer bzw. Nutznießer?
- ☑ Worin besteht genau die Leistung?
- ☑ Wie wird die Leistung erbracht und abgewickelt?
- ☑ Welche Ressourcen sind notwendig?
- ☑ Welche finanziellen Voraussetzungen gibt es?
- ☑ Welche finanziellen Auswirkungen gibt es?
- ☑ Was genau sind die Vorteile?
- ☑ Wie groß oder wertvoll sind diese Vorteile?
- ☑ Woraus resultieren die Vorteile?
- ☑ Was genau sind nachteilige Aspekte?
- ☑ Wie fügt sich diese Chance in die Umwelt ein (Ökologie)?
- ☑ Welche Probleme sind mit dieser Chance verbunden?
- ☑ Welche Risiken sind mit dieser Chance verbunden?
- ☑ Wie entwickelt sich der Wert der Chance auf der Zeitachse?
- ☑ Wie sehen die wichtigsten Umsetzungsschritte aus?

Beurteilungsaspekte

Die Art und die Kultur, mit der Sie mögliche Handlungsweisen (sprich ZukunftsChancen) beurteilen, kann einen wertvollen Wettbewerbs- und Differenzierungsfaktor darstellen. Wenn Sie die gleichen Kriterien ansetzen wie Ihre Mitbewerber, laufen Sie Gefahr, die gleichen Entscheidungen zu treffen und so das gleiche Marktverhalten an den Tag zu legen. Wir wollen Ihnen hier Bewertungskriterien und Beurteilungsstrategien vorschlagen, aus denen Sie sich Ihr ganz individuelles Menü zusammenstellen müssen. Die wenigsten Unternehmen haben einen eigenen Kriterienkatalog für die Beurteilung und die Entscheidung über strategische und operative Chancen. Nutzen Sie diesen Tipp und legen Sie jetzt die erste Version Ihres „Chancenfilters" fest. Der komplexeste und zugleich anschaulichste Fall einer neuen Chance ist oftmals eine neue Dienstleistung oder ein neues Produkt. Daher haben wir uns bei der Zusammenstellung des folgenden Kriterienkataloges an diesem Modellfall orientiert und nennen die Manifestation Ihrer ZukunftsChance „Lösung", wobei „Lösung" ein Produkt, eine Dienstleistung, eine Entscheidung, eine Verbesserung oder auch nur ein neues Denken sein kann. Das ändert nichts an der Eignung des Kriterienkataloges zur Bewertung von Chancen aller Art.

Bedarf

Vor allem Anderen müssen Sie klären, ob irgendjemand einen Bedarf an dieser Chance hat. Sie haben bereits im Abschnitt zum Hinein-Denken darüber nachgedacht, wie Sie das zukünftige Verhalten anderer Menschen früher erkennen können. Berücksichtigen Sie zusätzlich folgende Aspekte:

Intensität des Bedarfes

Wie stark brennt das mit dem Produkt gelöste Problem unter den Nägeln der potenziellen Zielgruppe und wie sehr sehnen sich die anzusprechenden Käufer nach der Erfüllung des entsprechenden Wunsches?

Frequenz des Bedarfes

Wie häufig tritt der Bedarf für diese Lösung pro Tag, Monat, Jahr oder Leben auf? Einerseits erhalten Sie über diesen Aspekt einen Hinweis auf das potenzielle oder reelle Marktvolumen für Ihre Lösung und andererseits gibt Ihnen die Frequenz des Bedarfes ein Maß für die Präsenz des Bedarfes in den Köpfen der potenziellen Nutznießer. Es gibt Bedarf, der zwar nur ein oder wenige Male im Leben auftritt, aber dennoch das gesamte Leben akut bleibt, so etwa der Tod, die Heirat, die Taufe oder der schwere Verkehrsunfall.

Anzahl der Bedarfsträger

Wieviele Menschen haben Bedarf an dieser Lösung?

Anzahl und Qualität der Bedarfssituationen

Wie „breit" ist der Bedarf für diese Lösung? Für welche Anwendungs- bzw. Bedarfssituationen ist die Lösung geeignet? Häufig finden technologische Lösungen ihren Massenmarkt erst nach mehreren Jahren und häufig dort, wo man es anfangs gar nicht vermutet hätte. Daher ist es hilfreich, sehr früh die möglichen Anwendungssituationen zu durchdenken.

Stärke bestehender Konkurrenzlösungen

Wie wird der Bedarf bisher befriedigt? Wie stark ist die Bindung der Zielgruppe zu dieser bisherigen Lösung? Häufig stoßen hervorragende Lösungen auf mangelndes Interesse, weil die designierten Käufer ganz zufrieden mit den bisherigen Lösungen sind und den intellektuellen und physischen Aufwand des Wechsels ihrer Gewohnheiten scheuen.

Markt

In diesem Beurteilungsschritt soll der bestehende oder zukünftige Markt transparent werden. Wenn es den Markt noch gar nicht gibt, kommt natürlich nur ein Teil der Kriterien zur Anwendung.

Marktvolumen

Wie groß ist der Markt in Stück oder in Währungseinheiten? Wenn es den Markt noch nicht gibt, bestimmen wieder die zum Kriterium Bedarf genannten Fragen Ihre Antworten. Sie sollen bei diesem Aspekt ein Gefühl dafür bekommen, wie groß das potenzielle Anwendungs- oder Verkaufsvolumen, wie groß also der zu erzielende Umsatz ist.

Differenzierung

Während das Marktvolumen lediglich das Maß der Bewegung ausdrückt, soll der Grad der Differenzierung angeben, ob Sie bei der ganzen Bewegung auch einen Vorteil, sprich eine Rendite erzielen können. Sie wissen es, je stärker sich Ihre Lösung von anderen abhebt, desto größer *kann* Ihre Umsatzrendite bzw. Spanne sein. Legen Sie sich daher fest, ob und wie stark sich Ihre Lösung von den bestehenden Lösungen abhebt.

Exklusivität

Wie leicht und wie schnell können Mitbewerber Ihre Lösung kopieren? Wir haben schon dargestellt, dass Sie es nur dann mit einer wirklich großen ZukunftsChance zu tun haben, wenn sie nicht gleich ohne besonderen Aufwand kopiert werden kann.

Zeitpunkt

Wann ist der richtige Zeitpunkt, Ihre Lösung zu entwickeln bzw. einzuführen? Die Geschichte kennt unzählige Beispiele von zu frühen und zu späten Lösungen, angefangen vom zu frühen Engagement einiger deutscher Unternehmen im Bildschirmtext (Btx) bis hin zum zu späten Einstieg amerikanischer Konzerne in den Videospiele-Markt. Die vierte Dimension kann eine Lösung zu einem unendlichen Erfolg oder zu einem Musterbeispiel kläglichen Scheiterns machen. Versuchen Sie festzulegen, wann das Chancenfenster am weitesten geöffnet und damit die langfristige Ertragsaussicht am größten ist.

Einführungsaufwand

Wieviel Geld, Zeit und Geist wird es Sie kosten, Ihre Lösung einzuführen? Wie umfangreich werden die notwendigen Änderungen der Marktregeln sein? Gegen welche und wieviele Gewohnheiten werden Sie ankämpfen müssen?

Zukunftsaussichten eines Produktes

Im Abschnitt „Vor-Denken" haben Sie gelernt, dass und wie Sie auf spielerische Weise Zukunft antizipieren können. Wenden Sie die dort dargestellten Strategeme an, um die zukünftige Entwicklung des Marktes für Ihre Lösung zu untersuchen. Denken Sie dabei beispielsweise an:

Checkliste 29: Zukunftsaussichten eines Produktes

- ☑ Preise
- ☑ Nachfragevolumen
- ☑ Anzahl der Nachfrager
- ☑ Nachfragemenge pro Nachfrager
- ☑ Konsumtrends
- ☑ Wettbewerbsgrad
- ☑ Anzahl der Anbieter
- ☑ Vergleichbarkeit der Mitbewerber
- ☑ Zugangsbarrieren
- ☑ Internationalisierung
- ☑ Vertriebswege
- ☑ Reifegrad des Marktes
- ☑ Technologisches Umfeld
- ☑ Volkswirtschaftliches Umfeld
- ☑ Politisches Umfeld
- ☑ Sozio-kulturelles Umfeld

Fähigkeit

Das beste Saatgut taugt nichts, wenn der Boden nichts hergibt. Wenn Ihrem Unternehmen die zur Nutzung der ZukunftsChancen notwendigen Fähigkeiten fehlen und sie auch nur schwierig bereitzustellen sind, sollten Sie das Konzept der ZukunftsChance an ein besser befähigtes Unternehmen verkaufen. Es stellt keine Wertung und erst recht keine Ächtung dar, wenn Ihrem Unternehmen Fähigkeiten für so manche Chance fehlen, denn gerade das Fehlen von Fähigkeiten in einem Feld ist fast schon eine Voraussetzung für hervorragende Fähigkeiten auf anderen Gebieten. Sorgen Sie mit Hilfe der folgenden Faktoren dafür, dass das Saatgut Ihrer ZukunftsChance einen passenden Boden findet, entweder in Ihrem oder in einem anderen Unternehmen.

Die Menschen sind sehr offen für neue Dinge – solange sie nur den alten gleichen. (Charles F. Kettering)

Faktor Know-how

Verfügen Sie und Ihre Mitarbeiter über das notwendige Know-how und die notwendigen Informationen oder haben Sie Zugang dazu? Wenn nicht, können Sie das Know-how für Entwicklung, Produktion, Vertrieb, Management und Markt kaufen?

Faktor Kultur

Passt die Lösung zu Ihrer Unternehmenskultur? Passt die Lösung zu Ihrem Image? Ist die Lösung zu innovativ oder zu klassisch? Eine klassische Handcrème-Marke hat vor einigen Jahren Shampoo auf den Markt gebracht. Die unvermeidliche Assoziation vieler Verbraucher bestand darin, sich fettige Crème in die Haare zu schmieren. Der durchaus achtenswerte Markterfolg blieb hinter den Erwartungen zurück.

Faktor Organisation

Ist Ihr Unternehmen organisatorisch in der Lage, diese Lösung zu erbringen und zu verwalten? Wie groß ist der Umfang der notwendigen Systemänderung? Wenn Sie erwarten müssen, erst Ihr gesamtes Unternehmen umzukrempeln, dürfte der Aufwand für diese Chance sehr bald zu groß werden.

Faktor Zeit

Wie schnell können Sie die Lösung erbringen? Liegt diese Zeitspanne innerhalb der maximalen „time-to-market-Spanne", gemessen am Zeitpunkt der größten Öffnung des Chancenfensters? Wenn ein anderes Unternehmen die

Lösung wesentlich schneller erbringen kann als Sie, dann delegieren Sie die langsamen Prozesse nach außen. Wenn weder Sie noch andere Ihnen zugängliche Unternehmen die Leistung innerhalb eines angemessenen Zeitraumes erstellen können, belassen Sie die Chance lieber im ChancenSpeicher.

Faktor Strategie

Liegt die Chance auf der durch Ihre Strategie bestimmten Straße für Ihre Fahrt in die Zukunft? Ist die Lösung mit Ihrer Strategie kompatibel? Sind Sie als Marktführer oder Neueinsteiger in der richtigen Position, diese Lösung anzubieten?

Faktor Ressourcen

Verfügen Sie über die notwendige Infrastruktur oder können Sie dieselbe kaufen? In welcher Höhe fallen durch die Inanspruchnahme der Ressourcen seitens der Lösung Opportunitätskosten für entgangene andere Nutzungsmöglichkeiten an?

Faktor Finanzen

Passt die Chance zu Ihrer Finanzkraft? Können Sie das finanzielle Risiko tragen? Wie wirkt sich die Nutzung der Chance auf Ihre Liquidität aus?

Eigennutz

Warum sollten Sie Kraft dafür aufwenden, eine Chance zu nutzen, wenn Sie nicht genügend Eigennutz darin sehen? Was haben Sie und was hat Ihr Team davon, diese Chance zu nutzen?

Langfristige Renditeaussicht

Wie hoch wird die langfristige Rendite aus dieser Chance sein? Welchen finanziellen Nutzen ziehen Sie daraus? Allen Unkenrufen zum Trotz spielt Geld als Anreiz nach wie vor eine bedeutende Rolle.

Nutzen für die Marktposition

Auch wenn es sich nicht gleich in Euro und Cent rechnen lässt, kann die Nutzung einer neuen Chance Ihre Marktposition verbessern. Wenn Sie beispielsweise eine Chance vornehmlich mit dem Motiv nutzen wollen, Ihr Image zu verbessern – so etwa, wenn Sie sich die Marke Rolls Royce sichern – dann muss sich das auf den ersten und zweiten Controller-Blick nicht wirklich rechnen, sinnvoll sein kann es trotzdem. Welche Effekte hat die

Chance auf Ihr Image nach innen und nach außen auf die Interessengruppen Ihres Unternehmens?

Nutzen für Leistungsfähigkeit

Welchen Nutzen bedeutet diese Chance für die Schlagkraft und Leistungsfähigkeit Ihrer Mitarbeiter und damit Ihres Unternehmens? Auf welche Art und Weise macht diese Lösung das Entwickeln, das Produzieren, das Verwalten, das Führen oder das Verkaufen effektiver?

Lust

Wir sagen im Alltag bei weitem zu selten, dass unsere persönliche Lust darüber entscheidet, ob wir etwas tun oder lassen. Wenn Sie Ihr Leben und Arbeiten selbst gestalten, wird der Lustgewinn aus einer Chance viel häufiger den Ausschlag geben, als sie es sich zugeben werden. Wenn Sie stark von den Weisungen Dritter abhängen, werden Sie vielleicht nicht in jedem Falle auf Ihren persönlichen Lustgewinn abzielen können. Doch ganz gleich, in welcher Situation Sie sich befinden, als Mensch streben Sie nach Spaß und Lustgewinn.

Interne Priorisierung

ZukunftsChancen klingeln nur einmal, bevor sie gleichgültig beim nächsten Unternehmen anklopfen, bis ein gut vorbereitetes Führungs-Team sie herzlich empfängt, bewirtet und ihre Erfolgspotenziale nutzt. Wenn Sie die obigen Prüfungen vorgenommen haben und Sie die ZukunftsChance bzw. ihre Nutzung für gut erachten, müssen Sie entscheiden, ob Sie diese Chance dann auch tatsächlich nutzen. Eine Chance kann hervorragend sein, und trotzdem kann es für Sie sinnvoll sein, sie nicht zu nutzen. Die mathematische Unternehmensforschung würde hier davon sprechen, die ZukunftsChancen, sortiert nach der Höhe der Gewinnerwartungen, so lange auf die vorhandenen Ressourcen zu verteilen, bis diese ausgebucht sind. Neben dieser kühlen Gewinnmaximierungsstrategie gibt es einige weitere Aspekte der Beurteilung.

Marktwirksamkeit

Eine neue EDV-Anlage zur schnelleren Buchung der Anwesenheitszeiten Ihrer Mitarbeiter ist sicher eine Chance. Die Marktwirksamkeit dieser Chance ist jedoch ausgesprochen gering. Ganz anders steht es allerdings mit der Chance, einen Online-Katalog einzuführen. Diese Chance hat eine sehr hohe Marktwirksamkeit. Diese beiden Beispiele können auf einer gedachten „Wirksamkeitspyramide" abgetragen werden; ganz oben stehen die sehr marktwirksamen Chancen und ganz unten stehen Chancen, die keine Marktwirksamkeit haben. Ordnen Sie Ihre Chance individuell definierten Ebenen auf dieser gedachten Pyramide zu.

Zeitpunkt

Welche Folgen hätte ein weiteres Abwarten? In einer Zeit, in der Menschen und Unternehmen in Projekten und Aktionen ersticken, müssen wir für jede ZukunftsChance dankbar sein, die wir folgenlos verschieben können. Verwechseln Sie jedoch nicht fehlende negative Folgen mit entgangenen Erfolgen. Wenn sich durch einen Aufschub nichts wesentliches an den heutigen Verhältnissen Ihres Unternehmens ändert, ist dadurch noch lange nicht der Aufschub angebracht. Gerade die unsichtbaren potenziellen Fortschritte, die potenziellen Gewinne und die potenziellen Erfolge sind es, um die es uns im ZukunftsManagement geht.

Risiko

Wenn die Nutzung Ihrer ZukunftsChance ein echtes Risiko birgt und wenn dieses Risiko Sie die Existenz kosten kann, dann gestalten Sie die Chance um oder stellen Sie sie zurück. Werden Sie sich des Risikos bewusst und entscheiden Sie sich bewusst für oder gegen das Risiko. All die vielen Profikritiker und notorischen Pseudopraktiker, vor deren Engstirnigkeit und gelegentlicher Kleinkariertheit wir Sie bisher immer bewahren wollten, sind an genau dieser Stelle unschlagbar nützlich. Lassen Sie sich alle Risiken aufzeigen und fällen Sie dann Ihre Entscheidung.

Innovationsgrad

Es lässt sich evolutionsstrategisch nachweisen, dass viele kleine Evolutionsschritte für eine nachhaltig positive Entwicklung eines Organismus besser sind als die großen Würfe.[73] Der Unterschied der Mutation zum Original und damit die Schrittgröße der Evolution ist klein. Zu kleine Evolutionsschritte brauchen unnötig lange Entwicklungszeiten, aber zu große Evolutionsschritte treiben die Auswirkungen von Fehlversuchen in die Höhe, so dass die Erfolge langfristig überkompensiert werden. Wir sind der Ansicht, dass dieses Evolutionsgesetz auch für die Entwicklung sozialer Systeme und damit auch für Unternehmen gilt. Für die Bewertung Ihrer ZukunftsChancen bedeutet es, dass die durch sie implizierte Veränderung nicht zu groß sein darf.

Begeisterung

Was man gerne tut, macht man in der Regel auch gut. Wofür man sich begeistern kann, macht man in der Regel hervorragend. Können Sie sich für Ihre ZukunftsChance begeistern?

Beurteilungsformeln

Formeln haben bei der Früherkennung von Chancen und Bedrohungen eigentlich nichts zu suchen, es sei denn, sie stammen von Edward de Bono. Er hat den Versuch unternommen, den Wert einer Chance mit einfachen Formeln zu bestimmen.[74] Die Formeln und ihre Elemente sprechen für sich.

$$\text{Wert einer Chance} = \frac{\text{Nutzen}}{(\text{Anstrengung} \times \text{Risiko})}$$

$$\text{Risiko} = \frac{(\text{Neuheit} \times \text{WennPunkte})}{(\text{Erfahrung})}$$

$$\text{Anstrengung} = \frac{(\text{Kosten} \times \text{Trägheit})}{(\text{Mittel} \times \text{Methode})}$$

$$\text{Trägheit} = \frac{(\text{Zufriedenheit} \times \text{Opposition})}{(\text{Motivation} \times \text{Bedarf})}$$

Beurteilungsstrukturen

Mindestens so individuell wie Ihre Beurteilungskriterien muss Ihre Beurteilungssystematik sein. Wir haben die verschiedensten Beurteilungsstrukturen entwickelt, kennen gelernt und angewendet und sind dabei zu der Ansicht gekommen, dass eine sehr feine und technokratische Vorgehensweise zwar das Gefühl von Zuverlässigkeit zu vermitteln in der Lage ist, in der Regel jedoch keine wirklichen Qualitätsvorteile bietet.

Das Drei-Strich-Verfahren zur Erstbeurteilung

Das „Drei-Strich-Verfahren“ ist auf den ersten Blick das gröbste, zugleich aber auch das schnellste und effektivste Verfahren. Gerade wenn es gilt, aus vielleicht 150 oder 300 Chancen die besten auszuwählen, hat sich dieses unscharfe Verfahren hervorragend bewährt.

1. Lesen Sie das Protokoll Ihrer ChancenAnalyse in einem ersten Durchgang und streichen Sie jede ZukunftsChance mit einem senkrechten Strich an, deren Umsetzung Sie für sinnvoll halten. Sinnvoll ist alles, was Ihr Unternehmen auf wirksame Art und Weise zukunftsfähiger und erfolgreicher macht. So bekommen Sie einen Überblick über die aus Ihrer ganz persönlichen Sicht wesentlichen Chancen, und Sie bekommen ein Gefühl dafür, ob das alles in diesem Umfang umsetzbar ist. Alles, was Sie nicht anstreichen, kommt in den ChancenSpeicher, ist also nicht verloren.
2. Lesen Sie nun die oben dargelegten Bewertungskriterien an und formulieren Sie daraus schriftlich Ihr persönliches Kriteriengerüst.
3. Lesen Sie in einem zweiten Durchgang alle angestrichenen ZukunftsChancen und streichen Sie diejenigen mit einem zweiten Strich neben dem ersten Strich an, die Ihnen darunter besonders wichtig erscheinen, weil sie Ihrem ganz persönlichen Kriteriengerüst entsprechen. Seien Sie hier bereits sehr geizig mit Ihren Kräften in Form von Geld, Zeit und Geist.
4. Verschaffen Sie sich nochmals einen Überblick über Ihr persönliches Kriteriengerüst.
5. Streichen Sie dann in einem dritten und letzten Durchgang diejenigen ZukunftsChancen mit einem dritten Strich an, die Sie unbedingt umgesetzt sehen wollen. Es sollten nicht mehr als zehn bis zwanzig sein.
6. Wo Sie zwar keinen besonderen Handlungsbedarf, wohl aber einen VisionsBaustein für Ihr Unternehmen sehen, schreiben Sie ein „VB“ an die ZukunftsChance.

Gewichtetes Scoring

Viel systematischer als das Drei-Strich-Verfahren ist das gewichtete Scoring, das Sie in der zweiten, feineren Bewertungsstufe einsetzen können. Solche Verfahren stoßen wegen ihres zeitlichen Aufwandes und ihrer offensichtlichen Pseudogenauigkeit in der praktischen Arbeit auf wenig Akzeptanz. Doch kann das gewichtete Scoring überall dort eingesetzt werden, wo die Kultur des Führungs-Teams unscharfe und intuitive Verfahren nicht zulässt. Verwenden Sie am besten eine Tabellenkalkulationssoftware.

1. Schreiben Sie alle für Sie relevanten Beurteilungskriterien in einer ersten Spalte als Zeilenüberschriften untereinander.
2. Verteilen Sie in einer zweiten Spalte je nach Wichtigkeit 100 Punkte auf die Beurteilungskriterien.

3. Schreiben Sie die Chancen als Spaltenüberschriften in die erste Beschriftungszeile.
4. Vergeben Sie für jede Chance einen Wert zwischen 0 und 9 für die Erfüllung jedes einzelnen Kriteriums.
5. Multiplizieren Sie die Gewichtungspunkte mit den Erfüllungswerten.
6. Summieren Sie die Produkte (Gewichtung mal Erfüllungswert) pro Chance.

Mit diesem, wie gesagt, etwas pseudogenauen Verfahren haben Sie eine eindeutige Priorisierung Ihrer ZukunftsChancen.

Paarweiser Vergleich

Der paarweise Vergleich – mathematisch korrekt auch „Analytic Hierarchy Process“ genannt – ist zwar ein intuitives Verfahren, führt jedoch hochgradig systematisch zu guten Entscheidungen. Auch den paarweisen Vergleich sollten Sie erst in der zweiten, feineren Beurteilungsstufe einsetzen, denn er eignet sich leider nicht dafür, die besten aus 150 oder 300 Chancen herauszufinden, denn schon bei 10 Chancen und fünf Kriterien wird der Beurteilungsaufwand enorm. Zunächst werden die Beurteilungskriterien so gewichtet, dass jedes Kriterium hinsichtlich seiner Wichtigkeit mit jedem anderen Kriterium verglichen wird. Dann wird jede Chance hinsichtlich eines jeden Kriteriums mit jeder anderen Chance verglichen und die Erfüllung des Kriteriums auf einer Skala bewertet. Es gibt zwar eine „Papierversion“ für den paarweisen Vergleich, doch sollten Sie sich des Computers bedienen. Neben der Möglichkeit, die Beurteilungsstruktur in einer Tabellenkalkulation abzubilden, gibt es dafür auch spezielle Software wie den „Entscheidungsfinder“.

Praxistest

Die beste Möglichkeit, eine ZukunftsChance zu bewerten, ist das Ausprobieren im Kleinen. Den Walkman, die Post-it-Notizaufkleber oder das Fernsehen hätte es ohne trial and error nicht gegeben. Sie können unmöglich 150 Chancen in einem vertretbaren Zeitrahmen durchtesten, aber Sie können fünf oder zehn Chancen testen. Insofern ist der Praxistest allenfalls für eine dritte Beurteilungsstufe geeignet. Er sorgt aber für schnelles Feedback, eine der Grundlagen für eine erfolgreiche Unternehmensentwicklung. Wenn Sie mit Ihrer Chance scheitern müssen, dann müssen Sie dafür sorgen, dass das möglichst schnell geschieht.

Problemfelder der Chancenbeurteilung

Bei allen Bemühungen der objektivierten Beurteilung von Zukunfts-Chancen müssen wir einsehen, dass dieses Unterfangen von einer Vielzahl potenzieller Problemfelder begleitet ist. Der erste Schritt auf dem Weg, die Auswirkungen dieser Problemfelder zu minimieren, besteht darin, sich ihrer bewusst zu werden. Sobald Sie davon wissen, können und werden Sie Mittel und Wege finden, diese Probleme zu lösen oder zu lindern.

Viele kleine Vorteile ergeben keinen großen Vorteil

Viele feuchte Streichhölzer kommen nicht an ein einziges brauchbares, weil trockenes Streichholz heran.[75] Viele kleine Vorteile können davon ablenken, dass der eine große, überzeugende Vorteil einer Chance fehlt. Wenn Sie es mit mehreren Hundert Chancen und Ideen zu tun haben, wird es schwierig, die wenigen guten Perlen darin zu finden, gerade weil viele vermeintlich gute Chancen sich buchstäblich in Nichts auflösen, wenn Sie sich die vielen angeblichen Vorteile genauer ansehen.

Mangelnde sprachliche Präzision

Der Philosoph Ludwig Wittgenstein gab seine Studien auf, nachdem er für sich entschieden hatte, dass er für seine Gedanken und Gefühle niemals die passenden Worte finden werde. Zum einen haben wir für die bunte und mannigfaltige Welt unserer Sinne und unseres Gehirns viel zu wenige Worte – denken Sie an das bekannte Beispiel, nach dem die Eskimos dutzende Bezeichnungen für Schnee kennen – und zum anderen haben selbst Menschen mit dem gleichen Lebens- und Arbeitsumfeld bei ein und demselben Wort häufig gänzlich unterschiedliche Verständnisbilder. Wenige Absätze zuvor schlugen wir Ihnen einen Landkartentest vor. Führen Sie ihn durch, und Sie werden erkennen, wie denkbar unvollkommen unsere Sprache für die Beschreibung der Wirklichkeit ist.

Botschaften und Sender

Es ist ein offenes Geheimnis, dass sprachlich intelligente Menschen wenig relevante Fakten und Tatsachen so darstellen können, dass ihre Zuhörer darüber ins Staunen kommen, diese Zusammenhänge nicht beachtet zu haben. Der wortgewaltige Verkäufer kann das geringe Gewicht eines Projektors so in den Vordergrund stellen, dass die gesamte Mannschaft vor lauter Begeisterung vergisst, dass es um ein Festinstallationsgerät geht, bei dem das Gewicht keine wirklich wichtige Rolle spielt. Ein genauso offenes Geheimnis liegt darin, dass zurückhaltende Personen enorm wichtige Aspekte eines Sachverhaltes häufig so darstellen, dass sie wie Lappalien aussehen. Der schüchterne Buchhalter, der sich dazu durchringt, auf die Haftungsrisiken des neuen Exportgeschäftes hinzuweisen, wird aufgrund seiner schwachen Rolle in der Gruppenrangordnung nicht wirklich gehört. Wenn der autoritär führende Unternehmenslenker die von ihm erkannte Chance für brillant hält, wird es aus sehr menschlichen Gründen enorm problematisch, die offensichtlichen Schwächen seiner Chance ausreichend deutlich darzulegen. Geben wir uns daher Mühe, die Botschaft nicht zu stark mit dem Sender zu identifizieren.

Auf die Schultern Anderer steigen

Viele Chancen erscheinen uns nur deshalb attraktiv, weil wir nicht wissen, was andere wissen. Vielleicht wurde diese Chance von anderen auch erkannt und bis kurz vor das Einführungsstadium gebracht. Vielleicht weiß die Fachwelt schon seit langem, dass es nicht funktioniert. Aber hier lauert wiederum die Gefahr der zu schnellen Vorurteile.

Vorurteile

Vielleicht ist gerade die Fachwelt viel zu sehr spezialisiert und scheuklappenbewehrt, um den Lösungspfad über den Umweg angrenzender Wissengebiete zu sehen.

Veränderungswiderstände

Die meisten Führungs-Teams sind nicht in der Lage, der Forderung Schumpeters nach der „kreativen Zerstörung“ zu entsprechen und sich selbst Konkurrenz zu machen, bevor es andere tun. Daher beharren sie gerne auf existierenden Lösungen und bringen dafür so logisch klingende Argumente wie, „der Feind des Guten ist das Bessere“. Wer sich nicht verändern will, sieht auch in der motivierenden ZukunftsChance noch eine Bedrohung.

Weitere Problemfelder

An dieser Stelle ließen sich weite Passagen des Ergänzungskapitels „Erfolgsfaktor Zukunftskompetenz“ aus dem Leser-Support im Internet unter ➔ **www.Micic.com** einsetzen. Vieles von dem, was Sie dort zur persönlichen zukunftsfähigen Grundhaltung und zur chancenorientierten Unternehmenskultur lesen werden, taugt auch als Problemfeld der Chancenbewertung.

Es erklärt sich aus der Natur der ZukunftsChance, dass wir niemals genügend Informationen haben werden, um jede Chance umfassend und „richtig" beurteilen zu können. Damit müssen wir uns und müssen Sie sich abfinden.

Die sechs Karriereoptionen Ihrer Chancen

Nachdem Sie die Chancen in Ihrem ChancenTopf bewertet haben, kommt der Zeitpunkt, über die weitere Verwendung jeder einzelnen Chance zu entscheiden. Wie bereits oben beim „Eltviller Modell" geschildert, hat jede Chance sechs Karriereoptionen, wie die nachfolgende Grafik zeigt.

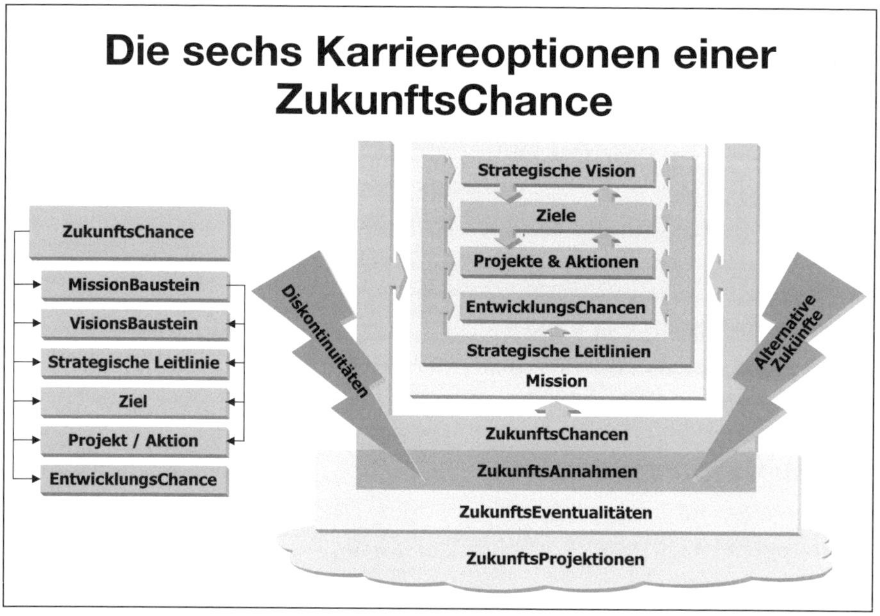

Abbildung 28; Karriereoptionen einer Chance

Chance zum MissionsBaustein

Einige wenige Ihrer Chancen werden den Grundauftrag Ihres Unternehmens verändern oder ergänzen. Diese Chance werden zu MissionsBausteinen.

Chance zum VisionsBaustein

Die großen, nur langfristig realisierbaren Chancen, die von Ihnen und Ihrem Team als in jedem Fall erstrebenswert betrachtet werden, werden zu

VisionsBausteinen, also zu Mosaiksteinen Ihres langfristig erstrebten Zielbildes.

Chance zur strategischen Leitlinie

Wenn eine hoch bewertete Chance nicht erst in einigen Jahren genutzt und umgesetzt sein soll, sondern von nun an als Regel gelten soll, dann ist sie eine strategischen Leitlinie. Ein Beispiel wäre die Leitlinie, dass Kapazitäten grundsätzlich nur noch von anderen Anbietern hinzugekauft und nicht mehr selbst aufgebaut werden.

Chance zum Ziel

Chancen, die innerhalb von ein bis drei Jahren realisiert werden können und die ein klares Ende haben, werden zu Zielen. Sie sind nicht so langfristig wie VisionsBausteine und nicht so kurzfristig wie Projekte.

Chance zum Projekt oder zur Aktion

Chancen, die binnen weniger Wochen oder Monate realisiert werden können, haben den Charakter von Projekten oder – noch kurzfristiger – von Aktionen. Die Chance, bei jeder Korrespondenz auf die erfolgreiche Zertifizierung nach der neuen Norm hinzuweisen, soll nicht erst in einigen Jahren genutzt oder in den Rang einer wichtigen strategischen Leitlinie gehoben werden. Es ist schlicht eine Aktion, dies einmalig in den entsprechenden Prozess einzubauen.

Chance zur EntwicklungsChance

Chancen, deren Sinnhaftigkeit oder Machbarkeit noch nicht gesichert ist, werden zu EntwicklungsChancen, die als solche noch geprüft und verifiziert werden müssen.

Zweite Stufe der Konkretisierung

Jede Chance wird zunächst in ihre höchstmögliche Karrierestufe befördert und dann in Ziele, Projekte und Aktionen heruntergebrochen. Jeder MissionsBaustein, jeder VisionsBaustein und jede Leitlinie kann – wenn nötig – in einem Ziel konkretisiert werden. Jedes Ziel kann und muss in einem oder mehreren Projekten konkretisiert werden.

Szene 16; Die StrategieVision, Teil I

09. Juli, 09.10 Uhr: Die Klimaanlage schaffte es kaum. Die höchsten Temperaturen dieses Jahres machten ihnen zu schaffen. Alle hatten sie ordnungsgemäß ihr bewertetes Chancenprotokoll mitgebracht, bis auf Friedrich Matrasse, der es sich nachträglich ins Hotel faxen lassen musste. Von Michels Büro hatten sie kurz nach der ChancenAnalyse ein Protokoll mit den 264 ZukunftsChancen erhalten. Ein jeder sollte für sich alleine mit dem so genannten Drei-Strich-Verfahren diejenigen Chancen bestimmen, deren Umsetzung sie bzw. er für unumgänglich hielt. Dieser dritte Workshop-Tag war der StrategieVision und dem Aktionsplan gewidmet, womit der Fokus in die Zukunft gewährleistet werden sollte. Wieder führte Michels kurz und knapp in die Hintergründe und die Methodik ein. Lichtenberg hatte auch diesmal das entsprechende Kapitel aus Michels Buch gelesen. Er fragte sich, wie wohl die theoretische Beschreibung in der Praxis realisiert werden konnte, denn schließlich sprach mittlerweile jeder über Visionen, aber er hatte noch niemanden gesehen, der ihm eine praktische Anleitung geben konnte. (Weiter auf Seite 327).

10 Step 4: StrategieVision, wie kann und soll unser Unternehmen in fünf Jahren aussehen?

10.1 Was ist eine StrategieVision?

Das Sprechen und Schreiben über Visionen ist modern geworden. Man ist sich nun auch in der breiteren Öffentlichkeit bewusst, dass eine klare Vorstellung von der gewünschten Zukunft ungeahnte Energien in uns freisetzen kann. Wenn Sie ein hervorragendes Unternehmen erschaffen wollen, hilft Ihnen dabei ein inneres Bild, wie es dereinst aussehen soll.

Es gibt leider eine große Vielfalt an Verständnisbildern zum Begriff der Vision. Die Künstler schaffen ein Werk, und abwechselnd ist das Werk die Vision, oder die Vision schuf das Werk. Die Soziologen wünschen sich eine störungsfreie und respektgetragene Kommunikation unter den Menschen und erklären dies zu einer Vision. Für unsere Belange wollen wir die StrategieVision als angestrebten Zustand eines Menschen oder einer Gruppe von Menschen sehen. Wir nennen sie StrategieVision, weil sie im Unterschied zur einfachen Vision auch eine plausible Untermauerung bezüglich der angestrebten strategischen Eckwerte Ihres Unternehmens enthalten soll.

Sobald der Geist auf ein Ziel gerichtet ist, kommt ihm vieles entgegen.
(Johann Wolfgang von Goethe)

Es ist eine der größten Freiheiten des Menschen, seine eigene Vision zu entwickeln. Manche Menschen haben eine extrinsische, von außen kommende Vision, andere haben eine intrinsische, also von innen heraus entwickelte Vision. Die intrinsische Vision spiegelt den höchsten Grad an Selbstbestimmung wider, während wir mit einer extrinsischen Vision auf die Schultern anderer steigen und mehr oder minder deren Vision im Original, im Gegenteil (z. B. als Feinde) oder in einer Spielart übernehmen.

Eine StrategieVision ist das konkrete Bild einer faszinierenden, erstrebten und realisierbaren Zukunft.

Es gibt vier wesentliche Gründe, eine StrategieVision zu entwickeln:

1. Um Ihrem Tun einen Sinn zu geben
2. Um Ihren zukünftigen Erfolg zu verursachen
3. Um Ihre heutigen Probleme gesamthaft zu lösen
4. Um sich besser orientieren zu können.

Die Grafik DENA 2009 zeigt ein authentisches Beispiel. DENA 2009 ist die StrategieVision eines kleinen Beratungsunternehmens, dessen Firmierung und Geschäftsfeld wir hier natürlich geändert haben. Auf einer Seite wird hier prägnant zusammengefasst, wie und warum DENA 2009 ein hervorragendes Unternehmen geworden sein wird.

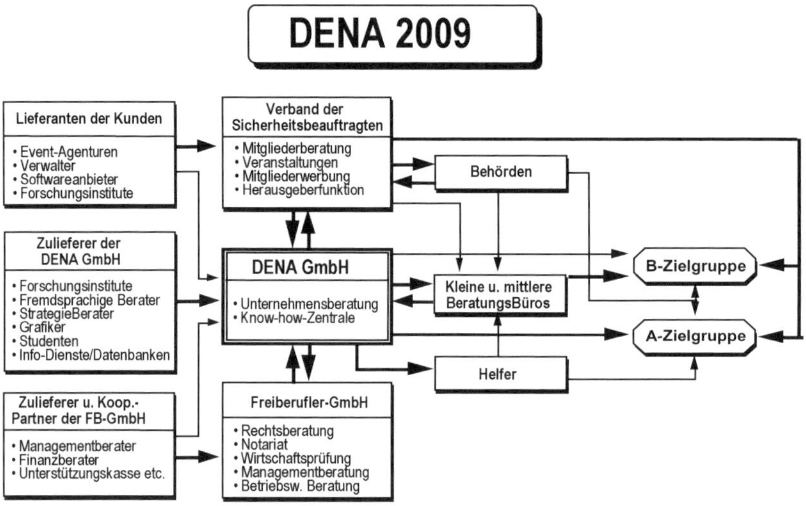

• **Grundaufgabe:**	Managementberatung für Ingenieurbüros
• **Zielgruppen:**	1. Ingenieurbüros, 2. Ingenieurberater
• **Kernleistungen:**	1. Führungsberatung 2. Unternehmensberatung (Recht, Management, Betriebswirtschaft etc.) 3. Betriebswirtschaftliche Dienstleistungen 4. Know-how-Management für Ingenieurberater

Die DENA im Jahr 2009 ....

- ist der Koordinator und Initiator eines Systems, das auf die Beratung von Ingenieurbüros ausgerichtet ist.
- hat mit ihrer Wissensdatenbank ihr Wissen materialisiert und ist für ihre Mitbewerber auf diesem Gebiet uneinholbar geworden.
- wird von zwei weiteren Hauptakteuren unterstützt, einer Freiberufler-GmbH und vom selbst gegründeten Bundesverband der Sicherheitsbeauftragten e.V.
- hat ein Netzwerk von Kooperationen geflochten, aus dem sie sämtliche Angebote für Ingenieurbüros schöpft.
- wickelt die Managementberatung weitgehend über 200 mit ihr kooperierende Ingenieurberater ab. Seit einem Jahr werden alle Mandate der B-Zielgruppe direkt an regionale Ingenieurberater verwiesen.
- ist auch für die Behörden zu *dem* Ansprechpartner für die Zusammenarbeit mit Ingenieurbüros geworden.
- betreut und lizenziert Ingenieurberater, die sie dezentral einsetzt.
- erwirtschaftet einen Umsatz in Höhe von 90 Mio. Euro bei einer cash-flow-Quote von 40%. Das Wachstum seit 1999 konnte vollständig aus eigenen Mitteln finanziert werden.
- Die Freiberufler-GmbH hat in wesentlichen Teilen spezialisiertes Know-how in der Ingenieurberatung gesammelt.
- Die FB GmbH ist ein "Ärztehaus" für Ingenieurbüros. Sie berät große Büros und liefert ihr Know-how an die DENA.
- Der Bundesverband der Sicherheitsbeauftragen e.V. dient als offizielle Sammelstelle für alle Ansprechpartner in den Ingenieurbüros. Er wirkt für die DENA wie ein Kundenclub und ist offizieller Herausgeber der Fachmedien.

Abbildung 29; DENA 2009

Wir kennen nichts, was für die zukünftige Entwicklung eines Menschen und eines Unternehmens wichtiger ist, als eine klare und begeisternde Vision davon, wo es hingehen soll. Auf die Frage nach den geeigneten Wegen zur Vision gibt es eine Vielzahl von Antworten. Wir sind davon überzeugt, dass die Vision der Chance folgt, also aus der erkannten Chance entsteht. Bevor im überstrapazierten Beispiel ein John F. Kennedy 1961 die Vision formulieren konnte, bis zum Ende seines Jahrzehnts einen Menschen auf den Mond und wieder zurück zu bringen, musste die Chance erkannt sein, dass dies eine grundsätzlich mögliche und nützliche Handlungsweise ist, die auch moralisch und militärisch eine Reihe von Vorteilen mit sich bringt. Bevor Sie die Vision von der Weltmeisterschaft in Ihrem Geschäft formulieren können, haben Sie irgendwann die Chance erkannt, dass man eine solche Weltmeisterschaft erreichen könnte.

Wer den Hafen nicht kennt, in den er segeln will, für den ist kein Wind ein günstiger. (Lucius A. Seneca)

Auch Bill Gates und Paul Allen, die Gründer von Microsoft, haben mit einer Vision begonnen. Als sie auf dem Harvard Square in der Zeitschrift „Popular Electronics" die Selbstbauanleitung für einen Computer lasen, wussten sie noch nicht, was man genau mit diesem Computer machen konnte[76], aber wenig später wussten sie, dass sie aus ihrer kleinen „Micro-Soft" den Weltkonzern Microsoft formen würden. Empirische Studien haben gezeigt, dass herausragende Unternehmenserfolge mit einer mehr oder minder klaren Vorstellung von der Zukunft des Unternehmens begonnen haben.

Der Zeithorizont

Wenn Sie den vorgeschlagenen Schritten für Ihr ZukunftsProjekt gefolgt sind, haben Sie bereits Ihren Zukunftshorizont definiert. Der Zeithorizont einer Vision ist jedoch prinzipiell unbegrenzt. So prophezeite vor 1.200 Jahren ein buddhistischer Mönch in Tibet, „wenn Eisenvögel durch die Luft fliegen, wird der Buddhismus Richtung Westen wandern und in die fernsten Länder kommen". Der Franziskanermönch Roger Bacon hatte die Vision der zukünftigen Transport- und Verkehrstechnik, und das bereits im dreizehnten Jahrhundert.[77] So schrieb er in seinem im Mittelalter verbotenen Werk „Opus Maius", „Es werden Mechanismen hergestellt werden, um das Wasser ohne Ruder zu überqueren. Die größten Flug- und Seeschiffe werden mit nur einem Mann Besatzung mit höherer Geschwindigkeit vorangetrieben, als wenn sie voller Ruderleute wären. Wagen sind herstellbar, die von keinem Tier gezogen werden, und dennoch werden sie sich mit unvorstellbarer Wucht vorwärtsbewegen. Auch Flugvorrichtungen sind konstruierbar. Und zwar so, dass ein Mensch darin sitzt, der eine Maschine rotieren lässt, durch die künstliche Flügel nach der Weise eines fliegenden Vogels die Luft schlagen werden. Und es werden Einrichtungen geschaffen werden, um im Meer oder in Flüssen bis auf den Grund hinab und ohne Lebensgefahr umherzustreifen ...". Alle Achtung, können wir da nur sagen.

Mission und Vision

Die *Mission* ist der ewige Auftrag Ihres Unternehmens, sozusagen eine allgemeine Vorgabe dessen, was Ihr Unternehmen in seiner Umwelt bewirkt, kurz der Unternehmenszweck. Die StrategieVision hingegen ist die Zukunft, die Sie mit Ihrem Unternehmen im Rahmen Ihrer Mission erschaffen wollen. Es kann Ihre Vision sein, Ihre Mission auf eine ganz besonders hervorragende Weise erfüllen zu können. Das ist jedoch kein Grund, Mission und Vision zu verwechseln. Unsere Mission sagt aus, welches Spiel wir spielen. Unsere Vision sagt aus, was für ein Spieler wir werden wollen. Wir trennen Mission und Vision ganz bewusst. Nach unserer Erfahrung ist es effektiver, die Selbstbeschreibung und das langfristige Zielbild jeweils für sich zu erarbeiten und wahrzunehmen. Wenn Sie die Mission Ihres Unternehmens als „Versorger für hochwertige Nahrungsmittel" definieren, steckt darin nicht die Antwort auf die Frage, ob Sie mit Ihrem Unternehmen eine aggressive Weltmarkteroberung oder ein wertegetragenes und wachstumsunabhängiges nachhaltiges Wirtschaften mit angemessenen Erträgen verfolgen.

Vision und StrategieVision

Mit der Bezeichnung StrategieVision soll eine deutliche Abgrenzung gegenüber unverbindlichen und allgemeinen Visionen vom hehren Dasein manifestiert werden, zumal das Wort Vision im Deutschen nach wie vor einen weichen, nicht greifbaren und häufig pathologischen Beigeschmack hat. Altbundeskanzler Helmut Schmidt wird mit dem Satz zitiert, wer Visionen habe, solle zum Arzt gehen.

Eine StrategieVision nach dem hier vorgeschlagenen Verständnis soll die zukünftige „Architektur" des Unternehmens beschreiben. Der gewünschte Unternehmenszustand soll anhand konkreter strategischer Eckpunkte beschrieben werden. Zahlen müssen darin keine herausgehobene Rolle spielen.

In den meisten Unternehmen werden irgendwie Visionen entwickelt. Meist beschränkt man sich jedoch darauf, von der Größe, Güte und Rentabilität des Unternehmens zu träumen. In Ihrer StrategieVision sollten Sie jedoch auch und vor allem darauf eingehen, *wie und warum* Ihr Unternehmen erfolgreich, schön, groß oder edel geworden ist. Wenn uns die Vision begeistert, haben wir nur die eine Hälfte sichergestellt. Auf dem Weg zur StrategieVision müssen wir noch sicherstellen, dass das uns Wunschbild für die Zukunft auch strategisch plausibel ist.
Die Vision einer bekannten deutschen Managementschule lautet: „Wir wollen uns von niemandem in unserer Branche im Nutzenbieten übertreffen lassen." Das ist ein hehrer und schöner Anspruch, aber keine StrategieVision im Sinne des konkreten Bildes einer faszinierenden, erstrebten und realisierbaren Zukunft. Der Ausspruch reicht bei weitem nicht aus, um die hier geforderten Wirkungen einer Vision zu erzielen. Wir brauchen in der StrategieVision ein Optimum zwischen einer sehr allgemeinen Wunschvorstellung und einer im Detail beschriebenen Zielsetzung. Während eine allgemeine Wunschvorstellung kaum die der StrategieVision zugedachten Funktionen zu erfüllen vermag, würde ein allzu detailliertes Zukunftsbild der gebotenen Flexibilität abträglich sein.

Wenn das Leben keine Vision hat, nach der man strebt, nach der man sich sehnt, die man verwirklichen möchte, dann gibt es auch kein Motiv, sich anzustrengen. (Erich Fromm)

In den großen anonymen Konzernen ist es üblich, Zehnjahreshorizonte zu umreißen und diese dann z. B. Vision 2015[78] zu nennen. Die Inhalte solcher Ausarbeitungen sind dann allzuoft nüchterne Darstellungen von Geschäftsfeldern, Umsatzvolumina und Ertragszahlen. Von Leidenschaft und Faszination keine Spur. Und leider verfallen auch die Führer kleinerer und kleinster Unternehmen in den Immermehrismus und schreiben solchen Unsinn wie „das Ziel Nr. 1 ist Wachstum". Wachstum kann kein Ziel sein, weil es keinen zukünftigen Zustand, sondern einen Prozess beschreibt, und für Wachstum können sich allenfalls die Gesellschafter wirklich begeistern.

StrategieVision und Ziele

Ziele sind so konkret beschrieben, ihre Maßstäbe sind so klar, die zielführenden Aktionen sind so eindeutig, dass es keine Alternative zur Zielerreichung geben darf. Wir meinen nicht die Ziele, wie sie üblicherweise in Millionen von Unternehmen formuliert werden. Ein Produkt zu verbessern, ist kein Ziel, denn es ist ein Prozess. Einen Mitbewerber loszuwerden, ist kein Ziel, denn es ist gegen andere gerichtet und dessen Erreichung liegt nicht überwiegend in unserer Macht. Einen Markt zu erobern, ist kein Ziel, denn es ist nicht geklärt, was erobern genau bedeutet. Vollkommene Leistungen zu erbringen, ist kein Ziel, denn die Vollkommenheit ist nicht definiert, und wenn es ein Maß für Vollkommenheit gibt, kann die Vollkommenheit nicht vollkommen sein. Wenn wir aber festlegen, dass wir bis zum Ende des nächsten Geschäftsjahres 2500 neue Kunden mit einem Mindestumsatz von jeweils 12.000 Euro gewonnen haben werden, dann ist das ein klares Ziel.

Die StrategieVision hingegen, so klar und faszinierend sie auch sein mag, ist das ferne Zukunftsbild, das Sie mit all Ihren Kräften und Energien *heute* verfolgen. Niemand kann jedoch sicher wissen, ob Ihre persönlichen Werte, Ihre Lebensumstände, Ihr Markt, Ihre Mitbewerber oder wer und was auch immer nicht morgen Realitäten geschaffen haben werden, die eine andere StrategieVision erfordern. Wir glauben, dass echte Ziele nur für solche Zeitspannen gesetzt werden sollten, in denen die Wahrscheinlichkeit eines inneren oder äußeren Paradigmenwechsels sehr gering ist. Und diese Zeitspanne liegt in der heutigen Zeit unseres Erachtens bei allenfalls einem bis drei Jahren. Es sind viel häufiger die inneren als die äußeren Paradigmenwechsel, die eine StrategieVision obsolet machen. Wenn die Unternehmensführung wechselt, hat die alte StrategieVision oftmals keine Anziehungskraft auf die neuen Chefs. Selbst die gleichen Chefs müssen immer häufiger ihre Glaubenssätze und ihr Erfahrungswissen über Bord werfen, so dass auch in diesem Falle die StrategieVision vom geistigen Hungertod bedroht ist.

Wir müssen frei sein, eine StrategieVision zu ändern. Wir müssen frei sein, eine StrategieVision neuen Realitäten anzupassen. Das bedeutet nicht, dass wir unsere ganze Mannschaft alle paar Monate in verschiedene Richtungen lenken. Es bedeutet lediglich, dass wir an der feinen Richtung immer wieder feilen, die grobe Richtung jedoch grundsätzlich möglichst lange konstant halten sollen.

StrategieVision und Leitbild

So wie es viele Verständnisbilder für das Wort Vision gibt, so unterschiedlich sind auch unsere Landkarten, wenn wir den Begriff Leitbild hören. Wir möchten uns mit Ihnen darauf einigen, Leitbild mit Unternehmensphilosophie und Unternehmenskultur gleichzusetzen. Wir sind uns bewusst, dass viele ihr Leitbild eher im Sinne einer Vision verstehen, vor allem im Schweizer Sprachraum. Die Inhalte der veröffentlichten Leitbilder sind jedoch meist grundsätzliche Aussagen zum Umgang untereinander, zum Umgang mit den Kunden und zum Umgang mit der Umwelt, so dass wir darin eher einen unternehmensphilosophischen Charakter sehen.

Ohne Vision leben?

Wir gehen bei unserem Denken und Handeln immer davon aus, dass Sie Ihr Unternehmen weiterentwickeln wollen, dass Sie es zu neuen Horizonten und zu neuen Ufern führen möchten. Es steht Ihnen allerdings frei, sich gegen eine Weiterreise zu entscheiden. Es steht Ihnen frei, von nun an nur noch Ihre Position zu verteidigen. Wir möchten zu den letzten gehören, die anderen Menschen wesentliche Aspekte ihres Lebens vorschreiben. Sie können sich bewusst entschließen, auf die Entwicklung einer StrategieVision zu verzichten. Das hat fraglos Vorteile. Sie brauchen nicht die Spannung zu ertragen, die sich aus der Differenz des Gewünschten und des tatsächlich Erreichten ergibt. Sie brauchen sich nicht auf Reisen zu machen, deren Verlauf Sie nicht kennen, Sie können zu Hause bleiben. Sie brauchen Hirn und Herz nicht anzustrengen. Sie sind frei vom Risiko und vom Leid einer nicht realisierten Vision. Sie können auch die Qual abwenden, eine Richtung wählen zu müssen, denn je komplexer die Verhältnisse sind, desto vielfältiger werden die Wahlmöglichkeiten und desto ambivalenter werden sie. Menschen leben weiter, wenn sie keine Vision haben. Unternehmen als Gemeinschaften von Menschen hingegen sterben jeden Tag ein kleines bisschen, wenn sie sich selbst nicht immer wieder eine herausfordernde Richtung geben. Sie können beim besten Willen nicht gänzlich ohne Ziele leben. Wenn Sie den jungen Mann „abhängen“ sehen, so verfolgt er das unausgesprochene Ziel, es sich durch Nichtstun einfach gut gehen zu lassen. Es geht also gar nicht, keine Vision zu entwickeln, denn Sie haben schon eine. Eigentlich können Sie nur dafür sorgen, dass Sie Ihre Vision so gestalten, dass der Weg zu ihr Sie glücklicher macht.

10.2 Was eine StrategieVision bewirkt

Die StrategieVision an sich ist nichts im Vergleich zu den Wirkungen, die sie in Ihnen und in Ihrem Unternehmen erzielt. Die Wirkungen, Vorteile und Nutzenmomente einer StrategieVision lassen sich in folgenden Aspekten zusammenfassen.

Langfristig mehr Gewinn

Die beiden Professoren James C. Collins und Jerry I. Porras von der Graduate School of Business an der Stanford University in Kalifornien haben sechs Jahre lang 36 Unternehmen beobachtet. Sie haben 18 Unternehmen mit Visionen in einem Langzeitvergleich 18 Unternehmen der jeweils glei-

chen Branche gegenübergestellt, die nach Ansicht der Autoren nicht visionär geführt werden. Sie wiesen eindrucksvoll nach, dass in visionären Unternehmen der Gewinn langfristig ein Vielfaches gegenüber den Unternehmen ist, die nur schnellen Gewinn suchen.
Mehrere empirische Untersuchungen zeigen eindeutig, dass Menschen und Unternehmen, die konkrete Ziele haben und verfolgen, wesentlich erfolgreicher sind als solche, die nur „im Gefühl" haben, was sie erreichen wollen. So sollen zwölf Prozent der Unternehmen schriftlich definierte Ziele haben. Diese zwölf Prozent sollen dann im Durchschnitt um 46% erfolgreicher als der Branchendurchschnitt sein.[79] Bei aller Skepsis gegen solche exakten Prozentwerte, sind wir immer wieder erstaunt, wie klein trotz des Wissens um den Nutzen von Zielen und Visionen der Teil der Unternehmen ist, die wirklich eine konkrete und ausführliche Zielplanung haben, die über banale Eckwerte für Umsatz, Rohertrag und Betriebsergebnis hinausgeht.

Leuchtturmfunktion

StrategieVisionen haben immer eine Leuchtturmfunktion. So wie es viel leichter ist, ein Geschoss von einem Ziel anziehen zu lassen, als es dorthin zu lenken, ist es auch leichter, ein Unternehmen hin zu einer StrategieVision zu führen, als jeden Mitarbeiter irgendwohin zu treiben. Deswegen heißt es auch Führung und nicht Schiebung.
Jeder Mensch in Ihrem Unternehmen kann jede Entscheidung, jede Chance, jede Idee und jede Frage daraufhin prüfen, ob es ihn und das Unternehmen auf dem Weg hin zur StrategieVision fördert oder nicht.
Kreativität und Schaffenskraft können durch eine StrategieVision auf intelligente Art in die richtigen produktiven Bahnen gelenkt und auf die wirkungsvollsten Ansatzpunkte konzentriert werden. Die Natur, das älteste und erfolgreichste Unternehmen, entwickelt sich als Ganzes durch Versuch und Irrtum. Und doch hat jede einzelne Zelle auch eine StrategieVision, sie „weiß" nämlich, welche Grundanforderungen eines lebensfähigen Systems sie miterfüllen muss.
Ohne ein klares langfristiges Zielbild können wir nicht über die richtigen mittel- und kurzfristigen Ziele entscheiden. Wir können zwar nur in der Gegenwart tun, wir müssen aber aus der Zukunft für die Gegenwart entscheiden, welche Ziele wir uns setzen. Ihre StrategieVision dient Ihnen als omnipotenter Maßstab. Ob und wo Handlungsbedarf besteht, erkennen Sie aus einem Vergleich Ihrer StrategieVision mit der gegenwärtigen Situation Ihres Unternehmens. Ihr Zukunftsbild können Sie wie eine Schablone über den Ist-Zustand legen und dann prüfen, wo Anspruch und Wirklichkeit

auseinanderklaffen. An diesen Stellen besteht Handlungsbedarf. Die metaphorische Schablone sind in der Praxis drei Spalten mit den Überschriften „Soll", „Ist" und „Lösung". Nur durch den Vergleich mit einer Vision oder einer langfristigen Zielsetzung können Sie das Phänomen des Engpasses für Ihren Unternehmenserfolg nutzen. Ohne Ziel kann es keinen eindeutigen EntwicklungsEngpass geben. Ein Engpass ist immer ein Engpass auf dem Weg nach irgendwo. Wenn Sie nicht wissen, wohin Sie Ihr System hinentwickeln wollen, können Sie auch nicht feststellen, was Sie auf dieser Strecke am stärksten behindert.

Ohne ein bestimmtes Zukunftsbild können wir weder leben noch planen, noch uns in der Gegenwart orientieren. (Horst W. Opaschowski)

Strategische Unternehmensplanung ist ohne eine StrategieVision im wahrsten Sinne sinnlos. Gerade weil die Veränderungsgeschwindigkeit enorm zunimmt, konnte Gerd Gerken mit Recht das Ende der „kalten Strategien" prophezeien. Eine notwendig ausführliche und hinreichend flexible StrategieVision ist der vernünftigste und praktischste erste Schritt einer strategischen Unternehmensplanung.

Früherkennung von Chancen und Bedrohungen

Die Leuchtturmfunktion der StrategieVision hilft uns, in der Gegenwart die richtigen Dinge zu tun. Eine StrategieVision hat allerdings auch einen vorteilhaften Effekt auf die Möglichkeiten zur Früherkennung zukünftiger Chancen und Bedrohungen. Nachdem Sie Ihre ZukunftsAnnahmen erarbeitet hatten, haben Sie sich gefragt, welche Chancen und Konsequenzen sich aus diesen Annahmen für Ihr Unternehmen ergeben. Sie waren darauf angewiesen, die Auswirkungen auf Ihr *heutiges* Unternehmen zu untersuchen, weil Sie keine fundierte Vorstellung von Ihrem Unternehmen in zehn Jahren hatten. Nun aber, mit einer attraktiven StrategieVision können Sie Ihrem ZukunftsManagement eine weitere Dimension hinzufügen, denn Sie können die Auswirkungen zukünftiger Veränderungen auf Ihr *zukünftiges* Unternehmen untersuchen. Damit eröffnet sich für Sie die Möglichkeit einer noch früheren Erkennung zukünftiger Chancen und Bedrohungen.

Unternehmensstrategien bedürfen der laufenden Revision und Anpassung an eingetretene oder erwartete Veränderungen. Mit einer StrategieVision haben Sie die Chance, Veränderungen bereits einzuleiten, bevor deren Notwendigkeit allgemein am Markt und von Mitbewerbern erkannt wird. So können Sie bereits handeln, bevor die meisten anderen auch nur die Notwendigkeit ahnen.

Geist schafft Materie

Die Möwe Jonathan rief aus, „man muss schon dort sein, bevor man angekommen ist.“ Eine StrategieVision zu formulieren, bedeutet, Ursache und Wirkung zu vertauschen. Wir malen uns die zukünftigen Wirkungen aus, damit wir heute die Ursachen setzen können. Unser Geist ist die Ursache jeglicher Wirkung in dieser Welt. Unser Leben ist das Resultat unseres Denkens, denn alles, was wir uns vorstellen können, das können wir auch realisieren. Manche gehen sogar so weit, dass wir auch alles realisieren, was wir uns vorstellen, sei es auch noch so angstbeladen und negativ. Der römische Kaiser Mark Aurel wusste es, die griechischen Philosophen wussten es und wahrscheinlich wissen und wussten es alle Kulturen. Wir brauchten anscheinend erst das moderne Wissen um die Hintergründe sportlicher Trainingsmethoden, um zu begreifen, was mentales Training im eigentlichen Sinne bedeutet. Wer sich lebhaft vorstellen kann, die nächste Hürde zu nehmen, die Acht-Meter-Marke zu überspringen oder Bayern München zu schlagen, dem wird es früher oder später auch gelingen. Nichts anderes als mentales Training für das gesamte Unternehmen ist für uns die Erarbeitung einer StrategieVision. Sie hat eine Art von Lokomotivwirkung. Wenn wir nicht heute die Werte bestimmen, die für unser Unternehmen Realität werden sollen, entsteht ein Wertevakuum, das die ersten besten und selten die wirklich besten Werte ansaugt und in der Folge realisiert. Eine jedem Mitarbeiter bekannte StrategieVision optimiert das gesamte Unternehmenssystem stärker als jede andere Maßnahme, die Sie mit vergleichbaren Investitionen umsetzen können. Es macht keinen Sinn, die Organisation, die Produktion, den Vertrieb, die Mitarbeiterzufriedenheit oder die Kundenzufriedenheit im Einzelnen zu verbessern, ohne zu wissen, wohin sich das Unternehmen eigentlich entwickeln soll. Am Anfang war und ist das Wort der StrategieVision.

Es ist der Geist, der sich den Körper baut.
(Friedrich Schiller)

Sie haben die Wahl, welche Ursache Sie jetzt setzen möchten. Entweder lassen Sie es zu, dass andere Ihre StrategieVision formen, oder Sie nutzen die größte aller Freiheiten.

Konzentration auf das Wesentliche

Eine StrategieVision ermöglicht mentale Fokussierung auf die 20% der Aktivitäten, die 80% der Ergebnisse bringen. Die Vision bestimmt, welche Fragen wir uns stellen, und die Fragen wiederum bestimmen, was wir lernen werden und wie wir uns entwickeln werden. So hat die StrategieVision

auch eine Art Hebelwirkung beim Aufbau wie auch bei der Sanierung von Unternehmen. In einer Krisensituation an den Bilanzen zu doktern, kommt einem Arbeiten mit dem kleinsten Hebel gleich. Es ist im wahrsten Sinne notwendig. Nach den kurzfristigen finanziellen Maßnahmen muss dann aber der lange Hebel einer vom Führungs-Team gemeinsam getragenen strategischen Vision zum Ansatz kommen. Mit ihr ermöglichen Sie die Konzentration Ihrer Management-Kräfte auf die wesentlichen Ansatzpunkte.
Ein vernetztes System kann nicht allein über Maßnahmenpläne geführt werden. Wenn jeder in Ihrem Unternehmen weiß, in welche Richtung man gemeinsam fährt, wenn jeder weiß, welche Probleme und Engpässe auf dieser Fahrt auftauchen werden, wird die Aufmerksamkeit jedes Mitarbeiters auf diesen Weg gelenkt. Der Entwickler wird sich vorwiegend um solche Lösungen und Produkte bemühen, die auf diesem Weg liegen, der Buchhalter wird die Bilanzen so gestalten, wie es für Ihren Weg gut ist, der Verkäufer wird Ihre StrategieVision als Qualitätsmerkmal in seine Argumentation einbauen und seinen Kunden das Gefühl geben, dass Ihr Unternehmen in Zukunft noch bessere Leistungen erbringen wird, und der Bereichsleiter wird seinen Bereich so planen und führen, dass er optimal mit der StrategieVision Ihres Führungs-Teams harmoniert. Ein Weg zur Förderung von Innovationen besteht darin, den Fokus der Innovatoren auf eine kleinere Angriffsfläche zu lenken. Mit einer StrategieVision wählen Sie eine solche kleinere Angriffsfläche und entfachen gleichzeitig Begeisterung bei denen, die Ihren Weg mitgehen wollen.

Wer ein „Warum" hat, kann fast jedes „Wie" ertragen

Der Psychiater Viktor Emil Frankl schrieb über seine KZ-Erfahrungen, „wer ein Warum hat in seinem Leben, kann fast jedes Wie ertragen". Wie macht man einem Menschen Mut? Wie verhilft man einem Suizidgefährdeten wieder zu Lebensfreude? Indem man ihnen glaubhaft aufzeigt, dass die Zukunft wirklich besser sein kann und wahrscheinlich sein wird als die Gegenwart. Eine im gesamten Unternehmen verankerte StrategieVision sorgt dafür, dass Ihre Mannschaft manche Schwierigkeiten und Misslichkeiten der Gegenwart eher in Kauf nimmt, weil sie weiß, das die Zukunft bessere Zeiten bringt. Es versteht sich von selbst, dass jeder verlogene Versuch der Vertröstung auf bessere Zeiten nach kurzer Zeit entdeckt wird und sich dann in das Gegenteil der gewünschten Wirkung umkehrt.

Wenn die utopischen Oasen austrocknen, breitet sich eine Wüste von Banalität und Ratlosigkeit aus. (Jürgen Habermas)

Integration und Komplexitätsreduktion

In einer immer komplizierteren und komplexeren Welt sehnen sich viele nach Einfachheit und Überblick. Vor wenigen Generationen konnten Menschen das Gefühl genießen, die meisten externen Faktoren im Überblick bzw. in ihrer eigenen Kontrolle zu haben. Die Gesundheit des Viehs, die Höhe der Abgaben, die Werte der Gemeinde, die bescheidenen Innovationen, fast alles war bekannt oder überschaubar. Heute haben wir mehr Möglichkeiten denn je, aber wir haben immer weniger Lebensfaktoren in unserer eigenen Kontrolle, und daraus erwächst nicht selten Angst und das Gefühl der Machtlosigkeit. Die Ganzheit und die relative Einfachheit einer StrategieVision gibt uns Orientierung im betrieblichen und persönlichen Alltag. Sie verringert die Zahl der Wahlmöglichkeiten unseres Unternehmens auf ein überschaubares Maß, und jeder hat die Freiheit, sich einen anderen Schwerpunkt der Wahlmöglichkeiten zu suchen oder sich selbst zu schaffen. Selbstverständlich ist die StrategieVision immer wieder zu überprüfen und weiterzuentwickeln.

Differenzierung

Viele der hier getroffenen Aussagen zur StrategieVision mögen Ihnen bereits geläufig sein. Es ist daher um so erstaunlicher, wie wenige Unternehmen trotz allen Wissens um die Segnungen einer klaren StrategieVision eine solche haben. Es ist trotz allen Wissens selten, und deshalb ist es eine große Differenzierungschance. Zukünftig werden Wettbewerbe um neue Kunden und um neue Märkte immer häufiger durch die Fähigkeit zum Vor-Denken entschieden. Wer die kommenden Realitäten eines Geschäftes vor seinen Mitbewerbern sehen kann, gewinnt den nötigen Vorsprung, um Zeit als strategisches Instrument einsetzen zu können.

Energie

Die genannten Wirkungen einer StrategieVision lassen sich zusammenfassen: Eine StrategieVision gibt Energie, weil sie Lebens- und Arbeitsenergie freier fließen und konzentrierter ansetzen lässt.

10.3 Wie Sie eine StrategieVision entwickeln

Wie entwickeln Sie eine in sich schlüssige und als langfristige Ausrichtung geeignete StrategieVision? So häufig, wie man von Ihnen schon Visionen gefordert hat, so häufig wurden Sie auch enttäuscht, wenn Sie nach an-

wendbarer Methodik fragten. Es gehört ja auch nicht zur Routine. Einer Untersuchung der amerikanischen Professoren Hamel und Prahalad zufolge verwenden leitende Manager nicht mehr als 2,4 Prozent ihrer Zeit für die Arbeit an der Vision[80]. Wir halten diesen Wert sogar eher für zu hoch als zu niedrig.
Wir müssen all diejenigen enttäuschen, die eine Ruckzuck-Methode zur Entwicklung einer StrategieVision innerhalb eines Tages oder gar innerhalb weniger Stunden suchen. An einem Tag kann lediglich der erste Rohentwurf einer ersten gemeinsamen StrategieVision Ihres Führungs-Teams entstehen.

Ansatzpunkte für eine StrategieVision

Evolution

Viele von uns haben eine grobe Vorstellung davon, wie unser Leben, unsere Familie, unser Unternehmen, unsere Stadt, unser Land oder unsere Welt idealerweise aussehen müsste. Viele von uns haben es gar nicht nötig, gänzlich neue Visionen zu entwickeln, viele hätten es nötiger, den Glauben an die vorhandene Vision zu stärken und endlich dafür zu sorgen, dass die Vision eine Chance bekommt, Wirklichkeit zu werden
Wir sind niemals auf ein Team gestoßen, das nicht bereits vor unserer Zusammenarbeit Vorstellungen davon hatte, wo es mit ihrem Unternehmen in Zukunft hingehen soll. Die Vorstellungen gingen meist nicht tief genug, waren nicht gemeinsam entwickelt und fanden beileibe keinen Konsens. Aber es gab zumindest diffuse Visionen, die es zu evolvieren galt. Wir haben in unserer Arbeit lernen dürfen, dass uns äußere Anstöße und Informationen zwar anregen und befruchten können, wir die persönliche StrategieVision aber nur in uns selbst entdecken können. Wir können viele VisionsKandidaten entwickeln, aber wir können nur im Dialog mit unserem Selbst darüber entscheiden, welcher dieser VisionsKandidaten die größte Resonanz in uns hat. Daraus folgt, dass wir unsere Vision bereits in uns haben, und es bedeutet, dass jedes Team mindestens so viele VisionsKandidaten wie Mitglieder hat. Es ist als recht wahrscheinlich, dass Ihr Weg hin zu einer StrategieVision für Sie gar nicht so weit ist, weil Sie auf bestehenden VisionsKandidaten aufbauen können.

*Wünsche sind Vorgefühle der Fähigkeiten, die in uns liegen, Vorboten desjenigen, was wir zu leisten im Stande sein werden.
(Johann Wolfgang von Goethe)*

Das Sandkorn finden

Wenn Sie weder eine „alte“ Vision noch VisionsKandidaten haben, brauchen Sie einen anderen Ansatzpunkt. Im Abschnitt „strategy follows chances“ haben wir den Entstehungsprozess einer StrategieVision mit der Entstehung einer Perle verglichen. Die Muschel braucht das in sie eingedrungene Staubkorn oder Sandkorn, um darum im Laufe von zehn bis fünfzig Jahren eine Perle formen zu können. Die Zuchtperlen brauchen immerhin noch fünf bis zehn Jahre und ein künstlich eingebrachtes Perlmuttstückchen. In beiden Fällen bedarf es eines Reizes durch einen Fremdkörper, um den Prozess anzustoßen.

Wie kommen Sie zu Ihren Sandkörnern? Nicht unbedingt durch geheimnisvolle wundersame Intuitionen. Wenn Sie dieser Anleitung für Ihr persönliches StrategieRadar-Projekt gefolgt sind, haben Sie bereits mehr Sandkörner, als Sie brauchen. Sie haben mit der ChancenAnalyse Ihres StrategieRadar-Projektes zwischen 150 und 300 Chancen und Ideen für Ihren Weg in die Zukunft gefunden. Dieser „ChancenTopf“ enthält alle denkbaren, weil alle mit der gesammelten Intelligenz und Intuition Ihres Teams produzierten Ansatzpunkte zur Formulierung einer attraktiven StrategieVision für Ihr Unternehmen. Es kam bisher noch nie vor, dass selbst nach intensiver Arbeit keine Ansatzpunkte gefunden wurden. Es muss nur eine Ihrer Chancen zum Sandkorn taugen, alle anderen müssen nicht mehr als Puzzlestücke im Sinne von VisionsBausteinen für Sie sein. Sie werden spüren, welche Ihrer Chancen Sie bis zu einer faszinierenden StrategieVision weiterdenken können. Eine systematische Bewertung nach Art der Chancenbewertung ist in der Regel nicht nötig.

Sie werden einwenden, eine Vision müsse doch aus der Introspektion, aus dem tiefsten Inneren kommen und nicht auf der Grundlage einer systematisch erarbeiteten Chance entstehen. Einstein hat in erstaunlicher Offenheit gesagt, er habe nie etwas mit rationalem Denken entdeckt. So dient auch Ihr StrategieRadar-Projekt dazu, sowohl das Bewusstsein und das Unterbewusstsein mit Informationen zu befruchten. Sie haben in Ihrem StrategieRadar-Projekt durch die Analyse Ihrer Annahmen zu zukünftigen Entwicklungen Chancen erkannt. Hätte ein anderer Mensch diese Annahmen wahrgenommen, hätte er andere Chancen erkannt. Unsere Botschaft ist, dass die von Ihnen und Ihrem Team erarbeiteten und gemeinsam hoch bewerteten Chancen genau das sind, was Sie im tiefsten Inneren erreichen wollen und wofür Sie sich begeistern können. Es sind Ihre Werte, die aus dem erarbeiteten Chancenuniversum die Chancen als VisionsBausteine herausfiltern. Wenn Sie zum ersten Mal auf eine Reihe aus Ihren Chancen herausgefilterter VisionsBausteine blicken, werden Sie tief im Inneren spü-

ren, dass es genau diejenigen Zukunftsoptionen sind, die am besten zu Ihnen passen und für die Sie sich am stärksten begeistern können. Vor diesem Hintergrund können Sie alle bis hierher gemachten Schritte des StrategieRadar-Workshops – von der Mission bis zum ChancenTopf – als perfekte Vorarbeiten zur Entwicklung oder Weiterentwicklung einer StrategieVision betrachten. Wenn Sie Ihre Chancen sorgfältig beurteilt haben, so ist damit gleichzeitig dafür gesorgt, dass Ihre StrategieVision zu Ihnen passt, zu Ihnen und Ihren Mitarbeitern, zu Ihrem Unternehmen, zu Ihren Ressourcen, zu Ihren Potenzialen, zu Ihren Finanzen und zu Ihrem Image.
Im Abschnitt zum Strategem Mutation fanden Sie eine Denkliste mit 111 Ansatzpunkten zur Differenzierung vom Wettbewerb. Die gleiche Denkliste können Sie heranziehen, wenn Sie wissen wollen, zu welchen Bereichen Sie in Ihrer StrategieVision Aussagen treffen können und welche Inhalte Ihre Sandkörner haben können. In der praktischen Arbeit wird es sich zeigen, dass Ihr Team mehrere verschiedene VisionsKandidaten entwickelt. Diese dienen als Attraktoren für Ihre weiteren Gedanken und Ideen, bis sich langsam aber sicher der favorisierte VisionsKandidat zeigt. Falls dies nicht – wie wir es darstellen – quasi von selbst geschieht, können Sie gerne auch die oben beschriebenen Verfahren zur Chancenbeurteilung analog auf die Beurteilung Ihrer VisionsKandidaten anwenden. So gerüstet, können Sie anhand der nachfolgenden Denkfragen fast mit Leichtigkeit eine StrategieVision für Ihr Unternehmen oder auch für sich selbst entwickeln.

Alle Mitarbeiter einbinden?

Wir halten wenig davon, die gesamte Mitarbeiterschaft eines großen Unternehmens ein oder gar zwei Jahre lang an der Entwicklung einer Vision arbeiten zu lassen, wie es stellenweise gefordert wird. Solche Großprojekte haben unseres Erachtens drei schwerwiegende Nachteile:

1. Wenn die Vision von mehreren Hundert oder gar mehreren Tausend Menschen erarbeitet wird und all diesen Charakteren gerecht werden soll, kann sie kaum besonders originell oder einzigartig sein. Am Ende eines solchen Mammutprozesses steht eine basisdemokratisch formulierte Vision ohne besondere Differenzierung zu denen der Mitbewerber, die fast genauso gut durch Zufall hätte ausgewählt werden können.

2. Nur ein kleiner Bruchteil der Unternehmensführungen ist bereit, die Kosten und Mühen für derart umfangreiche Projekte zu investieren, zumal die Vision periodisch gepflegt und aktualisiert werden muss. Attraktive StrategieVisionen sind selten genug, als dass man noch größere Hürden davor aufbauen sollte.

3. Der vermeintliche Vorteil eines Visions-Großprojektes, nämlich die Identifikation aller Mitarbeiter mit der Vision, kann gar nicht eintreten, da sich nur ein Bruchteil der Mitarbeiter wirklich vollständig für die als Mehrfachkompromiss entwickelte Vision begeistern kann.

Daher sollten Sie Ihre StrategieVision im Führungs-Team entwickeln und sie dann als noch unfertigen Vorschlag allen interessierten Mitarbeitern unterbreiten. So können Sie einen Dialog beginnen, an dessen Ende unserer Erfahrung nach wiederum die Entscheidung im Führungs-Team stehen muss.

Die StrategieVision malen

Der retrograde Erfolgsbericht

Eine besonders produktive wie unterhaltsame Art, aus der Zukunft für die Gegenwart zu lernen, ist der retrograde Erfolgsbericht. Versetzen Sie sich in folgende Situation: Im Oktober 2009 ruft Sie der Chefredakteur des beliebtesten TV-Business-Magazins an und bittet Sie um Ihre Unterstützung bei einem Bericht über Ihr Unternehmen. Die Story hat zwei Teile, die getrennt voneinander gesendet werden. Die erste Sendung soll Ihr hervorragendes Unternehmen in der Gegenwart (2009) darstellen. Der zweite Teil soll Ihren vorbildlichen Erfolgsweg von der ersten Entwicklung Ihrer Vision bis hin zum Starunternehmen Ihres Geschäftsfeldes aufzeigen.
In Ihrer heutigen Erfolgsposition haben Sie den Freiraum, sich einen Tag auszuklinken, um auf wenigen Seiten den Input für die beiden Fernsehsendungen zu schreiben. Sie setzen sich, nehmen sich Ihren Computer und denken zurück an das Jahr, in dem Sie erstmals Ihre Vision entwickelt hatten, mit der alles begann. Sie lehnen sich zurück und sehen die damalige Atmosphäre Ihres Tagungsraumes. Durch das halboffene Fenster riechen Sie die Frühlingsblüten, die sich auf angenehme Art mit dem Duft von Kaffee und Tee vermischen. Sie hören das Surren der Projektorlüftung und die Stimmen Ihrer Mitarbeiter, von denen die meisten auch heute noch mit großer Begeisterung dabei sind. Sie fühlen wieder die angespannte und doch kribbelnde Stimmung von vor zehn Jahren. Sie erinnern sich an den Geschmack des unübertrefflichen Lachssteaks vom Mittagessen des zweiten Workshop-Tages. Mit all Ihren Sinnen machen Sie eine Zeitreise zurück an den Geburtsort und -tag Ihrer StrategieVision. Sie nehmen sich einige Denkfragen zur Hilfe und schreiben flüssig Ihren Erfolgsbericht.

Fragen Sie sich zur StrategieVision

Der folgende Fragenkatalog leitet Sie an, in aller Ausführlichkeit darzulegen, wie Ihr Unternehmen in fünf oder zehn Jahren aussehen soll und wie Sie dieses gewünschte Zukunftsbild erreicht haben werden. Sie brauchen natürlich nicht jede Frage zu beantworten, denn es handelt sich um eine Maximalliste. Halten Sie Ihre Antworten schriftlich in knappen Sätzen fest. Legen Sie sich nicht unnötig auf Details fest, denn mit jedem Detail schränken Sie natürlich Ihre Gestaltungsmöglichkeiten auf dem Weg zu Ihrer StrategieVision ein. Seien Sie notwendig präzise und hinreichend flexibel.

Checkliste 30: Fragen zur StrategieVision

Strategie

- ☑ Wie lautet heute unsere Mission bzw. unser Auftrag in der Welt?
- ☑ Wofür ist unser Unternehmen da?
- ☑ Wie konzentrieren wir unsere Kräfte?
- ☑ In welchen Märkten sind wir tätig?
- ☑ Für welches Gebiet sind wir zuständig?
- ☑ Wie haben wir es geschafft, in unseren Märkten eine bedeutende Rolle zu spielen?
- ☑ Auf welche Weise sind wir in welchen Märkten einzigartig?
- ☑ Wodurch unterscheiden wir uns von den Mitbewerbern?
- ☑ Warum können uns unsere Mitbewerber nur schwer einholen?
- ☑ Wofür stehen wir im Markt?
- ☑ Wo haben wir in den letzten Jahren investiert?
- ☑ Wo haben wir in den letzten Jahren desinvestiert?
- ☑ Wie erkennen wir Umfeldveränderungen, Chancen und Bedrohungen möglichst früh?
- ☑ Welche externen Dynamiken haben wir genutzt?
- ☑ Wie sieht unser Beitrag zum Wohl des Ganzen aus?

Checkliste 30: Fragen zur StrategieVision (Fortsetzung)

Kunden

☑ Für welche Zielgruppen sind wir tätig?

☑ Welchen besonderen Nutzen bieten wir unseren Kunden?

☑ Welche zentralen Probleme lösen wir für unsere Kunden sichtbar besser als alle anderen?

☑ Warum haben wir eine große Anziehungskraft auf neue und bestehende Kunden?

Leistungen

☑ Welche Leistungen erbringen wir?

☑ Auf welche Teile der Wertschöpfung konzentrieren wir uns?

☑ Wie haben wir uns zur Ideenfabrik qualifiziert?

☑ Wie verdienen wir einen erheblichen Teil des cash-flows durch die Weitergabe unseres Wissens?

☑ Was wird an unseren Leistungen besonders gelobt?

☑ Welche Kernkompetenzen haben wir auf- und ausgebaut?

☑ Wie haben wir unsere Leistungen individualisiert?

☑ Nach welchen Grundsätzen erbringen wir unsere Leistungen?

Mitarbeiter

☑ Wie haben wir es geschafft, die besten Leistungsträger des Marktes als Mitarbeiter zu gewinnen?

☑ Warum sind unsere Mitarbeiter froh, in diesem Unternehmen zu arbeiten?

☑ Warum haben wir eine so große Anziehungskraft auf Leistungsträger?

☑ Wie haben wir unsere Mitarbeiter zu Mitunternehmern gemacht?

Checkliste 30: Fragen zur StrategieVision (Fortsetzung)

Kultur

- ☑ Nach welchen Grundsätzen gehen wir im Unternehmen miteinander um?
- ☑ Durch welche Werte ist unsere Unternehmenskultur geprägt?
- ☑ Woran kann man unsere Unternehmenskultur erkennen?

Image

- ☑ Warum sind wir für unsere Marktpartner und für die Öffentlichkeit ein sympathisches Unternehmen?
- ☑ Warum werden unsere führenden Mitarbeiter so oft zu Vorträgen eingeladen?
- ☑ Warum schreiben die Wirtschafts- und Fachmedien so viel und so gut über uns?

Marketing und Vertrieb

- ☑ Auf welche effektive Weise gewinnen und halten wir unsere Kunden?
- ☑ Wie setzen wir Sog-Marketing ein?
- ☑ Auf welche Weise ist unser Vertrieb enorm effektiv?

Management

- ☑ Warum ist unser Management so effektiv?
- ☑ Wie haben wir es geschafft, dass sich unser Unternehmen weitgehend selbst führt?

Kooperation

- ☑ Mit welchen Partnern kooperieren wir in welchen Bereichen?
- ☑ Welche unserer Leistungen kaufen wir zu welchem Anteil hinzu?
- ☑ Wie arbeiten wir mit unseren Vorleistern effektiv zusammen?

Checkliste 30: Fragen zur StrategieVision (Fortsetzung)

Wertschöpfung

- ☑ Wie gewährleisten wir, dass Kapazität und Auslastung immer optimiert sind?
- ☑ Warum sind wir so schnell?
- ☑ Wie setzen wir neueste Technologie effektiv ein?
- ☑ Wie haben wir die Zeit unserer Mitarbeiter vervielfacht?

Standort

- ☑ Wo ist unsere Heimat?
- ☑ Wo sind wir präsent?
- ☑ In welcher architektonischen Umgebung arbeiten wir?

Organisation

- ☑ Was macht uns enorm schlagkräftig?
- ☑ Wie sieht unsere strategische Architektur aus?
- ☑ Warum ist unsere Organisation optimal für unsere Strategie?

Finanzen

- ☑ Welchen Umsatz werden wir im laufenden Jahr erzielen?
- ☑ Welches Betriebsergebnis werden wir im laufenden Jahr erzielen?
- ☑ Wie haben wir unser Wachstum finanziert?
- ☑ Welchen Marktwert hat unser Unternehmen heute?

Gesellschafter

- ☑ Wem gehört unser Unternehmen?
- ☑ Warum sind unsere wichtigsten Interessengruppen zufrieden mit uns?

Ich

- ☑ Welche Rolle spiele ich heute in diesem Unternehmen?
- ☑ Auf Welche Art und Weise ist die Vision dieses Unternehmens auch meine Vision?

Zusammenfassung

Ihre Vorstellung vom gewünschten Zukunftsbild Ihres Unternehmens sollten Sie jedem Mitarbeiter und Kunden mit wenigen Sätzen erläutern können. Marketingprofis fordern richtigerweise, dass man den wesentlichen Nutzen seines Produktes im Fahrstuhl zwischen dem Erdgeschoss und dem dritten Stock erklären können muss. Das gleiche gilt für die StrategieVision.
Die erste Fassung Ihrer StrategieVision liegt nun in Form eines Textes im Frage-und-Antwort-Stil vor. Ihre StrategieVision hat wahrscheinlich zwischen fünf und 20 Seiten. Diese Informationsmenge kann sich kein Unbeteiligter so gut behalten, dass er die wesentlichen Dinge erfasst hat und davon begeistert ist. Daher sollten Sie jetzt eine Zusammenfassung anfertigen. Ihre StrategieVision sollte in Ihren wesentlichen Zügen auf einer DIN-A4-Seite dargestellt werden können, wobei mindestens ein Drittel der Seite für das Bild Ihrer zukünftigen strategischen Architektur reserviert sein sollte, wie es im obigen Beispiel der DENA dargestellt ist. Sie haben also zwei Drittel der Seite für Text zur Verfügung. Die Hintergründe, wie und warum Sie dieses oder jenes tun und lassen werden, können in Sie Form einer ausführlichen Erläuterung als Anlage beifügen.
Der kleinste und zugleich der schwierigste Teil Ihrer StrategieVision ist die Zusammenfassung der Zusammenfassung in einem Satz, einem Slogan oder einer Schlagzeile. Geben Sie Ihrer StrategieVision einen Namen, den sich jeder Mitarbeiter behalten kann, etwa „Europas Kundenzufriedenheitsmeister in der Sachversicherung“ oder „World Wide Player in der Bedachung“.

Zeitlinie

Der zweite Teil der von Ihnen bestückten Fernsehsendung widmet sich dem Weg hin zu Ihrem Erfolg. Sie beschreibt eine Zeitlinie von der damaligen Gegenwart (heute) zum heutigen Erfolg (2009). Nach der Entwicklung der eigentlichen StrategieVision können Sie auf einer Zeitlinie die Meilensteine auf dem Weg dorthin definieren. Die Zeitlinie wird zu einem Drehbuch Ihrer Unternehmenszukunft und geht fließend in den Aktionsplan über, der in einem späteren Abschnitt beschrieben ist.

Erfolgsfaktoren einer attraktiven StrategieVision

Sie wissen jetzt, warum und wie Sie Ihre StrategieVision entwickeln, und vielleicht haben Sie Ihr Wissen auch schon aktiviert und in konkrete Taten umgesetzt. In diesem Abschnitt haben Sie Gelegenheit, die Realisierungschancen Ihrer StrategieVision zu verbessern, indem Sie einige Erfolgsfaktoren beachten.

Visualisierung

Am Anfang war das Wort, das Wort des Szenarios, das Wort der Chance oder das Wort der Idee. Jedes Wort schafft ein Bild und ein Gefühl. Manche Worte mehr, manche weniger. In Ihrer StrategieVision sollten Kopf und Herz ausgewogene Rollen spielen, und so sollten Sie die Umsetzung der Worte in Bilder fördern. Die maßgeblichen Generationen der nächsten Jahrzehnte haben durch die passive Television einen nicht unbeträchtlichen Teil ihrer Fähigkeit zum Sehen (Visionieren) neuer Wirklichkeiten verlernt. Gerade in diesem Umfeld bringt eine bildhafte Darstellung Ihrer StrategieVision die stärkste Steigerung der Erfolgschancen, denn was Sie und Ihre Mitarbeiter sich vorstellen können, das können Sie auch gemeinsam erreichen. Denken Sie dabei an folgende beispielhafte Optionen.

Beginnen Sie mit einem Bild der strategischen Architektur, wie es oben für die DENA aufgezeichnet ist. Veranstalten Sie einen Bilderwettbewerb für interne und externe Beteiligte unter dem Motto Ihrer StrategieVision. Als alleiniges Gütekriterium soll gelten, wie gut das Bild die StrategieVision des Führungs-Teams darstellt und was es im Betrachter bewegt. Unser Klient ibis acam, eines der größten Bildungsinstitute in Europa, hat beispielsweise wesentliche Gedanken seiner Unternehmensgrundsätze in einer ganzen Gemäldeserie festgehalten. Wenn ein Bilderwettbewerb für Sie nach zu viel Aufwand klingt, gehen Sie zur nächsten Hochschule und schreiben Sie Ihren Wettbewerb dort aus.

Im Jahr 1993 eröffnete in Windsor, 30 km westlich von London, der Supermarkt der (damaligen) Zukunft. Eine Ausstellung zeigte, wie der Lebensmittel-Supermarkt und das Einkaufen der Zukunft aussehen und das Einkaufen dann vonstatten gehen würde. Die von Andersen Consulting arrangierte Ausstellung „Smart Store Europe“ war mit einem Seminar gekoppelt. Sämtliche Funktionen des Einzelhandels in seinem Verhältnis zum Kunden, zum Großhandel, zu den Herstellern den Transporteuren und Lagerhaltern wurden gezeigt. Mit diesem in der Zukunft vorstellbaren Supermarkt sollte eine Vorstellung davon vermittelt werden, wie die Wirtschaft besser und mit geringeren Kosten auf die Wünsche der Verbraucher eingehen kann.

Im französischen Departement Vienne in Poitiers gibt es das 1.200 Hektar große Futuroscope. Dort hat man die Zukunft mit futuristischer Architektur und Technik inszeniert. Dazu gehören unter anderem ein Innovations-Pilot-College und ein Pavillon der Kommunikation.

In Frankreich ist man allgemein sehr viel zukunftsfreudiger als in Deutschland, wo das Futuroscope von verschiedenen Medien als fragwürdig und fast lächerlich vorgestellt wurde. Das ist ein bedauernswertes Phänomen. In Deutschland muss es immer ernst, nüchtern und trocken sein. Für visionä-

re Inszenierungen, besonders wenn sie auch unterhaltend sind, hat man hierzulande leider wenig übrig.
Auf der Messe „Automechanika“ zeigte Ford das Autohaus der Zukunft. Unter anderem diente eine Kundenbefragung dazu, ein ganzheitliches Dienstleistungskonzept mit folgenden Bestandteilen zu entwickeln:

- Begrüßung des Kunden
- Verkaufsgespräch
- Kinderspielecke
- Zubehör-Shop
- Umtauschverpflichtung
- Mobilitätsgarantie
- Recycling-Sammelstation
- Wasserrecycling
- Terminplanung für die Werkstatt
- Verkaufsraumgestaltung
- Cafeteria
- Reparaturannahme
- Telefonservice
- Verschrottungsprämie
- Spezialisierung (z. B. auf Karosserieschäden)

Seit langem setzt Ford interne Ausstellungen über Zukunftstechnik namens „Show & Tell“ gezielt zur Motivierung der Mitarbeiter ein.
Walt Disney hatte die Vision einer experimentellen Stadt der Zukunft. „If you can dream it, you can make it“ sollte das Motto dieser Stadt sein. Er starb, bevor auch nur mit dem Bau begonnen wurde. Als die Pläne Jahre später wieder auftauchten, machten die Nachfolger Disney das daraus, was sie gewohnt waren, nämlich einen heute recht kitschig anmutenden Themenpark. Nur der Name EPCOT (experimental prototype community of tomorrow) blieb von der Vision Disneys. Doch seit 1996 entstand nur wenige Kilometer von EPCOT entfernt eine von Walt Disney geplante und zum Teil auch verwaltete Stadt namens Celebration. In Celebration sollen dereinst 20.000 Menschen leben, fast alle Grundstücke waren bereits Mitte 1997 verkauft. Während Walt Disneys Entwürfe Roboter und Hologramme anstelle von Kunst am Bau vorsahen, wirbt und besticht Celebration als Stadt der Zukunft vor allem mit der harmonischen Kleinstadtidylle als gewünschter Zukunft.
Zwei Damen aus München, Gundula Englisch und Hiltrud Reiter, haben sich mit ihrer VIA-Media GmbH darauf spezialisiert, ZukunftsVisionen im Film zu inszenieren, so erstellten sie eine vierteilige Serie über „Bayern 2020“.
Der Marketing-Club Saarland erstellte 1998 einen Film zu seiner Vision vom „Saarland 2010“. EDS stellte Disney-Schüler ein, die ein Modell anfertigten, wie die Informationstechnologie die Lebens- und Arbeitswelt im kommenden Jahrtausend revolutionieren wird. Motorola veranschaulichte seine „drahtlose“ Zukunft anhand einer umfassenden Videopräsentation. The Daily Telegraph, Großbritanniens beliebteste Tageszeitung, produzierte einen Film, der die Zeitung der Zukunft zeigt. Es gibt heute unbegrenzte Möglichkeiten für preiswerte Inszenierungen von Visionen:

Checkliste 31: Inszenierungsoptionen für Visionen
☑ Lieder und Hymnen
☑ Farbbroschüren
☑ Collagen
☑ Multimedia-Show
☑ Website
☑ Computerarchitektur
☑ Ausstellung
☑ Infomarkt
☑ Bühnenbild
☑ Theaterstück
☑ Prosa
☑ Film
☑ Virtual Reality

Bei Walt Disney heißen die Designer der Themenparks schon seit den fünfziger Jahren „Imagineers“, ein Neologismus aus imagination und engineer. Die entsprechende Abteilung, die im übrigen aus ca. 1.200 Personen besteht, heißt „Imagineering“. Sie benötigen nur ein ganz kleines Bisschen dieses Imagineerings, um Ihre StrategieVision greifbar, sichtbar, hörbar, fühlbar und vielleicht auch riechbar zu machen.

Eingebaute Veränderung

Was passiert, wenn alles ganz anders kommt, wenn etwa der Bedarf für Ihre wichtigste Produktreihe einbricht oder sich gar nicht erst richtig entwickelt? Ihre StrategieVision bedarf im Gegensatz zu einer Mission der periodischen Veränderung. Während kurzfristige Ziele unumstößlich bleiben müssen, sollten Sie die längerfristigen Zielbilder in den turbulenten Verhältnissen der Gegenwart und der nächsten Zukunft variabel halten. Damit wir uns richtig verstehen, wir plädieren nicht für einen prinzipienlosen Umgang mit Ihrer StrategieVision. Wir sprechen aus der Erfahrung heraus, dass bereits zwei Jahre alte Formulierungen mitunter sehr fremd und nicht mehr zeitgemäß klingen können. Wenn Sie Ihre früheren Briefe und Texte

lesen, werden Sie das vielleicht bestätigen können. Die wichtigeren Anstöße zur Anpassung Ihrer StrategieVision kommen regelmäßig von außen. Selbst mit Ihren noch so sorgfältig ausgearbeiteten ZukunftsAnnahmen können Sie nur einen Teil des Kommenden vorhersehen. Seien es neue Gelegenheiten, die noch vor kurzer Zeit im wahrsten Sinne undenkbar waren, oder seien es im Zeitverlauf zerschlagene Hoffnungen; stets müssen Sie nach der Art eines periodischen Prototypings an Ihrer StrategieVision arbeiten. Eine StrategieVision, deren Grundannahmen nicht mehr so richtig stimmen wollen, verbreitet im Unternehmen Unsicherheit bis hin zum Spott. Selten sind radikale Kehrtwenden notwendig. Meist genügen kosmetische bis detailbezogene Anpassungen, damit die StrategieVision wieder Ihre motivierende und orientierende Leuchtturmfunktion erfüllen kann.
Vielleicht wenden Sie ein, man könne ja niemals seine StrategieVision erreichen, wenn man den Leuchtturm immer wieder woanders hinstellt. Sie haben Recht. Der Sinn der StrategieVision ist nur sekundär ihre Erreichung und primär ihre bewegende Anziehungskraft. Es spricht wirklich nichts dagegen, dass Sie Ihre StrategieVision zehn Jahre lang nicht ändern und sie dann nach zehn Jahren auch erreichen. Es spricht aber einiges dagegen, sich an einer Schritt für Schritt näherrückenden Vision zu orientieren, ohne eine weiter in die Zukunft reichende Perspektive zu haben. Und es spricht einiges dagegen, eine StrategieVision zu verfolgen, die niemanden wirklich begeistert, denn dann gehen wir einen selbst auferlegten unnötig dornigen Weg.
Der richtige Zeitpunkt zur Revision Ihrer StrategieVision ist die jährliche Zielplanung. Das Instrument, mit dem Sie die notwendigen Veränderungen frühzeitig erkennen können, haben Sie schon, es ist das StrategieRadar-System.
Flexibilität in der StrategieVision muss auch mit Flexibilität im Umsetzungsweg einhergehen. Seien Sie bei der Beschreibung Ihres Umsetzungsweges notwendig präzise und hinreichend flexibel. Da der Visionär selten auch der geniale Umsetzer und der Umsetzer selten der geniale Visionär ist, sollte der eine möglichst nicht die Arbeit des anderen tun. Legen Sie sich auf die Meilensteine fest, aber lassen Sie Freiheiten für die Art und Weise des Erreichens dieser Meilensteine.

Einzigartigkeit

Das Bestreben aller strategischen Arbeit besteht darin, Ihr Unternehmen dauerhaft positiv zu differenzieren, es also einzigartiger zu machen. Gerade dort, wo der Grundstein für Strategien gelegt wird, nämlich bei der StrategieVision, ist die Einzigartigkeit eine conditio sine qua non. Ist bereits unsere StrategieVision eine von vielen, brauchen wir uns nicht darüber zu wundern, dass auch unsere Strategie und damit auch unsere Resultate eine bzw. einige unter Millionen sein werden. Nur der Vollständigkeit halber sei nochmals darauf hingewiesen, dass dann auch die Gewinne minimal sind.

Wer vom Ziel nicht weiß, kann den Weg nicht haben, wird im selben Kreis all sein Leben traben. (Christian Morgenstern)

Wir differenzieren uns durch konkrete Bekenntnisse und Entscheidungen für oder gegen Optionen. Wenn wir alles und überall erreichen wollen, bleiben wir immer im Mainstream. Einzigartig und originär sind wir dann, wenn wir unsere StrategieVision wirklich selbst entwickeln und entdecken und sie nicht von anderen Organisationen übernehmen. Wer als einzigartiges Individuum aus sich selbst heraus eine Vision entwickelt, dessen Vision ist auch einzigartig.

Die meisten unternehmerischen Visionen sind von außen erratbar. Dadurch sind diese Unternehmen einschätzbar und Ihre Strategien durchschaubar. Jeder halbwegs umsichtige Mitbewerber kann sich in einem solchen Umfeld ausrechnen, was seine Konkurrenten anstreben und wo sie langfristig hinwollen. Perfektionsstreben ist hier fehl am Platz, denn es hindert am Beginnen. Sorgen Sie dafür, dass sich Ihre StrategieVision wenigstens nennenswert von derjenigen Ihrer Mitbewerber unterscheidet.

Realismus und Utopie

Was ist besser, eine „realistische" StrategieVision, bei der alle das Gefühl haben, es „locker" schaffen zu können? Oder vielleicht doch eher die große Herausforderung, an die nur wenige zu glauben imstande sind? Auf beiden Seiten gibt es entschiedene Prediger und Verfechter, was man häufig als ein Zeichen dafür werten darf, dass das Optimum irgendwo zwischen den beiden Extremen liegt. Nach Prof. Dr. Mihaly Csikszentmihalyi entsteht das von ihm „Flow" genannte Glücksgefühl unter anderem an der Grenze zwischen bekannter Routine und Herausforderung. Man sagt, Ziele und Visionen sollten zwar in Sichtweite, aber außerhalb der Reichweite unseres Geistes liegen. Vieles spricht für dieses Bild, denn wir können es sehen, wir können es uns vorstellen, aber wir wissen noch nicht in allen Details, wie unser Weg dahin beschaffen sein wird.

Wir beobachten in der Praxis, dass sich jedes Team exakt denjenigen Grad an Innovation und Zukunftskomplexität leistet, den es vertragen kann. Je stärker der Beitragsanteil der Gegenwartsdenker, desto geringer wird die Sichtweite, und je stärker der Beitragsanteil der Zukunftsdenker, desto stärker bleibt die Reichweite hinter der Sichtweite zurück. Vielen Unternehmen

rieten wir, möglichst eng an ihren angestammten Aktivitäten zu bleiben, weil wir das Potenzial für neue Meere nicht sahen. Mit anderen Teams sind wir hingegen zu gänzlich neuen Ufern aufgebrochen.
Zerbrechen Sie sich nicht den Kopf darüber, ob Sie mir Ihrer StrategieVision nun viel zu weit oder nicht weit genug gegangen sind. Wenn Sie die StrategieVision im Kreise Ihres Führungs-Teams entwickelt haben und sie von weiteren Mitarbeitern nachvollzogen werden kann, und wenn Ihre StrategieVision motivierend auf die Beteiligten wirkt, haben Sie genau das Maß an Innovation und Zukunftskomplexität, das Sie brauchen. Vertrauen Sie darauf.

Präsenz oder Futur Perfekt

Wenn Sie aus der Zukunft für die Gegenwart lernen, können Sie Ihr Unternehmen in der Zukunft sehen und den Weg zurück in die Gegenwart interpolieren, um mit voller Kraft den Weg hin zu Ihrem Zukunftsbild zu beschreiten. Um dieses Lernen aus der Zukunft zu erleichtern, sollte eine StrategieVision entweder im Futur Perfekt[81] oder im Präsenz formuliert werden. Im Futur Perfekt würde es beispielsweise lauten: „Im Jahr 2009 werden wir 140 erfolgreiche und begeisterte Lizenzpartner gewonnen haben." Im Präsenz würde der gleiche Tatbestand lauten: „Wir haben 140 erfolgreiche und begeisterte Lizenzpartner". Während die Formulierung im Futur Perfekt rationaler anmutet, erzeugen Sie mit dem Präsenz bei Dritten leicht den Eindruck von Größenwahn, obschon Inhalt und Wirkung exakt gleich sind.
Beide Arten der Formulierung machen es möglich, die Gegenwart so zu sehen, als sei sie die Vergangenheit der Zukunft. Jetzt stellt sich natürlich die Frage, welche der beiden Möglichkeiten die bessere ist. Keine! Sie sollten diejenige Zeitform nehmen, die Ihnen besser gefällt und mit der Sie leichter zurechtkommen.

Im Einklang mit dem Ganzen

Seien Sie sich in Ihrer StrategieVision wie auch sonst in Ihrem Denken und Handeln Ihrer Verantwortung für das Ganze bewusst. Prüfen Sie Ihre StrategieVision daraufhin, ob sie unnötig gegen Andere oder gegen die Umwelt im weitesten Sinne gerichtet ist. Wir schreiben diese Aufforderung, auch wenn sie für die meisten Leser wirkungslos bleiben wird, entweder weil sie sich ihrer Verantwortung ohnehin bewusst sind und danach handeln, oder weil es nicht für nötig halten. Der kategorische Imperativ Kants ist nur eine

Spielart der universellen sozialen Regel: Verhalte Dich stets so, wie du andere sich verhalten sehen willst. Deshalb sollte auch Ihre StrategieVision nicht zukünftige Konflikte verursachen, sondern im Einklang mit dem Ganzen sein.

Zur gemeinsamen StrategieVision werden lassen

Hat ein Mensch eine klare Vision, schreitet er schneller und glücklicher voran. Hat ein kleines Team eine klare Vision, berauscht es sich an der gemeinsam zu schaffenden Zukunft. Hat das ganze Unternehmen – alle Mitarbeiter – eine klare Vision, ist es sympathisch, leicht zu führen, rentabel und zukunftskompetent. All die vielen oben genannten Vorteile Ihrer StrategieVision kommen nur dann voll zur Geltung, wenn die Vision Köpfe und Herzen aller Leistungsträger Ihres Unternehmens erobert hat.
Peter Senge unterscheidet sieben Haltungen Ihrer Mitarbeiter zur Vision Ihres Unternehmens, angefangen vom Engagement, über die Teilnehmerschaft, die echte Einwilligung, die formelle Einwilligung, die widerstrebende Einwilligung, die Nichteinwilligung und die Apathie. Es liegt auf der Hand, dass solche Unternehmen, in denen alle Leistungsträger echtes Engagement für eine gemeinsame Vision zeigen, enorme Kosten- und Qualitätsvorteile gegenüber ihren Mitbewerbern haben. Wie erreichen Sie echtes Engagement aller Leistungsträger für die StrategieVision Ihres Unternehmens? Das Prinzip ist einfach, es muss die Vision aller Leistungsträger sein. Diejenigen, die an Ihrem ZukunftsProjekt mitgearbeitet haben, haben die gemeinsame Vision bereits internalisiert, es ist ihre Vision geworden. Sie sind es auch, die als Botschafter immer wieder über die Vision sprechen und sie ihren Kollegen anbieten. Die StrategieVision Ihrer Führungsmannschaft kann und darf nicht mehr sein als ein konkretes Angebot. Sie können und sollten Menschen nicht dazu drängen, Ihre Vision zu übernehmen. Wenn Sie das in Ihnen für Ihre Vision brennende Feuer im Anderen entfachen können, haben Sie Glück. Es ist nicht tragisch, wenn Sie es nicht schaffen. Täglich beweisen Millionen, wenn nicht Milliarden von Menschen, dass sie auch ohne eine wirkliche StrategieVision ordentliche Arbeit leisten können. Wir haben erlebt, wie Menschen sich von Unternehmen verabschiedet haben, deren Vision sie nicht mittragen konnten. Sie entschieden sich, ohne Vision zu arbeiten, sich eine andere Vision zu suchen oder im besten Falle eine eigene unternehmerische Vision zu verfolgen. Wir haben immer alle die Freiheit dazu. Gerade wenn in Ihrem Unternehmen erstmals über eine Vision bzw. StrategieVision gesprochen wird, dürfen Sie nicht dem typisch einfältigen Geradeausdenken unterliegen und gleich im ersten Schritt eine von allen Mitarbeitern gleicherma-

ßen verstandene und engagiert verfolgte StrategieVision erwarten. Wenn durch zurückhaltendes und auf Freiwilligkeit beruhendes Missionieren eine erste Version der StrategieVision in vielen entscheidenden Köpfen und Herzen in Ihrem Unternehmen eine Heimat gefunden hat, sind Sie schon weit gekommen. Wenn Sie Ihr nächstes ZukunftsProjekt starten, werden Sie die aktualisierte Version Ihrer StrategieVision bereits auf sehr viel fruchtbareren Boden säen können.

Jeder Mitgestalter Ihres ZukunftsProjektes ist seinerseits Initiator einer Workshop-Kaskade, die mit den gleichen inhaltlichen Grundlagen Schritt für Schritt alle interessierten Mitarbeiter einbezieht. Bieten Sie Ihre StrategieVision zunächst nur an, und schreiben Sie sie nicht gleich vor. Wenn Sie die Möglichkeit dazu haben, setzen Sie die Veranstaltungen zumindest teilweise außerhalb der Arbeitszeiten an und laden Sie alle Mitarbeiter ein. Nehmen Sie sämtliche Fragen und Ergebnisse auf und gleichen Sie deren Zusammenfassung mit Ihrer StrategieVision ab. Informieren Sie nach Fertigstellung Ihrer ersten StrategieVision auch diejenigen Mitarbeiter, die sich nicht an den Workshops und Diskussionen beteiligt haben. Die Möglichkeiten sind mannigfaltig, wie wir oben dargestellt haben.

Der Einbezug aller interessierten Mitarbeiter ist viel wichtiger, als dieser kurze Abschnitt es vielleicht andeuten mag. Nutzen Sie die Chance, die StrategieVision Ihres Führungs-Teams zur StrategieVision des gesamten Unternehmens zu machen.

Szene 17; Die StrategieVision, Teil II

09. Juli, 14.15 Uhr: „Das ist ja heute richtig anstrengend", beschwerte sich Claudia Lebien. In 33 verschiedenen Clustern hatten sie in eingehender und nicht selten hitziger Diskussion die besonders hoch bewerteten Chancen zusammengefasst. Im Prinzip waren das 33 verschiedene VisionsKandidaten für die Zukunft der Lichtenberg GmbH, doch in der Diskussion wurde schon deutlich, dass es darin nur zwei gesamthafte Entwicklungsrichtungen gab. Die erste ließ sich unter der Überschrift „auf bewährtem Wege zur Weltmarktführerschaft" zusammenfassen. Die zweite Zukunftsoption hätte „mit menschlicher High-Tech-Kundenbegeisterung eine neue Kategorie schaffen" heißen können. Die übrigen 33 Chancencluster ließen sich alle mehr oder minder gut einer der beiden Zukunftsoptionen zuordnen.

Michels führte eine einfache, aber sehr schlüssige Entscheidungstechnik ein, bei der die beiden Alternativen unter neun gewichteten Gesichtspunkten miteinander verglichen wurden. Nach drei Stunden intensiver

Untersuchung und Diskussion war klar, dass die Zukunft der Lichtenberg GmbH nur in der neuen Kategorie liegen konnte, die es durch menschliche High-Tech-Kundenbegeisterung zu schaffen galt. Die andere Zukunftsoption war unter anderem an mangelnder Faszination des Führungs-Teams, am großen Finanzbedarf und an dem als verschärft eingeschätzten Wettbewerb gescheitert.
Es war später geworden. Gegen 19.00 Uhr war klar, dass ein weiterer Workshop-Tag notwendig sein würde, um die StrategieVision Lichtenberg 2011 zu präzisieren und den Aktionsplan zu erstellen. Trotz einer kräftezehrenden Arbeit war die entbrannte Begeisterung in den Augen des Lichtenberg-Teams zu sehen. Obschon die Einzelheiten noch nicht festgelegt waren, spürten sie, dass die Lichtenberg GmbH ein Unternehmen bleiben würde, für das sich das Arbeiten lohnte.

28. Juli, 08.30 Uhr: „Was meinst Du, werden wir heute fertig?", zwinkerte Ellen Lichtenberg ihrem sonst so ungeduldigen Gatten fragend zu. „Türlich", stieß er gespielt verständnislos hervor, „das Wesentliche ist ja klar. Wir müssen eigentlich nur noch Details der Vision und die Aktionen für die nächsten Monate festlegen." Nach und nach trafen alle Mitgestalters des ZukunftsProjektes ein. Die beiden Externen waren jetzt nicht mehr dabei. Der Duft frischen Kaffees erfüllte den Raum. Fast andächtig ließ Friedrich Matrasse seine Blicke über die an den Wänden des Konferenzraumes angebrachten Aphorismenplakate schweifen.
Simon Lichtenberg hatte wieder vorausgelesen und konnte sich so ungefähr vorstellen, was heute stattfinden sollte. Er hatte auch die Fragenliste wiedererkannt, als er sie wie alle Mitgestalter des Projektes vor wenigen Tagen von Michels Büro erhalten hatte. Er war bei seiner Vorbereitung wie immer im zeitlichen Vorteil, denn er hatte schließlich keine operativen Pflichten mehr. Nicht nur die geforderte eine Stunde, sondern einen ganzen Tag hatte er sich Zeit genommen, um sechs Seiten mit Details und Umsetzungswegen für Lichtenberg 2011 zu füllen. Niemand hatte sich wirklich schwer getan mit den Michelsschen Denkfragen, und so war bereits vor der ersten Workshop-Minute der Zukunftsgeist der Lichtenberg-Mannschaft zu spüren.
Im Verlauf des Tages entstand im Dialog ein riesiges Mindmap zur Lichtenberg GmbH im Jahr 2011. In der Nachmittagspause – alle anderen vertraten sich ein wenig die Beine – betrachtete Harald Kruhse, der Verwaltungschef, das vorläufige Arbeitsergebnis. Über die vorläufige Zusammenfassung musste man seiner Meinung nach noch in aller Sorgfalt nachdenken, aber sonst war das schon sehr ordentlich.

Lichtenberg 2011

Nummer 1 im High End – High Tech – Wohnen

- ❑ Wir konzentrieren all unsere Potenziale und Kräfte darauf, private Lebens- und Arbeitswelten für die höchsten Ansprüche zu bauen und zu vervollkommnen.
- ❑ An den jährlich 10.000 Top-Bauprojekten in Europa für private Luxusdomizile haben wir einen Anteil von 30%.
- ❑ Wir haben in den letzten zehn Jahren überwiegend in Know-how und Innovation investiert.
- ❑ Wir sind vernetzt mit allen relevanten Forschungsinstitutionen zum High-Tech-Wohnen in Europa.
- ❑ Unsere Zielgruppe sind diejenigen, die in Europa ein privates Wohnhaus auf höchstem architektonischen und technischen Niveau innerhalb von maximal sechs Monaten errichten wollen.
- ❑ Wer mit uns baut, bringt uns im Laufe von zehn Jahren mindestens zwei weitere Projekte.
- ❑ Das Know-how der Lichtenberg AG ist in der weltweit umfassendsten Wissensdatenbank zum High-Tech-Wohnen für jeden Mitarbeiter und Partner zu jeder Zeit und an jedem Ort verfügbar.
- ❑ Unser Hochleistungsspektrum reicht von der Bedarfsanalyse über die Organisation des Richtfestes bis hin zur Besorgung des Hausmeisters.
- ❑ Die Hälfte unserer Mitarbeiter sind als Aktionäre direkt am Grundkapital unserer AG beteiligt.
- ❑ Wer an Bau- und Gebäudetechnologie interessiert ist, bewirbt sich entweder an den vierzehn Forschungsinstituten oder bei uns.
- ❑ Spaß an hervorragender Arbeit ist für uns Realität, und deshalb sind wir ein Partner, mit dem man es gerne zu tun hat.
- ❑ Wir erhalten 90% unserer Aufträge durch Empfehlung seitens unserer Kunden oder unserer Partner.
- ❑ Für das Lichtenberg-Management gilt das Subsidiaritätsprinzip, Entscheidungs- und Handlungskompetenz decken sich.

- ❑ Unsere Wertschöpfung erzielen wir in erster Linie durch Innovation und Qualitätssicherung. Alle anderen Funktionen und Prozesse haben wir weitestmöglich an Partner delegiert.
- ❑ Wir arbeiten in allen 19 Staaten der Europäischen Union mit eigenen Mannschaften und in weiteren elf europäischen Staaten mit Repräsentanzen.
- ❑ …

Auf der Liste las Harald Kruhse noch die Fragen zum „Ich". Er hatte schon während des gesamten Projektes in sich hineingehorcht und gefühlt, dass die High-Tech-Ausrichtung nicht in jeder Hinsicht auch sein Weg war. Doch er war dankbar, mit diesem ZukunftsProjekt eine eindeutige Entscheidungsgrundlage zu haben. Er war selbst gespannt darauf, ob er sich bedingungslos dafür oder genauso bedingungslos dagegen entscheiden sollte, die Lichtenberg-Mannschaft auf dem Weg zu dieser neuen strategischen Vision zu begleiten. Beides war zu diesem Zeitpunkt noch möglich.

28. Juli, 16.50 Uhr: „Herr Michels, ich danke Ihnen für die professionelle Arbeit, und ich danke Ihnen, meine Damen und meine Herren, dafür, dass Sie unsere gemeinsame Zukunft in diesem Unternehmen so fundiert und so faszinierend vorbereitet haben. Ich bin stolz auf uns." Etwas pathetisch beendete Simon Lichtenberg den vierten und letzten Workshop-Tag mit diesen Worten. Das letzte Tagesdrittel verbrachten sie damit, in 28 Aktionen und Projekten zu definieren, wer, was, mit wem, bis wann und mit welchem konkreten Ergebnis in den nächsten Monaten tun würde. Solche AktionsPläne hatte man bei Lichtenberg schon unzählige Male aufgestellt, doch sollte dieser Aktionsplan durch die Wirkung des Zielbildes „Lichtenberg 2011" sowie durch die alle drei Monate stattfindenden AktionsWorkshops am Leben erhalten werden. Zu den Aktionen zählte etwa die detaillierte Ausformulierung der strategischen Vision, die Erstellung einer multimedialen Präsentation der StrategieVision, die Vorbereitung der strategischen Kooperationen mit den vier besten Forschungsinstituten oder auch die Vorstudie zu denkbaren Modellen der Mitarbeiterbeteiligung.
Die Terrasse des Tagungshotels eröffnete an diesem warmen Sommerabend einen wunderbaren Blick auf die Höhen der Schwäbischen Alb, leise begleitet vom musischen Schaffen Gustav Mahlers, wie Frau Lichtenberg erkannte. Die Lichtenbergs hatten sich mit Michels zum

Abendessen verabredet, einerseits, um einfach einen schönen Abend zu genießen und andererseits, sich im Geschehen der vergangenen Wochen und im Werden der kommenden Monate und Jahre zurechtzufinden. „Im Vergleich zu anderen Unternehmen, die ähnliche ZukunftsProjekte durchgeführt haben, wie sehen Sie uns?", wollte Ellen Lichtenberg wissen. „Das ist eine beliebte Frage. In einem strategischen Benchmarking würden Sie – in aller Offenheit – einen guten mittleren Platz einnehmen." schätzte Michels ein. „Das ist für den ersten Projektzyklus schon sehr gut, denn schließlich war die ZukunftsKompetenz in Ihrer Mannschaft zu Beginn unseres Projektes nicht besonders ausgeprägt, wie wir in dem einleitenden Test festgestellt haben. Jedes Team erreicht nach meiner Erfahrung exakt den Grad an Neuigkeit, den es vertragen kann. Insofern ist unser erstes gemeinsames Projekt hervorragend verlaufen. Sie müssen allerdings die ZukunftsKompetenz weiter stärken. Den ersten Schritt, ein Seminar zur ZukunftsKompetenz im nächsten Jahr, haben wir ja bereits im Aktionsplan vermerkt." Das abendliche Rotweingespräch glitt immer mehr in die privaten Genüsse über, und fast schien es, als sei das Lichtenbergsche ZukunftsManagement abschließend behandelt. Sie schafften es gerade noch, den Termin für das von Michels so genannte „Umsetzungsgespräch" am 21. August zu vereinbaren, bevor sie müde, aber erfüllt den Abend eines wichtigen Tages beendeten. (Weiter auf Seite 342).

11 Step 5: Der strategische Aktionsplan

Grundsätzlich dürfte eine Beschreibung des Aktionsplanes an dieser Stelle nicht nötig sein, denn ein solcher gehört aus unserer Sicht zu den Selbstverständlichkeiten eines funktionierenden Unternehmens- und Selbstmanagements. Aber der Vollständigkeit halber seien hier die wichtigsten Aspekte dieses fünften Schrittes des StrategieRadar-Workshops genannt.

Was müssen wir jetzt konkret tun?

Sie haben die Zukunft gesehen und Ihre ZukunftsAnnahmen dazu erarbeitet. Sie haben Ihre ZukunftsChancen erarbeitet und daraus Visions-Bausteine entnommen. Sie haben Ihre StrategieVision formuliert und wollen sie realisieren. Wir haben oben darüber gesprochen, was eine StrategieVision bewirken kann. Sie wirkt, auch ohne dass wir bewusst und geplant tun, denn unser persönlicher Eisberg ragt nur zu einem kleinen Teil in das Bewusstsein hinaus. Wir sind nichtsdestotrotz der festen Überzeugung, dass die großen wesentlichen Aktionen der nächsten Monate und Jahre gemeinsam in Form eines Aktionsplanes vereinbart werden sollten. Wir halten es zwar nicht für hilfreich, den gesamten Realisationsweg hin zu Ihrer StrategieVision quasi per Netzplan zu planen. Andererseits sähen wir es als gefährliche Unterlassung, sich nur auf die wundersame Selbsterfüllung der Strategie-Vision zu glauben. Wahrscheinlich haben auch Sie schon mit großer Begeisterung erarbeitete Visionen und Ideale im Alltag jämmerlich scheitern gesehen, was manches Mal darauf zurückzuführen war, dass es sich nicht wirklich um eine echte gemeinsame Vision handelte, häufiger aber darauf, dass der Alltag die Aufmerksamkeit auf Nebensächlichkeiten lenkte und die Vision so aus dem Bewusstsein verschwand. Es muss daher Verbindlichkeiten im Tun geben.

Auf Schienen, die man nicht gelegt hat, kann man nicht fahren.
(Stanley M. Davis)

Bevor Sie Ihre Aktionen definieren können, müssen Sie die Konsequenzen aus Ihrer StrategieVision erkennen und festhalten. Untersuchen Sie Ihre StrategieVision mit Hilfe einiger Denkfragen (siehe Checkliste S. 334). Halten Sie fest, wer, was, wie, mit wem, bis wann und mit welchem konkreten Ergebnis tut. Machen Sie diesen Aktionsplan zu *dem* strategischen Aktionsplan Ihres Unternehmens, das heißt, nehmen Sie darin auch alle anderen strategisch wichtigen Maßnahmen, Aktionen und Projekte auf.

Checkliste 32: Von der Vision zur Aktion
☑ Was sind die nächsten Meilensteine?
☑ Was müssen wir auf dem Weg zu den Meilensteinen tun?
☑ Was brauchen wir, um es zu realisieren?
☑ Wovon müssen wir uns verabschieden?
☑ Woran müssen wir uns gewöhnen?
☑ Wie müssen wir die Gestaltungsfelder verändern?
☑ Welche Fähigkeiten brauchen wir?
☑ Welche Ressourcen müssen wir bereitstellen?
☑ Welchen Widerständen müssen wir begegnen?
☑ Was müssen wir wissen und können?
☑ Wen brauchen wir als Beauftragte für die Aktionen?

Den Aktionsplan am Leben erhalten

Direkt nach dem StrategieRadar-Workshop werden die beschlossenen Aktionen nach unserer Erfahrung mit sehr viel Bedacht und viel aktivem Hintergrundwissen durchgeführt. Je weiter die Zeit fortschreitet, desto stärker werden die Aktionen zu Reaktionen, und das eigentliche Ziel sowie der Hintergrund einer Aktion verschwindet aus dem geistigen Fokus. Das ist der Grund, warum wir regelmäßige Revisionen und Revitalisierungen unseres Aktionsplanes brauchen. Im Extremfall muss der alte Aktionsplan weggeworfen und ein gänzlich neuer aufgestellt werden. Um den Aktionsplan und die darin vereinbarten Projekte und Aktionen „am Leben zu erhalten", sollten Sie etwa alle drei Monate einen halbtägigen AktionsWorkshop durchführen. Darin werden die Umsetzungsstände der Aktionen und Projekte besprochen, auftretende Probleme gelöst und neue Aktionen und Projekte für den Weg hin zu Ihrer StrategieVision vereinbart. Wenn nötig, werden auf die Aktionen task forces angesetzt, welche die Möglichkeit haben, die üblichen Regeln Ihrer Organisation zu brechen, um schneller und produktiver arbeiten zu können.

Freiraum für Aktionen schaffen

Sie werden sich den notwendigen zeitlichen Freiraum verschaffen müssen, um die im Verlauf Ihres Projektes vereinbarten Aktionen umsetzen zu können. Es wäre fehl am Platz, hier die Grundregeln des Zeitmanagements wiederzugeben, wo sie doch so gut und erschöpfend von Prof. Dr. Lothar J. Seiwert in seinen Büchern und Seminaren zu diesem Thema vermittelt werden (www.seiwert.de). Stellen Sie sich ein, auf Ihre Persönlichkeit abgestimmtes Zeitmanagementsystem zusammen und ermöglichen Sie jedem Mitarbeiter, das gleiche zu tun.

Doch kein anderer Faktor wirkt so fördernd auf den für den Aktionsplan verfügbaren Freiraum wie Ihre Begeisterung für die Mission, die StrategieVision und die Ziele Ihres Unternehmens. Wenn Ihnen Ihre StrategieVision wirklich wichtig ist, wenn Sie wirklich den Willen haben, sie Wirklichkeit werden zu lassen, und wenn Sie die innere Überzeugung haben, dass es Ihr ureigener Weg ist, werden Sie Ihre Aktionen umsetzen und Ihre StrategieVision auch erreichen. Können Sie sich für Ihre StrategieVision wirklich begeistern?

12 Die nächste Runde: ZukunftsManagement mit System

Der StrategieRadar-Workshop war als natürlicher Einstieg Ihr erster Schritt und zugleich das wichigste Element Ihres systematischen Zukunfts-Managements. Wir finden relativ viele Unternehmen mit gutem Zukunftswissen, denen meist nur noch die methodische und systematische Kompetenz fehlt, ihr Zukunftswissen auch zu echten Chancen und Erträgen weiterzuverarbeiten.

In diesem Kapitel lernen Sie die Grundzüge der neben dem StrategieRadar-Workshop noch fehlenden Module eines praktikablen ZukunftsManagement-Systems kennen. Der zyklische Charakter des ZukunftsManagement-Systems versteht sich fast von selbst.

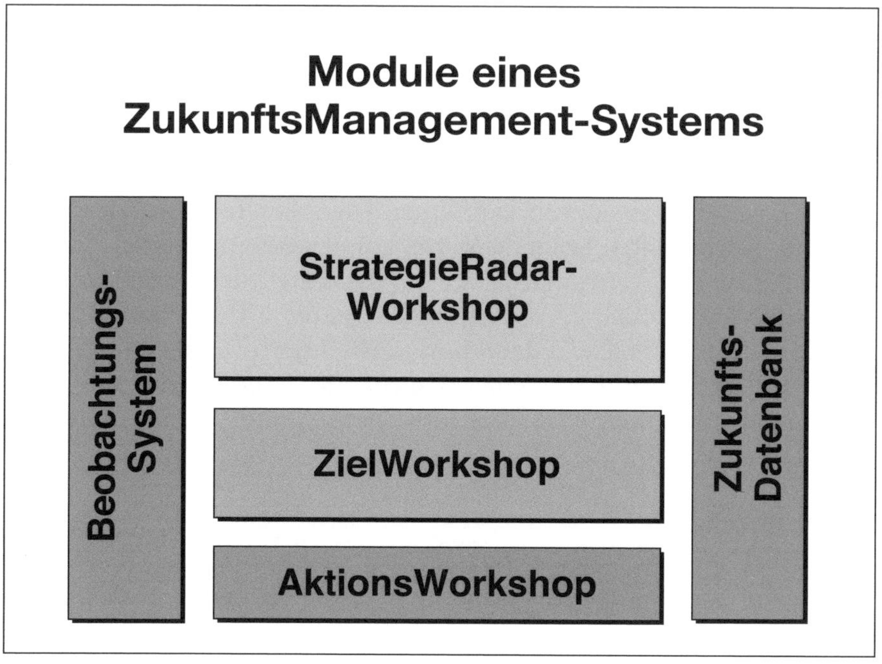

Abbildung 30; Module eines ZukunftsManagement-Systems

Das ZukunftsTeam

Machen Sie das Projekt-Team Ihres StrategieRadar-Projektes zu einer dauerhaften Einrichtung und nennen Sie es beispielsweise „ZukunftsTeam". Sie sollten nur dann eine solche neue Bezeichnung für Ihr Team einführen, wenn es nicht ohnehin deckungsgleich mit Ihrem Führungs-Team ist.

Der StrategieRadar-Workshop

Den StrategieRadar-Workshop als zentrales Element Ihres Systems sollten Sie im Zyklus von einem bis drei Jahren durchführen, um neue Umfeldveränderungen und die darin liegenden Bedrohungen und Chancen frühzeitig zu erkennen. Zwischen diesen ausführlichen Workshops finden die ZielWorkshops und AktionsWorkshops statt. Jeder Mitgestalter Ihrer ZukunftsWorkshops sollte zudem das Recht und vor allem die Pflicht haben, kurzfristig einen kurzen Workshop des ZukunftsTeams einzuberufen, wenn dringender Handlungsbedarf besteht.
Kritiker werden einwenden, dass die jährliche Analyse den Fehler der Kalenderorientierung hat, das heißt, dass die Früherkennung zukünftiger Chancen und Bedrohungen immer nur dann betrieben wird, wenn es im Kalender steht. In der Praxis scheitern mit hässlicher Regelmäßigkeit die Versuche, den Beteiligten die permanente Eingabe von Frühinformationen an ein wie auch immer geartetes System abzuverlangen. Das hat rein menschliche Gründe und ist nicht zuletzt auf den in den letzten Jahren gewachsenen Zeitdruck zurückzuführen. Die theoretische Idealanforderung der permanenten Früherkennung können Sie am ehesten dadurch erfüllen, dass Ihre Leistungsträger bzw. die Mitglieder Ihres ZukunftsTeams durch die Mitarbeit in ZukunftsProjekten für die Notwendigkeit und den Nutzen der Radar-Funktion sensibilisiert werden. Wer einmal Feuer dafür gefangen hat, kann gar nicht mehr anders, als permanent nach Trends, Veränderungen, ZukunftsChancen und VisionsKandidaten Ausschau zu halten.

Der ZielWorkshop

Nach der langfristigen Betrachtungsweise dieses Projektes ist es im nächsten Schritt notwendig, sehr konkret die Ziele für das jeweils nächste Geschäftsjahr festzulegen. Wir nennen den Workshop zur strategischen Jahresplanung „JahresWerkstatt". Die JahresWerkstatt verbindet die kurzfristigen Aktionen und die langfristige StrategieVision mit konkreten Jahreszielen. Darin werden folgende Fragen beantwortet:

Checkliste 33: Fragen zur Definition der Jahresziele
☑ Wo haben wir welchen Handlungsbedarf für das nächste Jahr?
☑ Welche Strategie-Ziele setzen wir uns für das nächste Jahr?
☑ Welche System-Ziele setzen wir uns für das nächste Jahr?
☑ Welche Ergebnis-Ziele setzen wir uns für das nächste Jahr?
☑ Welche Projekte und Aktionen führen wir durch?
☑ Wer macht was, wie, mit wem, bis wann und mit welchem Ergebnis?

Jedes Jahresziel wird so präzise wie möglich anhand einer Reihe von Denkfragen definiert:

Checkliste 34: Zielpräzisierung

Beschreibung

- ☑ Woran werden wir erkennen, dass wir das Ziel erreicht haben?
- ☑ Wie können wir dieses Ziel noch genauer beschreiben?

Nutzen

- ☑ Warum wollen wir dieses Ziel?
- ☑ Was haben wir finanziell davon, dieses Ziel zu erreichen?
- ☑ Was haben wir immateriell davon, dieses Ziel zu erreichen?

Motivation

- ☑ Was begeistert uns an diesem Ziel?
- ☑ Warum sind wir zuversichtlich, dieses Ziel erreichen zu können?

Aktionen

- ☑ Was müssen wir tun, um dieses Ziel sicher zu erreichen?
- ☑ Welche ersten Meilensteine können wir auf dem Weg zu diesem Ziel setzen?

Checkliste 34: Zielpräzisierung (Fortsetzung)
Ressourcen ☑ Was brauchen wir, um dieses Ziel zu erreichen? ☑ Was müssen wir für dieses Ziel aufgeben? ☑ Was „kostet“ es uns, dieses Ziel zu erreichen?
Ökologie ☑ Welche Ziele stehen diesem Ziel entgegen? ☑ Welche Widerstände müssen wir überwinden? ☑ Welche anderen Ziele unterstützen dieses Ziel?
Zielpate ☑ Wer soll als Zielpate dieses Ziel laufend in Erinnerung halten?
Projektmanagement ☑ Brauchen wir hierfür ein Projekt? ☑ Wer ist Projekt-Leiter? ☑ Wer ist das Projekt-Team? ☑ Welches Projektbudget ist notwendig?

Persönliche Zielplanung

Menschen und Unternehmen, die sich selbst konkrete und messbare Ziele setzen, sind im Ergebnis langfristig sehr viel erfolgreicher als solche, die nur unklare Vorstellung davon haben, wohin sie sich entwickeln können. Haben Sie konkrete und schriftlich formulierte Ziele für das Jahr? Für Sie und für jeden Mitarbeiter sollte ein halber Tag jährlich zur Verfügung stehen, an dem systematisch die ganz persönlichen beruflichen Ziele für das nächste Jahr erarbeitet werden. Sie können die obige Checkliste für die Zielpräzisierung als Leitfaden verwenden.

Das Beobachtungssystem

Das Beobachtungssystem soll die laufende Versorgung mit Frühinformationen sicherstellen und damit die Richtigkeit der grundlegenden ZukunftsAnnahmen überwachen. In der Informationssammlung zu Ihrem

StrategieRadar-Projekt haben Sie die Beobachtungsfelder bestimmt, Ihren Informationsbedarf definiert, die Informationsquellen ermittelt, Zuständigkeiten verteilt und die Informationen aufbereitet. Dieser Prozess muss in ein laufendes Beobachtungssystem überführt werden, in dem jeder Mitgestalter Ihres Projektes zum Kompetenzzentrum über sein Beobachtungsfeld wird. In einem kleinen Unternehmen haben Sie vielleicht einen Mitarbeiter als Kompetenzzentrum für alle technologischen Entwicklungen. In einem internationalen Konzern haben Sie für das gleiche Beobachtungsfeld vielleicht hundert Mitarbeiter mit entsprechend feiner Spezialisierung. Der wichtigste Aspekt Ihres Beobachtungssystems ist die Verknüpfung persönlicher Verantwortung mit der Informationsmatrix aus Ihrer Projektvorbereitung. Aspekte der Speicherung und Organisation der Daten spielen für die unternehmerische Früherkennung von ZukunftsChancen bei weitem nicht die Rolle, die diesen Problemfeldern häufig eingeräumt wird. Wichtig ist einzig und allein, dass Ihre Mitarbeiter sich mit voller Begeisterung zu Kompetenzträgern für klar definierte Beobachtungsfelder erklären und dadurch mit hoher Aufmerksamkeit ihre Umgebung nach schwachen Signalen absuchen.

Zum nächsten StrategieRadar-Workshop kommen diese Kompetenzträger mit erheblich besserem Zukunftswissen, da sie durch die Erfahrung des ersten StrategieRadar-Workshops quasi ganz nebenbei gelernt haben, worauf es ankommt. Anstelle dieser natürlichen evolutionären Vorgehensweise werden viele zukunftsgerichtete Projekte mit einer viel zu feinen und viel zu ausführlichen Vorrecherche gestartet, bevor auch nur eine Projektion bearbeitet ist. Das Ergebnis ist üblicherweise die frühe Frustration der Beteiligten.

Die ZukunftsDatenbank

Jedes ZukunftsManagement-System ist mit einer enormen Informationsmenge verbunden. Mit der Intranet-Technologie steht mittlerweile die seit Jahrzehnten gesuchte einfache Plattform für unternehmensweite Wissensdatenbanken jedem zur Verfügung. Jeder Mitarbeiter, mindestens aber jeder Mitgestalter und Kompetenzträger Ihres StrategieRadar-Projektes kann darin sein Wissen allen anderen im Unternehmen zur Verfügung stellen. Eine Beschreibung der technischen Einzelheiten würde entschieden zu weit führen. Im Grundsatz besteht die ZukunftsDatenbank aus dem gesamten Intranet und insbesondere aus den eigenen Websites der einzelnen Kompetenzträger, die die Zusammenfassungen ihrer Beobachtungen dort schon aus eigenem Interesse speichern.

Wer immer fest mit beiden Füßen auf dem Boden steht, kommt keinen Schritt voran.

Mit Ihrer ZukunftsDatenbank sind eine Reihe von Vorteilen verbunden:

- Frühinformationen und Arbeitsergebnisse werden für Ihre Mitarbeiter in allen drei Dimensionen verfügbar, nämlich für jeden, an jedem Ort und zu jeder Zeit.
- Jede gemachte Erfahrung und jeder neu erlernte Zusammenhang werden für spätere Probleme und Entscheidungen besser nutzbar.
- Die Einarbeitung neuer Mitarbeiter, insbesondere von Führungskräften, wird enorm erleichtert und beschleunigt.
- Der Zeitbedarf für strategische Systemanalysen und strategische Entscheidungen wird verkürzt.
- Die Qualität strategischer Entscheidungen wird verbessert.
- Die Wirkung von Informationsfiltern, Wahrnehmungsfiltern und Informationsegoismen wird reduziert.
- Der Aufbau strategisch ähnlich gelagerter Unternehmen (Tochtergesellschaften, Lizenznehmer etc.) wird erheblich beschleunigt.
- Ihre ZukunftsDatenbank wird nach und nach zum wertvollsten Vermögensgegenstand Ihres Unternehmens, der durch regelmäßige Nutzung stets an Wert gewinnt und nicht, wie körperliche Vermögensgegenstände, abgenutzt wird.

Auch mit einer Papierablage können Sie die wichtigste Funktionen einer ZukunftsDatenbank erfüllen. In der einfachsten Version legt sich jedes Mitglied des ZukunftsTeams ein Hängeregister mit Hängetaschen an und sammelt darin lose alle Informationen und Ideen. Die Gliederung und Beschriftung der Hängetaschen folgt den definierten Beobachtungsfeldern. Sollten Sie noch eine konventionelle Papierablage haben, können Sie zumindest für die erste Zeit bei der einfachen Papiermethode bleiben. Machen Sie die EDV keinesfalls zum Engpass Ihres ZukunftsManagements!

Szene 18; Die Kündigung

03. August: „Simon, du hast ganz andere Dinge geschafft, das kannst du", dachte Simon Lichtenberg. Kurz zuvor hatte er sich beim Zweifeln ertappt. Er war sich nicht sicher, ob er die Rolle des Coaches und Moderators in seinem Unternehmen übernehmen sollte, denn schließlich gab es da auch Hemmungen und potenzielle Konflikte. Stärker waren seine

Zweifel jedoch daran, ob er, der notorische Perfektionist, eine gute Arbeitsqualität hinlegen würde. Doch im motivierenden Selbstgespräch zerstreute er die Einwürfe seines ängstlichen Persönlichkeitsteils. Der nette junge Mann von Bordservice des ICE hatte gerade den Tee abgestellt, als sein Telefon klingelte. Es war Claudia Lebien. Simon Lichtenberg kannte sie zu gut, um ihre Worte nicht als einleitenden Small Talk entlarven zu können. „Claudia, was ist der eigentliche Grund Ihres Anrufes?“, bestand er auf klarer Sprache. „Okay, Sie haben es gemerkt, kurz und knapp: Kruhse hat gekündigt. Er hat mir seine Gründe genannt, aber ich kann sie nicht wirklich nachvollziehen.“ Der Rest des Gespräches schien an Lichtenberg vorbeigeflogen zu sein, denn er konnte sich schon wenige Minuten später nicht mehr daran erinnern. Kruhse wollte also kündigen! Er war gerade mal sechzig Jahre alt geworden und arbeitete wie ein junger Gott. Warum wollte er weg? Und wohin? Die Anwesenheit der Mitreisenden hielt ihn davon ab, Kruhse sofort anzurufen. Er hatte noch eine Stunde Zeit bis zur Ankunft am neuen Stuttgarter Hauptbahnhof. Die Einsicht sollte jedoch bis zum späten Abend auf sich warten lassen, nachdem er Harald Kruhse eine halbe Stunde lang am Telefon gehabt hatte. Es war ihm nicht gelungen, Kruhse von der Meinung abzubringen, er sei zu alt, um die offensichtlich anstehenden Veränderungen in der Administration zu initiieren und umzusetzen. Er wollte mit Frau Lebiens Einverständnis die nächsten sechs Monate nutzen, um seinem fünfzehn Jahre jüngeren Stellvertreter den Weg zu ebnen. „Und dann habe ich ja meine Wirtschaftsexpertise dreißig Jahre lang genutzt, um mir ein kleines Vermögen mit Wertpapieren zu schaffen. Mit ein bisschen Geschick brauche ich nicht mehr zu arbeiten“, freute sich Kruhse. Zu einer Beratertätigkeit mit zwanzig Arbeitstagen im Jahr erklärte er sich noch bereit, bevor das Gespräch zu Ende ging.
Simon Lichtenberg legte sich für den nächsten Tag, einen Sonntag, Michels Buch zurecht. Das letzte Kapitel, in dem es um den Erfolgsfaktor ZukunftsKompetenz ging, hatte er noch nicht gelesen, und er wollte nicht bis zum Seminar im nächsten Jahr warten. Er würde sich das Ergänzungskapitel aus dem Internet holen. Vielleicht gab es darin etwas Interessantes zum aktuellen Geschehen. Bis zum abschließenden Gespräch mit Michels am 21. August waren es noch knapp drei Wochen. (Weiter auf Seite 345).

13 Ergänzungskapitel: Erfolgsfaktor ZukunftsKompetenz

Sie finden kaum noch ein ernstzunehmendes Strategie-Konzept, das nicht die entscheidende Bedeutung der Kernkompetenzen des Unternehmens berücksichtigt. Doch eigenartigerweise versteht man unter Kernkompetenz fast immer diese oder jene operative Fähigkeit. Das können schnelle Produktentwicklungen sein, das kann die jahrzehntelange Erfahrung in der Herstellung von Heizkesseln oder auch die Weltmeisterschaft im Vertrieb von Computerzubehör sein. All das mögen Kernkompetenzen sein, und natürlich haben diese Kernkompetenzen auch immer eine Zukunftsseite. Doch gemessen an den immensen Chancen der Früherkennung entscheidender Entwicklungen vor den Mitbewerbern, haben noch viel zu wenige Unternehmen die Chance genutzt, echte ZukunftsKompetenz zu entwickeln.

Unter →**www.Micic.com** finden Sie ein ausführliches Ergänzungskapitel zum Erfolgsfaktor ZukunftsKompetenz.

Szene 19; Das Abschlussgespräch

21. August: „Natürliche Neuorientierung und Konzentration", war die lapidare Bemerkung von Michels zum Fortgang von Kruhse. Für ihn war das nur das Offensichtlichwerden einer bereits seit längerer Zeit existierenden Spannung zwischen dem von Kruhse in seinem Leben und Arbeiten verspürten Soll und dem Ist. Er war sicher, dass es für alle Beteiligten besser so war. Lichtenberg sah ein, dass eine strategische Vision einen Unterschied machen musste und wenn sie das tat, dann waren Veränderungen des Systems nur folgerichtig.
Das Abschlussgespräch diente zunächst einer kurzen Rückschau auf das Projekt. Ellen und Simon Lichtenberg, Claudia Lebien wie auch Peter Michels befanden das Projekt für gelungen. Mit dem zeitlichen Abstand von knapp drei Wochen seit dem letzten Workshop-Tag sichteten sie abschließend die Projektergebnisse. Bis auf wenige kosmetische Änderungen blieb alles, wie es war. Alle internen Mitgestalter der Workshops sollten im Dezember im Rahmen einer Mitarbeiterversammlung die StrategieVision „Lichtenberg 2011" als erste Version präsentieren. Anschließend sollten fünf Mitarbeiter dafür gewonnen werden, eine Workshop-Kaskade zu starten, in deren Verlauf alle interessierten Mitarbeiter

an der Verbesserung und Präzisierung der StrategieVision mitwirken könnten. Danach konnte die erste Version der Mulitmediapräsentation erstellt und die Medienarbeit zum Thema „Lichtenberg 2011“ gestartet werden. Bereits im Oktober sollte der erste AktionsWorkshop stattfinden, der die Umsetzung der Aktionen voranbringen würde. Diesen Workshop sollte schon Simon Lichtenberg leiten. „Vielen Dank für die gute und angenehme Zusammenarbeit“, bedankte sich Michels. Auch seinen drei Gesprächspartnern war Freude und Zufriedenheit über die getane und über die noch zu erledigende Arbeit anzusehen. Man wollte sich im nächsten Jahr wiedersehen. (Weiter auf Seite 347)

14 Epilog

Die Unternehmenspraxis ist die einzig zwingend akzeptable Falsifikationsinstanz für die Qualität von Managementsystemen. Wir werden die Qualität dieses Buches daran zu messen haben, wie häufig und wie erfolgreich unsere Empfehlungen umgesetzt wurden. Da wir aus unserer täglichen Praxis berichtet haben, wissen wir um die Umsetzungsmöglichkeit. Die Umsetzungsfähigkeit haben wir Ihnen mit diesem Buch vermittelt. Wenn von Ihnen noch der Umsetzungswille hinzukommt, sind wir für Ihr ZukunftsManagement sehr zuversichtlich.

So eine Arbeit wird eigentlich nie fertig, man muss sie für fertig erklären, wenn man nach Zeit und Umständen das Mögliche getan hat.
(Johann Wolfgang von Goethe)

Die Klugheit eines Menschen erkennt man bekanntlich an seinen Antworten, seine Weisheit aber erkennt man an seinen Fragen.
Nutzen Sie den Leser-Support unter ➜**www.Micic.com** für Ihr ganz persönliches ZukunftsManagement und werden Sie zum ZukunftsManager!

Szene 20; Drei Jahre später

14. Juni: Ellen Lichtenberg schaltete den Fernseher ab. Eben war eine halbstündige Dokumentation über die Lichtenberg GmbH zu Ende gegangen. Wie bei manchen Journalisten üblich, wollte man sich am Ende auch einige kritische Töne nicht verkneifen, aber „insgesamt kamen wir ganz gut weg", berichtete sie später stolz. Es gab ja auch allerhand Gutes zu berichten. Vieles von dem, was vor drei Jahren über Lichtenberg 2011 vorgedacht wurde, war bereits realisiert oder auf dem besten Wege dahin. Manches kam ganz anders, wie etwa die kaum zustande gekommene und wenn, dann sehr schwierige Zusammenarbeit mit den Forschungsinstituten. Das Wichtigste hat sich jedoch in den Köpfen und Herzen der Mitarbeiter getan. Übereinstimmend berichten die Führungskräfte in einer Mitarbeiterbefragung, dass Führung bei der Lichtenberg AG entscheidend effektiver und durch die Sensibilisierung für ZukunftsChancen wesentlich zukunftsträchtiger geworden war. Es war noch ein weiter, aber faszinierender und schöner Weg bis 2011.

Anmerkungen

1 Hamel, Gary; Prahalad, C.K.; „Wettlauf um die Zukunft“
2 Lutz, Christian; „Leben und Arbeiten in der Zukunft“
3 Untersuchung der Harvard-Professoren Shapiro, Benson P. und Tedlow, Richard S. gemeinsam mit dem Bostoner Unternehmensberater Adrian J. Slywotzki (Trendletter 6/95)
4 Die Untersuchung von ADL hieß „Management erfolgreicher Produkte“. Darin wurden insgesamt 150 deutsche Unternehmen untersucht (Wirtschaftswoche vom 07.01.94)
5 Das chinesische Zeichen für Krise besteht aus den beiden Komponenten „wei“ und „ji“. „Wei“ als Zeichen für Gefahr symbolisiert die Konfrontation mit einem reißenden Tiger. „Ji“ symbolisiert als Zeichen die Möglichkeit ein universelles Entwicklungspotenzial.
6 Man könnte sich hier an den Lyapunov-Exponenten aus der Chaostheorie anlehnen, siehe: Henning Balck und Rolf Kreibich „Evolutionäre Wege in die Zukunft“, Seite 78
7 Rotlichtbezirk
8 Armstrong, J. Scott; „Long Range Forecasting“; Seite 109
9 Geschka, H.; „Delphi“; in: Bruckmann, G. (Hrsg.); „Langfristige Prognosen“, Seite 33
10 Krause, Donald G.; „Die Kunst des Krieges für Führungskräfte, Sun Tzus Weisheiten – aufbereitet für die heutige Geschäftswelt“; Ueberreuter-Verlag 1995
11 Kraus, Donald G.; „Die Kunst des Krieges für Führungskräfte, Sun Tzus alte Weisheiten – aufbereitet für die heutige Geschäftswelt“; Ueberreuter-Verlag 1995
12 Invention Machine Corp.; www.invention-machine.com.
13 Wolfgang Mewes; EKS, Energo-kybernetische Strategie
14 Der MIT-Professor Frank J. Sulloway will in einer über 20 Jahre dauernden Analyse von 6566 Personen, die in den vergangenen 500 Jahren eine bedeutende Rolle in Wissenschaft und Politik gespielt haben, sogar festgestellt haben, dass der oder die Erstgeborene eher zum Führer geboren ist als Nachgeborene (Focus 44/96, Seite 233).
15 Horx, Matthias; „Das Trendbuch“
16 Kreibich, Rolf; in: „Die Zukunft der Zukunft“, Steinmüller, Karlheinz (Hrsg.); Kongress-Dokumentation, Seite 21
17 Hehenberger, Christian; „Die Zukunft fest im Griff“; Grafik auf Seite 244
18 Burmeister, Klaus; Steinmüller, Karlheinz (Hrsg.); „Streifzüge ins Übermorgen, Science Fiction und Zukunftsforschung“; Beltz Zukunftsstudien, Seite 9
19 So der Name eines 1902 erschienen Sammelbandes seiner Artikel aus den Jahren 1900 und 1901
20 von Braun, Wernher; „Die erste Fahrt zum Mond“; 1958
21 Satz im Vorspann zu den ersten beiden Generationen der Fernsehserie „Star Trek“. Deutsch: „Entschlossen dorthin zu gehen, wo noch nie ein Mensch zuvor gewesen ist.“
22 Wilhelm Heyne Verlag, München, 1996
23 Test nach dem britischen Mathematiker Alan Turing aus dem Jahr 1950, bei dem ein Mensch mit einem durch eine Wand abgetrennten Computer kommuniziert. Kann der Mensch nach der Testzeit nicht entscheiden, ob er es mit einem Menschen oder einem Computer zu tun hatte, darf man davon ausgehen, dass der Computer denkt wie ein Mensch. Allerdings hat ELIZA, das erste natürlichsprachliche Programm der KI-Forschung von Weizenbaum, es geschafft, 70% der mit ihm kommunizierenden Patienten zu überzeugen, es sei besser als der echte Psychologe (Zukunft der Zukunft, Kongressdokumentation, Seite 51).

24 Kop Thorne bewies 1985, dass die Quantenmechanik wirklich die Existenz von Anti-Schwerkräften zulässt.
25 Clute, John; „Science Fiction, Die illustrierte Enzyklopädie", Heyne Verlag, 1996
26 Die Multimediaexpertin Tonti in der Wirtschaftswoche Nr. 11 / 94.
27 AWACS, engl. Airborne Warning and Control System, Aufklärungsflugzeuge der USA
28 Bundessteuerberaterkammer 1994
29 Hahn, Dietger, „Frühwarnsysteme", Zeitschrift für Betriebswirtschaft
30 Burkan, Wayne; „Jenseits des Mainstream-Denkens"; Seite 44
31 Burkan, Wayne; „Jenseits des Mainstream-Denkens"; Seite 66
32 Gerken Gerd, 5. Visionstag, April 1996
33 Steinmüller, Karlheinz (Hrsg.); „Die Zukunft der Zukunft"; Kongress-Dokumentation, Seite 45
34 Burkan, Wayne; „Jenseits des Mainstream-Denkens" Seite 99
35 Balck, Henning; Kreibich, Rolf; „Evolutionäre Wege in die Zukunft", Seite 141
36 Schnaars, Steven P.; „Musterbeispiele für Fehlprognosen und wie man sie vermeiden kann"; Verlag Moderne Industrie, 1989.
37 Siemes, Wolfgang; „Zeit im Kommen", Seite 89
38 Wolfgang Mewes nennt diese Preisstrategie die „Kybernetische Kalkulation", EKS-Lehrgang der FAZ, Heft 32
39 WBT, web based training
40 Schnaars, Steven P.; Managing Imitation; Free Press, 1994
41 Dichter, Ernest; „Neues Denken bringt neue Märkte", Seite 26
42 Burkan, Wayne; „Jenseits des Mainstream-Denkens", Seite 43
43 Dörre, Volker
44 Leibfried, Kathleen H.J.; McNair, Carol Jean; Knaur; „Benchmarking", Seite 33
45 Kreutzmann, Reiner; „Ideen-Fakten-Zitate", Schönherr Bindesysteme
46 Beratungsbrief für Produktmanager und Marketingleiter, 06.03.95
47 de Bono, Edward; „Chancen", Seite 225
48 Friedrich, Kerstin; Strategiebrief 9/95.
49 Steele war Major in der Abteilung für Luft- und Raumfahrtmedizin der US Air Force.
50 Anzeigenserie 1995, z. B. in der Wirtschaftswoche 11/95.
51 Rechenberg, Ingo; „Evolutionsstrategie – Optimierung nach Prinzipien der biologischen Forschung"; in: „Evolutionäre Wege in die Zukunft", Seite 270 ff.
52 in Anlehnung an: Rechenberg, Ingo; „Evolutionsstrategie – Optimierung nach Prinzipien der biologischen Forschung"; in: „Evolutionäre Wege in die Zukunft", Seite 270 ff.
53 Morawa, Hans; „Mut zur Utopie", Seite 90
54 Einladung der IBZ (Internationale Bibliothek für Zukunftsfragen) zu einem Vortrag von Ernst Ulrich von Weizsäcker in der Zeitschrift „Pro Zukunft" 1/95)
55 Jungk, Robert; Müllert, Norbert R.; „Zukunftswerkstätten", Seite 181
56 Niedereichholz, Christel; Zeitschrift „Unternehmensberater", 2/98, Seite 46
57 Gershman, Michael; „Vom Flop zum Renner, Kreative Strategien des Remarketing"; Campus; 1993
58 Robbins, Anthony; „Das Power-Prinzip"
59 Mewes, Wolfgang; EKS Energo-Kybernetische-Strategie
60 Dichter, Ernest; „Neues Denken bringt neue Märkte", Seite 57; MVG-Verlag
61 Stähle, Manfred

62 Phillips, Lynn
63 Simon, Hermann; „Lessons from Germany's Midsize Giants"; Harvard Business Review, März–April 1992.
64 Burkan, Wayne; „Jenseits des Mainstream-Denkens", Seite 44
65 Sawitzki, Egon R.; „Erfolgreiche Kommunikation und Konfliktlösung", Seite 85; Jünger-Verlag, 1995
66 Simon, Hermann; Tacke, Georg; „Management-Lernen von Kunden"
67 Umkehrosmose ist ein Verfahren zur Wasserreinigung
68 Klug, Sonja; „Bücher für Ihr Image", Seite 222
69 Sich selbst steuerndes Unternehmen
70 Robert, Jungk; Müllert, Norbert R.; „Zukunftswerkstätten", Seite 151 ff.
71 Gerberich, Claus; Vortrag am 28.10.95
72 In der französischen Erfinderzeitschrift „Le Petit Inventeur" aus dem Jahr 1937
73 Rechenberg, Ingo; „Evolutionsstrategie – Optimierung nach Prinzipien der biologischen Evolution" in „Evolutionäre Wege in die Zukunft", Seite 303 f.
74 de Bono, Edward; „Chancen"
75 de Bono, Edward; „Chancen", S. 317
76 Gates, Bill; „Der Weg nach vorn", Seite 11
77 Morawa, Hans; Anleitung zum Programm Quickstorming
78 BASF und Metallgesellschaft im Jahr 1994
79 Schmidt, Josef
80 Prahalad, Gary; Hamel, C.K.; „Wettlauf um die Zukunft"; Ueberreuter-Verlag
81 Davis, Stanley, M.; „Future Perfect"; deutsch: „Vorgriff auf die Zukunft"; Haufe-Verlag

Verzeichnis Checklisten, Abbildungen und Szenen

Checklisten:

Abbildungen:

Szenen:

Stichwortverzeichnis

Rosmarie Welter-Enderlin
Paare – Leidenschaft und lange Weile

»FAMILIENWELTEN«
Herausgegeben von Rosmarie Welter-Enderlin
und Bruno Hildenbrand

Band I: Günter Burkart, Martin Kohli
Liebe, Ehe, Elternschaft
Die Zukunft der Familie

Band II: Rosmarie Welter-Enderlin
Paare – Leidenschaft und lange Weile
Frauen und Männer in Zeiten des Übergangs

Mit Menschen verbindlich zusammenzuleben – verheiratet oder unverheiratet, alleinerziehend oder mit einem anderen, nichtbiologischen Elternteil – bedeutet eine Möglichkeit, in der Welt zu Hause zu sein. Und es bedeutet, im raschen Wandel gesellschaftlicher Verhältnisse Kontinuität zu erleben und zu vermitteln. Was aber sind die Quellen dieser Kontinuität? Wenn Eltern – Kind-Beziehungen im Prinzip unaufkündbar sind und wenn z. B. Eltern über gemeinsame Kinder verbunden bleiben, selbst wenn sie als Liebende getrennt sind: Was ermöglicht die Beständigkeit im Wandel? Wenn der Mensch nicht einfach mehr fraglos zu einer Gemeinschaft gehört, sondern sie selber immer wieder neu schaffen muß, woher nimmt er dann seine Wurzeln? In der Reihe »Familienwelten« werden diese Fragen aus unterschiedlichen Perspektiven beleuchtet. Allen Büchern gemeinsam ist das Anliegen, Einsichten in neue Gestaltungsmöglichkeiten des Zusammenlebens in Familien zu geben, ohne zu belehren.

Rosmarie Welter-Enderlin

Paare – Leidenschaft und lange Weile

Frauen und Männer in Zeiten des Übergangs

Piper
München Zürich

Redaktion: Ingrid Veblé-Weigel

ISBN 3-492-03583-3
3. Auflage, 9.–12. Tausend 1993

Umschlag: Federico Luci
Gesamtherstellung: Clausen & Bosse, Leck
Printed in Germany

INHALT

Vorbemerkungen

Wir können nur erkennen, was wir wissen.

Dies, liebe Leserin und lieber Leser, ist kein Ratgeberbuch. Weil wir nur erkennen und beeinflussen können, was wir wissen, ist mein Anliegen, Ihnen mit diesem Buch Wissen zu vermitteln. Wenn es gut geht, ergeben sich für Sie daraus Möglichkeiten, die eigene Situation aus vielfältigen Perspektiven neu zu beschreiben und dabei Handlungsfreiräume zu entdecken. Die Entscheidung jedoch, Freiräume im eigenen Leben zu nutzen und wie dies zu tun wäre, liegt bei Ihnen selber. Im besten Fall wird dieses Buch Sie dazu ermutigen.*

Schon lange hat mich die Frage bewegt, wie denn Paare, die einmal bei mir in Therapie waren, danach gemeinsam oder getrennt weiterleben. Ich wollte von rund drei Dutzend »Ehemaligen« wissen, wie sie die Anstöße und Erkenntnisse aus den gemeinsamen Stunden in ihren Alltag übersetzt haben, über Jahre hinweg. Fast alle haben mir geschrieben; die meisten kamen anschließend zu einem Gespräch. Ich habe so viel von ihnen gelernt, daß ich ihre Antworten weitergeben möchte an andere – aus der Praxis, für die Praxis. Die befragten Frauen und Männer erzählen, wie sie in ihrer Beziehung in Engpässe geraten sind, was sie daraus gemacht und wie sie sich seither entwickelt haben. Sie berichten, was ihnen auf ihrem Weg geholfen hat und was schwierig war. Als ihre ehemalige Therapeutin und als teilnehmende Beobachterin erzähle ich ihre Geschichten weiter und unterlege ihnen die Folie meines Wissens sowie einer langen Lebens- und Berufserfahrung. Der erste Teil des Buches bezieht sich auf dieses Allgemeine als Rahmen für das Einmalige der Paarporträts im zweiten Teil, die alle von kritischen inneren und äußeren Übergängen handeln.

Je mehr Erfahrung ich habe mit Paaren in schwierigen Lebenslagen, desto weniger weiß ich, was gut ist für sie, und finde das in

* Die Kapitel dieses Buches sind in sich geschlossen. Sie können ohne weiteres einzeln gelesen werden.

Ordnung, solange ich ihnen behilflich sein kann, ihre eigenen Lösungen zu (er)finden. Ich werde Ihnen mit diesem Buch also keinen Dietrich in die Hand geben, welcher das Schloß von Liebenden öffnet, die vielleicht gerade den Schlüssel dazu verloren haben. Was ich hingegen anbiete, ist eine Fülle von Innenansichten von Paaren, die durch Krisen und Erschütterungen ihre eigenen, einmaligen Schlüssel wieder gefunden oder neu geschmiedet haben. Aus der Perspektive der befragten Frauen und Männer werde ich im dritten Teil des Buches auf die Hauptanliegen kommen, welche diese über alle Milieu-Unterschiede hinweg genannt haben.

Landkarten des Erkennens

Paarkrisen können unter vielerlei Aspekten betrachtet werden. Der naheliegendste ist der rasche soziale Wandel, den wir in den letzten Jahrzehnten erlebt haben, in den Städten und auf dem Land, als Mobile und als Seßhafte. Unsere Vorstellungen von Liebe, Ehe und Familie sind heute von verwirrender Vielfalt. Zum uralten Paradoxon der Liebe, unserer Sehnsucht nach Verbindlichkeit und »langer Weile« auf der einen Seite und nach der Leidenschaft, die nur sich selber meint, auf der anderen, kommen die neuen Ungewißheiten im Verhältnis von Frau und Mann. »Die einzige Revolution dieses Jahrhunderts« hat Max Frisch den Aufbruch der Frauen genannt. Aber es ist eine unfertige Revolution voller Widersprüche und Ängste, die sich niederschlagen in den Krisen von Paaren, Familien und den übrigen gesellschaftlichen Institutionen, deren Strukturen weit beharrender sind als unsere Visionen. Jene, die von diesen Strukturen profitieren, haben wenig Interesse an Wandel (Männer: nicht alle, aber viele), und wer aus ihnen auszubrechen sucht (Frauen: nicht alle, aber die meisten), zahlt dafür seinen oder ihren Preis. Dennoch sind nicht alle Milieus gleichermaßen betroffen von diesen Widersprüchen. Zwischen traditionellen und progressiven Lebensformen existieren unzählige Varianten, von denen in den Paarporträts die Rede sein wird.

Die These von Paarkrisen als Folge gesellschaftlicher Übergänge muß darum ergänzt werden durch die Frage, wie individuelle Frauen und Männer darauf antworten. Das heißt, wieso sie bestimmte Lebensformen wählen (oder in sie hineinrutschen) und andere ausschließen und auf welche Weise sie sich aufgrund ihrer unterschiedlichen Biographien mit den Wechselfällen ihrer gemeinsamen Geschichte auseinandersetzen. Die Frage stellt sich auch, wie Paare die voraussehbaren und die unvorhersehbaren Übergänge im gemeinsamen Leben verstehen und damit zurechtkommen und wie sie durch ihren Dialog immer wieder die zu ihnen passende gemeinsame Wirklichkeit schaffen – oder aber den Status quo durch Schweigen, Rückzug und andere Machtmittel einfrieren. Ganz besonders interessierte mich, auf welche Art das jeweilige Paar über Verantwortlichkeiten und Privilegien, Familien- und Berufsarbeit, Geld und eigene »Räume« miteinander verhandelt und wer die Entscheidungen wie beeinflußt.

In der Verschränkung der unterschiedlichen Geschichten und Lebenswelten von Frau und Mann mit ihrer gemeinsamen Welt als Paar suchte ich zu verstehen, was sie sich aus dem gemacht haben, was aus ihnen geworden ist. Ich wollte erfahren, wie Frauen und Männer die Leitbilder aus ihren Biographien zu einer gemeinsamen Geschichte verweben, in denen ihre eigenen Geschichten weiterleben können, oder wie der eine oder andere Lebensentwurf vom gemeinsamen verschluckt wird und vielleicht erst durch Krisen wieder ans Licht gelangt.

Wenn Lebensformen und Lebensstil nicht mehr fraglos vorgegeben sind durch Geburt und Zugehörigkeit zu einem bestimmten Milieu, müssen Beziehungen, muß Alltag laufend verhandelt werden. Auch wir selbst, als Frau, Mann und als Paar, stehen zur Verhandlung offen; wir müssen reden, müssen »kommunizieren« über unser Innerstes. Aber wer von uns kann das schon, wo sollten wir es denn gelernt haben? Wenn Liebe verhandelbar wird, ergeben sich Möglichkeiten, von denen die meisten Paare aus den älteren Generationen nicht zu träumen wagten, weil sie vor lauter Arbeit und Existenzkampf gar nicht dazu kamen, sich zu überlegen, wie sie ihr privates Leben gestalten wollten. Aber die Luft wird dünn und das Atmen schwierig, wenn Liebe vorwiegend durch den Ausdruck von Gefühlen produziert werden muß ohne existentielle Verankerung im lästigen, aber verbindlichen Alltag. Zum Fliegen in der Höhenluft gehören die Angst vor dem Fallen und die Anstrengung, täglich neu ja oder nein sagen zu müssen zum anderen, weil in den individualisierten Lebensformen nichts festgeschrieben werden darf. Wie sie mit diesem Dilemma zu leben gelernt haben, erzählen die befragten Paare. Mich interessierte dabei nicht so sehr ihre jeweils einmalig-kreative Lösung, sondern vielmehr, wie Frauen und Männer trotz aller Verunsicherungen in der privaten und der öffentlichen Welt mitmenschliche und lebendige Alltäglichkeit zu praktizieren versuchen.

Von wem erzählt dieses Buch?

Es sind gewöhnliche Frauen und Männer mit gewöhnlichen Privilegien, nicht ganz Arme, aber auch nicht ganz Reiche, die mir geschrieben und erzählt haben. Sie leben einerseits in *unterschiedlichen Welten*, zum Beispiel als Mittelständische, im Milieu der Angestellten, der Facharbeiterinnen und Facharbeiter, als Geschäftsleute oder als Akademikerinnen und Akademiker. Ausnehmend viele der befragten Paare sind sozial mobil, das heißt sie haben auf dem zweiten Bildungsweg den Stand ihrer ursprünglichen Ausbildung überflügelt. Es gibt anderseits aber auch viel *Verbindendes* bei denen, die hier erzählen. Das Leiden zum Beispiel, mit dem sie in Therapie kamen, ist eher formlos, weil es alltäglich ist und selten mit dramatischen Symptomen daherkommt, wie sie in psychiatrischen Lehrbüchern beschrieben sind. (Depressive Verstimmungen wie auch psychosomatische Erkrankungen rechne ich zum Alltag.) Es geht ihnen im großen ganzen gut, im kleinen ganzen aber oft gar nicht gut. Sie gelten also keineswegs als »Fälle«, und wenn doch, so kommen sie eher in Zeitschriften und in der zeitgenössischen Literatur vor, wo ich beim Schreiben mit Wonne geräubert habe.

Darf man in einer Epoche, die von politischem Unrecht, von Umweltzerstörung, Epidemien und Hungersnöten geschüttelt wird, das kleine Elend dieser eigentlich Privilegierten überhaupt beschreiben? Eine Antwort fällt mir nicht leicht. Was ich hier mitzuteilen habe, ist das, was ich kompetent und aus einer Innenperspektive überhaupt weiß. Weil ich trotz aller Bedenken überzeugt bin, daß das Außen mit dem Innen zu tun hat, schreibe ich hier über das formlose Leiden der relativ Privilegierten. Ich glaube zwar nicht, daß alles, was auf der Weltbühne geschieht, zu Hause begonnen hat. Aber ich bin überzeugt, daß nur selbstsichere Menschen, die verstehen wollen, die lieben und sich geliebt fühlen und aufrecht durchs Leben gehen, »menschliche« Politik machen, im Kleinen wie im Großen. Von Menschen, die solches wollen, handelt dieses Buch.

Ein weiteres Gemeinsames der hier Erzählenden, die über ihren angestammten Boden hinausgewachsen sind, sind die Klumpen aus eben diesem Boden, welche sie an ihren Schuhen in eine ihnen immer etwas fremd bleibende Welt tragen, oft mehr, als sie das selber ahnen. Es sind Klumpen, die zwar ihr munteres Fortschreiten zu immer neuen Horizonten behindert haben, aber nicht nur zu ihrem Schaden. Bei den erzählenden Frauen und Männern handelt es sich um die Generation der heute 35- bis 50jährigen, mit einigen Ausnahmen nach oben und nach unten. Ihre Paartherapie liegt im Schnitt sechs Jahre zurück, manchmal länger und manchmal weniger lang. Diese Auswahl war zwar von mir nicht beabsichtigt, aber dennoch nicht zufällig, denn es ist eine Altersgruppe, welche auffallend häufig in Paartherapie kommt. Sie gehört zu einer Generation, die einiges erlebt hat an gesellschaftlichem Wandel mit seinen Widersprüchen. Auf die eine oder andere Weise sind alle der hier Erzählenden berührt worden von den Leitbildern der fünfziger Jahre, welche die stummen genannt werden, aber auch von denen ihrer Gegenwelt, 1968 und danach. Selbst wenn die hier zu Worte kommenden Frauen und Männer die Nachkriegszeit, die als das »Goldene Zeitalter der Familie« beschrieben wird, nicht bewußt erlebt, sondern durch Erziehung und Lebensstil mitbekommen haben, schlagen die entsprechenden Leitbilder in den meisten Biographien durch und werden in Krisenzeiten aktiviert. Die damalige Blütezeit der Kleinfamilie, geprägt von »offiziellem Patriarchat und heimlichem Matriarchat« – der Mann gilt draußen viel, aber drinnen wenig, die Frau gerade umgekehrt – war an der Entstehung ihrer Träume beteiligt, ob sie sich daran erinnern oder nicht. In ihren innersten Bildern über die Liebe, über Sexualität und Elternschaft, Treue und Untreue, wirken diese Bilder kräftig weiter und stehen im Widerspruch zu den neuen Visionen von Gleichwertigkeit von Frau und Mann. Wenn solche Bilder unbemerkt in alltägliche Sprachregulierungen und Handlungsweisen einfließen, sorgen sie manchmal für Verwirrung, öfter jedoch für Unverständnis und Zorn.

Der Gegenentwurf zum »Goldenen Zeitalter der Familie« aus den späten sechziger und den siebziger Jahren, der als das neoromantische Beziehungsideal bezeichnet wird, ist geprägt von individualisierten Glücks- und Heilserwartungen an die Liebe zwischen Frau und Mann, die sich aus verbindlichen sozialen Bezügen gelöst haben. »Zerschlagt die Kleinfamilie« heißt die Devise. Mit dem Ideal ewiger Verliebtheit in einer offenen Zweierbeziehung sollen die »kleinbürgerlichen« Erwartungen an Verbindlichkeit und Gemeinschaft – bis daß der Tod euch scheidet – überwunden werden. Als Wunsch nach einer ewigen Liebeskindheit, als Sehnsucht nach ständig neuer Ekstase und Verschmelzung, spielen diese Ideale bei vielen Paaren um die 40 auch in meiner Befragung eine Rolle. Wenn das Ideal nicht erfüllbar ist, heißt das dann »Liebe auf Zeit«. Aber unter dem Glanz von Individualismus, Narzißmus und sexueller Freiheit leben die alten Bilder aus der Kindheit munter weiter: »Gemeinschaft ist wichtiger als Individualität« oder »Die Frau ist das Herz, der Mann der Kopf der Familie, und alles andere ist nicht normal.« Die Sehnsucht nach der langen Weile* der Beständigkeit läuft der Lust auf die Kurzweil der Leidenschaft nebenher. In Paarkrisen zeigt sich dieser Widerspruch, und keine(r) weiß so recht, woher er kommt und wie man mit ihm umgehen könnte.

Wie sie mit solch eingebauten Widersprüchen leben, wie sie improvisieren im alltäglichen Tun und an den Widersprüchen manchmal sogar gedeihen, erzählen die Paare in meiner Untersuchung. Ihre Geschichten sind nie bloß Paargeschichten, es sind immer auch Geschichten von einmaligen Frauen und Männern, geprägt von einmaligen Lebensentwürfen in Zeiten allgemeiner Übergänge. Ich habe viel gelernt von den Erfahrungen der hier zu Worte kommenden Frauen und Männer und *danke ihnen herzlich* für die ungezählten und unbezahlten Stunden, die sie in das Schreiben und Erzählen investiert haben. Meine Hoffnung ist,

* »Lange Weile« meine ich im Sinne von »langem Atem« in der Auseinandersetzung mit Paarkonflikten. Gleichzeitig beinhaltet der Begriff auch die Idee, daß zu einer dauerhaften Beziehung ein Stück »Langeweile« gehört als Gegenstück zu romantischer Liebe, deren einzige Grundlage das Gefühl von Verliebtheit ist.

daß daraus vielfältige Möglichkeiten des Sehens, des Wissens und des Handelns für all jene erwachsen, die als Liebende wie auch als ihre Begleiterinnen und Begleiter gangbare Wege im Gestrüpp der wunderbaren und schrecklichen Vielfalt modernen Lebens suchen.

Teil I Gesellschaftliche Übergänge

Kapitel 1

Das neue Reden von der »Paarbeziehung«

Es wäre unvorstellbar gewesen, daß meine Mutter oder mein Vater je das Wort Beziehung in den Mund genommen hätten, schon gar nicht in Form von »Paarbeziehung«. Wie es kommt, daß ihre Tochter heute täglich mit diesem Begriff hantiert, davon lebt und darüber schreibt, will ich als Einleitung zu diesem Buch erzählen.

Wohl redete man in meiner Kindheit von Paaren. Von den »Pärlein«, wenn sie Verlobungssträuße aus unserem Blumenladen geschickt bekamen und auch noch, wenn sie später bei uns die Hochzeitsdekoration bestellten. Vom »Ehepaar« dann, wenn sie ein Kind erwarteten und vielleicht der frischgebackene Vater Rosen kaufte für die junge Mutter. Von da an waren sie dann die Familie Meier oder Familie Müller, manchmal mit dem Zusatz der Berufsbezeichnung des Mannes oder dem Namen des Hofes. »Blattmacher Müllers« oder »Schneidermeister Meiers« oder einfach »die Meierhöfler«. Vom Paar war dann wieder die Rede, wenn eines das andere verlor. »Es«, als Mitglied eines Ganzen, nicht »sie« oder »er«. Der Dialekt machte die Verhältnisse klar, das Wir erwies sich darin dem Ich überlegen. In der Schule wurde diese Erfahrung bestätigt. Wir lernten, daß »man« nie einen Satz mit »Ich« beginnen dürfe. Das Ich war auch hier dem Wir untergeordnet.

Geschichtenerzählen als Selbstvergewisserung

Über Beziehungen wurde also zu Hause nie geredet, auch nicht über die eigenen. Dafür wurden Geschichten erzählt. Bei Tisch, wo Mutter, Vater, fünf Kinder, eine Großtante, ein Lehrling und eine Haushaltlehrtochter und wechselnde Gehilfen täglich zusammen aßen, die Meistersleute oben am Tisch, wie es sich seit Jahrhunderten so gehörte. Ununterbrochen, scheint mir heute, und auch manchmal überwältigend dicht. Wer keine Geschichte hatte, erfand eine. Die kleinen Abenteuer in der Schule oder auf dem Schulweg zum Beispiel konnten, wenn wir sie farbig und dramatisch genug erzählten, Zuhörerschaft finden, manchmal Lachen auslösen oder eine angespannte Stimmung besänftigen. Ich habe damals intuitiv verstanden, wie wunderbar das Erzählen als Besänftigung und Bereicherung des Alltags dienen kann. Daß daraus einmal ein Beruf würde, konnte ich nicht ahnen. Wohl aber wußte ich, daß Geschichtenerzählen tröstet, daß aus Geschichten Möglichkeiten sprießen und daß Geschichten den Menschen ein Gefühl der Zugehörigkeit vermitteln.

Früheste Erinnerung: Großtante Lisette im langen schwarzen Rock mit geblümter Schürze am Küchentisch neben Mutter beim Gemüseputzen. Der Postbote bringt die Lokalzeitung, das Kind setzt sich zwischen die beiden Frauen auf die Küchenbank, Tante Lisette überfliegt die Todesanzeigen und beginnt zu erzählen. Die Lebensläufe der Verstorbenen nehmen Gestalt an, sie werden zu Figuren vor dem Hintergrund einer Geschichte, die bis ins letzte Jahrhundert reicht. Unter jedem Grabstein liege ein Stück Weltgeschichte, sagte sie manchmal dazu. Tante Lisette, um 1870 geboren als Arbeiterkind im Zürcher Oberland, war eine Schwester von Vaters Mutter. Sie erzählte von Hungersnöten und wie sie manchmal monatelang nichts anderes aßen als Kartoffeln. In meinen Nacherzählungen auf dem Schulweg wurde Gras aus den Kartoffeln. So arm seien sie damals gewesen, daß sie Gras essen mußten! Geschichten werden ja nie in ihrer Urform weitererzählt, sie werden ausgeschmückt oder bagatellisiert, je nach dem Ort, wo erzählt wird. Auch diese Erfahrung gehört heute zu meinem Beruf. Wenn Menschen mir erzählen, hat jedes Familienmitglied eine andere Geschichte, selbst wenn sie seit Jahren miteinander unter demselben Dach leben. Meine Schwestern und Brüder erzählen dasselbe Ereignis selbstverständlich ganz anders als ich. Geschichten kopieren nicht Wirklichkeit, sie erschaffen sie. Die Art und Weise, wie wir Erlebtes und Gefühltes in Sprache fassen, wirkt auf die Realität zurück, indem Sprache neu ordnet, was vorher unbestimmt und diffus war. Die »Versprachlichung« von Erfahrung, also das Erzählen von Geschichten, schließt immer auch neue Perspektiven von Wirklichkeit in sich: verengende »So ist es« oder erweiternde »So könnte es sein« – als Blick auf neue Möglichkeiten.

Das Wort Beziehung fiel in meiner Kindheit nie. Ich erinnere mich auch nicht, daß man mich als Kind je gefragt hätte, wie es mir gehe oder wie ich mich fühle. Auch die Eltern untereinander fragten sich das nicht. Man wußte, wie es einem selber und dem anderen ging, man lebte und arbeitete ja zusammen. Als später mein erster Freund, ein »Studierter«, ins Haus kam und beim Eintreten fragte »Wie geht es Ihnen«, waren Vater und Mutter verlegen. Ich fand seine Höflichkeit interessant, aber distanzierend. Es sagte mir auch nie jemand »ich liebe dich«, als ich ein Kind war. Aber ich wußte es. Ich erlebte es beim Zusammensitzen am Familientisch, wenn Vater abends den Fortsetzungsroman aus dem Wochenblatt vorlas. Ich wußte es, wenn er uns Kinder der Größe nach für eine Fotografie hinter dem Haus aufreihte und nebenbei sagte: Kinder, ihr seid mein ganzer Reichtum, ohne euch könnte ich diesen Laden zumachen. Das sichere Gefühl, daß wir gebraucht wurden und daß unsere Eltern stolz waren, daß wir neben unserer Mitarbeit im Geschäft klaglos oder sogar gerne zur Schule gingen und ihnen damit »Ehre machten«, bedeutete für mich Liebe. Ich hatte keine Ahnung, daß Eltern ihren Kindern sagen müssen, daß sie sie lieben... Viel später erst, als ich als Studentin in Amerika mit meinem Mann am Tisch einer jungen Akademikerfamilie saß, hörte ich zum erstenmal eine Mutter zu ihrem Fünfjährigen vor uns Fremden sagen »I love you Brian«. Ich war verwundert und verwirrt, daß etwas so Selbstverständliches wie Elternliebe Worte brauchte.

Im nachhinein denke ich, daß es in der Familie meiner Kindheit tatsächlich wenig über Beziehungen und Gefühle zu reden gab, wie in vielen anderen damals auch. Wir waren eingebettet in Tradition, wir hatten unseren klar definierten sozialen Ort im Rahmen des Dorfes und des Gewerbes, und wir lebten in abgesteckten Grenzen, die von den Jahreszeiten, vom Wetter und ganz besonders vom mageren Einkommen diktiert waren. Arbeit und Leben, Reden und Handeln waren identisch. Eine heile Welt war das nicht, ganz und gar nicht. Aber sie war überschaubar und von Tag zu Tag voraussehbar. Sogar in den Ritualen des Essens: Am Freitag gab es Käse- und Obstkuchen und jedesmal ein Festessen, wenn im Frühjahr das erste Gemüse aus dem Treibbeet auf den Tisch kam oder im Juni die ersten Erdbeeren. Es kamen aber neben solchen Freuden auch schwere existenzielle Sorgen vor in der Zeit während und nach dem Zweiten Weltkrieg sowie eine ständige Angst vor der Überschuldung des Geschäfts, die ich als Älteste viel zu früh mitbekam. Und es gab unser nie ausgesprochenes

Wissen darum, daß unsere Eltern in mancher Weise unter ihren Möglichkeiten lebten: Auch das war nichts Besonderes. Andere Eltern schienen in der gleichen Lage zu sein. Meine Mutter hatte keinen Beruf erlernen können, und mein Vater mußte, fraglos, das Geschäft seines Vaters übernehmen, als dieser früh starb. Beide hätten gerne etwas anderes gemacht aus ihren vielfältigen Talenten, und diese Sehnsucht nach Wissen, Bildung und dem individuell gestaltbaren Lebenslauf vermittelten sie uns Kindern.

Es wird in diesem Buch oft die Rede sein von den Bildern über sich selber und die Welt, welche Frauen und Männer aus ihren Herkunftsfamilien mitnehmen in die eigene Ehe (in ihre »Paarbeziehung«!). Ich bin meinen Eltern dankbar dafür, daß sie mir zugemutet und zugetraut haben, die Sehnsüchte, die sie sich in ihrem Leben selber nicht erfüllen konnten, in mein Leben zu übersetzen. Mir scheint, daß der bittere Teil dieser Sehnsüchte, daß nämlich das Kind das Gefühl vermittelt bekommt, an Stelle seiner Eltern leben und erfolgreich sein zu müssen, in psychologischen Theorien zu einseitig betont wird. Natürlich kommt das vor, und es kann eine Zwangsjacke ohnegleichen sein. Manchmal tragen Menschen eine solche auch längst über die Zeit hinaus, da ihre Eltern sie ihnen mit der Erwartung verpaßten, es im Leben weiter zu bringen als sie und – quasi als ihr Besitz – ihre Aufträge zu erfüllen. Vermutlich kommt es entscheidend darauf an, auf welche Weise die Wünsche der Eltern an ihre Kinder vermittelt werden, als Chance oder als Zwang. Wir wurden, wie ich mich erinnere, als Kinder nie gefragt, ob wir die Schulaufgaben gemacht und welche Noten wir geschrieben hatten. Aber unser bildungshungriger Vater wollte dafür täglich von mir wissen, was ich in der Schule gelernt hatte. Er fragte es für sich selber, voller Neugier und Lust, von mir zu lernen und das Wissen mit mir zu teilen, das er sich selber aus Büchern und Zeitschriften laufend aneignete, nicht als Kontrolle.

Von Brüchen und Übergängen

Wenn ich meine Erfahrung mit »Familie« im Rahmen der Tradition und der fraglosen Kontinuität beschreibe, wo man sich erzählte, aber nicht über Gefühle und Beziehungen redete, so stimmt das für die Zeit meiner Kindheit. Aber bereits in den alten Familiengeschichten war Wandel, waren Brüche angelegt. Wenn wir zum Beispiel hörten, wie der Vater unserer Mutter als unehelicher Sohn einer Bauernmagd zur Arbeit auf einem fremden Hof »verdingt« worden war, als er zehn Jahre alt war, und es dann doch bis zum eigenen Geschäft als Handwerker brachte, war da die Rede von Brüchen und Entwicklungen, nicht von Beständigkeit. Auch in der Geschichte des Großvaters auf der väterlichen Seite gab es solche. Als Bauernsohn hatte er bei seiner Tätigkeit als Lehrer in einer Gesamtschule so viele Pflanzen im Schulzimmer gezogen und mit ihnen experimentiert, daß er weggeschickt wurde. Darauf fing er mit seinem Sohn eine kleine Gärtnerei an, welche unsere Familientradition begründete. Sie hat nicht einmal hundert Jahre gedauert. Denn es gab in unseren Geschichten diese Sehnsucht nach Weiterkommen und Verwandlung. In ihnen lag das Versprechen, daß auch wir es weiter bringen und einmal nicht so hart und für so wenig Anerkennung arbeiten müßten wie unsere Eltern, wenn wir nur unser Glück selber in die Hand nehmen würden.

Wurzeln und Flügel

Ich erinnere mich an eine geheime Angst während der Kindheit, einmal alles verlassen zu müssen, was ich gern hatte und was mir Beständigkeit und das Gefühl von Wurzeln gab. Meine Angst war berechtigt. Von Jahr zu Jahr zeigten sich mehr Veränderungen in unserem Umfeld. Die Neubauten, der Verkehr, die Hektik umbrandeten das alte Haus und die Treibbeete wie eine Insel. Schließlich wurde unser Haus durch einen Brand zerstört, gerade als wir Kinder die Flügel ausbreiteten. Das frühere Dorf wurde zum Vorort und zur Schlafstadt. Die Verheißungen des modernen Lebens und das Versprechen unseres Vaters, daß Bildung mit Lebensfreude und Wohlstand verbunden sei, hatten uns eingeholt. So kam es, daß ich widersprach, als ich eine Lehre als Gärtnerin machen sollte. Heimlich, denn ich wußte, daß es ein Zeichen von Schwäche war, fremde Hilfe zu beanspruchen, ging ich in die Sprechstunde der Berufsberaterin, die es seit kurzem im Dorf gab. Zu Hause zeigte ich dann meiner Mutter nebenbei das Programm der »Städtischen Töchterschule«, und später legte ich es auf Vaters Schreibtisch mit einer Notiz, er möge mir doch ein Jahr dort zugestehen, dann wolle ich die Lehre machen. Es wurde nichts daraus, ich blieb in der Schule. Später gingen auch die Geschwister in die Stadt zur Schule und in die Lehre, was Vater mit zwiespältigen Gefühlen zur Kenntnis nahm. Die Geister, die er gerufen hatte, wurde er nicht mehr los.

Unser Nicht-reden-Können wurde schließlich zum Problem; es paßte nicht mehr, als sich uns Wahlmöglichkeiten eröffneten, welche Diskutieren, Planen und Verhandeln nötig gemacht hätten. Von ähnlichen Erfahrungen erzählen Frauen und Männer in diesem Buch, die ebenfalls ihre Kindheit in vorgezeichneten Bahnen erlebt haben, an deren Ende plötzlich Landschaften aufgingen, zu welchen die alten Landkarten nicht mehr paßten. Lieben und arbeiten, wie Sigmund Freud es als Merkmal gesunder Menschen beschrieben hat, genügen auf einmal nicht mehr.[1] Es muß diskutiert und verhandelt werden, nicht bloß in der Geschäftswelt, sondern auch in Familien, wenn Lebensläufe individuell gewählt werden können und nicht mehr eingebettet sind in Tradition.

Zum Reden über die Gestaltung des Lebenslaufs gehört das Reden über Möglichkeiten von Beziehungen, die sogenannte Kommunikation, ein anderes Wort, das ich erst als Erwachsene gehört habe. Die meisten Paare kommen in die Therapie, weil sie es schwer haben mit ihrer »Kommunikation«. Das Geschichtenerzählen verknüpft zwar Vergangenheit, Gegenwart und Zukunft und vermittelt die große Linie. Angesichts der Öffnung zu vielfältigen Lebensformen zeigt sich erst recht die Notwendigkeit, sich seiner Geschichte zu versichern. Aber für die alltäglichen Vereinbarungen und Lösungen braucht es »die Kommunikation«, das Reden über sich selber und seine Anliegen, im Dialog mit Lebens- und Arbeitspartnern. Die damit verbundene Selbstthematisierung verweist auf die momentanen Anliegen eines Menschen, während das Geschichtenerzählen uns mit dem Fluß der Zeit verbindet. Eine Balance zu finden zwischen beidem, Erzählen und »Verhandeln«, ist eines der Anliegen von Paarberatung.

Prägend für meine Berufswahl, die ich eher als Zufall denn als Wahl beschreiben würde, war die eigene Lebenssituation als Heranwachsende in den fünfziger Jahren mit ihrem ungetrübten Glauben an Fortschritt und Wohlstand. Meine Blindheit für die Verflechtung meiner persönlichen Situation mit Kultur und Gesellschaft zeigte sich im typisch weiblichen Lebensentwurf. Ich hätte gerne Medizin studiert, aber ich wurde Sozialarbeiterin, weil ich weder das Geld noch den Mut dazu hatte, die erste studierte Frau in der Familiengeschichte zu werden. Als ich zu Hause damals über diesen Wunsch redete, schaute man mich groß an, und das Wort vom Blaustrumpf ohne Mann und Kind erschreckte mich derart, daß ich den Wunsch ohne Schmerz wieder wegsteckte. Erst als ich, bald 30 und mit einem Mann verheiratet, der mehr Lust an Wandel als an Seßhaftigkeit hatte, in die USA einwanderte, wagte ich mich an ein Hochschulstudium. Die stummen fünfziger Jahre waren vorbei, die Aufbruchzeit von 1968 hatte begonnen.

Es folgten Jahre des Balancierens zwischen Studium, zwei kleinen Kindern und Beruf, das Leben in einer internationalen Universitätsstadt im mittleren Westen von Amerika. Wir lebten karg, aber dafür eingebettet in ein Netz von Gleichaltrigen und Gleichgesinnten, voll Begeisterung über das Aufbrechen der alten Strukturen. Mit chronischer Übermüdung auch, wollten wir doch alles auf einmal nachholen, was wir bis dahin verpaßt hatten. Damals lernten wir, Beziehungen zu »hinterfragen«, Gefühle in Worten auszudrücken, das bisher Selbstverständliche zu problematisieren und unseren Kindern zu sagen, daß wir sie lieben. Selbstdarstellung und Selbstthematisierung gehörten zum Alltag der späten sechziger Jahre und der folgenden Jahrzehnte.

Unsere Hoffnung war, unsere Kinder dieselbe Verwurzelung erfahren zu lassen, wie wir sie bekommen hatten, und ihnen dennoch zuzumuten, schon in frühen Jahren mit Veränderungen zurechtzukommen. Das hieß für sie, tageweise von einer Nachbarin betreut zu werden, mit Kindern unterschiedlicher ethnischer Herkunft und mit zwei Sprachen gleichzeitig aufzuwachsen. Der praktische Teil dieses Lebensstils war im damaligen Rahmen selbstverständlich und einfach, und die Sehnsucht nach jener »Insel« in der Gemeinschaft mit anderen Familien lebt in uns weiter. Meine ewigen Schuldgefühle als Mutter und Berufsfrau entstanden erst, als wir wieder in den alten Strukturen in der Schweiz lebten. Sie wurden mir zugewiesen von den psychologisierenden Stimmen im eigenen Kopf (die Mutter als wichtigste Bezugsperson!), aber noch mehr von Menschen, die genau wußten, wo der Platz einer Mutter ist.

Ob die Geister der Moderne, die wir riefen, uns glücklich gemacht haben? Glücklicher, als wenn wir seßhaft geblieben wären? Ich kann die Frage nicht beantworten. Wir hatten wohl einfach die Nase im Wind und folgten dem Zeitgeist, mit all seinen Folgen... Aber es ist eine Frage, die mich hier beschäftigen wird. Wieviel Boden unter den Füßen und wie starke Wurzeln in der Gemeinschaft braucht der Mensch, wenn er mit dem Individualisierungsprozeß unserer Zeit zurecht kommen will? Und wo finden Paare zwischen gestern und morgen diesen Boden? Wie finden sie Wurzeln, die nicht bloß Luftwurzeln sind? Und was für Bilder und Vorstellungen leiten sie dabei?

Die sanften und unsanften Übergänge, die einerseits in den vielen Veränderungen im gesellschaftlichen Umfeld und anderseits in den Unterschieden des individuellen Lebensentwurfs von Mann und Frau und der vorherrschenden Rollenteilung angelegt sind, sind Thema dieses Buches. Es hat mit meiner persönlichen Geschichte ebenso zu tun wie mit den Erfahrungen von Paaren und Familien, die seit über 20 Jahren zu mir in die Beratung kommen, wenn sie im Engpaß solcher Übergänge stecken und nicht mehr nach hinten und noch nicht nach vorne gehen können. Auch die eigenen Erfahrungen in einer langen, bewegten Ehe sind mit dem Thema dieses Buches verknüpft. Der Begriff der »sanften und unsanften Übergänge« stammt von einem Bild, das mein Mann in kritischen Zeiten für mich gemalt hat. Unsere Beziehung – ich werde das Wort »Paarbeziehung« in meinem Text verwenden, auch wenn ich es »handschweißhemmend«[2] finde – spannt sich über drei Jahrzehnte. Eine Epoche, in der sich unsere Vorstellungen über Frauen, Männer, Kinder, Liebe und Arbeit grundlegend gewandelt haben, wenn ich sie mit meiner Jugend vergleiche, und dabei doch die Strukturen in Familie und Gesellschaft weitgehend dieselben geblieben sind. Die mit diesem Spannungsfeld verbundenen Experimente und Erschütterungen lassen mich meine Arbeit anders verstehen als zur Zeit meiner Ausbildung. Immer wieder mußten wir im eigenen Leben lernen, als Grenzgänger zwischen diesen Welten auf dem hohen Seil zu balancieren und mit dem jederzeit möglichen Absturz zu rechnen. Nicht Normalität, sondern Erfindungsgeist und Improvisation waren gefragt. Wunderbar! Aber woher nimmt der Mensch die Energie, seine Welt immer wieder neu zu erfinden? Wer oder was trägt sie und ihn, wenn der ersehnte sichere Hafen von Liebe und Familie selber von Stürmen bewegt wird und nicht mehr selbstverständlich alle Sicherheit und Geborgenheit zur Verfügung stellt, die auch sogenannte neue Menschen brauchen? Wo gibt es Inseln zum Auftanken für Frau und Mann als zwei eigene Ich, wenn das Wir immer nur vorübergehend Insel und Nährboden sein kann? Wie leben andere Paare in einem solchen verbindlichen Provisorium?

Paare in der Beratung

Mit diesen Fragen kommen Frauen und Männer zu mir in die Beratung, die als Paar mit den widersprüchlichen Vorstellungen von »romantischer Liebe« einerseits und »Tod der Familie« anderseits zu leben versuchen und dabei in Konflikte und Krisen geraten. Ich habe nie pfannenfertige Lösungen für sie bereit, aber wir entwikkeln gemeinsam fast immer Szenarien dafür, wie sie ihr Leben zwischen den Polaritäten Ich und Wir, zwischen Leidenschaft und verbindlicher langer Weile, zwischen gestern und morgen gestalten könnten, ohne sich in die Tragödien der Übergangskrisen zu verlieben oder sie zum Normalzustand einzufrieren. Mich interessiert bei solchen Begegnungen sowohl, wie Menschen und Situationen zu dem geworden sind, was sie sind, als auch, mit was für Ressourcen aus ihren Biographien sie sich etwas aus den Dingen machen. Das heißt, wie sie Vergangenheit in Zukunft verwandeln – oder anders, wie sie aus dem Indikativ »so ist es« den Konjunktiv bilden »so könnte es sein«.

Die Frauen und Männer, welche hier ihre Geschichten erzählen, haben es nicht unbedingt »geschafft«, wie das schrecklich puritanische Wort dafür heißt, fraglos zufrieden zu werden. Aber als Menschen, die den Mut hatten, aus den Verstrickungen eines oft leidvollen, sich endlos wiederholenden »Paar-Tanzes« auszusteigen, indem sie eine Dritte dazu baten, haben sie sowohl ihren Mut als auch ihren großen Ernst daran bekundet, daß ihr Leben runder werden solle.

Meinen Auftrag als Therapeutin beziehungsweise Beraterin*

* (ich werde die Begriffe Beratung und Therapie im folgenden austauschbar benützen)

sehe ich darin, den mich konsultierenden Paaren und Familien zu ermöglichen, ab und zu von ihrer alltäglichen Froschperspektive in die Vogelperspektive zu wechseln, damit sie die Unterschiede zwischen dem, was ist, und dem, was sein könnte, erkennen. Erkennen geschieht in meinem Verständnis aber nie bloß durch die Neubeschreibung des Bisherigen und Zukünftigen, sondern vor allem durch das Ausprobieren neuer Schritte zur Erfindung eines neuen »Tanzes«. Ein einmaliger Schrittwechsel, eine winzige, vielleicht zufällige Veränderung, der gelobte Flügelschlag eines Schmetterlings, kann neue Erfahrungen bewirken und Welten in Bewegung setzen. Manchmal läuft es in der Paartherapie auch umgekehrt: Ich ermutige Frauen und Männer zu neuen Schritten, ohne daß sie oder ich je erkennen, woraus der alte Tanz bestanden hat. Auch auf diese Weise können für sie genügend neue Erfahrungen entstehen, daß sie gelassen ihren eigenen Weg wieder unter die Füße nehmen. Erst Jahre später, wenn das Neue sich etabliert hat und jemand mit Fragen zu ihnen kommt, merken sie dann manchmal, worin der Unterschied zwischen dem Vorher und dem Nachher in ihrer Krise bestanden hat.

Ab und zu ist das Erproben neuer Schritte aber auch mit der Erfahrung verbunden, daß die Schrittwechsel bei aller Anstrengung und allem guten Willen immer wieder zu mehr desselben führen. Es werden darum in meinem Bericht auch einige Frauen und Männer zu Wort kommen, die während oder nach der Therapie den Entschluß gefaßt haben, aus dem gemeinsamen Tanz auszusteigen. Sie werden von Erleichterung und neu gefundener Lebensfreude, aber auch von Schmerz und Wut erzählen. Zur Beschreibung der unterschiedlichen Lebensformen verweise ich mehrheitlich auf Paare, die zusammengeblieben sind.

Mit diesem Buch will ich die Tradition der Neugier, des Fragens und der vorläufigen Antworten aus meiner Herkunft weiterführen – mit Ihnen als Lesende zusammen, welche ich unterwegs vermute, wie ich es selber bin. Die Geschichten der hier erzählenden Paare verknüpfe ich mit meinem Wissen und meiner Erfahrung, jedoch nicht als »Wahrheit«, sondern als eine mögliche Sichtweise unter vielen anderen. Ich schreibe aus der Perspektive der professionellen Beobachterin, aber auch einer am Beschriebenen vielfältig beteiligten Frau. Die Grenzen zwischen meinem Denken, Schreiben und alltäglichen Handeln sind fließend – wie man das uns Frauen sozusagen als natürliche Eigenschaft zuschreibt. In meinem Fall haben sie wohl eher mit meiner Familiensituation in Verbindung zu meiner Berufstätigkeit zu tun, schwankend zwischen Tradition und Wandel (wie diese beiden Welten im eigenen Leben bis zum heutigen Tag geblieben sind). Der Vorteil dieser Lage ist, daß ich selber verankert bin in der Improvisation von Alltag zwischen Liebe, Familie und Beruf. Der Nachteil ist, daß mir keine Infrastruktur, keine Assistentinnen und Assistenten zur Verfügung standen, welche die Fülle der erhaltenen Antworten zu diesem Buch aufbereiten halfen. Dafür bin ich vernetzt mit Familie, Freunden, Freundinnen und Kollegen, welche diesen Mangel durch ihre Anregungen und liebevolle Begleitung wettmachten.

Kapitel 2

Liebe und Ehe in Zeiten des Übergangs: Kreative Vielfalt oder Dauerkrise?

Zu diesem Kapitel: Wie die alten Bilderbuchvorstellungen von Liebe, Ehe und Familie unter dem Firnis des sozialen Wandels der letzten Jahrzehnte lebendig geblieben sind. – Was uns die sogenannte Moderne an Versprechungen und Wahlmöglichkeiten gebracht hat, und wo sie uns als Liebende mit unserer Sehnsucht nach Wurzeln und nach Flügeln, Sicherheit und Leidenschaft im Regen stehen läßt.

»Seine Ehe ist nicht ihre Ehe« und wie es kommt, daß Männer im Durchschnitt zufriedener verheiratet sind als Frauen. – Die unterschiedlichen Lebenswelten von Frau und Mann lassen sich nur zum kleinsten Teil biologisch begründen. Sie werden im Alltag von Paaren durch Kultur, Sprache und soziale Strukturen laufend reproduziert. Aber der Aufbruch zu neuen Ufern durch die soziale Revolution der Frauen läßt sich nicht rückgängig machen.

Ideen zur Bedeutung von verbindlichen Paarbeziehungen als Kontrast zur »Liebe auf Zeit«. – Mein persönliches Verständnis von Paartherapie: Karikatur moderner Verstiegenheit oder Aufklärung?

»Es ist schlimm genug, daß man jetzt nicht mehr für sein ganzes Leben lernen kann. Unsere Vorfahren hielten sich an den Unterricht, den sie in ihrer Jugend empfingen; wir aber müssen jetzt alle fünf Jahre umlernen, wenn wir nicht ganz aus der Mode kommen wollen.« Eine typische Klage über den raschen Wandel der Zeiten und Werte im ausgehenden 20. Jahrhundert. Oder doch nicht? Der Satz stammt aus den »Wahlverwandtschaften« von Johann Wolfgang Goethe und wurde 1808 geschrieben. Ich verdanke den Hinweis darauf Peter Bichsel.

Wenn ich in diesem Kapitel vorerst die historischen und gesellschaftlichen Rahmenbedingungen der folgenden Paargeschichten skizziere, will ich daran denken, daß einer schon vor bald 200 Jahren die Raschlebigkeit seiner Zeit beklagte. Dennoch vermute ich, daß die Erkenntnis, daß es schon damals so war, für uns Heutige kaum Trost bietet. Denn die meisten von uns erleben die dauernden Umbrüche in unseren Sinn- und Lebenswelten hautnah und als Belastung. Wir müssen zusehen, wie vertraute Landschaften zubetoniert werden, wir lesen in der Zeitung von der Bedrohung durch eine mögliche Klimakatastrophe, und in der privaten Welt erfahren wir zum Beispiel, wie die besten Freunde, deren Ehe wir bisher als lebendig und gut einschätzten, sich scheiden lassen. Kein Wunder also, daß unsere Sehnsucht nach der alten Zeit, die wir gern als die gute bezeichnen, uns Bilder von Ehe und Familie träumen läßt, in welcher Liebe in einem verbindlichen, gemeinschaftlichen Wir aufgehoben ist, das dennoch weitmaschig genug bleibt für die Entwicklung des Ichs.

Warum soll ich mir überhaupt die Mühe machen, im Zusammenhang mit den folgenden Paargeschichten ihre gesellschaftlichen Rahmenbedingungen zu skizzieren, wenn doch alles im Fluß ist und rascher und verwirrender Wandel schon lange einfach zum Leben gehört? Es gibt einen Satz aus der Geschichte der Frauenbewegung, welcher mich seinerzeit beim späten Erwachen zu meiner weiblichen Identität getröstet hat: »Das Persönliche ist politisch.« Er wurde mir tröstlich, weil er das, was ich in meiner privaten Welt von Familie und Arbeit erfahre, verknüpft mit der großen Welt des Sozialen und Politischen. Tröstlich? Ich kann das große Ganze doch kaum beeinflussen! Aber wenn ich die Zusammenhänge meines Lebens besser verstehe und durchschaue, muß ich das Scheitern von persönlichen Utopien und neuen Lebensformen an den fast unveränderten Strukturen von Politik, Wirtschaft und Gesellschaft nicht mehr bloß meiner eigenen Unfähigkeit oder der meines Partners/meiner Partnerin zuschreiben. Das finde ich tröstlich. Zu wissen, daß gesellschaftliche Bedingungen hineinwirken in unsere Sprache als Frau oder Mann und auch in unsere persönlichsten Gefühle, scheint mir besonders wichtig, wenn von Liebe und Familie die Rede ist. Ich kann mich dadurch leichter als Teil begreifen statt als alleinige Ursache von Gefühlen und Verhaltensweisen, und das bedeutet Entlastung von moralischem Druck in den Krisen des »ganz gewöhnlichen Chaos der Liebe«[1], wie die Situation moderner Paare bezeichnet wird. Trost liegt für mich aber auch in der Wut, welche solches Erkennen von Zusammenhängen des persönlichen Scheiterns mit den allgemeinen Bedingungen in Lebensenergie und Handeln wider die Resignation verwandelt.

Es geht mir im folgenden darum, das gewohnte Bild von Paar, Ehe und Familie zu differenzieren und zu verknüpfen mit der Vielfalt von Lebensformen und Lebensstilen, wie sie sich in den letzten

Jahrzehnten entwickelt haben. Gesellschaftliche Entwicklungen fallen aber nicht vom Himmel, weshalb ich sie in Verbindung bringe mit wirtschaftlichen und kulturellen Veränderungen und besonders mit den neueren Vorstellungen von gleichberechtigten Frau-Mann-Beziehungen. Die alten Geschichten von Liebe und Ehe ändern sich durch den Wandel im Verhältnis der Geschlechter, dem ich in diesem Buch aus meiner eigenen Erfahrung besonderes Gewicht beimesse.

Weiter will ich fragen, was Ehe und Familie unter den gegenwärtigen gesellschaftlichen Bedingungen für einen Stellenwert haben. Fragen möchte ich auch, warum es vielleicht doch schwieriger geworden ist als zu anderen Zeiten, als Paar verbindlich zusammenzubleiben. Am Schluß werde ich unter dem Aspekt von »Paartherapie im gesellschaftlichen Wandel« einen Krisenbegriff einführen, der nicht dem üblichen, an persönlichen Defiziten orientierten, entspricht.

Unsere Tendenz zu Bilderbuchvorstellungen von Ehe und Familie

Noch jedesmal spüre ich die Neugier und Freude an der Vielfalt menschlichen Lebens, wenn ein Paar oder eine Familie zum erstenmal in meine Praxis kommt. Das hat damit zu tun, daß sich zwar in den drei letzten Jahrzehnten viel verändert hat in bezug auf Lebensformen und Lebensstile, aber unter dem scheinbar Neuen doch so viel an Tradition weiterlebt, daß ich mich nie auf genormte Vorstellungen abstützen kann. Das macht mich neugierig offen, manchmal unsicher und immer bereit zu staunen, mit wieviel Energie Frauen und Männer um positive Formen ihres Zusammenlebens ringen. Meine ursprüngliche Ausbildung bezog sich auf die Familienbilder der Nachkriegszeit, die sich bis in die siebziger Jahre erhalten hatten. Die damit verbundene Vorstellung einer naturgegebenen Rollenverteilung der Geschlechter machte Mütter für alles verantwortlich, was in der Familie schief ging (selbst wenn sie berufstätig waren). Väter hingegen wurden als Versager beschrieben, wenn sie ihre Ernährerrolle nicht erwartungsgemäß erfüllten. Diese Definition »gesunder« Ehen und Familien war lange Zeit das Leitbild von Forschung und Psychiatrie.

Formen des Zusammenlebens, die ihm nicht entsprachen, wurden pathologisiert oder vom Begriff Familie ausgeschlossen. Während die Paar- und Familientherapie oft fraglos Klientenfamilien als »Naturreservat« zur Reproduktion der bestehenden Ordnung zementierte, verteufelten progressive Therapiemodelle die Familie ebenso fraglos als Ursache von individueller Pathologie. Die Beschuldigung der Eltern füllte Bücher mit Schreckensbildern und brachte einer ganzen Generation »unbegabter Mütter« (und einiger unbegabter Väter) das Gruseln bei.

Wie kommt es zu solchen Klischee-Vorstellungen?

»Familie« wird in der bürgerlichen Tradition des 19. Jahrhunderts verstanden als ein Haushalt mit Vater, Mutter und Kind(ern), unterwegs in ihrem Lebenszyklus mit dem Ziel, dieselbe Familienform in der nächsten Generation zu reproduzieren. Daß es sich hier um ein Bilderbuchmodell handelt, zeigt die Tatsache, daß es heute in den meisten westlichen Ländern der gelebten Wirklichkeit von weniger als der Hälfte der Bevölkerung entspricht. Dieses Idealbild, das nach wie vor Orientierung für viele – besonders für konservative Politiker – bedeutet, entspricht den realen Verhältnissen also schon lange nicht mehr. Oder besser: es hat ihnen nie entsprochen. Dennoch ist es als Wunschvorstellung und Sehnsucht auch bei jüngeren Paaren erstaunlich stabil, wie Untersuchungen zeigen. Das bedeutet nicht, daß dieses Ideal, bei dem der Gatte in die Welt hinauszieht und sich im Lebenskampf bewährt, während die Gattin das bergende Heim für ihn und die Kinder pflegt, sich etwa zu anderen Zeiten in der Geschichte nahtlos auf gelebten Alltag hätte übersetzen lassen. Schon im 19. Jahrhundert war das Ideal nur Schein, auch und gerade im Bürgertum, mit dessen Vorstellungen sich allerdings auch die Arbeiterfamilien bis weit in dieses Jahrhundert hinein auseinanderzusetzen hatten. Wenn sie sich, wie es in den nachfolgenden Porträts von Paaren aus diesem Milieu deutlich wird, in ihren Vorstellungen von Liebe und Ehe weitgehend denen des Bürgertums angeglichen haben, dann taten sie dies unter Preisgabe einer reichhaltigen, ihrer Lebenssituation entspringenden Kultur.

An solche Vielfalt ständig ineinandergreifender und nicht linearer geschichtlicher Entwicklungen ist zu denken, wenn von *»dem«*

Paar und *»der«* Familie die Rede ist. Es hat sie als festen Typus nie gegeben, wohl aber Paare und Familien, die in wechselnden, flüssigen Lebensformen versucht haben, Grundlagen für das Zusammenleben von Eltern und Kindern zu entwickeln. Das geschieht mit dem Anliegen, einerseits einen Rahmen von Vertrautheit und Stabilität zu schaffen und anderseits Familienmitgliedern autonomes Handeln und damit das Gefühl einer persönlichen Identität zu vermitteln.

Offenbar sind also sowohl unsere zeitgenössischen Lieblings- als auch die Katastrophenszenarien von der bürgerlichen Kleinfamilie als »Hafen in einer herzlosen Welt« , oder von der stabilen vorindustriellen Großfamilie oder der postmodernen Anti-Familien-Familie das, was sie sind: Landkarten. Landkarten in unseren Köpfen, welche nicht einfach im Maßstab 1:1 Lebenswelten beschreiben. Woran können wir uns aber orientieren, wenn es *das* Paar und *die* Familie nicht gibt?

Soziale Übergänge verlangen wandelbare anstelle normierter Familienbilder

Ausgehend von den demographischen Entwicklungen, die aufzeigen,
- daß in allen westlichen Ländern die Bevölkerungsbewegung rückläufig ist,
- daß das Modell der Familie mit Vater, Mutter und Kind immer weniger die Norm ist,
- daß sich die Scheidungsrate auf 30% zu bewegt und jene der Wiederverheiratung auf ca. 45% gesunken ist,
- daß die Zahl nicht-ehelicher Lebensgemeinschaften und damit der außerehelichen Geburten im Steigen begriffen ist und
- daß die Zahl Alleinerziehender und Alleinlebender zunimmt,

scheint es sinnvoll, diese Veränderungen in ihrer gesamtgesellschaftlichen Perspektive zu verstehen und sie loszulösen von idealen Modellen. Statt eindeutiger also vielfältige und mehrdeutige Vorstellungen: Woraus bestehen sie? Worauf verweisen diese Lebens- und Familienwelten? Was sind ihre Chancen, was ihre Krisen? Sind die hier zu beschreibenden Paarkrisen das »Privileg« der (aufwärts strebenden) Mittelschicht, sind sie der Maßlosigkeit der Selbstverwirklichungs-Ideologie moderner Frauen, vielleicht aber auch dem unsichtbaren Lebensentwurf der Männer zuzuschreiben, welcher beruflichen Erfolg über emotionale Bezogenheit stellen?

Wenn ich mich in der eigenen Welt und in jener meiner Klientinnen und Klienten umschaue, beobachte ich ähnliche Krisen bei Paaren in den verschiedensten Schichten und Lebensphasen, oft *nach der Geburt des ersten Kindes* und am häufigsten in der *Lebensmitte*. Gerade dort, wo Frauen sich für eine traditionelle Familienform entschieden und das Aufgeben ihrer Berufstätigkeit ursprünglich als Privileg eingeschätzt haben, nachdem sie sich – wie vielleicht ihre Mütter – in schlecht bezahlten Jobs abgerackert hatten, scheint die Paarkrise in der Lebensmitte programmiert. Männer reagieren oft mit Zorn oder Panik, wenn die Frau gegen die bisherige Rollenverteilung verstößt: aktiv, indem sie die Flügel ausbreitet und sich ein eigenes Leben in oder außerhalb der Familie aufbaut, oder passiv, indem sie sich affektiv-sexuell verweigert oder krank wird. Umgekehrt fallen Frauen aus allen Wolken, wenn ein Mann, dem sie vielleicht jahrelang den Rücken freigehalten haben, damit er sich im Beruf verwirklichen konnte, in der Lebensmitte plötzlich eine eigene Wohnung sucht und dort mit einer jüngeren Frau »neu anfangen« will.

Bei jedem Paar, bei jeder Familie, welche in Therapie kommen, spiegelt sich in irgendeiner Weise das Spannungsfeld gesellschaftlicher Veränderungen im Widerspruch zwischen Tradition und Aufbruch. Bis hinein in das private Zusammenleben eines Paares und in die Art, wie Frau und Mann fühlen und im Alltag handeln, wirken die Veränderungen in den soziokulturellen Bedingungen. Zu den »natürlichen« Übergangskrisen, welche Paare während des gemeinsamen Lebens und ihrer unterschiedlichen individuellen Entwicklungen zu bewältigen haben, kommen die Übergänge in den gesellschaftlichen Rahmenbedingungen. An die Stelle eines eindeutigen tritt ein schillerndes Verständnis von Liebe und Ehe. Dieses Spannungsfeld wird auf zwei Nenner gebracht: 1. die Individualisierung – die individuelle Konstruktion – von Lebenslagen, 2. das Zeitalter des Narzißmus.

1. Die Individualisierung von Lebenslagen geht einher mit der Auflösung traditioneller Milieus: Familienbeziehungen werden personenzentriert und sind nicht mehr in überdauernde Arbeits-

und Lebenszusammenhänge eingebettet. Der soziale Wandel fiel aber nicht einfach vom Himmel. Er wurde hervorgerufen durch die wirtschaftlichen und gesellschaftlichen Veränderungen, die bis ins 18. Jahrhundert zurückreichen. Der sogenannte Individualisierungsprozeß kennzeichnet den Übergang zu kapitalorientierten Gesellschaftsstrukturen durch die Industrialisierung, welche die Auflösung traditioneller Milieus mit sich brachte. Konnte man noch vom Mittelalter sagen, daß ein- und dasselbe soziale Leben Haus, Hof und Gemeinde durchzog, so differenzieren sich mit zunehmender Komplexität der Gesellschaft einzelne Lebensbereiche, die ihre eigenen Sinnwelten oder Glaubenssysteme entwikkeln. So ist im Bereich der Institutionen das Handeln hoch spezialisiert und mehr und mehr auf eine gemeinsame Identität angelegt (Beispiel »Corporate Identity«), während das Individuum als Person darin zunehmend an Bedeutung verliert. »Für das Individuum entsteht damit auch die Notwendigkeit ständiger Orientierungsleistungen zur Selbstvergewisserung und zur Bestimmung seines sozialen Ortes, den ihm seine ›Identität‹ nun nicht mehr fraglos gibt.«[2]

Der wichtigste Ort, an welchem Identität und Individualität entwickelt und gepflegt werden kann, ist die *Privatsphäre* des Paares, der Familie und des Freundeskreises. Wie in diesen privaten Welten Individualität gefördert werden kann, ist jedoch weitgehend offen. Allgemein anerkannte Entwürfe dafür gibt es nicht. Was ein standesgemäßes, gutes Leben ist, dafür gab es zu anderen Zeiten klare Vorstellungen, die abgestützt waren durch eine alltägliche und eine religiöse Sinnwelt und Praxis. Demgegenüber werden von Menschen heute Flexibilität und Kreativität im Entwickeln eines eigenen Lebensentwurfs, einer beruflichen Laufbahn sowie in der Herstellung laufender »offener Kommunikation« zwischen Partnern gefordert. Das bedingt Fähigkeiten, welche die meisten von uns in ihrer Geschichte wenig lernen konnten. Die Diskrepanz zwischen den hohen Individualisierungszielen und unserer geringen Erfahrung damit, wie sie erreicht werden könnten, hat Konsequenzen für eine Paarbeziehung. Nichts darf für immer festgelegt sein, Wirklichkeit soll täglich neu erfunden und verhandelt werden. Im Widerspruch zu dieser Vorstellung von ewigem Wandel steht seltsamerweise die Idee, daß der anfängliche Zustand romantischer Verliebtheit von

Dauer sein muß. Weil aber niemand so richtig weiß, wie das bewerkstelligt werden kann und wie der entsprechende Leistungsdruck durchzuhalten ist, steht die Beziehung ständig zur Diskussion.

Die gestiegenen Ansprüche an die eigene – besonders die weibliche – Selbstverwirklichung innerhalb einer Paarbeziehung werden dann zum Problem, wenn ein Paar Kinder will. Ist das Planen »eigener Inseln« für das Paar schon mühsam genug, wenn Mann und Frau je eine eigene Karriere wollen, so werden die Probleme fast unlösbar, wenn Kinder mit ihren Ansprüchen dazukommen. Sie lassen sich ja nicht einfach in den Alltag »einprogrammieren«. Zu Anfang der Paarbeziehung, noch vor der Heirat, träumen viele davon, das traditionelle Milieu, in welchem sie aufgewachsen sind, zugunsten einer neuen Lebensform zu verlassen. Wie ich es anhand des eigenen Lebenslaufs beschrieben habe, ist es auch für junge Erwachsene aus Bauern- oder Geschäftsfamilien nicht mehr zwingend, der Tradition zu folgen. Sobald sie aber Kinder haben, realisieren viele von ihnen, daß die Frau in ihrem Beruf keine anständig bezahlte Teilzeitarbeit findet, während vom Mann ein über hundertprozentiger Arbeitseinsatz geleistet werden muß, will man den früheren Lebensstandard als Doppelverdienende einigermaßen beibehalten. Diesen ungeplanten und unerwünschten »Rückfall« in die Beziehungsmuster der Kleinfamilie – die Frau im Haus und der Mann in der Arbeitswelt – werde ich in einem besonders umfangreichen Kapitel dieses Buches beschreiben, da sehr viele Paare dadurch in Krise geraten. In der entsprechenden Lebensform der »Familienehe« werden moderne Selbstverwirklichungs- oder Individualisierungsansprüche meistens vom Mann im Beruf gelebt, während die Frau darauf verzichtet. Die Aussicht der Frau, durch ihren Mann das Einkommen und Prestige zu gewinnen, das ihr selbst vorenthalten ist, bedeutet dann, daß sie unmerklich in eine alte Form von Versorgungsehe gleitet, welche sie so gar nicht wollte. Daß Frauen bei diesem Arrangement ihren Männern den Rükken freihalten und sie gleichzeitig hinter den Kulissen unauffällig zu lenken versuchen, damit sie sich wenigstens in deren Erfolg sonnen können, paßt meistens zu den Kindheitserfahrungen beider. Für den im Beruf engagierten Mann bewährt sich das Arrangement in den ersten Jahren der »Familienehe« fast immer. Krisen treten für ihn, oft ausgelöst durch den Aufbruch seiner Frau, eher gegen die Lebensmitte auf.

Wenn anderseits Frauen in den Familienformen, die als »progressiv« bezeichnet werden, in Teil- oder Vollzeit weiter arbeiten, müssen vom Paar – oft ungenügend bezahlte – Frauen angeheuert werden, welche die Kinder versorgen. Das schlechte Gewissen den Kindern gegenüber ist dabei vor allem für die Mütter durch die Psychologisierung von Mutterschaft vorprogrammiert. Als Berufstätige zahlen sie überdies den Preis für die sogenannte unfertige soziale Revolution, indem sie neben ihrer außerhäuslichen Tätigkeit weiterhin die Hauptverantwortung für Kinder und Haushalt tragen und so tun müssen, »als ob« sie noch immer in einer bürgerlichen Familie lebten, um ja nicht negativ aufzufallen in Familie und Gemeinde.

Fazit: Die Tendenz zur Auflösung traditioneller Milieus liegt zwar im Zeitgeist der letzten zwei bis drei Jahrzehnte und wird von vielen Paaren zugunsten des Ideals der Individualisierung und der Liebesehe übernommen. Im Alltag aber, vor allem wenn sie Kinder wollen, wird ihnen der Traum oft zum Alptraum. Die versprochene Wahlfreiheit des Individualisierungs-Modells mit der Ermutigung zu besserer Ausbildung der Frauen und einer flexibleren Rollenverteilung wird von den Zwängen der Arbeitswelt und einer Gesellschaft, die Familien ohne Unterstützung im Regen stehen läßt (z. B. mit Schulplänen, welche die ständige Anwesenheit der Mutter voraussetzen, sowie familienfeindlichen Wohnungen), unterlaufen. Daß häufiger die *Frau* den Verlust des ursprünglich gemeinsamen Traums einer gleichwertigen Partnerschaft wahrnimmt und beklagt, ist nicht zufällig. Sie verfügt einerseits über die Sprache – nicht zuletzt dank dem Mut der Frauen in der über hundertjährigen Frauenbewegung – ihre Trauer und ihren Zorn zu artikulieren. Anderseits hat sie, vor allem nach der Familienphase, bei der bestehenden Rollenverteilung weit mehr zu verlieren als ihr Mann, der meist fest verankert ist in seiner Welt. Natürlich sehe ich – die Porträts von Paaren werden es deutlich machen – auch Männer, die sich in der Lebensmitte aus ähnlichen Rollen-Arrangements lösen. Aber sie tun es fast immer mit einer »neuen Frau«, die das Ideal, welches die eigene Partnerin nicht leben konnte, nun verwirklicht – nicht zuletzt, weil sie auf Kinder verzichtet.

Daß solche Krisen für viele Paare – auch der jüngeren Generation – vorprogrammiert sind, zeigt eine kürzliche Umfrage des Deutschen Jugendinstituts[3] bei 636 Paaren zwischen 18 und 33 mit dem Thema: Kind und Beruf. Die meisten Befragten erscheinen optimistisch und verantwortungsbewußt, wollen Kinder haben. Keineswegs sind sie nur konsumorientiert. Vom Verschwinden »der« Familie kann keine Rede sein. Also: ähnliche Vorstellungen leiten die jungen Paare wie jene, die vor 20 oder 30 Jahren heirateten.

- Wir wollen uns nicht vom Beruf auffressen lassen, sagen die Männer. (Aber mit dieser Ansicht machen sie keine Karriere.)
- Wir wollen Teilzeit arbeiten, uns nicht von der Familie auffressen lassen, sagen die jungen Frauen. (Aber anständig bezahlte Teilzeitarbeit und vor allem die Möglichkeit, daß Kinder dabei nicht zu kurz kommen, ist kaum vorhanden.)

Das bedeutet: die meisten jungen Paare stecken in derselben Zwickmühle zwischen »modernen« Vorstellungen und »traditionellen« Zwängen. Aber die Öffentlichkeit kümmert sich wenig um sie, und die hohen Scheidungsziffern werden kaum in Verbindung gebracht damit, daß die meisten Ehen an den Spannungen zwischen Partnerschaft, Kindern und Beruf zerbrechen.

2. Narzißmus: Die Entwicklung der Individualisierungs-Tendenz ist auf der Beziehungsebene gekennzeichnet durch neoromantische Ideale. Feste Vereinbarungen sind verpönt, das Leben soll täglich neu erfunden und frisch verhandelt werden. Solche Beziehungsvorstellungen, ähnlich jenen in der historischen Epoche der Romantik, wurden durch die 68er Generation der bürgerlich-patriarchalen Ehe entgegengesetzt. Aus ihren Ideen resultierte die Eingrenzung auf ein Leitbild, in welchem die Geschlechterbeziehung, als quasi mystische Verschmelzung zwischen Frau und Mann, zum Ersatz wird für Religion. Sie ist eine Möglichkeit zur Wiederverzauberung der Welt in der Kälte des rationalisierten Alltags. Daß das entsprechende Ideal der Frau-Mann-Beziehung als »Wohlfahrtsanstalt« zur Befriedigung sämtlicher affektiver Bedürfnisse brüchig ist, haben Psychotherapeutinnen und -therapeuten längst festgestellt, sein Scheitern aber leider oft einseitig den sogenannten persönlichen »Defiziten« von Frauen oder Männern angelastet und als neurotische Beziehungsunfähigkeit bezeichnet.

Das narzißtische Ideal sieht vor, daß durch die Einsicht in die Zusammenhänge unseres Lebens und die Anwendung von medizinischem, psychologischem und technischem Wissen die Lebensqualität des einzelnen laufend verbessert werden kann. Das Bild des Menschen in dieser Ideologie heißt: Ich bin nicht Opfer, sondern Täter, ich bin meines Glückes Schmied. Die Überzeugung, daß das, was man im Alltag als Paar tut, jederzeit »stimmen« und zur Befindlichkeit jedes Partners »passen« muß, bedingt eine stete Reflexion und intensiven Dialog zwischen Mann und Frau, Eltern und Kindern. Mit verstärkter Selbstbeobachtung geht die *Beziehungsbeobachtung* einher, also das ständige Einnehmen einer Außenposition zu sich selbst und zum Gegenüber. Zum narzißtischen Ideal gehört der Kult von »Gefühligkeit« und Subjektivierung im Beziehungsalltag. Eine neue Moral der Authentizität im quasi therapeutischen Umgang miteinander, verbunden mit der ständigen Aufforderung zu Offenheit und Echtheit im Reden über die Beziehung ist gefragt. Gefühle müssen dargestellt und nach ihrer psychologischen Tiefe und Echtheit bewertet werden. Sätze aus der »Psychokultur« wirken vorgestanzt und austauschbar. Sie beginnen vorzugsweise mit »DUU!« und haben meistens die »Stimmigkeit« der jeweiligen Gefühlslage zwischen Menschen zum Inhalt.

Damit kein Mißverständnis entsteht: Diese Kultur hat ganz offensichtlich ihr Gutes als Gegenpol zu den früheren rigiden, nicht diskutierbaren Zuweisungen vorgefaßter Rollen, den von Institutionen wie Familie, Kirche und Staat diktierten Verhaltensmustern. Sie wird darum von vielen Menschen, die in repressiv-traditionellen Strukturen aufgewachsen sind, als wichtiger Schritt ihrer Befreiung beschrieben. Doch scheint die neue Gefühlskultur leider mit neuen Zwängen verbunden zu sein. »Die rationale Einsicht in Zusammenhänge schlägt unversehens in Pflicht und moralische Haltung um.«[4] »Sag doch nicht immer *man*, rede endlich von dir selber!« kann genau so einengend wirken wie das frühere Verbot, über sich selber und eine Beziehung zu reden.

An dieser Stelle frage ich mich, wie es kommt, daß nach meiner Beobachtung vorwiegend Frauen – oder aber Männer, die in der »weiblichen« Welt eher zu Hause sind, weil sie zum Beispiel in traditionellen Frauenberufen arbeiten – am Reden über Beziehungen und Gefühle interessiert sind, und wieso die meisten anderen Männer dieses Anliegen so oft mit Verweigerung beantworten. Mir scheint, daß das Reden zur Selbstvergewisserung und zur sozialen Verankerung vor allem für jene wichtig ist, die in aufgelösten Strukturen des Übergangs oder in Rollen leben, welche mit Ungewißheit und Vieldeutigkeit verbunden sind. Das sind vorwiegend die Frauen. Das Recht des Schweigens war noch immer das Recht der Mächtigen, und Sprache und Sprachgebrauch müssen deshalb über individuelle und geschlechtsabhängige Aspekte hinaus in ihrer sozialen Gebundenheit verstanden werden. Im Kapitel »Kommunikation, Intimität und Machtverhältnisse« werde ich auf diese Idee näher eingehen.

Wer als »seines Glückes Schmied« – eine Vorstellung, die tief in Calvinismus und Kapitalismus verankert ist – nicht erfolgreich ist und in der Verschmelzung von Frau und Mann (oder Frau und Frau, Mann und Mann) nicht das findet, was das neoromantische Ideal versprach, ist gemäß dieser Weltsicht selber schuld. Wenn wir, als Mitglieder der sogenannten Risikogesellschaft, schon in der Welt draußen nichts mehr durchschauen und beeinflussen können, müssen wir uns umso eher bemühen, drinnen alles »gut und richtig« zu machen. Die neue Wahlfreiheit, die in der Vorstellung liegt, daß wir die alten Zwänge überwunden haben und für unser Glück allein verantwortlich sind, führt unversehens zu neuen inneren Zwängen. Die neoromantischen Verschmelzungsideale tendieren nämlich genauso wie die abgelehnten traditionellen Leitbilder dazu, das Ich im Wir verschwinden zu lassen. Kein Wunder darum, daß moderne Paare Hilfe beanspruchen für das Leben innerhalb dieser Widersprüche! Sie erhoffen sich Orientierung von Therapien oder dem Lesen von Anleitungen zu bewußter Lebenspraxis in der Hoffnung auf die endliche Befreiung von alten Zwängen. Wie »mulmig« es mir als Fachfrau, die selber in diesem Spannungsfeld lebt, bei solch hohen Ansprüchen manchmal wird, darauf werde ich später eingehen.

Vorerst aber will ich festhalten: Nicht alle Paare in allen Milieus sind gleichermaßen betroffen von den Tendenzen des Individualisierungsprozesses mit seiner Illusion der Wahlfreiheit und dem Druck, sein Glück selber zu basteln. Es sind vor allem die Mobilen in den Milieus der sozial Aufsteigenden sowie jene, die als »Gebildete« oder »Alternative« gelten, welche für die Tendenzen des Zeitgeistes besonders offen sind. Aber dieser Zeitgeist weht nicht flächendeckend, und unter dem sogenannten Neuen leben die alten Sehnsüchte nach frageloser Orientierung und nach Wurzeln weiter. Die Vorstellung, »jeden Tag ein Neuer zu sein«[5], vermischt sich mit dem Bedürfnis nach Verbindlichkeit und Gemeinschaft, bis daß der Tod euch scheidet. Ich *und* Wir anstelle des »Wir-losen Ichs«[6] sind nach wie vor gefragt. Meine Untersuchung zeigt das deutlich und im Gegensatz zu den Zeitgeist-Seismographen aus Wissenschaft und Medien, die offenbar lieber die Farbigkeit und Dynamik der individualisierten Liebe darstellen, die sie vielleicht im eigenen Leben zu verwirklichen suchen.

Daß das Leben in den skizzierten Widersprüchen nicht nur anstrengend ist, sondern vielfältig und wachstumsfördernd sein kann, wird sich in den Erzählungen der befragten Paare zeigen. Das richtige Maß an Identitätskonstanz zu finden, ohne Erstarrung und tödliche Langeweile, und auch das Alltägliche der Liebe lieben zu lernen, scheint das Anliegen der meisten Paare zu sein, welche sich »durchwursteln« im verbindlichen Provisorium ihrer Beziehung.

Seine Ehe ist nicht ihre Ehe

Es gibt eine Fülle von Untersuchungen zur Frage der ehelichen Zufriedenheit. Einer davon entstammt der Titel zu diesem Abschnitt, in dem ich der Frage nachgehe, warum das so ist. Die Resultate vieler Befragungen verweisen darauf, daß Männer und Frauen eine Paarbeziehung völlig verschieden erleben, seine Ehe also nicht dasselbe bedeutet wie ihre. Alle mir bekannten Forschungsprojekte zu diesem Thema belegen außerdem, daß die *eheliche Zufriedenheit bei den Männern größer ist als bei ihren Frauen*. Ich war selber überrascht, als ich beim Überblick über die Resultate jenes Teils meiner Befragung, der sich auf die Einschätzung der ehelichen Zufriedenheit bezieht, feststellte, daß auch hier die Männer sich als wesentlich zufriedener beschreiben als ihre Frauen.

Obwohl die meisten Frauen erzählen, daß sie seinerzeit voller Enthusiasmus eine auf Dauer angelegte Paarbeziehung eingegangen sind und geheiratet haben, während Männer eher von ihrer damaligen Zwiespältigkeit und Angst vor dem Verlust ihrer persönlichen Autonomie berichten, zeigen Frauen in der Ehe weit häufiger Zeichen von chronischem Streß. Sie fallen auch im statistischen Durchschnitt mit mehr psychischen und körperlichen Symptomen auf als unverheiratete Frauen oder verheiratete Männer. Frauen neigen eher als ihre Männer zu Selbstunsicherheit, psychosomatischen Erkrankungen und Depressionen, am häufigsten, wenn sie in traditionellen Familienformen leben, und ganz besonders um die Zeit der Lebensmitte. Beispiele für die Verwundbarkeit von verheirateten Frauen mit Kindern in dieser Lebensphase kommen auch in meiner kleinen Untersuchung unerwartet häufig vor. Womit könnte das zu tun haben? Könnte es auch damit zusammenhängen, daß Frauen bei ihren Antworten »Schwächen« wie psychosomatische Erkrankungen eher zugeben als Männer?

Es scheint, daß Frauen weit mehr als Männer, die Halt finden in ihrer Zugehörigkeit zur Arbeit und zu Institutionen, den vielfältigen Veränderungen im Spannungsfeld zwischen Tradition und Modernisierung ausgeliefert sind. Ihre Biographie ist belastet von vielerlei Widersprüchen und Brüchen. Auf der einen Seite werden junge Frauen angehalten, »etwas aus sich zu machen«, einen Beruf zu erlernen und sich damit auf eigene Füße zu stellen. Auf der anderen Seite werden sie nach wie vor daraufhin erzogen, sich verantwortlich zu fühlen für andere und das Wohlbefinden jener, die zu ihrem Beziehungsnetz gehören, wichtiger zu nehmen als ihre persönliche Entwicklung. Sie werden damit auch zugänglicher als Männer für kleine und große mitmenschliche Probleme. Kinder, Freundinnen und Freunde, vor allem aber die Angehörigen der älteren Generation wenden sich weitaus häufiger an die Frauen als an die Männer in der Familie, wenn sie von sich erzählen wollen oder wenn es ihnen schlecht geht. In Therapien bezeichne ich diese weibliche Erfahrung jeweils als den »Fliegenfänger-Effekt«. Wie seinerzeit im Haus meiner Eltern die altmodischen, mit Leim überzogenen gelben Wachspapierspiralen die Fliegen anzogen, scheinen viele Frauen mit ihrer Offenheit und »Durchlässigkeit« gegenüber Menschen die Probleme ihrer Umgebung auf sich zu ziehen. Männer werden davon viel häufiger verschont. Sie haben ja »richtig« zu arbeiten, sie sind nicht zuständig für die Beziehungsarbeit.

Bleiben Frauen also zu Hause, übernehmen die Rolle der Familienfrau und genießen es anfänglich, die hundert Dinge zu tun, welche für eine angenehme Atmosphäre sorgen, erfahren sie meistens, daß ihre Arbeit wenig gilt und als selbstverständlich betrachtet wird. Sie erleben auch, daß sie in der isolierten Lage der Mutter und Hausfrau »ausgeschlossen sind vom Strom des Lebens«, wie eine von ihnen schreibt. Folgen sie hingegen dem zeitgemäßen Anspruch oder dem starken eigenen Bedürfnis, Familie und Beruf zu verbinden, leiden sie unweigerlich unter der Doppelbelastung und dem ständigen schlechten Gewissen, es weder daheim noch in der Arbeit »richtig« zu machen. Auch aus den eigenen Reihen kommt der Ruf nach der Superfrau, die elegant und fröhlich für ihre Familie sorgt und zugleich eine berufliche Laufbahn meistert. Selbst wenn eine solche gelingt, bleibt die Aufgabe der emotionalen Versorgung von Mann, Kindern und den Menschen in ihrem weiteren Netz weitgehend an ihr hängen. Als »Fliegenfängerin« zieht sie diese an, sowohl in der Familie als auch im Beruf. Wer aber sorgt für sie?

Besonders belastend ist die Erfahrung, daß die meisten Männer berufstätiger Frauen in der Theorie zwar gerne bereit sind, sie bei der Hausarbeit zu unterstützen, in Wirklichkeit aber die hundert Einzelheiten, welche damit verbunden sind, ihren Frauen überlassen. Auch für diese Situation gibt es Bestätigung aus großangelegten Untersuchungen. Eine kürzlich in den USA[8] erschienene verweist darauf, daß in Paarbeziehungen lebende berufstätige Frauen mit und ohne Kinder im Durchschnitt einen ganzen Monat mehr arbeiten im Jahr als ihre Männer, weil sie neben der Berufsarbeit 80% der Hausarbeit allein besorgen. In der Arbeitswelt fühlen sich Frauen oft nicht richtig zu Hause, da diese mehrheitlich von Männern geprägt ist. Ihre Löhne betragen im Durchschnitt in den westlichen Ländern immer noch bloß 60 bis 70% der Männerlöhne für gleichwertige Arbeit. Das bedeutet zusätzliche Anstrengung für weniger Anerkennung. Da sich Frauen, zumindest während der Kleinkinderphase, selten voll im Beruf engagieren können, trifft sie dort eine zusätzliche Benachteiligung. Als Resultat werden so für Frauen, auch wenn sie trotz Familie einen Fuß im Beruf behalten, gebrochene persönliche und Arbeitsbiographien angelegt. Eine Architektin, welche neben zwei Kindern teilzeitlich im Büro ihres Mannes arbeitet, erzählte in der Paartherapie zum Thema solcher Brüche kürzlich einen Traum:

»Mit Max, meinem Partner, fahre ich auf dem Rad auf einer langen geraden Landstraße. Eine Zeitlang sind wir nebeneinander, halten das gleiche Tempo. Dann tauchen rechts und links von der Straße Menschen auf, Kinder und Frauen und Männer, besonders viele ältere. Ich höre, wie sie uns zurufen und sehe sie uns zuwinken. Es ist klar, daß sie etwas wollen von uns. Max radelt weiter, ich verlangsame die Fahrt, steige schließlich ab und gehe zu ihnen. Viele möchten einfach, daß ich mit ihnen rede, andere verlangen eine kleine Handreichung. Wie ich wieder aufs Fahrrad steige, sehe ich weit vorne auf der geraden Straße Max davonfahren. Er dreht sich noch einmal nach mir um, winkt und ruft ungeduldig, wieso ich denn nicht endlich nachkomme. Er ist, wie so oft, zornig über meinen Zickzackkurs. Und dann ist er verschwunden am Horizont! Ich erwache, in Tränen aufgelöst... Max, von meinem Schluchzen aufgeweckt, verstand mich vorerst überhaupt nicht, als ich ihm erzählte, wieso der Traum mich so erschüttert hatte. Aber am folgenden Abend hatten wir ein langes, heftiges Gespräch. Daraus kam dann der Beschluß für die gemeinsame Therapie.«

Verheiratete Frauen mit Kindern sind entweder von der Abwertung als Hausfrauen und Mütter, von der Doppelbelastung durch Familien- und Berufsarbeit oder von beidem betroffen. Sie leben ihr Leben im Zickzackkurs. Kein Wunder, daß sie im Durchschnitt weniger zufrieden sind mit ihrer Situation als Männer oder unverheiratete Frauen. Kein Wunder auch, daß viele von den jüngeren unter ihnen sich überlegen, ob sie überhaupt heiraten und Kinder haben wollen, wenn sie dieses Dilemma erkennen. Sind sie nicht bereit, in hergebrachter Weise die tüchtige Frau hinter dem tüchtigen Mann zu spielen, machen sie es falsch. Sind sie zwar nach wie vor bereit, ihn zu stützen und gleichzeitig etwas Eigenes zu beanspruchen, sei dies eine Berufsarbeit oder eine andere Tätigkeit, welche nicht der Familie dient, werden sie damit weitgehend allein gelassen und brauchen dafür überdurchschnittlich viel Selbstsicherheit, Energie und eine robuste Gesundheit.

Männliche und weibliche Entwicklung

Warum reproduziert eine neu gegründete Familie so oft die alten Vorstellungen und die alten Verhältnisse zwischen Frauen und Männern? Mit dieser Frage steche ich in fast jedem meiner Lebens- und Arbeitskontexte ins Wespennest, denn sie betrifft ein

Thema, das bisher vor allem innerhalb einzelner Fachgebiete erforscht wurde und dadurch eher mit wissenschaftlichen Teilergebnissen und alltäglichen Vorurteilen als mit Erklärungsansätzen belegt ist, welche vielfältige Aspekte miteinander verknüpfen. Es ist die Frage nach dem *Verhältnis von Biologie, Kultur und Gesellschaft*, die Frage also, was an den als »typisch« männlich oder weiblich beschriebenen Merkmalen und Verhaltensweisen stammesgeschichtlich angelegt ist und was durch Erziehung in Familie und Gesellschaft, durch die sogenannte Sozialisation, erzeugt wird. Ich werde mich hüten, in diese polarisierende Debatte einzugreifen, jedoch von meiner systemisch-ganzheitlich orientierten Interessenslage als Paartherapeutin hier die Erkenntnisse zusammenfassen, die mich in der Praxis leiten.

Ich gehe davon aus, daß stammesgeschichtlich angelegte Unterschiede zwischen Frauen und Männern selbstverständlich vorhanden sind. Es scheint auch nützlich zu wissen, daß bereits die frühe Entwicklung von Buben und Mädchen unterschiedlich verläuft, indem zum Beispiel Buben motorisch aktiver sind und räumlich mehr auskundschaften als Mädchen, diese aber im Durchschnitt wesentlich früher reden und über Sprache Beziehungen aufnehmen als die Buben. Im Rahmen meiner Alltagsarbeit und meiner Überlegungen interessiert mich weniger, was mögliche biologisch bedingte Unterschiede zwischen Frauen und Männern sind, als wie diese als Partner und als Eltern mit Unterschieden umgehen und zu ihrer Verflüssigung oder Verfestigung beitragen. Daß zum Beispiel allein Frauen gebären und Männer nicht sicher sein können, ob sie Vater eines erwarteten Kindes sind – kann diese Tatsache allein die Unterschiede in ihren Lebenswelten, ihrer Rollenverteilung und den (weitgehend asymmetrischen) Machtverhältnissen in Familie und Gesellschaft begründen? Wenn die Frage nach dem Unterschied im Zusammenleben der Geschlechter unter den Aspekt des »Geschlechts als sozialer Konstruktion« gestellt wird, müssen wir Antworten suchen auf die Frage, was Menschen sich aus den angelegten Bedingungen machen. Es bedeutet nicht, daß Biologie und Sozialisation gegeneinander ausgespielt werden, wie das folgende Zitat bestätigt:[9]

»Obwohl der Vielfalt an Möglichkeiten der Menschwerdung in solch zwiefach umweltlicher Wechselbeziehung offenbar physiologische Grenzen gesetzt sind, entfaltet der menschliche Organismus in seinen Reaktionen auf die Umweltkräfte, welche auf ihn einwirken, eine außerordentliche Elastizität. Besonders klar zeigt sich das in der Flexibilität seiner biologischen Konstitution gegenüber der Vielfalt kultureller Bedingungen, denen sie ausgesetzt ist. Für die Völkerkunde ist es ein Gemeinplatz, daß die Arten und Weisen, Mensch zu werden und zu sein, so zahlreich sind wie die menschlichen Kulturen. Menschsein ist sozio-kulturell variabel. Mit anderen Worten: Eine biologische Natur des Menschen, die als solche sozio-kulturelle Gebilde und ihre Mannigfaltigkeit bestimmte, gibt es nicht.«

Nützlich scheint mir die Unterscheidung von zwei sozialwissenschaftlichen Zugängen zum Thema Geschlecht[10], die ich im folgenden zusammenfasse.

Die Vorstellung von Weiblichkeit und Männlichkeit als Gegensätze (Das »Alpha-Vorurteil«)

Dazu gehört die erwähnte Beobachtung, daß Frauen in der Familie und Kultur der westlichen Welt vorwiegend an Bezogenheit, Emotionalität, Abhängigkeit und Anpassungsbereitschaft orientiert sind, Männer hingegen an persönlicher Abgrenzung, Autonomie, Vernunft und Durchsetzungsbereitschaft. Zahlreiche Untersuchungen, vor allem von Sozialwissenschaftlerinnen, erklären diese Gegensätze mit der Art und Weise, wie Kinder in unserer Gesellschaft erzogen werden. Für die meisten Kinder, Buben wie Mädchen, ist die primäre Bezugsperson eine Frau, ob es nun die Mutter oder eine andere Betreuerin ist. Diese Erfahrung trifft für Kinder überwiegend auch dann zu, wenn ihre Mutter berufstätig ist, und wird durch ihre Erfahrung mit Kindergärtnerinnen und Lehrerinnen weitergeführt. Das bedeutet, daß sowohl kleine Buben wie Mädchen sich primär mit als »weiblich« bezeichneten Werten und Verhaltensweisen identifizieren.

Für die Tochter kann die Identifikation mit der Mutter während der ganzen Zeit des Aufwachsens weitergehen. Das heißt, sie kann sich mit einem gleichgeschlechtlichen Vorbild identifizieren und mit der Mutter »verschmelzen«, vermißt aber oft den Zugang zum Vater. Das wird ihr meistens erst beim Eintritt in die männlich geprägte Arbeitswelt zum Verhängnis, wenn sie sich dort fremd und unerfahren bewegt. Jungen müssen, damit sie eine

»männliche« Identität finden, sich im Laufe ihrer Entwicklung von der Mutter und der »weiblichen« Sinnwelt (von weiblicher Sprache und der Moral des Umsorgens zum Beispiel) abgrenzen. Anders gesagt: sie werden aktiv ausgegrenzt und ermutigt, »richtige« Jungen zu werden. Vor allem beim Übertritt in die Schule und in die Kultur der Gleichaltrigen erfolgt diese Abgrenzung vom »Weiblichen« oft radikal, selbst wenn sich ihre Eltern alle Mühe geben, das Heldenbild von Männlichkeit, welches ihnen über TV und Comics vermittelt wird, in Frage zu stellen.

Die Nützlichkeit dieser Beschreibung von Gegensätzen ist einleuchtend. Frauen und das sogenannt Weibliche werden durch sie aufgewertet, ihre speziellen Qualitäten als Ethik der Bezogenheit hervorgehoben. Gleichzeitig zementiert diese Sichtweise jedoch das Vorurteil von Frauen als dem mystischen »anderen«, wie es aus männlicher Sichtweise schon über Jahrtausende definiert wird. Denn die menschliche Geschichte wurde bisher vorwiegend von Männern geschrieben, und der Begriff Mensch ist dabei stillschweigend gleichbedeutend mit Mann, wobei Frauen als das »andere« oder das »zweite Geschlecht«, als Abweichung von der männlichen Norm definiert werden. Das »Alpha-Vorurteil« hat also eine Kehrseite. Die Idee von der Gegensätzlichkeit in den Eigenschaften von Frau und Mann verschleiert die Möglichkeit, daß diese nicht primär auf das natürliche Geschlecht bezogen sein könnten, sondern vor allem mit *Unterschieden ihrer sozialen Situation und den damit verbundenen Machtverhältnissen* zu tun haben könnten. Rachel T. Hare-Mustin (op. cit. 10) erzählt dazu folgende Beobachtung: In Paarkonflikten berufen sich Männer häufig auf Vernunft und Regeln, während Frauen den Beziehungsaspekt und die Gefühle in den Vordergrund stellen. Wenn dieselben Frauen aber aus einer Position der hierarchischen Überlegenheit mit ihren »untergeordneten« Kindern oder Angestellten umgehen, sind oft sie es, die auf Vernunft und Regeln pochen. Das könnte heißen – und es ist ein Gedanke, den ich bei meinen Überlegungen zu den beschriebenen Paarkrisen und ihrer Bewältigung immer wieder aufgreifen werde –, daß die Polarisierung von Bezogenheit versus Vernunft und emotionaler Distanz nicht ausschließlich mit Geschlecht zu tun hat, sondern ebenso geprägt ist von der jeweiligen Position eines Menschen, Frau oder Mann, innerhalb der Hierarchie einer bestimmten Beziehungskonstellation.

Es gibt eigentlich keine Unterschiede zwischen Mann und Frau (Das »Beta-Vorurteil«)

Diese Beschreibung sagt aus, Frauen könnten das, was Männer können, und Männer das, was Frauen können, wenn sie bloß unter Bedingungen der Gleichwertigkeit erzogen würden. Dieses Argument ist weit weniger populär als das Alpha-Vorurteil. Im positiven Sinne dient es zum Beispiel dazu, Frauen die gleichen Bedingungen in der Entlohnung, den sozialen Leistungen, der Bildung sowie den Aufstiegsmöglichkeiten in Politik und Arbeitswelt zu sichern. Die negativen Folgen der Verneinung möglicher Unterschiede sind offensichtlich. Wenn Frauen wie Männer und Männer wie Frauen behandelt werden, wird zum Beispiel die Tatsache übersehen, daß die Geburt eines Kindes für eine Frau eine andere körperliche und seelische Erfahrung ist als für den Mann, daß Mutter-sein eine andere Bedeutung hat als Vater-sein, weder wichtiger noch weniger wichtig, sondern anders. Frau und Mann als »Gleiche« zu behandeln hieße dann, weder die speziellen Anliegen des Mannes noch der Frau zu berücksichtigen, zum Beispiel bezüglich eines Elternurlaubs oder einer Fortbildung.

Wichtig scheint mir bei all diesen Überlegungen, daß nicht eine »Realität« oder eine einzige Ursache für die komplexe Art und Weise zuständig ist, in welcher Familien und Gesellschaft über Generationen das vermitteln, was als geschlechtliche Identität bezeichnet wird. Die beschriebene Polarisierung von »männlichen« und »weiblichen« Sinn- und Lebenswelten in der Familie und in der Welt draußen ist eine gute Möglichkeit zu verstehen, warum Frauen und Männer es oft schwer haben, miteinander Intimität zu erleben. Aber es gibt zwischen den beiden Polen unendlich viele Varianten, ebensoviel Unähnliches wie Ähnliches, wenn ich die einzelne Beziehung beobachte. Daraus schließe ich, daß das Ähnliche wie auch das Unähnliche nur anhand der jeweils einmaligen Paargeschichte und nicht durch die Beschreibung allgemeiner Tendenzen zum Vorschein kommt.

»In der Welt zu Hause sein«
Zur Bedeutung von Ehe und Familie in unserer Zeit

Warum ist eine Paarbeziehung qualitativ etwas so anderes als die meisten anderen menschlichen Beziehungen, und warum ist ihre Auflösung ein so großer Verlust, eine so schmerzliche Erfahrung? Warum ist zum Beispiel Scheidung nach wie vor mit so viel Zwiespältigkeit belegt? Wenn Scheidung auch seit langem »staatlich geschützt« ist, eine Paarbeziehung also aufkündbar wird, bleiben Paare dennoch als Eltern in unaufkündbarer Beziehung miteinander verbunden, selbst wenn sie sich als Liebende trennen. Ihre Beständigkeit im Wechsel wird dann für die Kinder überlebenswichtig. Aber wie ist solche Beständigkeit möglich in einer Zeit raschen äußeren Wandels? Wie können – auch wenn keine äußere Trennung erfolgt – die inneren Trennungen des zu jeder lebendigen Paarbeziehung gehörenden Entflechtungsprozesses geschehen, ohne daß die Beziehung daran zerreißt?

Mit einem Menschen verbindlich zusammenzuleben, verheiratet oder unverheiratet, alleinerziehend oder mit einem nicht-leiblichen Elternteil der eigenen Kinder, bietet eine Möglichkeit, in der Welt zu Hause zu sein, Kontinuität im raschen Wandel zu erleben und zu vermitteln. Was aber sind die Quellen dieser Konstanz, wenn der Mensch nicht mehr fraglos zu einer Gemeinschaft gehört, sondern sie sich selbst immer wieder neu erschaffen muß? Wo findet er dann seine Wurzeln?

Die tiefe Sehnsucht nach Geborgenheit und Verschmelzung, die zu den allerersten Erfahrungen im menschlichen Leben gehört, die Sehnsucht nach Wiederverzauberung in einer entzauberten Welt, gehört zu jeder Paarbeziehung genau so wie die gleichzeitige Angst vor dem Verlust individueller Grenzen, vor dem Verschlungenwerden. Daß zu Anfang einer Beziehung, im Gefühl von Verliebtheit, die Grenzen verschwimmen und die Wurzeln in den gleichen Blumentopf gesetzt werden, ist wunderbar. Wenn dann, im Laufe der individuellen und gemeinsamen Entwicklung, die Wurzeln gelockert und zum Teil in andere Nährböden gesetzt werden, ohne daß deswegen der gemeinsame Blumentopf gesprengt wird, kann die moderne Vielfalt möglicher Lebensformen und Lebensstile zum Wachstum der Beziehung führen, ohne daß ihr Gefäß zerbricht. Die Balance zwischen den Polen Verschmelzung und Autonomie, Nähe und Distanz, bleibt dann nicht an eine »ewig gültige« Rollenverteilung gebunden, sondern kann immer wieder neu verhandelt und eingependelt werden. Allerdings können solche vielfältigen Wahlmöglichkeiten für diese und gegen jene Lebensform, mit Kind oder ohne Kind, auch so überwältigend sein, daß Menschen Entscheidungen unendlich hinausschieben. Im freien Zusammenleben von jüngeren Paaren ist das häufig der Fall. Vor lauter Verwirrung über die offenen Möglichkeiten entscheidet dann manchmal der Zufall, sogar was existentielle Entscheidungen wie das Auseinandergehen oder die Geburt eines Kindes betrifft. Auch davon wird in einer Paargeschichte die Rede sein.

»Auf Liebe und Sympathie aufgebaute Lebensformen sind notwendigerweise zerbrechlicher als die auf sachlicher Notwendigkeit und Zwang beruhenden einer vergangenen Zeit. Wir müssen heute etwas völlig Neues erlernen: sozialen Beziehungen, die auf Liebe, Zuneigung, Sympathie beruhen, eine gewisse Verbindlichkeit zu geben, eine relative Dauer zu verschaffen. Das ist sehr schwer.«[11]

Liebe und Ehe als verbindliches Provisorium also – wie bewältigen Paare diesen Gegensatz? Die Erzählungen jener, die in Krise gerieten und dafür Hilfe suchten, werden zeigen, daß die meisten anfänglich blind waren dafür, wie sehr ihre als einmalig erlebten privaten Gefühle und Verhaltensmuster abhängig sind von gesellschaftlichen Bedingungen. Im Gegenteil: Die Idee persönlicher Verantwortlichkeit für ihre Gefühle und ihre Alltagsbewältigung zwingt Paare geradezu, die gesellschaftlichen Bedingungen zu bagatellisieren. In einer Welt, in der die öffentlichen Institutionen wie Schule, Arbeit und das politische Gemeinwesen zunehmend als »äußerst mächtige und fremde Welt dem Individuum gegenübertreten« (9 op. cit.), wird Ehe und Familie die wichtigste Möglichkeit, Lebenssinn und Identität, Handlungs- und Gestaltungsfreiräume zu finden. Dieser Prozeß geschieht weitgehend durch das Gespräch, die »Kommunikation« zwischen Frau und Mann – das Hauptanliegen von Paaren, die in Beratung kommen. Wenn dieses Gespräch fließt, auch über Jahre hinweg, werden beide in eine dauernde Verwandlung eintreten, die ihr Bild von sich selber und von ihrer Welt immer wieder verändert. Zu dieser Forderung nach dauernder Verwandlung der Beziehungsgestalt gehört aber ebenso dringend die Forderung nach der Weiterentwicklung individueller Identität, welche nur zum Teil aufgehoben sein kann in der Paarbeziehung. Genau so, wie der Ablösungs- und Differenzierungsprozeß des einzelnen von seiner Herkunftsfamilie Voraussetzung dafür war, daß zwei Einzelbiographien »umgeschrieben« werden konnten zu einer Paarbiographie, muß im Lauf der Ehe ein schrittweiser Ablösungsprozeß der Partner voneinander geschehen, ohne daß dabei die gemeinsame Biographie verlorengeht. Wenn diese Balance zwischen gemeinsamer und individueller Identität immer wieder neu gefunden wird, kann sie Orientierung und ein Gefühl für beide vermitteln, in der Welt zu Hause zu sein. »Ich bin 20 Jahre verheiratet«, sagt dazu eine Frau. »Aber nicht mit demselben Mann. So wenig wie er mit derselben Frau verheiratet ist. Wir haben uns beide verändert. Das Gemeinsame unserer Geschichte gibt den Nährboden, ohne den so viele Veränderungen gar nicht möglich gewesen wären.«

Solche Erfahrungen machen verstehbar, warum die Krise oder gar Auflösung einer auf Verbindlichkeit angelegten Beziehung für die Beteiligten den *vorläufigen Zusammenbruch einer Welt* bedeuten, die bei allen täglichen Spannungen sinnstiftende und stabilisierende Aspekte hatte. Ich möchte einen Schritt weitergehen und dafür plädieren, daß die Krisen in Ehen und Familien und die zunehmende Scheidungs-Anfälligkeit weder mit zunehmendem Egoismus – Narzißmus ist nicht dasselbe wie Egoismus! – noch mit der Mißachtung von Ehe und Familie zu tun haben. Im Gegenteil! Paare trennen sich nicht deshalb, weil ihnen Liebe und Familie unwichtig geworden sind, sondern weil sie ihnen so wichtig sind, »daß sie sich nicht mit weniger als einer völlig zufriedenstellenden Übereinstimmung mit dem jeweiligen Partner begnügen wollen« (9 op. cit.). Ehe und Familie sind in dieser Sicht – ideologisch, nicht faktisch – etwas absolut Privates, Selbstverantwortetes. Im Extremfall muß dabei jeden Tag die Frage neu beantwortet werden: Bleibe ich in dieser Beziehung, weil sie mich glücklich macht oder bloß, weil ich mir nichts anderes vorzustellen wage?

Glück als Wahlmöglichkeit und als Leistungsanspruch: Wer es nicht schafft, ist selber schuld

Kein Wunder also, daß jenen, die dem Ideal untreu werden, den Geschiedenen, Alleinlebenden oder -erziehenden, denen, die in Zweit- oder Drittfamilien leben, das Gefühl, versagt zu haben, zu schaffen macht. Ein Gefühl, das sie nicht selber »erfunden« haben, wie zu sehen ist. Meine Erfahrung mit ihnen zeigt, daß es – neben den alltagspraktischen Problemen – vor allem dieser Widerspruch ist, der sie belastet: Einerseits sind Trennung und Scheidung und die Wahl vielfältiger Familienformen auch vom Gesetz her akzeptiert, aber anderseits werden jene, die von diesen Möglichkeiten Gebrauch machen, subtil oder weniger subtil diskriminiert. Einmal mehr zeigt sich mit aller Deutlichkeit, daß offenbar völlig verschiedene und widersprüchliche Ehe- und Familienmodelle nebeneinander bestehen, jedoch nach wie vor das bürgerliche Familienideal als Norm gilt. Das zeigt sich auch im sozialwissenschaftlichen Klassifizierungs-Repertoire. »Stieffamilien«, »Eineltern-« oder »unvollständige Familien« sind Konstrukte, welche zumindest für die Betroffenen signalisieren, daß sie nicht der Norm entsprechen. Vielleicht handelt es sich hier um ein Übergangsproblem. Der Vorteil, daß solche »anderen« Lebensgemeinschaften überhaupt untersucht und beschrieben werden [12], mag darin liegen, daß sie aus dem Dunkel der Anonymität auftauchen und gezeigt wird, mit welcher Energie – und mit wie wenig gesellschaftlicher Unterstützung – Lebensformen entwickelt werden, welche punkto Lebendigkeit und Flexibilität die von konservativen Politikern hochgelobte bürgerliche Familie oft in den Schatten stellen. Es ist zu hoffen, daß auch sie in Zukunft einfach als »Familien« definiert werden.

Paare in Zweitehen, die mit ihren Kindern eine »gemischte« Familienform leben, bekommen manchmal Magenschmerzen vor lauter Anstrengung, sowohl ihre neue Paarbeziehung zu pflegen, als auch den Kindern einen festen Boden inmitten der bewegten Landschaft von Kommenden und Gehenden, alten und neuen Loyalitäten zu vermitteln. Kein Wunder, daß gerade bei ihnen oft die Paarbeziehung von Krisen geschüttelt wird.

Dort, wo die Vorurteile gegenüber geschiedenen Erwachsenen abgebaut worden sind, bestehen sie leider nach wie vor gegenüber den Kindern: »Vaterlose Kinder«, die bei ihren alleinerziehenden Müttern leben, werden nach meiner Erfahrung, z. B. von Lehrerinnen und Lehrern, nach wie vor als besonders gefährdet eingeschätzt und mit einer sich selbst erfüllenden Prophezeiung belastet. Ihre geschiedenen Eltern spüren mit ihnen, daß sie im Glashaus sitzen, und geben sich solche Mühe, alles richtig zu machen, daß ihnen vor lauter Anstrengung oft keine Energie mehr bleibt zum kreativen Nützen freigewordener Spielräume. Solange Scheidung und Alleinerziehung rechtlich akzeptiert, moralisch und wirtschaftlich aber bestraft werden, wird die Lüge von der heilen Familie »als Keimzelle des Staates« immer wieder entlarvt.

Mein Verständnis von Paartherapie: Karikatur oder Chance?

Paartherapie hat Konjunktur. Das erfüllt mich mit zwiespältigen Gefühlen. Die Klinifizierung und Psychologisierung des Alltags und die mit dem Modernisierungsprozeß verbundene emotionale Erhitzung familialer Binnenwelten finde ich zum Ersticken. Wenn das Anliegen der Individualisierung umschlägt in eine Pseudo-Therapiekultur des persönlichen Alltags, »ich bin dein Helfer und du bist meiner, und wenn wir uns begegnen, ist das schön, wenn nicht, analysiere ich dich und du mich ...« bekomme ich Atemnot. Wozu denn Paartherapie, wo liegen ihre Möglichkeiten? Ich denke: in der Verbindung zwischen beidem, der Kontinuität der Tradition und den Wandlungsmöglichkeiten im Modernisierungsprozeß.

Die fraglose Selbstverständlichkeit der traditionellen Lebensform hatte viel Einengendes, auch Repressives an sich. Aber sie gab Halt und Boden unter den Füßen, sie hatte mit alltäglichem, handfestem Leben und mit seinen Grenzen zu tun. Niemand hat mir in meiner Kindheit je einen Rosengarten versprochen. Das wäre auch keine Attraktion gewesen, denn es gab ihn bereits, und es mußte darin Unkraut gejätet und stachliges dürres Zeug geschnitten werden. Reden war in dieser Lebensform eins mit Handeln im Alltag – und Handeln mit Reden. Aber unser Reden war zu sehr auf die selbstverständliche Verwurzelung in der Tradition und zu wenig auf Wandel bezogen, der nötig wurde, als wir die

Individualisierung als Chance für eigene Lebensentwürfe erkannten. Wenn die persönliche Biographie nicht mehr eingebettet ist in fraglose Tradition, sondern laufend entworfen und verhandelt werden muß, setzt das voraus, daß ich mich auf mich selber beziehen lerne. Es bedeutet, daß ich zuerst bei mir selber merken muß, was ich will, bevor ich darüber mit meinen Nächsten »verhandle«. Und es bedeutet, daß dieses »zu mir selber kommen« meistens nicht mittels eindeutigem, rationalem Reden geschehen kann, sondern ein sprachlich diffuses Suchen im Sinne von Versuch und Irrtum bedeutet, an dem ich andere teilnehmen lasse. Da aber liegt das Problem: Die wenigsten von uns sind in einer Kultur aufgewachsen, welche Übungsfelder vermittelt hat für geduldiges Bei-mir-selber-Sein sowie geduldiges Zuhören, wenn das Gegenüber sich selber sucht und langsam findet im lauten Probedenken, vielleicht unterstützt durch meine Fragen. Ungeduldiges »sag doch endlich, was du willst« oder »so unsachlich kannst du doch nicht sein« oder »so sag doch endlich, wie du fühlst«, spiegelt solchen Erfahrungsmangel. Es verhindert, daß zwei sich »mit-teilen«, indem sie etwas (nicht alles!) von sich selber mit dem anderen teilen und durch das laufende Zwiegespräch mit der Zeit eine gemeinsame Welt erzeugen, in der sie zu Hause sind.

Was die meisten Paare bestens können, ist hingegen das gegenseitige psychologisierende Interpretieren und Analysieren im Namen von Liebe und Verstehen: »Du tust das ja bloß, weil...« oder »Du müßtest dich mal mit deiner Mutter befassen...« oder »Hast du eigentlich schon bemerkt, daß du immer...« Ich nenne dies das Reden in Sprechblasen, weil es so gut zu den Sprechblasen in den Comics über Zweierkisten paßt und weil es in den luftigen Höhen von psychologischen Abstraktionen und Interpretationen, übrigens fast immer negativen, stattfindet. Viele Paare müssen dieses Reden in Sprechblasen zuerst verlernen, bevor ihnen ein laufendes Zwiegespräch in der Verbindung mit alltäglichem Handeln möglich wird.

Spannend scheint mir, die geschichtlichen Bedingungen dieses Auseinanderklaffens von Reden und Tun zu betrachten. Offenbar hat es mit der Auflösung des »ganzen Hauses« früherer Jahrhunderte zu tun, in welchem Arbeit und Leben eins waren. Die historisch neue Aufteilung von Arbeiten und Wohnen und auch die Arbeitsteilung selber scheinen das Auseinanderfallen des Umgangs mit *Sprache* und des Umgangs mit *Dingen* zu begründen. Ähnliches geschah offenbar bereits im Bürgertum des ausgehenden 18. und des 19. Jahrhunderts. Die Erfahrung von Sinnentleerung im persönlichen Raum, abgetrennt vom Hantieren mit Dingen (das taten die Dienstboten), scheint zu ähnlicher Erhitzung in Selbstdarstellung und Selbstreflexion geführt zu haben, wie sie heute in der sogenannten »Psychokultur« zelebriert wird. Wer Fontanes »Effi Briest« oder Gorkis »Sommergäste« liest, wird immer wieder an Dialoge erinnert, die heute, über 100 Jahre später, vor allem im Milieu der »Gebildeten« oder der »Alternativen«[13] ganz ähnlich ablaufen.

»Dem Siegeszug der bürgerlichen Lebenswelt wohnte von vornherein die Zuwendung zum Wort inne... Nach dem Zerfall der widerspruchslos hingenommenen Deutungsmuster der alten ständischen Daseinsordnung im Zeitalter der Aufklärung gewinnt das »Wort« auch für die Neukonstitution der Lebensentwürfe herausragende Bedeutsamkeit.«[14]

Mich fasziniert, daß ausgerechnet die narzißtische Selbstdarstellung des Bürgertums, welches von der modernen Gegenkultur einer auf Emanzipation angelegten Psychologisierung des Alltags hätte überwunden werden sollen, dort fröhlich weiterlebt.

Paartherapie heißt in meinem Verständnis also schlicht, daß ich mich einem Paar als Dritte zur Verfügung stelle und in jeder Stunde Bedingungen zu schaffen suche, welche Frau und Mann ein »Zwiegespräch mit den Füßen auf dem eigenen Boden« ermöglichen, als Voraussetzung für das Experimentieren mit anderen Möglichkeiten. Als »Dritte« bin ich jedoch kein unbeschriebenes Blatt, sondern begegne einem Paar mit einem bestimmten Menschenbild, das aus meiner eigenen Geschichte, aus theoretischen Konzepten und ethischen Überzeugungen zusammengesetzt ist. Meine Sichtweise wird als systemische bezeichnet. Das bedeutet, daß ich Menschen und ihre Probleme in ihrer Verflechtung mit physischen, psychischen und gesellschaftlichen Bedingungen und Vorstellungen verstehe und nicht als Summe persönlicher Merkmale. Ich habe den Traum längst ausgeträumt, durch Wissenschaft oder therapeutische Kunst ließe sich eines Tages feststellen, welche Art von Persönlichkeit oder Paarkonstellation bessere oder schlechtere Entwicklungschancen habe. Das sagt sich so leichthin, und doch erfahre ich fast täglich, daß uns

Therapeuten und Therapeutinnen solche Fähigkeiten in Form eines »Röntgenblicks« zugeschrieben werden – nicht zuletzt in den Eheberater-Witzen. Das Klassifizieren und Diagnostizieren von Menschen kann zwar die Illusion von Wissenschaftlichkeit und Kontrolle nähren, aber Anlaß zu Wandel ist sie selten. Die Wirklichkeit, wie sie von den hier erzählenden Paaren erlebt und beschrieben wird, kann nicht durch einen Röntgenblick von außen, sondern nur im Dialog mit ihnen erfahren werden.

Damit will ich aber auch nicht behaupten, Therapie sei genau das, was auch im Treppenhaus eines Mietshauses geschehe: miteinander reden. Zur Professionalität von Therapie gehört, daß sie in einem vereinbarten Rahmen geschieht, durch welchen der Auftrag an uns Berufsleute genau abgesteckt wird. Und es gehört eine Aus- und Weiterbildung dazu, welche uns befähigt, im Spezifischen das Allgemeine zu erkennen und unseren Klienten nutzbar zu machen, sowie die Fähigkeit, sich intensiv mit Menschen einzulassen und dennoch immer wieder aus einer Außenperspektive die Muster zu erkennen, welche sie selber als »Mitspieler« im Paarspiel nicht wahrnehmen können.

Zu meinem Menschenbild gehört auch, daß ich mich mehr an menschlichen Ressourcen als an den Defiziten orientiere, also mehr Freude an den »Speisekammern« im Unbewußten und in der Biographie von Menschen habe als an den »Leichen im Keller«. Das bedeutet aber nicht, daß dieser Blick auf das Positive jenen auf Unrecht, Schuld und Gewalt verstellt. Im Gegenteil! In der Auseinandersetzung mit den dunklen Stellen der eigenen Geschichte ist Wandel möglich, kann Wut oder Trauer in Lebensenergie verwandelt werden. Aber lieber nicht mit moralistischer Lust am Wühlen im sogenannten Bösen, sondern mit der Frage, in welcher Weise die erzählten Geschichten abgeschlossen und in neue Kapitel übergeleitet werden können.

Bei allen Konflikten im Dickicht vielfältiger und widersprüchlicher Orientierungen bin ich immer wieder überrascht, mit welcher Energie Frauen und Männer um die Entwicklung lebbarer Beziehungsformen ringen. Es scheint tatsächlich, daß sie sich in einen »kollektiven Suchprozeß nach der personalen Liebe«[15] begeben haben. Selbst dort, wo sich solches Ringen vorerst durch psychische oder körperliche Symptome manifestiert, ist es möglich, diese als Vorboten von anstehenden Veränderungen zu entziffern. Dabei komme ich nicht umhin, mich selbst immer wieder zu fragen, was meine therapeutischen Anliegen sind: Aufklärung, mit dem gemeinsamen Ziel, daß Menschen ihre persönliche und gesellschaftliche Situation durchschauen und damit neue Handlungsfreiräume entdecken und nutzen? Oder Lebenshilfe, mit dem Ziel, ihnen Anweisungen und praktische Ratschläge für die Lösung ihrer Probleme zu geben und zu zeigen, was richtig und falsch ist? Rezepte zum guten Leben also? Die meisten Menschen kommen mit dem Anliegen in Therapie herauszufinden, was wahr, richtig oder falsch ist, und vor allem, wer daran schuld ist, daß es Probleme gibt. So sind sie erzogen, so suggeriert es das individualistische Ideal mit dem Glauben an die Machbarkeit von Glück durch die fleißige Anwendung von Wissen. Sie in dieser Annahme zu unterstützen hieße, zum bestehenden noch mehr Leistungsdruck hinzuzufügen, ihnen als »Musterschüler und Musterschülerinnen« noch mehr Vernunft und Fleiß beizubringen. Darum versuche ich, mit Frauen und Männern, die zu mir kommen, jeweils einen »Vertrag« auszuhandeln, der vorsieht, daß ich sie im Erkennen neuer Perspektiven unterstütze und sie mit langem Atem in einem zeitlich begrenzten Rahmen, mit Fragen, Experimenten und Anregungen, begleite. Ich übernehme Verantwortung für den Prozeß, nicht für den Inhalt ihrer Entscheidungen. Mein Anliegen dabei ist die Zunahme von Autonomie aller Beteiligten. Daß auch ein Stück »Lebenshilfe« durch das Finden eigener Lösungen mit dieser Form von Therapie verbunden ist, hoffe ich.

Natürlich färbt meine Lebens- und Berufserfahrung auf mein therapeutisches Verhalten ab. Spielerisches Denken – im Konjunktiv der Phantasie statt im Indikativ der Realität –, Handeln im Sinne von Versuch und Irrtum, Lust an Vielfalt und Vieldeutigkeit statt an »Wahrheit« und Eindeutigkeit sowie meine Neugier darauf, wie etwas sein könnte, erleichtert diese Arbeit. Ein Stückweit vertrete ich mit der Idee, daß Wirklichkeit zur Verhandlung offen steht, wohl selber das Ideal der Individualisierung von Lebenslagen. Allerdings ohne die Meinung, daß jeder, der nicht glücklich ist, selber schuld ist. Denn Therapie als Aufklärung heißt für mich immer, das Besondere mit dem Allgemeinen, das Persönliche mit den gesellschaftlichen Zusammenhängen zu verknüpfen. Dazu gehört auch der nüchterne Blick auf die Grenzen des Machbaren.

Das widerspricht dem – vielleicht doch etwas adoleszenten – Ideal von Autonomie im Sinne des Narzißmus: entweder »Ich bin fähig, die Welt täglich neu zu erschaffen« oder »Ich bin absolut unfähig und machtlos«. Wenn dann, wie letzthin in der Schluß-Sitzung einer Paartherapie, mir jemand sagt: »Sie haben mich ermutigt zu leben, statt weitere Therapien auf mich zu nehmen« (nach unendlich vielen Jahren in verschiedenen Therapien), so freue ich mich. Und erinnere mich an Woody Allens Antwort auf die Frage, wie viele Jahre er in Analyse sei: »15 Jahre. Nächstes Jahr gehe ich dann nach Lourdes.«

Ob Paare zusammenbleiben oder nicht, ob sie als Alleinerziehende oder Wiederverheiratete ihr Leben von Grund auf neu gestalten oder nicht, ist nicht meine Entscheidung. Ich weiß eigentlich nie, was richtig ist für sie. Aber ich nehme immer an, daß die gegenwärtige Krise für sie mehr bedeutet als das Leiden am »Familien-Katzenjammer«: nämlich eine Chance, anstehende Lebensprobleme so zu verstehen und zu lösen, daß vielfältigere, reichere Möglichkeiten daraus entstehen und damit ein weiteres Stück Mündigkeit erworben wird. Daß dazu auch Blicke in den Abgrund von Wut, Angst und Trauer über Verpaßtes gehören, daß neben den Möglichkeiten auch Grenzen klar werden, ist schmerzhaft, aber unvermeidbar.

Kapitel 3

Von Paarkrisen und ihrer Bewältigung: Die Befragung von Frauen und Männern nach der Therapie

Hier geht es darum, was für Frauen und Männer an meiner Befragung teilgenommen haben, was ihre Erfahrungen damit waren und welche Annahmen meinen Fragen zugrunde liegen. Es sind folgende:

1. Das Erzählen von Geschichten rekonstruiert Wirklichkeit und öffnet neue Perspektiven.
2. Krisen im Lebenszyklus verstehe ich als Vorboten von Wandel.
3. Partnerwahl und »Paarmythos« enthalten Leitmotive individueller und gemeinsamer Entwicklung.
4. Die Auseinandersetzung mit dem »Chor hinter den Kulissen« der eigenen Herkunft wird durch Paarkrisen herausgefordert.

Als Überleitung zu den Geschichten einzelner Paare stelle ich anschließend ein Raster von sechs möglichen Konstellationen vor und skizziere die Fragen meiner Untersuchung in Verbindung mit ihrer Auswertung in den nachfolgenden »Paarporträts«.

Im Sommer 1990 habe ich an insgesamt 3 Dutzend heterosexuelle Paare, die zwischen 1975 und 1989 bei mir in Paartherapie waren, einen Bogen mit 12 Hauptfragen verschickt. In Kapitel 8 findet sich ein von einem Paar ausgefüllter Fragebogen zur Illustration.

27 Frauen und 26 Männer (25 als Paare zusammenlebend) haben meine Fragen schriftlich beantwortet und dazu, je nach Bedürfnis, ausführliche Geschichten geschrieben. Zwei Frauen und ein Mann haben allein, ohne ihre Partner geantwortet. Die eine der beiden Frauen lebt mit ihrem Mann zusammen, während die anderen einzeln Antwortenden inzwischen geschieden sind. *Zusätzlich* zum Ausfüllen des Fragebogens machten später 7 Paare sowie 3 Frauen und ein Mann Gebrauch von den angebotenen Gesprächsterminen. *Anstelle* von schriftlichen Antworten erklärten sich *5 Paare* zu einem Interview bereit sowie 3 Frauen, welche inzwischen alle getrennt oder geschieden sind. Bei diesen auf Video aufgezeichneten Gesprächen benützte ich den Fragebogen als Gesprächsleitfaden. Insgesamt bekam ich also Rückmeldungen von *33 Paaren*.

Von den insgesamt 66 antwortenden Frauen und Männern leben *54 noch als Paare zusammen. 6 Paare sind inzwischen geschieden oder haben sich »intern« getrennt,* indem sie zwar verheiratet geblieben sind, aber getrennt wohnen. Es ist anzunehmen, daß von jenen, die gar nicht geantwortet oder eine Antwort auf später verschoben haben (also 5 Paare), zwei inzwischen getrennt sind. Auf einen Nachfolgebrief an sie im Dezember 1990 habe ich entsprechende Hinweise von ihnen bekommen. Dieses Ergebnis entspräche etwa dem Erfahrungsdurchschnitt in meiner Praxis; daß nämlich etwa *ein Fünftel aller Paare, die in Therapie kommen, sich entweder trennen oder scheiden lassen.* Ob dieses Ergebnis gut oder schlecht ist, will ich hier nicht bewerten.

Die Auswertung der Fragebogen erfolgte zusammen mit Barbara Welter, einer Studentin der Sozialwissenschaften, die Videos wertete ich allein aus. Das bedeutet, daß meine therapeutische Perspektive sowohl in den Fragestellungen als auch in der Auswertung der Antworten durchgängig wirksam ist, was von einem strengen, quantitativwissenschaftlichen Standpunkt aus natürlich fragwürdig ist. Da ich aber bereits als Therapeutin Teil der beschriebenen Paarbeziehungen geworden war und außerdem hier an Geschichten als Erfindung von Wirklichkeit und nicht an quantitativer Forschung interessiert bin, vertrete ich die qualitative wissenschaftliche Tradition. Die in meiner Fragestellung enthaltenen Annahmen sollen klar werden, weshalb ich mich eingehend mit meinen Annahmen und Ideen über menschliche Probleme und Wandel befassen werde.

Erfahrungen der Paare mit dem Beantworten meiner Fragen

Die meisten Paare, auch voneinander getrennt lebende, berichten, daß sie meine Fragen (siehe dazu Kap. 8) zwar individuell beantworteten, ihre Antworten jedoch später miteinander austauschten und dabei spannende und manchmal auch entspannende Gespräche führten. Mit zwei Ausnahmen haben alle ihre Erfahrungen mit den Fragen als hilfreich, anregend oder »wie eine gute Therapiestunde« bewertet. Ein sozialwissenschaftlich Gebildeter unter ihnen kritisierte die Komplexität meiner Fragen. Er verwies darauf, daß sie wieder einmal ein typisches »Mittelschicht-Vorurteil« einschließen. Als Angehörige dieser Schicht und Vertreterin der Überzeugung, daß alle unsere Theorien, auch die sogenannt wissenschaftlichen, geprägt sind von den Interessen der Fragenden sowie vom Kontext der Befragung, kann ich dieser Kritik nur beipflichten. Wer sich über Paare und Familien in den Elendsquartieren einer europäischen Großstadt oder in einem schweizerischen Bergtal informieren möchte, ist hier am falschen Ort. Ich habe mich jedesmal besonders gefreut, wenn ausgerechnet von denen, die über das geringste Maß an formeller Bildung verfügen, lebendige, ausführliche und für mich neue Geschichten kamen. Offensichtlich hatten sie keine Mühe, die gestellten Fragen zu verstehen. Sie waren ja auch keine »Anfänger« darin, denn wie erwähnt spiegeln meine Fragen mein Verständnis davon, wie Menschen in Krise geraten und daraus herauskommen, das ihnen aus der Paartherapie vertraut war.

Vielleicht sind unsere Vorstellungen von der Schicht-Spezifität sozialer Konstruktionen in dieser Zeit doch eher Kopfgeburten, *zumindest* was jene Menschen betrifft, die eine Beratung in Anspruch nehmen? Vielleicht bezieht sich die private Orientierung bei den befragten Menschen aus der Schweiz, aus Deutschland und aus Österreich doch mehr auf Generation als auf Schichtzugehörigkeit. Das heißt nicht, daß ihre jeweils einmaligen Lebensgeschichten dieselben sind. In ihnen spiegeln sich wesentliche Unterschiede über die Art und Weise, wie Paare leben und Sinn suchen. Aber die widersprüchlichen modernen Ideen von der Wichtigkeit des individuellen Lebensentwurfs und der gleichzeitigen Sehnsucht nach der verbindlichen Zweierbeziehung und dem ewigen Liebeserlebnis berühren wohl alle auf irgendeine Weise.

Falls ich je vom Experten-Dünkel befallen war, nämlich der Idee, daß ich wüßte, was für andere gut sei, so hat mich die Erfahrung mit den mir antwortenden Paaren davon befreit. Wenn jeweils wieder ein dicker Briefumschlag voller Geschichten bei mir im Briefkasten lag, konnte ich kaum auf die nächste ruhige Stunde warten, um sie zu lesen. Meine Bewunderung und Dankbarkeit meinen ehemaligen Klientinnen und Klienten gegenüber wuchs täglich. Nicht nur, was die Qualität ihrer Antworten betrifft, sondern auch, was die vielen Stunden Arbeit anbelangt, die sie in das Schreiben investierten. Einige haben ganze Wochenenden daran gegeben, andere nahmen sich zusätzlich Zeit für das Gespräch mit mir. Ich hoffe, ihnen allen mit diesem Buch zu danken.

Meine Auseinandersetzung mit der unerwarteten, überwältigenden Fülle, den ungefähr 800 Seiten Gedanken und Geschichten zu meinen Fragen, begann, als ich versuchte, anhand meines ursprünglichen Frage-Kompasses die Erfahrungen der Befragten zu einem Ganzen zu fügen. Die nachfolgenden Gespräche mit ihnen ergaben Antworten auf neue Fragen, die mir erst beim Lesen der ausgefüllten Fragebogen kamen. Denn das ist der Nachteil und gleichzeitige Vorteil, wenn Klienten die Annahmen ihrer Beraterinnen und Berater überprüfen. Sie sagen einem deutlich, wo man ins Schwarze getroffen hat, aber auch, wo man auf dem Holzweg war. Ich werde versuchen, das, was die erzählenden Paare mich lehrten, in dieses Buch einzubauen, indem ich möglichst viel davon im *Originalton* wiedergebe.

Wer kommt überhaupt in Paarberatung, und wer machte bei der Befragung mit?

Stimmt es, daß es vor allem die »Gebildeten« oder die sogenannten »Alternativen« sind, wie die gängige Vorstellung lautet? Obwohl ich in einer Privatpraxis arbeite, bestätigt sich das Vorurteil nicht. Von den 33 Paaren, welche an der Befragung teilgenommen haben, gehören 11 zu der Gruppe, bei welcher Mann und Frau eine Lehre oder Anlehre gemacht haben, wobei die Männer in dieser Gruppe eher als die Frauen eine Zusatzausbildung (z. B. Technikum) aufweisen. Bei den Frauen sind es 3 von 11, die als Verheiratete noch eine Fortbildung absolvierten, übrigens alle als Folge der Paarkrise. Eine Frau hatte als Lehrerin bereits mehr formale Ausbildung als ihr Mann, nutzte diese aber erst nach der Scheidung zum Wiedereintritt in die Arbeitswelt. Bei 15 Paaren haben die Männer eine akademische Ausbildung in Naturwissenschaften, Sozialwissenschaften oder als Ingenieure. Ihre Frauen haben als gelernte Sekretärinnen, Krankenschwestern, Sozialpädagoginnen usw. meistens eine Lehre oder Berufsmittelschule absolviert, auf eine mögliche Fortbildung nach der Heirat aber durchwegs verzichtet. Auch hier wurden einige Frauen durch die

Krise motiviert, ihre Fortbildung wieder aufzunehmen. Bei 7 der antwortenden Paare haben beide, Frau und Mann, eine abgeschlossene akademische Ausbildung. 4 Frauen unter ihnen sind voll berufstätig, 3 in Teilzeit.

Nota bene: Wenn wir das Spannungsfeld zwischen Frauen und Männern in einer Paarbeziehung verstehen wollen, kommen wir nicht darum herum, zur Kenntnis zu nehmen, daß das Ideal der »Gleichwertigkeit« – als Voraussetzung für die Wahl eines eigenen Lebensentwurfs – bereits an ihrer unterschiedlichen Schul- und Berufsausbildung zerbricht. Sogar dort, wo diese ursprünglich gleich war, wie zum Beispiel bei zwei Paaren, wo Frau und Mann dieselbe Verkaufslehre machten, laufen ihre beruflichen Entwicklungen völlig auseinander, sobald sie Kinder haben. Während der Mann aufsteigt und ein großes Geschäft leitet, sinkt seine Frau als »Aushilfe« mit stundenweiser Arbeit auf die unterste Lohnstufe und hält ihm zu Hause für den Aufbau seiner Laufbahn den Rücken frei, ohne Lohn.

An solche Ungleichheiten in den Bedingungen von sozialem Status, Lohn, Anerkennung und Einflußmöglichkeiten ist zu denken, wenn von der unterschiedlichen Zufriedenheit von Frauen und Männern mit ihrem Leben als Paar die Rede ist. Die gängige Frage, wie Frauen »Familie und Berufslaufbahn« kombinieren können, wirkt dann beinahe zynisch. Sie muß auf jeden Fall um die Perspektive der ungleichen Voraussetzungen in der Berufsausbildung und der beruflichen Fortbildung von Frauen und Männern erweitert werden. Das bedeutet, Frauen entscheiden sich, wenn sie Kinder möchten, nach wir vor fast immer für schlechtere Entwicklungsbedingungen im Beruf. Wenn mitbedacht wird, daß Frauenlöhne für dieselbe Arbeit immer noch unter den Männerlöhnen liegen, wird verständlich, warum auch jüngere Frauen oft froh sind, ihre Berufstätigkeit aufzugeben und Identität aus der Rolle als Mutter und Hausfrau abzuleiten. Aber auch der spätere Groll vieler solcher Frauen wird verstehbar, wenn sie erleben, wie wenig Anerkennung sie für ihre Entscheidung zugunsten der Familie bekommen und darüber hinaus als »mächtige Mütter« in einen zweifelhaften Ruf geraten.

26 Paare von den 33 in meiner Untersuchung haben zwischen einem und fünf *Kindern*, drei davon aus je früheren Ehen. 7 der befragten Paare sind kinderlos, bei 5 von ihnen ist die Kinderlo-

sigkeit geplant, 2 haben sich noch nicht für oder gegen Kinder entschieden.

Was sind das denn für Menschen, die in eine Paarberatung kommen? Ich kann diese Frage, die mir immer wieder gestellt wird, nicht generell beantworten. Meine Mutter sagte damals, als ich mit dieser Arbeit begann: »Es sind die schlechtesten Früchte nicht, woran die Wespen nagen...« Nach meiner Erfahrung kommen jene Menschen, welche nicht zufrieden sind mit Mittelmäßigkeit, weder bei sich noch in ihrer Beziehung, sowie jene, die genug Phantasie und Visionen haben, daß das, was sie jetzt leben, verwandelt werden kann in mehr Vielfalt und Lebendigkeit. Ich mag die sogenannten Unzufriedenen und die, welche unterwegs sind, mehr als die Zufriedenen und Satten und hoffe, daß in den Porträts, welche ich skizzieren werde, etwas von diesem Gefühl spürbar wird.

Zu den Annahmen hinter meinen Fragen:

1. Geschichten erzählen als Rekonstruktion von Wirklichkeit

Was man nicht erklären kann, muß man erzählen

Eine Annahme, welche meinem Verständnis vom Leben in der Vielfalt moderner Lebensformen zugrunde liegt, ist, daß menschliche Identität wesentlich strukturiert wird von Interaktions- und Sinnfindungsprozessen in Familien und familienähnlichen Beziehungen. Die bereits skizzierte Subjektivität des Modernisierungsprozesses stellt hohe Anforderungen an das Individuum, sich seiner sozialen Zugehörigkeit zu vergewissern, weil Paar- und Familienbeziehungen in den wenigsten Milieus noch geprägt sind von fraglosen Normen. Ich verwende für diese Situation den Begriff des »verbindlichen Provisoriums«. Soziologen bringen die mit diesem Anspruch verbundene Überlastung in Verbindung mit der Beobachtung, daß etwa ein Drittel der Bevölkerung der westlichen Welt in ihrem Leben bereits eine psychische Krankheit durchgemacht hat oder noch daran leidet.

Auf einem solchermaßen schwankenden Boden des Alltags bekommt unser Verstricktsein in Geschichten für das Individuum eine besondere Bedeutung, sowohl als Möglichkeit von Verankerung wie auch als Ermutigung zum Aufbruch. Wenn ich auf Familiengeschichten zurückgreifen kann, in welchen beides angelegt ist, das Festhalten und das Loslassen, verlieren kritische Übergänge etwas von ihrem Schrecken. Unsere Vertiefung in Geschichten und unser Erzählen davon schafft die Voraussetzung für ständig notwendige Verwandlung im rasch fließenden Strom der Zeit. *Geschichten erzählen ermöglicht gleichzeitig Kontinuität und Wandel.* Im Begriff des »Fließgleichgewichtes« sind beide Aspekte aufgehoben, das Festhalten und das Loslassen als Voraussetzung dafür, daß wir weder in tödliche Erstarrung verfallen noch vom Chaos überwältigt werden.

Das »Selbst« ist in dieser Sichtweise ein zwischenmenschliches Phänomen: Es gibt so viele Selbst, wie wir einander Geschichten über uns und andere erzählen. Als die befragten Männer und Frauen, angeregt durch meine Fragen, ihre Geschichten erzählten, haben sie damit für sich selber zweierlei erzeugt, nämlich Sinnzusammenhänge und neue Handlungsmöglichkeiten. Kein Wunder, daß die meisten von ihnen diesen Prozeß zwar als anstrengend, aber auch stimulierend und hilfreich beschrieben. Indem sie erzählen, denken Menschen über ihre Lage nach und nehmen gleichzeitig Abstand von ihr. Auf diese Weise bleiben sie nicht länger als Gefangene im Netz ihrer Geschichte(n) verstrickt, sondern stricken diese weiter oder – um im Bild zu bleiben – knüpfen ihr Netz eigenständig. Wenn Erfahrung in Sprache gefaßt wird, eröffnen sich vielfältige Perspektiven. Es werden damit bisherige, meist einengende Interpretationen mit neuen Bedeutungen versehen. Das meine ich, wenn ich davon ausgehe, daß das Erzählen der eigenen Geschichte sowohl Sinnzusammenhänge im Gewordenen als auch Perspektiven für Neues erzeugt.

»Wenn wir von menschlichen Eigenschaften reden, so mag die letzte Grundlage dafür sein, daß die Geschichten von Anbeginn eine Wachstumsrichtung haben, daß in jeder Geschichte schon die zukünftige Geschichte mitangelegt ist, daß die vergangene Geschichte die zukünftige hervortreibt, aus sich heraussprießen läßt.«[1]

Die Versprachlichung des Erlebten als Voraussetzung für Handeln bedeutet also nicht einfach Abbildung, sondern Neuordnung von Wirklichkeiten. Es geht daher nicht um »die« Wahrheit im Sinne der Begründung, warum ein Leben so und nicht anders geworden ist (und wer schuld daran ist!), sondern um die Frage, wie Menschen Wirklichkeiten schaffen und Wahlmöglichkeiten freilegen. Denn natürlich kann jede Geschichte – auch die Geschichte dieses Buches – ganz anders erzählt werden und zu ganz anderen Möglichkeiten führen. Bei den nachfolgend skizzierten Paargeschichten geht es also nicht um »Authentizität«, wie sie von der modernen Subjektivierungskultur verlangt wird. Es geht um Rekonstruktion von Erfahrungen. Daran ist zu denken, wenn Frauen und Männer über ihr Leben mit Partnerin und Partner, Kindern und Herkunftsfamilien erzählen.

2. Krisen im Lebenszyklus sind Vorboten von Wandel

Paarberatung ist insofern kritisiert worden, als die präsentierten Probleme dadurch zu sehr psychologisiert und individualisiert würden. Paarkrisen müßten vielmehr als »folgerichtiger Schritt im Modernisierungsprozeß« verstanden werden. Im zweiten Kapitel habe ich auf den Wandel in der therapeutischen Theorie und Praxis verwiesen, welche den gesellschaftlichen Kontext von Paar und Familie mitthematisiert. Die Frage allerdings, warum die einen Paare am skizzierten Modernisierungsprozeß und den dadurch notwendigen Übergangskrisen gedeihen, während andere daran zerbrechen, ist durch die gesellschaftliche Perspektive allein nicht erklärbar. Es gehört dazu das Verständnis für individuelle Disposition, Biographie und persönliche Entwicklung eines Mannes und einer Frau in der Verschränkung mit ihrer Paargeschichte von dem Moment an, wo sie sich ineinander verlieben und später im Alltag zusammen leben. Meine Fragen zum Krisenverständnis der Erzählenden betreffen diese *Verknüpfung des Einmaligen ihres Lebens mit dem Allgemeinen von Geschichte und gesellschaftlichem Wandel*.

Ich verstehe Paarkrisen immer als Übergänge in der Entwicklung von Frau und Mann als Individuen und als Paar. Der Begriff des »Lebenszyklus« erscheint als hilfreicher Begriff dafür, warum zu den allgemeinen Veränderungen auch der Blick auf den Entwicklungsprozeß in der einmaligen Welt eines bestimmten Paares gehört. Jede Familiengeschichte kann gedacht werden als ein Staffettenlauf durch die Generationen, wobei die Stabübergabe als kritische Übergangsphase im Lebenszyklus jeweils sanft und beinahe unbemerkt oder aber unsanft und in Verbindung mit heftigen Erschütterungen geschehen kann. Viele psychische und körperliche Erkrankungen haben mit dem Streß zu tun, der bei solchen Stabübergaben entsteht, vor allem dann, wenn Familienmitglieder im »Interregnum« zwischen gestern und morgen stekkenbleiben und die Generationen sich nicht genügend abgrenzen.

Der persönliche Lebenszyklus eines Menschen, also die Entwicklungsphasen, welche er von Kindheit an durchläuft, ist nicht genormt, wie das einmal angenommen wurde, sondern hat vielerlei Varianten. Es kann auch nicht angenommen werden, daß eine jeweils vorhergegangene Phase, zum Beispiel die berühmte frühe Kindheit, linear die nächste vorbereitet. Zu jeder menschlichen Entwicklung gehören voraussehbare Diskontinuität, aber auch plötzliche Sprünge, welche nicht berechenbar und nicht kausal vorbestimmt sind. Damit läßt sich erklären, warum zwei Menschen, auch wenn sie noch so sehr aufeinander bezogen sind, sich nie im Gleichschritt entwickeln können.

Auch der Lebenszyklus von Paaren und Familien ist kein normativer, er verläuft in plötzlichen heftigen Sprüngen oder sanften Verwandlungen, die manchmal kaum bemerkt werden. Dennoch scheint es sinnvoll, sich an einem allgemeinen groben Raster voraussehbarer Übergänge beziehungsweise krisenanfälliger Zeiten zu orientieren: Die Zeit der jungen Liebe mit ihrer Tendenz zur Fusion des Paares und der Abgrenzung von anderen als erste Phase mitsamt der Frage, ob ein Paar Kinder will; die Geburt des ersten Kindes und dann die Zeit mit Kindern als zweite; die Adoleszenz der Kinder, ihr Wegzug und die Neudefinition (oder Auflösung) der Paarbeziehung als dritte Phase; schließlich der Rückzug aus dem Berufsleben und zuletzt das Altwerden und der Tod des einen und dann des anderen Partners. Die meisten Paar- und Familienkrisen stehen im Zusammenhang mit Übergängen von einer Phase zur anderen, meistens verbunden mit dem Weggang oder der Aufnahme eines Menschen in die Familie. Sie sind verbunden mit neuen Erfahrungen, welche eine Umwandlung des Ganzen nötig machen, ohne daß es daran zerbricht. Jede Übergangsphase bedeutet ein kritisches Spannungsfeld zwischen dem Bisherigen und dem noch nicht geborenen Neuen. Die dabei auftretenden Zeichen von Streß sind in meiner Sicht als *Vorboten anstehenden Wandels* zu verstehen, nicht als Quittung für »nicht richtig gelebtes Leben«.

Es sind aber nicht die Übergänge im Lebenszyklus an sich, welche »kritisch« sind, sondern die Art und Weise, wie Menschen sie bewerten und mit ihnen umgehen. Darum lohnt es sich, im folgenden einen kurzen Blick darauf zu werfen, wie der »natürliche« Prozeß von Entwicklung und Wandel in menschlichen Beziehungen geschieht. Als erste Vorboten fälliger Veränderungen versagen die alten Beziehungsmuster. Eine Paargewohnheit wie die, daß zum Beispiel eine Frau ihren Mann beim Autofahren mit Hinweisen auf Gefahren irritiert oder ein Mann bei Einladungen jeweils mit anderen Frauen flirtet und seine Partnerin ignoriert, kann jahrelang toleriert werden. Dann, quasi über Nacht, wird das entsprechende Muster zwischen den beiden zum Kristallisationspunkt heftiger Auseinandersetzungen oder eisiger Distanz. Typischerweise greift der eine oder andere der beiden dann auf Lösungen zurück, die schon einmal wirksam waren, und verwendet sie ad hoc, das heißt ohne weitere Diskussion. Er zum Beispiel bringt ihr Rosen, sie zum Beispiel schweigt während der restlichen Autofahrt. Aber diese ad hoc Lösungen (die sogenannten »Lösungen erster Ordnung«) bewirken meistens mehr desselben: mehr Irritation, mehr Dissonanz. Denn sie weisen ja auf den alten, unbefriedigenden Zustand zurück. Als letzter Schritt der Eskalation der Krise erfolgt meistens der Zusammenbruch des Bisherigen. Nicht selten schlägt in dieser Phase die erfahrene Hilflosigkeit in Aggression oder Depression um. Wenn dann inmitten des Chaos und der Verzweiflung nichts mehr geht, kann auf einer anderen, noch nie erreichten Ebene plötzlich Neues entstehen, können differenziertere Sichtweisen des Bisherigen sowie Verhaltensmöglichkeiten aufgehen, die bisher nicht vorstellbar waren (»Lösungen zweiter Ordnung«). Es können aber auch beide verharren im Chaos oder in der Erstarrung, aus welcher mit der Zeit ein sogenanntes Symptom als Kompromiß zwischen »Festhalten und Loslassen« entsteht: Sie trinkt heimlich zu viel Alkohol, er leidet an Bluthochdruck, sie verbündet sich gegen ihn mit den Kindern, er nimmt diesen den Fernseher weg.

In einer Situation von Erstarrung oder Chaos, manchmal bereits mit deutlicher Symptomatik, sehe ich die meisten Paare, welche Beratung beanspruchen. Wenn sie im Rückblick beschreiben, was die damalige Krise auslöste, tun sie es immer nur annähernd und aus der Sicht der Gegenwart. Sie beschreiben vor allem Unterschiede zwischen damals und heute, d. h., was ihnen aus der *heutigen Sicht* damals geholfen oder was sie behindert hat. Das allerdings ist aufschluß- und hilfreich genug, auch für andere, wie die folgenden Paargeschichten zeigen werden. Wenn Paare rückblickend ihre Probleme und ihre Sicht der Krise beschreiben, welche sie in die Therapie brachte, tun sie es nun mit einer Außenperspektive, wie sie auf dem Tiefpunkt des damaligen Engpasses zwischen Vorher und Nachher nicht möglich war. Gerade durch den Zusammenbruch des Vorherigen wurde Neues möglich. Statt, wie zum Beispiel »Streitpaare« es tun, nach der Erhitzung eine Abkühlungsphase einzuleiten, welche zu neuer Erhitzung des Konflikts führt, hat ein solches Paar vielleicht inzwischen eine Möglichkeit gefunden, durch Rituale von Distanz und Versöhnung einen Streit jeweils so zu Ende zu führen, daß daraus neue Lösungen entstehen. Erstarrte Rollenmuster werden auf diese Weise verflüssigt, es entstehen neue Spielräume und vielfältigere Verhaltensmöglichkeiten für beide.

3. Partnerwahl und Paarmythos

Im Rückblick auf ihre Krise nimmt meine Frage, mit welchen Bildern und Vorstellungen Frau und Mann zusammenkamen, einen besonderen Platz ein. Das hat seine Gründe. Unter dem Einfluß wissenschaftlicher Erkenntnis- und Vorgehensweisen sowie einer hohen Bewertung individueller Autonomie neigen wir Therapeuten dazu, das Thema der Partnerwahl vorwiegend unter neurotischen Aspekten persönlicher Mängel zu untersuchen. Wir beklagen zum Beispiel, daß die unbewußten Motive, mit denen eines das andere in die Rolle eines Elternteils oder Heilers oder umgekehrt eines Kindes oder Patienten »lockt«, den jeweils eigenen Entwicklungsprozeß zur Selbstfindung behindern. Die Seiten, welche ein Mensch sich selber nicht zu leben getraut, werden gemäß dieser Sichtweise dem Partner zugeschoben, der damit in ein Bild gezwängt wird, das nur einen Teil seiner vielfältigen Facetten erfaßt. Viele von uns kennen das aus eigener Erfahrung. Man verliebt sich immer nur in gewisse Seiten eines anderen Menschen und überhöht diese, während andere geflissentlich übersehen werden. Aber ich sehe das nicht als »Pathologie«. Einengend und entwicklungsbehindernd wird solche Einseitigkeit in der Zuweisung von Facetten bloß, wenn beide miteinander stillschweigend übereinstimmen, daß sie »so sind« und bleiben müssen, wie sie vom Partner in der ersten Phase der Verliebtheit als Idealbild entworfen wurden. An der Güte der Partnerwahl liegt das aber nicht.

Mir gefällt darum die Idee, wonach das »Liebeserlebnis« der romantischen Phase einer Beziehung und die »Liebe« zwei verschiedene Dinge sind, beide gleich viel wert und voneinander abhängig.

»Im Liebeserlebnis, in der Verliebtheitserfahrung leuchtet tatsächlich ohne unser Zutun, als Geschenk und Gnade, die Vollgestalt der Liebe auf. In ihr wird gleichsam im Vorgriff ahn- und fühlbar, was die Liebe zwischen diesen beiden Menschen sein könnte. Was sie sein könnte, nicht was sie ist.«[2]

Vision also, wie die Dinge werden könnten, und nicht neurotische Projektion ist gemeint, wenn ein Partner im anderen Eigenschaften sieht und liebt, welche dieser vielleicht bisher selber kaum bemerkt oder sich zugetraut hat. Dazu Brecht[3]

»Der Beobachter muß also dem Beobachteten ein gutes Bildnis schenken, das er von ihm gemacht hat. Er kann Verhaltensarten einfügen, die der andere gar nicht fände, diese zugeschobenen Verhaltensarten bleiben aber keine Illusionen des Beobachters; sie werden zu Wirklichkeiten: Das Bildnis ist produktiv geworden, es kann den Abgebildeten verändern, es enthält (ausführbare) Vorschläge. Solch ein Bildnis machen heißt lieben.«

Mit dem Begriff des »Paarmythos« als Leitbild für den gemeinsamen Lebensentwurf bezeichne ich bewußt diffus das, was wissenschaftlich als Motivation für die Partnerwahl beschrieben wird. Diffus deshalb, weil der rationale Begriff der Wahl nicht das trifft, was ich meine: Das intuitive Gespür für etwas, was entstehen könnte, auch wenn es noch keine klare Gestalt hat, die Ahnung, daß das Fremde überwunden werden kann und daß im scheinbar Unähnlichen, das die Faszination des Gegenübers ausmacht, auch Ähnliches verborgen ist. Der Paarmythos ist eine gemeinsam erfundene Geschichte, die weitererzählt und erneuert werden kann.

Mythos wird in Meyers Großem Taschenlexikon wie folgt definiert:

(griech. »Wort, Rede, Erzählung, Fabel«), »Wort« im Sinne einer letztgültigen und deshalb nicht mehr zu begründenden Aussage, die Existenz und Geschichte der Welt und des Menschen auf das Handeln von göttlichen Wesen zurückführt... Im Gegensatz zur logischen Erkenntnis bildet nämlich der Mythos keine Urteile, sondern will Realitäten darstellen, für die er keine rationalen Beweise zu erbringen braucht.

Im Paarmythos liegt, ähnlich wie in den Geschichten eines Paares, der Keim für Entwicklung und Verwandlung. Ich verstehe ihn als die *Ouvertüre zum Gesamtwerk*, in welcher die Leitmotive anklingen, die in den nachfolgenden Sätzen auf dem gemeinsamen Weg Gestalt annehmen. Damit sie das tun, damit daraus vielfältige, nie genau vorhersehbare Variationen entstehen können, braucht es jedoch handwerkliches Rüstzeug und Ausdauer. Auch davon wird in den folgenden Paargeschichten die Rede sein.

Die Partnerwahl aktiviert die bisherige Lebensgeschichte jedes einzelnen mit ihrem Reichtum und ihren traurigen Seiten. Viele Jahre später berichten mir Frauen und Männer in Therapie, wie unvergeßlich ihnen jene ersten Stunden des Kennenlernens sind. Sie erinnern sich, wie sie einander Geschichten erzählten von Kindheit, Eltern, Geschwistern, Schule, von den Streichen, die sie gespielt haben und von dem, was sie traurig gemacht hat, und wie wohl es ihnen beim Erzählen war. Eine Frau Ende 30: »Während ich ihm damals erzählte, bin ich eine andere geworden – fast wie eine Schauspielerin, die ihren Part zwar kann, aber noch nie auf der Bühne gespielt hat, zusammen mit anderen Figuren und im richtigen Kostüm. Das war eine wunderbare Erfahrung, und wenn wir es heute gut haben zusammen und einander erzählen, ist es mir so wohl mit meinem Mann wie damals.«

Das gemeinsame Erzählen schafft die Voraussetzung dafür, daß jedes sich selbst und das Gegenüber erkennt. Erkennen, die Voraussetzung für Intimität, heißt dann, sowohl das, was gewesen ist, als auch das, was werden könnte, zu verweben zu einer gemeinsamen Geschichte. In dieser Geschichte müssen, soll sie lebendig bleiben, die beiden einzelnen Biographien so aufgehoben sein, daß jede von ihnen sich als Ganzes und gleichzeitig als Teil einer neuen Ganzheit entwickeln kann. Die Wiederbelebung der lustvollen wie auch der konfliktbesetzten Themen der bisherigen Lebensgeschichten, »in ihren auf Veränderung gerichteten, progressiven, wie den auf Fortsetzung des Bisherigen gerichteten Aspekten, macht die gegenseitige Anziehung aus«.[4] Genau das meine ich, wenn ich in diesem Text manchmal das Bild von den neuen Kapiteln benutze, die der bisherigen Geschichte zugefügt werden, ohne daß das Alte dem Neuen geopfert wird.

Ich frage Paare gerne nach ihren Geschichten und Bildern aus der Zeit der ersten Verliebtheit, weil ich darin immer ein Stück Weisheit im Sinne von Selbstheilung vermute, welche der Besänftigung ihrer heutigen Krise dienen kann. Wer erinnert sich nicht an die Neugier, mit der wir als Kinder wissen wollten, wo und wie sich unsere Eltern kennengelernt haben, warum gerade sie beide sich ineinander verliebten, wie sie geheiratet haben und wer was dazu gesagt hat... Davon zu hören gab uns ein Gefühl von Sicherheit und Vertrauen: »Die zwei haben etwas miteinander, das stärker ist als ihr alltägliches Geklöne.« Die Geschichten aus der ersten Zeit einer Liebe können aber auch für das Paar selber eine Art Gehäuse bedeuten, das beim Erzählen ausstaffiert wird mit tausend bunten Kleinigkeiten. Die Farbe des Kleides, das sie beim ersten Rendezvous trug, eine Melodie, die damals überall in der Luft hing, der Wiesenstrauß, den er für sie pflückte, oder wie ihre jüngeren Geschwister ihn sofort mochten, als er mit ihnen beim ersten Besuch zu Hause Ball spielte, gehören dazu. Die wunderbaren Verwandlungen der Zeit der ersten Verliebtheit sind manchmal einer Bekehrungserfahrung ähnlich, da ein bedeutsamer anderer alle bisherigen Grenzen des Selbst sprengt, zu Verwandlungen und Entwicklungen ermutigend, wie sie bisher undenkbar waren. Beim Nacherzählen wird fast immer etwas von dieser Erfahrung lebendig: So über mich selber hinauswachsen kann ich ja, das habe ich doch schon erlebt, oder: So also konnten wir zwei einander einmal beflügeln und unsere gegenseitigen Möglichkeiten erweitern!

Die Verbindung von Vergangenheit und Zukunft ist ein Schwerpunkt meiner Untersuchung wie auch dieses Buches. Geschichtenerzählen zur Eröffnung vielfältiger Perspektiven gehört wesentlich zu meinem Therapieverständnis. Das Anknüpfen an den ursprünglichen Paarmythos fordert zum Versuch heraus, die damalige Vision nochmals aufzunehmen und zu übersetzen auf weitere Sätze des »Gesamtwerkes«, bevor dieses voreilig weggesteckt wird. Im Wiederfinden des Mythos liegen Möglichkeiten zu seiner Entwicklung, solange er nicht bloß negativ, als lineare Erklärung für die gegenwärtige Krise, gebraucht wird. Zur Frage, was die ursprüngliche Partnerwahl aus den beiden Menschen gemacht hat, kommt ja die Frage, wie sie dem gemeinsamen Lebensentwurf neue Variationen zufügen. Solche Fragen bewirken nicht selten, daß das ursprüngliche Liebeserlebnis, welches inzwischen vielleicht als unreif oder irrational abgetan wurde, wieder in seiner früheren Leuchtkraft ersteht: »Da waren wir aber unglaublich risikofreudig und sind eigentlich über uns selber hinausgewachsen«, erzählt eine Frau aus traditionellen Verhältnissen, die in der Phase der ersten Verliebtheit auf seine Bitte hin zu ihrem damaligen Freund und heutigen Partner nach Südamerika reiste, worüber ihre und seine Familie kopfstanden. Die gemeinsame Risikofreude und Lebendigkeit konnte später quasi aus der Vorratskammer der Paargeschichte geholt werden, als die Mühen des Alltags einer interkulturellen Ehe die beiden zu überrollen drohten.

Krisen im gemeinsamen Leben fordern immer auch dazu heraus, Abschied zu nehmen von jenen Seiten des Paarmythos, welche mit dem Begriff der »Projektion« bezeichnet werden. Ich meine damit die Einengung des Gegenüber auf ein Bild, das ihn oder sie zwingt, eigene ungelebte Seiten stellvertretend zu leben. Solche Projektionen haben neben persönlichen Motiven immer auch mit kulturellen Normen zu tun. So wird zur Erfüllung der gemeinsamen Sehnsucht nach Intimität in unserer Kultur von der Frau traditionell »volle Hingabe« erwartet und vom Mann »volle Aktivität«, was dazu führen kann, daß Frauen sich auf Pseudo-Intimität und Männer sich auf Pseudo-Distanz festnageln lassen, womit beide einen Teil ihrer selbst aufgeben. Abschiednehmen von solchen einseitigen Zuschreibungen heißt, die Fremdheit des anderen neu zu respektieren. Es bedeutet eine Möglichkeit, den »Paar-Tanz« um Nähe und Distanz neu zu erfinden.

Ein weiterer Anlaß für die Revision des Paarmythos durch die Krise liegt in den unfertigen Geschichten oder unerledigten Geschäften aus der jeweiligen Herkunftsfamilie, welche oft beide Partner in die Erwartungen aneinander verwoben haben. Wie die Porträts der Befragten zeigen werden, können Paarkonflikte sinnvoll in Verbindung gebracht werden mit dem ursprünglichen Ablösungsversuch aus ihren Familien. Die Ablösung von der Herkunft besteht ja nie aus einem einzigen großen Schritt, sondern aus unendlich vielen kleinen Schritten, welche die Bilder von sich und von anderen verändern. »Partnerwahl als widersprüchlicher Individuationsversuch«[4] bedeutet, daß einerseits fast immer der Paarbeziehung Anliegen zugewiesen werden, welche stellvertretend dem Abschied von den Eltern dienen, und daß andererseits Glückserwartungen, welche von diesen nicht erfüllt werden konnten, nun dem Partner delegiert werden. Auch dieser Prozeß ist meines Erachtens ein völlig normaler, solange beide bereit sind, die alten Bilder von sich und der Welt und die damit verbundenen Verhaltensweisen nicht als ewig gültige festzuschreiben, sondern laufend zu verhandeln. Die Krise kann unter diesem Aspekt zur Chance einer »zweiten Ablösung« von alten Bildern und Beziehungsmustern werden, die nicht mehr zu den gegenwärtigen Entwicklungen passen. Sie ermöglicht dann beiden, ihre ursprünglichen Leitmotive im Paar-Mythos mit neuen Variationen zu versehen. Dazu eine persönliche Erfahrung:

In meiner eigenen Lebensgeschichte bedeutete diese »zweite Ablösung«, daß ich sowohl von alten Verhaltensweisen als auch von Bildern, die ich mir von mir gemacht hatte, Abschied genommen habe. Abschied zum Beispiel von früheren Zuweisungen an mich als überverantwortliche älteste Tochter und Schwester, »Rosmarinus officinalis, das heilsame Rosmarinkraut«, wie meine Eltern mich früher genannt haben. Ich habe dadurch kindlich-spielerische Seiten an mir wiederentdeckt, die vorher in unserer Paarbeziehung zu kurz kamen und nun zu ihrer Lebendigkeit beitragen.

4. Auseinandersetzung mit dem Chor hinter den Kulissen

Wenn aus der privaten, wunderbaren Verschmelzung eines Paares in der Phase romantischer Verliebtheit eine verbindliche, auf Dauer angelegte Beziehung wird, bedeutet das immer auch die Verbindung zweier Familien mit ihren Traditionen und Geschichten. Selbst wenn das Paar auf das Ritual der Hochzeit verzichtet und sich Einmischung von seiten seiner Familien verbittet, wird der Chor hinter den Kulissen ihre Verbindung begleiten, werden sie durch ihre Verbindung Teil zweier Familiengeschichten. Unhörbar vielleicht in den entspannten Zeiten ihres Lebens auf der gemeinsamen Paarinsel, kräftig und unüberhörbar bei den Übergangskrisen, wenn beide vom Chaos der vielfältigen Wahlmöglichkeiten und Entscheidungszwänge überflutet werden und Halt suchen, indem sie auf Bekanntes zurückgreifen. Die Leitmotive aus den Herkunftsfamilien werden damit aktiviert, stärker meistens, als es den beiden bewußt ist.

Der »Chor« der beiden Herkunftsfamilien kann Paare liebevoll begleiten und Entwicklungen unterstützen, sie aber auch durch alte Melodien einengen. Meine Erfahrung ist, daß allein schon das Erkennen solcher Leitmotive Möglichkeiten schafft, Variationen dazu zu entwickeln oder von ihnen Abschied zu nehmen. Aus diesem Grunde habe ich besonders bei jenen Paaren, die mit der Wahl einer traditionellen Familienform den Rückgriff auf Bekanntes taten, ausführlich nach den Aufträgen und Rollenvorschriften aus ihren eigenen Familien gefragt.

Von kritischer Bedeutung ist die Neudefinition der Beziehungen eines Paares zu den Herkunftsfamilien vor allem bei zwei Ereignissen: der Heirat (oder einem ihr ähnlichen Ritual) und der Geburt des ersten Kindes; Ereignisse, die in neueren Lebensformen oft unmittelbar miteinander verknüpft sind. Eine wichtige Frage an ein Paar in Krise ist darum, wie die beiden konkret ihre formelle Verbindung nach außen bekanntgaben, wie und ob sie Hochzeit oder ein ähnliches Übergangsritual und wie die Geburt ihrer Kinder feierten und in welcher Weise ihre Herkunftsfamilien daran teilnahmen. Bei der Paarbildung als formeller Verbindung zweier Familien wird vieles angelegt, was später als Hilfe oder Behinderung wirkt. Die Balance zwischen Nähe und Distanz, Abgrenzung oder Zugehörigkeit zu den Herkunftsfamilien, welche in den Hochzeits- und Tauf-Szenarien angelegt ist, kann sich fruchtbar oder belastend auf die Intimität des Paares auswirken, je nachdem, ob sie mit dem »Chor« gemeinsam vereinbart werden oder ob dieser hinter die Kulissen verbannt wird. Wessen Traditionen und Ideen im Leben des Paares dominieren oder ausgeklammert werden, ihre oder seine, oder ob daraus ein Neues, Drittes entstehen kann, wird wesentlich zu diesen Zeiten entschieden. Dort, wo ich dazu Antworten der Befragten habe, werde ich sie erwähnen.

Paargeschichten als »flüssige Konstellationen«

Es war nicht einfach, für die Fülle von Geschichten und Informationen, welche ich von den 33 Paaren erhalten habe, ein Raster zu finden, das weit genug ist für ihre Einmaligkeit und dennoch das Allgemeine ihrer Situation mitberücksichtigt. Schließlich habe ich sechs verschiedene »Paar-Konstellationen« entwickelt, welche unter den Aspekten ihrer Lebensform, ihres Lebensstils sowie ihrer Lebensphase voneinander unterscheidbar sind, aber gleichzeitig fließend ineinander übergehen. Mit »Konstellationen« meine ich im folgenden also keineswegs wissenschaftliche Kategorien oder Typologien, welche in bezug auf ihre »Güte« unterschieden werden könnten. Es handelt sich vielmehr um Skizzen von bestimmten Situationen im Rahmen von Raum und Zeit, die nicht ein für allemal festgelegt sind. Im Gegenteil: Die Geschichten der Befragten zeigen gerade, daß Paare, welche in eine bestimmte Lebensform hineinrutschten – von Wahl zu reden paßt da kaum – im Laufe ihres Lebens und ihrer Entwicklung zu ganz anderen Formen und Lebensstilen finden, als sie es sich ursprünglich vorstellten. Meine Einteilung von Paar-Konstellationen oder -Porträts in *»traditionelle, übergängliche und progressive«* ist darum eher als Blitzlicht auf bestimmte Lebensphasen und -situationen denn als Klassifizierung zu verstehen.

Ich werde mit »übergänglichen« Formen des frühen Zusammenlebens bis zur Geburt des ersten Kindes beginnen und mich dann der Hauptgruppe unter den Befragten zuwenden, welche mit ihrem Rückgriff auf Bekanntes die »traditionelle« Form der Familienehe wählten. Anschließend will ich mit diesem Phasen-Modell eine Konstellation des Übergangs der Lebensmitte skizzieren, um dann zu den »Progressiven« überzuleiten, welche Beruf und Kinder miteinander verbinden.

Die Auswahl der befragten Paare geschah nach dem Zufallsprinzip. Nicht jede Paarkonstellation ist darum gleich häufig vertreten, aber wenn ich sie mit der Statistik vergleiche, sind progressive Lebensformen eher übervertreten. Am häufigsten kommt dennoch die traditionelle Form der Familienehe vor, am seltensten die der unverheiratet zusammenlebenden jungen Paare.

Damit sie erstens nicht erkennbar und zweitens möglichst reichhaltig sind, lasse ich bei jeder Konstellation neben den »Hauptdarstellern« im Originalton auch andere Frauen und Männer aus der gleichen Gruppe zu Wort kommen. Wie aus dem Fragebogen in Kapitel 8 hervorgeht, habe ich alle Erzählenden um die Erlaubnis gefragt, ihre Aussagen original wiederzugeben. Ich habe höchstens da und dort kleine stilistische Änderungen angebracht. Hingegen habe ich durchgängig die Lebensumstände der Befragten soweit verändert, daß ihre Geschichten nur von ihnen selbst erkennbar sind.

Teil II Kritische Übergänge in unterschiedlichen Lebensformen und Phasen des Paarzyklus: Sechs Paarporträts

Kapitel 4

Jugendliebe: Der Traum, daß alles ewig offen bleibt *David* und *Silvia*

Zum Begriff der »Jugendliebe«:
Es ist damit die freie Partnerschaft eines jungen oder jüngeren Paares gemeint
- als Vorstufe zu einer verbindlichen Lebensgemeinschaft oder
- als unverbindliches Provisorium des »Nicht-Übergangs« und verlängerter Adoleszenz.

»Unsere frühe Liebe geriet uns zur Lebenslüge«

Die ersten Jahre

David war 18 und Silvia 19 Jahre alt, als sie sich in einer internationalen Handelsfirma kennenlernten, wo beide eine kaufmännische Lehre machten. Es war das Jahr 1974, und in der »Jugendszene« der Stadt mit ihren Berufsschulen, einer Hochschule und einem Technikum war »schwer was los«, wie David rückblickend erzählt. Die beiden verbrachten ihre ganze Freizeit zusammen im Jugendhaus und gingen nur noch unregelmäßig nach Hause in die Kleinstadt, in der beide aufgewachsen waren. Meistens übernachteten sie bei Freundinnen und Freunden in Wohngemeinschaften oder in Studentenhäusern. Daß es ihnen damals trotzdem gelungen ist, ihre Lehre abzuschließen – darüber wundern sie sich heute selber.

Dieses unverheiratete Paar hat sich nach 14 Jahren in freier Partnerschaft vor drei Jahren getrennt, ist jedoch lose miteinander verbunden geblieben. Beide nahmen einzeln an der Befragung teil und hielten Rückblick auf ihre individuelle und ihre gemeinsame Geschichte sowie auf die Krise, derentwegen sie damals in Therapie kamen.

David

Er stammt aus »kleinbürgerlichen Verhältnissen«, wie er sie nennt, hat eine ältere und eine jüngere Schwester, mit denen er auch heute gern zusammenkommt, erzählt er bei unserem ersten Gespräch. Davids Vater ist inzwischen als ehemaliger Bahnhofsvorstand pensioniert. Seine Mutter arbeitet mit ihren 60 Jahren noch ganztags als Leiterin eines größeren Personalrestaurants. Mit ihrem Lohn hat sie Davids Weiterbildung jahrelang unterstützt. »Sie hat mich sehr verwöhnt und mich ganz sicher meinen Schwestern vorgezogen«, erzählt David im Rückblick. »Ich bewundere sie für ihre Tüchtigkeit und bin ihr dankbar für ihre Unterstützung. Aber mit der Zeit konnte ich schwer ertragen, daß ich in ihrem Leben einen so wichtigen Platz einnahm. Meine Gefühle zu ihr sind heute zwiespältig. Liebe und Dankbarkeit, aber auch Wut auf ihre Anklammerung, ständig gemischt! Mir ist klar, daß mein Vater mir diesen Platz bei ihr schon früh abgetreten hat. Das gab ihm Ruhe für seine Arbeit bei der Bahn und besonders für seine vielen Hobbys – Modell-Eisenbahnen, Fischen und Bergsteigen. Er war schon immer ein Eigenbrötler, nicht ungesellig, aber am liebsten nur mit Kollegen zusammen, die seine Interessen teilten. Ich kenne meinen Vater kaum. Wenn er jeweils seine Uniform auszog, wirkte er so... irgendwie schwach und verletzlich, daß ich ihn lieber in Ruhe ließ.«

Die Ehe von Davids Eltern entwickelte sich entsprechend unpersönlich, aber das Familienleben war gemütlich (dafür sorgte die Mutter) und sicher (dafür sorgte der Vater). Zu sicher und zu gemütlich vielleicht, meint David heute. Kein Wunder, daß er sich damals so begeistert hat für die »Jugendszene«. Er blieb zwar unpolitisch, aber es roch endlich nach Leben und Freiheit. Das unbeschwerte Zusammensein mit Silvia, ohne feste Bindung und Verpflichtung, war wohl genau, was er damals brauchte, meint er rückblickend.

Silvia

Sie kommt aus einer bewegten, aber wenig Sicherheit vermittelnden Familie. Ihre Mutter hatte früh einen italienischen Arbeiter geheiratet und sich bald nach der Geburt eines Sohnes scheiden lassen. Silvias Halbbruder, 10 Jahre älter als sie, lebte viele Jahre in Pflegefamilien und wurde schließlich in Mutters zweite Familie aufgenommen. Als Kind habe sie ihn bewundert, erzählt Silvia, »weil er sich überhaupt nicht unterkriegen ließ«. Aber als er als junger Erwachsener in die Drogenszene geriet, die Sucht schließlich mit Einbruchdiebstählen finanzierte und die Familie ständig erpreßte, hat Silvia ihn zu hassen begonnen. Ihre Mutter habe zu ihm gehalten, durch dick und dünn, und ihn mit ihrem knappen Verkäuferinnenlohn unterstützt.

Silvias Vater, Mutters zweiter Mann, habe das ewige Theater mit seinem Stiefsohn überhaupt nicht aushalten können. Den Streitereien sei er schließlich ausgewichen, indem er öfter abends im Gasthaus saß und sich betrank, erzählt Silvia. Als Schichtarbeiter in einer Lebensmittelfabrik sei er gesundheitlich sowieso angeschlagen gewesen, und der Alkohol habe das seine dazu getan. Manchmal habe der Vater ihre Mutter auch geprügelt, aber das erfuhr Silvia von ihr erst, als sie erwachsen war. Als Kind liebte sie ihren Vater sehr. Manchmal durfte sie mit ihm Fahrradausflüge machen oder ins Kino gehen. Sie fand ihn überhaupt viel »lustiger und lieber« als ihre Mutter, die ständig überarbeitet war und zunehmend bitterer wurde.

Als Silvia 10 Jahre alt war, beantragte ihre Mutter die Scheidung. »Darauf verschwand mein Vater von der Bildfläche. Er arbeitete nur noch sporadisch, bezahlte nichts für mich, und von Bekannten habe ich gehört, daß er mit einer älteren Frau in der Stadt lebte. Gesehen habe ich ihn nie mehr. Warum ich mich nicht darum bemüht habe, weiß ich heute auch nicht. Als ich 16 war, hörte ich von meiner Mutter, Vater sei gestorben. Er habe sich ›zu Tode gesoffen‹, sagte sie. Ich habe damals innerlich beschlossen, daß ich mich sobald als möglich von Mutter trennen wollte. Irgendwie gab ich ihr die Schuld an Vaters Tod. Daß das alles viel komplizierter war, merkte ich erst später. Damals habe ich Mutter gehaßt und Vater vermutlich idealisiert.

Am demütigendsten war für mich, daß ich Mutters Unterschrift brauchte, als ich die Pille wollte, nachdem ich David kennengelernt hatte. Ihren Gesichtsausdruck werde ich nie vergessen, so im Stil ›daß meine Tochter mir so etwas antut‹... Dabei hatte sie selber seinerzeit mit 18 heiraten müssen, weil sie schwanger war.«

Die Paargeschichte

Beide waren fasziniert vom Aufbruch der Jugend, als sie erwachsen wurden, und beide waren überzeugt, daß sie es ganz anders und viel besser machen würden als ihre Eltern. Daß von beiden Seiten Widerstand gegen ihre frühe Verbindung kam, verdeckt bei Silvias Mutter, direkt und zornig bei Davids Eltern, verstärkte diese Überzeugung. »Die gönnten uns ganz einfach unsere Freiheit nicht«, erzählt David im Rückblick, »aber das schweißte uns mehr zusammen, als wenn sie mitgemacht hätten.«

Sobald Silvia ihre Lehre beendet hatte, mietete sie eine kleine Wohnung in der Stadt, die sie knapp bezahlen konnte von ihrem Lohn. David, im letzten Lehrjahr, lebte halb bei ihr und halb zu Hause. Gemeinsam lernten sie ungezählte »aufgestellte« junge Leute kennen, wie man diese nannte. Als sie ein Angebot als Untermieter eines Paares erhielten, das bereits mit zwei Kolleginnen eine große alte Wohnung teilte, zogen sie dort ein. »Das Leben in der Gruppe war zuerst ein absoluter Hit«, erzählt David rückblikkend. »Nach dem Leben in der Kleinstadt ging uns beiden so richtig die Welt auf. Politisch engagiert waren wir nicht, aber einfach ständig high, auch ohne Drogen. Es war toll, mit Gleichaltrigen zu leben, so richtig frei und ungebunden.« Silvia: »Für mich war es das erste Mal, daß ich mit Leuten über mich selber und über Beziehungen redete. Wir saßen jeweils stundenlang am Tisch, ließen alles stehen und tratschten. Das gab mir ein Gefühl von Nähe und Geborgenheit wie noch nie im Leben.«

David beschloß kurz nach der Lehre, das Abitur nachzuholen, seine Mutter würde ihn dabei finanziell unterstützen. Er legte sich ins Zeug und schuftete Tag und Nacht. Silvia blieb an ihrer Stelle, wurde Chefsekretärin und verdiente gut. Sie war froh um die Wohnpartner, denn David verbrachte viel Zeit in der Bibliothek und lernte in der Schule neue Kolleginnen und Kollegen kennen. Als David schließlich Jura zu studieren begann, war es klar, daß nun Silvia ihn unterstützte. Seine Mutter zahlte nicht mehr, weil sie mit dem »offenen« Lebensstil des jungen Paares überhaupt nicht einverstanden war und auch wenig begeistert davon, daß David mit einer Frau »aus zerrütteten Familienverhältnissen« lebte. Silvia hatte sich von ihrer eigenen Mutter inzwischen »energisch und schmerzlos« getrennt, wie sie erzählt. »Das war kein Problem, im Gegenteil. Ich fand es toll, so selbständig das Leben zu meistern, David aufzubauen und mich auf den gemeinsamen Erfolg zu freuen. Ich fühlte mich damals stark wie seither nie mehr.«

Die erste Krise

Nach zwei Jahren gab es eine Krise in der Wohngruppe. Das andere Paar trennte sich und zog aus. An seiner Stelle kamen zwei »Singles«, eine Frau und ein Mann in die Wohnung, Berufstätige, mit relativ hohen Ansprüchen an Privatsphäre und an Ordnung. Mit der Gemeinschaftlichkeit am Küchentisch war es vorbei. Was Silvia und David vorher kaum bemerkt hatten, als sie aufgehoben waren in der Gruppe, wurde jetzt offensichtlich: Sie hatten kaum mehr Gemeinsamkeiten als Paar. Sie unternahmen nichts zusammen und wußten kaum voneinander, wohin jedes sich bewegte. Einen gemeinsamen Raum hatten sie zwar, aber der war bisher allen offen gewesen. »Wir waren eher wie Geschwister geworden, Hänsel und Gretel, die sich im Wald verlaufen haben, weg von daheim und doch kein richtiges Zuhause als Paar«, erinnert sich Silvia. »Wir waren kuschelig miteinander wie zwei Kinder, aber sexuelle Leidenschaft gab es schon lange nicht mehr«, beschreibt David die damalige Situation.

In dieser Zeit verliebte sich David in eine Studienkollegin. Nichts Ernsthaftes sei es gewesen, erzählt er im Rückblick, sondern einfach eine Leidenschaft aus dem Gefühl einer großen Langeweile. »Ich machte kein Geheimnis daraus, irgendwie gehörte das ja zu unserem Lebensstil der offenen Zweierbeziehung. Andere experimentierten schließlich auch. Silvia war erstaunlich großzügig. Sie äußerte ihre Gefühle in bezug auf meine Außenbeziehung überhaupt nicht, sondern reagierte mit ausgesuchter, kühler Distanz. Anderes wäre ›daneben‹ gewesen in der damaligen Umgebung. Erst später habe ich zu spüren bekommen, wie wahnsinnig verletzt sie war.« Silvia versuchte jedoch auf indirekte Weise, die Türe zu David einzuschlagen, wie sie rückblickend erzählt. Sie begann sich noch intensiver um alles und jedes zu kümmern, was David, sein Studium und das gemeinsame Leben betraf. Sie kaufte ihm Kleider und besorgte Kinokarten, sie lud Bekannte zum Essen ein und kuschelte sich an ihn. Mit ihrer versorgenden, mütterlichen Art zog sie sich allerdings die Verachtung der Gruppe zu. Die Leute fanden Silvia spießig und nannten sie »das Muttchen«. Aber weil sie David all die ihm liebgewordene Sicherheit und Geborgenheit gab, zog er zu ihr, als sie eine kleine Wohnung mietete. Er hätte sich damals ein Leben ohne sie überhaupt nicht vorstellen können, berichtet er später.

Silvia über jene Zeit: »Ich hatte früh beschlossen, ganz für David dazusein und ihn auf seinem Weg zu unterstützen, damit er mit mir glücklich wird. Zwar habe ich schon damals immer wieder mein Unbehagen formuliert, wenn er sich von mir zurückzog. Als wir wieder zu zweit lebten, erneuerte sich unsere Beziehung, das heißt, wir schliefen nun wieder miteinander. Aber es gab für mich nie genug Zärtlichkeit und Zuwendung von David, er blieb der Pascha und ich tatsächlich das Muttchen. Wenn ich mit ihm darüber reden wollte, nannte er mich unzufrieden und ›nörgelnd‹. Oder er sagte: ›Mir ist es wohl so, wie es ist. Ich weiß überhaupt nicht, was dir fehlt. Du solltest nicht so viel Psychologie lesen.‹ Davon ließ ich mich jedesmal einschüchtern. Trotzdem waren diese Jahre schön und irgendwie auch gemütlich und vertraut. Wir kannten uns gut, sehr gut sogar, und konnten uns bei allen Unterschieden einfühlen in die Situation des anderen.«

Erst im nachhinein wird deutlich, daß die beiden alle heißen Themen und alle anstehenden Entscheidungen jahrelang unter den Teppich gekehrt hatten, der Gemütlichkeit zuliebe. Silvia hatte offenbar zu Recht Angst, zur Spielverderberin zu werden und David zu verlieren, wenn sie ihre unguten Gefühle formulierte. Sie galt bei ihm als lieb, aber schwerblütig. David sah sich selber als unbeschwert, selbstbewußt und »dynamisch«. Nur langsam realisierte Silvia, daß diese Rollenverteilung so für sie nicht stimmte. Aber als sie später eine eigene Zweitausbildung an einer Wirtschaftsfachschule begann, traute sie sich eine Trennung erst recht nicht zu. David, der inzwischen sein Studium abgeschlossen hatte, wurde Sekretär eines Gewerbeverbandes. Er unterstützte nun seinerseits seine Freundin finanziell. Die Gemütlichkeit im gemeinsamen Heim blieb beiden wichtig, auch als sich wieder Distanz zwischen ihnen und eine gewisse Langeweile eingeschlichen hatten.

Die zweite Krise

Sie bahnte sich langsam und über Jahre an. Beide waren inzwischen um die Dreißig, sie hatten interessante Stellen und verdienten gut. Zusammen mieteten sie nun eine größere Wohnung mit eigenen Zimmern für beide und richteten sie stilvoll ein. Auch das gemeinsame Ausgehen, Tennis im Sommer und Skilaufen im Winter sowie die Einladungen für Freunde genossen beide. Es war mehr, als ihre Eltern sich je in ihrem Leben hätten träumen lassen. Bloß die gemeinsamen Ferien waren jedesmal eine Enttäuschung. Silvia dazu: »Wir merkten, daß wir uns eigentlich nichts mehr zu sagen hatten, oder genauer: Was wir uns zu sagen hatten, war so ›heiß‹, daß keiner sich traute, davon anzufangen. Die Kinderfrage, der Umgang mit unseren Familien, besonders mit Davids Mutter, die gelegentlichen Seitensprünge von uns beiden – nichts wurde besprochen. Vor allem nicht eine gemeinsame Zukunft oder eine Trennung. Es war ein Gefühl wie in Watte verpackt – kein grundsätzliches Ja und kein grundsätzliches Nein.«

Mit 32 gab David seine Stelle auf und entschied sich zu einem halbjährigen Aufenthalt in Afrika, wo er bei einem Freund wohnte und mit ihm an einem industriellen Entwicklungsprojekt arbeitete. Silvia war mit seiner Entscheidung zwar nicht eigentlich einverstanden, aber sie wollte auch nicht mitfahren, denn seit sie eine Stelle als Abteilungsleiterin in ihrer ehemaligen Lehrfirma hatte, war sie derart angebunden, daß eine längere Abwesenheit für sie nicht möglich war. Die beiden trennten sich, ohne die fälligen »heißen Themen« diskutiert zu haben. Am Schluß der halbjährigen Trennung reiste Silvia ihrem Freund entgegen, und gemeinsam durchquerten sie die Sahara. »Wir waren fast wie Fremde«, erzählt David im Rückblick. »Aber in Verbindung mit dieser völlig fremden und aufregenden Umgebung war das wunderbar, eigentlich der Höhepunkt unserer bisherigen Beziehung. Um so schlimmer war das Zurückkommen nach Deutschland. Die alte Routine, die alte Langeweile. Aber ich hatte bereits als Partner in einer Anwaltspraxis zugesagt, sonst wäre ich sofort wieder abgereist.«

Bald darauf meldeten sich Silvia und David für eine Paartherapie an, als zwei »ewig unzufriedene Singles«, wie sie sich nannten. Sie hatten inzwischen ihre Wohnung gekauft und umgebaut. Aber die Frage nach einer verbindlichen Zukunft und gemeinsamen Kindern hatten sie noch immer nicht gestellt, geschweige denn beantwortet.

Beide erzählten von mehreren Außenbeziehungen, die sie bisher gehabt hätten – immer vorübergehende, wie sie betonten. Aber genau zum Zeitpunkt des Wohnungskaufs habe David sich »ernsthaft« in eine andere Frau verliebt. Er verbringe jetzt die meisten Wochenenden mit seiner neuen Freundin, erzählte er, wohne aber dennoch weiter mit Silvia zusammen, da er sie liebe und sich ein Leben ohne sie nicht vorstellen könne. Einmal mehr versuchte Silvia vorerst, Davids Nebenbeziehung zu akzeptieren, weil das zum gemeinsamen Verständnis eines partnerschaftlich-gleichberechtigten Arrangements gehörte. David erinnerte sie daran, daß auch er tolerant auf Silvias Freundschaft zu einem anderen Mann reagiert habe, den sie während seiner Abwesenheit kennengelernt hatte.

Aber – und das nannten beide als Anlaß für die Paartherapie – je mehr Silvia versuchte, ihrem Beziehungsideal der Toleranz zu folgen, desto schlechter ging es ihr, desto »nörgelnder« wurde sie. Sie sorgte zwar angestrengt für Geselligkeit und Gemütlichkeit im neuen Heim, aber ihre Vorwurfshaltung wurde unübersehbar. Silvias Vertrauensverlust äußerte sich in subtiler Kontrolle von David, und ihre Enttäuschung intensivierte die Selbstzweifel, welche sie trotz aller beruflichen Erfolge nie verlassen hatten. »Ich empfand Davids Forderung, daß ich mich ändern und lernen müsse, daß Leben eben Loslassen heiße, genau zu dem Zeitpunkt als reine Überforderung. Plötzlich wurde mir bewußt, daß er vermutlich schon immer gehofft hatte, daß einmal eine noch bessere Frau für ihn komme. Eine Klassefrau, kein Muttchen. Ich aber hatte mich von Anfang an auf eine gemeinsame Familie und auf Geborgenheit eingestellt und meinte, daß ich ihn mit der Zeit auch dafür würde gewinnen können. Dafür hatte ich ihm ja schließlich jahrelang den Rücken freigehalten. Vermutlich hatten wir beide Angst vor der Wahrheit unserer völlig unterschiedlichen Erwartungen und haben darum nie geredet.«

David, im Rückblick auf die damalige Krise: »Mir wurde langsam klar, daß ich mich von Silvia verwöhnen und verwalten ließ, als ob sie meine Mutter wäre. Ich war viel zu passiv und wartete auf ein Geschenk des Himmels, das heißt Silvias Einsicht, daß sie nicht über mich verfügen kann. Aber ich bin ihren Vorwürfen immer ausgewichen, was sie natürlich als mangelndes Interesse an ihr empfand. Je mehr ich auswich, desto mehr klammerte sie sich an mich und kämpfte für ihre Ziele. Sie wollte mich verändern, und ich wollte ihr beweisen, daß das nicht möglich war.«

Nach quälenden Auseinandersetzungen und einer Phase des Schwankens zwischen dem Wunsch, nun schnell zu heiraten und Kinder zu haben, und ebenso plötzlichem Kippen der Beziehung in distanzierenden Streit und gegenseitige Vorwürfe, entschloß sich schließlich David, zu seiner Freundin zu ziehen. Die Wohnung verkauften sie, und Silvia zog mit einer Freundin zusammen. Sie brauchte ein Jahr, erzählt sie rückblickend, um wieder einigermaßen auf die Füße zu kommen. Die Trennung von David sei das schlimmste gewesen, was sie bisher im Leben erfahren habe.

Der Paarmythos

Beide stimmen im Rückblick auf ihr Zusammenkommen überein, daß es eine »kindliche Wahl« gewesen sei, weil sie damals weder sich selber kannten noch wußten, wie sie ihr Leben gestalten wollten. Sie klammerten sich aneinander in der Hoffnung, rasch von zu Hause wegzukommen. In der Stadt fanden sie sich dann eingebettet in die damalige Jugendkultur, welche ein Leben als Gegenentwurf zu Davids kleinbürgerlich-beschützendem Elternhaus und zu Silvias zersplitterter Familie versprach.

Silvia zur damaligen Partnerwahl: »Ich habe mich in Davids Intelligenz und seine Selbstsicherheit verliebt, ohne zu merken, wie viel Egoismus damit verbunden war. Eigentlich suchte ich in ihm einen starken Vater. Auch heute noch finde ich seine Intelligenz und seinen ›Biß‹ dem Leben gegenüber faszinierend, aber seine Selbstbezogenheit könnte ich nicht mehr ertragen.« Silvias ursprünglicher Lebensplan war, ganz für ihn da zu sein und ihm zu helfen als seine Gefährtin. Sie hat damit David aufs Podest gestellt und idealisiert und sich selber als liebes kleines Mädchen und gleichzeitig als Muttchen eingestuft, welches nur durch ihn zu einer selbstsicheren Frau werden konnte. Trotz der damaligen Aufbruchszeit waren ihre gegenseitigen Erwartungen völlig konventionell. Beide waren sehr jung, »ein Erahnen des inneren Menschen bei sich und beim anderen gab es nur ansatzweise«, schreibt Silvia. Beide fühlten sich in der Kleinstadt isoliert, David wollte weg von zu Hause, und Silvia suchte eine Heimat, war sie doch viel zu früh auf die eigenen Füße gestellt worden. David versteht heute seine damalige Wahl als Flucht vor der bindend-verwöhnenden Atmosphäre seines Elternhauses und als Sehnsucht nach einem Leben in der Freiheit der Liebe. »Wir träumten den Traum vom neuen Menschen, der sich nicht festkrallt in kleinbürgerlichem Besitzdenken, und wir wollten uns gegenseitig dazu verhelfen. Aber über den Weg dazu redeten wir nie«, erzählt David. Die Vorstellungen des Weges waren aber völlig verschieden: Bei Silvia hieß er, in Übereinstimmung mit ihrer Lebenserfahrung: »Der Weg kann nie bequem sein«, bei David: »Ich nehme das Leben, wie es kommt.«

David zur damaligen Partnerwahl: »Ich habe mich in Silvias Begeisterungsfähigkeit, ihre hübsche, lebendige Ausstrahlung und ihre gute praktische Art verliebt. Sie hat mich stark gemacht, als ich noch wenig selbstsicher war. Erst später habe ich bemerkt, daß sich hinter ihrer Selbständigkeit ein großer Wunsch nach dauernder Verschmelzung mit mir als Vaterfigur verbarg. Als ich ihr das, was sie von zu Hause zu wenig bekommen hat, diese Heimat, diese ganz große, unerschütterliche Liebe, nicht geben konnte, hat sich ihre Zuneigung in quälende Vorwürfe an mich und an sich selber verkehrt. Silvias Ernsthaftigkeit und ihr Interesse an Menschen und an Psychologie kippten um in eine unerträgliche Anspruchshaltung mir gegenüber.«

Wenn Silvia und David heute beide im Rückblick sagen, daß ihre Partnerwahl und die geteilte verlängerte Kindheit trotz all ihrer Krisen mehrheitlich gut und bereichernd war, berührt es erst recht schmerzlich, daß sie keine andere Lösung als die einer Trennung fanden. »Es hat immer etwas gefehlt, aber wir konnten darüber nicht reden, weil unser Leben nicht mit spießigen Regeln und Normen belastet werden durfte, und weil wir uns davor fürchteten, unsere Konflikte auf den Tisch zu legen«, erzählt Silvia, die heute allein lebt. Daß der Entschluß zur Trennung genau zu dem Zeitpunkt von David gefaßt wurde, als beim Paar die Frage der Verbindlichkeit und Silvias Kinderwunsch zur Diskussion standen, wird verstehbar, wenn er auch heute erklärt, daß er dem Ideal der »Liebe auf Zeit« treu geblieben sei. In der neuen Beziehung mit einer wesentlich jüngeren Frau habe er seine Leidenschaft und Vitalität wiedergefunden, erzählt er, aber es fehle das Gemeinsame, das er mit Silvia hatte. Einmal mehr entging David wohl mit der Flucht in eine neue Beziehung dem Anspruch auf die »lange Weile« einer verbindlichen Partnerschaft, die nur auf emotionaler Eigenständigkeit als Voraussetzung von Gegenseitigkeit beruhen kann. Im Gespräch mit ihm wurde mir jedoch deutlich, daß bei ihm gleichzeitig auch die Hoffnung weiterbesteht, irgendwann eine Beziehung zu finden, die fraglos beides vereinbart: Offenheit, Leidenschaft und gleichzeitig verbindliche Sicherheit.

Die Sicht der Paartherapeutin

Freie Partnerschaft als Vorstufe zur Heirat oder als neue Lebensform?

Nach meiner Erfahrung ist es erst etwa ein Dutzend Jahre her, seit Paare in freier Partnerschaft sich für Therapien zu melden begannen. Ganz junge Paare, die noch in der Phase der Verschmelzung und Abgrenzung gegen außen sind, kommen auch heute selten. Hingegen nimmt in meiner Praxis die Gruppe jener zu, welche – oft nach vielen Jahren in einer offenen Zweierbeziehung – in Krise geraten und Beratung beanspruchen. Bevor ich Davids und Silvias Erfahrung verknüpfe mit den allgemeinen Bedingungen dieser Lebensform, kurz ein Blick auf die demographischen Daten. In der Schweiz wurden bei der Volkszählung im Jahre 1980 zum erstenmal jene Paare erfaßt, welche zusammenleben, ohne verheiratet zu sein. Sie hatten sich allerdings auf dem Fragebogen als »unverheiratetes Ehepaar« zu bezeichnen, so daß die errechneten 3 % der Gesamtzahl aller Haushaltungen vermutlich wesentlich unter der tatsächlichen Zahl liegt. Trotzdem scheint mir wichtig festzuhalten, daß das Phänomen der freien Partnerschaften vermutlich weniger häufig vorkommt, als jene annehmen, die in dieser Lebensform den Tod von Ehe und Familie sehen. Erstens wird sie zunehmend als Vorstufe einer Heirat, oft in Verbindung mit der Geburt eines Kindes verstanden – eine Tatsache, die durch die Statistik nicht erfaßt wird –, und zweitens ist es eine Lebensform, die trotz ihrer Zunahme nur auf eine bestimmte Bevölkerungsgruppe bezogen bleibt. Es sind meistens junge oder jüngere Paare, die beide erwerbstätig sind (zum Teil neben einer verlängerten Ausbildungszeit) und vorwiegend in städtischen Verhältnissen leben. In der Schweiz werden zwei Merkwürdigkeiten dieser Lebensform festgestellt[1]: Erstens ist der überwiegende Teil, das heißt vier Fünftel der Konsensualpaare, im Gegensatz zu den Ehepaaren, kinderlos. Zweitens wird bei einem Fünftel dieser Paare als Haushaltsvorstand eine Frau genannt, was nur bei ungefähr einem halben Prozent der verheirateten Paare der Fall ist.

Die wachsende Neigung zu unabhängiger, individueller Lebensgestaltung, welche sich in den freien Partnerschaften zeigt, bedeutet also keineswegs, daß junge Paare wenig von Verbindlichkeit und Dauer halten. Im Gegenteil: Zumindest eines der beiden – häufiger, aber nicht immer die Frau – sieht im freien Zusammenleben eine Vorstufe zur späteren Heirat und Familiengründung, wie Silvia erzählte. Das Problem ist allerdings, daß, anders als vor zwei oder drei Jahrzehnten, als das sogenannte »Konkubinat« vielerorts verboten und Heirat die einzige Möglichkeit war, eine gemeinsame Wohnung zu mieten, die Formlosigkeit dieser Lebensform dazu verführt, wichtige Entscheidungen auf die lange Bank zu schieben. Ich will mich nun den zwei häufigsten Entwicklungsmöglichkeiten zuwenden, welche diese Lebensform mit sich bringt:

1. Freie Partnerschaft als Vorstufe zu Heirat und Familiengründung

Diese Lebensform wurde bereits in den 50er Jahren als sogenannte Probeehe vorgeschlagen, im Sinne des Wortes »Drum prüfe, wer sich ewig bindet«. Es sollte damit die Möglichkeit geschaffen werden, daß ein Paar sich nicht nur über das Sonntagsgesicht kennenlernte, sondern die alltäglichen Turbulenzen erleben und meistern lernen konnte, bevor es sich zur Familiengründung entschloß. Wenn man die Lebensphase der jungen Erwachsenen als bedeutsamen Übergang für jeden Menschen versteht, sind Beziehungsformen, welche diesen Übergang erleichtern, besonders wichtig. Der Abschied von den Eltern, die sogenannte Ablösung, ist im besten Fall ein Entflechtungsprozeß, der zu einer Neuregelung von Nähe und Distanz und zu einer neuen Beziehungsbasis unter Erwachsenen führt. Dieses Anliegen kann aber auch als Flucht in eine Ersatzbeziehung durch radikales Abschneiden der Verbindung mit den Eltern gelebt werden. Es kann unter Umständen auch zum »Hängenbleiben« im Dreieck mit Vater und Mutter führen, je nachdem, welche Rolle ein junger Mensch in der Dynamik seiner Familie innehat. Formen der Nichtablösung werden häufig aufrechterhalten durch zwiespältige emotionale Verstrikkungen im Dreieck mit den Eltern, durch entsprechende Symptombildungen oder durch langjährige materielle Abhängigkeit.

»Normal« scheint in einer Epoche verlängerter Ausbildung und verlängerter Jugend eine ausgedehnte Phase des Pendelns zwischen Nähe und Distanz zu den Eltern zu sein. Durch zunehmende Verwurzelung eines jungen Menschen außerhalb des Elternhauses entstehen schließlich klare, aber durchlässige Grenzen zwischen den Generationen durch eine Beziehungsform, welche auf wachsender Autonomie der jungen Erwachsenen basiert. Eine feste Zweierbeziehung in dieser Lebensphase kann die Bewältigung einer schrittweisen Loslösung erleichtern. Der große Vorteil des Zusammenziehens mit einem oder mehreren anderen Menschen liegt in einer Verlängerung der Jugend mit der Möglichkeit, ohne Druck herauszufinden, was man selber will, ohne bereits wieder in neue Abhängigkeit zu geraten. Das gelingt dann am besten, wenn beide sich mit dem Thema ihrer *individuellen Entwicklung* direkt auseinandersetzen und sich dafür stark machen, es also der gemeinsamen Beziehung überordnen. Auf diese Weise können sich Frau und Mann so entwickeln, daß sie sich schließlich zum verbindlichen Zusammenleben oder aber zur Trennung entscheiden können.

Die Verlängerung der Jugend in einer freien Lebensgemeinschaft kann aber auch zum Nachteil geraten, wenn sie nämlich zum Ersatz für die Beziehung zu den abgelehnten Eltern wird, mit völliger Verschmelzung und Abkapselung von anderen Beziehungen. Der »Paarmythos« ist dann darauf angelegt, daß beide einander als Ersatzfiguren für die »schlechten« Eltern idealisieren, ohne daß sie sich direkt mit ihnen auseinandergesetzt haben. Auf diese Weise wird unbeabsichtigt die Entwicklung von Autonomie bei beiden behindert, und der Weggang von den Eltern wird zum Pseudo-Abschied, zu einer Kette von unerledigten Geschichten, die oft über Jahre mitgeschleift wird. Sowohl aus der Position junger Erwachsener, welche als »Eltern ihrer Eltern« funktionierten wie Silvia und sich entsprechend ausgenützt fühlten, als auch aus der Position der verwöhnt-gebundenen Kinder wie David, ist eine solche Flucht zu Ersatzpartnern verständlich. Es sind denn auch oft genau die beiden Konstellationen, die sich anziehen: Die von ihrer Herkunftsfamilie »Ausgenützten« und die übermäßig an sie »Gebundenen«. Die Gefahr, daß die Idealisierung ihrer Ergänzungsmöglichkeiten umschlägt in eine zwiespältige Dauer-Verstrickung und schließlich von ihnen genau das bekämpft wird, was die beiden zueinander gezogen hat, zeigt das Beispiel von David und Silvia.

Positiv an dieser Lebensform ist die Chance zur schrittweisen Ablösung vom Elternhaus, das probeweise Zusammenleben als Vorstufe zu Verbindlichkeit oder Trennung, das Einüben von Verantwortlichkeit und nicht zuletzt die finanziellen Erleichterungen im gemeinsamen Haushalt. Mit den *negativen Seiten* solcher Partnerschaften will ich mich, da sie so oft zur Krise führen, etwas ausführlicher befassen.

2. Freie Partnerschaft als »Nicht-Übergang«

»Es wird meines Erachtens kaum je so ausgiebig über wichtige Themen geschwiegen wie in freien Partnerschaften, wo Paare in unendlichen Geschichten einfach so vor sich her wursteln«, meinte die 38-jährige Buchhändlerin Marianne, welche mit ihrem gleichaltrigen Freund Adrian, einem Computerfachmann, in Therapie kam. Sie war »unerwartet und ungeplant« schwanger geworden nach 14 Jahren des Zusammenlebens. Beide waren durch dieses Ereignis völlig aus dem Gleichgewicht geraten und standen vor der Entscheidung, ob sie das Kind behalten oder abtreiben wollten. Adrian war ganz sicher, daß er dieses Kind wollte, aber Marianne zögerte. Der Druck lastete fürchterlich auf beiden, da sie sich innerhalb von zwei Wochen entscheiden mußten. Nachher würde es zu spät sein für eine Schwangerschaftsunterbrechung. Sie traue Adrians Beständigkeit überhaupt nicht mehr, erzählte

Marianne. Sie sehe seinen beruflichen Zickzackkurs, den sie bisher als seine »kreative Art« interpretierte, plötzlich mit neuen Augen. Ganz besonders das Gefühl, daß sie beide bisher Konflikte einfach umgangen hätten und daß Initiativen zu Nähe fast immer von ihr gekommen seien, mache ihr nun schwer zu schaffen. Aber auch Adrian hatte im Sog der Krise endlich den Mut, Dinge auf den Tisch zu bringen, die er bisher nie erwähnt hatte: Mariannes Tendenz, ihre Spannungen mit Tabletten zu lösen sowie ihre plötzlichen aggressiven Ausbrüche, wenn er sie zu wenig beachtete. Dennoch wünschte er das Kind »mit allen Fasern«, sagte er.

Marianne entschied sich schließlich, das Kind zur Welt zu bringen, weniger, weil sie auf eine gemeinsame Zukunft mit seinem Vater hoffte, als weil sie diese »letzte Chance« der Elternschaft nicht aufgeben wollte. Als Katholikin lag ihr überdies eine solche Entscheidung näher als eine Abtreibung. Ich begleitete das Paar während der Zeit der Schwangerschaft und nach der Geburt eines Mädchens. Viele Themen ihres Zusammenlebens, ganz besonders die nie geklärten Fragen ihrer Verantwortlichkeiten, kamen nun auf den Tisch. Marianne arbeitete zwar in Teilzeit weiter und brachte das Kind jeweils zu ihrer Mutter, aber sie forderte nun von Adrian, daß er regelmäßig zum gemeinsamen Haushalt beitrage. Das hatte sie bisher nie getan.

Trotz der neuen Entwicklung entschieden sich beide zur Trennung, als ihre Tochter zwei Jahre alt war. Es scheint, daß die durch ihre Krise geforderte Eigenständigkeit der beiden sie erst spät befähigte, das Risiko der Trennung und des Alleinlebens auf sich zu nehmen. Einmal mehr bedauerte ich – nicht zuletzt im Hinblick auf das kleine Kind –, daß dieser Entwicklungsprozeß bei den Eltern nicht früher möglich war, indem sie sich den fälligen Fragen und Entscheidungen gestellt hätten. Aber wer bin ich zu wissen, was gut ist für andere Menschen?

Was mich bei Paaren wie Marianne und Adrian wie auch bei David und Silvia immer wieder beeindruckt, ist ihre Illusion der *Zeitlosigkeit* und, in Verbindung damit, das unendliche Verschieben wichtiger Entscheidungen zugunsten von »pflegeleichter Gemütlichkeit« in vielen Jahren des freien Zusammenlebens. Ihr Lebensstil wird unmerklich zur Karikatur des modernen Anspruches an die Machbarkeit von Glück durch Sicherheit und Gemütlichkeit. Früh schon richten sie sich ein wie ein gestandenes Ehepaar, schmücken liebevoll ein »Nest«, kleiden sich stilvoll und versehen sich mit allen Symbolen von Wärme und Sicherheit, die sie sich mit ihren zwei Löhnen leisten können. Botho Strauß (2):

»Seine Neigung zu skandinavischen Abholmöbeln hat sich bei der Einrichtung ihrer Dreieinhalbzimmer-Wohnung durchgesetzt. Gute moderne Zweierbeziehung. Sie gehen lässig und freundlich miteinander um, ohne Übertreibungen, ohne Flamme. Das ›sogenannte Irrationale‹ wird mit eben dieser Floskel angepackt und unter Kontrolle gehalten. Ihre Einstellung zu Beruf und Pflichten ist, soweit eben möglich, lustbetont. Vieles macht Spaß. Beim Liebemachen machten sie ein Kind.«

Der lustbetonte Spaß und die Lässigkeit gerät ihnen jedoch leicht zur Lebenslüge, die Wärme wird zum Ersticken muffig. Dazu nochmals Silvia, rückblickend: »Wir haben uns doch einfach die Hucke voll gelogen. Wir sind nicht so blöd wie die anderen, sagten wir uns, wir schaffen alles: Erst Bildung, eine gute Stellung, Reisen, eine lange Jugendzeit, dann eine eigene Wohnung, schöne Möbel, elegante Kleider, Experimente mit sexuellen Abenteuern. Dabei bleibt alles immer offen und auf Probe, und wir sind einander abwechslungsweise Eltern und Kind, in ewiger Adoleszenz. Miteinander verklammert, dann wieder plötzliche Distanz mit Außenbeziehungen, einfach wie sehr langsam alternde Siebzehnjährige.«

Und dann ergibt sich manchmal, wenn die »biologische Uhr« bei der Frau abzulaufen beginnt, doch noch die Entscheidung zum Kind und zur Verbindlichkeit – oft unbewußt und ungeplant, wie bei Marianne und Adrian, hin und wieder einseitig, wie bei Silvia. Manchmal aber auch will sich ein Kind in dieser Phase nicht mehr »machen lassen«, obwohl beide es nun dringend wünschen. Die Erfahrung der Nicht-Planbarkeit von Leben und der Irreversibilität der Zeit trifft solche Paare dann unerwartet und wie ein Schlag ins Genick.

Warum Nicht-Übergänge so attraktiv sind

Die Kindheits-Gerüche der dampfenden Küche eines frei zusammenlebenden jungen Paares, in der sie sich vertraut und nahe sind, er beim Gemüseputzen wie damals neben seiner Mutter, sie rotwangig und atemlos am Herd [endlich einem eigenen!], er brüderlich hilfsbereit, aber auch ein bißchen Pascha, sie mütterlich bergend, warum sollten sie sich eine solche Möglichkeit nicht nehmen? Und warum sollten sie nicht sofort nach dem Verlassen des zu warmen oder zu kalten Elternhauses auf eine eigene Insel flüchten? Die gemeinsame Insel der wohltemperierten offenen Zweierbeziehung verspricht ja tausend Möglichkeiten zum Ankuscheln in einer fremden Welt; die zu dieser Lebensphase gehörenden Höhenflüge mitsamt den Abstürzen werden nach innen verlegt. Warum also nicht? Warum sollten zwei junge Menschen nicht gleichzeitig beides wollen, die Freiheit einer offenen Beziehung und die Geborgenheit eines gemeinsamen Haushalts? Die Frauen und Männer, welche damals in der Epoche vor der Pille, vor der neuen Toleranz und dem neuen Wohlstand jung waren, als ein Paar entweder getrennt leben mußte, bis beide ihre Wanderjahre hinter sich hatten, oder eben früh heiratete, sind ja nicht unbedingt glücklich geworden damit, wie die Scheidungsstatistik zeigt.

Die zur verlängerten Liebeskindheit gehörige Vorstellung von Beziehung als »ewige Freiheit«, mit ihrer Relativierung von Verbindlichkeit und Treue, wird auch als »psychosoziales Moratorium verlängerter Jugend« bezeichnet. Unbewußt suchen Frau und Mann damit eine Fortsetzung der bindend-bergenden Herkunftsfamilie oder Ersatz für das, was dort an Heimat gefehlt hat, leider zum Preis des hinausgeschobenen oder verhinderten Individualisierungsprozesses. Damit in Verbindung steht wohl auch die Illusion der Zeitlosigkeit. Vorübergehend können solche Nicht-Übergänge der Entspannung zwischen den Generationen dienen und auch für die *Eltern* angenehm sein. Wenn sie ihre »Jugendlichen« über Jahre in diesem Status wissen, bleiben sie selber vor der »Stafettenübergabe« und dem Rücktritt ins letzte Glied bewahrt. Das Moratorium des Nicht-Übergangs kann auch der Anforderung moderner Arbeitsplätze nach räumlicher und sozialer Mobilität dienen. Aber selbst zwei oder drei Jahre in New York oder Hongkong bedeuten nicht, daß ein Paar sich damit von den beiden Elternhäusern löst. Im Gegenteil! Ich sehe häufig Frauen und Männer gerade in dieser Lebenssituation in tiefer Krise, wenn sie wieder zurückkommen und die Frage der Auseinandersetzung mit ihrer Herkunft neu gestellt wird.

Auch die oft beobachtete rasche Scheidung, kaum, daß ein vorher lange Jahre zusammenlebendes Paar geheiratet hat, scheint mit solchen nicht beantworteten Fragen bezüglich ihrer Eigenständigkeit zusammenzuhängen. Ich beobachte auch, daß die in dieser Lebensform *fehlenden Markierungen neuer Phasen* durch Übergangsrituale manchmal durch plötzliche »Ereignisse« inszeniert und nachgeholt werden: eine ungeplante Schwangerschaft, eine Außenbeziehung, die Flucht in eine Sekte. Im Sinne eines Zeitraffers wird durch solche Ereignisse plötzlich alles in Bewegung gesetzt, was jahrelang »eingefroren« war. Allerdings sind gemeinsame Entwicklungen auf diese Weise schwierig, aber dafür werden lange fällige Entscheidungen endlich möglich. Im Zusammenhang mit solchen Krisen gebrauchen Paare in dieser Gruppe übrigens häufig den Begriff der Torschlußpanik: Jetzt aber sofort oder nie!

Als vorübergehende Lebensphase kann also das frühe Zusammenleben eines Paares in der Form des Nicht-Übergangs eine ideale Lösung sein. Auf die Dauer, wenn alle wichtigen Fragen und Entscheidungen aufgeschoben bleiben, scheint diese Lebensform oft auf einen schmerzhaften Abschied angelegt. Der nicht vollzogene Abschied von den Eltern wird dann stellvertretend zum Abschied vom Partner oder von der Partnerin, wie das frühe Zusammenziehen seinerzeit als Ersatz für das Elternhaus diente.

»Dies Ende bringt daher auch den Zusammenbruch einer Liebeskindheit, mit ihrem Allbegehr und ihrem Drang, das Unbedingte zu erfassen.«[3]

Entwicklungen nach der Phase der »Liebeskindheit«

Der Widerspruch zwischen Allbegehr – der Bruch mit Tradition und die Illusion, daß alles offen bleiben könne – und gleichzeitiger Sehnsucht nach altmodischer Verbindlichkeit gehört in ganz besonderer Weise zu dieser Lebensform. Wie entwickelten sich die befragten Frauen und Männer nach dem Zusammenbruch ihrer Liebeskindheit? Wenn diese nach vielen Jahren in der Beziehungsform des »Moratoriums« sich entscheiden, nun verbindlich zusammenzubleiben, ist es oft zu spät zum Kinderhaben. Das bedeutet, daß jene, die über das Ende ihrer freien Partnerschaft hinaus miteinander verbunden bleiben wollen, sich eigentlich immer ein »Drittes« schaffen, das an die Stelle einer Familie tritt, ähnlich wie jene, die bewußt kinderlos bleiben. Das frühere romantische Liebesideal, wonach sie sich von Tag zu Tag gegenseitig genug sind, erweitern sie nun um das, was von dem Entwicklungsspychologen Erik Erikson als das *Prinzip der »Generativität«* bezeichnet wird. Das kann ein intensives berufliches, politisches oder soziales Engagement sein, oder es kann bedeuten, daß sie sich nun »Haus und Hof« schaffen, indem sie zum Beispiel in eine Siedlung ziehen, wo sowohl Familien in vielfältigen Lebensformen wie auch Singles leben. Eines der befragten Paare erzählt, daß sie in ihrer Siedlung die Rolle von »Ersatzpatin und Ersatzpate« für Kinder von Alleinerziehenden übernommen haben. Ihr Anliegen ist nun, sich ganz bewußt an diese Gemeinschaft anzuschließen, ohne sich dabei aufzugeben – ähnlich, wie sie es innerhalb ihrer Beziehung durch die Krise gelernt haben.

Ein anderes Paar hat sich nach der Krise bewußt entschieden, nochmals das »Experiment Wohngemeinschaft« zu versuchen, obwohl beide inzwischen über 40 sind. Ihr Ziel ist nicht mehr die über Jahre in Gruppen und Therapien eingeübte Verbesserung ihrer Paarbeziehung, sondern die Vernetzung mit einer größeren Lebensgemeinschaft. »Wir wollten von unserer Paar-Fixierung wegkommen und dennoch unsere kleinbürgerlichen Sehnsüchte nach Verbindlichkeit und Geborgenheit nicht mehr verleugnen«, schrieb der betreffende Mann. »Statt alles voneinander zu begehren und uns laufend zu überfordern mit unserem Aneinanderkleben, verteilen wir das Geben und Nehmen nun auf eine größere Gruppe«, beschreibt seine Frau ihre neue Lebenssituation. »Die Trauer, daß wir irgendwie den Anschluß verpaßten und keine Kinder haben, bleibt bei mir. Aber die frische Luft in dieser neuen Situation tut gut.«

Aber auch jene, die sich getrennt haben, wie Silvia und David, erzählten von Entwicklungsschritten nach dem Abschied von ihrer Liebeskindheit. Was hat ihnen dabei geholfen?

David: »Ich habe gelernt, Schwächen vor mir selbst und anderen zuzugeben im Bestreben, wirklich partnerschaftlich zu leben. Es sind nicht alle Probleme gelöst, aber wichtige Entwicklungsschritte habe ich gemacht. Wir beide übernehmen viel mehr Verantwortung für uns selber als früher, das merke ich bei jeder Begegnung mit Silvia. Wut und Trotz, Bequemlichkeit und Verdrängung sowie mein Anspruch, ohne Verbindlichkeit alles zu wollen, haben unser Zusammenleben behindert. Ich glaube, wir sind damit in eine schlechte Epoche der Zeitgeschichte geraten. Aber im Alleinsein und auch durch meine neue Beziehung, durch das Reden mit Freunden, durch Therapie und durch Literatur, ist mir vieles klarer geworden. Wir können nun fairer umgehen miteinander, wenn wir uns begegnen. Alles in allem haben Silvia und ich einander viel gegeben und viel bekommen in den Jahren unserer langen Jugend.«

Silvia: »Die Krise hat mich gezwungen, mein Verständnis von Liebe zu revidieren. Das war und ist ein sehr schmerzhafter Prozeß. Meine Angst, daß ich mich und meine Interessen an einem eigenen Weg aufgeben muß, wenn ich liebe, fällt nun ganz weg. Ich bin zur Ehrlichkeit gezwungen worden und zu größerer Bescheidenheit dem Leben gegenüber. Aus einer Veränderung seinetwegen ist eine Veränderung meinetwegen geworden. Ich mußte mich wohl zum letzten Mal von meinem Wunsch nach Familie, Geborgenheit und Kindern verabschieden. Die Frage der Grenzen im Leben ist mir wichtig geworden und damit das Loslassen des Anspruchs an Sicherheit und Gemütlichkeit.«

Als Therapeutin nehme ich wahr, daß die jetzt heranwachsende Generation von Frauen und Männern mit der Erfahrung von Grenzen anders in eine Paarbeziehung tritt als die vorangegangene. Nicht nur wird es schwieriger, die eigene Herkunft mittels sozialen Aufstiegs zu überflügeln. Auch die Idee der Machbarkeit von Glück wird von vielen jungen Menschen als Katzenjammer der Elterngeneration erfahren. Vollbeladen mit äußerer Sicherheit stehen sie manchmal mit leeren Herzen da.

In der folgenden Kurzgeschichte von Franz Kafka[4], meine ich, sei alles enthalten, was Silvia und David erkannt haben.

Der Aufbruch

Ich befahl, mein Pferd aus dem Stall zu holen. Der Diener verstand mich nicht. Ich ging selbst in den Stall, sattelte mein Pferd und bestieg es. In der Ferne hörte ich eine Trompete blasen, ich fragte ihn, was das bedeute. Er wußte nichts und hatte nichts gehört. Beim Tore hielt er mich auf und fragte: »Wohin reitest du, Herr?« »Ich weiß es nicht«, sagte ich, »nur weg von hier, nur weg von hier. Immerfort weg von hier, nur so kann ich mein

Ziel erreichen.« »Du kennst also dein Ziel?« fragte er. »Ja«, antwortete ich, »die Reise ist so lang, daß ich verhungern muß, wenn ich auf dem Weg nichts bekomme. Kein Eßvorrat kann mich retten. Es ist ja zum Glück eine wahrhaft ungeheure Reise.«

Kapitel 5

Aus zwei werden drei: Das frohe Ereignis ist auch ein kritisches Ereignis *Lisa, Christoph* und *Mirjam*

Lisa war 35 und Christoph 39, als Mirjam geboren wurde. Sie war ein Wunschkind, sorgfältig geplant nach einer zwölfjährigen Partnerschaft. Zwei Jahre vor ihrer Geburt hatte das Paar geheiratet und gemeinsam ein kleines Bauernhaus am Rande eines Dorfes umgebaut, eine halbe Autostunde von ihren Arbeitsplätzen in der Großstadt entfernt. Es sollte ein Familiennest werden und auch Platz bieten für Haustiere, hofften sie und freuten sich auf die Geburt ihres ersten Kindes.

Die Paargeschichte

Kennengelernt haben sich Lisa und Christoph, als sie 23 und er 27 war, auf dem Parkplatz vor einem Restaurant in der Nähe ihrer Arbeitsplätze. Das Lenkrad an Lisas Kleinwagen war blockiert, und sie war dankbar, daß ihr ein netter junger Mann zu Hilfe kam. Als sie sich am nächsten Tag am selben Ort wieder trafen, lud Christoph sie zum ersten gemeinsamen Essen ein. Es sei zuerst einfach Sympathie zwischen ihnen gewesen, erzählen sie im Rückblick. Beide waren erst seit kurzer Zeit in der Stadt und hatten noch kaum Bekannte. Sie unternahmen viel miteinander, gingen ins Kino, zum Waldlauf und zum Schwimmen. Lisa lebte noch bei ihren Eltern in der Vorstadt, Christoph teilte eine Wohnung mit zwei Kollegen. Sie arbeitete als Kindergärtnerin in der Stadt, er als Werbeleiter einer Kaufhauskette.

Auf einer Reise zu zweit ins Burgund habe dann der Funke gezündet, berichten sie rückblickend, und einen Monat später zogen sie zusammen. Christoph hatte die lang gesuchte eigene Wohnung im Stadtzentrum gefunden, und Lisa freute sich, von zu Hause wegzugehen, »obwohl ich mich dort überhaupt nicht eingeengt gefühlt habe«, wie sie rückblickend erzählt. Als Paar führten sie ein offenes Haus und hatten oft Besuch von Kolleginnen und Kollegen. Auch Lisas älterer Bruder und die jüngere Schwester, die in derselben Stadt ihre Ausbildung machten, gingen bei ihnen ein und aus. Es sei eine wunderbar unbeschwerte Zeit gewesen, finden sie nachträglich, voll Lebendigkeit und Anregung. Eine Zeit, in der alles offen blieb, wie es zu dieser Lebensphase paßte.

Lisa

Sie kommt aus dem Arbeitermilieu, aus einfachen Verhältnissen, wie sie sagt. Ihr Vater war Vorarbeiter in einer Maschinen- und Apparatefabrik und mußte sich nach der Lebensmitte mit den gewaltigen Veränderungen in dieser Branche auseinandersetzen, was für ihn schwierig gewesen sei. Auch ihre Mutter, als Schichtarbeiterin in einer Textilfabrik tätig, sei von der Einführung der Elektronik betroffen worden. Die neue Technologie bedeutete für sie Verlust von Gruppenarbeit mit Frauen, die sie sehr gemocht hatte. Lisas Eltern sind heute pensioniert und leben in derselben Wohnung, in der Lisa und ihre Geschwister aufgewachsen sind. Sie beschreibt sie als lieb, fürsorglich gegenüber den Kindern und der Nachbarschaft, in der sie fest verwurzelt seien. Mit einer Spur Mitleid erzählt Lisa davon, wie ihre Eltern sich ein Leben lang angepaßt haben, »autoritätsgläubig, aber auch verführbar für einfache Erklärungsmuster über Gott und die Welt.« Daß ihre Kinder sich bilden konnten und ihre Chancen nutzten, sei für sie eine große Freude. Lisa blieb mit ihren Eltern und ihren Geschwistern auch nach dem Zusammenziehen mit Christoph in regem Kontakt, und alle zusammen genossen in jener Zeit viele gemütliche Sonntagsessen bei ihnen zu Hause.

Christoph

Seine Eltern sah das junge Paar, obwohl auch sie in der Nähe lebten, ganz selten. Sie hatten bei Lisa und ihrer Familie den Ruf einer »arrivierten Bürgerfamilie«, zu welcher sie selber überhaupt nicht paßte, fand Lisa. Christoph unterstützte ihre Sichtweise, sowohl was seine Eltern als auch seine um sieben Jahre ältere Schwester betraf. Sie war Lehrerin am Gymnasium, und auch mit ihr gab es nur formelle Kontakte. Christoph beschreibt die Frauen in seiner Herkunftsfamilie als »gescheit, aber unnahbar«. Seine Mutter, welche in der Lebensmitte als Lehrerin wieder in den Beruf zurückging, »bekam mich als zweites Kind damals in den fünfziger Jahren wohl einfach, weil es unanständig gewesen wäre, bloß ein Kind zu haben, nicht aus Begeisterung«, meint Christoph. Seinen Vater bezeichnet er als »typischen höheren Beamten, immer auf Ausgleich bedacht, distanziert und ein bißchen feige, dabei aber wohl sehr scheu und versteckt vielleicht sogar humorvoll. Uns Kinder behandelte er wie das Publikum im Amt: korrekt, förmlich, ohne sichtbare Gefühlsregung.« Zwar habe Christoph immer geahnt, daß da noch eine andere Seite bei seinem Vater war, eine Sehnsucht nach Lebendigkeit und vielleicht sogar Chaos. Aber diese Seite sei erst nach Vaters Pensionierung zum Vorschein gekommen. Er verbringe jetzt viel Zeit in einem alten Haus im Tessin, bearbeite den Rebberg und lese daneben »kiloweise« Bücher. Christophs Beziehung zu ihm sei aber förmlich geblieben, weil er sich weder auf seine noch auf Mutters Seite schlagen wolle, erzählt er. Nachdem ihre Kinder erwachsen waren, gab es wohl einfach keinen Grund mehr für Christophs Eltern, weiter zusammenzuleben, aber auch keinen für eine Scheidung. Mit dem Arrangement des getrennten Lebens seien nun beide viel zufriedener als früher, findet ihr Sohn.

Der Paarmythos

Lisa

Sie habe sich verliebt in Christophs »humanistische Bildung, seine Kreativität und seinen gewissen Charme«. Für sie war er ein Mann von Welt, der die Dinge durchschaute, vor allem im Geschäft. Ein bißchen arrogant und abweisend, aber ein guter Gegenpol zu ihrer einfachen Herkunft, fand sie. Christoph hatte und habe auch eine geheimnisvolle Seite, die sie neugierig machte, berichtet sie, »etwas Kompliziertes, Philosophisches, das Gegenteil eines Nützlichkeitsapostels«. Lisa spürte von Anfang an Christophs große Sehnsucht nach Geborgenheit und Wärme, und die wollte sie ihm geben, damit er sich selber entwickeln könne zu mehr Einfühlung in sie und andere Menschen, hoffte sie. »Er ist zwar ein schwieriger Mensch, aber den bringe ich schon auf den richtigen Weg«, habe sie sich damals gedacht, schreibt sie. »Denn natürlich wußte ich von Anfang an, daß er egozentrisch war, wie alle Einzelgänger, und daß sein Charme eher eine Möglichkeit zur Distanzierung als Interesse an anderen bedeutete.« Auch Christophs manchmal pedantische bis pessimistische Art und eine gewisse Selbstgerechtigkeit (die er bei seinem Vater abgrundtief haßte!), fiel ihr schon früh unangenehm auf. Aber mit ihrer Liebe wollte sie ihn »so richtig aufweichen«, darum redete sie lieber nicht von seinen Schattenseiten.

Heute mag sie Christophs Eigensinn zwar immer noch, kennt inzwischen aber auch seine Kehrseiten. Damit meint Lisa vor allem seinen Trotz, seine Ungeduld und seine jeweils kühle Distanz, wenn sie spontan alles auf einmal und ungeplant tun will. »Irgendwie hatte ich schon lange den Eindruck, für ihn eher Ersatz für Ungelebtes zu sein als die große Liebe. So eine Art Familienersatz bin ich wohl, aber nicht eine einmalige Person«, schreibt sie im Rückblick auf die große Krise nach der Geburt ihres Kindes. »Christoph hat damals Charakterzüge gezeigt, die ich nie erwartet hatte und mit denen ich schwer fertig wurde: Zum Beispiel daß er immer zuerst für sich schaute und daß er sich selber das wichtigste im Leben war und mich als Mensch in meiner Einsamkeit kaum wahrnahm.«

Christoph

»Ich habe mich beim Kennenlernen in Lisas Schönheit, ihre Sinnlichkeit und ihre gewisse Erdhaftigkeit verliebt. Diese Seiten an ihr trösten mich immer wieder darüber hinweg, daß sie die Dinge so wenig durchschaut und in einer so engen Welt lebt.« Lisas Unbeschwertheit, ihre Wärme und ihre spontane Lebensweise sowie ihre Herkunft aus dem Arbeitermilieu, das er idealisierte, erhoffte sich Christoph als Gegenpol zu seiner eigenen gefühlsmäßigen Verkrampftheit. Alle aufgezählten Eigenschaften bei Lisa seien ihm heute noch wichtig, schreibt er. »Ich hatte ein Riesenglück, sie überhaupt zu bekommen. Allerdings habe ich inzwischen gemerkt, daß hinter Lisas scheinbarer Unbeschwertheit auch eine sehr große Beschwertheit steckt. Als wir uns vor sieben Jahren, noch vor Mirjams Geburt, für ein halbes Jahr trennten, tauchte Lisa in einer Weise ab, die ich bei ihr nie erwartet hätte. Noch schlimmer wurde ihre Abhängigkeit von mir und ihr Zorn darüber, daß ich dieser Sehnsucht nach ihrem Aufgehobensein nie ganz entsprechen konnte, nach Mirjams Geburt. Ich glaube, daß bei uns beiden, nicht nur bei mir, die Hoffnung auf eine gegenseitige Fürsorge, so quasi einander Eltern sein, bei unserer Verliebtheit eine viel größere Rolle spielte, als ich ursprünglich angenommen habe. Obwohl Lisa aus einer sogenannt gemütvollen, intakten Familie kommt, hat sie letztlich nicht viel an elterlicher Unterstützung für ihre persönliche Entwicklung bekommen«, berichtet Christoph. »Ihre tiefe Unsicherheit als Person wurde mir so richtig klar, als ich merkte, daß sie sich persönlich und beruflich völlig fallen ließ nach der Geburt unseres Kindes, als ob sie selber überhaupt niemand sei.«

Christoph hatte früher als selbstverständlich angenommen, daß Lisa trotz des Kindes eine weitere berufliche Entwicklung machen würde. Auch Lisa selber hatte damit gerechnet. Aber irgendwie fehlte ihr, als sie Mutter wurde, der »innere Boden« für die mit einem Wiedereinstieg als Kindergärtnerin geforderte Anstrengung. Seit sie ein eigenes Kind hätte, habe sie ihre frühere Lust an diesem Beruf etwas verloren und träume von einer Ausbildung als Erwachsenenbildnerin, berichtet sie. Aber dafür fehlte ihr die Selbstsicherheit und ganz besonders die Unterstützung durch Christoph und ihr weiteres Beziehungsnetz. Lisas Eltern zeigten sich angesichts der Krise ihrer Tochter eher wehleidig und sentimental als gefühlvoll verstehend oder tatkräftig unterstützend, wie Lisa es von ihnen erwartet hatte.

Entwicklungen in der Paarbeziehung

Die ersten fünf Jahre in der als freie Partnerschaft verstandenen Beziehung von Lisa und Christoph verliefen ruhig, fast ein bißchen zu ruhig und bequem, wie sie im nachhinein finden. Ihre gegenseitige Fürsorglichkeit erlebten beide wohltuend, sie gaben sich viel Unterstützung für ihre Berufsarbeit. Beiden war das berufliche Weiterkommen wichtig, und es war auch kein Problem, wenn sie sich wegen Christophs auswärtigen Weiterbildungen öfters trennen mußten. Nur hin und wieder, wenn es um gemeinsame Dinge wie das Einrichten der Wohnung oder um Besuche oder Einladungen bei den Familien oder Freunden ging, machten sich schmerzhaft ihre Unterschiedlichkeiten bemerkbar: Christophs eigensinniges Planen, ohne Einbeziehung seiner Partnerin, und Lisas intuitives »In-den-Tag-hinein-leben-Wollen«. Aber die Atmosphäre innerhalb des alltäglichen Gehäuses, ihre länger werdende gemeinsame Geschichte, ihre Verwurzelung in Lisas Familie und im Freundeskreis waren ihnen wichtig. So wichtig, daß sie aus Angst vor den möglichen Konsequenzen, das heißt einer Trennung, lieber nicht über heikle Themen reden.

Eine erste Krise brach fünf Jahre nach dem gemeinsamen Zusammenziehen »wie ein Blitz aus heiterem Himmel« über sie. Christoph hatte bei einer auswärtigen Fortbildung eine Frau aus dem gleichen Beruf kennengelernt und war fasziniert von ihrer – im Vergleich zu Lisa – emanzipierten Weltoffenheit und ihrem weiten Horizont. Das Paar trennte sich für ein halbes Jahr, beide lebten allein, und beiden ging es nicht gut dabei. Lisa magerte während dieser Zeit so sehr ab, daß von ihrem Arzt bereits von einer Magersucht gesprochen wurde, und Christoph zeigte ebenfalls psychosomatische Beschwerden in Form ständiger Magenschmerzen. Erst als sie wieder zusammenlebten, erholten sich beide, sowohl seelisch als auch körperlich. Aber beide beschreiben die Zeit danach als »wenig krisenfest, auf schwankendem Grund, da die Probleme rund um die Trennung nie ausdiskutiert wurden, aus Angst vor möglichen Konsequenzen«. Vier Jahre später heirateten sie dennoch, mit der Übereinkunft, eine Familie zu planen. Zwei Jahre später kam Mirjam auf die Welt.

Das frohe Ereignis wurde zum kritischen Ereignis

Lisa arbeitete ganztags bis einen Monat vor der Geburt. Christoph intensivierte sein berufliches Engagement genau zu dem Zeitpunkt, an dem geplant war, daß Lisa vorläufig ganz zu Hause bleiben würde. Die Zinsen für die Hypotheken waren weit über die ursprünglich geplanten angestiegen. Er übernahm das Werbeberatungsbüro eines pensionierten Kollegen und richtete sich außerdem im Haus ein Arbeitszimmer ein, damit er abends noch an Projekten tätig sein konnte.

Lisas Schwangerschaft verlief problemlos, und beide zukünftigen Eltern nahmen regelmäßig an Kursen zur Geburtsvorbereitung teil. Aber dann wurde Mirjams Geburt zu einer schweren Krise für beide. Ihr dramatischer Verlauf war nach der unkomplizierten Schwangerschaft und der guten medizinischen Betreuung und exakten Planung völlig unerwartet. Lisa geriet in Lebensgefahr, und auch das Leben des Kindes war gefährdet. Seelisch und körperlich auf dem Nullpunkt und mit einem Säugling, der stundenlang schrie und sich trotz häufigen Stillens kaum beruhigen wollte, kam Lisa nach Hause. »Ich hätte damals Menschen um mich gebraucht, einfach als Versicherung, daß ich nicht allein war mit diesem ewig schreienden Kind, das mir auch nach neun Monaten in meinem Bauch zuerst ein Fremdling war. Aber da war niemand«, erzählt Lisa. »Ich wußte ja gar nicht, was Kinder so mit sich bringen, daß sie nachts so viel schreien und sogar tagsüber quengeln. In meinem körperlichen und seelischen Tief fand ich überhaupt nichts mehr normal, weder das Kind, noch mich selber, noch meine Umgebung. Es war einfach alles ein großer Schock, und niemand hat mich darauf vorbereitet oder mich getröstet, als ich total außer mir war.«

Christoph reduzierte zwar seinen Arbeitseinsatz soweit es ging, besorgte die Wäsche und nahm Mirjam manchmal nachts auf. Aber Lisas Erschöpfung und Verwirrung über die neue Situation fand er kaum verständlich und eigentlich auch ziemlich unangebracht. Lisas Mutter, die nun in einem Altenheim arbeitete, war schwer abkömmlich. Mehr noch, sie war entsetzt, daß ihre bisher so tüchtige Tochter und deren erfolgreicher Mann derart hilflos auf ein an sich natürliches und frohes Ereignis reagierten. Sie und Lisas Vater erklärten sich zwar bereit, ab und zu das Kind zu hüten. Aber eigentlich hätte vor allem Lisa »behütet« und getröstet werden sollen in dieser Zeit. Bloß konnte sie das nicht deutlich genug ausdrücken, und niemand merkte, was sie brauchte, auch der Frauenarzt nicht, der ihre Verwirrung und ihr Unglücklichsein vorwiegend auf die körperlichen Umstellungen und nicht auf das Fehlen an »naturwüchsiger« Lebenspraxis in Gemeinschaft mit anderen zurückführte.

Der Entwicklungsprozeß in der Paartherapie

Als ich das Paar zum ersten Mal sah, war Mirjam eineinhalb Jahre alt. Bereits beim ersten Telefongespräch mit ihrer Mutter, als wir einen Termin aushandeln wollten, fiel mir auf, daß diese sich ständig von ihrem Kind unterbrechen ließ und sich ihm ausführlich und unendlich geduldig zuwandte. »Ich habe Eigenes immer zurückgesteckt im Leben bis zu dem Punkt, wo das Maß voll war. Dann ist jeweils mein Unmut in großen Krach mit Christoph oder in tiefe, einsame Verzweiflung umgekippt«, schreibt Lisa im Rückblick auf ihre Krise. »Mir war Übereinstimmung und totale Harmonie mit Lisa und später auch mit Mirjam das Wichtigste im Leben«, erzählt Christoph. »Ich wollte keine Problemfrau und kein Problemkind haben, darum nervte mich das sogenannte Unglück meiner Frau und Mirjams ständiges Schreien unendlich. Das Chaos zu Hause wollte kein Ende nehmen.«

Der von beiden beschriebene Anlaß für die Paarberatung war, daß seit Mirjams Geburt sich zwischen ihnen ein tiefer Graben aufgetan hatte. Die größte Enttäuschung für Lisa war, daß für Christoph nach Mirjams Ankunft nicht die junge Familie, sondern der Aufbau seines Geschäftes im Mittelpunkt stand. »Ich habe mich damals von ihm zurückgezogen, weil ich zutiefst verletzt war. An eine sexuelle Beziehung war nicht mehr zu denken, solange nicht einmal mehr freundschaftliche Gespräche zwischen uns möglich waren«, berichtet sie rückblickend. Christoph hingegen war enttäuscht, daß Lisa sich nach dem traumatischen Geburtserlebnis nicht selbstverständlicher wieder in den Strom des Lebens zurückfand. »Irgendwie verstehe ich Lisas Reaktion bis heute nicht«, erzählte er in der Beratung. »Ich hoffte immer, daß ich meine Frau würde mitziehen und begeistern können für Außenaktivitäten, aber je aktiver ich wurde, desto lethargischer wurde sie. So lange kann doch ein Geburtsschock nicht andauern! Meine Mutter und meine Schwester, die beiden tüchtigen, wenn auch kühlen Frauen, erschienen mir plötzlich attraktiver als Lisa, die Nesthockerin, und darüber hatte ich ein schlechtes Gewissen.«

Schlimm für beide war, daß Mirjam auch mit anderthalb Jahren noch jede Nacht vier- bis fünfmal schrie. Manchmal beruhigte sie sich erst, wenn sie im Ehebett schlafen konnte. Aber da die durch Erziehungslektüre verfestigte elterliche Überzeugung lautete, daß so etwas für kleine Kinder schlecht sei, wollten sie diese Gewohnheit gar nicht erst aufkommen lassen. So schlief die junge Mutter immer häufiger im Kinderzimmer, damit Christoph nicht durch das Kind gestört würde. Einsamkeit, Enttäuschung und Wut machten sich zwischen dem Ehepaar breit, ihre frühere Einheit als Paar bröselte, obwohl beide auch erzählten, daß das Kind »ihre tiefste Lebenserfahrung« sei. Christoph sagt, daß er noch nie so unmittelbar in seinen Gefühlen angesprochen gewesen sei wie durch Mirjam. Er hätte mit ihr Geduld gelernt, wie er diese vorher nicht kannte, und auch seine Aggressivität, wenn die Dinge chaotisch wurden, habe er durch dieses Kind zügeln gelernt. Auch Lisa betont, daß Mirjam bis heute der Mensch sei, den sie auf der Welt am meisten liebe, nicht Christoph. »Wir nahmen sehr viel Rücksicht auf sie, viel mehr als auf uns zwei«, erzählt sie später im Rückblick. »Dem Kind zuliebe stellte ich alle persönlichen Bedürfnisse zurück. Ich fühlte mich nur noch als Teil einer Familie und kaum mehr als Teil einer Liebesbeziehung. Darum wurde mir das Zusammensein mit Christoph, sowohl emotional als auch sexuell, beinahe unangenehm. Ich hatte das Gefühl, er hänge sich wie ein zweites Kind an mich. Zum Beruhigen und Trösten reizte mich aber das Kind, nicht mein Mann.« Christoph war wie Lisa unendlich zärtlich mit Mirjam in der ersten Zeit, während sich das Paar als Frau und Mann immer fremder wurde, erzählt er.

Überlegungen der Paartherapeutin

Von den Widersprüchen zwischen Wunschkind und »Babyschock«

Daß etwas so Selbstverständliches wie das Kinderhaben in unserer Zeit überhaupt problematisiert wird, sei manchmal noch schlimmer als ihre Erfahrungen mit dem »frohen Ereignis« an sich, berichten Paare, die damals in Krise gerieten.

Einige Frauen erzählen selbstkritisch, daß ihre Mütter und ihre Großmütter doch selbstverständlich und klaglos mehrere Kinder hatten, obwohl damals die Windeln in der Waschküche im Kessel über dem Holzfeuer mühselig ausgekocht und an der Leine zum

Trocknen aufgehängt werden mußten, es noch keine Fertignahrung für Säuglinge gab und die Hausarbeit überhaupt viel komplizierter und anstrengender war als heute.

»Was ist nur mit den heutigen jungen Frauen los«, fragen sie, und dasselbe fragen ihre Männer, Eltern und Schwiegereltern. Fast immer vergleichen sie sich auch mit anderen »glücklichen Eltern«, deren Kinder angeblich von der ersten Nacht an durchschlafen, sich mühelos stillen lassen und überhaupt ihre Väter und Mütter so weiterleben lassen, als ob nichts geschehen wäre... Dieser Mythos ist, wie ich es sehe, um so verbreiteter, je aufgeklärter die Eltern sind. Wer würde schon zugeben, daß alle Planung und Vorbereitung, alle intellektuelle und psychologische Anstrengung, die Dinge rund ums Kind richtig und »Wie aus dem Büchlein« zu machen, dennoch das Chaos im Alltag der neuen Situation sowie das nächtliche Gebrüll des »Fremdlings« nicht verhindern? Aus eigener Erfahrung meine ich, daß von aufgeklärten Eltern kaum je so viele Wunschgeschichten erzählt werden wie nach der minutiös geplanten Geburt eines Wunschkindes. Von den Schattenseiten, von der Unsicherheit im Umgang mit dem Unplanbaren und Fremden, von der Einsamkeit der gestörten Nächte und dem Gefühl, immer nur geben zu müssen, ohne zu wissen, ob es das Richtige ist für dieses Kind, wagen sie nicht zu reden.

Wieso wird das Kinderhaben in der modernen Paarbeziehung so oft zu einer dramatischen »Aufführung«? Was ist mit den jungen Frauen (und ihren Männern) eigentlich los? Es gibt neben den einmaligen, individuellen Gründen eine Menge allgemeiner Entwicklungen für die Problematisierung des sogenannt frohen Ereignisses. Da mir im eigenen Leben das Erkennen der historischen und gesellschaftlichen Zusammenhänge im Erleben des »Babyschocks« hilfreich war, will ich einige davon skizzieren.

Schwangerschaft und Geburt als Ereignis und als »Aufführung«

In den frühen 60er Jahren begann, zumindest in den USA, der Kampf um die »Natürlichkeit« von Schwangerschaft und Geburt. Dies kam als verständliche Reaktion auf die Medizinalisierung und Technologisierung eines in den meisten Fällen nicht mit

Krankheit verbundenen Geschehens. Der Kontakt der Schwangeren und ihres Partners zum Ungeborenen anstelle der ausschließlich medizinischen Betreuung durch den Arzt, (damals noch selten durch eine Ärztin) sollte wieder im Zentrum stehen. Frau und Mann lernten in Geburtsvorbereitungskursen richtig atmen, um sich zu entspannen während der Schwangerschaft und – als Team – die Geburt wenn möglich ohne Medikamente hinter sich zu bringen. Frauen taten sich zusammen, um nach der Geburt den jungen Müttern das Stillen beizubringen und sie zu ermutigen, nicht zu früh abzustillen. Was als »zurück zur Natur« gemeint war, kippte allerdings, wie so viel angestrengt Natürliches in der Moderne, unvermittelt in neue Zwänge und erhöhte den Leistungsdruck für die zukünftigen Eltern erheblich.

Ich erinnere mich, daß mein Mann und ich, als unser erstes Kind 1967 in einer Universitätsklinik in den USA geboren wurde, getreulich alle Vorbereitungen für eine »natürliche« Geburt auf uns nahmen. Wir mußten in unserer Geburtsvorbereitungs-Gruppe versprechen, unsere Erfahrungen bei der Geburt als Ermutigung für andere Eltern detailliert aufzuschreiben. Als dann in einem hochtechnisierten medizinischen Umfeld nichts wie geplant verlief und ich schließlich froh war um eine lokale Anästhesie, war für mich das schlimmste, daß ich nicht von einer »natürlichen Geburt« würde berichten können. Ich dachte sehnsüchtig und selbstmitleidig an die Geburtserfahrungen meiner Mutter damals im kleinen Bezirksspital zurück, wo selbstverständlich unser Vater dabei war und wir Kinder jeweils unmittelbar nachher bei ihr im Zimmer saßen und weiße Semmeln mit Schokolade bekamen und wo kein Mensch davon redete, ob sie es »richtig« gemacht habe mit dem neuen Kind, das auf ihrer Bettdecke lag.

Während der Zwang zur inszenierten Natürlichkeit von Schwangerschaft und Geburt inzwischen wohl in unseren Breitengraden etwas nachgelassen hat, entstand ein neuer und vermutlich schlimmerer Druck für die Schwangeren: die neuen medizinischen Möglichkeiten und der damit verbundene Entscheidungszwang für oder gegen vorgeburtliche Diagnostik. Zu viele oder zu wenige oder überhaupt keine Untersuchungen durchführen zu lassen, ist die Frage, mit der sich Paare unter dem Druck von Verwandten, Freunden und dem medizinischen System auseinandersetzen müssen. Aber was tut ein Paar, wenn während der Schwangerschaft eine Behinderung des Fötus, wie zum Beispiel das Down Syndrom, festgestellt wird? Wer entscheidet über den Wert eines behinderten Lebens? Neue technische Möglichkeiten kippen einmal mehr in Entscheidungszwänge der totalen Machbarkeit von Gesundheit und Normalität. Ich meine, die Illusion der Machbarkeit von gesunder Schwangerschaft und Geburt und besonders von gesunden Kindern sei nicht unbedingt ein Fortschritt. Wer ihr nicht genügt, wer es nicht schafft, alles richtig zu machen und dann auch ein »richtiges«, das heißt gesundes und pflegeleichtes Kind auf die Welt zu bringen, ist selber schuld. Vor allem, wenn Eltern wie Lisa und Christoph sorgfältig und von langer Hand ein Wunschkind planen, und wenn die Frau als nicht mehr ganz junge Mutter alle möglichen Tests auf sich nimmt, wird eine komplizierte Geburt und ein Kind, das häufig schreit und schlecht trinkt oder gar behindert ist, leicht als persönliches Versagen der Eltern, vor allem der Mutter, bewertet.

Die heimliche Schuldzuweisung an Lisa durch Christoph, etwas während der Schwangerschaft »nicht richtig gemacht zu haben«, und jene von Lisa an Christoph, ihr in den schweren Stunden der Geburt und nachher nicht »richtig geholfen« zu haben, hat etwas mit diesem Machbarkeitsmythos zu tun. Damit verbunden ist eine tiefe Unsicherheit unerwarteten Komplikationen oder auch ganz gewöhnlichem Streß gegenüber. Lisa zum Beispiel bekam vor lauter Anstrengung beim Stillen ein steifes Genick und hatte starke Schmerzen. Als sie Christoph um eine Nackenmassage bat, schickte er sie zum Rheumatologen mit dem Hinweis, er wolle nichts falsch machen. Und als bei ihr die Milch vorübergehend zurückging, telefonierte sie mit der Expertin der Liga für natürliches Stillen, welche von da an täglich bei ihr anrief um zu fragen, wie sie es nun mache, womit sich der Leistungsdruck für sie erhöhte.

Irgendwann wurde das Leben mit dem Kind für Christoph und Lisa zum Alltag. Aber der Riß in ihrer Beziehung blieb bestehen. Alle die Enttäuschungen, die Lisa während und nach der Geburt durch Christophs psychische Abwesenheit erlebt hatte, aber auch seine Verständnislosigkeit gegenüber ihrer »Dramatisierung eines doch ganz natürlichen Geschehens«, wirkten sich belastend auf das Paar aus. Erst nachdem sie einander in der Therapie endlich ihre unterschiedlichen Geschichten zu der erlebten Krise erzählen konnten und erlebten, daß beide einander mit offenen Ohren und Anteilnahme zuhörten, ließ die Spannung zwischen ihnen nach.

Wie sie gleichzeitig auf der alltäglichen Ebene ihr Leben neu organisierten, davon wird noch die Rede sein.

Die widersprüchliche Einheit von Elternschaft und Paarbeziehung

Es mag seltsam klingen, wenn von Konkurrenzproblemen zwischen den beiden Beziehungen, jener des Paares zueinander und jener als Eltern zu ihrem Kind, geredet wird. Es seien doch gleichwertige Aspekte eines Ganzen, sollte man meinen. Wie kommt es zu dem Widerspruch der beiden Rollen, von dem die meisten Paare nach der Geburt eines Kindes erzählen?

In den letzten zwei bis drei Jahrzehnten hat sich – je nach Region und sozialer Schicht allerdings unterschiedlich intensiv – die Stellung von Kindern innerhalb der Paarbeziehung auffallend verändert. In den Sozialwissenschaften spricht man von einem »affektiven Bedeutungszuwachs« von Kindern für ihre Eltern, der so weit gehen kann, daß das Einmalige und Besondere der Paarbeziehung neben ihrer Elternschaft kaum noch zum Tragen kommt. Anders gesagt: *Die erotische Solidarität der Paarbeziehung wird von der affektiven Solidarität mit dem Kind überlagert.* Während eine solch starke Gewichtung der Elternrolle vorübergehend notwendig ist, bis die Eltern sich auf ihr Kind und auf ihre neue Situation eingestellt haben, wird sie für das Paar dann verhängnisvoll, wenn seine Liebesbeziehung auf Dauer der Elternschaft unterstellt wird. Die damit verbundene Tendenz zur Verwischung der Generationengrenzen, bei welcher Kinder zum Ersatz für die Paarbeziehung werden, kann langfristig schwierig sein für die Bewältigung der notwendigen Entflechtungsprozesse zwischen Eltern und Kind, die ja bereits mit seiner Trotzphase beginnen. Christoph beschreibt seine Erfahrung des Verschmelzens mit Mirjam so: »Das Kind ist meine wichtigste Lebenserfahrung geworden. Der ganze gesellschaftliche Frau-Mann-Ballast lastet dank Mirjam nicht mehr auf meinen Schultern. Ich hatte zeitlebens nie eine so vertrauensvolle Nähe zu einem Lebewesen wie zu diesem Kind. Mirjam bindet meine Frau und mich zwar zusammen, aber sie hat irgendwie auch zu einer neuen Distanz beigetragen zwischen uns.«

Gerade dort, wo Partnerschaften schon vor der Geburt auf unsicherem Boden standen, weil wesentliche Konflikte nicht besprochen und gelöst worden sind, kann ein Kind zum Garant von Stabilität und Verbindlichkeit für das Paar werden. Die intensive Bindung beider Eltern an ihr Kind stärkt dann ihre Identität als Mutter und als Vater. Vorübergehend ist das wunderbar und vom Kind aus gesehen auch wünschenswert. Wenn aber das Konkurrenzverhältnis zwischen Eltern- und Ehebeziehung fortlaufend zuungunsten der letzteren ausfällt, wenn das Kind mehr und mehr zum Partnerersatz wird, kann das seine Entwicklung empfindlich stören. Es ist, als ob Kinder wie Mirjam spürten, welche stabilisierende Rolle sie im Dreieck zu spielen haben, und der nicht abgetragene »Frau-Mann-Ballast«, von dem Christoph schreibt, lastet dafür auf ihren Schultern. Könnte darin ein Grund für Mirjam liegen, daß sie auch mit anderthalb Jahren wie als Säugling noch fünfmal in der Nacht schrie und damit eine Routine aufrechterhielt, die für ihre Eltern zwar mühsam, aber verbindend war? Nachdem Mirjam einige Nächte lang bei der Schwester ihrer Mutter problemlos durchgeschlafen hatte, begannen Lisa und Christoph damals, sich solche Fragen zu stellen.

Woher aber kommt diese so häufig beobachtete Schwierigkeit in der – zugegebenermaßen widersprüchlichen, aber notwendigen – Vereinbarung von Paar- und Elternrollen? Wieso entscheiden sich Paare, denen diese Unvereinbarkeit offenbar deutlicher ist als anderen, deshalb auch manchmal gänzlich *gegen* das Kinderhaben? Antworten gibt es viele. Sie reichen vom beschuldigenden »Egoismus der Mütter« über »narzißtisches Fehlverhalten« junger Eltern bis zum kritischen Nachdenken über die Bedingungen moderner Elternschaft. Davon soll im folgenden die Rede sein.

Der Lebensstil vieler junger Paare der aufstrebenden sozialen Schichten, besonders der aufgeklärten, gebildeten, ist darauf angelegt, daß sie sich selbst genügen. Im Bild der ewigen Liebeskindheit, das ich im vorangehenden Kapitel gezeichnet habe, ist die Vorstellung enthalten, daß Paare sich nicht nur Partner, sondern auch gegenseitig Eltern und Kind sind. Das meine ich mit der Idee ihrer »Selbstgenügsamkeit«. Wenn eine Paarbeziehung vorher als freie Partnerschaft auf Zeit angelegt war, wird die Geburt eines Kindes plötzlich zu einem Stabilitätsfaktor. Das Motto »bis daß der Tod euch scheidet« bezieht sich dann weniger auf das Paar als auf die Eltern-Kind-Beziehung. Konkurrenzprobleme zwischen Eltern und Kindern liegen bei solcher Widersprüchlichkeit nahe. Sie zeigen sich zum Beispiel darin, daß sich junge Mütter, ähnlich wie Lisa, sozusagen im Kind auflösen, womit die dichte Zweierbeziehung von Mutter und Kind, wie jede Symbiose, den Dritten ausschließt. Bei einer vernetzten Betrachtungsweise kann man aber auch sehen, wie Väter mit diesem Ausschluß kooperieren, beispielsweise durch die von Christoph beschriebene Irritation über das häusliche Chaos und seinen emotionalen Rückzug. Nicht selten beobachte ich in dieser Situation eine Intensivierung affektiver Beziehungen zwischen dem jungen Vater und seiner Herkunftsfamilie – vor allem zu den Frauen – oder er findet in einer Affäre Ersatz für die verlorene Liebesbeziehung zu seiner Frau. Sie verliebt sich in das Kind, und er sich in eine neue Partnerin...

Eine verhängnisvolle Spaltung kann sich daraus ergeben, daß fortan die junge Mutter allein die Verantwortung für familiale Stabilität und Kontinuität, für Nähe und Wärme übernimmt und so zur Nesthockerin wird, während der junge Vater sich ebenso allein spezialisiert auf die Welt draußen, auf die Rolle des Ernährers und des Nestflüchters. Da eine solche Spaltung nach wie vor nahtlos übereinstimmt mit den Strukturen der Arbeitswelt, ist es naheliegend, daß sie mit der Zeit von den Ehepartnern als die »natürliche« erlebt wird und beide froh sind, wenn wieder Klarheit ins Chaos einkehrt, ohne daß sie andere Möglichkeiten ihrer Rollenverteilung diskutieren. Der Traum, daß man sich vom Kind im bisherigen Lebensstil nicht stören lassen will, kippt dann unversehens in die Lebensform der »Familie als Naturreservat« für Väter und Kinder, wo die Mutter als emotionale Tankstelle für alle dient.

Lisa allerdings konnte sich mit dieser »Natürlichkeit« ihrer Lebensform nicht abfinden, obwohl sie längere Zeit mitgespielt hatte. Ein wesentlicher Schritt auf dem Weg aus der Krise nach dem »Babyschock« war, daß sie mit Christoph zusammen Szenarien entwickelte für flüssigere Lebensformen zwischen Tradition und Karriere. Inzwischen haben die beiden einen vorläufigen kleinsten gemeinsamen Nenner gefunden, wie sie ihr neues Rollenarrangement bezeichnen. Christoph hat seinen Arbeitseinsatz um 8 Wochenstunden reduziert, und Lisa arbeitet an vier halben Tagen in der Woche wieder in ihrem Beruf in einem privaten Kinderhort. An zwei halben Tagen hütet eine Frau aus dem Dorf die kleine Mirjam. Eine zwar vorläufige Lösung (wie im Kapitel zum »Phasen-Modell« von Mutterschaft und Berufstätigkeit noch zu sehen sein wird), aber besser als die vorherige Halbierung des Lebens in eine Innen- und eine Außenwelt, berichten Lisa und Christoph drei Jahre später. Beide haben inzwischen übrigens den Mythos überwunden, fremde Hilfe bei der Kindererziehung und im Haushalt zu beanspruchen bedeute »bürgerliche Ausbeutung« (Christoph) oder »schade der Intimität zwischen Mutter und Kind« (Lisa).

Elternschaft als Profession: Das Drama der verwalteten Kindheit

Welche Leitbilder führen dazu, daß für so viele junge Frauen Mutterschaft zum Problem wird, und daß auch Väter wie Christoph der Meinung sind, das Kind sei das Wichtigste in ihrem Leben, weit wichtiger als die Paarbeziehung? Woher kommt der damit verbundene übersteigerte Leistungsanspruch an die Elternschaft, besonders an Mütterlichkeit (im Milieu der »Aufgeklärten« auch an Väterlichkeit), zuungunsten der Liebe von Frau und Mann? Oder anders: Warum haben die in traditionellen Milieus »randständigen« Väter der Quasi-Professionalisierung von Mutterschaft so wenig entgegenzusetzen?

In der Praxis tauchen immer wieder zwei Themenkreise auf, welche Zugänge zum Verständnis der Problematik erschließen. Einerseits kann man sie mit der Idealisierung und Psychologisierung von Mütterlichkeit begründen, welche im Widerspruch steht zu modernen sozialen und räumlichen Umfeldern, die weder den Kindern noch Müttern und Vätern zuträglich sind. Ich denke da an die vielen zu engen oder anderswie kinderfeindlichen Wohnungen und an Lebensweisen, die eine Vernetzung in der Gemeinschaft unmöglich machen. Dazu gehört besonders die moderne Trennung von Wohnen und Arbeiten, wodurch alltägliche Verrichtungen wie Einkauf, Besuche beim Zahnarzt oder beim Friseur zu einer eigentlichen »Aufführung« werden für Familienfrauen mit Kleinkindern. Anderseits trägt die Expertenhörigkeit vieler Eltern nicht nur in bezug auf das Kinderhaben, sondern vor allem bezogen auf den Alltag mit ihren Kindern, zu ihrer Verwirrung bei. Sie werden überschwemmt von einer Vielzahl wissenschaftlicher und pseudowissenschaftlicher Theorien und Anleitungen zur »richtigen« Kindererziehung. Diese Theorien setzen hohe Maßstäbe für eine Quasi-Professionalisierung der Elternschaft und zeichnen sich, je nach Interessenlage der Schreibenden, mit oft widersprüchlichen Ideen aus. Die inzwischen durch namhafte Untersuchungen relativierte Überbetonung der Bedeutung der frühen Kindheit, welche einhergeht mit der Vorstellung nie wieder gutzumachender Schäden beim Kind durch unpassendes elterliches Verhalten, ist nur ein Beispiel dafür. Die in einigen psychologischen Theorien eingebauten Schuldzuweisungen an die eigenen Eltern, ohne Rücksicht auf deren damalige Lebensbedingungen, verführen aufgeklärte junge Eltern dazu, sich das Leben mit unwahrscheinlich hohen Leistungsansprüchen zu vergällen. Damit wollen sie ihren Kindern um jeden Preis ersparen, worunter sie selber gelitten haben. Säuglinge wie Mirjam werden dann zum Beispiel zwei Jahre lang hingebungsvoll gestillt, weil ihre Mutter gehört hat, daß die eigene Mutter sie selber nach drei Monaten abstillte (vielleicht, weil sie wieder arbeiten gehen mußte). Kleine Jungen werden von ihren Vätern ins klassische Konzert mitgenommen, weil diese selbst als Kinder davon ausgeschlossen waren. Die Erkenntnis vieler Mütter und Väter, daß sie als Kinder irgendwie zu kurz gekommen sind oder zu sehr die Aufträge ihrer Eltern verwirklichen mußten, statt »das Eigene« zu leben, kann bewirken, daß sie sich nun auf den Kopf stellen, um ihren Kindern das gleiche Schicksal zu ersparen. Ihre exklusive Kindorientierung und penetrante Frühförderung kippt dann leicht um in die totale Verwaltung des Kindes, welches unbemerkt das tut, was seine Eltern überwinden wollten: für diese leben. Plus ça change, plus c'est la même chose...

Der Mütterlichkeitsmythos

»Mein großer Irrtum war, daß ich mir Anerkennung und Liebe erhoffte von meinem Mann und der Welt um mich herum für meine Mutterschaft. Statt dessen bekam ich Vorwürfe«, erzählt Lisa. Mit der psychoanalytischen »Entdeckung« der Mutter-Kind-Beziehung wurde einerseits die Rolle der Mutter im Vergleich zu jener des Vaters aufgewertet. Anderseits wird die Mutter damit als Ursprung kindlicher Entwicklungschancen oder -störungen aber auch überlastet und für alles beschuldigt, was im Leben des Kindes nicht rund läuft. Die Situation ist absurd: Auf der einen Seite werden übermenschlich hohe persönliche Anforderungen an Mütter gestellt, und auf der anderen sind sie äußerlich so allein gelassen wie noch nie. Die meisten der befragten Väter erzählen zum Beispiel, daß sie nach der Geburt des ersten Kindes zuerst mit schlechtem Gewissen, dann aber zunehmend aus Überzeugung die Rolle des Alleinernährers übernahmen und den ganzen »Kinder- und Haushaltkram« ihren Frauen überließen. »Wenn schon Ernährer, dann richtig und erfolgreich«, sagt Christoph dazu.

Diese Einschränkungen der Mütter im isolierten Alltag mit kleinen Kindern stehen im krassen Gegensatz zu der von ihnen geforderten Eigenständigkeit und den beruflichen und geographischen Freiräumen, welche ihnen als junge Frauen in den »aufsteigenden Milieus« vor dem Kinderhaben zur Verfügung standen.[1] Eine Sozialwissenschaftlerin nennt das den Anspruch an die Chamäleonfähigkeit der modernen Frau: Auf der einen Seite soll sie sich weiterbilden und selbstbewußt ihre Frau stehen in der Öffentlichkeit, auf der anderen Seite »gehört die Mutter zu den Kindern«, wie das seit der neuzeitlichen Erfindung von »Mütterlichkeit als Gefühl«[2] gepredigt wird.

Dieser Widerspruch zeigt sich im weiblichen Dilemma zwischen der Mutter- und der Erwachsenenrolle. Einerseits muß die Frau sich fallen lassen können in die Welt des Kindes, um es zu erspüren und sich seinen Bedürfnissen anzupassen, wie das vorwiegend von männlichen Kinderpsychiatern[3], z. B. Winnicott, mit dem Begriff der »Teilregression« von der Mutter gefordert wird. Anderseits und gleichzeitig soll sie an ihrer Identität als Erwachsene festhalten und ihre Autonomiebedürfnisse nicht zurückstecken, damit sie die notwendige Generationengrenze aufrechterhält und dem Kind eine schrittweise Ablösung ermöglicht. Besonders deutlich wird der Zwiespalt zwischen diesen beiden Ansprüchen in ihrer Rolle als Erzieherin und als Hausfrau. Als Erzieherin soll sie regredieren können in die kindliche Welt, als Hausfrau planen, organisieren und ein attraktives Heim präsentieren, also autonom über den Dingen stehen. Dazu eine Mutter und Autorin[4]:

Tut es der Hausfrau in der Seele weh, wenn der Sohn mit Kieselsteinen das hochglanzlackierte Büfett verziert und zerkratzt, so freut sich die Erzieherin an seinem Sinn für verborgene Schönheiten.

Je autonomer eine Frau bisher gelebt hat oder in der Berufswelt leben mußte, desto weiter entfernt wird sie sein vom regressiven Teil der Kinderwelt, von ihrer Spontaneität und Ungeplantheit. Desto größer ist dann oft ihre vom Mutterschaftsmythos diktierte Anstrengung des ununterbrochenen Sich-Einlassens mit dem Kind sowie des ständigen Sich-Unterbrechenlassens in ihrem Handeln.

Wenn ich manchmal eine solchermaßen »professionalisierte Mutter« verbissen-entspannt mit ihrem Kind am Boden sitzen und mit ihm spielen sehe, während wir anderen am Eßtisch das Gespräch unter Erwachsenen an ihr vorbeifließen lassen, wird mir ganz mulmig zumute. Anstelle des »intellektuellen Spiel-Obligatoriums«, denke ich, könnte ihr vielleicht ein vorgängiges warmes Bad mit dem Kind zusammen einen kinderfreien Abend unter Erwachsenen ohne Schuldgefühle ermöglichen. Dadurch würde gleichzeitig das Kind erleben, daß es eigene Räume hat und nicht so wichtig ist für das Glück der Erwachsenen.

Um so bedeutsamer ist in meiner Erfahrung, daß auch andere Erwachsene, vorab der Vater, aber auch Großeltern oder Freunde und vor allem auch ältere Kinder aus der unmittelbaren Umgebung mit dem Kleinkind leben und spielen und damit der Mutter im Alltag kinderfreie Räume und Zeiten ermöglichen. Wo immer möglich gehört dazu auch die bezahlte Dienstleistung des gelegentlichen Kinderhütens. Wenn Frauen sich vergleichen mit den Müttern früherer Zeiten und sich fragen, was denn mit ihnen los sei, daß sie so unglücklich sind, vergessen sie, daß ihre Einsamkeit im Alltag mit Kleinkindern eine relativ junge gesellschaftliche Erscheinung ist. In den Bürgerfamilien, auch den wenig begüterten, gab es bis in die Jahrhundertmitte selbstverständlich die Hausangestellte oder zumindest eine Waschfrau, welche nicht selten als langjähriges Familienmitglied zur Freundin der Kinder und Gesprächspartnerin der Hausfrau wurde. In der Arbeiterschicht lebten Familien in größeren Wohneinheiten: in den sogenannten Kosthäusern zum Beispiel, wo zwar die Mütter keine Zeit für die Kinder hatten, aber dafür die Kinder unter sich in einer eigenen Welt leben konnten.

Sowohl das eine als das andere habe ich als Kind erlebt: die

Einbettung in eine Nachbarschaftsgruppe von jeweils bis zu 20 Kindern wie auch zahlreiche »Nebenmütter« in Form von Nachbarinnen und Haushaltlehrtöchtern, mit denen wir über Jahrzehnte verbunden blieben. Ich denke, daß der »Ausbeutungsaspekt« bezahlter Haushalt- und Kinderhütedienste eine Seite der Medaille ist, die verbesserungswürdig ist, daß aber deshalb die gute Sache bezahlter Hilfe nicht verketzert werden sollte. Dennoch wird damit das grundsätzliche Problem der Isolation moderner Kleinfamilien nicht gelöst, nur abgeschwächt. Der Aufbau sozialer Netzwerke, in denen Frauen und Männer sich gegenseitig in die Verantwortung für ihre Kinder teilen, ist aber nur möglich mit *Wohnformen*, welche eine solche Vernetzung selbstverständlich anbieten. Denn die Situation der Eltern »als beste Freunde des Kindes, stets gerne zu seinen Diensten« ist auf Dauer weder für sie noch das Kind wünschenswert. Lisa und Christoph haben darum in der Zwischenzeit beschlossen, ihr Bauernhaus am Waldrand zu verkaufen und sobald als möglich in eine Wohnsiedlung in die Stadt zu ziehen, in welcher Familien in unterschiedlichen Lebensphasen in Reihenhäusern nahe zusammenleben. Die Nähe zu ihren Arbeitsplätzen und die Vereinfachung der Kinderhütesituation sei für beide so wichtig geworden, erzählen sie, daß sie das Leben im kleinräumigen Häuschen inmitten anderer Familien der Idylle im Bauernhaus vorziehen. Mit einem Zitat von Christa Wolf[8] ermutigte ich Lisa und Christoph zu diesem Schritt: »So viel ist sicher: Niemals kann man durch das, was man tut, so müde werden wie durch das, was man nicht tut oder nicht tun kann.«

Mehrere Paare in dieser Situation haben übrigens nach der Geburt des ersten Kindes ihre Beziehungen zu den Herkunftsfamilien wieder belebt, »damit das Kind seine Großeltern kenne«. Erstaunlich viele leben in relativer Nähe zu ihnen, nicht bloß in der Schweiz. Und wenn auch viele moderne Großeltern noch voll engagiert sind im eigenen Leben, scheint doch ihre gelegentliche Übernahme des Kindes eine wesentliche Entlastung für die jungen Eltern zu sein – selbst bei ambivalenten Beziehungen zwischen den Generationen. Gerade durch die eigene Elternschaft wird manchmal eine »zweite Ablösung« vom Elternhaus mit einer Neudefinition der gegenseitigen Beziehungen möglich, welche von beiden Generationen bisher aufgeschoben wurde. Im nächsten Kapitel wird davon ausgiebiger die Rede sein. Im Beispiel von Lisa und Christoph bedeutete seine Wiederaufnahme der abgeschnittenen Beziehungen zu Vater und Mutter, daß er sich kritisch zu fragen begann, in welcher Weise er vielleicht durch das Überengagement mit Mirjam »sich selber füttere«, wie er es nennt. Umgekehrt konnte Lisa die bisherige Idealisierung ihrer Eltern als Gegenpol zu Christophs »kalter Mutter« und seinem »distanzierten Vater« aufgeben und sie nun als erwachsene Tochter liebevoll, aber ohne die früheren Erwartungen in ihr Leben einbeziehen.

Neue Väter braucht das Land

Wenn der »Frau-Mann-Ballast«, wie er von Christoph genannt wurde, nicht weiter auf dem Rücken ihrer Kinder abgeladen werden soll, dann müssen beide Eltern ihn etwa gleichmäßig tragen, was natürlich nicht dasselbe bedeutet wie eine mathematische Gleichung. Was sind eigentlich die *Unterschiede zwischen Vater- und Muttersein*, und was sind die neueren Entwicklungen zu mehr Gemeinsamkeit der Elternschaft? Fürs erste ist die Frau als Mutter als »ganze Person« involviert in Schwangerschaft, Geburt und Stillen des Kindes, sie muß sozusagen ihre Biographie neu schreiben, während für den Vater vieles gleich bleibt in Alltag und Beruf. Vielleicht sogar »gleicher« und intensiver als früher betreibt er nun sein berufliches Vorwärtskommen. Viele Männer berichten, daß ihnen der Ernährerschock so sehr in die Knochen gefahren sei wie ihrer Frau der Babyschock. Auch in anderen Studien[5] wird dieser Schock mit der heimlichen Angst vor dem männlichen Nichtgenügen begründet. Da Angst von vielen Männern aber nicht in Worte gefaßt wird, kann sie sich zum Beispiel ausdrücken im tödlichen Schweigen des unerreichbaren »Teflon-Vaters«[6]. Seine Rolle dabei wird oft aufrechterhalten durch eine seltsame Schonung in der Familie, das heißt durch die Art, wie Frauen und Kinder den Vater als »schützenswertes Objekt« konstruieren. Man darf ihm dann möglichst nichts zumuten, weil er ja als alleiniger Ernährer der Familie so wichtig und so sehr gefordert ist. Auf diese Weise wird die emotionale (und manchmal auch die physische) Abwesenheit des Vaters zu seinem eigenen Nachteil und zu dem von Frau und Kindern vorausgesetzt und laufend reproduziert.

Ein weiteres Problem für engagierte Väterlichkeit ist das bereits erwähnte: die Bedingungen in der Arbeitswelt. Es braucht schon einiges an Privilegien, an Selbstsicherheit, Bildung und emotionaler Verankerung, daß ein Mann es wagt, sich stark zu machen für einen freiwilligen Verzicht auf Prestige oder Macht, indem er sich beispielsweise um eine Teilzeit-Stelle bewirbt oder vorübergehend zugunsten der Familie sein Arbeitsengagement einschränkt. Wenn sogar freiberuflich Tätige wie Christoph auf die Geburt eines Kindes vorerst mit einer Intensivierung ihrer Berufsarbeit und mit einer Reduktion ihrer Mitwirkung bei der Hausarbeit reagieren, woher sollen dann Arbeiter und Angestellte den Mut und die ökonomischen Ressourcen nehmen, gegen den Strom zu schwimmen? Zwar gibt es eine schmale Schicht von »Gebildeten und Alternativen«, die ihre Vorstellungen von Väterlichkeit in die Tat umsetzen und sogar darüber schreiben. Aber sie können höchstens zu Zukunftsvisionen stimulieren und haben kaum Vorbildcharakter. Einige von ihnen erzählen übrigens, wie sie sich sowohl in der Rolle als Teilzeit-Angestellte als auch als Teilzeit-Väter »als halbe Portion« fühlen[7] und an der Isolation in beiden Welten leiden, in denen sie als Einzelgänger völlig verunsichert sind. Wenig zu Experimenten ermutigend ist die »schleichende Ausgrenzung«, die sie in der Arbeitswelt beschreiben. Das ist allerdings keine Neuigkeit für Mütter, die teilzeitlich arbeiten! Im nächsten Kapitel über die Aufbrüche aus der Lebensform der »Familienehe«, wie Lisa und Christoph sie eine Zeitlang gelebt haben, wird ausführlich von beruflichen Aufbrüchen von Männern in der Lebensmitte die Rede sein.

Ein anderes Problem von Vätern hängt ebenfalls mit den Bedingungen der meisten männlichen Arbeitswelten zusammen, das heißt mit der Art und Weise, wie dort Probleme gelöst werden. *Männer lernen in der Arbeit in der Regel, Menschen zu verwalten, selten jedoch, mit ihnen zusammen Lösungen zu entwickeln.* Die dominierenden Modelle der Arbeit, der Politik und des Militärs gehen nach wie vor von hierarchisch orientierten technischen Vorstellungen aus, mit der Annahme klar definierbarer Probleme, klarer Zielvorstellungen und planbarem Lösungsvorgehen. Die »diffusen« Alltagsprobleme mit Kindern aber eignen sich schlecht für diese Art der Instrumentalisierung. »So ist es und nicht anders«, »So mach jetzt dies oder jenes« greift eigentlich immer zu kurz im Zusammenleben von Familien mit Kindern. Kein Wunder, daß solche Männer darum eher »geschont« als herausgefordert werden von ihren Frauen, indem sie ihnen eher das Spazierengehen oder gelegentliches Spielen mit dem Kind zuweisen als Umgang mit dem alltäglichen Chaos in der häuslichen Welt! Auf diese Weise wird der alte Mythos von der »Väterlichkeit als Gegenwelt zur Welt der Mütter« immer wieder belebt, übrigens eine Vorstellung, die sowohl in psychologischen Theorien als auch in der neuen Männerliteratur vorkommt. Väter werden dabei als die Befreier des Kindes von der mütterlichen Umschlingung propagiert. Die mit solchen Bildern verbundene These, Väter müßten ihren Kindern, vor allem ihren Söhnen, als Vehikel der Ablösung von der Symbiose mit der Mutter dienen, wird dabei mit frauenfeindlichen Begriffen wie dem von der »Durchmutterung der Gesellschaft« begründet. Die Aufwertung der Vaterrolle geschieht dann leider in Verbindung mit der Abwertung der Mutterrolle. Auf diese Weise wird aber einmal mehr die Polarisierung der Geschlechter verfestigt. Flexible, emotional »nährende« männliche Verhaltensweisen brauchen nach meiner Erfahrung nicht einer idealisierten Mütterlichkeit nachempfunden zu sein. Engagierte Männer haben dafür ihre eigene Art, ohne daß sie als »Gegenwelt« konzipiert werden müssen, selbst wenn sie leider eher selten von der eigenen Vatererfahrung profitieren.

Wo und wie kann Väterlichkeit gelernt werden?

Aus der persönlichen und der Erfahrung mit vielen Familien in ähnlicher Lage bin ich der Meinung, daß eine gute Möglichkeit in der *Normalisierung eines Vater–Kind-Alltags* liegt, der beginnt, bevor Väter in ihrer beruflichen und familialen Laufbahn fixiert sind. Ich meine damit zum Beispiel ihre aktive Teilnahme am Leben der Kinder von Verwandten und Freunden, lange bevor sie selber Väter werden, welche ihnen ein entspanntes Verhältnis zu Kindern ermöglicht. Es gibt einige Studien (3, op. cit.), die darauf verweisen, daß solche »Alltäglichkeit« von Vätern mit Kindern durch ihre Präsenz bei den Vorbereitungen und besonders bei der

Geburt selber verbunden ist, wo ihre Bindung zum Kind beginnt. Am wichtigsten scheint mir, daß Väter so oft als möglich den Alltag *allein* mit dem Kind erleben, ohne dabei von ihrer Frau »angeleitet« zu werden, und daß sie selbstverantwortlich auch alle die Details übernehmen, an welche bei kleinen Kindern gedacht werden muß. Erfreulich viel hat sich in der Vaterrolle in den letzten Jahrzehnten verändert, trotz fast unveränderter gesellschaftlicher Strukturen. Wenn Männer in Zukunft vermehrt mit anderen Männern über ihre Erfahrungen als Väter reden, werden auch die ungelösten Strukturprobleme der Arbeitswelt von ihnen energischer angepackt werden – davon bin ich überzeugt.

Wie Intimität und Differenzierung zwischen Eltern und Kindern entsteht

Das Leben mit kleinen Kindern bietet eine einmalige Praxis der Intimität. »Daß ich einen Menschen auf so innige Weise lieben kann und er mich genau so liebt, hätte ich mir nie träumen lassen im Leben«, schreibt der junge Vater eines Sohnes. In einer Zeit, in der das Gefühl von Nähe und Geborgenheit vielen Menschen fehlt, ist das Leben mit Kindern eine Möglichkeit zum Wiederfinden der eigenen verlorenen Kindheitswelt. Über die körperliche Pflege und die affektive Nähe gedeiht das Kind, und wenn – nach der ersten Phase der Verschmelzung mit ihm – von dieser neuen Intimitätserfahrung etwas in die Paarbeziehung zurückfließt, gedeiht auch diese und kann zur Verwurzelung beider Eltern in Vergangenheit, Gegenwart und Zukunft beitragen. Wenn beide Partner mit der Zeit eine Balance finden zwischen der ursprünglichen »Über-Fokussierung« auf ihr Kind und ihrer Eigenständigkeit als Erwachsene und als Paar, werden sich die wechselnden Phasen von großer Nähe und allmählich wachsender Abgrenzung zum Kind immer neu einpendeln lassen. Ein ehemaliger Klient schreibt:

»Zu den wichtigsten Einsichten dieses letzten Jahres gehört für mich, daß Elternschaft eine Entwicklungsphase ist, in der Vater und/oder Mutter manches korrigieren und neu konzipieren können, was in der eigenen Beziehung nicht so gut gelaufen ist. Das fließt dann wieder in die Paarbeziehung ein.«

Notwendig ist, daß Frau und Mann, allein wie auch gemeinsam, sich viele eigene, kinderfreie »Inseln« im Alltag leisten und damit das Kind und sich selber daran erinnern, daß sie sich bei aller Liebe nicht grenzenlos angehören können. Von solchen Inseln wird im nächsten Kapitel ausführlicher die Rede sein. Aber auch das Kind braucht elternfreie Inseln, räumliche und sinnbildliche, als Voraussetzung für seine wachsende Eigenständigkeit.

Von Bedeutung scheint mir auch eine Relativierung der eigentümlichen Idee, daß Eltern die alleinigen »Choreographen« des kindlichen Tanzes seien. Aus dem Erkennen, daß das Kind mit ganz spezifischen Eigenarten zur Welt kommt und nur bedingt »geformt« werden kann, weil es selber seine Bezugspersonen mitformt, und daß sehr früh auch andere Menschen als Vater und Mutter seine Entwicklung beeinflussen, kann die Bereitschaft der Eltern zum Loslassen wachsen, die genau so wichtig ist wie ihre Bindungsangebote.

In meiner Untersuchung wurde von ausnahmslos allen Paaren mit Kindern erzählt, was für Entwicklungschancen diese ihnen selber als Menschen ermöglichten und wieviel Beständigkeit die Verantwortung für Kinder auch in schweren Zeiten, selbst über Trennung und Scheidung hinweg, ihrem Vater und ihrer Mutter vermittelt. Gleichzeitig erzählen Paare von ihren eigenen Eltern, daß es eigentlich nie ihr »Erziehungsverhalten«, sondern die Art war, wie sie als Menschen und Liebende lebten, welche für ihre Entwicklung ausschlaggebend war. Das ist tröstlich und ermutigt dazu, daß Erwachsene auch erwachsen bleiben und sich nicht mit dem Kind verwechseln. Der »Babyschock« kann so zum Anfang einer lebenslangen Entwicklung zwischen den Polen von Verschmelzung und Autonomie werden.

Lisa und Christoph, aber auch andere Paare in derselben Lebenslage, brauchten Geduld und Flexibilität, um sich mit den Grenzen der Machbarkeit und Planbarkeit ihres Lebens auseinanderzusetzen, welche ihnen in einer Weise durch das Kind aufgingen, die sie nie für möglich gehalten hätten. Die Dinge nicht mehr im Griff zu haben, fortlaufend improvisieren zu müssen und in bezug auf eigene Räume und eigene Zeiten von der Hand in den Mund zu leben, haben viele Mütter lernen müssen, seit sie, als Preis für das Kinderhaben, als quasi Alleinerziehende in der Isolation der Kleinfamilie leben. Aber der Preis für diesen ständigen

Balanceakt und das nagende Gefühl, sich selber zu verlieren im Zickzackkurs des gebrochenen Lebenslaufs, geht zu Lasten der Mutter als Person. Er geht jedoch auch häufig, wie Lisa und Christoph erzählen, zu Lasten der Intimität des Paares durch die dauernden Schuldgefühle des Vaters und den Groll der Mutter. Wenn das Kind auf Dauer einziges Zentrum eines Paares bleibt, ist die Chance groß, daß die Liebesaffäre zwischen Mutter und Kind oder Vater und Kind schließlich zum Kollaps der Paarbeziehung oder zur Verstrickung des Kindes im Dreieck mit seinen Eltern führt. Die Familie mag dann zwar überleben, aber sie tritt an die Stelle von Paar und Individuen.

Kinder brauchen nach meiner Erfahrung weder »neue Väterlichkeit« noch »neue Mütterlichkeit« im Sinne radikaler Umkehr. Sie brauchen jedoch einen *Vater*, der selbstverständlich die tausend kleinen Dinge des Alltags mit übernimmt, nicht bloß mit dem Kind selber, sondern auch im Haushalt. Und einen, der als Partner in den Tagen und Wochen nach der Geburt seine Frau in besonderer Weise »stillt«, indem er ihr zum Beispiel ab und zu ein warmes Tuch um die Schultern legt, im wörtlichen und im bildlichen Sinne des Wortes. Das Kind braucht eine *Mutter*, die ihren Selbstwert nicht allein aus der Mutterschaft bezieht, so sehr sie die wunderbare Nähe zum Kind auch genießen mag, sondern wieder »auftaucht« aus der Verschmelzung mit ihm und am allgemeinen Leben teilnimmt. Es braucht eine Mutter, die nach draußen geht und bereit ist, ihrem Mann oder anderen Menschen das Kind anzuvertrauen, um vom eigenen Boden aus wieder auf andere zuzugehen. Auf diese Weise können auch die widersprüchlichen Rollen von Frau und Mann als Eltern- und als Liebespaar mit der Zeit wieder ins Lot kommen. Natürlich läßt sich das leichter machen, wenn sie ihr Dreieck einbetten in Vier-, Fünf- und Fünfzehnecke, wie es Christoph und Lisa über den Anschluß an ihre Eltern sowie an einen Kreis von Familien in ähnlicher Lage mit großer Wahrscheinlichkeit gelingen wird.

Paare in traditionellen Lebensformen: Familienehe als Versorgung und Fürsorge

Kapitel 6

Auf- und Ausbrüche nach den ersten Jahren der »Familienehe«: *Claudia* und *Robert*

»Unsere Leidenschaft erstickte in der Kinderstubenluft«

Zum Begriff der Familienehe:
»Es ist die Ehe, die aus Liebe und zum Zweck der Familienbildung geschlossen wird und wo die Rollenverteilung zwischen Mann und Frau noch weitgehend dem klassischen Muster entspricht, daß der Mann (in erster Linie) die Versorgung der Familie mit materiellen Gütern übernimmt, die Frau (in erster Linie) für die Versorgung der Kinder und der ganzen Familie mit Gefühl und Liebe zuständig ist.«[1]

Die frühen Jahre

Sie war 21, er 30, als sie sich auf einem Hochzeitsfest bei gemeinsamen Freunden kennenlernten. Erst den letzten Tanz tanzten sie miteinander, und »da hat es uns wie ein Blitz getroffen«, erzählt Claudia, und beide bekommen feuchte Augen bei unserem ersten Therapiegespräch, 15 Jahre später. Eben noch hatte Robert sich bitter über die Distanz und die unerträglichen Spannungen zwischen beiden beklagt und Claudia dazu hartnäckig geschwiegen.

Als sie sich kennenlernten, hatte Robert gerade eine Stelle als Ausbildungsleiter eines aufstrebenden Unternehmens angetreten. Für ihn war es der lange gesuchte Traumjob. Früh von zu Hause ausgezogen, ein »Nestflüchter«, wie er sich nennt, hatte er als angehender Betriebswirtschaftler bereits viele Jahre mit einer Studienkollegin zusammengelebt. Eine Jugendliebe sei es gewesen, geplant als »offene Zweierkiste«, welche schließlich so offen wurde, daß beide sich ziemlich schmerzlos trennten, erzählt Robert. Als er Claudia traf, war er »in einem Beziehungsloch« und bereit, seßhaft zu werden. »Wohl gleichzeitig habe ich mich in

Claudia und in ihre Sippe verliebt«, erzählt er rückblickend. »Claudias Eltern haben mich aufgenommen wie einen Sohn, und ich fühlte mich bei ihnen ganz zu Hause.«

Claudia, die dritte von vier Töchtern eines Kaufmanns und einer Mutter, welche ihren Beruf als Kinderpflegerin nie ausgeübt hat, wohnte damals samt ihren zwei jüngeren Schwestern noch zu Hause – die älteste war bereits verheiratet. Ihre Eltern führten eine ganz traditionelle Ehe, der Vater im Geschäft, die Mutter im Haus, eingebettet in ein mittelständisches Kleinstadt-Milieu. Für sie war die Welt nach dem 2. Weltkrieg wieder in Ordnung gekommen. Ihr Leben verlief voraussehbar, spannungsarm, manchmal auch spannungslos.

Claudia hatte mit einem Pädagogikstudium begonnen, das sie eher langweilte. Voller Begeisterung ließ sie sich von Robert zu Kunstausstellungen und Konzerten mitführen und schwänzte gerne ihre Vorlesungen dafür. Ein halbes Jahr später heirateten die beiden. Claudia brach ihr Studium ab, und gemeinsam bezogen sie eine Wohnung »um die Ecke« ihres Elternhauses. Noch nicht 23 gebar Claudia das erste Kind, Peter. Zwei Jahre später folgten Zwillinge, Lea und Daniela. Claudia hatte gar keine Zeit mehr zu fragen, wie es ihr ging und ob sie zufrieden war. Sie ging auf in der Pflege der Kinder und war ihnen eine geduldige, zärtliche Mutter, Super-Mutter, wie sie sich rückblickend nennt. Mit Hilfe ihrer eigenen Mutter und ihrer jüngsten Schwester gelang es Claudia vorerst noch, gelegentlich ein paar Stunden für sich selber zu ergattern und aus dem warmen, aber einengenden Nest auszufliegen. Zutiefst verlassen, erschöpft, »angebunden« und auf sich allein gestellt, begann sie sich jedoch zu fühlen, als die Schwester ins Ausland verreiste und ihre Mutter den schwer erkrankten Vater zu pflegen hatte. Voller Zorn und Enttäuschung darüber, daß Robert auf ihre Not kaum reagierte, gelobte sie sich in dunklen Augenblicken, daß er noch einmal dafür bezahlen werde, daß er so selbstbezogen seine Karriere verfolgte. Der Groll auf ihren Mann wurde zu Claudias ständigem Begleiter, ohne daß sie klar wußte, was sie anders hätte haben wollen.

»Der reisende Odysseus und die wartende Penelope«

Robert war tatsächlich tagelang bei Seminaren auswärts, wie es zu seiner Arbeit gehörte. Oft voller Begeisterung, aber manchmal auch verärgert und erschöpft kam er jeweils ins warme Nest zurück. Er hoffte jedesmal auf zärtliche Nähe zu Claudia und Entspannung mit den Kindern, und es kränkte ihn, als Claudia sich gefühlsmäßig und sexuell von ihm zurückzog und mehr und mehr ihre ganze Wärme und Zärtlichkeit den Kindern, ihrer Familie und ihren Freundinnen zukommen ließ. Robert war stolz auf seine junge Frau, seine Familie und das gemütliche Heim. Bloß hin und wieder, wenn er beim Nachhausekommen seine Frau und die Kinder auf dem Ehebett zusammengekuschelt fand beim Fernsehen und niemand ihm entgegenlief oder so richtig Notiz von ihm nahm, packte ihn zorniger Neid. In solcher Stimmung benutzte er jeweils die erste Gelegenheit, etwa das fehlende Klo-Papier oder den zähen Braten, um Claudia scharf zu kritisieren für ihre »Schlampigkeit«. Robert: »Ich wußte genau, wie ich sie zur Schnecke machen konnte – aber sie wußte auch, wie sie sich ins Schneckenhaus verkriechen und mich im Regen stehen lassen konnte.«

Anfänglich hatte sie jeweils noch sehnsüchtig auf ihn gewartet, aber nun schien es, als sei sie nur noch an Kind und Haus interessiert. Je mehr seine Frau sich von ihm zurückzog, desto intensiver pflegte er sein berufliches Engagement. In der Arbeit bekam Robert als tüchtiger Fachmann und jovialer Chef viel Zuneigung und Anerkennung, von Frauen wie von Männern. Aber persönliche, eigene Freundschaften und Interessen entwickelte er keine, aus Angst, damit etwas bei Claudia zu verpassen, bei ihr nicht mehr dauernd »an Bord« zu sein, wie er erzählt.

Die dauernde Kränkung durch Claudias Rückweisung nagte an Robert, auch wenn er nicht darüber redete. Sexuell und emotional fühlte er sich draußen stehengelassen. Alte Kindheitsängste über das Zukurzkommen in der Liebe, deren er sich nur dumpf bewußt war, kamen in ihm hoch, und seine Kritik an Claudia schlug öfter in böse Aggression um. Wenn sie sich dann tagelang hinter einer Wand trotzigen Schweigens zurückzog, tat sich in Robert ein Abgrund von Verzweiflung und schmerzlicher Einsamkeit auf. Aber darüber konnte er nicht reden. Je mehr er Claudia an solchen

Abenden mit Forderungen nach Zärtlichkeit verfolgte, je verzweifelter er darauf drängte, mit ihr zu schlafen, desto hartnäckiger zog sie sich von ihm zurück.

Erste Lösungsversuche

Claudia: »Wir entwickelten recht schnell ein perfektes System, um mit unseren Problemen umzugehen. Nach außen spielten wir das harmonische Ehepaar. Robert stellte sich dar, und ich lieferte ihm die Stichworte, besonders meinen Eltern gegenüber. Aber nach innen wurde die abwechslungsweise heiße Hochspannung und dann wieder kalte Distanz fast unerträglich. Wir hatten beide nie gelernt, Konflikte so auszutragen, daß es nicht Sieger und Besiegte gab. Selbst wenn Robert siegte und ich mit ihm schlief, konnte er seinen Triumph nicht genießen. Im Gegenteil – einige Male wurde er dabei sogar impotent. Ich selber schwankte zwischen abgrundtiefen Schuldgefühlen und Verachtung für das, was ich als Demonstration seiner Macht über mich erlebte. Je länger dieser Zustand dauerte, desto mehr merkte ich, daß ich nur noch der Kinder wegen bei Robert blieb. Wenn er ehrlich war, sagte er das gleiche von sich.«

Als die Zwillinge in die Schule kamen, beschloß Claudia, ihr Studium stundenweise wieder aufzunehmen. Robert war zögernd damit einverstanden. Er schöpfte Hoffnung aus der Perspektive ihrer Loslösung von den Kindern. Eigentlich war es ihm recht, die Kinder ab und zu einen halben Tag zu übernehmen und sie für sich zu haben, wenn er es sich ohne Probleme einrichten konnte. Nun lag er mit ihnen manchmal auf dem Ehebett, wenn Claudia nach Hause kam. Mit Peter, inzwischen 10 Jahre alt, hatte er allerdings oft seine liebe Mühe. Robert empfand ihn als verwöhnten Muttersohn und versuchte, ihn straffer zu erziehen. Peter wurde dadurch noch mehr als vorher gefangen zwischen Mutters »Laissezfaire« und Vaters Forderungen gegenüber dem »jungen Mann«, dessen Schulleistungen zu wünschen übrig ließen.

Die Hauptverantwortung für die Versorgung der Kinder, ihre Schularbeit und den Haushalt blieb trotz des Studiums an Claudia hängen. Sie leistete sie nebenbei »in zweiter Schicht«, wie eine amerikanische Soziologin[1] das nennt, damit niemand sie kritisieren würde wegen ihrer Weiterbildung, der von ihrer Familie und einigen Nachbarinnen belächelten »Selbstverwirklichung«. Nicht im Traum wäre ihr eingefallen, mit ihrem Mann über die Verteilung der Hausarbeit neu zu verhandeln. Schließlich ermöglichte er ihr ja durch seine angestrengte Arbeit, daß sie sich beides leisten konnte, eine Familie und die Wiederaufnahme ihres Studiums. Da sollte sie ihm dankbar sein, fand sie, und nicht mehr von ihm verlangen. So beschützend hatte ihre Mutter sich ihrem Vater gegenüber verhalten, und so entsprach es auch Claudias inneren Bildern von Frau, Mann und Familie, welche weit hinter den äußeren Veränderungen herhinkten. Lieber nahm sie grenzenlose Müdigkeit und häufige Erkältungen auf sich, als Ansprüche an Robert zu stellen. Aber wenn sie jeweils atemlos auf dem Heimweg von der Schule einkaufte oder wenn sie spät abends bügelte in der Küche, während ihr Mann am Fernseher saß, wurde sie immer wieder von Wellen der Bitterkeit gegen ihn überrollt.

Die große Krise

Claudia erzählt

»Der große Knall kam, als ich meinte, dieses Leben nicht mehr länger ertragen zu können. Ich verliebte mich in einen Mitstudenten und glaubte, endlich das gefunden zu haben, was mir an Robert fehlte: Einen, der mich als erwachsene Frau mit eigenem Kopf respektierte, nicht bloß als Bettgefährtin und emotionale Tankstelle zur Erholung vom Berufsstreß... Einen Mann halt, mit dem ich interessante Gespräche führen konnte und der mit seinen Gefühlen präsent war und meine Gefühle ernst nahm, selbst wenn ich aggressiv oder traurig war. Einer, der nicht mit Wutausbrüchen oder totalem Rückzug reagierte, wenn ich an seinem Firnis kratzte oder emotionale Unterstützung forderte... Vielleicht ist das Gerede vom ›neuen Mann‹ dumm – aber im Vergleich zu Robert war mein Freund ein solcher.«

Robert erzählt

»Nach Jahren des Zukurzkommens in Erotik und Sexualität habe ich schier durchgedreht, als Claudia urplötzlich, aus heiterem Himmel, aus meinem Leben verschwand. Jahrelang hatte sie sich in sich selber und in der Kinderstube eingeschlossen... und nun öffnete sie sich strahlend einem anderen. Ich hatte mich schon lange damit abgefunden, daß wir nie eine ganz erwachsene Partnerschaft haben würden. Sie die Kind-Frau, ich die Vaterfigur, das war nicht immer leicht für mich! Selbst als sie ihr Studium wieder aufnahm und in psychologische und spirituelle Grüpplein und Kürslein eintauchte, um über das Schicksal der Frau zu heulen und zu klagen, war das für mich mehr desselben. Denn die Verantwortung für die finanzielle Grundlage der Familie blieb ja doch an mir hängen. Claudia kümmerte sich nie darum und fragte auch nie, wie es mir mit dieser Last am Hals erging. Wie eine verwöhnte Tochter halt.

Um so brutaler traf mich der Treuebruch meiner Frau. Ich bin von Natur aus ein lebensfroher Mensch, aber damals tat sich ein rabenschwarzer Abgrund vor mir auf. Ich hätte ihren Freund ermorden können, oder mich selber... Einmal habe ich während einer unserer unendlichen nächtlichen Diskussionen Claudia gewürgt, bis ich aus der Trance erwachte. Darauf bin ich die Nacht lang wie irre durch die Stadt gelaufen und habe geflucht und geweint. – Heute frage ich mich, warum ich die ›Zeichen an der Wand‹ so lange nicht wahrgenommen habe.«

Claudia

»Für mich kam die Krise keineswegs als Blitz aus heiterem Himmel. Ich hatte jahrelang unter dem Gefühl gelitten, ein Nichts, ein auf allen Gebieten problembeladener Mensch zu sein. Mit 35 fühlte ich mich alt, dumm, unglücklich, erschöpft und reif für die Psychiatrie. Aber irgendwann merkte ich, daß etwas an unserer Lebensweise nicht stimmte. Ich fing an, meine Gedanken aufzuschreiben und Forderungen an Robert zu stellen, wenn auch vorerst bloß gefühlsmäßige, keine konkreten, wie zum Beispiel eine faire Neuregelung von Arbeit und Geld. Und ich begann, mich jeweils sofort zu wehren und mir Roberts Demütigungen zu verbitten. Er verstand nichts und behandelte mich nach wie vor wie eine rebellische Tochter. Entweder reagierte er freundlich-jovial, oder er ließ Gras darüber wachsen, bis ich wieder ›normal‹ war. Denn für ihn stimmte ja unsere Welt!

Weil wir beide nie gelernt hatten, so miteinander zu reden, daß der andere hören und verstehen konnte, verlegten wir unsere Konflikte auf den Kampfplatz der Sexualität. Robert wollte ständig mit mir schlafen, und ich verweigerte mich, wann immer es möglich war. Dann redete er jeweils stundenlang väterlich-belehrend auf mich ein. Er verfolgte mich von Zimmer zu Zimmer, und weil ich mich ihm nicht gewachsen fühlte, schwieg ich trotzig oder lief weg. Robert wußte immer genau, wo meine Probleme lagen und wie ich sie zu lösen hatte. Wenn ich weinte, wurde er unheimlich aggressiv, und ich verschloß mich noch mehr. Dann zog auch er sich hinter eine Mauer zurück. Seine Botschaft an mich lautete klar: Ich laß dich jetzt einfach zappeln, dann wirst du schon wieder kommen. So hat er das offenbar selber in seiner Kindheit von Vater und Mutter erfahren und ich mit Sicherheit auch.

Wenn ich nicht den Mut aufgebracht hätte, mein Studium wieder aufzunehmen, wäre mir die Klapsmühle sicher gewesen. Eher riskierte ich unsere Ehe...«

Wie sie ihre Krise im Rückblick verstehen

Wie die meisten befragten Paare, können auch Claudia und Robert im Rückblick erkennen, wie sich in der ersten Zeit ihrer Liebe, vielleicht schon bei der ersten Begegnung, ihre gegenseitigen Hoffnungen und Sehnsüchte aufs wunderbarste ergänzt hatten. Claudia sehnte sich nach Flügeln und bewunderte Roberts Unabhängigkeit, er sehnte sich nach Wurzeln und verliebte sich in sie und ihre seßhafte Familie mit ihrem engen Zusammenhalt.

Partnerwahl und Paarmythos »Ihr die Wurzeln, ihm die Flügel«

Claudias Vorstellung war: Ich biete dir deinen fehlenden Nährboden und mache dich stark mit meiner Liebe, damit ich mich schließlich an deine Stärke anlehnen und vom sicheren Nest aus meine Flügel erproben kann. Du hilfst mir, mich zu lösen von der

Sehnsucht nach meinem distanzierten Vater und von den Ansprüchen meiner Mutter, ihre »Mutter« zu sein. Mit deiner Hilfe werde ich selber fliegen lernen.

Roberts Vorstellung war: Wenn du mir alles gibst an Geborgenheit und fragloser Zugehörigkeit, was ich in meiner bisherigen Lebensgeschichte vermißt habe, und wenn du mir mit deiner Liebe den Rücken frei hältst, werde ich dich als mein kleines Mädchen schützen und verehren und dich mit meiner Leistung stolz machen auf mich. Du gibst mir die fehlende Nahrung für meine Wurzeln, und ich zeige dir, wie man fliegt.

Die positiven Aspekte dieses Mythos, mit seinen Heilungsmöglichkeiten für erfahrene Mängel und frühe Verletzungen, blieben als Sehnsucht bestehen, auch als der Mythos zum Gefängnis wurde. Was beide bei der ersten Begegnung bewußt und unbewußt als Ergänzungsmöglichkeiten ahnten, wurde jedoch später vor allem für Claudia verhängnisvoll polarisiert. Sie blieb mit drei kleinen Kindern im Familiennest sitzen, und wenn sie ein bißchen flattern wollte, nahm niemand sie ernst, am wenigsten sie sich selber. Robert erfuhr eine Zeitlang beides, Wurzeln und Flügel, bis Claudia aufhörte, ihn emotional und sexuell zu versorgen und sich grollend von ihm zurückzog. Ihm blieben die Flügel und die dünne Höhenluft, und ihr die warme, stickige Luft der Kinderstube.

Daß sie mit diesem Mythos fraglos das Modell der traditionellen Familienehe übernommen hatten, war keinem der beiden bewußt. Auf meine Frage nach ihren ursprünglichen Ehevorstellungen meint Robert: »Eine richtige Familie halt: Die Frau ist Zentrum der Familie und der Gefühle, der Mann verdient das Geld und hat die Vernunft, und als anständiger Partner hilft er auch mal im Haushalt.« Claudia zu ihrem Ehebild: »Völlig unreflektiert! Genau so, wie meine Eltern gelebt haben.«

Claudias Sicht der Krise

Die fehlenden Vorbilder für Neues

Rückblickend, nachdem sie sich von ihrem Freund getrennt und sich, vielleicht zum erstenmal bewußt, für das Leben mit Robert entschieden hat, bringt Claudia ihre Krise in Zusammenhang mit der strikten, fraglosen Rollenverteilung im Elternhaus und mit der damit verbundenen Vorstellung, eine Frau sei bloß etwas wert als pflegeleichte Gefährtin eines erfolgreichen Mannes. »Ich liebte meine Eltern sehr und dachte, ihr Leben sei gut, weil Mutter sich nie beklagte. Vater kannte ich ja kaum. So versuchte ich genau wie meine Eltern zu leben. Aber es funktionierte nicht für mich, weil ich einfach nicht einsah, warum bloß ich alles zurückstellen sollte – Freundeskreis, Ausbildung, meine ganze Jugend – während Robert alles hatte, Familie, Beruf und Freunde. Aber weil ich lange glaubte, in meinem Mann den Vater gefunden zu haben, den ich nie hatte (mein eigener war für mich gefühlsmäßig unerreichbar), sagte ich mir immer wieder: ›Versuch es noch einmal‹ und biß auf die Zähne.«

Erst als Claudia mit 36 Jahren ihre abgebrochene Ausbildung wieder aufnimmt und mit Frauen und Männern zusammenkommt, die mit vielfältigen Beziehungsformen experimentieren, zieht sie ihren Kopf aus dem Sand und betrachtet sich, ihre Ehe und ihre Herkunftsfamilie zum erstenmal nüchtern und mit offenen Augen. Sie denkt an Trennung und versucht, ihrem Trotz und ihrer Kälte Robert gegenüber auf den Grund zu gehen, statt sich weiterhin selbst dafür zu bestrafen. Sie sucht in der Paartherapie nach den Leitmotiven und Aufträgen aus ihrer Lebensgeschichte als Tochter und als Frau, aber sie will diese nicht mehr einfach ausführen, sondern neu verhandeln mit Robert.

Frauen-Bildung lockert Bindungsbereitschaft: Claudias Auftauchen aus der Kinderstube der Verschmelzung

In ihrer Verliebtheit zu einem jüngeren Mann erlebt Claudia Seiten von Kraft und Eigenständigkeit an sich, die sie bisher kaum geahnt hatte. Sie entdeckt, daß sie eigene Gedanken formulieren und schreibend Zusammenhänge erkennen kann, welche ihr bisher nur verschwommen zugänglich waren. Sie setzt sich, welch ein Luxus, jeden Tag eine Stunde allein in ein ruhiges Café und schreibt ihre Ideen auf: Was will ich, was will ich nicht, wie will ich mein Leben ändern? Sie liest viel und redet mit guten Freundinnen, mit ihren Schwestern und mit Studienkolleginnen, die sie ermutigen, sich Zeit für sich selber und für ihre Entscheidung zu nehmen. Mit diesem Anliegen kommt sie in die Paarberatung, zu welcher Robert den ersten Schritt getan hat.

Auf Anraten der Therapeutin suchen Claudia und Robert sich ab und zu eine gemeinsame »Insel«, wo sie ohne Kinder, Familie und Arbeit einander gegenüber sitzen, sich wieder einmal ins Gesicht schauen und einander von ihren Welten erzählen, wobei abwechselnd er redet und sie ihm zuhört, und umgekehrt. Einige Male schlafen sie auch wieder zusammen und finden es schön... Aber eine Spannung zwischen ihnen bleibt bestehen, die sie nicht verstehen.

Mit der Zeit merkt Claudia in der Therapie, daß ihre Kämpfe um Eigenständigkeit und Abgrenzung, welche sie gegen Robert führt, auch noch an einem anderen Ort auszutragen sind, dort nämlich, wo sie ihren Weg ins Erwachsenenleben unterbrochen hat, mitten im zaghaft begonnenen Ablöseprozeß vom Elternhaus.

Alte Geschäfte erledigen

Es ist nicht einfach, mit Mutter und Vater darüber zu reden, wie es im Leben der Tochter zu der Krise kam und was für sie an unerledigten Geschäften mit ihnen nun ansteht. Ihrem Vater geht es gesundheitlich noch immer nicht gut, und ihre Mutter trägt schwer an der Last seiner Pflege. Aber Claudia versucht dennoch immer wieder, ihren Eltern zu zeigen, daß sie endlich erwachsen ist und daß sie »keine Fotokopie ihres Lebens« leben kann, wie sie sagt. Sie zeigt sich ihnen mit ihren neugefundenen Stärken, mit ihrem klaren Geist und ihrer Entscheidung zur eigenen Entwicklung und erzählt auch von ihren Ängsten und Unsicherheiten. Sie verweist auf die Unterschiede zum Leben ihrer Mutter, auf die Bildungschancen, welche sie im Gegensatz zu ihr hat und wahrnehmen will, weil sie erlebt hat, welche negativen Folgen ihr bisheriger Verrat an den eigenen Möglichkeiten für sie und ihre Ehe hatte.

Am Ende vieler schmerzlicher Diskussionen, bei denen Claudia sich zwar abgrenzt von ihren Eltern, ihnen aber gleichzeitig näher kommt und ihnen dankt für das, was sie an Wurzeln von ihnen bekommen hat, stirbt ihr Vater. Auch wenn er sie nicht ganz verstand, akzeptierte er, daß seine Tochter ihren eigenen Weg gehen würde. Claudia ist zutiefst traurig, daß die Nähe zu ihm, die sie eben zaghaft ertastet hat, nun abgebrochen ist. Sie trauert, aber sie wird nicht depressiv, denn Robert ist jetzt präsent, unterstützend, geduldig – als Partner, nicht als Vaterersatz.

Der Entflechtungsprozeß von der Mutter dauert noch an, und gleichzeitig vertieft sich Claudia in Mutters Geschichte, die ein Kapitel Frauengeschichte der Nachkriegsgeneration ist, und kommt ihr auf neue Weise näher.

Roberts Sicht der Krise

»Die Kinderaufzuchtanstalt erstickte unsere Erotik«

Im Rückblick, drei Jahre später, führt Robert die Paarkrise darauf zurück, daß Claudia und er sich ursprünglich »wie zwei gefühlsmäßig unsichere, noch nicht erwachsene Kinder aneinander klammerten, wobei immer einer Vater oder Mutter und der andere das Kind spielte. Wir wurden zur Kinderaufzucht-Anstalt, wohl mehr für uns selber als für unsere Kinder«.

Obwohl zumindest Robert ursprünglich von alternativen, verhandelbaren Formen des Zusammenlebens geträumt und damit auch schon Erfahrung hatte, war seine Sehnsucht nach dem »warmen, sicheren Nest« so groß, daß er kaum realisierte, was es bedeutete, daß Claudia ihr Studium abbrach und beide ein Kind hatten, noch bevor sie sich richtig kannten. Ohne darüber zu reden, rutschten sie damit in das traditionelle Schema: Die Frau versorgt ihren Mann wie ein ältestes Kind und macht ihn groß und stark, damit sie in seinem Schatten ruhen kann. Er läßt das gern geschehen, damit er draußen leistungsbereit und anpassungsfähig sein kann, wie es seine Karriere verlangt. Sie pachtet Kinder, Gefühle und das warme Nest für sich und er den Erfolg, die Macht der Vernunft und der materiellen Unabhängigkeit. Und beide zahlen ihren Preis für dieses Arrangement, indem jedes sich spezialisiert an einem Pol: Autonomie gegen Abhängigkeit. Er ist draußen eigenständig und innen emotional abhängig, sie ist wirtschaftlich von ihm abhängig und emotional selbstversorgend, und beide leben nur ein halbes Leben.

Warum hat Robert so fraglos mitgemacht bei diesem traditionellen Arrangement, ausgerechnet er, der sich als romantischer »68er« und als politisch wacher Mensch begreift, der ursprünglich alles anders machen wollte als seine Eltern und Großeltern? Mit welchen Sehnsüchten, welchen verschwommenen Bildern von sich selber und der Welt und mit welchen Leitmotiven und Aufträgen aus seiner Lebensgeschichte war sein Verrat am eigenen Traum verknüpft?

Roberts Aufstieg aus dem kleinbürgerlichen Mief

»Mein Vater starb an einer verschleppten Lungenentzündung, als ich erst einige Monate alt war. Ich habe ihm meine Liebe nachgetragen, denn mit meinem späteren Stiefvater habe ich mich nie zurechtfinden können. Instinktiv fühlte ich, daß meine Mutter mit ihm in ihrer Verlassenheit den Falschen gewählt hatte: Er war kleinbürgerlich-spießig und rassistisch eingestellt. Ich wollte sie vor ihm schützen und ihr helfen, und sie hat mich in den ersten Jahren auch ganz nahe zu sich herangezogen. Aber dann gebar sie noch zwei Söhne, und ihnen zuliebe hat sie mich im Regen stehenlassen. Ständig mußte ich auf die Halbbrüder aufpassen, während Mutter als Fabrikarbeiterin mitverdiente. Mein Stiefvater begann zu trinken und schlug meine Mutter, und einige Male habe ich sie vor ihm in Schutz nehmen müssen. Aber gedankt hat sie mir dafür nie, mich bloß mit ihren Klagen und ihren Krankheiten belastet. Je schlechter es mir zu Hause ging, desto mehr klammerte ich mich an das Traumbild meines »richtigen« Vaters. Meine Verehrung für ihn war grenzenlos, und ich gelobte, ihm ähnlich zu werden.

Noch vor dem Abitur zog ich in eine Wohngemeinschaft, und seither habe ich mich geweigert, mein Nicht-Elternhaus zu betreten. Ich habe als Werkstudent studiert und mir gelobt, es weit zu bringen und meinem Vater Ehre zu erweisen. Manchmal scheint es mir heute, ich sei zu früh aus dem Nest geflogen und klammere mich deshalb so sehr an alles, was mir Bestätigung und Geborgenheit verspricht: Beruf und Familie, allen voran natürlich Claudia.

Wenn sie mich verlassen hätte: ich hätte sofort wieder eine ›Neue‹ gesucht.

Was mich manchmal fast kaputt macht, ist, daß mir niemand meine Verletzbarkeit glaubt. Alle sehen in mir den starken, zuverlässigen Vater, den erfolgreichen, jovialen Chef. Aber daß dahinter ein ausgehungerter Bub versteckt ist, das spürte nur Claudia, und genau das hat sie so anziehend gemacht für mich. Als sie dann aufgehört hat, diesen kleinen Buben zu versorgen, bin ich fast draufgegangen. Sie meinte, ich sei pervers, weil ich dauernd mit ihr schlafen wollte. Dabei war Sex für mich bloß Mittel zum Zweck ihrer Bestätigung: Du kannst dich mir restlos anvertrauen, ich verlasse dich nicht.

Meine Frau hat nie verstanden, daß mein Weg nach oben für mich noch immer mit tiefen Ängsten vor dem Fallen verbunden ist. Schließlich habe ich keine Tradition, oben zu leben. Weder mein Vater noch mein Stiefvater hat mir die vermittelt. Wer weiß, ob Claudia mich noch liebte, wenn ich meine Stellung verlieren würde? Ich weiß ja selber nicht, ob ich ohne den beruflichen Erfolg und die finanzielle Sicherheit etwas wert wäre...

Mein alter Traum, daß ich mit einer Frau in einer gleichwertigen Beziehung zusammenleben würde, wo der Mann beruflich auch mal schlappmachen darf, war für mich plötzlich nichts mehr wert, als ich Claudia kennenlernte. So viel Weiblichkeit, so viel herzliche Naivität! Und ein Vater, wie ich ihn ersehnt hatte, einer, dem ich Eindruck machen konnte. Daß ich mit dieser Heirat auch völlig konservative Wertvorstellungen einhandelte, und daß Claudias traditionelle Erziehung und übermäßige Bindung ans Elternhaus sich ausgerechnet an mir rächen würden, als sie sich davon losstrampelte, konnte ich in meiner Begeisterung für die endlich gefundene Heimat ja nicht ahnen. Sie holt nun quasi auf meine Kosten ihre Entwicklung nach und ist dabei erfolgreich. Das macht mich einerseits stolz und anderseits zornig.«

Roberts Suche nach eigenen emotionalen Nährböden

In der gemeinsamen Therapie klärt sich für Robert, was er lange dumpf geahnt hatte: Seine Autonomie war ein luftiges Gebilde ohne den Boden eines soliden Selbstwertgefühls. Roberts Leistungsorientierung hatte viel mit seiner Angst vor Liebesverlust zu tun, vielleicht mehr als mit Lust an der Arbeit selber. Dankbarkeit für seine Bildungs- und Aufstiegschancen, den Sprung vom Arbeiterkind zum Chef gemacht zu haben, mischten sich bei ihm immer deutlicher mit Wut. Mit Trauer auch über die verpaßte Kindheit und über den inzwischen verinnerlichten Anspruch, seiner Mutter ein guter Helfer zu sein (auch als sie längst keinen mehr brauchte) und dem Phantombild des Vaters Ehre zu machen.[2]

Im Lauf der Therapie beginnt sich Robert zu fragen, wo er denn seine eigenen Wurzeln finden könnte, statt sie kindlich seiner Frau nachzutragen, damit diese ihnen endlich genügend Nährstoff gebe. »Meine versteckte Angst vor dem Fall, meine Abhängigkeit von bedingungsloser Anerkennung und emotionaler Versorgung durch Claudia haben mich eigentlich schon lange belastet. Auf komplizierte Art habe ich mich ihr gegenüber possessiv verhalten und mich gleichzeitig heftig gewehrt, wenn sie in meine Gefühlswelt eindringen wollte. Irgendwann merkte ich, daß sich meine alten Ängste vor dem Benütztwerden und vor dem Verlassenwerden damit immer wieder neu belebten. Ich fragte mich, ob ich mich nicht vielleicht genau so meinem traditionellen Lebensentwurf unterordnete wie Claudia sich dem ihren.«

Während unserer therapeutischen Gespräche kommt auch Robert auf die Idee, nach seiner eigenen Geschichte, einer Geschichte von schier unerfüllbaren Beziehungsaufträgen und schmerzlichen Abbrüchen, zu fragen. Er besucht seine Mutter nach langer Zeit wieder einmal im Altersheim und beginnt mit ihr über den Vater zu reden. Sie erzählte von ihm und zeigte ihm Briefe und Fotos, anfangs zögernd, aus Angst vor seinen gewohnten Beschuldigungen, dann lebhafter. Robert lernte sie zum erstenmal nicht bloß von der Seite der tüchtigen, aber besitzergreifenden Mutter kennen, sondern als Frau und Angehörige einer bestimmten Epoche und einer sozialen Schicht, in welcher ein gescheiter, sensibler Junge wie er damals vielleicht wirklich ihr einziger Reichtum war...

Später hat Robert dann mit Peter, seinem Sohn, eine Reise in das kleine Dorf, in dem er geboren wurde, gemacht. »Wir haben mit ein paar alten Leuten geredet, die meinen Vater gekannt haben, und Peter hat Zeitgeschichte im Maßstab eins zu eins erlebt bei ihren Erzählungen über die Jahre zwischen den beiden Kriegen, über die Wirtschaftskrise und die Armut auf dem Lande...

Es ist für mich nicht viel Spektakuläres, aber persönlich Wichtiges herausgekommen dabei. Mein Vater war offenbar ein versponnener, phantasiebegabter Mensch, eher kontaktscheu und zaudernd, aber von vielen im Dorf respektiert, weil er sich stark gemacht hat während eines Streiks in der lokalen Maschinenfabrik. Er hat nie viel von sich selber gehalten und nicht gut zu sich selber geschaut. Das tut mir erst jetzt weh.«

Robert über sein neues Selbstverständnis und seine Arbeit

»Mein Arbeitsengagement hat sich seither gewandelt. Von einer vorbehaltlosen Unterordnung unter die echten und vermeintlichen Anforderungen meiner Berufstätigkeit und meiner Stellung komme ich langsam weg. Mein eigenes »Ausbrennen« zu vermeiden, wird mir immer wichtiger. Mein Rhythmus verändert sich auch altersbedingt von selbst, ich reise weniger gerne zu auswärtigen Seminaren als früher. Konkretes Beispiel: Bei einem kürzlichen Gespräch mit meinem Vorgesetzten über Nachfolgefragen wurde mir klar, daß er davon ausging, daß ich bei seinem Übertritt in den Ruhestand auf seine Position aspirieren würde. Ich gab ihm zu verstehen, daß er nicht selbstverständlich mit meinem Interesse rechnen solle. Es scheint für ihn jetzt so auszusehen, als sei ich ein ›Versager‹. Das kann ich mittlerweile eher gelassen hinnehmen und empfinde dabei manchmal so etwas wie Heiterkeit. Ganz neu ist für mich, daß ich mit ein paar wenigen Kollegen über meine Ängste und Unsicherheiten reden kann und daß sie verstehen, ohne mich gefühlsmäßig abhängig zu machen, wie ich das bei Frauen so leicht erlebe.

Das Zusammenleben mit Claudia entspannte sich, seit ich sie deutlicher als Person wahrnehme, auch wenn ich oft mit dem Tempo ihrer Entwicklung Mühe habe. Unseren Töchtern und auch Peter geht es viel besser als vor einigen Jahren. Unser Sohn hat gelernt, daß die Spannungen zwischen seiner nun häufig allein »fliegenden« Mutter und seinem noch immer eher besitzergreifenden Vater, welche manchmal zu lauten Gewittern führen, außerhalb von ihm stattfinden. Alle drei Kinder wissen das, und sie können darüber schon herzlich lachen. Claudia und ich übrigens in guten Stunden auch!«

Claudia

»Ich habe spät, aber immerhin, für mich meine Sinnlichkeit entdeckt. Die zeigte sich zuerst überhaupt nicht im Bett – da hatte ich immer noch zu sehr Angst vor Roberts Besitzansprüchen. Aber inzwischen habe ich meinen Körper spüren gelernt, zuerst bei meinem Freund und später beim Tanzen, und ich freue mich zum erstenmal im Leben, eine Frau zu sein. Aber noch wichtiger ist mir, daß ich durch das Studium meinen Geist entdeckt und damit eigenen Boden unter den Füßen gewonnen habe.

Für Robert ist Sexualität immer noch der Beweis meiner Liebe und Treue, quasi ein Leistungsbeweis, und das behindert uns ab und zu. Aber es ereignet sich nun so viel zwischen eigener Welt, Familie und Bett für jeden von uns, daß wir auf eine Art Nähe erleben, wie das in der Kinderzeit unserer Liebe nicht möglich war. Daß wir uns ganz neu organisiert haben bei der Hausarbeit und bei der Verantwortung für die Kinder, ich würde sagen er ein Drittel und ich zwei Drittel, hat viel von meinem Groll gegen Robert besänftigt. Wenn ich einmal einen eigenen Lohn verdiene, werden wir nochmals neu verhandeln müssen. Auch das gehört dazu!«

Überlegungen der Paartherapeutin zur »Familienehe im Aufbruch«

Es gibt sie noch, die glückliche Familie, wo der Vater nicht in Frage gestellt wird und wo die Mutter ihre Freiheiten hat und sie sich nehmen kann, wenn es nötig ist... und wo man dafür nicht auf die Barrikaden steigen muß! Soweit ein Zitat aus einem Leserinnen-Brief (1991) in einer Schweizer Lokalzeitung, aus Protest gegen eine Kindergärtnerin, die ein Mittagessen mit den Kindern in der Schule vorschlägt, damit ihre Mütter sich einmal in der Woche untereinander treffen können.

Zum Thema Aufbruch nach den ersten »glücklichen Jahren« mit Kleinkindern: Es hat mich selber überrascht, daß Angehörige des hier beschriebenen »Familienehe«-Modells am weitaus häufigsten in meiner Praxis und in der von Kolleginnen und Kollegen sowie in meiner Befragung erscheinen. Zu dieser Gruppe gehören

Paare zwischen 35 und 45, nach etwa 8 bis 15 Ehejahren, mit Schulkindern oder mit Kindern in der Pubertät. Fast immer erzählen sie, wie die Leserbriefschreiberin, von guten gemeinsamen Anfangsjahren mit fragloser Übernahme traditioneller Frauen- und Männerrollen.

Das Arrangement bewährt sich tatsächlich für viele zunächst bestens. Mann und Frau passen sich nahtlos der Vorstellung an, daß »von Natur aus« der Mann für die Erwerbsarbeit und die Frau für die Arbeit als Mutter und Hausfrau geschaffen sei. Diese Rollenteilung wird dabei von den fast unveränderten Forderungen der Arbeitswelt und den fehlenden Tageshorten für Kinder unterstützt. An Ausbruch ist nicht zu denken, solange der Mann den Beruf als wichtigsten Ort für seine Identitätsfindung wählt, wie er es gelernt hat. Aber auch für viele Frauen ist der Rückzug aus der Arbeitswelt in die fraglos akzeptierte Rolle als Mutter und Hausfrau willkommen. Das ist besonders so, wenn sie, wie Claudia, in der Berufswelt wenig Sinn und Chancen sehen und wenn sie kein positives Modell haben für eine Verbindung von Familien- und Berufsarbeit.

Die ersten Jahre dieser Familienehe ermöglichen also häufig beiden, was sie am meisten ersehnen: konfliktfreie Anpassung an bestehende Normen und dafür das Gefühl, ganz »dazuzugehören«. Für den Mann bieten die Normalität des Lebensstils und das Versorgungsangebot seiner Frau genau den Rahmen, den er für seine berufliche Entwicklung braucht. Für die Frau ist die Normalität (wenn auch nicht Anerkennung!) ihrer Rolle eine Möglichkeit, eine Identität zu finden, die ihr in der Welt der Bildung und Arbeit noch kaum zur Verfügung steht. Und beide führen außerdem bruchlos das aus, was ihre Eltern ihnen vorgelebt haben oder was sie vielleicht von ihnen an indirekten Aufträgen zum Auswetzen alter Scharten übernommen haben. Die Frau, deren Mutter vielleicht nach ihrem Begriff wenig Mütterlichkeit geben konnte, macht sich diese nun zur Lebensaufgabe. Der Mann kompensiert nicht selten, was seinem Vater im Beruf nicht gelungen ist oder rivalisiert mit ihm um »Höheres«.

Alarmzeichen

Dann bahnt sich eine Krise an, oft lange unbemerkt vom Mann. Seine Welt ist in Ordnung, solange seine Frau das Problem allein auf sich nimmt, daß sie sich nämlich schon längere Zeit ausgebrannt und unglücklich fühlt. Wieso sollte sie auch darüber reden? Die Schuld liegt doch klar bei ihr, muß sie annehmen, wenn sie sich in ihrer Welt umsieht. Oft genug hat sie vielleicht selber, wie die Schreiberin des Leserbriefes, für die glückliche Familie plädiert und gegen eine Nachbarin geschimpft, die als »Emanze« ihre Mutterpflichten vernachlässigte. Also hat sie jetzt zu schweigen.

Kinder geben Signale

Es gibt natürlich immer zahlreiche Hinweise auf eine sich anbahnende Krise in einer Paarbeziehung, die jedoch lange ignoriert werden können. Aber irgendwann schrillt die Alarmglocke dann doch einmal so laut, daß sie nicht mehr überhört werden kann. Ich sehe als »Wecker« nicht selten ein Kind, das schon lange Hinweise gibt, daß etwas nicht stimmt. Meistens werden seine Verhaltensauffälligkeiten aber ihm persönlich oder seiner Schulsituation angelastet – und natürlich haben sie manchmal auch wirklich damit zu tun und nicht mit dem Unglück der Eltern. Aber häufig ist das eine mit dem anderen verwoben.

Bei jüngeren Kindern sind es nach meiner Erfahrung eher Buben, bei älteren eher Mädchen, welche Signale aussenden, daß ein Verhängnis sich anbahnt. Jungen fallen zum Beispiel durch aggressives Verhalten daheim und Leistungsverweigerung in der Schule auf, Mädchen eher durch depressive oder psychosomatische Symptome, nicht selten in Form von Eß-Störungen.[3] Kinder kämpfen manchmal mit ihrem auffälligen Verhalten (das lange genug keinem auffällt) indirekt, zusammen mit ihrer an die Rolle der »emotionalen Tankstelle« gebundenen Mutter, um den innerlich oder äußerlich abwesenden Vater. Manchmal fordern sie damit aber auch lautstark eine Mutter heraus, welche sich vielleicht schon seit Jahren deprimiert ins Schneckenhaus der Resignation verkrochen hat und bloß noch nach außen »funktioniert«. Oft entziehen sie sich aber auch der Mutter, vor allem die Jungen in der Anfangszeit der Pubertät, und verbünden sich heimlich mit dem von seiner Frau enttäuschten Vater. So oder so zahlen vorerst die Kinder den Preis dafür, wenn die Eltern starr wegschauen und am Mythos der glücklichen Familie festhalten. Da aber bei diesem Familienmodell die *ganze Verantwortung für die Erziehung auf der Mutter lastet*, fühlt sie sich durch die Auffälligkeit eines Kindes noch elender. Wenn dann der Druck von innen erhöht wird durch den Druck von außen, bei Schulversagen eines Kindes zum Beispiel, entsteht oft ein Teufelskreis. Vor allem Frauen, welche den sozialen Aufstieg über Ehe und Familie zu schaffen suchten, reagieren manchmal mit Gegendruck auf das Kind, wenn dieses ihnen die Quittung für ihre Nachhilfearbeit in Form guter Schulnoten versagt. Je schuldiger sich die Mutter fühlt, desto mehr kümmert sie sich um die Hausaufgaben, desto mehr rebelliert das Kind gegen ihr Eindringen. Wenn dann der Vater sich heimlich mit dem von der Mutter »unterdrückten« Kind – übrigens nach meiner Erfahrung häufiger einem Sohn als einer Tochter – verbündet, schließt sich der Teufelskreis für alle.

Nach einem Seminar zu diesem Thema schreibt mir eine Kollegin:

»Ein Punkt, der für mich ungeheuer wichtig war: Im Seminar wurde mit dem Beispiel einer Familie in Therapie dargestellt, wie es dem 13jährigen Sohn gelingt, durch Leistungsverweigerung seinen beruflich überbeschäftigten und emotional abwesenden Vater in die Familie zurückzuholen. Das betraf mich sehr persönlich! Die Leistungsverweigerung unseres damals 12jährigen ältesten Sohnes hatte ich seither immer auf mein mütterliches »Schuldkonto« gebucht, weil ich sehr emotional, von meiner Anlage her jähzornig, damals in Situationen von totaler Hilflosigkeit diesem Sohn gegenüber zugeschlagen habe. Ich habe mir später immer vorgeworfen, ich hätte alle seine Probleme verschuldet: seine Leistungsverweigerung, seine psychosomatischen Probleme, seine psychotischen Episoden in der Adoleszenz. Der Begriff von der »schizophrenogenen« (Schizophrenie auslösenden) Mutter mit ihrer Alleinschuld saß tief! Ich konnte mich nach dem Vergleich mit dem Fallbeispiel in Ihrem Seminar zu einem wesentlichen Teil davon befreien! Denn auch mein Mann war psychisch und physisch abwesend während des Aufwachsens unserer Kinder. Als Familie erlebten wir noch und noch die Enttäuschung, daß geplante gemeinsame Veranstaltungen, auf die alle sich gefreut hatten, wegen einer akuten Situation in der Klinik nicht durchgeführt werden konnten. Zumal ich damals, während meiner 14jährigen Kinderpause, noch der Klischee-Vorstellung nachhing, nichts ohne meinen Mann unternehmen zu dürfen, wenn bei ihm von Berufes wegen etwas ausfiel – aus Gründen der Fairneß!«

Indirekte und direkte Signale der Frauen

Eine andere Möglichkeit von Alarmzeichen demonstriert Claudia: Sie hat zuerst mit Liebesentzug und sexueller Verweigerung ihrem Groll gegen Robert (und gegen ihre eigene Überanpassung) Ausdruck gegeben, einem Groll, den weder sie selber noch ihr Mann verstehen konnte. Manchmal geraten Frauen in dieser Situation auch in Depression, chronische Krankheitsanfälligkeit oder in heimliche Süchte. Damit finden sie unbewußt eine vorläufige Lösung für ihr Dilemma zwischen offizieller Anpassung und heimlicher Rebellion. Es ist allerdings eine Lösung, die sich bald einmal gegen sie selbst wendet und den Teufelskreis verstärkt.

Immer häufiger erlebe ich bei Frauen Claudias zweite, direktere Reaktion in Form von Verhaltensweisen, die nicht mehr übersehen werden können. Es sind die vorerst kleinen und später größeren »Fluchten« aus der Familie. Solange Frauen Kurse besuchen und sich für ihre bisherige Rolle weiterbilden oder diese in Form freiwilliger Sozialarbeit über die Familie hinaus weiterführen, ist alles für alle in Ordnung. Erst später, wenn ihre gezielte Neuorientierung auf einen Berufsabschluß oder eine Zusatzausbildung hinweist, wird die Sache brenzlig. Solange der volle Service zu Hause geleistet wird von ihr, mag ihr keiner den Anspruch auf ein bißchen mehr Lebensqualität verwehren. Wenn sie aber als »Service-Stelle« nicht mehr funktioniert und vor allem, wenn sie sich mehr nach außen richtet, sind die Alarmsignale nicht mehr zu überhören.

Signale bei Männern

Wie Robert reagieren viele: Sie leiden zwar darunter, daß die emotionale und sexuelle Leidenschaft erstirbt in der Kinderstubenluft der Verschmelzung von Paar und Kindern. Sie spüren auch den heimlichen Groll ihrer Frauen und merken, daß sie ausgebootet sind bei den Kindern und fühlen sich zu Hause mehr und mehr bloß auf ihre Ernährerrolle beschränkt. Aber meistens schicken sie sich darein, solange ihnen das warme Nest garantiert bleibt. Denn fast immer haben sie in dieser Lebensphase genug damit zu tun, ihren beruflichen Weg zu finden und auszubauen. Und da das Männer-Motto aus ihrer Kindheit bisher funktioniert hat: »Wenn ich nichts sage, ist alles recht«, schweigen sie, arbeiten um so fleißiger und bauen ihre Positionen in der Männerwelt aus. Meistens kommen sie ja aus einem Milieu, wo ein Mann nicht gewohnt war zu fragen oder gefragt zu werden, wie es ihm gehe. Allerdings zeigen Männer, deren Frauen sich innerlich zurückziehen, ihre Verletzung oft in Form von chronischer Verstimmung und beleidigter Vorwurfshaltung, aber ihr Leid in Worte zu fassen, fällt ihnen schwer.

Auf- und Ausbrüche: Untreue als Treue zu sich selbst

Ein typisches Aus- und Aufbruchsymptom in solchen Phasen des Übergangs ist eine Liebesbeziehung zu einem anderen Menschen, die von der Frau oder vom Mann »wie ein Blitz aus heiterem Himmel« erlebt wird. Robert erzählt, daß er einige Male drauf und dran war, mit einer Kollegin ein Verhältnis anzufangen, aber jeweils im letzten Augenblick davor zurückschreckte aus Angst, er würde damit seiner Laufbahn schaden. Denn natürlich habe er große Sehnsucht nach Bestätigung durch eine Frau gefühlt, schon lange, auch wenn er nie davon redete. So ließ er es bei vielen kleinen Flirts bewenden. Andere Männer in der Gruppe der Familienehe verliebten sich zum Beispiel in eine (meistens jüngere) Arbeits- oder Sportkollegin. Claudia allerdings ist überzeugt, daß Robert ohne ihre Beziehung zu einem anderen Mann und die Perspektive einer möglichen Trennung ihr nie geglaubt hätte, daß es ihr ernst sei mit ihrem Aufbruch. Auch ist sie der Meinung, daß ihr selber erst durch die Erfahrung mit ihrem Freund deutlich geworden sei, wie viele Facetten ihrer Person sie der Anpassung an die Ehe- und Familienvorstellungen ihrer Eltern geopfert habe. Treue zu den Eltern und zum Hergebrachten sei ihr wichtiger gewesen als die Treue zu ihrem persönlichen Lebensentwurf – ein Thema, dem Kapitel 12 gewidmet ist.

Außenbeziehungen, auch sexueller Art, sind nicht mehr nur die Möglichkeit der Männer, äußere Zeichen zu setzen und innere Spannungen abzubauen. Zumindest bei den Paaren, welche in dieser Lebensphase in die Beratung kommen, fällt mir auf, daß zunehmend auch Frauen aus einer Ehe »ausbrechen«. Allerdings, so sagen sie, tun sie das selten mit der Absicht, sich von ihren Männern zu trennen, sondern als vorerst unbewußte Möglichkeit zur Ablösung von der stickigen Luft der »Kinderstube«. Bloß resultiert aus einer solchen »Untreue als Treue zu sich selber« (auch bei Männern) nicht selten ein Zusammenbruch des Partners oder der Partnerin, mit gewaltiger Aggression gegen sich selber oder den anderen, weshalb ich das Problem keinesfalls bagatellisieren will. Ich werde im Kapitel 12 darauf zurückkommen.

»Wir sind blind in dieses Arrangement gerutscht und haben erst nach der Krise etwas Gutes daraus gemacht«

Anhand der Erzählungen der Paare in dieser Gruppe habe ich mich gefragt, warum wohl so viele unter ihnen nach wie vor fraglos in dieses »Familienehe-Modell« rutschten, das im eingangs zitierten Leserinnenbrief so schön idealisiert ist. Es fällt mir auf, auch bei jungen Paaren, daß es bei ihnen überhaupt nie Diskussionen gab über die Balance von Arbeit, Liebe und Familie, nicht vor dem Zusammenleben und auch nicht vor dem ersten Kind. Zwar existierten bei vielen Frauen und einigen Männern Bilder im Kopf, die mit dem Begriff der »Gleichberechtigung« beschreibbar sind, erzählen sie rückblickend. Aber die meisten folgten, als sie zusammenzogen und besonders nach der Geburt des ersten Kindes, einfach den Vorstellungen aus dem Elternhaus. Selbst bei Menschen wie Robert, der bereits in einer Beziehung das Ideal flexibler Rollenverteilung ein Stückweit gelebt hatte, verlor es an Attraktivität, als er eine Frau mit konventioneller Einstellung kennenlernte und bereit war, sich beruflich zu etablieren.

Ich denke, daß Antworten auf die Frage, warum das so ist, nur in der Verschränkung der skizzierten äußeren Bedingungen mit den inneren gefunden werden können. Das heißt in den stereotypen Vorstellungen davon, was ein »richtiger« Mann und eine »richtige« Frau oder eine »richtige« Ehe ist, sowie in den Bildern aus ihren einmaligen Biographien. Sie pflanzen sich als »Familienromane« in der nächsten Generation fort oder werden zu Wegweisern für Aufbruch und Verwandlung. Weder die gesellschaftlichen Verhältnisse noch das »Psychologische« an sich genügen also als Erklärungsansatz.

Wie machen es die Frauen und Männer, welche unfreiwillig in eine Familienehe rutschten, und wie verändern sie die alten Bilder und finden einen Weg, der zu dem notwendigen Aufbruch paßt, wie er sich in der Paarkrise manifestiert? Im nächsten Kapitel wird davon die Rede sein, wie die Auf- und Ausbrüche in dieser Lebensform durch die Revision alter Bilder zum Entwerfen neuer Szenarien ermutigen.

Kapitel 7

Lebensmitte als Chance einer zweiten Ablösung: Das Neuschreiben von Lebensentwürfen

Wie Claudia und Robert geraten offenbar viele Paare nach der ersten Familienphase an einen Tiefpunkt, wenn sich das Paar in der Familie »aufgelöst« hat und die halbierten Welten der beiden eine gegenseitige Entfremdung (wie auch eine Entfremdung jedes Partners von sich selber) unerträglich machen. Die Scheidungsstatistik redet hier eine deutliche Sprache. Aber die Krise kann auch einen neuen Anfang auf einer Beziehungsebene bedeuten, die das Wechselspiel von Nähe und Distanz wieder belebt und anregend macht. Mir war es darum besonders wichtig, daß auch Paare an meiner Befragung teilgenommen haben, die vor mehreren Jahren im Aufbruch nach den ersten Jahren der Familienehe zu mir kamen und über ihre seitherige Entwicklung berichten.

Bilanz nach der Lebensmitte

Grundsätzlich zeigen sich nach der Lebensmitte zwei Tendenzen:

- Das Paar entscheidet sich nochmals neu füreinander, indem jeder Partner vom neu definierten »eigenen Boden« aus das Gemeinsame sucht und miterzeugt, ohne den eigenen Boden dafür aufzugeben. Die Paare in dieser Gruppe erzählen von Entwicklungen, welche damals, auf dem Tiefpunkt der Krise, weder für sie noch für mich in solcher Fülle vorstellbar waren.
- Das Paar trennt sich, weil beide erkennen, daß ihre Beziehung schon seit langem, oft vielleicht seit der Geburt des ersten Kindes, vorwiegend »Kinderaufzucht-Anstalt« war, wie Robert das nannte. Oder anders gesagt, daß sie sich als Paar aufgelöst haben in der Familie und sich als Individuen fremd geworden sind; die Paarbeziehung eine »leere Hülle«, wie eine Frau schreibt, die inzwischen geschieden ist.

Vorerst also zur Frage, wieso denn die Jahre zwischen etwa 45 und 55, welche gemeinhin als Lebensmitte bezeichnet werden, sowohl zum Neuanfang einer Beziehung wie auch zum Abschied davon führen können: Was sind die besonderen Themen, die besonderen Streßfaktoren, aber auch die Chancen dieser Lebensphase für die Frau und den Mann in einer Familienehe?

Streßfaktoren und Chancen der Lebensmitte

Frauen, die bisher als Familienfrauen gelebt haben, als Risikogruppe

Nach Jahren des Lebens im »Naturreservat« der Familie, das sie pflegten und anderen zur Erholung und Regeneration zur Verfügung stellten, meistens ohne dabei ein kräftiges Gefühl von »Selbst« entwickeln zu können, werden viele Frauen in dieser Lebensform nun zu einer Risikogruppe. Sie sind verwundbar, seelisch und körperlich, und werden damit – zynischerweise – zu einem volkswirtschaftlich bedeutenden Erwerbszweig. Schönheitsinstitute und Boutiquen, aber auch die Gebiete der Psychotherapie und der Frauenmedizin leben von ihnen. Wiedereinstiegstrainings in den Beruf können seriös und hilfreich sein, aber manchmal profitieren sie vom geringen Selbstwertgefühl der Frauen in dieser Lebensphase und versprechen ihnen weit mehr, als sie halten können.

Körperliche Zeichen

»Ich bin unsichtbar geworden. Früher drehten sich die Männer auf der Straße nach mir um, jetzt ist es damit fertig«, erzählt mir eine Frau im Gespräch. »Eine Zeitlang habe ich alles gemacht, um jünger auszusehen, und dafür viel Geld gebraucht. Jetzt habe ich es satt. Ich will mich nicht mehr an patriarchale Normen von Weiblichkeit anpassen! Aber mein Problem ist nicht gelöst. Ich bin am Suchen. Und solange ich unzufrieden bin mit meinem Leben, kann ich nicht erwarten, daß es mir körperlich gut geht. Die Wechseljahre machen mir wirklich zu schaffen. Es ist ein böser Trick der Natur. Ausgerechnet in dem Moment, wo Frauen nochmals lebendig werden könnten, werden sie zurückgehalten durch ihren Körper. Als letzthin meine um vieles jüngere Frauenärztin mir sagte, ich solle es mir nun doch schön gemütlich machen, viel spazieren und schlafen, dann würde ich die Wechseljahre genießen können, habe ich beschlossen, nie wieder zu ihr zu gehen.«

Es scheint jedoch, daß lange nicht alle Frauen in dieser Gruppe die Wechseljahre als »bösen Trick der Natur« erleben. Viele von ihnen interpretieren sie als Zeichen, endlich liebevoller für sich und ihren Körper zu sorgen. Die frühere Ressource ihrer Gebärfähigkeit wird von ihnen gerne zugunsten neuer Möglichkeiten aufgegeben, wie das Beispiel von Theres im nächsten Kapitel zeigt. Frauen reden miteinander über ihre Erfahrungen und helfen sich zum Beispiel mit Salbei-Aufgüssen und anderen Hausmitteln gegen die unangenehmen Schweißausbrüche, erzählen sie. Es gibt inzwischen gute Literatur zu diesem Thema, welche viele Frauen als Hilfe erleben.

Krankheit und Tod der eigenen Eltern

Die längere Lebensdauer, welche oft verbunden ist mit einer langen Phase von Schwäche oder Krankheit bei der älteren Generation, fällt heute mehr und mehr zusammen mit der Phase des »leeren Nestes« einer Ehe. Wenn dann, wie es bei dieser Lebensform vorgesehen ist, vorwiegend die Frauen sich verantwortlich fühlen für die Pflege der eigenen und der Eltern ihres Mannes, verbringen sie oft Jahre mit dieser wichtigen Arbeit, jedoch auf Kosten ihrer eigenen Entwicklung. Denn es ist ein Mythos, daß die meisten älteren Menschen heutzutage in Alters- und Pflegeheime »abgeschoben« werden. Statistiken zeigen, daß nur etwa 10 bis 12% der betagten Bevölkerung in Deutschland und der Schweiz in Institutionen leben und daß ein wesentlicher Teil von ihnen in Kontakt bleibt mit Familienangehörigen, vorwiegend mit Frauen.

Aus der persönlichen Erfahrung ist es mir wichtig, den Einsatz der Frauen hier nicht einfach als Verlängerung der Familienphase zu disqualifizieren, so als hätten sie nicht den Mut zu einer anderen Lebensweise. Wer sich bewußt in dieser Phase für ein »Sowohl-als-auch« entscheidet, also seine Eltern nicht fallenläßt, aber ihnen den beruflichen Wiedereinstieg auch nicht opfern will, tut gut daran, mit ihnen offen darüber zu reden. Claudia und ihre Eltern sind ein gutes Beispiel dafür, daß auch alte und kranke Eltern zu solcher Auseinandersetzung bereit sind und die Anliegen ihrer Tochter verstehen können, wenn sie ihnen das zutraut! Am wichtigsten scheint mir aber, daß Frauen nicht einfach fraglos die Verantwortung für alternde Eltern übernehmen, wenn zum Beispiel Brüder da sind, sondern auch mit diesen verhandeln, welche Aufgabe sie zu leisten bereit sind.

Beruflicher Wiedereinstieg

Die Frauen in dieser Gruppe berichten überwältigend oft, daß sie der Meinung sind, sie hätten sich zu spät um ihren beruflichen Wiedereinstieg gekümmert. »Haushalt und Hobbys erfüllen mich nicht«, erzählt eine Frau in dieser Gruppe, »und von unbezahlter sozialer Arbeit habe ich die Nase voll. Sie ist nichts anderes, als was ich Jahrzehnte in der Familie gemacht habe. Aber ich traue mir eine bezahlte Berufstätigkeit gar nicht mehr zu und bekomme Angstgefühle, wenn ich daran denke.«

Immer wieder höre ich von Frauen in dieser Lebensphase, daß ein beruflicher Wiedereinstieg für sie fast unmöglich ist, wenn sie seit Jahrzehnten »weg vom Fenster« waren. Ihr geringes Selbstvertrauen spielt da wohl die größte Rolle. Aber manchmal bleiben sie auch so sehr ihrer Identität als Familienfrau treu, daß sie eine außerhäusliche Arbeit eher als »Puffer gegen Langeweile« oder als »Quelle von Taschengeld« verstehen. Daraus entwickelt sich jedoch leicht eine ungute Beziehung zwischen Arbeitswelt und Teilzeit-Frau, bei der beide Teile sich mißbraucht fühlen.

Wegfallen der Kinder als Gesprächspartner

Am schlimmsten ist offenbar für viele Frauen in dieser Gruppe das Weggehen der Kinder. Selbst wenn sie bereits einen Fuß in der Arbeitswelt haben, definieren die meisten von ihnen sich nach wie vor über ihre Rolle als Mutter, deren wichtigste Gesprächspartner die Kinder sind. Vielleicht war früher, angesichts einer gewissen ehelichen Leere, die Lösung für sie ein weiteres Kind. Aber nun sind sie als Mütter pensioniert, und da sie oft noch viele Jahre auf Enkelkinder warten müssen – und die Nachkinderphase für Frauen unserer Zeit statistisch gesehen leicht drei Jahrzehnte beträgt – drängt sich ihnen eine Neuorientierung auf. Vor allem dort, wo die Quittung für ihren Einsatz als Familienfrau eher negativ ausfällt, lohnt sich diese Neuorientierung doppelt.

Männer als Risikogruppe

Die männliche Krise der Lebensmitte wird seit etwa zwei Jahrzehnten ausführlich beschrieben, sowohl vom medizinischen als vom psychologischen Standpunkt aus. Auch aus der Sicht der Organisationsberatung werden Männer um die 50 und darüber neuerdings als Risikogruppe erwähnt, zum Beispiel satirisch in ihrer Rolle als erfolgreiche Aufsteiger, die stur im goldenen Käfig verharren und andere mit einsperren, oder als »graue Mäuse«, deren größter Streß die Langeweile ist.

Krankheitsanfälligkeit und frühe Sterblichkeit

Wer die Todesanzeigen in den Tageszeitungen liest, erschrickt immer wieder über die Häufung von Todesfällen bei Männern in dieser Altersgruppe. Männer leben ganz offensichtlich risikoreicher als Frauen und werden dafür nach der Lebensmitte schlecht belohnt. Die Statistiken zeigen es deutlich: Viele Männer vernachlässigen ihre Gesundheit weit mehr als Frauen – vor allem jene, die daran gewöhnt sind, von Frauen versorgt zu werden. Wenn ihre Frauen dann aufbrechen, ausgerechnet in der Lebensphase, in welcher der Mann beruflich ein Plateau erreicht hat, und wenn er erlebt, wie die jungen nachdrängen und ihm klar wird, daß er die ersehnte Spitzenposition nicht mehr schafft, kann der Streß für ihn gefährlich werden. Er muß aber nicht! Gerade durch die Krise im Beruf und daheim, bewegt von einer Frau, die ihre Flügel ausbreitet in Richtung Arbeitswelt und dafür bereit ist, auch ihr Teil zur Versorgung beizutragen, können für einen solchen Mann neue Perspektiven aufgehen.

Beruflicher Erfolg ist nicht (mehr) alles

Ich habe bereits bei Roberts Bericht darauf verwiesen: Die meisten Männer aus dieser Gruppe haben als Resultat der Paarkrise ihre *berufliche Situation verändert*. Sie wagten, endlich die Augen zu öffnen und sich zu fragen, wessen Ziele sie mit ihrer Arbeit verfolgt und wem sie gedient haben. Je nach Schichtzugehörigkeit ist das allerdings leichter oder schwerer möglich. Es spielt aber auch hier der Mut, überhaupt Fragen an die eigene

Situation (und an die Lebenspartnerin) zu stellen, eine so große Rolle wie die Arbeitssituation selber. So hat zum Beispiel ein gelernter Verkäufer, welcher vorher ein Geschäft leitete, in der Krise der Lebensmitte entschieden, sich endlich seinen Kindheitstraum zu erfüllen. Er ist Lokomotivführer bei einer Privatbahn geworden und schickt mir ab und zu Fotos von seinen Fahrten, zum Beispiel durch die verschneite Winterlandschaft. Er schreibt, er sei sehr glücklich über seine neue Arbeit, trotz geringerem Lohn.

Unvergeßlich ist mir die Erfahrung mit einem Paar, Peter und Anne, heute beide 50 Jahre alt, das sich nach der Paartherapie am Ende der ersten Familienphase bereit erklärte, bei einer Radiosendung zum Thema »Liebe und Arbeit« mitzumachen. Da zwei ihrer drei Kinder an einer Behinderung leiden, konnte Anne gar nicht anders, als Familienfrau zu sein. Peter rackerte sich ab und schaffte einen beachtlichen Aufstieg in einem großen Unternehmen. Als Folge einer ernsthaften Krise in der Paarbeziehung entschloß er sich dann, in Übereinstimmung mit Anne, die nächste Stufenleiter im Beruf nicht mehr zu erklimmen. Darüber erzählte das Paar bei der erwähnten Radiosendung. Zuerst war geplant, ihre Stimmen zu verfremden, dann aber entschlossen sich beide für den Originalton. Das Ergebnis war bemerkenswert. Natürlich wurden die beiden erkannt, auch vom Direktor von Peters Firma. Aber anstelle eines möglichen Vorwurfes kam die Antwort, daß gerade Peters Typ als Mitarbeiter gefragt sei im Unternehmen. Er sei ein Beispiel für Eigenverantwortlichkeit, ein Vorbild gegen den Trend der »grauen Mäuse«, die sich automatisch an fremde Ziele anpassen und dabei sich selber (und andere) klein machen. Peters Wunsch, keine weitere Hierarchiestufe zu nehmen, wurde vom Chef mit Respekt behandelt. Er erhielt einen Spezialauftrag in der Mitarbeiterschulung, der seinen Fähigkeiten als sensibler und autonomer Mensch weit besser entspricht als ein weiterer »Schritt nach oben«.

Heimliche Ängste

Wie ich bereits angedeutet habe, war die Paarkrise in dieser Gruppe manchmal Ausdruck heimlicher Ängste der Männer, die sich zum Beispiel in chronischer Verstimmtheit äußerten. Fast immer haben solche Ängste mit dem Gefühl zu tun, nicht mehr zu genügen. Das kann sich auf die Arbeit beziehen, aber noch häufiger betrifft es die Sexualität. Wenn ein Paar nicht gelernt hat, über seine intimsten Gefühle und Wünsche zu reden, ergäbe sich jetzt nochmals eine Chance dafür, entlastet von der Vereinnahmung durch die Familie und möglicher Angst vor Schwangerschaft. Nicht selten macht ein Mann in dieser Phase jedoch zuerst einen Umweg über eine sexuelle Außenbeziehung zu einer jüngeren Frau. Sie ersetzt ihm wohl hin und wieder unbewußt die eigene Tochter, zu welcher er als Vater in dieser Familienform vielleicht seit Jahren keinen Zugang mehr hatte. (Max Frisch beschreibt eine solche Paarkonstellation eindrücklich im Roman Homo faber).

Lebensmitte als Neuanfang:
Überlegungen der Paartherapeutin

Die Antworten der Befragten in dieser Gruppe haben mich nicht nur in ihrer Fülle beeindruckt, sondern auch in ihrer Tröstlichkeit. Der etwas abgegriffene Ausdruck von der Krise als Chance scheint hier zu passen. Ich habe den Eindruck, daß die sogenannte »Midlife-Krise« oder das »Leere Nest« sprachliche Konstrukte sind, welche diese Lebensphase mit viel zu negativen Zuschreibungen belasten, die zumindest bei den Paaren, welche sich den vorangegangenen Übergangskrisen gestellt haben, in keiner Weise zutreffen. Im Gegenteil! Für die meisten bedeutet die Zeit nach dem Flüggewerden der Kinder (und manchmal nach dem Tod der eigenen Eltern) einen Neuanfang als Individuen und als Paar. Facetten des Eigenen, die bisher der Familie oder dem Beruf geopfert wurden, können endlich gelebt werden, nicht zuletzt, weil die finanziellen Belastungen der Familienphase langsam wegfallen. Besonders die »geflügelten Frauen« in der Gruppe der über 45jährigen beeindrucken mich mit ihrer Lebendigkeit und unkonventionellen Weltsicht.

Das Bewußtsein eigener Grenzen und der eigenen Endlichkeit, ganz besonders in der Auseinandersetzung mit dem Sterben der Eltern, kann zu dem führen, was einige Paare, in unterschiedlichen Worten, mit dem Ausruf zusammenfassen: »Carpe diem. Pflücke den Tag!« Vielleicht ist das Wort »pflücken« nicht ganz treffend, denn die meisten haben von »genießen« geschrieben und von ihrer neuen Bereitschaft, auch ab und zu »auszuflippen«, wie sie es in jüngeren Jahren nicht wagten.

Eindrücklich erscheinen übrigens die *Perspektiven des gemeinsamen Alters*. Gerade durch die Begleitung der eigenen Eltern, welche meistens nicht damit gerechnet hatten, so alt zu werden, setzen sich die befragten Paare intensiv mit ihrem eigenen Älterwerden auseinander. Sie machen sich konkrete Vorstellungen davon, wie ihre Eltern das nicht taten, und entwickeln häufig bereits handfeste Pläne dafür.

Das Neuschreiben von Lebensentwürfen durch den Abschied von biographie- und geschlechtsabhängigen Leitbildern

Auf die Gefahr, in Klischees zu geraten, wage ich hier den Versuch, »typische« Erfahrungen in der Lebensgeschichte jener Männer und Frauen zu beschreiben, die fraglos ein traditionelles Ehemodell übernommen haben. Natürlich treffen ähnliche Erfahrungen in der einen oder anderen Form bei *allen* Befragten zu. Ich interessierte mich bei den antwortenden Paaren dafür, wie ihre weibliche bzw. männliche Biographie sie geprägt hatte, daß sie so bedenkenlos in dieses Arrangement schlüpften. Claudia und Robert sind wie alle anderen zwar als Individuen einmalig, aber die Verhältnisse, in denen sie ihre Vorstellungen und Rollen gelernt haben, sind es keineswegs. Die inneren und äußeren Wirklichkeiten sind untrennbar: »Was ›außen‹ wirklich ist, entspricht dem, was ›innen‹ wirklich ist.«[2]

Wenn ich mich nun der Frage zuwende, was zwei Menschen an inneren Bildern über Liebe und Ehe von ihrer Mutter und ihrem Vater übernehmen oder bekämpfen, meine ich damit keinesfalls, daß Kinder einfach Produkte (oder Opfer) ihrer Eltern sind. Wir bringen alle auch ein Eigenes, eine körperliche und eine seelische Disposition mit uns in die Welt und beeinflussen sie damit, wie wir umgekehrt beeinflußt werden. Die Familie ist keineswegs der einzige Ort, wo wir leben lernen. Schule (die alten Lehrbücher mit ihren stereotypen Bildern von Mutter und Vater, Frau und Mann) sowie Medien sind wichtige Identifikationsquellen für Buben und

Mädchen. Aber in Übergangszeiten, beim Betreten neuer Welten, bei der Eheschließung oder der Geburt des ersten Kindes, greifen wohl die meisten von uns auf alte Familienbilder im Kopf zurück, quasi als Landkarten für das Unbekannte. Ob wir diese als Wegweiser fraglos übernehmen oder energisch bekämpfen – es sind übernommene Bilder und Vorstellungen, die nachwirken.

»Unausweichlich müssen die Kindheitserlebnisse der Gefühlsabhängigkeit von signifikanten anderen noch einmal nachvollzogen werden. Die signifikanten anderen sind die Führer in der neuen Wirklichkeit.«[3]

Zunächst geht es also um das Thema, wie bei den Befragten die Botschaften aus der Herkunftsfamilie und der Kultur, wie eine »richtige« Frau oder ein »richtiger« Mann zu sein hat, die persönlichen Vorstellungen prägten, mit denen sie in eine traditionelle Paarbeziehung rutschten. Es darf allerdings nicht vergessen werden, daß nicht alle Söhne und Töchter derselben Familie gleich empfänglich sind für die Übernahme solcher Botschaften zur Konformität. Nach meiner Beobachtung sind es vorwiegend jene, die ihrer Familie in besonderer Weise verpflichtet sind oder von ihr abhängig bleiben. Ich meine das nicht materiell, sondern in Form einer beständigen, wenn auch meistens zwiespältigen Art der Treue, wie sie bei Claudia und Robert deutlich wurde.

Männerbilder: Der abwesende oder mystifizierte Vater und die den Sohn aufbauende Mutter

Ob er körperlich oder emotional abwesend war, ob beruflich erfolgreich oder ein sogenannter Versager: Die Söhne in dieser Gruppe vermißten fast alle die Nähe zu ihrem Vater. Einige, wie Robert, teilen die Welt nach wie vor in den idealisierten, aber unerreichbaren Vater und den anwesenden, aber emotional zurückgezogenen oder strengen Vater auf. Es gibt auch jene, die ihren Vater »eigentlich gemütvoll und familienfreundlich, aber beruflich erfolglos und gedemütigt« beschreiben, so daß der Sohn schon früh beschlossen hat: »Nur nicht so werden wie er«, und sich von ihm abgewandt hat. Nicht wenige Männer in dieser Gruppe erzählen von Vätern, die dem Alkoholismus oder einer anderen

Sucht verfallen waren und auf diese Weise für ihre Familie abwesend waren. Einige haben ihre Väter auch gar nie erlebt, weil sie nicht aus dem Zweiten Weltkrieg zurückkehrten.

Gemeinsam scheint allen diesen Söhnen der Schmerz, daß sie ohne Nähe und Zärtlichkeit eines Mannes, aber auch ohne kräftige Auseinandersetzung mit einem, der seinen Sohn festgehalten hat, aufgewachsen sind. Die deutlichste Botschaft für sie war: »Du kannst Liebe nur erfahren, wenn du es in der Männerwelt draußen zu etwas bringst, und dafür mußt du eine Frau finden, die dir zu Hause den Rücken freihält und deine Anstrengung lohnt.«

Von ihren Müttern haben diese Männer häufig zwei widersprüchliche Botschaften mit auf den Weg bekommen. Auf der einen Seite haben sie ihren besonderen Respekt und ihre besondere Zuneigung erfahren, oft weit mehr als ihre Schwestern. Manchmal wurden sie von ihren Müttern schon früh so ernst genommen, als seien sie erwachsen, und das gab ihnen Stolz und Selbstsicherheit. »Ich mache dich stark, damit ich stolz sein kann auf dich...« Aber es gab auch die andere Seite dieser bevorzugten Stellung: Mutters subtile Hinweise auf die Mängel in der elterlichen Ehe und besonders auf ihre Sehnsucht nach einem starken Mann, ihre Anlehnung an den Sohn, wie sie diese mit dem eigenen Mann nicht erleben konnte. Als Bündnispartner und Helfer der Mutter erlebte der Sohn Ohnmacht und hatte kaum eine Chance, sich direkt mit seinem Vater auseinanderzusetzen. Er blieb gefangen im Dilemma, seine Mutter für ihre Kraft und versteckte Leidenschaftlichkeit zu lieben und sich gleichzeitig davor zu fürchten und im Vater kein Gegengewicht zu haben.

Die *Forderung nach früher Autonomie* prägt viele dieser Söhne, und damit erklärt sich wohl ihre nie ganz gestillte Sehnsucht, noch einmal ein kleiner Junge sein zu dürfen... Einige Männer in dieser Gruppe antworteten spontan auf meine Frage, wo und wie sie sich heute so richtig fallenlassen könnten: »Es gibt für mich eigentlich nur den einen Ort: in meiner Familie. Das setzt voraus, daß ich mich bei meiner Frau gefühlsmäßig und sexuell fraglos aufgehoben fühle. Manchmal lasse ich auch los im Spiel mit den Kindern, wenn wir so richtig blödeln miteinander und ich wie eines von ihnen sein kann.«

Robert erzählt uns: Seine emotionale Sicherheit hängt von zwei Aspekten ab – von der fraglosen Zuneigung und Versorgung durch seine Frau und die Kinder sowie vom beruflichen Erfolg. Familie ist für ihn Heimat, Hafen in einer unwirtlichen Welt. Sie soll ihm als Naturreservat die Stabilität und Erholungsmöglichkeit gewähren, welche er in der unpersönlichen Welt draußen nicht findet. Oder noch eher: die er selber nicht sucht oder schafft, solange er so fixiert ist auf die Familie als alleinigem Nährboden für seine körperlichen und emotionalen Bedürfnisse. Diese Abhängigkeit ist aber, wie seinerzeit jene von seiner Mutter, geprägt von zwiespältigen Gefühlen, von Sehnsucht nach Nähe und der Angst, dominiert zu werden. Wenn ihm innere Bilder fehlen, wie ein Mann sich emotional selber versorgen und gleichzeitig mit offenen Händen Liebe geben und nehmen kann, ohne Angst, dabei verschlungen zu werden, wird er auch zwiespältig auf alle Schritte seiner Frau reagieren, zu sich selber zu finden. Und wenn er darüber hinaus sein Selbstverständnis und seine Selbstsicherheit bisher vorwiegend aus der Rolle des »starken Mannes« bezogen, und sowohl über die Zeit seiner Frau und Kinder als auch den Umgang mit Geld allein bestimmt hat, wird er zuerst einmal bloß rot sehen, wenn ihm diese Privilegien streitig gemacht werden. Wenn man an den Konkurrenzkampf im Beruf denkt, den er nur zu bestehen meint, solange im persönlichen Bereich alles beim alten bleibt, würde seine Wut über die anstehenden Veränderungen sogar verständlich, sofern er sie in Sprache faßte.

Kein Wunder, daß der Verlust der regressiven Möglichkeiten in der Paarbeziehung einen so dramatischen, tiefgreifenden Schock auslöst für Männer wie Robert! Kein Wunder auch, daß ihre Sehnsucht, zu Hause kleiner Junge sein zu dürfen, damit sie draußen um so stärker auftreten können, das traditionelle Modell der Familienehe voraussetzt und zementiert.

Die Angst vor dem Fallen

In der Gruppe der Männer, welche bewußt oder unbewußt die »Familienehe« wählten, ist mir ein weiteres Merkmal aufgefallen, das sie offenbar besonders verletzbar macht für Krisen in der Paarbeziehung. In Anlehnung an Barbara Ehrenreich[3], welche die Gefahren des Absinkens in einen tieferen Stand bei Angehörigen der amerikanischen Mittelschicht beschreibt, nenne ich dieses Phänomen die »Angst vor dem Fallen«.

Wohl kaum je in der Geschichte der westlichen Welt gab es für so viele Menschen, ganz besonders für Männer, die Möglichkeit, von einer Generation zur anderen einen sozialen Aufstieg zu machen, mit dem sie aufs Mal eine bis zwei soziale Schichten überspringen konnten. Viele Männer in dieser Gruppe wuchsen in sogenannten einfachen Verhältnissen auf. Ihre Väter waren ungelernte oder gelernte Arbeiter wie jener von Robert, oder sie hatten ein kleines Geschäft oder einen kargen Hof. Den Vätern gelang es in den mageren Jahren nach dem Zweiten Weltkrieg nicht, ihre Fähigkeiten und ihre Intelligenz so einzusetzen, daß sie ihrer Familie ein ordentliches Einkommen bescheren konnten.

Die Söhne hatten es einfacher und schwieriger zugleich: Unterstützt von ihren Müttern, nicht selten gegen ihre emotional unerreichbaren Väter, und mit Hilfe des wirtschaftlichen Aufschwungs und des sozialen Aufbruchs der 60er Jahre, erfuhren sie zweierlei, von dem ihre Eltern nur geträumt haben mochten: Sie erlebten eine Lebensphase, die als »Jugend« bezeichnet werden kann, eine Art Moratorium zwischen Kindheit und Erwachsenenwelt, wie ihre Väter und Mütter es sich nie hatten leisten können. Und sie erhielten auch als Kind weniger bemittelter Eltern Zugang zu Bildungschancen, wie sie in früheren Generationen keiner hatte. Daraus erwuchsen den Söhnen gleichzeitig Möglichkeiten und Verpflichtungen, aber oft auch eine heimliche Angst vor dem Zurückfallen in die frühere Kargheit. Diese Angst wurde, so scheint es, für viele Männer zum Motor für Leistung und Anpassungsbereitschaft, welche sich vordergründig äußerst positiv für sie auswirkte. Hintergründig allerdings arbeitete diese heimliche Angst gegen sie selber, wie viele von ihnen mich wissen ließen. Ihre Bereitschaft, Vater-Figuren in der Arbeitswelt als gute Söhne bedingungslos zu dienen und sich auszubeuten und ausbeuten zu lassen für »ein bißchen Lob und einen guten Job«, wie einer schreibt, geht auf Kosten ihrer Frauen und ihrer Kinder und fast immer ihrer eigenen Lebendigkeit. Das alte Lebensmotto aus ihrer Geschichte: »Augen zu und durch« wurde schließlich einigen der Befragten zum Verhängnis, ganz besonders in der Beziehung zu ihrer Familie, aber hin und wieder auch in der Arbeitswelt, wo direktives Führungsverhalten ohne Rücksicht auf Menschen immer häufiger kritisiert wird. Das zu dieser erlernten Lebensweise gehörige Verschließen der Augen vor sich anbahnenden Krisen im Beziehungsbereich sowie die Vorwürfe der Männer an ihre Frauen, »verrückt« zu sein, wenn sie aggressiv oder depressiv reagieren, wird immer häufiger mit dem endgültigen Ausbruch der Frauen quittiert.

Auf diese Weise schließt sich für die betroffenen Männer ein Teufelskreis: »Ich habe mich halb zu Tode geschuftet für Frau und Kinder und geholfen, wo ich konnte, und nun nimmt sie mir alles weg.« Die Angst vor dem Fallen bestätigt sich für sie auf bitterste Weise.

Frauenbilder – Ungenügen auf allen Ebenen: Aus Töchtern werden Mütter, aber wer sie selber sind, wissen sie nicht.

Auffallend ist, daß mehrere Frauen in dieser Gruppe keine abgeschlossene Ausbildung haben, wie zum Beispiel Claudia, und anstelle eines Diploms das erste Kind bekamen. Wenn sie einen Beruf erlernen konnten, geschah dies meistens in einem typischen Frauenberuf, mit wenig Anerkennung und schlechtem Lohn. Es gehören aber auch Frauen zu dieser Gruppe, welche im Beruf bereits Fuß gefaßt hatten – zum Beispiel als Lehrerin, Krankenschwester oder als Akademikerin – sich jedoch nie richtig zu Hause gefühlt haben in der Arbeitswelt. Denn auch Frauenberufe werden ja nach wie vor in von Männern verwalteten Institutionen ausgeübt.

Vertraut ist diesen Frauen vor allem die Rolle als Tochter und – aus nächster Anschauung – jene der Mutter. Beruflich haben sie kaum Vorbilder. Für die meisten von ihnen war darum bei der Heirat die Übernahme der Rolle als Mutter und Hausfrau mit mehr innerer Sicherheit und einer klareren Identität verbunden als jene im Beruf. Manchmal, zum Beispiel bei *Frauen von Ärzten und Pfarrern*, geschah die Übernahme dieser Rolle allerdings nicht freiwillig, doch wurde sie von ihnen selten als Konfliktsituation mit Nachdruck diskutiert. Diese Frauen – mit ihrer bewundernswerten und gleichzeitig schrecklichen Anpassungsfähigkeit – nahmen in Kauf, daß sie in den Schatten ihrer mehr oder weniger öffentlichen Männer gerieten. Einer äußerlich klaren Zuweisung als »Frau von Herrn Doktor oder Pfarrer X.« und Mutter seiner Kinder hatten sie je länger desto weniger persönliche Identität entgegenzusetzen. »Ich wurde gebraucht, mir wurde zugemutet. Und ich habe mich brauchen lassen und mir zumuten lassen, in der Hoffnung, auf diese Weise geliebt zu werden. Aber die Rechnung ist nicht aufgegangen. Ich funktionierte. Aber als Individuum und als Frau hatte ich mich gänzlich verloren. Oftmals stand ich am Rand meines Lebenswillens, wie hätte ich da noch körperliche Nähe zu meinem Mann ertragen«, schreibt eine sogenannte Arztfrau in dieser Gruppe.

Wie es zu dieser »verrückten« weiblichen Anpassungsbereitschaft kommt

Die Notgemeinschaft der Frauen über die Generationen

Auffallend ist, daß die meisten Frauen in dieser Gruppe von zwiespältigen Gefühlen von Liebe, Enttäuschung und Haß gegenüber ihren Müttern erzählen. »Sie war eigentlich eine kraftvolle Frau. Aber sie hat ihre ganze Energie darauf verwendet, sich an eine spießige Bürgerlichkeit anzupassen. Was ihr an Lebenslust blieb, hat sie den Söhnen zukommen lassen – wir Töchter gingen leer aus«, schreibt eine junge Frau.

Es ergibt sich daraus häufig eine vertrackte Erfahrung der Ambivalenz zwischen Mutter und Tochter. Sie ist abhängig von ihrer Position in der Geschwisterreihe und besonders davon, in welche Situation sie als Mädchen hineingeboren wurde. Einige Frauen haben mir erzählt, wie ihnen »schon immer klar war«, daß sie zum Beispiel als zweite Tochter für ihre Mutter »unter ferner liefen« eingereiht wurden. Bei der Geburt des ersten Kindes sei es wohl noch angegangen, daß ein Mädchen kam (»Hauptsache, ich kann überhaupt Kinder bekommen«), aber daß das zweite wieder kein Junge war, machte die Sache schwieriger. Nicht daß sich solche Töchter direkt abgelehnt fühlten. Sie standen einfach im Schatten der Schwester und manchmal eines später geborenen Bruders. Ein solches Leben als Mädchen im Schatten kann – verglichen mit den Geschwistern, denen die besonderen Aufträge zufallen – natürlich auch Vorteile haben, Raum zum Persönlichen, zum Rückzug vermitteln. Aber die Erfahrung, »daß mir nichts geschenkt wird«, führte bei den meisten der erzählenden Frauen dazu, daß sie sich besonders an die Bedürfnisse ihrer Eltern anpaßten und auf diese Weise »ganz liebe Töchter« wurden. Für die Mutter, die sie als dem Vater untergeordnet und einsam erlebten, wurden sie so nicht selten zu *kleinen Müttern*. Früh lernten sie, für sie als »die Schwächere« einzustehen, erwachsener zu sein als diese selber. »Bereite wenigstens du mir nie Kummer, das würde ich nicht ertragen«, war einer der wichtigsten mütterlichen Aufträge an solche Töchter. Ihre ewigen Schuldgefühle durch die Erfahrung, trotz aller Anstrengung Mutter nicht erlösen zu können, entwikkelten sich bei ihnen manchmal früher, manchmal später zu einem äußerst explosiven Gemisch von Liebe und Haß.

Töchter als »Mutter-Mütter«

Als »Mutter ihrer Mutter« erlernte die Tochter eine Form von Weiblichkeit, die als Ich-Ferne beschrieben werden kann. Ich meine damit jene intuitive Fähigkeit, die Fühler weit auszufahren und zu merken, wie die Dinge laufen, um ständig zu registrieren, wie es andern geht. Das bedeutet, sozusagen das Gras wachsen zu hören, aber nie ganz bei sich selber zu sein. »Stets gerne zu Ihren Diensten«, wie es in altmodischen Geschäftsbriefen heißt und wie Ingeborg Weber-Kellermann[5] es mit dem Begriff des »Geheimdienst-Modells« ausdrückt. Die Autorin meint damit, daß Frauen in dieser Familienform im geheimen dienen, aber – wie in jedem Geheimdienst – im geheimen auch versuchen, die Fäden in der Hand zu halten mit den »Listen der Ohnmacht«.[6] Frauen, die mit dem Modell des Geheimdienstes aufgewachsen sind, haben gelernt, sich in andere einzuleben, in ihre Haut zu schlüpfen und sie von innen her zu erspüren. Sie können dies am besten mit Menschen, die als Abhängige Hilfe brauchen und dafür Anhänglichkeit versprechen. Liebe wird dann zu jenem Gemisch von Macht und von Ohnmacht, das entsteht, wenn Selbstausbeutung in Form steter Opferbereitschaft verstrickt ist mit der unbewußten Tendenz, dafür andere subtil zu »benützen«. Die Erfahrung von (scheinbarer) mütterlicher Macht durch ihre Besetzung mit einer Art von Liebe, die immer schon weiß, was gut ist für andere, beschrieben fast alle Frauen dieser Gruppe.

Wenn die Symbiose der Tochter mit der Mutter gleichzeitig verbunden ist mit einer Geschichte, welche von der Mutter heimlich als Geschichte der Schwäche erlebt wird, ist das besonders verwirrend für die Tochter. Auf der einen Seite erfährt sie die angebliche Selbstsicherheit, mit welcher die Mutter weiß, was gut ist für sie, und auf der anderen die Ahnung von der Einsamkeit und Ungeborgenheit dieser Frau. Je verzweifelter die Mutter versucht, ihre tiefsten persönlichen Enttäuschungen vor der Tochter zu verbergen, um eine perfekte Mutter zu sein, desto eher wird die Ahnung davon zur Quelle von permanenter Verunsicherung für die Tochter.[7] Selbst wenn Mütter in der Wahrnehmung ihrer Töchter äußerst tüchtig waren und tatkräftig funktionierten, spürten diese die Schattenseiten ihres Lebensentwurfs: zum Beispiel Mutters unaussprechbare Ängste vor materieller Abhängigkeit und persönlichem Ungenügen sowie ihre Körperferne und Angst vor Sexualität. Das Wissen um das Unglück ihrer Mütter läßt diese Töchter darum früh zu ihrer hilflosen Verbündeten werden, eine Rolle, die den Prozeß weiblicher Individuation unendlich erschweren kann.

Mich beeindruckt bei diesen »Mutter-Müttern« unter den Befragten, wie sie (offenbar aus Angst vor dem Abgrund ihrer eigenen Ich-Ferne) sich selber zu Perfektionismus und angestrengter Hilfsbereitschaft verleiten ließen, sobald sie eine eigene Familie hatten. Als junge Frauen schienen sie die bei der Mutter erlebte Ohnmacht dadurch zu bekämpfen, daß sie sowohl als Hausfrauen wie als Mütter und dienstbereite Freundinnen noch perfekter wurden als diese. Claudia: »Es gab Zeiten in den ersten zehn Jahren meiner Ehe, als ich für jede Abendveranstaltung in unserem Quartierverein den Blumenschmuck übernahm, Kaffee kochte und selbstgebackene Kuchen bereitstellte. Wann immer jemand in der Nachbarschaft ein Problem hatte, machte ich es zu meinem eigenen. Für jeden Kindergeburtstag lud ich die ganze Verwandtschaft und Nachbarschaft ein. Nie hätte ich mir da von jemandem helfen lassen. Ich hatte damals sogar Freude daran! Wenn bei solchen Anlässen meine Mutter und Scharen von Nachbarinnen und Verwandten mitfeierten und mich bewunderten, konnte ich nicht verstehen, daß einige meiner Freundinnen ob meiner Anstrengung den Kopf schüttelten.«

Traurig scheint mir bei solchen Geschichten besonders, daß etwas so Schönes wie Gastfreundlichkeit und Hilfsbereitschaft aus der Erfahrung weiblicher Ohnmacht gespeist wird und daß damit

Bedienen und Dienen zur wichtigsten, wenn auch wenig anerkannten Ressource solcher Frauen wird.

Vater-Töchter auf Distanz

Für manchen Vater war eine solche Tochter, wie eine von ihnen schreibt, »das brave, herzige Prinzeßlein oder das schüchterne kleine Entlein, das behütet werden mußte«, ohne daß er ihr je klar sagte, wovor. »Von der Mutter lernte ich, Mutter zu sein, und vom Vater, Tochter zu sein: charmant und vorzeigbar – aber immer auf Distanz. Von Zeit zu Zeit mußte ich von Vater beruhigt oder gezügelt werden, das war die einzige Brücke zu ihm. Aber ich habe immer gehofft, daß er mir eines Tages das geben würde, was ich von meiner Mutter in ihrer unsicheren Position nie bekommen konnte: Anerkennung und damit das Gefühl, auch als Mädchen in Ordnung zu sein. Manchmal fühlte ich mich richtig überschwemmt vom Wunsch, Vater zu erreichen. Erst später habe ich gemerkt, daß ich diese Sehnsucht schließlich nahtlos auf meinen Mann übertragen habe«, schreibt eine von ihnen.

Viele der befragten Frauen schildern Erfahrungen von Sehnsucht nach dem emotional nicht mehr erreichbaren Vater. Als kleine Kinder waren sie ihm oft sehr nahe und verliebt in ihn, wie das zur sogenannten ödipalen Entwicklungsphase gehört. Die Lebendigkeit des kleinen Mädchens gefiel dem Vater über alle Maßen. Er unterstützte seine Kühnheit – im Erklettern von Bäumen zum Beispiel oder im Fragen unkonventioneller Fragen – und war sein Komplize gegen rosarote Niedlichkeit. Er war für sie der König, sie seine Prinzessin. Aber irgendwann, so berichten Frauen, habe ihr Vater sich von ihnen als heranwachsende Mädchen zurückgezogen. Er habe aufgehört, mit ihnen zu spielen und mit ihnen lustig, weich und zärtlich zu sein. Ob er das aus Angst vor zu großer Nähe, aus einem puritanischen Respekt vor dem Inzest-Tabu oder ihm gefährlich werdender sexueller Attraktion tat, ist im nachhinein schwer auszumachen. Aber fast alle Frauen, die über solche Erfahrungen mit ihren Vätern erzählen, sehnen sich nach der frühen Nähe und fühlen sich als Aschenputtel, das noch immer darauf wartet, vom Prinzen (oder König) erlöst zu werden. Das idealisierte Männerbild vieler Frauen, dem kein Mann aus der eigenen Generation je genügen kann, scheint wesentlich mit solchen frühen Beziehungsabbrüchen des Vaters gegenüber der Tochter zu tun zu haben.

Manchmal, so berichten einige Frauen, sei der Bruch mit dem Vater erfolgt, weil sie als dritte im Ehebündnis der Eltern spürten, daß sie sich entscheiden mußten zwischen Vater und Mutter. Entweder blieben sie Vaters geliebtes kleines Mädchen und enttäuschten ihre Mutter, die vielleicht ohnehin Enttäuschte, oder sie blieben mit ihr verbunden und zogen sich vom Vater zurück. Sein Bild als König behielten sie aber als Sehnsucht in ihrem Inneren, auch als sie später lernten, ihn wie die Mutter als »Sohn« mütterlich zu versorgen, und sich trennen mußten vom früheren Spiel und der erlebten Abenteuerlust mit ihm.

Wenn ein Vater in dieser Situation seine Tochter emotional gebunden hält durch das heimliche Angebot von Liebe für ihre zärtlichen Gefühle oder für ihre Anpassungsleistung, fällt es dieser besonders schwer, sich als Heranwachsende mit ihm kräftig auseinanderzusetzen, um schließlich eine erwachsene Form von Nähe zu ihm zu erreichen.

Erfahrungen mit Geschwistern

Interessant ist, wie wichtig in den Biographien der befragten Frauen und Männer die Geschwister sind, wenn sie mit ihnen zusammen aufwuchsen. An ihnen konnten sie offenbar vieles »abarbeiten«, was bei den Eltern nicht möglich war. »Mit meinem älteren Bruder habe ich zum Glück streiten gelernt, daß die Fetzen flogen – auch wenn wir dafür zurechtgewiesen wurden. Diese Erfahrung nützt mir noch heute. Vater duldete hingegen keine Widerrede, ihm gegenüber konnte ich meine Kraft nie ausprobieren«, erzählt eine ältere Frau. »Auf meine Schwester konnte ich eifersüchtig und wütend sein und dann wieder innig vereint mit ihr gegen Bruder oder Eltern«, fügt sie bei und berichtet, wieviel leichter ihr auch heute noch die Auseinandersetzung mit ihr falle als mit ihrer Mutter. Männer erzählen vor allem von Rivalitäten mit älteren Geschwistern, Brüdern und Schwestern, von deren ewigem Perfektionismus und von der Tendenz, sie zurechtzuweisen. Jüngere Brüder bekämpfen nicht selten ein Leben lang in jeder »älteren Schwester« das, was sie mit ihren Müttern nie ausgetragen haben: ihre zwiespältigen Gefühle gegenüber ihrer Kompetenz und ihrer Überverantwortlichkeit, die sie gleichzeitig als Hilfe und als Eindringen erlebten. Mit jüngeren Geschwistern scheinen ältere Brüder eher freundschaftlich beschützende Beziehungen zu verbinden, eine Möglichkeit, früh »väterlich« zu sein, die später manchmal zu ihrem Bedauern verlorenging, wenn die jüngeren sich ablösten. Einige Männer erwähnen, wieviel mehr die Geschwisterbeziehungen an Versuch und Irrtum und an Erfahrungen in der Auseinandersetzung mit dem eigenen und dem anderen Geschlecht ermöglichten als jene mit Vater und Mutter.

Um so schmerzlicher ist der von vielen in dieser Gruppe beschriebene Abbruch von Geschwisterbeziehungen als Erwachsene. Die Gründe dafür sind vielfältig und haben fast immer mit alten, nie ausgesprochenen Rivalitäten zu tun. Dazu eine der Befragten: »Ich erinnere mich, wie ich schon als kleines Mädchen auf meinen älteren Bruder eifersüchtig war, der noch auf Mamas Schoß saß, als er bereits in die Schule ging. Meine jüngere Schwester und ich machten dann jeweils irgendeinen Blödsinn, um ihre Aufmerksamkeit zu bekommen. Schon meine Großmutter hat ihren Sohn nicht losgelassen und mit meiner Mutter rivalisiert. Heute denke ich, daß ich die Liebe, die sie mir dennoch geben wollte, nicht annehmen konnte, und ich bin traurig darüber.«

Im Zusammenhang mit Krisen, erzählen einige der Befragten, seien sie Geschwistern wieder nähergekommen – indem sie sie sogar manchmal idealisierten, als Konkurrenz zur Partnerin/zum Partner zum Beispiel – meistens aber als Möglichkeit, die eigene Lebendigkeit wiederzufinden, besonders im Kontakt mit den »Rebellen« in der Familie.

Neuschreiben von Lebensentwürfen

In Übergangszeiten werden bei jedem Menschen innere Bilder – sogenannte Landkarten – über sich selber und die Welt aktiviert, die oft in einer früheren Lebensphase Sinn machten. Meine Erfahrung zeigt, daß Menschen sich in Krisenzeiten vorerst anklammern an alte Bilder und darin Sicherheit finden. Irgendwann merken sie aber, daß diese nicht mehr taugen als Landkarten für die neuen Landschaften, und lernen Schritt um Schritt, sie in Frage zu stellen und zu verändern.

Im nächsten Teil wird es darum gehen, wie Frauen und Männer im Aufbruch aus der Lebensform der Familienehe ihre Kindheitsbilder revidieren und gleichzeitig die damit verbundenen hergebrachten Rollenmuster verändern. Durch Krisen »wird also eine radikale Neuinterpretation des Sinns vergangener Ereignisse oder Personen für die eigene Biographie nötig.«[8]

Die unreflektierte Entscheidung darüber, wer zu Hause bleibt und wer die Ernährerrolle übernimmt, führt bei der Lebensform der Familienehe fast immer zur *Reproduktion von Kindheitsmustern* beider Partner. »Diese Eheform wird zur Bühne für regressive Entwicklungen von Frau und Mann, welche die beiden voneinander entfremdet und sie in getrennten Welten festhält, in welchen viele von ihnen schließlich sich selber fremd werden« 7, (op. cit.). Die Entfremdung von Paaren am Ende der ersten Familienehe-Phase rührt also nicht etwa von zuwenig, sondern von zuviel Nähe, die treffender als gemeinsames »Verschwimmen« bezeichnet wird. Frau und Mann verschwimmen in ihren Kindern, in ihrer Häuslichkeit und in den nie mehr überprüften Annahmen von sich und dem anderen. Die Trennung ihrer Arbeitsbereiche und die damit verbundene Distanz ist ihnen oft deutlicher als ihre persönliche Entfremdung. Meistens kommt ein Paar in dieser Phase mit dem ausdrücklichen Wunsch in Therapie, sie möchten »mehr Nähe«. Allerdings bedeutet Nähe Unterschiedliches für Frau und Mann: Für ihn ist es meistens die Sehnsucht, wieder regelmäßig mit ihr schlafen und sich bei ihr erholen zu können wie in der Anfangszeit, sie versteht unter Nähe lange, gute Gespräche als Möglichkeit, aber nicht zwingenden Auftakt zu körperlicher Verschmelzung.

Wenn Paare mir den Auftrag geben, ihnen die Nähe ihrer ersten Zeit wiederfinden zu helfen, muß ich meistens zur Spielverderberin werden. Ich weiß nicht, wie Menschen zweimal in denselben Fluß steigen können, aber ich weiß aus Erfahrung, daß in dieser Phase der Paarentwicklung die ersehnte Nähe erst möglich wird, wenn beide sich voneinander entflechten. Bevor sie sich auf einer gemeinsamen »Paar-Insel« ohne Angst vor der früheren Stickigkeit der Familienehe treffen können, brauchen sie »eigene Inseln«. Von ihnen und nicht von der Paar-Insel also wird hier die Rede sein, von der Weiterentwicklung des Ichs als Voraussetzung für ein Wir mit klaren Konturen.

Meine persönliche Meinung ist, daß der Entflechtungsprozeß in dieser Lebensphase auch dann sinnvoll ist, wenn Frau und Mann sich entscheiden auseinanderzugehen, aber erst recht, wenn sie zusammenbleiben wollen. Es kann kein Zufall sein, daß so viele Paare genau zu dieser Zeit in die Krise geraten und das ursprüngliche Ideal der Verschmelzung in Frage steht. Mir scheint, daß der Prozeß ihrer Individuation als Form einer zweiten Ablösung eine Vorbereitung ist darauf, daß Alleinsein später im Leben ohnehin gefragt ist, wenn Frau und Mann durch Krankheit oder Tod getrennt werden. Als »Trockenübung«, solange sie noch spannkräftig sind und eigene Freiräume finden, können solche internen Trennungen persönliche Sicherheit vermitteln, wie sie in der Phase des Verschwimmens nicht möglich war.

Es scheint also, daß Paarkrisen immer auch mit »unerledigten Geschichten« aus den eigenen Lebensläufen zweier Menschen zu tun haben und ihnen die Chance geben, sich damit auseinanderzusetzen und ihnen neue Kapitel anzufügen. Mir fällt auf, daß mehrere Frauen und Männer in dieser Beziehungskonstellation den Ausbruch ihrer Paarkrise in Zusammenhang bringen mit dem *Tod eines Elternteils*. Bei Frauen ist es ausgesprochen oft, wie bei Claudia in Kapitel 6, der Tod des geliebten, aber distanzierten Vaters und die damit verbundene Wiederbelebung der Notgemeinschaft zwischen Mutter und Tochter. Auch Männer nennen eher den Tod des Vaters als jenen der Mutter als Krisenauslöser, wobei es bei dieser Altersgruppe wahrscheinlich ist, daß die Mütter noch am Leben sind.

Frauen und die Chance ihrer zweiten Ablösung als Basis eines neuen Lebensentwurfs

Es scheint, daß es für eine junge Frau zwei Wege gibt aus dem Dilemma zwischen traditionellen Rollenzuweisungen aus der Herkunftsfamilie und neuen Frauenbildern: Entweder sie erkennt, daß sie sich lösen muß aus der wechselseitigen Verstrikkung mit Vater und Mutter, um zu sich selber zu kommen, oder sie wiederholt fraglos den Lebensentwurf ihrer Mutter und wird noch dienstbereiter als diese.

Ob sie den einen oder anderen Weg geht, scheint weitgehend davon abzuhängen, wieviel Selbstwert sie aus anderen Quellen bezieht, vorab aus der Beziehung zu erwachsenen Frauen und Männern *außerhalb ihrer Familie*. Sofern es ihr gelingt, solche Quellen zu finden, wird sie mit der Zeit gestärkt auf Mutter und Vater zugehen können. Wenn sie sich dann zum Beispiel auch Vaters und Mutters bisherigen Aufforderungen widersetzt, zwischen ihnen die Rolle als Bindeglied zu spielen, und sich ihren möglichen Angeboten von materieller und emotionaler Belohnung dafür entziehen kann, wird sie schließlich eine erwachsene Beziehung zu ihnen finden.

Manchmal ist jedoch eine schmerzhafte Phase der Trennung nötig, bevor die Tochter nochmals den Schritt ins Elternhaus zurück macht. Der Prozeß aus solcher Verstrickung heraus ist immer konfliktreich, aber er ermöglicht in den meisten Fällen, daß sie beiden Eltern mit der Zeit als Erwachsene, mit geradem Rücken und klarem Selbst, eine neue Beziehung anbieten kann. Wenn schließlich ihre Erfahrung von »männlicher« Kühnheit aus der frühen Kindheit verbunden werden kann mit der erworbenen »weiblichen« Einfühlungsgabe, liegt in der Verbindung des Mütterlichen mit dem Väterlichen für sie eine wunderbare Entwicklungschance.

Oft aber braucht es leider für diesen Prozeß der Ablösung einer Frau vom Elternhaus vorerst die Wiederholung im Leben als Mutter-Mutter und Vater-Tochter in der Beziehung zu einem Partner (oder einer Partnerin) in einer Liebesgemeinschaft. Die aus der Reproduktion alter Muster entstehenden Krisen ermöglichen dann im besten Fall eine zweite Ablösung vom Elternhaus und von den Ich-fernen Abziehbildern von Weiblichkeit im Kopf. Frauen in dieser Gruppe erzählen, was ihnen geholfen hat, nach Jahren der Anpassung ohne Alternativen endlich aufzutauchen und zu sich selber zu finden. Ich fasse ihre Erfahrungen zusammen:

1. Die verschlüsselten Botschaften der Seele und des Körpers entziffern lernen

Eine Frau um 40 erzählt: »Es begann bei mir mit Schlaflosigkeit, etwas mir bis dahin völlig Fremdes. Ich fühlte mich täglich verzweifelter und erschöpfter. Dann ließ ich mir vom Arzt Schlaftabletten verschreiben und kam damit tiefer in die Krise hinein.

Schließlich merkte ich, mit Hilfe meiner Therapeutin, daß meine Seele und mein Körper mir Zeichen gaben, die überlebenswichtig waren. Wenn ich nachts wach lag, lernte ich »hinschauen«, und je länger ich in die Dunkelheit schaute, desto heller wurde es. Und plötzlich begann ich meine Wut zu spüren. Ich redete mit meinem Mann über meine Wahnidee, es immer allen recht machen zu müssen, und wie wütend ich auf mich selber und auf ihn als Nutznießer dieses weiblichen Programms war. Das war der Beginn eines langen Prozesses des Aufwachens und Aufwachsens, der uns beide erschütterte. Denn ich wurde dabei eine andere, und das bedeutete auch Veränderungen für ihn.«

2. Übersetzung auf die Alltagspraxis: Raum für sich selber nehmen
Der Prozeß des Aufwachens und der »zweiten Ablösung« kann sich aber nur weiterentwickeln, wenn auch auf der ganz praktischen Ebene des alltäglichen Zusammenlebens Veränderungen folgen. Es gibt dafür viele Möglichkeiten, und sie haben alle irgendwie mit »Raum und Zeit für sich selber beanspruchen« zu tun, erzählen die befragten Frauen. Eine macht zum erstenmal eine Reise allein. Sie kocht nicht vor und schreibt keine Anweisungen, wie die Familie ohne sie zurechtkommen soll – sie fährt einfach zum vereinbarten Datum los. Eine Zeitlang ist sie noch von tausend schrecklichen Bildern besetzt, was zu Hause ohne sie passieren könnte, dann entspannt sie sich wie schon lange nicht mehr...

Der Raum für sich selber besteht oft auch aus Veränderungen in der Wohnung. Ich frage zum Beispiel in der ersten Stunde einer Paartherapie: »Wenn Sie etwas Persönliches, Eigenes ganz für sich haben möchten, gibt es dafür einen Ort in der Wohnung? Eine abschließbare Schublade zum Beispiel oder eine Ecke, zu der die anderen keinen Zugang haben?« Männer haben wenigstens ihren Schreibtisch oder ihre Werkbank in der Arbeit! (Zu Hause fehlt ihnen allerdings die eigene Nische manchmal auch.)

Ganz wichtig ist die Frage nach eigenem Geld. Gibt es einen eigenen »Topf«, über den jeder ohne Rücksprache mit dem anderen verfügen kann? Und wie steht es mit allfällig eingebrachtem Frauengut – verwaltet sie das selber, oder ist sie auch hier Tochter? Weiß sie, wieviel Geld ihr Mann verdient und besitzt, oder beharrt er auf patriarchalen Vorrechten, das geheimzuhalten? Ich bin immer wieder erschüttert zu hören, wie oft in dieser Paarkonstellation das Vater-Tochter-Verhältnis über den Umgang mit Geld zementiert wird – daran ändern übrigens auch die schönsten Trainings in offener Kommunikation wenig. Ganz besonders dort, wo sich der Mann in seiner Versorgerrolle »zu große Schuhe anzieht«, indem er sich zum Beispiel in Geschäfte einläßt, die viel versprechen und wenig bringen, wird er dazu tendieren, seine Frau mit Information zu »verschonen«. Sie fühlt sich dadurch erst recht beunruhigt, abgewertet und in Versuchung, heimlich die Verantwortung für ihn zu übernehmen, was bei ihm »mehr desselben« bewirkt.

3. Rückzüge ins Frauenzimmer

Für Männer ist dieser Schritt ihrer Frauen meistens der schwierigste. Daß sie, die doch materiell von ihnen abhängig sind, es wagen, über ihre Situation zu reflektieren, sie mit anderen Frauen zusammen in Frage zu stellen und sich nicht mehr bedingungslos dem Mythos von der glücklichen Mutter und Hausfrau anzupassen, erschüttert ihre Welt. Es kann eine geplante Frauengruppe sein, es können aber auch – oft zum erstenmal – Gespräche mit Freundinnen oder Schwestern sein, welche solch ein Frauenzimmer ermöglichen, wie eine der Befragten es nennt. Sie bezeichnet damit das Einnehmen einer Außenposition, aus der mit Frauen zusammen über die eigene Situation nachgedacht und nach Lösungen gesucht wird. Mit »Frauenzimmer« bezeichne ich auch den vorübergehenden Rückzug in die eigene Geschichte als Teil der allgemeinen Frauengeschichte, eine notwendige Voraussetzung, zu sich selber zu kommen.

»Mit der Einsicht, daß ich mir meinen Raum nehmen muß und daß niemand ihn mir einfach geben wird, entwickelte ich im Gespräch mit meinen Freundinnen erste Schritte, aus meiner inneren Lähmung herauszukommen. Ich schuf mir mit Kursen, Ausgang und Ferien allein und mit Freundinnen sowie mit regelmäßiger Massage und einem neuen Freundeskreis aus dem Sportclub, dem ich beitrat, meine eigenen Inseln. Mein Mann hat das zuerst ignoriert und dann sehr aggressiv darauf reagiert. Aber ich habe gelernt, daß Wut und Trauer auch bei ihm ihren Raum haben dürfen«, schreibt eine Frau Mitte 40 dazu. Und weiter: »Das wichtigste Erlebnis im Frauenzimmer ist mir, daß wir uns nicht einfach als Opfer bemitleiden, sondern überlegen, wie es kommt, daß wir so lange mitgespielt und die patriarchalen Verhältnisse zementiert haben, und wie wir daraus herauskommen. Wahrscheinlich müßten wir unseren Männern noch deutlicher sagen, daß wir uns zu uns selber, nicht gegen sie zusammenfinden.«

Der Rückzug ins Frauenzimmer, die Auseinandersetzung mit der eigenen Geschichte und der Geschichte von Frauen bedeutet immer auch, sich ganz konkret um einen eigenen Lebensentwurf zu kümmern. Liebgewordene Sicherheiten in der »Tochter«-Rolle müssen aufgegeben werden. Die Verantwortung für den eigenen Lebensentwurf übernehmen heißt, das Risiko einzugehen, seine Anliegen dem Partner und den Kindern gegenüber zu äußern und vielleicht von ihnen dafür als »Emanze« ausgelacht zu werden. Dieser neue Lebensentwurf führt oft, aber nicht zwangsweise dazu, daß eine Frau ihre Ausbildung abschließt, wie Claudia es getan hat, oder sich ernsthaft um Möglichkeiten des beruflichen Wiedereinstiegs kümmert und dafür private und öffentliche Unterstützung, z. B. in Form einer Laufbahnberatung, beansprucht. Es kann aber auch sein, daß sie ganz bewußt die mit einem solchen beruflichen Wiedereinstieg verbundenen Bedingungen zurückweist und ihre persönliche Entwicklung in freiwilliger sozialer oder politischer Tätigkeit gestaltet. Hauptsache, sie trifft eine bewußte Entscheidung und läßt nicht weiter »mit sich geschehen«.

Natürlich ist der Rückzug ins Frauenzimmer mit Gefahren verbunden. Denn es liegt in der Tradition männlicher Bewältigungsweisen, auf Rückzug einer Frau mit Trotz und Weglaufen (zu einer anderen, die noch »lieb« und anpassungsbereit ist) oder mit eisigem Schweigen oder stummer Verzweiflung zu reagieren. Die Folge ist, daß der versuchte Aufbruch der Frau damit zum Bruch der Paarbeziehung werden kann.

4. Sich als Einzelperson verstehen lernen

Es lohnt sich, wie ich von den Befragten erfahren habe, sich in einer solchen Krise des Übergangs mit den inneren Bildern aus der eigenen Familiengeschichte auseinanderzusetzen. Selbstverständlich müssen neue Lösungen auch im Alltag, im Hier und Jetzt, verhandelt werden. Aber wenn es sich ausschließlich um Verhaltensänderungen handelt, besteht die Gefahr, daß ein Paar beim nächsten Problem wieder in den alten, leidbringenden Tanz einsteigt – solange nämlich die »Melodien« aus den jeweiligen Lebensgeschichten, welche die Autonomie beider Partner behindern, nicht erkannt und verändert werden.

Eine Frau, die als Mutter-Mutter und Vater-Tochter erzogen wurde, wird zur Findung ihres eigenen Bodens nicht darum herumkommen, Abschied zu nehmen von alten Aufträgen, die ihre Entwicklung so lange blockiert haben. Nur wenn sie zum Beispiel aufhört, fraglos andere zu bemuttern oder sich ihnen als charmante Tochter anzupassen, wird sie herausfinden, was sie selber will und nicht will. Ob dieser Prozeß, wie bei Claudia, mit den noch lebenden Eltern oder – und auch das ist möglich – nach deren Tod durch die Auseinandersetzung mit ihren Zuschreibungen und Aufträgen an die Tochter geschieht: beides kann dazu dienen, sich neu zu definieren.

In meiner Erfahrung kann eine solche Auseinandersetzung mit der eigenen Geschichte aber nicht einfach mit gutem Willen »programmiert« werden. Wenn manchmal Menschen zu mir kommen mit der populärpsychologischen Idee, sie müßten zuerst ihren Vater oder ihre Mutter »verarbeiten«, bevor sie sich mit dem Partner auseinandersetzen können, wird mir immer ganz mulmig zumute. Meine Erfahrung ist, daß das mutige Hineinschauen in den Familienkeller, wo neben den Skeletten ja auch das Eingemachte lagert, hilfreicher ist als die erzwungene und meist schuldbeladene »Arbeit« an der Mutter oder am Vater. Claudia ist ein gutes Beispiel dafür, daß ein solcher Prozeß engagierte Aufmerksamkeit und viel Zeit braucht. Ihr behutsames Fragen nach der mütterlichen und der väterlichen Geschichte, mit ihren gelebten und ungelebten Seiten, hat ihr geholfen, eigene Ängste und Unsicherheiten besser zu verstehen und sich *und* ihnen für erfahrene Schwächen zu verzeihen.

Männer und die Chance ihrer zweiten Ablösung als Basis eines neuen Lebensentwurfs

Die Männer in dieser Gruppe erzählen, was ihnen geholfen hat, in der Auseinandersetzung mit den ihnen zugewiesenen Rollen ihren eigenen Weg zu finden. Sie wählten einen Weg, ohne dabei sich oder andere zu zerstören, wie es ihrem anerzogenen »Kampfprogramm« durchaus entsprechen kann.

1. Hinschauen statt davonlaufen

»Nachdem sich die Erkenntnis in einem langwierigen und schmerzlichen Prozeß eingestellt hatte, daß ich durch die Krise in unserer Paarbeziehung viele eigene, verpaßte Evolutionsschritte nachholen konnte, gelang es mir, meinem Impuls, einfach wegzurennen und eine ›Neue‹ zu suchen, zu widerstehen. Ich habe zwar das Gefühl, daß wir noch nicht wissen, was die Entwicklungen bei jedem von uns bringen. Vielleicht merken wir einmal, daß wir aus dem Bisherigen herausgewachsen sind und gar nichts Neues miteinander finden. Aber das wäre dann«, schreibt ein Mann Mitte 40 in dieser Gruppe, »das Ende eines gemeinsamen Suchprozesses, kein Davonlaufen.«

Aus meiner Erfahrung bin ich überzeugt, daß dieses Hinschauen statt Davonlaufen der wichtigste Schritt ist, den traditionelle Männer wie Robert machen können, die sich zutiefst abhängig fühlen von ihrer Frau und gleichzeitig voller Ressentiments darüber sind. Natürlich ist die Versuchung in dieser Lebenslage groß, wie als kleiner Junge trotzig zu schweigen oder wegzurennen, wenn »sie« plötzlich Forderungen stellt, die er nicht versteht, oder wenn sie sich vorübergehend zurückzieht ins Frauenzimmer und ihn draußen stehenläßt. Es gibt genug Frauen, die darauf warten, die alte Rolle zu übernehmen, welche seine Frau nun zurückweist, und ihn von hinter den Kulissen zu versorgen. Eigene »Evolutionsschritte«, die bisher verpaßt wurden, werden damit meistens einmal mehr verpaßt.

Für den eben erwähnten Mann bedeuten diese Schritte: »Ich lerne täglich neu, mich auf mein Gespür zu verlassen, statt eine zugewiesene Rolle zu spielen, die nicht zu mir paßt. Das eröffnet mir völlig neue Perspektiven, von denen ich noch nicht weiß, wohin sie führen. Etwas merke ich bereits: Ich bin daran, erwachsen zu werden, weniger abhängig von versorgenden Frauen, offener für Männer und vor allem offen für mich selber.«

2. Wiederfinden der eigenen Wurzeln

Ein Mann in ähnlicher Situation wie Robert berichtet: »Ich habe, als ich auf Ihren Wunsch Fotos von mir als kleinem Jungen in die Therapiesitzung brachte und dazu meine Geschichte erzählte, den ersten Schritt zu meiner verlorenen Welt gemacht. Am wichtigsten war vielleicht, daß ich nochmals Kontakt aufnahm zum Bild meines Vaters, den ich als kalten Geschäftsmenschen in Erinnerung habe. Trotz seines Bemühens empfand ich seit der Pubertät Distanz, manchmal Haß ihm gegenüber. Sein Hang zum Weltschmerz wirkte zuweilen aggressiv. Und genau diesen Zug habe ich in der Erinnerung an ihn an mir selber entdeckt. Durch die Auseinandersetzung mit Vaters Geschichte ist mir aufgegangen, wieso meine Mutter sich derart an mich geklammert hat und wie das seinen Ausschluß aus der Familie verstärkte. Ich bin voller Mitleid mit ihm und voller Sehnsucht nach ihm. Und seit ich ihn endlich zu kennen glaube, achte ich ihn und damit mich selber in einer Weise, wie das bisher nicht möglich war, und kann auch meine Mutter besser verstehen.«

Ein 35jähriger Psychologe unter den Befragten schreibt zum Thema »Eigene Wurzeln finden«: »Kürzlich habe ich in einer Männer-Zeitschrift einen Artikel mit dem Thema ›Mutter, was hast du mir angetan?‹ gelesen. Es war das übliche Gezeter, so ungefähr, daß jeder Mann Mamis Liebling bleibe und von der Mutter für immer kastriert sei. Ich habe diese Art von Psychologie mit ihren einfachen Reduktionen inzwischen satt, sie hat mir gar nichts gebracht. Wenn nämlich beim sogenannten Ödipuskomplex die abwesenden Väter nicht mitgedacht werden, bleibt uns Männern ja bloß Frauenhaß. Damit ändert sich aber in meinem Leben gar nichts, außer daß meine gelegentliche ohnmächtige Wut auf Mutter und Frau (und mich selber) legitimiert wird. Mir hat zu meiner Entwicklung geholfen, daß ich mich nicht mehr bloß als Opfer, sondern als Mittäter sehe, wenn zum Beispiel meine Frau sich zu sehr unseren Kindern zuwendet. Ich will nicht wiederholen, was mein Vater mir vorgelebt hat: die Diktate des Fleißes, der Ordnung und der abgeschnittenen Gefühle. Das heißt für mich, daß ich mich viel bewußter auf meinen eigenen Boden stelle und so lebe, wie es mir entspricht, ohne mich für mein Mannsein zu entschuldigen. Es bedeutet, daß ich mit meiner Frau immer wieder neu verhandeln will, wie wir die Balance finden zwischen Ehe, Familie und Beruf. So, daß ich auch einen Platz ›drinnen‹ habe und sie einen ›draußen‹.«

Wenn beide, Frauen und Männer, erkennen, daß ihre Entwicklungsmöglichkeiten zwar begrenzt sind durch gesellschaftliche Strukturen, daß sie aber nicht nur Opfer, sondern auch aktive Mitspieler sind, werden sie aus dem destruktiven Muster der Mutter-, Vater- oder Selbstbeschuldigung aussteigen müssen. Dort wo ihre Väter und Mütter noch lebten, nahmen einige Männer in dieser Gruppe, ähnlich wie Robert, zu ihnen direkt Kontakt auf und befragten sie über die Zeit, als sie kleine Jungen waren. Das mag banal klingen, aber wenn ich bedenke, in wie vielen Ehen es zu den nie ausgesprochenen Vereinbarungen gehört, daß die *Frauen alle Beziehungen zur Familie des Mannes übernehmen*, liegen in einem solchen Schritt neue Möglichkeiten, abgeschnittene Wurzeln zu finden und alte Aufträge neu zu verhandeln. »Ich habe ganz neuen Halt gefunden in meiner frühen Kindheit, und manchmal empfinde ich diesen als tiefes Glück«, schreibt mir Robert über seine Reise zurück zu seiner Herkunft. »Am wichtigsten war, daß ich, als ich meinen Geburtsort besuchte, meinem toten Vater innerlich den geheimen Auftrag zurückgegeben habe, es besser zu machen als er. Diese Erfahrung wird nun auch meinen Sohn davon entlasten, sich ständig eine zu hohe Leistungslatte zu setzen.«

3. Nie mehr eine halbseitige Maske tragen

Es wird viel geschrieben, und ich habe es auch getan, über die invalidisierenden Wirkungen der Aufteilung des ganzen Lebens in zwei halbe: Frauenleben und Männerleben, innen und außen, unten und oben. Daß bei diesem Arrangement nicht nur Frauen, sondern auch Männer ihren Preis zahlen, wird von ihnen selber leicht übersehen. Ihre »stille Verzweiflung« darüber, daß sie, genauso wie ihre Frauen, eine halbseitige Maske tragen und ihre Farbigkeit und Sensibilität dem Druck opfern, sich durchzusetzen, paßt meistens nicht zum erlernten männlichen Selbstkonzept. Diese Gefühlslage wurde denn wohl auch typischerweise von einer Frau[9] beschrieben. Ich könnte selber keine wirksame Paartherapie anbieten, wenn ich diese Kehrseite der männlichen Sozialisation nicht mitdenken und Männer bei der Suche nach der verlorenen Welt ihrer frühen Jahre nicht begleiten würde. Mir liegt daran, daß Männer wie Frauen ihr halbes Leben zugunsten eines ganzen verändern.

Wenn Frauen auf Gedeih und Verderb von ihren Männern abhängig sind, dann ist der Schritt zum »diplomatischen Umgang« mit ihnen ein naheliegender. Wie seinerzeit als kleine Jungen werden sie von ihren Frauen am Band der Liebe geführt und vor direkten Forderungen geschützt. Aber gleichzeitig erfahren sie indirekt, daß Liebe ein »Austauschgeschäft« ist, welches von ihrer Leistung und ihrem Erfolg in der Welt draußen lebt. »Als meine Frau von mir eine Pelzjacke wünschte, nachdem ich ihr vorübergehend mit meiner Sekretärin untreu geworden war, merkte ich plötzlich, in welchen Handel wir da miteinander geraten waren«, erzählt ein Geschäftsmann, der den ersten Schritt gemacht hat, um dieses Spiel zu verändern.

Die Befreiung aus traditionellen Rollen, welche für Frauen noch immer voller Widersprüche ist, ist es ganz besonders für Männer. Durch die Befragung ist mir sehr deutlich geworden: Wenn die Krisen traditioneller Paarbeziehungen, wie ich sie hier beschrieben habe, Sinn haben sollen, dann haben sie ihn auch für die Männer. Alle, die mir geantwortet haben, sehen zum Beispiel heute ihr Engagement im Beruf mit neuen Augen. Einige, noch gefangen in der Sohnrolle zu einem Vater-Chef, versuchten innerhalb ihres bisherigen Arbeitsplatzes Veränderungen herbeizuführen. Andere entschlossen sich zu einem Stellenwechsel oder dazu, als selbständig Erwerbende ihr persönliches Arbeitsengagement zu reduzieren – vor allem dessen süchtigmachenden Teil, die Überzeit und die Überverantwortlichkeit für alles und jedes.

4. Der männliche Weg der Selbstverwirklichung

Es mag seltsam klingen, diesen Begriff, der für viele negativ mit weiblicher Entwicklung belastet ist, in bezug auf Männer zu verwenden. Ich tue es dennoch, auch wenn mir eine Innenperspektive weniger leicht fällt, als wenn ich als Frau von weiblicher Selbstverwirklichung schreibe.

Mein Eindruck aus der Befragung ist, daß die Krise der Familienehe offiziell wesentlich häufiger durch den *Aufbruch der Frauen* als jenen der Männer ausgelöst wird. Sie haben auf den ersten Blick ja auch mehr zu gewinnen. Bei näherem Hinsehen fällt mir allerdings auf, daß das nicht die ganze Wahrheit ist. Frauen signalisieren einfach, was als latente Depressivität, chronische Verstimmtheit oder Aggressionsbereitschaft auch bei ihren Männern schon über Jahre fühlbar gewesen war. Typischerweise beziehen die Frauen eher Stellung zu diesem Elend als ihre Männer. Ich denke, daß dies mit einer wichtigen Erfahrung aus der männlichen Erlebniswelt zu tun hat, wonach sie gar nicht das

Recht haben, Beziehungen in Frage zu stellen oder über persönliches Unglücklichsein nachzudenken. Erschwerend dazu kommt für viele von ihnen die Erfahrung der letzten zwei Jahrzehnte, daß nämlich Männlichkeit als soziales Konstrukt von Frauen (und einigen Männern) vorwiegend negativ bewertet wird.

Die Krisen, welche bei diesem Ehemodell so oft gegen die Lebensmitte auftreten, sind für viele der befragten Männer offenbar eine Chance gewesen, zum erstenmal in ihrem erwachsenen Leben nachzudenken über ihre Situation in Familie und Arbeitswelt. Eine Möglichkeit auch, das ihnen anerzogene Schweigen zu brechen und aus ihrer bisher abwehrenden, distanzierten Haltung ihren Frauen gegenüber herauszukommen, um endlich in ihrer eigenen Sprache über ihre Erfahrung von »männlichen Zwangsjakken« zu reden, wie einer von ihnen schreibt.

Eine weitere Chance solcher Krisen besteht für Männer darin, ihre selbstverständliche Annahme, voll für die Ernährerrolle verantwortlich zu sein, in Frage zu stellen. Daß sie überhaupt darüber reden können, daß ihnen diese Verantwortung eine Last ist, scheint an sich schon erleichternd zu wirken. Und wenn sie ganz direkt ihre »aufbrechenden« Frauen herausfordern, ihren Teil zur finanziellen Unterstützung beizutragen (und dafür bereit sind, einen Teil des häuslichen »Innenministeriums« zu übernehmen), liegt darin zumindest die Möglichkeit einer Wahl. Die chronische Behinderung einiger Männer durch das Anziehen von »zu großen Schuhen« im Beruf kann durch die Paarkrise dazu führen, diese endlich mit einer passenderen Größe zu vertauschen. Aber auch das klare Ja-Sagen zur Leistung in der Arbeit anstelle dauernder Schuldgefühle über sein berufliches Engagement kann einem Mann in dieser Lage neue Perspektiven eröffnen. Frauen lernen so, daß sie ihre Männer nicht mehr beschützen müssen, sondern selber mit gutem Gewissen einen eigenen Weg suchen können.

Meine Erfahrung mit den antwortenden Männern verweist darauf, daß ihre wichtigste Möglichkeit, sich als Person neu zu definieren, darin besteht, daß sie ihre regressiven Seiten wieder entdecken und leben. Ich meine dies nicht im verächtlichen Sinn des »Kindes im Mann«, sondern positiv und kräftig. Wenn nämlich Frauen ihre Rolle als alleinige Quelle für Gefühle, Zärtlichkeit und Beziehungsgestaltung mit Männern zu teilen bereit sind, weil sie nicht mehr ausschließlich davon leben, andere zu versorgen, bedeutet das keine grundsätzliche Absage an die Liebe. Im Gegenteil! Es gibt bei meiner Befragung unzählige Hinweise darauf, daß der männliche Weg der Selbstverwirklichung in besonderer Weise über die Pflege von Menschen und das Zusammensein mit Menschen möglich ist. Der Umgang mit Kindern, seien es die eigenen oder fremde, scheint dazu beizutragen.

Wichtig ist allen Männern dieser Studie, daß sie – ähnlich wie die Frauen – die verlorenen lebendigen Seiten des eigenen Lebensentwurfs wieder entdeckten. Das heißt, daß sie erkannten, in welcher Weise die in ihrer Welt geforderte »Normalität« und die Anpassungsleistung als graue Mäuse ihre einstmals vorhandene Farbigkeit und Individualität unterdrückt hat. »... Und wenn man den gesunden, normalen, gesetzestreuen Erwachsenen individualisieren will, so befragt man ihn immer danach, was er noch vom Kind in sich hat, welcher geheime Irrsinn in ihm steckt, welches tiefe Verbrechen er eigentlich begehen wollte.«[10]

Kapitel 8
Die Fülle nach der Lebensmitte: »Nur wer sich lange begleitet, ist sich begegnet« (Botho Strauß)

Die spannende Frage, wie es kommt, daß die einen Paare zusammenbleiben trotz der Krisen, die sie seinerzeit in die Beratung führten, und warum andere in ähnlicher Lage auseinandergehen, ist nicht einfach zu beantworten. Wir befinden uns jedoch in der glücklichen Lage, daß mehrere Frauen und Männer rückblickend ihre gemeinsame Entwicklungsgeschichte erzählt haben, nachdem sie vor zehn oder noch mehr Jahren bei mir in Therapie waren. Von ihnen zu hören, wie sie ihr Leben seither gemeistert haben und wie es ihnen heute geht, hat mich ermutigt, Paare auch weiterhin unterstützend, herausfordernd und mit Geduld durch ihre Krisen zu begleiten.

Theres und Paul

Dieses Paar war 1978 zum erstenmal für eine Serie von zwölf Gesprächen bei mir. Anfänglich drehten sich diese um ihre damals 15jährige Tochter Maja sowie deren 17jährige Schwester Verena, welche ausziehen und in der Stadt ein eigenes Zimmer mieten wollte, was ihre Eltern zu früh fanden. Neben der ältesten Tochter Verena und der zweitältesten Maja gibt es zwei jüngere Söhne, Stefan, damals 12, und Markus, 8. Ich sehe besonders Maja noch vor mir: zart und schön, mitten im Sommer in einen dicken Mantel gehüllt (sie zeigte Anzeichen einer beginnenden Magersucht) und unglaublich bockig. Später, als es Maja besser ging, kamen ihre Eltern in Paartherapie. Sie hatten mit meiner Unterstützung erkannt, daß auch ihre Beziehung in einer Übergangskrise war. Ich habe das Paar seither zu verschiedenen Zeiten immer wieder einmal zu Gesprächen gesehen – oft, wenn ein weiterer unsanfter Übergang im gemeinsamen Leben fällig war.

Zum letztenmal wünschte sich Theres von Paul ein Gespräch bei mir zum 30. Hochzeitstag. Einige ihrer Anliegen waren die alten, noch ungelösten: zum Beispiel seine völlig andere Art als ihre, mit Konflikten umzugehen. Vor allem war für beide die unterschiedliche Art der Kommunikation zwischen Frau und Mann ein nach wie vor ungelöstes Problem. Allerdings haben sie damit inzwischen besser leben gelernt. Unser letztes Gespräch war herzlich, aber es fehlte die vorher übliche Spannung. Ich werte das als gutes Zeichen dafür, daß wir aus dem Therapievertrag aus- und in eine eher freundschaftliche Art der Beziehung eingetreten sind. Vielleicht trug diese dazu bei, daß mir Theres und Paul so ausführlich geantwortet haben? Ich freue mich jedenfalls darüber und danke ihnen auch an dieser Stelle herzlich.

Ihre Paar- und Familiengeschichte

Theres und Paul haben sich 1956 kennengelernt, als Theres 19 und Paul 23 Jahre alt war. Sie hatte eben eine Lehre als Damenschneiderin beendet und wohnte noch zu Hause bei ihren Eltern. Paul hatte nach seiner Lehre eine berufsbegleitende Weiterbildung an einer höheren technischen Lehranstalt begonnen.

Die Eltern von Theres sind beide 1900 geboren, die Mutter in Deutschland, der Vater in der Schweiz. Er war von Beruf Werkzeugmacher und Volkskünstler (wie die Eintragung im Telefonbuch lautete). Ihre Mutter hatte als Köchin in verschiedenen Herrschaftshäusern gearbeitet. Sie hatte aus erster Ehe in Deutschland zwei Töchter, geboren 1921 und 1923. Bei der Scheidung wurden diese dem Vater zugesprochen. Nach dem damaligen deutschen Scheidungsrecht hatte sich Theres' Mutter schuldig gemacht, weil sie ihren Mann mit den beiden Kindern aus Angst vor seiner Brutalität verlassen hatte. Er sei ein sadistischer Tyrann gewesen, erzählt Theres.

Über ihre Herkunft schreibt Theres: »Eltern und Geschwister waren für mich wichtig. Ich merke aber, daß sich die Gefühle für sie im Laufe der Zeit verschiedene Male veränderten. Deshalb habe ich Mühe, diese in Stichworten zu beschreiben. Ich versuche es dennoch: Für meinen Vater empfand ich im kindlichen Alter Verehrung, manchmal auch Furcht. Er war eine starke Persönlichkeit, hatte aber auch schlimme Jähzornausbrüche. Im Stadium der Pubertät überwogen Freude und Stolz auf ihn. Ich bewunderte seine unbändige Vitalität und Vielseitigkeit. Er war Erfinder, Maler, Geiger und Philosoph, er war passionierter Imker und baute Teleskope. Er las Dante, Nietzsche, Tolstoi und die Bibel, und er wurde nie müde, Briefe an Politiker, Kleriker (und an mich) zu schreiben. Er war obendrein ein sehr tüchtiger Handwerker und ein Arbeiter mit ausgeprägtem Bewußtsein. Auch war er ein großartiger Vater, der seine helle Freude an mir und überhaupt an uns Kindern hatte. Er nahm uns – für die damalige Zeit – erstaunlich ernst.

Später, im Stadium meiner feministischen Entwicklungsschübe, verfärbten Verachtung und manchmal gar Haß diese Beziehung. Langsam bekam ich Augen für sein Demokratieverständnis, das offenbar nur gegen außen und unter Männern propagiert, jedoch nicht der eigenen Frau und den Kindern gegenüber *gelebt* wurde. Ich sah die *Ohnmacht meiner Mutter* und sah, wie sie aufging im praktischen Arbeiten und dabei irgendwie verkümmerte. Gott sei Dank hat sie ihr einfaches, trocken-humorvolles »Bayerngemüt« nie ganz verloren. Als Tochter fühlte ich mich von ihr oft allein gelassen. Sie litt sehr unter der Ablehnung deutscher Staatsangehöriger durch die Schweizer als Reaktion auf den 2. Weltkrieg. Bei mir löste das Gefühle von »nicht ganz in Ordnung sein« aus, so in dem Sinn, keine richtige Mutter zu haben. In der Pubertät führten diese Gefühle bei mir zu Enttäuschung und offener Ablehnung ihr gegenüber. In der Folge löste ich mich innerlich sehr schnell und, wie mir schien, schmerzlos von ihr. Schon bald verkehrte sich aber mein Verhältnis zu meiner Mutter: Ich wuchs über sie hinaus, ich half ihr, beriet sie, pflegte sie – sie war wie mein Kind. Erst heute verstehe ich die stille Tragödie meiner Mutter, erst jetzt, wo ich selber die Wechseljahre erlebe. Erstmals in meinem Leben fühle ich mich ihr verwandt und kann ihr nachfühlen, wie sie gelitten hat, und kann ihre Resignation verstehen.«

Paul zu seiner Herkunft:
»Ich war ein ›Spätgeborener‹ aus einer verarmten Bürgerfamilie. Meine Mutter, geboren 1893, war 40, als ich zur Welt kam, mein Vater, geboren 1884, bereits 49. Meine einzige Schwester ist zehn Jahre älter als ich. Meine Eltern habe ich geliebt, sie waren rechtschaffene Menschen. Sie taten mir aber immer leid in ihren Nöten und Zwängen. Sie waren für mich sehr alt, und eine engere gei-

stige Beziehung zu ihnen bestand nicht. Beide sind im selben Jahr, 1964, gestorben, als wir fünf Jahre verheiratet waren und die ersten zwei Kinder schon hatten. Ich bedaure oft, daß ich die Güte meiner Eltern nicht besser honoriert habe.«

Partnerwahl

Theres hatte gute Gründe, sich so rasch wie möglich von einem Elternhaus abzusetzen, das sie als fordernd und oft beklemmend empfand. Das war damals in den fünfziger Jahren und mit ihrem typischen Frauenberuf als Damenschneiderin mit schlechten Arbeits- und Lohnbedingungen gar nicht einfach. Sie liebte Paul, seine verantwortungsbewußte, im besten Sinne des Wortes »eigensinnige« Art, und einer frühen Heirat stand nichts im Wege, obwohl sie sehr sparsam leben mußten. Paul lebte allein und freute sich darauf, mit Theres einen eigenen Hausstand zu gründen. Er liebte ihre spontane, herzliche Art und teilte mit ihr die Freude an Kunst und Natur. Als Paul 26 und Theres 22 waren, im Jahr 1959, heirateten sie.

Als Spezialist in der Projektierung von thermischen Kraftwerken in einem internationalen Ingenieur-Unternehmen, das eine Reputation als Planer von Atomkraftwerken hat, war Paul oft wochenlang unterwegs. Er hatte vor allem im Fernen Osten zu tun. Theres zog den Familienkarren daheim weitgehend allein mit vier heranwachsenden Kindern, Haus und Garten. Sie stand ihren alternden Eltern bei und engagierte sich in gemeinschaftlichen Projekten mit anderen Menschen. Die Übergänge bei der jeweiligen Rückkehr von Paul in die Familie wurden, je älter die Kinder waren, desto schmerzhafter. Er sehnte sich nach Wärme und Entspannung und ärgerte sich über ihr Chaos. Sie hatten sich das Leben ohne ihn mit der Mutter allein eingerichtet und behandelten ihn als Eindringling, wenn er nach Hause kam. Vor allem die beiden Ältesten hatten mit ihrer Mutter zusammen begonnen, sich für alternative Formen des Zusammenlebens und für einen ökologischen Umgang mit der Natur zu interessieren und zu engagieren. Bei der ersten Familiensitzung trugen sie demonstrativ große gelbe Knöpfe mit der Inschrift *»Atomkraft nein danke«*... Ich erinnere mich, wie Paul sich einmal erbittert darüber beschwerte, daß die »alternativen« Freunde von Frau und Kindern, die er nach einer ermüdenden Reise bei sich zu Hause traf, ohne schlechtes Gewissen seinen Wein tranken. Diesen habe er doch nur dank seiner engagierten Arbeit in dem von ihnen abgelehnten Ingenieur-Unternehmen in den Familienkeller stellen können, schimpfte er – selbst wenn dieses Unternehmen Atomkraftwerke baute... Pauls Ausspruch, daß er zu Hause als »reaktionär«, in der Firma jedoch als »zu progressiv« bezeichnet werde, machte sein damaliges Dilemma deutlich.

Hier also, in ihren Worten, die Antworten von Paul und Theres auf meine Fragen, wie sie rückblickend die Probleme einschätzen, derentwegen sie damals in Therapie kamen, und wie sie als Paar und als Individuen sich seither entwickelt haben und was sie dabei unterstützt oder behindert hat.

Wie würden Sie, aus der heutigen Sicht, die Probleme beschreiben, mit denen Sie ursprünglich zu mir kamen?

Theres

Unsere Tochter Maja geriet so um 16 in eine Krise: Schulverweigerung. Sie war gesundheitlich in einer labilen Phase, war viel krank (Eß-Störungen), fehlte in der Schule, war rebellisch (vor allem gegenüber ihrem Vater), drogenneugierig, hatte auch problematische Freundinnen und Freunde und war in einer Klasse, die aufgelöst werden sollte. Es fehlte ihr jede Motivation zu einer Leistung, weil auch die Resultate der Berufsberatungs-Tests im Skurrilen steckenblieben. Wie sollte das mit Maja weitergehen? Eine Beratung drängte sich auf.

Sie, Frau WE, haben uns die breiteren Zusammenhänge von Majas Krise aufgezeigt, was mir eher einleuchtete als meinem Mann, der all seine Kräfte in die Berufsarbeit einfließen ließ und Psychologie als reine Zeitverschwendung sah. Ich hingegen fühlte mich ausgepumpt, allein gelassen, unverstanden und innerlich auch schon ganz »schön« in Auflehnung. Mein Umbruch, mein Graben nach mir selbst war bereits in vollem Gang. Ich konnte Hilfe brauchen, war froh darum.

Wir kamen zu Ihnen wegen Majas Problem. Da aber in Ihrer ganzheitlichen Familienberatung die Partnerbeziehung mit dazugehört, geriet nun auch unsere Paarbeziehung unter die Lupe.

Paul

Der Anlaß für die Paarberatung war eigentlich ein Familienproblem. Unsere beiden ältesten Töchter waren gegen uns Eltern (und speziell gegen mich) renitent und terrorisierten die Familie. Ich fühlte mich in dieser Situation von meiner Frau zu wenig unterstützt. Natürlich war da auch ein Eheproblem, aber in stärkerem Maße für meine Frau als für mich. Sie war wohl mit der Rollenverteilung nicht zufrieden – mir war dieses Problem gar nicht bewußt. Dazu litt Theres unter unserem Kommunikationsproblem und wollte es mit einer Familientherapie lösen, was nur teilweise gelang.

Die Töchter sind übrigens heute O.K. Starke, selbständige Frauen und Mütter! Auch die Söhne machen es gut im Leben.

Was waren die Auslöser der damaligen Krise?

Wie erwähnt: Majas Schulverweigerung.

Unterschiedliches Rollenverständnis in der Ehe und Familie (Töchter!). Kommunikationsprobleme der Ehepartner. Meine vielen und langen Auslandaufenthalte.

Wie haben Sie die Krise erlebt: als »Blitz aus heiterem Himmel« oder als lange anstehende Entwicklungsprobleme (bei sich, Partner/in, in der Beziehung)?

Maja reagierte schon als Kleinkind auf Schwankungen sehr sensibel, z. B. mit massiven Schlafstörungen nach einer Ferienabwesenheit von uns Eltern, ging auf keine fremden Toiletten und hatte lange Mühe, z. B. bei ihrer Patin alleine zu übernachten. Sie lutschte auch extrem lange Daumen. Die willensstarke Verena machte ihr Eindruck, Maja fühlte sich wohl immer als die Schwächere. Verena zeigte keine Probleme in der Pubertät; Maja hingegen schien geradezu überrissen uns vordemonstrieren zu wollen, was es heißt, kein Kind mehr zu sein, Rechte und Freiräume zu beanspruchen, die Welt mit neuen Augen anzusehen, alles auf den Kopf zu stellen. Sie explodierte förmlich. Der Durchbruch eines neuen, stärkeren Ichs, den ich eigentlich schon bei Verena erwartete, der aber ausblieb oder sich zumindest in Grenzen hielt, den fand ich vorerst für Maja ganz gut. Ein bißchen rechnete ich bei Maja mit Schwierigkeiten, weil sie immer schon etwas schwierig war. Aber ihr Verhalten war dann so massiv abwegig, daß ich ratlos war, wie es weitergehen sollte.

Die Probleme haben sich entwikkelt, verschlimmert, verbessert. Dabei fühlte ich mich aber immer weniger frustriert als meine Frau, was sie vielleicht nur um so mehr enttäuschte. Ich sah nicht, wie sehr sie darunter litt, und wir konnten nicht darüber reden.

Paul war für einen harten Kurs, ich eher für Toleranz (aber nicht grenzenlos). Die dadurch entstandenen Meinungsverschiedenheiten nervten ihn als bestimmendes Familienoberhaupt sehr. Ich konnte ihn nicht mehr unterstützen, um so mehr, als er viel Zeit im Ausland verbrachte und über die Anliegen der Jungen gar nicht mehr recht im Bilde war. Die Kinder spürten das und fühlten sich oft ungerecht behandelt; ich konnte das verstehen. Die Krise hat sich also über längere Zeit aufgebaut.

Jede Krise ist auch eine Möglichkeit, sich mit ungelösten Problemen in der persönlichen Lebensgeschichte auseinanderzusetzen, z. B. mit den Seiten an sich selber, die der Beziehung »geopfert« wurden oder sonst unterentwickelt waren.
Gab es solche bei Ihnen und welche?

Ich denke, für mich war es höchst fällig, mich von alten Rollenmustern loszulösen. Für mich war ein Schritt aus dieser Unselbständigkeit heraus nötig. Ich entwickelte in der Folge eigene Interessen, familienunabhängige Projekte und neue Freundschaften.

Ja, sie lösten bei mir eine Ablösung aus der bürgerlichen Gesellschaft aus. Was ich heute als große Befreiung empfinde. Ich wurde vom moderaten Rechten zu einem moderaten Linken. Ich gab auch eine berufliche »Karriere« bewußt auf.

Wie sind Sie damit umgegangen?

Vielleicht richtig, vielleicht auch ungeschickt, ich weiß es nicht. Mein Weg, mein Verhalten verunsicherte jedenfalls Paul und schmerzte ihn wohl auch. Er reagierte verstimmt, kritisierend und eifersüchtig. Ich berichtete immer weniger von meinen Unternehmungen und baute im stillen an meiner Welt.

Es war nicht schwierig, nachdem mir einmal klargeworden war, daß ich so nicht weiterleben wollte.

Für mich wurde immer klarer, daß wir beide je allein einen Prozeß durchmachen müssen.

Wie hat sich Ihre Paarbeziehung und Ihr eigenes Leben dadurch verändert?

Mein Leben hat sich dahin verändert, daß ich eigenständiger geworden bin, Paul nannte es »rücksichtslos«. In unserer Paarbeziehung litten wir damals wohl beide an »kalten Füßen«, und keines wußte vom andern, ob und wo sie aufgewärmt wurden.

Die Paarbeziehung und die Familienbeziehung haben durch die Krise und unsere Entwicklung profitiert. Im Freundes- und Bekanntenkreis fand ich oft wenig Verständnis. Ich fühlte mich oft allein. Dafür gab es neue Freunde. Weniger, aber interessantere.

Krisen können auch Zeichen dafür sein, daß es in der Geschichte eines Paares »unerledigte Geschäfte«, zum Beispiel verletzte Loyalität, Kränkungen, Enttäuschungen, gibt.
Gab es solche bei Ihnen und welche?

Da zähle ich die Empfängnisverhütung dazu, um die sich Paul in irreparabler Weise gedrückt hat. Wir konnten überhaupt nicht reden darüber. Er hatte den Horror, so etwas zu besprechen. Irgendwie steckte, glaube ich, eine Angst vor Frauen dahinter. Schade, wir haben diese Nähe nicht zustande gebracht, das ließ in mir Enttäuschung aufkommen.

Für mich eigentlich nicht. Wahrscheinlich aber für meine Partnerin.

Wie sind sie damit umgegangen?

Nach Jahren der Spannung, des bangen Wartens jeweils auf die Mens, der Sorge, was zu tun wäre, wenn... habe ich mich sterilisieren lassen. Es war ein wichtiger Schritt zu mir selbst. Leider damals auch ein weiterer, großer Schritt von Paul weg.

Wie hat sich Ihre Paarbeziehung
und Ihr eigenes Leben dadurch verändert?

Diese Frage nagelt mich an die Verhütungsgeschichte fest. So vieles hat außerdem noch beigetragen, unsere Beziehung und mein Leben zu verändern: Kurse, Bücher, Reisen, Feste, Begegnungen, Arbeiten, Unfälle, Geburt von Enkeln und Tod im Freundes- und Familienkreis.

Gelingt es Ihnen heute, so mit Kränkungen umzugehen
miteinander, daß Versöhnung möglich ist?

Das ist ja das Erstaunliche bei uns, daß wir trotz aller Strampeleien und Zerwürfnisse phänomenalen Kitt haben. Wir haben streiten gelernt und können auch mal über uns lachen!

Ich glaube, das gelang mir schon immer, deshalb ist davon keine »sitzengeblieben«.

Jede Krise kann als »Vorbote« notwendiger Veränderungen/
Entwicklungen verstanden werden.
Aus der Rückschau: Für welche Entwicklungsschritte war die
damalige Krise gut (bei Ihnen selber, bei Partnerin bzw. Partner,
für Ihr Zusammenleben)?

Mir wurden eigene Lebensprozesse deutlicher bewußt. Paul hat über die Paarberatung viel gewonnen, hat sie annehmen können; neue Einsichten wurden eingeleitet. Im Zusammenleben spürte ich mehr Toleranz den Jungen und mir gegenüber. Wir nahmen die Probleme entspannter, wir konnten dazu stehen. Partnerschaftliches Denken ist bei ihm ansatzweise aufgetaucht und hat sich bis heute erfreulich entwickelt.

Für mich bedeutete die Krise die Befreiung aus bürgerlicher Denkweise in Richtung »mehr Sein als Schein« (oder Show). Für Theres den Beginn einer starken Selbstverwirklichung. Für die Beziehung ein entspannteres, entkrampftes Zusammenleben.

Falls Sie inzwischen getrennt oder geschieden sind (vom damaligen Partner/von der Partnerin), welche Entwicklungen haben Sie persönlich/Sie als (ehemaliges) Paar gemacht?

– – –

Wie geht es zur Zeit Ihnen persönlich?

Seit ich die Ehe nicht mehr so ganz als das Gelbe vom Ei betrachte und sich neben der Ehe ein Fächer von Möglichkeiten aufgetan hat, geht's mir viel besser!

Welch schwierige Frage! Ich glaube mehrheitlich ganz gut, manchmal etwas weniger. Das Leben finde ich aber fast immer schön oder zumindest interessant!

Manchmal berichten Frauen oder Männer, sie hätten schon sehr früh gemerkt, daß etwas nicht stimme, jedoch nicht den Mut gehabt, darüber zu reden.
Gab es solche Situationen bei Ihnen und welche?

Extreme Eifersuchtsausbrüche von Paul hätten mich aufmerksam machen müssen, daß etwas nicht mehr gut war, aber ich war damals noch nicht so weit. Erst später, zu spät eigentlich, tauchte es mir ins Bewußtsein auf: Ich hätte mehr Freiraum gebraucht, Paul hätte mir dabei helfen sollen. Statt dessen verzichtete er auf *seinen* Freiraum, blieb zu Hause. Das ergab eine Isolation zu zweit! Hätten wir früher darüber sprechen können, wären wir uns nicht so fremd geworden.

Es gab sie. Aber rückblickend stelle ich fest, daß sie auch mit Reden nicht zu lösen waren. Vielleicht sogar im Gegenteil – das Reden verfestigte sie, weil wir uns immer in denselben Rillen bewegten und steckenblieben dabei. Ohne einen Katalysator wären wir vielleicht ganz steckengeblieben.

Wie gingen Sie damit um, wie Ihr Partner/Ihre Partnerin?

Eben, wir konnten mit schwierigen Situationen schlecht umgehen. Ich hatte immer das Bedürfnis zu reden, er blockte ab und versteckte sich hinter der archaischen Formel »Liebe braucht keine Worte, sie funktioniert einfach oder funktioniert eben nicht«.

Wie würden Sie heute mit solchen »Zeichen an der Wand« umgehen?

Heute ist mir vieles klarer, aber was nützt es hinterher? Wir sind inzwischen alt geworden. Aber es waren doch Schritte, wenn auch spät. Sie geben mir das gute Gefühl voranzukommen, mich zu erneuern. Jetzt erfahre ich mich wieder als lebendigen Menschen. Jahrelang fühlte ich mich als Mumie!

Zur Partnerwahl:
Wo/wie haben Sie sich kennengelernt – und wie lange kannten Sie sich vor der Heirat (vor dem Zusammenziehen)?

Der Bruder meiner langjährigen Schulfreundin war mit Paul befreundet, so ergaben sich erste Begegnungen. Es war so ein allmähliches Näherrücken während etwa vier Jahren, wovon Paul ein Jahr in Italien verbrachte, und ein Jahr davon waren wir heimlich verlobt, bis wir heirateten.

Wir haben uns eigentlich während meiner auswärtigen Studienzeit am Technikum kennengelernt. »Fest« war unsere Beziehung vielleicht 3 Jahre, bevor wir einen Hausstand gründeten.

In welche Eigenschaften Ihrer Frau/Ihres Mannes haben Sie sich damals verliebt? Was bedeuten Ihnen diese heute?

Er war besonnen und hatte trotzdem eine ungeheure Antenne für Komik und Geschichten. Er strahlte etwas Gesetztes aus, das sich mit rührend Unbeholfenem mischte. Seine Stimme mochte ich, manchmal hörte ich gar nicht, was er sagte. Ich höre seine Stimme immer noch gerne, besonders, wenn er fort war und vom Flugplatz aus anruft, dann ganz deutlich!

In ihre äußere und vor allem innere Sauberkeit oder Lauterkeit. Dies hat sich bis heute so erhalten.

Welche Eigenschaften Ihrer Frau/Ihres Mannes machten Ihnen damals Mühe? Und heute?

Das Geordnete bei ihm hat mich fasziniert, weil ich mich chaotisch fühlte. Ein bißchen fürchtete ich mich auch vor diesem bürgerlich-konservativen Boden, wo er seine Wurzeln drin hatte. Aber er selber übte sehr viel Kritik am Kleinkarierten, wollte nicht Militärkarriere machen und scheute auch Kirchenrituale. Ich war zuversichtlich, daß wir miteinander Lösungen finden könnten. So war es dann auch, aber das ging nicht gratis. Die großen »Haltungs-Aufhänger« Militär und Kirche waren bei meinem Mann zwar klar fortschrittlich-liberal definiert, aber seine Haltung im tagtäglichen Kram den Kindern und mir gegenüber war von Tradition verklebt! Er war wohl unsicher in diesem Spannungsfeld und hätte sich zusammen mit mir viel mehr Zeit nehmen müssen, auch im praktischen Detail klarzuwerden.

Damals vielleicht ihre starke Abhängigkeit vom Elternhaus.

Wie hofften Sie, sich gegenseitig zu ergänzen oder zu verändern?

Ich verstehe nicht, was mit dieser Frage gemeint ist. Irgendwie klemmt's plötzlich. Ich versuch's mit der nächsten.

Ich fand und finde es nach wie vor nicht notwendig, sich immer zu verändern und anzupassen. Wir sind schließlich zwei unabhängige, selbständige Individuen.

Wie schätzen Sie rückblickend Ihre Partnerwahl ein?

Wir hatten Glück. Wäre vielleicht eine einzige Komponente hinzugekommen oder hätte gefehlt, wir wären zerbrochen. Daß wir noch

Als Glücksfall sondergleichen! Für mich jedenfalls.

zusammen sind, ist nur zum kleinsten Teil unsere Leistung, es war Glück, Zufall...

Bei allen Gegensätzen erkennen Liebende auch oft das Gemeinsame, das »Ähnliche im Unähnlichen« ihrer Biographie oder ihrer Sehnsüchte.
Gab es solche »Ähnlichkeiten im Unähnlichen«, die Sie vielleicht erst heute erkennen (z. B. ähnliche Kindheitserfahrungen, Lebensaufträge, Träume, Utopien)?

War vielleicht das Ausbrechen aus etwas Drückendem, vom Alten Distanz nehmen, etwas Eigenes, Neues anzufangen, gemeinsam? Paul war ein ausgesprochen Spätgeborener aus einer verarmten Bürgersfamilie. Er machte mit den letzten Geldresten seiner Eltern ein Studium, das so viel abwerfen sollte, daß er damit jederzeit auch noch seine Eltern durchbringen konnte. (Sie bekamen damals von der jungen Altersversicherung bloß ein paar Franken.) Ich wurde von meiner Mutter sehr jung in einen Beruf hineinmanövriert (Damenschneiderin), von dem ich kaum leben konnte. Ein Beruf (typischer Frauenberuf), der mich laufend demütigte und rundherum Verzicht und Anpassung an Menschen erforderte, die sich »Haute Couture« leisten konnten, sich Freiheiten nahmen in Hülle und Fülle. Für uns beide, Paul und mich, denke ich, versprach ein *gemeinsamer Weg* mehr Möglichkeiten einer sinnvollen und kreativen Lebensgestaltung.

Ich kann diese Frage nicht beantworten, vielleicht, weil ich sie in ihrer Bedeutung nicht ganz verstehe. Vielleicht erscheinen mir diese Ähnlichkeiten auch nicht so wichtig.

In welcher Weise erleben Sie sich gegensätzlich zu Ihrer Partnerin/Ihrem Partner? (Als Ergänzung oder eher als Belastung?)

Ich glaube, beides trifft zu. Ich empfinde Paul sehr als Ergänzung, weil er Qualitäten bringt, die mir fehlen, im Rationalen z. B. Aber genau diese Qualitäten empfinde ich manchmal als Belastung und Einschränkung.

Ich fühle mich sachlicher, freier von Illusionen als Theres in der Beurteilung von Sachfragen, von politischen Fragen. Das empfinde ich als für meine Frau wichtige Ergänzung. In der Beurteilung von Menschen sind wir jetzt sehr oft gleicher Meinung. Das war früher nicht so.

Unsere Zeit ist geprägt von einer Vielfalt an Beziehungsvorstellungen für Paare und Familien. Trotzdem wirken traditionelle Bilder eines »richtigen« Mannes und einer »richtigen« Frau nach. Sie werden unterstützt durch gesellschaftliche Bedingungen (Arbeitswelt, Machtverhältnisse und Rollenverteilung Frauen/Männer). Was für Rollenvorstellungen hatten Sie ursprünglich?

Die Idee von der Überlegenheit des Mannes saß auch in mir. Aber sehr bald und auch ganz selbstverständlich haben wir bei uns viele Dinge partnerschaftlich geregelt, gleiche Taschengelder z. B. Ich war aber nie gewillt, dieselbe untergeordnete Rolle zu übernehmen wie meine Mutter. Paul fand das auch richtig, soweit er sich überhaupt Gedanken darüber machte. Von seiner Mutter wurden wir deswegen stark kritisiert!

Ziemlich traditionelle. Die Frage stellte sich damals kaum. Und die Vorstellung von der Frau im Haus und dem Mann in der Welt draußen kam ja uns Männern entgegen!

Wie haben sich diese gewandelt (z. B. nach dem ersten Kind)?

Nicht vom äußeren Rahmen her, weil ich immer die Hausfrau war und Paul immer der, der das Geld brachte. Es waren eher Haltungsveränderungen, die sehr, sehr langsam spürbar wurden!

Noch gar nicht. Stolzer Vater, vielleicht sogar liebevoller – aber keine Frage, was die Situation für Theres bedeutete!

Was würden Sie heute anders tun punkto Rollenverteilung?

Wenn ich heute eine junge Frau wäre, würde ich wohl meine eigene Entwicklung besser im Auge behalten. Ich würde gegenseitige Abhängigkeiten beizeiten abbauen und viel früher mein Eigenes entwickeln.

Vieles. Aber vielleicht nur theoretisch? Gelegenheit zur praktischen Bewährung in der Familie habe ich nicht mehr. Ich verfolge aber auch die Anstrengungen und (Miß-)Erfolge bei den Töchtern und Söhnen mit Anteilnahme.

Was sind Ihre Perspektiven für die Zukunft bezogen auf Familien- und Arbeitsengagement?

Ich möchte ein »gesellschaftsintegriertes« Alter verwirklichen, d. h. eine vielfältige Lebensgemeinschaft aufbauen. Im Nebenamt die Enkel genießen! Wo und wie Paul mitmacht, wird sich zeigen – ich sehe das noch nicht so genau.

Es gibt ein utopisches Modell von Capra (»Wendezeit«), das lautet: 50% Lohnarbeit, 50% ertragsfreie Arbeit und mitmenschliche Hilfe. Dieses Modell imponiert mir. Das läßt sich aber erst im nachkapitalistischen Zeitalter realisieren. Das würde auch gleichzeitig viele Beziehungs- und Familienprobleme lösen.

In welcher Weise beeinflussen Ihre Kinder/Ihr Kind die Paarbeziehung?

Immer wieder geben die Kinder Anlaß, bestimmte Themen zu erörtern, und unmerklich oder auch ganz offenkundig wird am Standpunkt geschliffen. Wir bekommen von den Kindern quasi »en Schupf« (einen Anstoß). Aber die Kinder dienen auch als Thema, man spricht von den Kindern, dann muß man nicht von sich sprechen. Ein Ausweichen, ein Schutzschild vor den Paar-Themen, ein Versteckspielen, auch das gab es bei uns.

Bei einem Engagement für 4 Kinder kommt wahrscheinlich die Paarbeziehung immer zu kurz, mindestens bis nach ihrer Pubertät.

Zu welchen Zeiten fühlten Sie sich besonders glücklich (dankbar) oder bereichert durch das Kind/die Kinder?

Immer, wenn es gelungen ist, mit einem der Kinder einen guten Weg oder eine beidseitig zufriedenstellende Lösung auszuhandeln. Ganz schön sind Lösungen, die allen Kindern und uns zusagen, noch heute.

Eigentlich zu allen Zeiten. Selbst in der Zeit der Familien- und Ehekrise habe ich sie nicht als Belastung empfunden, eher als Herausforderung.

Zu welchen Zeiten fühlten Sie sich persönlich oder als Paar besonders belastet durch die Kinder?

Da war zuvorderst einmal die Verhütungssorge, die mich belastete und insofern auch unsere Paarbeziehung und unsere Sexualität beeinträchtigte. Persönlich fühlte ich mich durch die Kinder extrem belastet, weil Paul sehr viel im Ausland weilte und alles an mir hing.

Wenn Sie sich nochmals entscheiden könnten: Möchten Sie wieder Kinder haben? Gleich viele, weniger oder mehr?

Das ist eine sehr theoretische Frage, das Leben lebt man nur einmal, und so wie's war, so war es. Wenn ich heute eine junge Frau wäre, das heißt, ein Kind dieser Zeit, dann wäre so vieles anders, das sehe ich nun bei Markus, der in diesen Wochen 20 wird. Er hat schon eine ganz andere Prägung als seine fast zehn Jahre ältere Schwester Verena. Heute wachsen die Kinder auf mit einer erfüllten Sexualität, ohne Tabus, aber auch mit Aids, Drogen, Wohnungsnot und Ozonlöchern. Aber trotz allem... auch sie haben Träume, doch ganz ähnliche wie wir damals. Auch sie haben wieder Kinder und

Eine sehr theoretische Frage. Mit der heutigen Erfahrung und bei besserer Verteilung der Belastung ohne weiteres gleich viele. Aus ökologischen Überlegungen eher weniger.

stürzen ab mit ihnen auf den harten Boden der Realität. Die tatsächlichen Fortschritte sind winzig klein, aber sie sind doch da. Doch, ich glaube, ich hätte wieder Kinder, ich lernte sooo viel mit und von ihnen! Wie viele Kinder? Da lasse ich mich in meinem nächsten Leben überraschen! Im Moment ist für mich ganz klar, daß unsere vier Kinder zur Welt kommen mußten, jedes war willkommen, wir freuten uns. Aber ein fünftes Kind wollte ich unter gar keinen Umständen haben.

Wenn Sie an Ihre Krise und Ihre Entwicklung seither zurückdenken: Welche damaligen Probleme sind gelöst oder haben zu Entwicklungsschritten geführt?

Maja konnte die Schule gut abschließen, lernte einen Beruf, der sie sehr befriedigt. Unsere Beziehungen zu den Kindern sind erfreulich lebendig, wir arbeiten vielfältig miteinander. Unsere Ehe ist ein lebendiges Provisorium geworden!

Wie schon am Anfang erwähnt, lagen die negativen Auswirkungen unseres Beziehungsarrangements vornehmlich auf meiner Frau. Das Familienproblem ist gelöst, unsere Ehe lebt. Ich persönlich habe mich von geschäftlichen und gesellschaftlichen Zwängen gelöst – eine bedeutsame Entwicklung, wenn ich an meine Prägung denke.

Was hat Ihnen im Umgang mit Krisen bisher am meisten geholfen (persönlich und als Paar)?

Ich habe für die Bedeutung von Krisen eine subtile Wahrnehmung entwickelt; das kommt vielleicht daher, weil wir gelernt haben – vor allem – ehrlicher und offener mit Konflikten umzugehen. Ich lernte auch, mich besser abzugrenzen. Diese Klarheit kam auch unserer Paarbeziehung zugute.

Positiv fand ich immer die durch Krisen bewirkte gemeinsame Auseinandersetzung und das Überdenken der eigenen Lebenslage.

Was hat Sie am meisten behindert dabei (persönlich und als Paar)?

Die Hemmung von Paul, über Schwierigkeiten zu sprechen, machte eine verbale Kommunikation sehr schwierig. Ich suchte immer andere Möglichkeiten, Ausdrucksmöglichkeiten, die mithalfen, einigermaßen in gegenseitiger Nähe zu bleiben und auf diesem Weg indirekt noch nicht deklarierte Schwierigkeiten abzubauen.

Meine Kommunikations-Schwäche, die Angst, daß ich verlieren könnte, wenn ich mich öffne.

Wenn Sie einem Paar (oder einer Frau/einem Mann) in ähnlicher Krise raten würden, was würden Sie sagen?

Es ist schon fast ein abgedroschener Slogan zu sagen, »geht doch zum Psychotherapeuten oder zur -therapeutin«, damit »man« mit den Problemen anderer nicht behelligt werde. Aber uns z. B. hat die Beratung tatsächlich weitergeholfen, hat etwas in Gang gebracht. Sicher kann in einer Krise Rat auch von anderer Seite kommen. Ich würde vielleicht einen passenden Buchtitel erwähnen, einen Vortrag zum Thema, ein Bildungswochenende etc. Ich meine, Ratsuchende können auf diese Weise plötzlich eine Antwort finden, eine Einsicht gewinnen und einen guten Weg finden. Wichtig ist ja, sich auf diesen zu begeben und Suchende darin auch zu unterstützen.

Ich würde tatsächlich eine außenstehende Beratung oder Supervision anraten. Denn es ist wohl unmöglich, Beziehungsprobleme objektiv selbst zu erkennen und zu lösen. Aber das ist ja alles so individuell. Während ich mich in Anwesenheit eines Moderators besser äußern kann, ist das bei anderen Menschen wohl wieder anders. Sie lassen den Rolladen herunter. Und dann gibt es schließlich Probleme, die man stehenlassen muß und mit denen man zu leben lernen muß.

Wenn es zutrifft, daß zu jeder lange dauernden Beziehung Probleme gehören und nicht lösbar sind: Gibt es solche bei Ihnen (welche)?

Ja. Wir werden immer zwei Individuen bleiben und somit grundsätzlich abweichende Meinungen haben können. Wenn sie übereinstimmend sind, haben wir Glück gehabt, wenn nicht, können wir das heute viel besser ertragen.

Ja, das Kommunikationsproblem. Aber nicht im Sinn, daß wir zu wenig sprechen miteinander. Wir (ich) können nur nicht gut über uns selbst sprechen. Und, in geringerem Maße, ein sexuelles Problem, das aber in zunehmendem Maß an Bedeutung verliert. Ich würde es als das Fehlen von Leidenschaft zugunsten von Zärtlichkeit bezeichnen.

Wenn Sie gut mit den unveränderbaren Problemen leben, wie wird Ihre persönliche und Ihre Situation als Paar sein?

Es wäre vermessen, uns als Paar oder mir selbst eine Prognose stellen zu wollen.

Ich hoffe, daß wir uns weiter zueinander entwickeln (geistig).

Können Sie sich ein gemeinsames Alter mit Ihrer Partnerin / Ihrem Partner vorstellen (wie)?

Ja, doch, sehr gut. Ich wünschte mir ein etwas vielfältigeres Beziehungsnetz, als es viele alte Menschen haben. Ich hoffe, der »Isolation zu zweit« entgehen zu können.

Doch, doch, ich freue mich sogar darauf. Aber das ist wieder ein Riesenthema mit noch vielen offenen Aspekten.

Kommentar zu den vorliegenden Fragen: Wie war die Beantwortung der Fragen für Sie?

Es hat mich sehr viel Zeit gekostet, das Nachdenken. Aber es hat gutgetan, es war eine Herausforderung.

Eine große Arbeit. Aber ganz gesund.

Haben Sie mit Ihrer Partnerin/Ihrem Partner darüber geredet? (Wie war's?)

Ich habe all die Fragen Paul vorgelesen, weil er Sehprobleme hat. Sofort signalisierte er Widerstände, da mitzumachen, das sei so schwierig. Ich verhielt mich neutral. Inhaltlich haben wir nicht darüber geredet.

Noch nicht. Ich möchte aber noch. Es wäre aber wohl nicht im Interesse der Sache, zum Beispiel die Blätter auszutauschen. Sozusagen »for review«?

Sind Sie einverstanden, wenn ich Ihre Antworten in meinem Buch zitiere, ohne Ihre Identität preiszugeben?

Ja. Ich denke an das Buch »Wenn Ehen älter werden«; das habe ich so gerne gelesen. Das tägliche Leben kommt mir unglaublich reich vor. Wir können voneinander so viel lernen!

Why not.

Hätten Sie Lust, mir mündlich einmal weitere Erfahrungen zu berichten. Allein oder mit Partner/in?

Im Moment bin ich froh, diese Aufgabe hinter mir zu haben und mache ganz gerne einen Punkt.

Kommentar zu den Antworten von Theres und Paul

Wenn ich die beiden mit den meisten anderen Paaren aus der Lebensform »Familienehe in der Lebensmitte« vergleiche, die zusammengeblieben sind, scheint mir ihr Verständnis und ihre Bewertung der einzelnen Themen recht typisch zu sein. Auffällig sind dabei vor allem die Unterschiede zwischen Frau und Mann; von ihr kommen Geschichten, von ihm knappe, präzise Fakten. Auch damit sind Theres und Paul repräsentativ für diese Paargruppe.

Eindrücklich ist zum Beispiel, um wieviel dringlicher Theres rückblickend die Probleme um Nähe und Distanz in der Paarbeziehung, um emotionale Intimität als Voraussetzung für sexuelle Nähe, einschätzt als Paul. Auch ihr damaliges Anliegen, »mehr Raum für sich selber« zu haben, war ihr persönliches, von Paul nicht geteiltes. Er hatte ja Räume für sich allein – manchmal mehr, als ihm lieb war, wenn er zum Beispiel wochenlang in einem normierten Hotelzimmer irgendwo im Fernen Osten leben mußte. Am auffälligsten – aber für die Lebensform, in welche dieses Paar gerutscht war, wohl symptomatisch – scheint mir die Diskrepanz von Frau und Mann in der Bewertung des damaligen Kinderproblems. Während dieses für Theres auch rückblickend den höchstmöglichen Stellenwert einnimmt – Maja diente ja bezeichnenderweise als »Eintrittskarte« für die spätere Paartherapie –, tendiert Paul dazu, das Thema »nicht zu übertreiben«. In den Worten von Theres bedeutet das allerdings, daß ihr Mann damals ihre Ängste um die Entwicklung ihrer Töchter nicht besonders ernst nahm. Sie fühlte sich damit weitgehend allein gelassen, bis Maja mit ihren Symptomen deutliche Alarmzeichen gab, die auch den Vater mobilisierten. Er nahm es dann allerdings auf sich, den ersten Termin für ein Familiengespräch bei mir zu vereinbaren.

Typisch scheint mir auch, daß Theres die Arbeitszufriedenheit ihres Mannes schon bei unseren ersten Gesprächen als wesentlich negativer einschätzte als er selber und auch seine Überbeanspruchung durch den Beruf und seine häufige Abwesenheit als größeres Problem einstufte als er. Später sollte sich zeigen, daß sowohl ihre Einschätzung als auch der damalige Protest seiner Kinder gegen Inhalt und Form seines beruflichen Engagements bei ihm auf vorbereiteten Boden gefallen waren. Paul ist inzwischen aus dem internationalen Ingenieur-Unternehmen ausgestiegen. Seit mehreren Jahren ist er privat als Energieberater tätig.

Schlußkommentar

Ich habe mich gefragt, woher Theres und Paul sowohl ihre Lebendigkeit als auch die Beständigkeit hernehmen, mit welcher sie in einer Zeit großer sozialer Umwälzungen eine traditionell geschlossene Ehe mit vier Kindern seit 33 Jahren »über die Runden brachten« und heute nach intensiven Krisen noch zusammen und – wage ich es zu schreiben? – oft sogar glücklich sind.

Ich habe viele Ideen zu dieser Frage, die alle auf irgendeine

Weise bereits angedeutet sind im Originaltext des Paares. Darum fasse ich sie nur kurz zusammen:

Beide, Theres und Paul, haben das, was ich als »Wurzeln« bezeichne, verknüpft mit ihren individuellen Lebensentwürfen und ihrer Geschichte als Paar- und als Familienmenschen. Eindrücklich übrigens die lebendige Schilderung der Kulturen, denen sie beide entstammen: Paul aus einer »verarmten bürgerlichen Familie«, die lange im Ausland gelebt hat, und Theres aus einer Arbeiterfamilie mit einer besonders kräftigen eigenen Kultur. Auch wenn vieles im Leben ihrer Herkunftsfamilien schwierig war, identifizieren sich beide positiv mit ihnen. Ich denke, das hat damit zu tun, daß sie den Zugang zu den »Skeletten« (die alten Verletzungen), besonders aber zu den »Schätzen« im Familienkeller gesucht und in Geschichten aufgehoben haben. Damit gewannen sie eine Identität, die ihnen über die Wechselfälle des sozialen Wandels hinaus Beständigkeit vermittelte.

In elterlichen Geschichten sind immer auch *Szenarien für Wandel* angelegt, die Theres und Paul und später ihre Kinder nutzen konnten. Sie stellen Menschen dar, die nicht einfach bequem auf demselben Fleck sitzengeblieben sind, sondern mit dem Leben experimentiert haben. Das »langlebige Provisorium von Liebe und Ehe«, von dem Theres und Paul erzählen, scheint darin seinen Anfang genommen zu haben.

Typisch für jene Paare, die – über alle Krisen ihrer unterschiedlichen Entwicklungsprozesse hinaus – sich lange begleitet haben und sich dabei begegnet sind, finde ich die respektvolle, wenn auch mit Fragen verbundene Beziehung von Paul und Theres zu den Kulturen ihrer unterschiedlichen Herkunft. Eindrücklich und kennzeichnend für die Loyalität zu ihrer Geschichte scheint mir die Tatsache, daß sowohl Theres als auch Paul für ihre Eltern sorgten, als diese alt und krank wurden. Paul unterstützte seine Eltern finanziell, und Theres begleitete ihre Mutter und später ihren Vater mit großer Anteilnahme durch Krankheit und Sterben. Dabei setzte sie sich nochmals auseinander mit dem, was sie von ihnen bekommen und was sie an ihnen vermißt hatte, und kam sich dadurch selbst ein Stück näher. Vielleicht ist diese Art von Versöhnlichkeit den eigenen Eltern gegenüber das, was einfließt in die großzügige Toleranz zueinander, wie ich sie bei diesem Paar, aber auch bei anderen wahrnehme, welche ihre Beziehung mit solcher Loyalität über Jahrzehnte entwickelt haben? Von Bedeutung ist dabei wohl auch der Satz im Text von Theres, sie wisse nun, daß die Paarbeziehung »nicht mehr das Gelbe vom Ei sei« und sie Paul dennoch herzlich liebe. Der unkonventionelle berufliche Aufbruch der beiden um die Lebensmitte sowie das gegenseitige Sich-Loslassen in Verbundenheit scheint auch ihren Kindern eine Möglichkeit geworden zu sein, mit Liebe, Arbeit und eigenen Kindern zu experimentieren und dabei den eigenen Boden unter den Füßen zu bewahren.

Daß übrigens auch bei Theres und Paul wie bei vielen anderen Paaren gelegentliche Verliebtheit in andere Menschen zur gemeinsamen Geschichte gehörte und kein Anlaß für Tragödien war, sondern für Entwicklungen, paßt gut zu ihren Lebensentwürfen von Vitalität *und* Beständigkeit.

Zum Schluß ein Zitat von Theres, mit dem sie mir ihre Fragebogen schickte.

»Solche Rückblicke haben etwas von Glatteis an sich. Ich schicke Ihnen meine Antworten zusammen mit dem Bild einer Schlittschuhläuferin. Sie erinnert mich an meine Mutter, die als Köchin in L. arbeitete und beim Schlittschuhlaufen meinen Vater kennenlernte. Das Balancieren hat ihr ganzes Leben durchzogen. Auch ich spüre, bei aller wiedergewonnenen Stabilität als Paar, zuzeiten das Krachen im Eis, auf dem wir ›tanzen‹. Nur – sollte es wirklich einmal zum großen Tauwetter kommen (um bei dieser Symbolik zu bleiben), dann heißt es eben schwimmen, für uns beide!«

»Wir hatten wunderbare Visionen, aber der Alltag zerstörte sie.«

Kapitel 9

Mutterschaft und Beruf in Phasen: »Lieber den Spatz in der Hand...« *Katy* und *Markus*

In diesem Kapitel geht es um die Frage, in welcher Art sich die großen Hoffnungen an progressive Modelle zur Vereinbarung von Familie und Beruf im Einzelfall erfüllen lassen. Anhand einer »typischen« Paargeschichte zeige ich auf, was die damit verbundenen Krisen sowie mögliche Lösungen sein können.

Die Balance zwischen Liebe, Elternschaft und Arbeit immer wieder neu zu finden, setzt bei dieser Lebensform besondere Flexibilität und die Bereitschaft voraus, tradierte Vorstellungen durch eigene Lebens- und Familien-Entwürfe zu ersetzen. Dabei zeigt sich, daß nach wie vor viele Männer festgehalten werden von hergebrachten Konventionen und den Erwartungen der Arbeitswelt. Als Söhne von emotional oder real abwesenden Vätern, besonders aber als Erben von Berufs- und Familientraditionen, ist ihnen der Blick auf alternative Arbeits- und Familienformen häufig verstellt.

Auch Frauen vermissen meistens Modelle in der eigenen Biographie für die erträumte flexible Rollenverteilung. Wenn die fast unveränderten Bedingungen in Schule und Arbeitswelt mitbedacht werden, wird verständlich, warum Frauen vorwiegend mit der Familienarbeit identifiziert bleiben, selbst wenn sie berufstätig sind, und Männer ihre Identität auch bei progressiven Lebensformen wesentlich von ihrer Berufsarbeit ableiten.

Während sich seit den 60er Jahren durch verbesserte Frauenbildung ein Wandel in den Wertvorstellungen zugunsten der Berufstätigkeit von Müttern (auch ohne ökonomische Notwendigkeit) vollzogen hat, bedeuten die nach wie vor an der traditionellen

»Familienehe« orientierten gesellschaftlichen Institutionen, daß die gewünschte flexible Rollenverteilung eines Paares behindert ist, sobald Kinder kommen. Krisen in solchen Beziehungen sind, wie das folgende Paarporträt zeigt, durch gebrochene Vereinbarungen und das Auseinanderklaffen von Wunsch und Wirklichkeit programmiert. Sie können aber auch Anlaß zur Entwicklung neuer Szenarien sein und zum Gelingen der von Frauen und Männern gewünschten flexiblen Arbeitsteilung in einer lebendigen Paarbeziehung beitragen.

Das Leitbild »Dreiphasen-Modell«

Bei dieser Lebensform plant ein Paar bewußt Elternschaft und Berufstätigkeit so, daß zuerst beide berufstätig sind. Nach der Geburt des ersten Kindes bricht die Frau ihre Berufstätigkeit vorübergehend ab, um sie später wieder aufzunehmen (mit allmählich steigendem Pensum), wenn die Kinder größer werden. In der dritten Phase ist sie wieder voll berufstätig. Im besten Fall behält sie auch während der Phase als Familienfrau einen Fuß in der Berufswelt, zum Beispiel durch laufende Weiterbildung. Je mehr sich die Frau in der Arbeitswelt später wieder integriert, desto mehr nimmt der Mann teil an der Familienarbeit – so jedenfalls lautet das Ideal, welches von einer größeren Anzahl junger Paare angestrebt wird. In meiner Untersuchung gehört ein Drittel der Befragten, d. h. 11 Paare, zu dieser Gruppe.

»In der Generation der heute etwa Dreißigjährigen gibt es doppelt so viele Dreiphasenfrauen wie in der Generation der über Fünfzigjährigen. In Großstädten und Agglomerationsgemeinden begünstigt die Mentalität die Wiederaufnahme der Erwerbsarbeit. Zudem stehen die geeigneten Arbeitsplätze (Teilzeitstellen) eher zur Verfügung als in ländlichen Gebieten.«[1]

Antworten auf die Frage, ob dieser Trend tatsächlich zugunsten der Frauen verläuft, wie ursprünglich angenommen wurde, beziehungsweise was für Bedingungen in und außerhalb der Paarbeziehung diese Konstellation ermöglichen oder behindern, will ich anhand des folgenden Porträts skizzieren.

Die frühen Jahre der Paarbeziehung

Sie lernten sich auf der Fähre zwischen England und Frankreich kennen, als Katy 21 und Markus 22 Jahre alt waren. Katy hatte – nach ihrer Lehre als Verwaltungsangestellte – ein halbes Jahr als Au-pair-Mädchen in England gearbeitet, und Markus kam von Tramper-Ferien in die Heimatstadt zurück, um nach einer Lehre als Typograph eine Zweitausbildung an der Kunstakademie zu beginnen. Es war keineswegs Liebe auf den ersten Blick, wie die beiden rückblickend erzählen, sondern ein Gefühl von Vertrautheit und gleichzeitiger Lust am Aufbruch, das sie zueinander zog. Ein Jahr lang lebten sie dann, eher zufällig, in derselben Stadt. Sie sahen sich zwar ab und zu, aber ihre berufliche Entwicklung und ihre bestehenden Freundeskreise blieben vorläufig wichtiger als eine mögliche eigene Beziehung. Markus war als Kunststudent und Teilzeit-Angestellter in der Druckerei seiner Familie angeregt und ausgefüllt. Katy arbeitete wie vor ihrem Englandaufenthalt in der Verwaltung einer Universitätsklinik und lebte im Personalhaus, bis sie sich entschloß, sich noch zur Ernährungsberaterin auszubilden und in eine andere Stadt zu ziehen. »Genau zu dieser Zeit, als uns die Trennung drohte, verliebten wir uns so richtig ineinander«, erzählt Markus. »Katy zog zwar tatsächlich weg, aber ihre Rarität machte mir deutlich, daß ich ohne sie nicht mehr leben wollte. Auch sie zeigte mir ihre Liebe.«

Nach einem Jahr des Hin- und Herreisens zwischen zwei Städten konnten die beiden in einer Kleinstadt dazwischen ein Häuschen mieten. Als sie es zum erstenmal sahen, blühte im Vorgarten ein riesiger alter Fliederbaum. Die Zeit im »Fliederhäuschen« wurde seither für sie zum Inbegriff einer glücklichen Lebensphase, nach der sich beide noch heute sehnen. Die Balance zwischen »Wir« und »Ich« gelang; es gab gute Zeiten von Intimität, aber auch viel Zeit für Eigenes. Katy entwarf mit Kolleginnen zusammen Konzepte, um die Ernährungsberatung »neu zu erfinden«, wie sie erzählt. In einer Teilzeitstelle in einer ländlichen Klinik wurde sie zwar ins kalte Wasser geworfen ohne Unterstützung und Anleitung, aber dafür erhielt sie von ihren Vorgesetzten viel Freiraum. Sie war voll von Schaffensdrang und kreativen Ideen, konnte trotz ihrer Jugend auch mit älteren Menschen gut umgehen und fühlte sich ihrer selbst sicher.

Auch Markus erlebte eine spannende Zeit in der Graphik-Klasse der Kunstakademie und genoß es, im eigenen Atelier des Fliederhäuschens zu arbeiten. Seinen Lebensunterhalt verdiente er durch Mitarbeit in der Druckerei und Verlagsanstalt, welche von seinem Vater als Familien-Aktiengesellschaft geführt wurde. Als ältester und einziger Sohn einer Familie mit vier Kindern – er hat drei jüngere Schwestern – war er zuerst fraglos der väterlichen Tradition gefolgt, um später einmal den 120jährigen Betrieb zu übernehmen. Jetzt war sich Markus dessen nicht mehr sicher. Seine Beziehung zu beiden Eltern war seit der Pubertät distanziert und kühl: Bei seiner Mutter stellte er »einen protestantischen Puritanismus und eine Enge des Herzens« fest, welche ihn bedrückten. Seinen Vater empfand er als »Gefangenen gewerblich-bürgerlicher Tradition«, welcher dieser seine künstlerischen Seiten, seine Freude an Malerei und Fotografie geopfert hatte.

Katy stammt ebenfalls aus einer Familie mit vier Kindern – zwei Töchter und zwei Söhne – und ist ebenfalls eine Älteste. Ihre Eltern, beide aus dem Arbeitermilieu, hatten spät geheiratet. Der Vater, gelernter Mechaniker, übernahm bald nach der Heirat eine mechanische Werkstätte, wo ihm seine Frau – sie war Krankenschwester gewesen – das Büro besorgte. Katy schreibt dazu: »Mein Vater war sicher enttäuscht, keinen Stammhalter zu bekommen, als ich geboren wurde. Trotzdem liebte er seine beiden Töchter abgöttisch und nahm uns in Schutz vor der Mutter, die uns wohl immer etwas als Konkurrenz sah. Sie war eigentlich eine musische Frau, aber ihre enge katholische Erziehung, die Arbeit mit vier Kindern sowie die notwendige Mithilfe im Geschäft ließen ihre eigenen Interessen verkümmern. Es blieb bei ihr vieles Bruchstück, ein richtig zersplittertes Leben, auch als Vater eine Buchhalterin angestellt hatte für das Geschäft und Mutter sich ins Haus zurückzog. Mit der Zeit spielte sie auch nicht mehr auf dem Klavier, das sie in die Ehe gebracht hatte. Ihre eigenen Saiten wollten immer weniger klingen. Mein jüngster Bruder hat diesen Teil für sie übernommen. Er ist leider als brotloser Musiker gestrandet und zu Hause hängengeblieben. Als mein Vater unerwartet früh starb – ich war damals gerade mit Markus zusammengezogen –, übernahm der ältere Bruder das Geschäft und überließ die Mutter und ihren Musikersohn ihrem Schicksal. Auch ich habe mich damals distanziert von ihnen, weil ich diese schreckliche Bindung der beiden aneinander nicht ertrug.«

Wendepunkte

Nach vierjährigem freiem Zusammenleben von Markus und Katy im Fliederhäuschen wurde es ihnen gekündigt. Eine Entscheidung wurde fällig. Katy beantragte einen Weiterbildungsurlaub und reiste für drei Monate in die USA. Markus fand eine interessante Arbeit in einer internationalen Werbefirma und lebte eine Zeitlang allein. Sobald Katy zurückkam, beschlossen die beiden zu heiraten. Im nachhinein schätzen beide diesen Entschluß als die erste Zäsur ihres Lebensentwurfs ein, deren Tragweite sie damals viel zuwenig beachteten. Markus erzählt: »Rückblickend muß ich sagen, daß die Heirat und die damit aktivierten gesellschaftlichen Normen und Erwartungen uns seelisch viel tiefer beeinflußten, als wir angenommen hatten. Bei mir kamen plötzlich Existenzängste hoch: Sollte ich freiberuflich tätig werden oder mich doch ins gemachte weiche Nest legen? Das Erbe erwerben, um es zu besitzen und an eine nächste Generation weiterzugeben? Wie würde Katy einen solchen Verrat am Traum, daß wir alles neu machen würden, verkraften? Lieber nicht fragen, war damals meine Devise.«

Katy litt unter dem Verlust ihres Namens, des Vater-Namens, auf den sie stolz gewesen war. »Mit der neuen Identität tat ich mich schwer«, schreibt sie. »Durch die Heirat wurde ich Teil einer Familie, die so ganz andere Werte verkörpert als meine. Ich merkte damals, daß Markus tief in seinem Innern halt doch einem konventionellen Familienbild verhaftet geblieben war. Er war in einer Tradition aufgewachsen, wo die Frauen selbstverständlich die Männer auf die Bühne treten lassen und sie von hinten versorgen und lenken. Durch unsere Heirat kam er zu meinem Entsetzen diesen hergebrachten Männer- und Frauenbildern wieder sehr viel näher. Seine Mutter hatte durch das Zusammenleben mit ihrer unverheirateten Schwester immer Hilfe im Haushalt gehabt und zahlreiche kirchliche und soziale Tätigkeiten gepflegt, was zu ihrem großbürgerlichen Lebensstil paßte. Dafür bewunderte Markus sie, trotz aller Distanz. So etwas konnte ich mir gar nicht vorstellen. Aber uns beiden fehlten Modelle, wie Frau und Mann Berufsarbeit und Familie sinnvoll verbinden können. Das zeigte sich dramatisch bei der Kinderfrage.«

Im Rückblick reflektierten beide die Motive, welche sie ursprünglich zusammenführten und sie eine progressive Lebensform wählen ließen, deren Versprechungen innerhalb der bestehenden Strukturen aber dann nur schwer einlösbar waren.

Partnerwahl und Paarmythos: »Wir sind als Paar das lebendige Gegenteil unserer Eltern«

Sowohl Markus als auch Katy haben bei ihren Eltern erlebt, was es bedeutet, als »Gefangene des vorgegebenen Lebenslaufs« in festen Gehäusen zu leben. Es gab die Enge der alteingesessenen städtischen Geschäftsfamilie bei Markus. Da war ein Vater, der fraglos den Familienbetrieb weiterführte und seine musischen Seiten der puritanisch-protestantischen Ethik seines Milieus opferte, welche auch von seiner Frau aufrechterhalten wurde. Die entsprechende Familienatmosphäre von Fleiß, Anstand und Pflichterfüllung, welche Konformität mit Ansehen und Reichtum belohnt, aber alles davon Abweichende hart bestraft, illustriert Markus mit folgender Episode: Als er sich mit 18 die Haare schulterlang wachsen ließ, wurde er dafür im Geschäft von seinem Vater geohrfeigt und auch mit Worten gedemütigt. Er gelobte sich damals, diesem Milieu für immer den Rücken zu kehren.

Katys Temperament und unkonventionelle Art, ihre Lebensfreude und Lebenslust haben früh schon das Korsett ihrer traditionellen Erziehung als Mädchen in einer streng katholischen Familie gesprengt. In der Klosterschule, in welche sie gesteckt wurde, nachdem sie die Freiheitsgrade des öffentlichen Gymnasiums mit ihrer Opposition überschätzt hatte, empfand sie ohnmächtige Wut gegenüber dem vorherrschenden Frauenbild. Obwohl ihre Familie einen gewissen Aufstieg geschafft hatte, fühlte sich Katy durch die soziale Unsicherheit ihrer Eltern eingeschränkt. Mut, auch ohne Abitur einen eigenen Weg zu gehen, gab ihr vor allem ihre Großmutter, eine ehemals aktive Gewerkschafterin, die sie sehr liebte. Ihr heiteres und witziges Naturell schlägt bei Katy durch, sobald es ihr gutgeht. »Für mich war dieses Naturell wie eine sprudelnde Quelle, in die ich mich verliebt habe«, erzählt Markus dazu. »Katys Großmutter habe ich noch erlebt. Katy ist ihr wirklich ähnlich, zum Glück.«

Immer wieder fällt mir bei den Berichten der Frauen und Männer, die in den konservativen 40er und 50er Jahren geboren wurden, auf, wieviel vitaler sie ihre *Großeltern* erlebt haben als ihre eigenen Eltern. Es scheint, daß die bei vielen Müttern dieser Generation beobachtete Einengung ihres Erfahrungshorizontes, ihr exklusiver Familienbezug und ihr Leben als »grüne Witwen« für die Töchter wenig positive Identifikationsmöglichkeiten ergaben. Nach dem Zweiten Weltkrieg wurden Frauen einerseits von heimkehrenden Männern aus der Arbeitswelt verdrängt, andererseits akzeptierten viele dieser Frauen das Leben in der »heilen« Familie als Alternative zu der vorher erlebten Überlastung. Der durch den wirtschaftlichen Aufbau beschleunigte Individualisierungsprozeß führte zum Phänomen der einsamen Familienfrau. Das in den 40er und 50er Jahren dieses Jahrhunderts dominierende Familienbild hat bei vielen Frauen, die heute in der Lebensmitte sind, deutliche Spuren hinterlassen. Diesem Leitbild können allerdings auch bereichernde Geschichten aus großmütterlichen Lebensläufen entgegentreten, wie das bei Katy der Fall war.

Auch Männer dieser Generation berichten, daß sie oft eine viel nähere, »lustigere« Beziehung hatten zu eigenwilligen Großvätern, welche zum Beispiel als Gesellen in den 20er Jahren durch die Welt gezogen waren, als zu ihren in der Arbeit eingebundenen und gefühlsmäßig abgekapselten Vätern. Diese widmeten meist ihre ganze Energie dem sozialen Aufstieg, wie es der wirtschaftlichen Aufbauzeit nach dem Krieg entsprach.

Deutlich wird bei Katy und Markus der Gegensatz ihrer religiösen Traditionen: calvinistischer Protestantismus bei Markus, ländlicher Katholizismus bei Katy, Fleiß und Ordentlichkeit bei ihm und eine durch die Großmutter vermittelte lebensfrohe Sinnlichkeit bei ihr: »Ich pilgerte als Kind mit meiner Großmutter manchmal nach Maria Einsiedeln und konnte dort stundenlang die Heiligen auf ihren dicken weißen Wolken bewundern, das Herz von Pfeilen durchbohrt, umrahmt vom Lichterkranz. Da mein zweiter Name Maria ist, ließ ich mich als Kind auch eine Zeitlang so nennen. In der Klosterschule ist mir die Lust dazu dann vergangen.«

Diese Gegensätze ihrer Biographien mit ihren möglichen gegenseitigen Ergänzungen – seine Lust auf ihre chaotische Lebendigkeit, ihre Freude an seiner Nachdenklichkeit und Ordentlichkeit – sowie die gemeinsame Energie, »etwas Neues« aus ihrem Leben zu machen, sind lebendig geblieben, trotz aller Brüche im Alltag. Im Fliederhäuschen haben die Gegensätze einmal geblüht, und die Erinnerung daran ist nicht verloren, trotz aller uneingelösten Versprechungen, trotz Enttäuschungen.

Die erste Krise

Inzwischen waren Katy 34 und Markus 35 geworden, ihre »biologische Uhr« tickte lauter, wie Katy erzählt. Noch bevor sie sich bewußt für ein Kind entschieden hatten, wurde sie schwanger. Beide diskutierten verschiedene Modelle, wie sie Beruf und Familie vereinbaren könnten, und stimmten überein, daß »beide beides wollten«. Das Dreiphasen-Modell schien dafür die beste Lösung: Katy würde vorerst ein Jahr zu Hause bleiben, aber weiterhin einen kleinen Lehrauftrag an einer Schule für Krankenpflege behalten, während Markus wöchentlich einen halben Tag weniger arbeitete. Nach einem Jahr dann wollte er sein Familienengagement auf einen Tag ausdehnen, damit Katy wieder teilzeitlich in ihre Beratungstätigkeit einsteigen könnte. In einigen Jahren würde man einen Tages-Kindergarten suchen.

Kurz vor der Geburt des Kindes starb Markus' Vater an einem Herzinfarkt. Markus ließ sich beurlauben und sprang vorübergehend in die Lücke, die der Vater im Familienbetrieb hinterließ. Unversehens aber wurde er mit Haut und Haar von der Arbeit aufgefressen. Es war die Zeit gewaltiger Umstellungen im Druckereigewerbe. Arbeitsplätze treuer Mitarbeiterinnen und Mitarbeiter der Firma standen auf dem Spiel, und da Katy aufgehört hatte zu arbeiten, schien dieser vorübergehende Einsatz auch finanziell für die junge Familie sinnvoll. Schließlich kündigte Markus seine Stelle und trat als Geschäftsleiter und Mit-Aktionär in den Familienbetrieb ein. »Wir entschieden uns eigentlich gar nicht, es geschah einfach«, erzählen beide im Rückblick.

In dieser Zeit kam ihre Tochter zur Welt. Katy beschreibt sie als stark und eigenwillig wie sie selber, ein Kind, das ihr Wesentliches im Leben beigebracht habe – Geduld zum Beispiel –, aber sie durch seine Vitalität und das monatelange nächtliche Brüllen auch zur Verzweiflung gebracht habe. Katy erzählt rückblickend: »Das Schlimmste war, daß Markus plötzlich wie vom Erdboden verschwunden war. Schon kurz nach der Geburt versank er bis über die Ohren im Geschäft und überließ mich meinem Schicksal.«

Sie hatten sich alles so einfach vorgestellt. Ein Kleinkind schläft ja sowieso den ganzen Tag, dann könnten beide wie bis anhin noch eigene Interessen pflegen, und auch Katy würde einen Fuß im Beruf behalten. Aber plötzlich saß sie da mit einem kleinen Kind, völlig unvorbereitet, ohne positive Leitbilder für diese Situation. Sie fühlte sich der Isolation und den neuen Anforderungen überhaupt nicht gewachsen. Ihr psychologisches Wissen über die sogenannte entscheidende Bedeutung des ersten Lebensjahres setzte sie unter grausamen Leistungsdruck. Abschätzige Bemerkungen aus der Familie wie »Du hast aber eine eigensinnige Tochter, die wird mal eine Emanze werden wie ihre Mutter« trafen sie wie Giftpfeile. »Ich war so gänzlich ohne Haut, ohne Selbstbewußtsein, so ausgeliefert wie noch nie im Leben. Der Bruch zwischen vor und nach der Geburt war unerträglich, unbeschreibbar! Irgendwie habe ich Markus noch immer nicht verziehen, daß er mich damals so total im Stich ließ«, erzählt Katy viele Jahre später in der Therapie.

Der jungen Frau wurde in dieser Zeit schmerzlich bewußt, wie viel Selbstvertrauen sie aus dem Beruf bezogen hatte und wie wenig aus ihrer Rolle als Ehefrau und Mutter davon übrig blieb. Ihre winzige Teilzeitarbeitsstelle war ihr mehr Last als Freude. Als sie realisierte, daß sie nur aus Zukunftsangst daran festhielt, kündigte sie. Katys plötzlicher Mut, sich auf Neues und Unbekanntes einzulassen und einen langfristigen Lebensplan zu entwickeln, gab ihr Energie. Ganz bewußt plante sie nun mit Markus zusammen ein zweites Kind. Sie wollte sich vorerst in ihrer Mutterrolle festigen, um dann drei Jahre später einen ausgedehnten Lehrauftrag zu übernehmen. Das sei eine sehr gute Zeit gewesen, meint Katy im nachhinein, vor allem, weil sie klare Zukunftspläne hatten.

Die zweite Krise

Sie bahnte sich ohne dramatische Vorboten an, dafür mit kleinen, alltäglichen Erfahrungen der Nichteinlösbarkeit des ursprünglichen Planes von einer flexiblen Rollenverteilung. Es gab viele Nadelstiche der Enttäuschung, oft tagelange Kälte zwischen Markus und Katy und nur noch sporadisch Zärtlichkeit und sexuelle Kontakte.

Die junge Familie war inzwischen in das geräumige elterliche Haus des Mannes gezogen, seine Mutter hatte eine Wohnung gefunden. Zaghaft versuchte Katy einen Wiedereinstieg in den Beruf. Sie arbeitete stundenweise an der Klinik und versuchte, sich mit eigenen Kursangeboten selbständig zu machen. Aber sowohl ihr inneres als auch das äußere Gleichgewicht waren brüchig geworden. »Mit den Füßen in zwei Welten stehen, dieses ständige Balancieren auf dem Hohen Seil... Und täglich neu einen Weg finden, wie in einem Dschungel. Kinder und Haushalt hingen gänzlich an mir, selbst wenn Markus ab und zu einen Tag zu Hause blieb und den Garten und die handwerklichen Arbeiten besorgte. Jeweils einen Tag lang übernahm er eine klare, sichtbare Aufgabe. Was für ein Gegensatz zu meinem täglichen Kleinkampf um die unsichtbaren Details... Mir kam immer wieder das Bild von der zu kleinen Bettdecke hoch: Ständig zupfst du an einer Ecke, und doch schaut immer etwas hervor, man verkühlt sich... Dazu drückten mich die ewigen Schuldgefühle gegenüber Markus und den Kindern, wenn ich arbeitete, und gegenüber meiner Arbeit, wenn ich an zu Hause dachte und unkonzentriert war. Manchmal raubten mir diese Schuldgefühle alle Energie«, schreibt Katy im Rückblick.

Als ihre Mutter an Krebs erkrankte, pendelte Katy als die verantwortungsbewußte Älteste zwischen drei Welten: bei ihrer Mutter auf der Krebsstation, in der eigenen Familie und im Beruf. Sie bewegte sich wie in Trance und spürte ihre Überforderung zuerst kaum. Erst als die Mutter gestorben war – nachdem Katy ihr noch einmal nahe gekommen war wie nie zuvor –, brach sie zusammen. »Es war, als ob eine zähe Rinde Risse bekommen würde, zuerst bei meiner Mutter, dann bei mir. Ihre aufbrechenden weichen und zärtlichen Seiten hatten auch bei mir Sehnsüchte nach Weichheit und Abhängigkeit geweckt. Aber Markus war in weite Ferne gerückt; gradlinig und 150prozentig verfolgte er seine Karriere. Nicht böse, einfach emotional wie mit Teflon überzogen erschien er mir. Meine Sehnsüchte prallten an ihm ab, und an seiner Schutzschicht zu kratzen, wagte ich selten.«

In dieser Situation kamen die beiden zu mir in Paartherapie, angeregt von Katys Hausärztin, welche bei ihr eine »latente Depression« vermutete. Markus erschien zuerst eher abweisend und verschlossen, offensichtlich in der Erwartung, als Verursacher von

Katys Elend angeklagt zu werden, während seine Frau aufgeregt und ständig den Tränen nahe, mit steifem Rücken infolge eines Hexenschusses, von ihrer Enttäuschung und ihrer Verzweiflung erzählte. Anhand eines kürzlich erlebten Zwischenfalls machte sie mir die gegenwärtige Lage deutlich. Katy leitete drei Tage lang einen Kurs auswärts, und Markus versprach ihr, in dieser Zeit zu Hause nach dem Rechten zu schauen. Das bedeutete, daß die beiden Kinder, in der Zwischenzeit 7 und 9, nach der Schule bei einer Nachbarin blieben, wo er sie am späten Nachmittag abholte und versorgte. Bevor Katy zurückkam, ließ Markus durch die Haushaltshilfe das Haus von oben bis unten blank putzen und legte selber Hand an, »um meiner Frau eine Freude zu machen«, wie er sagte. Im Haus wurde vieles verrückt, einige von Katys Pflanzen hatte Markus bei der Räumung weggeworfen. Die Kinder waren kreuzfidel, wenn auch übermüdet. Markus hatte mit ihnen oft im Restaurant gegessen, was diese genossen. Aber dafür vergaß er ihre Musikstunden und ihre Hausaufgaben und saß jeden Abend lange mit ihnen beim Fernsehen.

Katy über Markus: »Das war das schlimmste für mich: Erst hielt er sich während Jahren in keiner Weise an unsere Vereinbarung und baute sich eine Karriere auf ohne Rücksicht auf mich und die Kinder. Sobald ich einmal ein bißchen für mich arbeitete, kam er und spielte den großen Chef und Organisator und zeigte mir, wie leicht sich die Arbeit zu Hause tun ließe, wenn ich bloß so tüchtig wäre wie er. Natürlich fand er genug Frauen, die ihm die Kinder abnahmen, so einem armen überlasteten Mann! Er spielte dann jeweils den großzügigen Papa, während ich als pingeling-beschützende Mutter galt. Emotional hatte er die Zugbrücke zu mir längst hochgezogen. Dafür war er nun draußen der joviale Unternehmer und kriegte alle Anerkennung. Der tägliche Mist blieb aber an mir hängen. Das saubere Haus gab uns die Liebe nicht zurück.«

Markus über Katy: »Sie hätte wissen müssen, daß ich ihr helfen wollte, mit dem Hausputz zum Beispiel. Als sie aus dem Kurs nach Hause kam, habe ich ihr sogar Blumen hingestellt, um ihr eine Freude zu machen. Daß sie mir unterstellte, ich wollte ihr damit eine Lektion erteilen, machte mich sauer. Ich hatte ihr längst versprochen, daß ich im Geschäft zurückstecken würde, sobald ich mit der Reorganisation fertig war. Inzwischen aber räumte ich daheim ständig auf, weil ich Chaos nicht ertrage, nicht weil ich ihr eins auswischen wollte. Die Kinder habe ich übrigens nie vernachlässigt, bloß ließ ich ihnen aus Überzeugung mehr Freiheit als meine Frau.«

Der Entwicklungsprozeß von Katy und Markus im Rückblick

Beide, Markus und Katy, hatten ursprünglich einen positiven gemeinsamen Lebensentwurf. Sie ersehnten sich Freiheit von den einengenden Konventionen ihrer Herkunftsfamilien, wollten einen gemeinsamen Weg gehen und sich auch als Individuen entwickeln. Beide hatten eine Vision der Gleichwertigkeit von Familien- und Berufsarbeit, nahmen sich viel Zeit für ihre Entscheidungen, machten sich nichts einfach. Ihre Voraussetzungen für eine neue Lebensform als Paar waren gut, sowohl persönlich als auch beruflich. Auch ihre Beziehung hatte sich in vielen Jahren bewährt, beide fühlten sich eigenständig und abgelöst von den Herkunftsfamilien. Aber die Tücken lagen in den unvorhersehbaren Entwicklungen, im plötzlichen Tod von Markus' Vater, in seiner unerwarteten Freude am Familienunternehmen. Sie lagen in der Überflutung von Katy durch die tausend Forderungen ihres Alltags als Tochter, Mutter, Ehe- und Hausfrau. Auch die plötzliche Brüchigkeit ihrer beruflichen Identität nach der Geburt der Kinder machte ihr zu schaffen. Zum Verhängnis wurde den beiden ihre Tendenz zu verschleiern, daß ihr Alltag längst von ihren Vereinbarungen abgewichen war, sowie ihr Anliegen, Harmonie um jeden Preis zu bewahren. Am schlimmsten aber war, wie sie rückblickend erzählen, daß ihre Versuche, die neuen Entwicklungen zu besprechen, jedesmal am folgenden Muster scheiterten: Wenn Katy die Paarbeziehung zum Thema machte, ließ Markus »emotional den Rolladen herunter«, wie sie es nennt, und ließ sie mit ihren Gefühlen von Verzweiflung und Wut draußen stehen. Und wenn er, ähnlich wie in der Arbeitswelt, mit raschen Lösungen zur Hand war – dem Hausputz zum Beispiel –, bekam er, statt der erwarteten Anerkennung, Katys Vorwürfe zu hören, für ihn völlig zu unrecht. Anfänglich schonte ihn seine Frau noch und behielt ihren Groll für sich, weil er ja »eine so große Aufgabe im Geschäft hatte«. In einer nächsten Phase reagierte sie jeweils schnell und heftig auf seinen Rückzug, attackierte ihn, forderte »ungenaue Dinge« von ihm, wie er es nennt, worauf er erst recht schwieg. Er duckte sich jeweils förmlich vor Selbstmitleid, und der Anblick seiner eingezogenen Schultern und seines verschlossenen Gesichtes brachte sie erst recht zur Verzweiflung.

Markus interpretierte seine Erfahrung mit Katy damals so, daß sie eifersüchtig sei auf seinen beruflichen Erfolg und ihm unfair heimzahle dafür, daß er am Morgen das Haus verlassen konnte, während sie mit Kindern und Kleinkram zurückblieb und ihre Berufstätigkeit versanden ließ. Ein ständiges Schuldgefühl, die gemeinsame Vision einer geteilten Familien- und Berufsarbeit an der Umsetzung in den Alltag verraten zu haben, nagte an ihm. Aber darüber redete er nie, sondern räumte das Haus auf und »besorgte das Grobe«, ohne Diskussion. Ab und zu blieb er auch bewußt länger im Geschäft und hoffte, Frau und Kinder würden schon schlafen, wenn er nach Hause käme, und das erwartete Gewitter bliebe aus. Immer häufiger saß Markus bis spät nachts am Fernseher und trank Whisky, bis er auf dem Sofa einschlief. Wenn er dann jeweils gegen Morgen ins Eheschlafzimmer kam und Katy darob erwachte, gab es vorerst lautstarke Auseinandersetzungen zwischen den beiden. Bald einmal reagierte Markus auf Katys Vorwürfe nur noch mit Schweigen. Katy schrieb ihm darauf einen Brief und bat ihn, einen Psychiater aufzusuchen, worauf Markus erst recht verstummte. Als Katy seinen gefühlsmäßigen Rückzug schließlich ebenfalls mit tagelangem Schweigen quittierte, sich mehr und mehr ihrem eigenen Kreis von Kolleginnen zuwandte und mit ihnen öfters abends ausging, obwohl sie stets erschöpft war, klingelte auch bei Markus die Alarmglocke. »Was wir am meisten befürchtet hatten und vermeiden wollten, war eingetreten: Unsere gegenseitige totale Abkapselung führte zu einem alltäglichen stummen Nahkampf um die richtige Position, eine totale Unfreiheit also«, erzählt er rückblickend. »Als ich merkte, daß der Whisky und das Fernsehen mehr und mehr zur Sucht wurden bei mir, fiel ich in schlimme Angstzustände. Irgendwie war ich sogar erleichtert, als Katys Ärztin eine Paartherapie vorschlug, auch wenn ich mich anfänglich dagegen sträubte.«

Lösungen

Die heilenden Aspekte der Entwicklung dieser Paargeschichte nach der Krise waren unspektakulär, wie so oft, wenn sich anfänglich eher die inneren als die äußeren Verhältnisse ändern. Als erstes lernten beide, wieder einmal mit offenen Ohren einander zuzuhören, ohne daß Markus sich sofort auf die Anklagebank setzte und als professioneller »armer Sünder« seine Frau leerlaufen ließ und ohne daß Katy zur alltäglichen Kassandra wurde, der Überbringerin unangenehmer Botschaften. Markus begann zurückzufragen und wollte wissen, welche Wünsche und Anliegen seine Frau denn genau an ihn hatte. Er zog nicht mehr sofort die Schultern ein, wenn sie diese äußerte. Katy ihrerseits begann ihrem Mann von ihren gleichzeitigen Sehnsüchten nach Abhängigkeit und Autonomie zu erzählen. Die Einsicht, daß sie eigentlich nie ein kleines Mädchen hatte sein dürfen, und wie sehr sie sich danach sehnte, beides zu sein, stark *und* schwach, war neu für Markus. Daß hinter ihrer Eigenständigkeit und dem frohen Naturell, in das er sich verliebt hatte, auch ein großes Bedürfnis nach Anlehnung steckte, das Katy ihm bisher nie zugemutet hatte, überraschte ihn.

Eine bedeutsame innere Veränderung zwischen Markus und Katy geschah, als sie sich auf die Träume im Fliederhäuschen zurückbesannen. Endlich konnte Markus seiner Frau erzählen, wie sehr er belastet sei von der Schuld, daß sie den geplanten beruflichen Wiedereinstieg seinetwegen nur halbherzig hatte schaffen können und wie unsicher ihn seine eigene berufliche Überbelastung oft machte. Katy wiederum erzählte ihm von ihren Ängsten, beruflich draußen vor der Tür zu bleiben, und bekam schließlich von ihrem Mann zu hören, daß das Arrangement, in das sie da gerutscht waren, auch in seiner Sicht mehr zu ihren Lasten gehe als zu seinen. Obwohl noch keine unmittelbare Veränderung in seiner Arbeit bevorstand, löste Markus' Bestätigung ihrer Erfahrung bei Katy wieder Hoffnung und Zuneigung aus. In dieser neuen Atmosphäre von Offenheit und Versöhnung griff das Paar auf die alten Ressourcen aus der Zeit im Fliederhäuschen zurück: das Entwerfen von Visionen und ihre Verankerung im Alltag, diesmal aber unter Einbeziehung der nun bekannten Anforderungen von Kindern, Haushalt und Beruf. Die wichtigste Veränderung für

Katy war, daß Markus die »großen Würfe«, wie sie seine Arbeit im Garten und den jährlichen Hausputz nannte, nun in eigener Regie an bezahlte Hilfskräfte delegierte und sich dafür regelmäßig am Kleinkram der alltäglichen Kinder- und Hausarbeit beteiligte. Bis sie ihm diese Arbeit überlassen konnte und ihm zugestand, sie nach eigenen Vorstellungen zu tun, brauchte sie allerdings einige Zeit.

Noch immer hängt, ein paar Jahre später, dieser Kleinkram zu zwei Dritteln an Katy, aber ihre Entlastung von einem Drittel, sowie die zunehmende Selbständigkeit der Kinder, ermöglichen ihr inzwischen eine intensivere Berufstätigkeit. Sie hat mit zwei Nachbarinnen eine Vereinbarung getroffen, daß die Kinder nach der Schule jeweils gegen Bezahlung einige Stunden bei ihnen verbringen, wenn sie auswärts arbeitet. Vier Jahre nach der großen Krise hat sie ihre Anstellung bei einer lokalen Klinik ausgebaut und ist nun einige Male im Jahr während mehrerer Tage abwesend, um freiberuflich Ernährungskurse zu geben. Aber ihre Hauptaufgabe wird noch für ein paar Jahre in der Familie liegen, bevor sie wieder voll berufstätig sein will. Katys Zufriedenheit mit sich selber und ihrer Ehe hat sich seither wesentlich verbessert.

Auch Markus ist zufrieden. Er schreibt: »Unsere Beziehung ist entspannter, wir haben mehr bewußte »Inseln« als Paar, Zeit für uns allein und für unser Zusammensein. Unsere Sexualität ist wieder schön, und wir reden nun offener über Persönliches miteinander. Ich habe weniger Angst vor Katys Groll, kann ihn manchmal sogar verstehen. Denn noch immer gibt es für sie zuviel Streß durch den dauernden Trapezakt Kinder/Beruf. Die wichtigste Änderung für mich ist, daß ich nicht mehr schweigend auf das Sofa flüchte zu TV und Alkohol. Wir können nun besser darüber reden, was uns gegenseitig Mühe oder Angst macht. Aber vor allem sagen wir uns auch wieder, was wir aneinander mögen. Und manchmal, wenn wir zu zweit ausgehen, kommen die alten Gefühle von Verliebtheit wieder auf zwischen uns. Dafür lohnt sich der viele Kleinkram dazwischen!«

Vor- und Nachteile flexibler Arbeits- und Familienmodelle

Das Dreiphasen-Modell wie auch das laufende Pendeln von Frauen zwischen Familie und Beruf hat neben Vorteilen seine Probleme, wie wir gesehen haben.

Die Vorteile dieses Modells werden in den Visionen aus Katys und Markus' Fliederhäuschen-Zeit sichtbar: Zwei eigenständige Menschen bleiben beide in Berufen, die ihnen Sinn und Befriedigung vermitteln. Beide sind auch gewillt, Kinder liebevoll und verantwortungsbewußt aufzuziehen und dafür auch fremde Hilfe zu beanspruchen. Beide teilen das Verständnis, daß die bisher übliche Spaltung des ganzen Lebens in eine Innen- und eine Außenwelt sowohl zu Lasten der Frauen wie auch der Männer geht. Sie suchen darum eine flexible Rollenverteilung als Alternative zu der bürgerlich-traditionellen Lebensform, welche sie bei ihren Eltern oft als einengend und emotional behindernd erfahren haben.

Katy und Markus wählten einen »modernen«, aber nicht radikalen Typus des Zusammenlebens: In der ersten Phase nach den beiden Geburten war damit die seit dem letzten Jahrhundert übliche Arbeitsteilung der Geschlechter verbunden. Aber der wichtige Unterschied war, daß beide sich ursprünglich gleich stark an der *Planung einer flexiblen Balancierung zwischen Familien- und Berufsarbeit* beteiligt hatten und später in der Krise auf diese Erfahrung zurückgreifen konnten.

Die Vorteile des Dreiphasen-Modells liegen auf der Hand: In der ersten Phase nach der Geburt bleibt die Frau zu Hause, dann balancieren Frau und Mann so lange, bis schließlich beide in beiden Welten Fuß gefaßt haben, sie etwas mehr als üblich im Beruf, er etwas mehr als üblich in der Familie... Soweit die Vision. Wo und weshalb aber wird die Vision so oft brüchig? Was hat zum Beispiel Katy und Markus gehindert, nach dem Tod von Markus' Vater ihre Situation neu zu besprechen und eigene, ihren Vorstellungen entsprechende Pläne zu machen? Offenbar war es für beide einfacher, vorerst in einer traditionellen Form hängenzubleiben: Markus erfüllte damit seinen Familienauftrag als Stammhalter, und Katy lebte nach der ihr selbst kaum bewußten Devise, eigentlich sei die Arbeit des Mannes doch wichtiger als die eigene. So geht es, wie ich beobachte, vielen Frauen in der Situation mit kleinen Kindern. Ihre Abhängigkeit und verstehbare Sehnsucht nach Sicherheit in dieser Lebensphase verführen sie leicht dazu, ihre eigenen beruflichen Ziele zurückzustecken – bis auf weiteres, meinen sie. Die Gefahr, daß diese erste Phase dann zum eigentlichen Lebensmodell wird, erhöht sich allerdings, wenn ihr Mann rasch aufsteigt und sich in der Berufswelt etabliert.

Im Alltag, in den typischen Tagesabläufen, zeigt sich, was Ideologie und was Wirklichkeit ist. Arlie Hochschild und Anne Machung[2] haben in einer großen amerikanischen Untersuchung die verschiedenen »Geschlechterstrategien« untersucht, mit denen Frauen und Männer das Spannungsfeld zwischen Vision und Alltag zu verschleiern suchen, also zum Beispiel die Tatsache, daß Männer sich kaum je in gleicher Weise wie Frauen an der Kinderbetreuung und Hausarbeit beteiligen, auch wenn beide berufstätig sind. Frauen leiden natürlich intensiver als Männer unter diesem Spannungsfeld, das fast gänzlich zu ihren Lasten geht, wenn sie in der Arbeitswelt bleiben. Die Autorinnen fanden, daß Frauen pro Jahr einen zusätzlichen Arbeitsmonat leisten, wenn sie Familie und Beruf als »Dreiphasenfrauen« oder als »Wechslerinnen« zu verbinden suchen. Bei vielen von ihnen stellen sie eine Tendenz zur *Selbstbestrafung* fest, indem sie sich vormachen, es läge an ihnen selber, daß sie den Balanceakt nicht besser bewältigen. In Wirklichkeit sind es aber vor allem die alten Rollenbilder und die Bedingungen der Arbeitswelt, welche immer noch voraussetzen, daß die Männer von ihren Frauen zu Hause versorgt werden. Wenn Frauen berufstätig bleiben, fehlt ihnen nicht nur eine »versorgende Frau« zu Hause, sie sind oft auch in der Arbeitswelt benachteiligt. »Frauen, die in diese traditionellen Strukturen eindringen und zusätzlich Haushalt und Kinder zu versorgen haben, können nach männlichen Maßstäben nicht konkurrieren. Sie müssen feststellen, daß in dem Alter, in dem Frauen vorwiegend Kinder bekommen – also von Mitte zwanzig bis Mitte dreißig –, die höchsten Anforderungen an sie gestellt werden.« (op. cit.)

Wenn schließlich teilzeittätige Frauen (und natürlich auch die wenigen Männer, die tageweise zu Hause bleiben mit den Kindern) nach der »Familienphase« wieder voll in den Beruf einsteigen wollen, erleben sie oft eine erhebliche Zurückstufung. Sie erfahren zum Beispiel, daß sie weniger wahrgenommen werden als während ihrer Vollzeitbeschäftigung, und fühlen sich schnell einmal als zweitklassige Angestellte behandelt. Katy hat diese Erfahrung dramatisch geschildert. Auch zwei Männer in meiner Untersuchung, welche eine Zeitlang die Berufsarbeit zugunsten der Familienarbeit zurücksteckten, erzählen von ähnlichen Erfahrungen. »Sowohl auf dem Kinderspielplatz als an der Arbeit war ich der Exot«, schreibt einer von ihnen. »An keinem Ort fühlte ich mich richtig ernst genommen – ich kann mir nun besser erklären, warum bloß wenige Männer mit dieser Lebensform experimentieren.« Ein Mann, der engagiert ist im Beruf und dennoch einen Teil der Familien- und Hausarbeit trägt, steht also möglicherweise vor noch größeren Problemen als seine Frau in ähnlicher Situation, solange sein Beitrag an die »Frauenarbeit« sozial derart abgewertet wird.

Kein Wunder, daß das Dreiphasen-Modell oder jenes der »beruflichen Wechslerinnen« mit so viel Streß verbunden ist, daß die seelische und körperliche Gesundheit jener Frauen, die es versuchen, gefährdet sein kann. Eine amerikanische Untersuchung, welche diese progressive Lebensform mit depressiven Erkrankungen bei Frauen verbindet, verweist darauf, daß beim Modell der »unfertigen sozialen Revolution« psychosomatische und depressive Störungen gehäuft vorkommen.[3] Daß sich dieser permanente Streß häufig als Paarproblem manifestiert, oft in Form von gestörter Kommunikation und Intimität wie bei Katy und Markus, gehört zu meiner Alltagserfahrung als Therapeutin.

Individuelle Lösungsmöglichkeiten

Welche Aspekte der persönlichen und gemeinsamen Bewältigungsprozesse machen das Phasenmodell trotz allem wünschenswert, wie ausnahmslos alle Befragten in dieser Gruppe berichten? Folgende Bedingungen scheinen positiv zur Bewältigung der voraussehbaren Krisen in dieser Lebensform beizutragen:

Rollenarrangements diskutieren

Damit meine ich, daß sich ein Paar schon früh, möglichst bevor es in eine verbindliche Beziehung zueinander tritt, aber bestimmt vor der Geburt des ersten Kindes, explizit mit der Frage der Balance zwischen Haus-, Familien- und Berufsarbeit auseinandersetzt. Das bedeutet: einander von Visionen und Träumen erzählen, aber auch ganz konkrete, alltägliche Szenarien entwerfen mit der Frage: »Wenn... dann«, »wer... was«.

Ein Blick auf meine persönliche Erfahrung:

Im eigenen Leben als junges Paar wußten wir damals, Anfang der 60er Jahre, nicht genau, wie wir leben wollten. Die allgemeine Tendenz ging noch immer in die Richtung konventioneller Rollenverteilung. Alternativen dazu kannten wir in unserer Umgebung kaum. Aber es gab für uns deutliche Negativ-Szenarien, wie zum Beispiel: uns nicht niederzulassen, bevor wir die Welt gesehen hatten, keine vorgespurten Pfade bezüglich Rollenverteilung zu gehen, nicht allzufrüh Kinder zu haben, uns nicht mit finanziellen Verpflichtungen abhängig zu machen. Und vor allem: keinesfalls auf persönliche Weiterbildung für beide zu verzichten. Aus dem gemeinsamen Austausch darüber, was wir *nicht* wollten, ergaben sich dann bei Wegkreuzungen immer wieder Entscheidungen zur Vielfalt und Erweiterung unserer Möglichkeiten. Natürlich gehörten dazu Anstrengungen und Krisen, aber sie waren für meinen Mann und mich wohl immer mit weniger Streß verbunden als das Leben in ausgetretenen Bahnen.

Wenn Frauen und Männer sich über die Bedingungen in der Arbeitswelt und der Gesellschaft klar werden, welche progressive Modelle von Familie und Arbeit selten unterstützen, bedeutet es, daß sie sich früh darüber orientieren, in welchen Situationen sie Handlungsfreiräume finden und wo diese fehlen. Wenn zum Beispiel beide Medizin studieren und Jahre als Assistentin und Assistent vor sich haben, nicht begütert sind und dennoch nicht zu spät Kinder haben wollen, werden sie nicht darum herum kommen, Jahre im voraus Pläne zu entwerfen und mit Klinikchefs zu verhandeln, wer wann ein Klinikjahr absolviert oder zu Hause bleibt. »Wir müssen verrückt sein vor Hoffnung«, zitierte ein Kollege Wolf Biermann, als seine Frau und er in ähnlicher Situation die Geburt eines weiteren Kindes ankündeten.

Was ich von Paaren in dieser Konstellation wie auch im eigenen Leben gelernt habe, ist, daß verknorzte Sparsamkeit in der Aufbauzeit einer Familie mit zwei beruflichen Laufbahnen fehl am Platz ist. Einige Paare in dieser Gruppe erzählen, daß es ihre Angst vor Schulden und Abhängigkeit war, welche sie während dieser Phase elendiglich rackern ließ, statt daß sie eine größere Wohnung suchten oder sich bezahlte Hilfe leisteten. Der Groll beider Partner, daß sie vor lauter »Schuften und Für-die-Kinder-da-Sein« sich selber und einander verloren haben, ist später bedeutend schwerer auszugleichen als ein Schuldenkonto auf der Bank!

Leitbilder finden, die zum Experiment und zur Flexibilität ermutigen

Wie Katy sich rückblickend von der Lebensweise und den Leitbildern ihrer Großmutter unterstützt fühlte, unkonventionelle Wege zu gehen, hat sich Markus im Zusammenhang mit der Paarkrise intensiv mit Männerbildern auseinandergesetzt, welche ihn zu Flexibilität im Umgang mit dem chaotischen Alltag zwischen Familie und Arbeit ermutigten. Besonders die Erkenntnis, wie viel Lebendigkeit sein eigener Vater einer vorprogrammierten Laufbahn geopfert hatte und wie er selber nun dabei war, dessen Schicksal zu wiederholen, ermutigte Markus bei der Suche nach neuen Lösungen. Im Freundeskreis fand er einen Mann, der gewillt war, seine persönlichen Erfahrungen mit einer progressiven Lebensform als Ehemann und Vater mit ihm zu teilen.

Spannend ist für mich übrigens die Beobachtung, wieviel leichter jene Frauen solche progressiven Lebensformen wählen, die von ihren *Vätern* in ihrer Eigenständigkeit und Durchsetzungsbereitschaft unterstützt wurden. Als »Vater-Tochter« aufzuwachsen, vielleicht mit einer gewissen Rivalität von seiten ihrer Mutter, ohne jedoch von dieser abgelehnt zu werden – Katys Erfahrung –, scheint eine wichtige Voraussetzung zu sein, mit neuen und schwierigen Lebensformen zu experimentieren und vor allem: nicht klein beizugeben. Männer, welche den Mut aufbringen, sich aus konventionellen Laufbahnen zu lösen, brauchen dafür Provokation und Unterstützung ihrer Partnerin und ihrer Kinder. Aber am meisten brauchen sie das Gespräch mit anderen Männern über persönliche Anliegen – etwas, das in der Welt der Männerbünde bisher weitgehend fehlte.

Sich nichts mehr vormachen:
Einander Konflikte und offene Gespräche zumuten

Wie aus der Geschichte von Markus und Katy hervorgeht, sind es eher die alltäglichen Brüche ursprünglicher Vereinbarungen und das schleichende Geschehenlassen als irgendwelche tragischen Ereignisse, welche Paaren in dieser Konstellation zum Verhängnis werden. Der Begriff der verschleiernden »Geschlechterstrategie« paßt zu dieser Alltagserfahrung: Indem Katy sich zuerst selber und später ihren Mann beschuldigt, daß der Balanceakt nicht gelingt, und indem Markus jedesmal den Rolladen herunterläßt und seine Schuldgefühle herunterwürgt, wenn sie mit ihm reden will, vermeiden beide zwar immer wieder einen handfesten Krach. Aber die schwelenden Spannungen zehren an ihrer Substanz und an ihrer Lebens- und Liebeslust, und Katys gelegentlich vulkanartige Ausbrüche und Markus' Fluchttendenzen in Schweigen oder Sucht ändern nichts daran.

Ich erlebe bei vielen Paaren, daß sie den Streß dieses Arrangements manchmal jahrelang verschleiern, nach innen, aber besonders nach außen, wo sie sich scharf beobachtet fühlen von Familie und Freunden, meistens nicht aus Bosheit, sondern weil sie wissen wollen, wie »man« so etwas schafft. Die Illusion von der »Supermutter und tüchtigen Berufsfrau« und vom »steilen Aufsteiger und gleichzeitig zugewandten Vater« täuscht das Paar oft selber, aber besonders seine Beobachter. Auf diese Weise wird die allgemeine Vorstellung immer wieder reproduziert, es gäbe halt einige besonders Tüchtige, welchen solche progressiven Lebensmodelle einfach gelingen, während die meisten anderen sich daran aufreiben. Das Politische wird auf diese Weise individualisiert, und der Streß der Abhängigkeit der Familie von der Arbeitswelt, oft auch vom Paar selbst, verleugnet oder pathologisiert. Ich bin der Meinung, daß es beides braucht: das Erkennen von Zusammenhängen zwischen individuellen und gesellschaftlichen Strukturen, womit die eigene Situation in einen größeren Rahmen gestellt wird, aber auch den konkreten Umgang damit in alltäglichem Reden und Tun sowie die Nutzung von positiven Bildern aus der eigenen Geschichte. Als Katy und Markus offen über ihre Konflikte, ihre Wut und ihre Trauer über die uneingelösten Versprechungen zu reden begannen, erhöhte sich ihre eheliche Spannung zwar gewaltig. Einige Gesprächstermine lang bestand damals meine therapeutische Arbeit darin, Katy zu unterstützen, ihre Wünsche rücksichtslos deutlich zu formulieren sowie Markus zu ermutigen, dazu ebenso deutlich Stellung zu nehmen und sich auf seine eigenen zu besinnen. Dabei wurden beider Stimmen oft sehr laut, und es gab Tränen der Wut und der Trauer bei Frau und Mann. Wichtig war für Katy und Markus dann, regelmäßig solche Konfliktsitzungen in den Alltag einzuplanen (mit Eintragung im Kalender!) und daneben auch Inseln zum Auftanken zu finden, wo sie zusammen und einzeln ihre »Fliederhäuschenzeit« wiederbeleben konnten – ohne Kinder und Arbeit.

Nur wer improvisiert, überlebt in dieser Paar-Konstellation

Die Erfahrung, welche Markus und Katy als Auslöser für die Paarberatung schildern, scheint mir eine typische: Wenn der Mann in Haushalt und Familie einspringt, tut er das in eigener Regie als großen Wurf und einmalige, sichtbare »Aufführung«, für die er Anerkennung möchte. Der dramatische Hausputz, das Kochen, wenn Gäste kommen, die Wartung des Autos oder das Flicken des Garagentors sind zwar wichtige Beiträge von Männern. Aber sie gehören zur verschleiernden Geschlechtsstrategie wie das »Supermutter-Syndrom«, welches berufstätige Frauen die alltägliche Arbeit mit Kindern und Haushalt quasi nebenbei, aber besonders liebevoll und kreativ, erledigen läßt, um sich »ja nichts zuschuldenkommen zu lassen«. Die alten Leitbilder leben dank dieser Strategie unverändert weiter: Er tut der Familie ab und zu etwas zuliebe mit seinen Beiträgen, sie versorgt diese selbstverständlich mit den tausend täglichen Einzelheiten. Er gradlinig und flott organisierend, sie im Zickzack-Kurs auf die kleinen Dinge achtend. Für ihn das Leben am Stück, für sie das Leben in Stücken. Wenn zu solchen konventionellen Beziehungsmustern von Frauen und Männern noch persönliche Motive kommen, welche ihren gemeinsamen »Mythos« ausmachen, können die Mißverständnisse besonders penetrant werden. Bei Katy und Markus wurde das problematische Muster aufrechterhalten von ihrer Vorstellung, daß er als Junge derart gedemütigt worden war von seinem Vater, daß sie jetzt alles tun müsse, sein hungriges Ego zu nähren, damit er über diesen hinauswachsen und sie seine Stärke genießen könne. Markus' Vorstellung von Katy als naturwüchsiger Mutter und tüchtiger Frau mit unendlicher Energie ließ ihn umgekehrt erst erkennen, wie verwundbar und abhängig sie *auch* war, als sie verzweifelt schrie und krank wurde.

Wenn ich hier dem *alltäglichen Improvisieren* einen so hohen Stellenwert beimesse, meine ich damit explizit Frau und Mann. Daß eine berufstätige Frau ihre Identität nicht mehr aus dem Supermutter-Bild bezieht, setzt voraus, daß sie erst einmal für sich selber erkennt, daß das bisher so war. Je nach Situation wird sie dann die alltägliche Mitarbeit ihres Mannes bei der Hausarbeit und mit den Kindern fordern oder, wenn sie allein lebt, fremde Hilfe beanspruchen und sich trauen, von öffentlichen Institutionen finanzielle Unterstützung zu fordern, um beispielsweise eine Tagesmutter entlöhnen zu können. Der Mann in der progressiven Beziehungskonstellation wird nicht darum herumkommen, seine Vorstellungen eines perfekten Heims, in dem er sich regenerieren und das er seinen Gästen vorzeigen kann, zu überholen. Das ist allerdings leichter gesagt als getan, wenn er aus der Arbeitswelt Repräsentationspflichten fraglos nach Hause bringt. Ein Bruch mit öffentlichen Erwartungen zugunsten der Improvisation im Privaten bedeutet zum Beispiel, daß Frau und Mann grundsätzlich diskutieren, welches ihre Prioritäten sind: daß zum Beispiel *vor* irgendwelchen anderen Verpflichtungen die Kinder täglich Zuwendung und Zeit von beiden Eltern bekommen. Oder daß Toilette und Bad oder Küchenherd abwechslungsweise von Mann und Frau (und bei älteren Kindern auch von ihnen) geputzt werden. Aber auch, daß der Küchenboden ungeputzt und die Betten ungemacht bleiben dürfen... Prioritäten setzen kann auch bedeuten, daß die Rituale der Familien-, Freundes- und Geschäftseinladungen neu vereinbart werden. Ich kenne viele Paare, bei denen solche schönen Bräuche nicht etwa aufgegeben, sondern zum einfachen Buffet umgewandelt wurden, das von den Gästen mitbestückt wird.

Bewußt zu neuen Lebensformen ja zu sagen, aber über ihre Grenzen unmißverständlich und laufend zu reden und sich nicht mehr durch alte Konventionen den Atem abschnüren zu lassen, gehört ganz offensichtlich zur alltäglichen Streßverminderung dieser Paarkonstellation. Am wichtigsten aber wären Veränderungen in der Arbeitswelt.

Lösungen zeichnen sich erst langsam ab. Einige Firmen, denen an gutausgebildeten Mitarbeiterinnen liegt, deren Kräfte nicht vergeudet werden sollen, bieten heute die Möglichkeit neuer Arbeitszeitmodelle an. Frauen werden während ihrer Familienphase ermutigt, den Kontakt zu ihrer Firma durch Fortbildungen, Vertretungen und Kurzarbeit aufrechtzuerhalten. Damit haben diese nicht nur eine Arbeitsplatzgarantie, sondern sind motiviert, am Geschehen der Firma weiterhin in kleinem Rahmen und später in größerem teilzunehmen. In den Anmerkungen (5) verweise ich auf zwei solcher Projekte.

Kapitel 10

Paare mit Kind und Doppelkarriere: »Warum eigentlich nicht alles aufs Mal!« *Anne* und *Bernd*

Diese Lebensform erscheint als die progressivste unter allen, die ich bisher dargestellt habe. Sie geht davon aus, daß Frau und Mann ihren Anspruch an Gleichwertigkeit verwirklichen, indem beide eine eigene berufliche Laufbahn aufbauen und gleichzeitig Kinder haben. Es handelt sich bei meiner Untersuchung um insgesamt vier Paare, bei denen beide Partner nach der Geburt der Kinder voll berufstätig blieben. Bei allen vier sind Frau und Mann mit einem Beruf identifiziert, der ihnen Sinn und Anerkennung vermittelt.

Meine Hauptfragen an diese Lebensform sind folgende: Wie balancieren Frau und Mann die Verantwortung für Kinder und Haushalt mit ihren beruflichen Zielen in fast unveränderten Strukturen; wessen Berufsarbeit gilt mehr? Was für besondere Lebensumstände unterstützen oder behindern ihre Alltagsbewältigung? Welche Rollenmodelle stehen zur Verfügung? Wie gehen Frau und Mann mit der dieser Lebensform zugrundeliegenden symmetrischen (gleichwertigen) anstelle der traditionell asymmetrischen Beziehungsdefinition um; wie regeln sie die ehelichen Machtverhältnisse? Gibt es noch Liebe und Leidenschaft, wenn die hergebrachten Vorstellungen von Ehe und Familie, Weiblichkeit und Männlichkeit, überholt werden? Und in welcher Weise wirken sich alte Leitbilder und moderner Narzißmus als Kontrastprogramm auf progressive Lebensformen aus?

Die Paargeschichte

Sie sind beide in einer mittelgroßen süddeutschen Stadt aufgewachsen und lernten sich auf einem Fest des Gymnasiums kennen, als Anne 18 und Bernd 19 war. Bernd rückblickend: »Ich habe mich verliebt in ihre Schönheit – blond, blauäugig, geschmackvoll angezogen – und in ihre unheimlich nette Art, mir zuzuhören. Ich war damals sehr unsicher, was aus mir werden sollte. Ich schwankte zwischen einem Wirtschafts- und einem Medizinstudium, und ich hatte noch nie eine Freundin gehabt. Anne schien mir viel erfahrener, wissender als ich, viel weiter entwickelt, obwohl sie jünger war.«

Anne rückblickend: »Bernd war ganz anders als meine bisherigen Freunde, von denen es bereits mehrere gab. Ernsthaft, besonnen, auch auf eine gute Art schüchtern – ein richtiger Pfadfinder, bei denen er ja damals mitmachte. Ich verliebte mich wohl eher in sein Potential als in den Jungen, der er damals noch war. Als Potential sah ich seine Intelligenz und seine unglaublich vielseitigen Interessen. Daß er mich ernst nahm als geistig gleichwertige Partnerin und nicht bloß flirtete wie alle anderen, hat mir imponiert. Aber genau diese Ernsthaftigkeit hat mir auch Angst gemacht. Ich hatte eigene Pläne, wollte mich nicht binden. Nach einem halben Jahr Bekanntschaft erzählte ich ihm darum ganz offen, daß ich mich auch mit anderen jungen Männern treffe. Bernd reagierte mit Verständnis und ohne Bitterkeit. Erst später habe ich erfahren, daß er seine große Kränkung damals heruntergewürgt hat: Pfadfinder-Tapferkeit! Er hatte gerade sein Medizinstudium begonnen, und ich machte mein Abitur und bereitete mich auf ein Biologiestudium vor. Also waren wie beide ausgefüllt mit Arbeit und vielen neuen Begegnungen. Auch lebten wir beide noch in unseren Familien. Daß unsere Beziehung sich lockerte, war für mich eine Erleichterung, für meine Eltern aber eine Enttäuschung.« Lose blieben beide miteinander verbunden dadurch, daß ihre Familien zum gleichen Milieu gehörten.

Die Herkunftsfamilien

Bernd über seine Familie: »Wenn ich an meine Familiengeschichte denke, fällt mir immer wieder das gleiche Bild ein: der Gartenweg hinauf zum Elternhaus. Breit, mit altem Kopfstein gepflastert, links und rechts eine Ligusterhecke, immer sorgfältig getrimmt durch den Gartenbauer, der vor Jahrzehnten vermutlich einen Auftrag dafür bekommen hatte. Nichts mußte mehr entschieden werden, alles lief in vorhersehbaren, geordneten Bahnen, stellte sich bescheiden aber kunstvoll gepflegt dar. So war es auch im Haus drin: Unsere Mutter, Tochter einer respektierten Bauernfamilie, die keinen Beruf erlernt hatte, pflegte es wunderbar. Zu meiner Kindheit gehörte der Duft von getrockneten Kräutern, von Bodenwichse und frischgewaschener Wäsche.

Wir drei Kinder – eine ältere und eine jüngere Schwester und ich – hatten große eigene Zimmer, aber im Repräsentierteil des Hauses waren wir nicht willkommen. Dorthin brachte Vater »seine Herren«, Geschäftskollegen und Parteifreunde, und manchmal auch deren Damen zum Essen mit, selbstverständlich ohne Kinder. Vater hatte von seiner Familie zwei Hotels und eine Konditorei in der Stadt übernommen. Schon als Bub wußte ich, wir sind eine Institution, keine gewöhnliche Familie. Als ich mich für Medizin und gegen ein Wirtschaftsstudium entschloß, war ich erstaunt und dankbar, daß mein Vater sich nicht dagegenstellte. Von Mutter wußte ich, daß sie stolz war auf mich, ihren Vorzeigesohn. Ich habe mir damals vorgenommen: Ich werde der Familie auch als Mediziner Ehre machen. Meine ältere Schwester hat später beide Hotels übernommen. Sie ist unverheiratet geblieben und schuftet Tag und Nacht, während die jüngere in einer engen, traurigen, bürgerlichen Ehe gefangen ist. Der gerade, gepflasterte Weg, der mir Halt gegeben hat, ist für beide Schwestern zur Einöde geworden.«

Anne über ihre Familie: »Als Kind schon habe ich Bernds Familie aus der Ferne wahrgenommen, weil über sie manchmal bei uns am Tisch geredet wurde, respektvoll, aber auch mit Neid auf ihren Status. Als ich Bernds Freundin wurde, merkte ich, was für einen großen Gefallen ich meinen Eltern damit erwies. Die Frau als Anhängsel des erfolgreichen Mannes...

Mein Vater, Oberstudienrat, war ein Aufsteiger aus ländlicher Armut. Er hatte sich seine Stellung in der städtischen Gesellschaft durch besonderes Engagement für kulturelle Belange erworben. Nach dem Krieg war er in Gefangenschaft, und er sei verändert und unglücklich zurückgekommen, weiß ich von meiner Mutter. Er selber redete nie über diese Erfahrung, und ich traute mich nie, ihn danach zu fragen. Ich habe Vaters Verbitterung und Lebensangst hinter seiner Fassade von Arroganz schon als Kind gespürt und auch die große Distanz zwischen ihm und meiner Mutter, auf die er immer etwas herunterschaute. Sie war Primarlehrerin, kam aus demselben Dorf wie Vater, aus einer kleinbürgerlichen Beamtenfamilie. Mutter hat wieder zu arbeiten begonnen, als die Konflikte zwischen ihr und Vater offen ausbrachen. Er hatte damals eine Geliebte, eine viel jüngere Kollegin, hat wohl auch übermäßig getrunken und ist schließlich herzkrank geworden. Meine Eltern blieben zwar zusammen, den Kindern zuliebe, wie sie sagten, aber es war ein trauriges Arrangement. Meine Mutter hat früh ihre eigene und später auch Vaters Mutter bei uns zu Hause gepflegt, aber dafür nie Anerkennung bekommen. Nach ihrer vorzeitigen Pensionierung pflegt sie heute auch meinen Vater. Die Fassade der intakten Familie wurde immer gewahrt durch Mutters Aufopferung.

Mein jüngerer Bruder hat sich inzwischen nach Australien abgesetzt und dort ein Geschäft gegründet. Die jüngste Schwester hat Literatur studiert und ist der Liebling des Vaters. Sie lebt mit einem Freund zusammen, hat noch ständigen Kontakt zu den Eltern, aber kaum zu mir. Meine Kindheit war geprägt von Mitleid mit meiner Mutter und Zorn auf meinen hypochondrischen, unerreichbaren Vater. Durch unsere Paarkrise hat sich in meinen Beziehungen zur Familie vieles verändert, ich sehe vieles klarer und bin versöhnlicher geworden.«

Wiederbegegnung, Heirat und frühe Jahre

Nach der Trennung fand Bernd eine Stelle als Assistent in der inneren Medizin an einer renommierten amerikanischen Universität. Anne schloß ihr Biologiestudium mit dem Diplom ab und arbeitete in der Forschung an der heimischen Universität. Beide sind darauf länger dauernde Beziehungen mit anderen Menschen eingegangen. Als Anne 26 war, trennte sie sich von ihrem damaligen Freund und nahm ebenfalls eine Stelle in den USA an. Von Bernds Familie bekam sie seine Adresse, schrieb ihm und traf ihn einige Monate später in New York. Beide lebten inzwischen allein. »Die alten Gefühle füreinander haben wohl unter der Oberfläche weitergelebt«, schreibt Anne im Rückblick, »auch nachdem wir uns aus den Augen verloren hatten. Als wir uns trafen, war es, als ob eine frische Brise in die Glut fuhr – es gab ein kräftiges Feuer, das uns beide herrlich erregte und wärmte. Wir heirateten in den USA, ohne Familien-Clan und ohne Fest. Es war 1974, wir fühlten uns zum alternativen Milieu gehörig und wollten uns möglichst abnabeln von der Tradition und den familiären Verstrickungen. Meine Mutter reagierte mit der erwarteten depressiven Verstimmung auf unsere Mitteilung, mein Vater mit langfädigen, moralisierenden Briefen über den Verlust von guten Sitten. Bernds Eltern machten kein Hehl aus ihrer Empörung, daß der einzige Sohn ihnen keine standesgemäße Hochzeit bescherte. Auch wenn sie es nie direkt schrieben, war mir klar, daß sie mich als Urheberin dieser Entscheidung sahen. Damals kümmerte mich das wenig.«

Weil Annes Stelle in der Industrie ihren Idealen widersprach, zog sie schon vor der Heirat in die Universitätsstadt im Westen der USA, wo Bernd seit zwei Jahren lebte. Sie mieteten eine Studentenwohnung in der Nähe der Universitätsklinik, und Anne fand eine Stelle als Biologielehrerin am lokalen College. Bernd war begeistert von seinem Beruf, arbeitete gleichzeitig als Arzt und als Forscher und hatte schon einige Publikationen vorgelegt. Ein Jahr nach der Heirat kam ihre Tochter zur Welt. Anne konnte ihr Pensum reduzieren und fand mühelos eine Tagesmutter in der Nachbarschaft. Sie erlebte eine gute Balance zwischen Kinderzeit und Arbeitszeit, und auch Bernd war relativ flexibel in seiner Arbeit und nahm sich viel Zeit für das Baby. Unter dem Druck des damaligen Zeitgeistes, welcher die Vorstellung von der »älteren«, über 30jährigen Mutter ablehnte, entschieden sich Anne und Bernd, bald ein zweites Kind zu haben. Nachher wollte Anne in die Forschung zurückkehren und ihr Doktorat schreiben. Die Geburt ihres Sohnes verlief allerdings mit Komplikationen: Er kam vorzeitig zur Welt und beanspruchte seine Mutter viel intensiver als das erste Kind. Ein Jahr lang blieb Anne ganz zu Hause, dann fand sie die Stelle, die sie gesucht hatte und nahm die Arbeit an ihrem bisherigen Forschungsschwerpunkt und ihrer Dissertation wieder auf. Ein junges Au-pair Mädchen, die Tochter von Verwandten, kam aus Deutschland. Als Älteste einer kinderreichen Familie machte sie es wunderbar mit den beiden Kindern, spielte mit ihnen und war voller Wärme. »Das war das wichtigste, daß es den Kindern gut ging. Aber die ganze übrige Arbeit blieb an mir hängen, ich war ständig erschöpft«, schreibt Anne im Rückblick. Bernd war inzwischen Abteilungsarzt geworden und arbeitete jede Woche seine 60 bis 70 Stunden. Trotz der großen zeitlichen Belastung durch beider Berufsarbeit und Annes doppelte Schicht als Familienfrau schildern sie die ersten Jahre mit den Kindern als glücklich. Sie lebten in einer Umgebung, welche dieses Familienmodell als normal, ja sogar als wünschbarer einschätzte als die traditionelle Rollenverteilung. Und sie fühlten sich unterstützt von den Nachbarinnen und Nachbarn, Kolleginnen und Kollegen, die alle im gleichen Boot saßen, sowie durch die vorhandenen Einrichtungen eines Vorkindergartens und einer Tageskrippe an der Universität. »Wir lebten wie eine große, ausgedehnte Familie. Es war ein stetes Kommen und Gehen in unserer Siedlung. Wir waren eingebettet in ein selbstverständliches Beziehungsnetz, das wir seither nie mehr in dieser Form erlebt haben«, erzählt Bernd im Rückblick. »Unsere kritische Zeit begann erst, als wir in die alten Strukturen in Europa zurückkehrten. Der eingewachsene Weg meiner Kindheit, die vorgefaßten Anschauungen und Lebensweisen beider Familien und der ganzen Kultur, bedrückten uns beide. Meine Frau litt darunter noch mehr als ich. In meinem Beruf erntete ich so viele Früchte und war so angespannt, daß ich kaum zum Nachdenken kam.«

Der Paarmythos

Wenn ich als ihre ehemalige Therapeutin an Anne und Bernd denke, fällt mir zu beiden der Begriff *Musterkinder* ein. Bernd war schon während seiner Kindheit als einziger Sohn und Stammhalter der Augapfel seiner Mutter. An Stelle der Mutter mühte er sich, den kühl distanzierten Vater emotional zu erreichen. Er tat es durch gute Schulleistung und angepaßtes Verhalten. Als unkompliziertem Jungen, der früh über alles und jedes las und dennoch kein Stubenhocker war, gelang ihm das sogar ab und zu. Dann durfte er Vater jeweils auf den Gängen in seine Hotels und die Konditorei begleiten und manchmal sogar in der Backstube helfen, wo er mit seinen geschickten Händen willkommen war. »Liebling der Götter« nannte man ihn in der Verwandtschaft, und »dem Bernd gelingt alles, was er in die Hände nimmt«, hieß es zu Hause. Daß mit diesen hohen Erwartungen an ihn auch eine Kehrseite verbunden war, ging ihm erst spät auf. Liebe und Leistung waren stets miteinander verkoppelt in seinem Leben, und wenn er sich ängstlich oder unsicher fühlte, fraß er diese Gefühle in sich hinein. Sie paßten nicht zum Bild des Musterschülers, »allzeit zum

Helfen bereit«, wie er das bei den Pfadfindern gelernt hatte. Von Anne erhoffte er sich beides: eine eigenständige Partnerin, die ohne seine Hilfe auskam, aber auch eine mütterlich versorgende Frau, die ihm ein warmes Nest bereitete, in dem er sich erholen könnte. Er war stolz auf ihre Intelligenz, aber Anerkennung gab er ihr leichter für ihre Schönheit und Mütterlichkeit als für ihren wachen Geist und ihre berufliche Eigenständigkeit.

Anne sei zwar mit einer klaren Vorstellung über ihre Zukunft aufgewachsen, erzählt sie im Rückblick: »Nur ja nicht so werden wie meine Mutter, so verbissen und aufopfernd, sondern etwas aus mir machen.« Aber sie wagte nie offen nein zu sagen, nie zu rebellieren, weder gegen Mutter noch gegen Vater, der sich selber mit allen Mitteln ins Zentrum zu schieben wußte, zuerst mit seinem »Bildungs- und Kulturfimmel«, dann mit seiner Freundin, später mit Alkohol und Krankheit. Annes Mitleid, ihre Loyalität und Verantwortlichkeit beiden Eltern gegenüber waren immer stärker als ihr Interesse am Eigenen. Unbewußt schrieb sie sich damit selber eine Zwei auf den Rücken, obwohl sie bewußt nach dem Image der Frau, die alles kann, leben wollte.

Die Illusion von der Wunderfrau, die intelligent und autonom »funktioniert« und stets lächelt, verstärkte sich für Anne in den USA, wo sie bewundert wurde, weil sie nicht nur in der Familie und im Beruf tüchtig, sondern auch hübsch und gut gekleidet war. Wieder zu Hause in Süddeutschland wurden ihr diese vielfältigen Fähigkeiten jedoch zum Makel. Sie sollte nun unauffällig, nett und pflegeleicht die Frau hinter dem erfolgreichen Mann markieren, erfuhr sie von ihrer Umgebung subtil oder weniger subtil. »Und ich habe mich immer an all diese Erwartungen angepaßt, wie ein Chamäleon!«, erzählt sie rückblickend. »Bin in alle Rollen geschlüpft und habe in Bernd einen gefunden, der ebenso an äußeren Erwartungen orientiert war wie ich. Ein ebenso hilfsbereiter Sohn wie ich eine hilfsbereite Tochter, aber immer nur gegenüber den Leuten draußen, nicht gegenüber dem Nächsten. Zu Hause war für ihn der Ort seiner Erholung, nicht für Hilfeleistungen. Die hatte er ja in der Klinik reichlich absolviert!«

Ursprünglich hatte Anne sich in Bernds Hilfsbereitschaft, seine Ruhe und Selbstsicherheit verliebt, in der Hoffnung, von ihm als Partnerin auch geistig anerkannt zu werden. Aber das war nur ein Teil der Geschichte. Lange hatte sie nicht bemerkt, daß er in ihrer privaten Beziehung noch immer die Rolle des braven Sohnes spielte, eigentlich nur äußerlich anwesend war und immer auf der Hut vor gefühlsmäßiger Beanspruchung. Nur bei den Kindern konnte er sich fallen lassen – oft schlief er beim Gutenachtsagen auf dem Stuhl neben dem Bett seiner Tochter oder seines Sohnes ein. Die Vorstellung, bei einer möglichen Trennung von Anne ohne die Kinder leben zu müssen, machte ihn »schier wahnsinnig«, erzählt er.

Anne und Bernd hatten früher beide als Leinwände für ihre Eltern gedient, auf welche diese ihre Sehnsüchte projizierten und später ihre Enttäuschungen, als sie ihnen nicht mehr entsprachen. Im Lauf ihrer Paargeschichte wurden sie unbemerkt zu Leinwänden füreinander. Anne übernahm die Seelenarbeit für Bernd sowie die volle Familienarbeit neben ihrer Berufsarbeit. Bernd wurde unbemerkt zum sozialen Aushängeschild für Anne; seine Karriere wurde ihr wichtiger als die eigene. Anne, im Rückblick: »Subtil ließ mich Bernd immer deutlicher spüren, daß ich zur Familien- und Seelenarbeit ohnehin besser geeignet sei als zu einer beruflichen Laufbahn, da wissenschaftlich weniger begabt als er. Halt eine typische Frau! Aufgrund meiner eigenen Geschichte glaubte ich das mit der Zeit selber.«

Bernd: »Durch die Krise merkte ich, daß Annes Unabhängigkeit im Denken viel weniger anziehend für mich gewesen war als ihre Wärme und ihre Schönheit. Ich suchte eine Frau, keine Rivalin!«

Wendepunkte und Entwicklungen

Als Bernd für eine Paartherapie anrief, war Anne zur Erholung in einer Höhenklinik. Sie leide an Erschöpfung und »agitiert-depressiven« Zuständen und sei manchmal unheimlich aggressiv gegen ihn, berichtet er zu Beginn unseres gemeinsamen Gesprächs. Anne erzählt, daß sie in den Jahren seit ihrer Rückkehr aus den USA in einem ständigen Kampf mit Arbeit, Zeit und schlechtem Gewissen gegenüber den Kindern lebe. Inzwischen sei sie 38, die Kinder 8 und 10 Jahre alt, und noch immer renne sie atemlos durchs Leben. Den Grund für ihre Depression sieht sie in einer Schreibhemmung, die nun schon zwei Jahre dauere. Sie könne und könne nicht an ihrer Dissertation schreiben, auch wenn die Forschungsarbeit dafür abgeschlossen sei. Zwar arbeite sie nach wie vor ganztags und versehe auch einen Lehrauftrag, aber alle Lust am Beruf sei ihr gründlich vergangen. Am einfachsten wäre wohl, sie würde alles hinschmeißen...

Den Kindern gehe es gut, erzählen Anne und Bernd auf meine Frage, sie seien überraschend selbständig. Die Tochter rebelliere allerdings ab und zu mit besonders pingeligem Eßverhalten auf die Spannung zwischen ihnen, und der Sohn bringe es fertig, daß Anne tagelang zu Hause bleibe, wenn er Bauchweh oder ein halbes Grad Fieber vorweise... Annes Angst, die Kinder müßten für ihren sogenannten Ehrgeiz bezahlen, lasse sie ganz besonders intensiv auf deren Bedürfnisse und Launen eingehen. Aber dieses Thema steht für sie vorläufig nicht zur Diskussion.

Bernd erzählt, daß seit der Rückkehr nach Deutschland zwischen ihnen nichts mehr so sei, wie es einmal war. Er sei daran, sich zu habilitieren, was ihm viel Spaß mache, und leite außerdem eine Spezialabteilung an einer Klinik, sei also leider fast 200prozentig von der Arbeit absorbiert. Allerdings könnten sie sich nun auch eine Kinderfrau leisten, und in kritischen Zeiten würden die beiden Großmütter noch so gern einspringen, was Anne aber lieber nicht wollte. Auch habe er seiner Frau versprochen, sich nach seiner Habilitation wieder mehr um die Familie zu kümmern, weshalb er ihre ständige Verstimmung, aber noch mehr ihre unheimlichen Wutausbrüche ihm gegenüber »doch nicht so ganz akzeptieren könne«. Kürzlich hätte sie ihm sein bestes Paar Schuhe zum Fenster hinaus in den Schnee geworfen, als er sich gerade für einen wichtigen Vortrag anzog!

In einem Punkt sind Anne und Bernd sich einig: Ihre Probleme zeigen sich am schmerzlichsten in ihrer mangelnden Kommunikation und dem Fehlen von emotionaler wie auch sexueller Intimität. Selbst wenn sie ab und zu ein Wochenende allein hätten, wenn die Kinder bei den Großeltern seien, »passiere« gar nichts mehr zwischen ihnen, wofür sie doch etwas zu jung seien, finden beide.

Wie sie im Rückblick, vier Jahre später, ihre Krise verstehen

Anne: »Ich hatte Bernd lange bewundert für seinen Ideenreichtum, seine Hilfsbereitschaft und seinen Einsatz im Beruf – solange, als ich das Gefühl hatte, er unterstütze auch mein geistiges Fortkommen. Früher hatte ich neidlose Freude an seinen Erfolgen. Ich zeigte ihm meine Bewunderung und tat alles für ihn. Aber mehr und mehr fühlte ich mich von ihm ausgenutzt und benutzt. Sein Nichterfassen meiner Situation, die so anders war als die seine, fand ich unglaublich. Da ist er beschenkt mit so vielen Gaben, kann auf andere eingehen, hat einen guten Verstand und weiß in der Arbeit auch menschliche Beziehungen zu durchschauen. Das mache ihn zu einem vorzüglichen Arzt, sagen die Leute. Aber daheim schaltete er mich mit seiner rhetorisch überlegenen, schnellen Gangart einfach aus und walzte förmlich über mich hinweg. Er dozierte auch in der Familie über alles und hatte auf jede Frage eine Antwort. Aber ob ich ihm etwas bedeutete, wußte ich seit Jahren nicht mehr. Ursprünglich habe ich mir mit unserem ausgiebig diskutierten Arrangement ein ausgeglichenes gegenseitiges Geben und Nehmen erhofft. Während der Jahre in den USA war das auch so. Aber seit unserer Rückkehr in die alten Verhältnisse wirkte Bernd wie der letzte Patriarch. Sein Wohlwollen verströmte er bloß dort, wo ihm Ruhm und Anerkennung sicher waren.«

Bernd: »Ich verstand zwar, daß Anne mit mir unzufrieden war. Ich habe meine Karriere vorwiegend dank ihrer Unterstützung aufgebaut – aber diese Unterstützung gab sie mir nicht ohne hohe Ansprüche an meine Leistung. Wie oft hat sie mich wissen lassen, daß sie damit rechne, die Frau eines berühmten Mannes zu sein! Wie oft auch, daß sie sich in ihrem eigenen Beruf nichts zutraut. Meine Unterstützung und Herausforderungen an sie, etwas aus ihren Talenten zu machen, waren in den Wind geredet. Anne entwertete sich selber viel zu sehr. Mit der Zeit gab ich auf – aus Hilflosigkeit, nicht aus Bosheit. Irgendwie erinnerte mich Anne immer mehr an meinen fordernden, nie ganz zufriedenzustellenden Vater und meine zwar liebevolle, aber gleichzeitig unheimlich anspruchsvolle Mutter. Erst langsam merkte ich, daß ich eigentlich so deprimiert war wie Anne, vor allem über unsere abhanden gekommene Leidenschaft.«

In einer kurzen Außenbeziehung zu einer jungen Kinderschwester lebten Bernds frühe Gefühle der lustvollen Unbekümmertheit auf. Er konnte leidenschaftlich sein, sich fallenlassen. Und er merkte dabei, daß er Angst hatte vor sogenannt starken Frauen, besonders vor Anne. Er wünschte sich, nicht ständig aktiv, kompetent und überlegen sein zu müssen. Seine Außenbeziehung ließ ihn nachholen, was er bisher nur sehr kontrolliert gelebt hatte: Genußfähigkeit und Ekstase. Er lernte, auf seine eigenen Bedürfnisse zu achten, und wollte seiner Freundin, Anne und sich selber beweisen, wie liebesfähig er sei. Aber langsam merkte er, daß sporadische Leidenschaft anstelle einer verbindlichen Alltagsbeziehung keine Antwort war auf die vielen Fragen, welche diese Krise an ihn stellte. Irgendwann erwachte er wie aus einer Trance. »Ich wollte Durchblick und Perspektiven, und ich wollte Anne nicht verlieren. Das war, als ich um Paartherapie bat. Anne hatte diese schon lange vorgeschlagen, aber ich habe immer ein gesundes Mißtrauen gegen Psychologie dagegen vorgebracht.«

Im nachhinein verstehen beide ihre Entwicklung so, daß sie sich anfänglich wie zwei Kinder aneinander geklammert hatten – nach außen strahlend, nach innen leer und gierig auf Liebe und Bestätigung. Richtig zusammengeschmust hätten sie sich in den ersten Jahren, zwei Gute gegen die überfordernde Welt, erzählen sie. Als Bernd sich dann in dieser Welt etabliert hatte und seine frühere Leere sich mit Ruhm und persönlicher Anerkennung zu füllen begann, wurde Anne fordernd und unbequem. Mit ihrer Zwei auf dem Rücken sehnte sie sich intensiv nach seiner Bestätigung für alles, was sie selber war und zum gemeinsamen Leben beitrug. Aber Bernd hörte in ihren Wünschen bloß noch, daß sie sich als sein Opfer sah. Da lief er ihr innerlich und äußerlich davon. Zu sehr erinnerte ihn ihre Haltung an seine Mutter, die Unterlegene des fordernden Vaters, an seine alte Hilflosigkeit und die Schuldgefühle ihr gegenüber.

Die Anfangszeit dieser Therapie war mühsam. Bernd forderte mich genau so wie seine Frau heraus, Position zu beziehen, ihn nicht länger mit seiner Ungewißheit, ob sich Anne ihm je wieder zuwenden würde, allein zu lassen. »Unsere Krise wurde durch Sie als Therapeutin zuerst sogar gepflegt«, schreibt er im Rückblick. »Vielleicht haben Sie gespürt, daß eine Schonzeit nötig war und daß unserer Atemlosigkeit nicht durch Rezepte oder die Herausforderung, uns endlich zu entscheiden, beizukommen war. Aber für mich schien das anfänglich verlorene Zeit. Ich wollte eine klare Stellungnahme, auch von Ihnen. Ich wollte wissen, woran ich war, und ich habe mich über Sie geärgert, daß ich mein Anliegen nicht durchsetzen konnte. Erst nachträglich merke ich, daß Ihr langer Atem uns zu einem eigenen Weg verholfen hat. Damals haßte ich diese Langsamkeit.«

Anne: »Ich wollte mich rächen an Bernd und nicht einfach klein beigeben. Als Therapeutin empfand ich Sie manchmal zu wenig auf meiner Seite. So wütete ich noch eine Zeitlang, auch gegen Sie, bis ich merkte, was meine Wut bedeutete. Es war Wut auf meinen Mann, aber auch auf meine Eltern, die mir alle Arbeit für ihre Beziehung zugeschoben hatten und mich glauben ließen, ich sei zwar lieb und hübsch, aber eigentlich nicht intelligent. Vor allem galt meine Wut mir selber, daß ich nämlich wie eine Marionette den alten Tanz der Geschlechter mitgetanzt habe, so »modern« ich nach außen auch auftrat. In meiner tiefsten Depression begann ich, Philosophie zu studieren. Da merkte ich, daß ich wirklich eigenständig denken kann. Ich bin noch heute am Lesen von Philosophen und besonders von feministischen Philosophinnen und fülle mein Leben mit neuen Inhalten.«

Anne hat inzwischen ihre Dissertation abgeschlossen und ist von der Universität weggegangen. Sie hat ein Teilzeit-Deputat an einem Gymnasium übernommen und arbeitet daneben als Mitarbeiterin in einer Umweltorganisation, insgesamt ein volles Pensum. Ihre Arbeit erlebt sie nun als anregend und sinnvoll. Auch die Balance zwischen Familie und Arbeit gelingt besser als zuvor, da die zwei Löhne der beiden Partner ihnen erlauben, jeden Tag eine ältere Frau als »bezahlte Großmutter« anzustellen. Die Kinder mögen diese sehr.

Bernd hat nach ausgiebigen Diskussionen mit Anne und den Kindern ein Angebot für eine Professur in den USA ausgeschlagen. Die ganze Familie fühlt sich inzwischen in Deutschland wieder so verwurzelt, daß ihm diese Entscheidung nicht schwer gefallen ist. Allerdings gab es zwischen Anne und ihm nochmals eine heftige Auseinandersetzung, als sie ihn aufforderte, nun endlich vorwärtszumachen und sich im eigenen Land nach einem Lehrstuhl umzusehen. Der alte Traum, daß sie durch ihn zu sozialem Ansehen komme, war lebendig geblieben, selbst als es ihr beruflich besser ging.

Anne hatte während der Paarkrise ebenfalls eine kurze Außenbeziehung: »Balsam für mein angeschlagenes Selbstwertgefühl, aber keine Alternative zu Bernd«, nennt sie die Erfahrung im nachhinein. Die damit verbundenen Konflikte intensivierten den gemeinsamen Dialog. Schmerzhaft erlebten sie ihre beidseitige riesengroße Verletzlichkeit auf mögliche Liebesverluste. Bernd konnte zum ersten Mal über seine eigenen Ängste reden, für Anne emotional und sexuell nicht »gut genug« zu sein. Auch Konkurrenzängste kamen bei beiden hoch: Wer muß mehr geben, wer bekommt mehr? Wer gilt mehr, wer stellt sich in den Schatten? Anne und Bernd kamen auf ihre frühere romantische Vorstellung von der wundersamen gegenseitigen Ergänzung zu reden: Zwei halbe Menschen werden zu einem vollkommenen Ganzen und schmusen sich gegen Gott und die Welt zusammen mit dem Risiko, daß immer einer sich aufbläht und der andere einschrumpft, um die Harmonie des Ganzen zu bewahren. Lange war Anne es gewesen, die einschrumpfte, um Bernd die Bühne für das Aufblähen zu überlassen. Erst durch ihre Schreibhemmung und die depressive Erkrankung konnte sie ihre eigenen Entwertungstendenzen erkennen und die Verantwortung dafür übernehmen. Sie hörte auf, ihren Mann zu beruflichem Erfolg anzutreiben, um sich darin zu sonnen.

Anne über ihre Entwicklung: »Erstaunlich, wie bei uns trotz unserer modernen Lebensform die alten Ideen unter der Oberfläche weiterlebten: dem Mann die Vernunft und der Erfolg, der Frau die Familie und im Beruf den zweiten Rang. Inzwischen habe ich ein Selbstwertgefühl gefunden, das mich innerlich unabhängiger macht von Bernd. Das ist manchmal traurig, für ihn wohl mehr als für mich. Vielleicht sucht er sich doch einmal eine altmodische Frau, die von ihm materiell abhängig ist und ihn seelisch versorgt? Das wäre nun nicht mehr mein Ende, obwohl ich eigentlich gern mit ihm zusammen alt werden möchte. Ich lerne jetzt täglich, auf mich zu hören, mir Zeit zu nehmen für mich selber. Das Allerwichtigste, was ich gelernt habe, ist ein neues Gefühl für die Zeit: Sie auskosten und bewußt erfahren, nichts mehr erzwingen oder überstürzen, das bedeutet Leben für mich. Am meisten profitieren davon unsere Kinder, die meinen neuen Rhythmus genießen. Ich erlebe übrigens in einer politischen Arbeitsgruppe zum ersten Mal nahe Beziehungen zu Frauen, mit denen ich sogar streiten kann, ohne daß sie mich ablehnen. Inzwischen habe ich eine Einzeltherapie begonnen, weil ich mich mit den nun anstehenden Entflechtungen dort befassen will, wo sie hingehören: bei meinen Eltern. Zum ersten Mal in meinem Leben rede ich über ganz Persönliches mit meinem Vater und meiner Mutter. Das ist eine sehr bewegende Erfahrung.«

Bernd über seine Entwicklung: »Ich habe gelernt, wie unterschiedlich wir sind, trotz unserer scheinbar ähnlichen Geschichten. Das Fremde an Anne, besonders ihre geistige Unabhängigkeit, zieht mich viel mehr an als das, was ich früher an Vertrautem bei ihr fand. Manchmal erleben wir gerade wegen dieser Fremdheit Höhepunkte wie nie zuvor. Aber es macht mir auch Angst, daß ich jetzt so wenig von Anne erfahre. Ich möchte gern, daß sie mich noch mehr informiert über sich selber und mich gefühlsmäßig herausfordert. Trotzdem bin ich vorläufig bereit, Anne den eigenen Weg zu lassen, für den sie offenbar andere Menschen braucht. Wie lange ich Geduld habe, weiß ich allerdings nicht.

Dadurch, daß ich mich in der Paartherapie intensiv mit den Aufträgen aus meiner Biographie auseinandergesetzt und viele von ihnen zurückgewiesen habe, bin ich ruhiger geworden und muß nicht mehr atemlos auf immer neue Ziele zusteuern. Ich habe beschlossen, mich nicht um einen Lehrstuhl zu bewerben, sondern leitender Arzt mit Lehrauftrag zu bleiben auf das Risiko hin, meine Eltern zu betrüben. Anne steht in dieser Entscheidung nun hinter mir, und die Erleichterung darüber spüre ich täglich. Nur darum halte ich dieses Warten auf sie überhaupt aus. Entscheidend verändert hat sich inzwischen meine Beziehung zu den Kindern. Sie blühen beide richtig auf, ganz besonders unser sogenannt schwieriger Sohn. Mit dem Risiko, daß Anne vielleicht doch noch eine Trennung wählt, kann ich auch darum besser leben.«

Kommentar zum Doppelkarrieren-Modell und zu Anne und Bernds Geschichte

Die Konstellation von Doppelkarriere und Familie ist wohl die reichste, aber auch die widersprüchlichste von allen bisher beschriebenen. Auf der einen Seite existiert dafür die moderne Vorstellung einer »symmetrischen«, gleichwertigen Beziehung, auf der anderen bleiben die alten Bilder der Komplementarität von Frau und Mann unter dem Firnis des Neuen lebendig.

Solche Leitbilder existieren nach wie vor als »Landkarten« in unseren Köpfen, anhand derer wir unsere Alltagswelt einschätzen, und sie werden mehr oder weniger deutlich bestätigt von den Erfahrungen in dieser Welt. Erst wenn das Leben darin unerträglich wird und mehr desselben Verhaltens zu mehr Problemen führt, raffen wir uns auf, unsere Landkarten zu überholen und neue Ansichten zuzulassen. In meiner Befragung sind es deutlich mehr Frauen als Männer, welche diesen Schritt machen – ganz besonders um die Lebensmitte, wie bei Anne. Die neuen An- und Durchsichten sind jeweils nicht nur befreiend, sondern auch schmerzlich, weil sie neben Handlungsmöglichkeiten auch Grenzen deutlich machen. Und sie rufen nach Entscheidungen zum Wandel – mit oder ohne Partner oder Partnerin.

Hier ein paar dieser alten Leitbilder, die ich unter dem Firnis progressiver Ideen von Doppelkarriere-Familien gefunden habe:

»Nur Mütter sind Eltern«

Diese Idee wird nicht nur von Großeltern, Lehrern und Nachbarinnen vertreten, sie lebt auch in den Köpfen der Mütter selber. Die Vorstellung, daß andere Menschen ihre Kinder versorgen, ist für viele berufstätige Mütter nach wie vor schwierig. Diese Schwierigkeit wird genährt durch die ständige Beobachtung durch ihr Umfeld sowie die eigenen hohen Erwartungen: »Gerade weil ich eine eigene Karriere will, darf es meinen Kindern an gar nichts fehlen.« Kinder reagieren mit ihren wunderbaren Antennen passend und präzis auf ein solches Klima der ständigen psychischen Überanstrengung. Sie karikieren nicht selten die Ängste ihrer Mutter: ein 8jähriger ißt zum Beispiel, wenn die Großmutter ins Haus kommt (welche zwiespältig auf die Laufbahn ihrer Tochter reagiert), nichts anderes als Butterbrot – da kann Großmutter kochen, was sie will. Oder eine 10jährige, ein selbstsicheres, temperamentvolles Kind, ruft ihre Mutter oft mitten aus einer Geschäftssitzung mit der dramatischen Nachricht, sie habe schreckliche Angst vor dem Alleinsein – obwohl ihre langjährige geliebte Kinderfrau und ihre ältere Schwester bei ihr sind. Wenn dann ihre Mutter heimgerast kommt, weiß die Tochter meistens selber nicht mehr, warum sie telefonierte...

Auch wenn Väter ihren Teil an der Familienarbeit übernehmen, bleiben Mütter häufig die wichtigsten Ansprechpartnerinnen der Kinder und ihrer Bezugspersonen in der Welt draußen: Die Musiklehrerin beklagt sich bei der Mutter, nicht beim Vater des Kindes, wenn es nicht geübt hat, und Lehrer oder Lehrerin schickt selbstverständlich Müttern den Auftrag zum Kuchenbakken für den Elternabend.

»Seine Profession ist wichtiger als ihre Arbeit«

Professionalität hat definitionsgemäß mit einer guten beruflichen Ausbildung auf einem Gebiet zu tun, das der Sinnfindung und Selbstentfaltung von Frauen und Männern dient. Ihre berufliche Identität wird ihnen nicht geschenkt, sie setzt Jahre des Verzichts auf Einkommen und Anerkennung voraus. Wenn ein Mann und eine Frau mit ähnlichem Ausbildungsstand eine dauerhafte Beziehung eingehen und schließlich Kinder wollen, verkommt aber die Profession der Frau häufig zu einem Job. Die erhofften Früchte erntet sie selten. Es sind dabei, wie bei Anne und Bernd, nicht bloß egoistische Interessen des Mannes, sondern die Bedingungen von Arbeitswelt und Familienleben, welche diese Enttäuschung bewirken.

Ganz besonders in den »alten Professionen« des Arztes, des Pfarrers und des Richters scheint es programmatisch, daß die Frauen auch bei gleicher Ausbildung beruflich zurückstecken und einen Job ausfüllen, während ihre Männer dem gesellschaftlichen

Professionalisierungsanspruch genügen. Besonders bei Ehen zwischen einem Arzt und einer Ärztin oder einer Akademikerin aus einem anderen Gebiet fällt mir auf, als wieviel »schützenswerter« die Arbeit des Mannes eingestuft wird, auch von Frauen. Das entspricht nicht immer dem Wunsch des Mannes, wie meine Untersuchung zeigt. Ein Arzt, dessen Frau als Zahnärztin mit einem Kind einen Tag pro Woche arbeitet, schreibt: »Ich fände es wunderbar, wenn meine Frau Gleichberechtigung auch bezüglich unserer Finanzen möchte. Ich strebe nicht den 1 zu 1 Unterhaltsfall an, aber ich möchte schon gerne, daß sich die Emanzipation meiner Frau auch auf diesem Gebiet zeigt. Entweder könnte sie sagen ›Danke, Mann, daß du uns so toll versorgst‹ oder ›Ich bin bereit, mich mit dir in die Ernährer- und Führerrolle der Familie zu teilen‹.« Beides würde er mit Handkuß akzeptieren, schreibt er.

Natürlich kann die Arbeit des Mannes als die sogenannt sinnvollere und ertragreichere von ihm jederzeit auch als Argument gegen sein Familienengagement vorgeschoben werden, vor allem dort, wo sie mit einer »Berufung« verbunden ist. Es ist wohl kein Zufall, daß die Krisen bei dieser Konstellation so oft Arzt- oder Pfarrerehen betreffen!

»Alte Erwartungen im Gewand progressiver Rollenverteilung«

Viele Frauen und Männer mit höherer Ausbildung heiraten spät und haben auch erst spät Kinder. Während die Frauen nach meiner Erfahrung meistens eine Alternative zur Ehe ihrer Eltern entwerfen, rutschen ihre Männer oft unbemerkt auf die Schiene der Imitation der elterlichen Ehe. Die Frau möchte Symmetrie und Gleichwertigkeit von Privilegien und Pflichten, der Mann möchte die alte Komplementarität, bei der er die materielle Versorgung leistet und dafür von seiner Frau emotional genährt wird.

Wenn sich zu diesen allgemeinen Unterschieden in den Rollenvorstellungen die Unsicherheit einer Frau in einer für sie neuen Situation gesellt wie bei Anne, ist ihre Zuflucht zu alten, mit »Weiblichkeit« gekoppelten Verhaltensweisen fast unvermeidbar. Auf der einen Seite kann professionellen Frauen ihre Fremdheit in Männerdomänen zum Verhängnis werden, weil sie deren Regeln und Rituale nicht verstehen – beispielsweise, was Rivalität betrifft. Auf der anderen Seite behindert darin – gerade wenn eine

Frau sich fremd fühlt – ihre erlernte Tendenz, durch die sogenannte »Beziehungsarbeit« Zuwendung zu gewinnen, ihre berufliche Durchsetzungsfähigkeit. Wenn eine Berufsfrau eine familienähnliche Bindung an ihren Arbeitskontext eingeht, geschieht es leicht, daß ihre eigenen Anliegen und Projekte darin verschwimmen. Das ist natürlich bequem für andere, ganz besonders für paternalistische Vorgesetzte, die eine kompetente Mitarbeiterin schätzen, solange sie keinen eigenen Platz an der Sonne beansprucht. Aber auch die übrige Welt trägt zu dieser Verwirrung des weiblichen Selbstverständnisses bei. Wenn zum Beispiel Frau Doktor X, also Anne in diesem Porträt, am Telefon hartnäckig als Vorzimmerdame des Chefs behandelt wird, wird es ihr schwerfallen, sich durchzusetzen, ohne damit eine andere Frau zu diskriminieren.

Frauen mit eigenen Karriereanliegen werden in der Arbeitswelt zwar kaum mehr offen zurückgewiesen, aber sie werden auch nicht fraglos akzeptiert, weshalb bei diesem Dilemma ihr Rückgriff auf vertraute, familienähnliche Interaktionsformen verständlich, aber für sie wenig hilfreich ist.

»Alles gleichzeitig leben wollen« verstößt gegen die puritanische Ethik

Ich habe mich gefragt, wie es kommt, daß so viele Angehörige progressiver Lebensformen, so viele kreative, erfolgreiche Menschen wie Anne und Bernd, die Früchte aus den Samen nicht genießen, die sie säten und pflegten. Wie kommt es, daß eine *lustfeindliche Ethik* sich ausgerechnet bei ihnen so unheilvoll mit den positiven Möglichkeiten des modernen Individualismus verknüpft, welcher sie ursprünglich aus konventionellen Bahnen austreten ließ?

Mit leisem Schaudern höre ich immer wieder, zum Beispiel von Politikern, aber auch von Berufskolleginnen und -kollegen, daß Menschen wie Anne und Bernd, welche »alles gleichzeitig leben wollen«, Familie und Beruf, selber schuld seien, wenn sie damit Probleme hätten. Aus eigener Erfahrung mit dieser Lebensform weiß ich nur zu gut, wie solche Vorstellungen zu sich selbst erfüllenden negativen Prophezeiungen werden können. Erfolgreich sein ist zwar in unserer Welt wichtig, aber doch nicht, wenn ein

Mann (und besonders eine Frau) sich nicht an die konventionellen Vorstellungen von Askese hält, die damit verbunden sind! Das heißt, wenn Frau und Mann sowohl ihre Familie als auch ihre Arbeit lieben und trotz aller Plackerei beides gleichzeitig pflegen wollen. – Ist es vielleicht so, daß politisch oder psychotherapeutisch Tätige gerade dieser Lebensform so kritisch gegenüberstehen, weil sie so nahe an eigene, zwiespältige Erfahrungen mit dem »alles wollen« herankommt?

Ich kenne zwei Erklärungsmodelle für das menschliche Dilemma, welches als Lust am Beeinflussen der Welt und am *»alles wollen«* einerseits und als *Angst vor Strafe* dafür anderseits beschreibbar ist. Das erste ist ein psychoanalytisches, das zweite ein soziologisches Modell. Im Falle der Psychoanalyse wird das beschriebene Dilemma als »narzißtische Störung«[1] bezeichnet. Dieser Begriff bezieht sich auf Menschen, welche in einer zwanghaften Bindung an die Vorstellungen anderer leben, die sie jedoch nie ganz erfüllen können, weil sie sich selber als nie ganz in Ordnung bewerten. Ihre Erwartungen an sich selber sind so hoch, daß sie ihnen niemals ganz entsprechen können – jedoch was sie eigentlich selber wünschen und begehren, wissen sie nicht. Die Realität der Arbeit und der Familie dient ihnen als Bühne der Selbstthematisierung und Selbstdarstellung, als Basis für Identitätsfindung in der Hoffnung, irgendwann würden durch »richtiges Handeln« alle ihre Sehnsüchte nach bedingungsloser Liebe erfüllt.

Normalität bedeutet gemäß der narzißtischen Theorie also »Nicht-Individuation« durch Nicht-Ablösung von den Vorstellungen anderer. Die Frage: »Was erwarten andere von mir?« oder »Was fühle ich wirklich?« steht an Stelle der Frage: »Was tue ich, und wie tue ich es?« Wird die unmenschlich hoch angesetzte Leistungslatte nicht erreicht, was zu dieser Vorstellung gehört, muß die Erklärung dafür in den Mängeln der eigenen Person gesucht werden. Die entsprechende Distanzlosigkeit zum Selbst wird mit dem Mythos von Narziß beschrieben:

> »Der Mythos von Narziß hat eine doppelte Bedeutung: Die Versenkung ins eigene Selbst hindert Narziß daran zu erfahren, was er ist und was er nicht ist; und die Versenkung ins eigene Selbst zerstört den, der sich auf sie einläßt. Narziß sieht sein Spiegelbild auf der Wasseroberfläche, vergißt, daß das Wasser etwas außer ihm Existierendes ist und wird blind gegenüber dessen Gefahren.«[2]

In der populären psychoanalytischen Literatur zum Narzißmus-Thema hat Alice Miller[3] auf diese Problematik verwiesen. Die sogenannte narzißtische Charakterstörung wird von der Autorin vorwiegend mit den Erfahrungen der Kindheit begründet. »Begabte«, in besonderer Weise für die Bedürfnisse ihrer Eltern sensible Kinder entziffern gemäß dieser Theorie auch die subtilsten Erwartungen ihrer »unbegabten Mütter (oder Väter)«, also ihrer übermäßig bindenden oder ausbeutenden Eltern, und verlieren sich selbst und ihre Lebendigkeit, indem sie sich diesen total anpassen. Zwei typische Gefühlszustände resultieren gemäß dieser Theorie aus solchen frühen Erfahrungen: zum einen die Furcht, nie zu genügen, verbunden mit der Angst davor, etwas zum Abschluß zu bringen; zum anderen ein Zustand der ständigen Selbstentwertung und der inneren Leere. Solche Gefühle können bewirken, wie Anne und Bernd es von sich beschreiben, daß ihre Fähigkeit zum Genuß und zum spielerischen Umgang mit ihren vielen Talenten einem atemlosen Leistungsstreben geopfert wird in der Hoffnung, daß sie als Erwachsene endlich die bedingungslose Anerkennung finden, welche sie als Kinder fast nur als Musterschülerin und Musterschüler erfuhren. Anders gesagt, solche Menschen können sich nur über Arbeit als reale Personen definieren – sie sind ihre Arbeit! Die Härte gegenüber sich selber sowie ihr Perfektionismus, das »Superman- und Superwoman-Syndrom«, mit dem Anne und Bernd sich selber beschreiben, paßt zur Theorie des Narzißmus. Die individualistische Form dieser Theorie engt meines Erachtens jedoch zu sehr ein auf das Geschehen in der Herkunftsfamilie und erzeugt dadurch das, wovon sie zu befreien vorgibt: die Psychologisierung der Kindheit mit der Gefahr, daß »Familie« einmal mehr als der Hort von Unterdrückung bzw. als einziger Nährboden für eine gesunde emotionale Entwicklung definiert wird.

Das zweite Erklärungsmodell, das soziologische, kommt ohne Beschuldigung der Familie und der Eltern aus, indem das Phänomen narzißtischen Verhaltens mit dem historischen und gesellschaftlichen Prozeß verbunden wird. Es lohnt sich, anhand des Werkes von Richard Sennett[4], einem amerikanischen Soziologen, einen Blick auf den Modernisierungsprozeß zu werfen, welcher die Entstehung einer narzißtischen Gesellschaft in einen umfassenden Rahmen stellt. Der Autor stellt mit seiner Theorie den allgemeinen Mythos in Frage, menschliches Unglück resultiere aus der »Entfremdung und Kälte der Gesellschaft«. Seine These ist im Gegenteil, daß die emotionale Verschmelzung von »Selbst und Welt«, das heißt die Privatisierung der öffentlichen Räume von Arbeit, Politik und Kultur, genau diese Entfremdung von der Gesellschaft bewirke. Die Folge ist eine übermäßige Anheizung von menschlichen Beziehungen, draußen in der Welt und drinnen in der Familie. Sennett nennt diesen Prozeß die »Tyrannei der Intimität«.

Auf der einen Seite läßt sich in der »Moderne« die Aufhebung der alten Orientierungsmerkmale beobachten, welche Menschen mittels Herkunft und Schichtzugehörigkeit eine lebenslängliche soziale Identität zuwiesen, die kaum zu verändern war. Dadurch sind Frauen und Männer heute freigesetzt von traditionellen Bindungen und Einengungen. Es eröffnen sich ihnen Möglichkeiten, Identität und Individualität mittels persönlicher Leistung selbst zu entfalten. Bildungsbereitschaft, Fleiß und Anpassungskraft werden von den gesellschaftlichen Normen und Bedingungen belohnt. »Jeder als seines Glückes Schmied, jede als ihres Glückes Schmiedin« heißt das Motto dafür. Wenn jedoch Glück durch Bildung, Leistung und Anpassungsbereitschaft nicht erreicht wird, muß gemäß dieser Vorstellung die Ursache dafür in persönlichen Mängeln, also im individuellen Charakter stecken. Mehr Anstrengung und noch mehr Bereitschaft, den Genuß hinauszuzögern, gilt als Zeichen von Charakter und als Voraussetzung für Erfolg. Ständige Selbstprüfung, ja Selbstversenkung, um die Mängel der eigenen Person zu beheben, wie Anne das in den Tiefen ihrer depressiven Krise durch ihre Schreibhemmung signalisierte, sowie die laufende Verbesserung der eigenen »Anlagen« und Talente, sollten nach dieser modernen Vorstellung zur persönlichen Identität und zur Intimität mit anderen führen. Erfolg und sozialer Aufstieg werden in der soziologischen Beschreibung von narzißtischen Menschen als wichtigstes Lebensziel definiert. Ihr Handeln wird jedoch nicht daran gemessen, wie dieser oder jener seine Arbeit leistet, sondern wie er oder sie sich dabei fühlt und wie andere sich ihm gegenüber fühlen. Bei allem, was ein narzißtisch geprägter Mensch tut, muß er in erster Linie *sich selbst* spüren.

Wer, wie Anne und Bernd, die Konventionen ihrer Herkunft

verlassen hat und im privaten und beruflichen Leben in nicht vorgezeichneten Bahnen geht, gehört zur breiten »Klasse von Neuankömmlingen«[5]. Sie alle bewegen sich in Räumen, welche vor ihnen noch keiner aus der Familie betreten hat. Anne zum Beispiel ist die erste Frau ihrer Familiengeschichte und Bernd der erste Mann in der seinen mit einem Universitätsabschluß. Weil aber Sinn und Bedeutung in dieser neuen Welt nicht vorgegeben sind, existieren sie vorwiegend dort, wo das Selbst sich spiegeln kann, um sich zu finden, in der ständigen Reflexion und Bewertung der eigenen Befindlichkeit.*

Soweit die einengenden Zwänge individualistischer und narzißtischer Tendenzen unserer Zeit, wie ich sie in Kapitel 2 bereits skizziert habe. Auf der anderen Seite vermittelt aber gerade dieser Individualisierungsprozeß Frauen und Männern eine *Chance zur Selbstentfaltung*, wie ihre Eltern sie nicht zu träumen gewagt hätten. Bernd braucht nicht das Geschäft seines Vaters zu übernehmen, und Anne kann als erste Frau ihrer Familiengeschichte ein Studium machen. Traurig finde ich, daß die lustfeindliche calvinistische Ethik sich so unheilvoll mit den positiven Möglichkeiten der Moderne verbindet, welche diese Paare mutig aus vorgespurten Bahnen ausbrechen ließ und sie statt dessen in die »Frage der Angemessenheit des Selbst verstrickt«[6]. Das bedeutet in meiner Erfahrung, daß Paare wie Anne und Bernd als Neuankömmlinge in einer für sie unbekannten Welt vorerst gar nicht anders können, als sich »narzißtisch« zu verhalten. »Erwachsene, die heute im Einklang mit den gesellschaftlichen Normen handeln wollen, müssen sich narzißtisch verhalten«.[7] Wenn zu den allgemeinen Bedingungen modernen Lebens, welche die Versenkung ins Selbst und die gleichzeitige Geringschätzung von sich selber fördern, eine persönliche Biographie als gebundene, mehr für andere als für sich selber verantwortliche Musterkinder kommt, läßt sich ihr Perfektionismus und ihre Tendenz zu »alles oder nichts« noch besser verstehen.

* Natürlich betrifft diese Erfahrung auch Menschen in anderen Lebensformen – sie ist also kein ausschließliches Merkmal von Paaren mit Kindern und zwei Berufslaufbahnen!

Nehmen lernen statt bloß Gefühle bearbeiten und ziellos wünschen

Was hat Anne und Bernd geholfen, mit ihrer Lebensform »Doppelkarriere und Elternschaft«, aus dem Gefängnis als ewige Musterkinder auszubrechen? Und wie gelingt es anderen Paaren in ähnlicher Situation, die zeitgemäße Einladung, Superwoman und Superman zu spielen, zurückzuweisen?

Ich habe in den Erzählungen von Paaren in dieser progressiven Lebensform noch und noch das Wort von der alltäglichen »Abnützungsschlacht« in Beruf und Familie gefunden, auch dort, wo beide ihre Laufbahn in Teilzeitarbeit gestaltet haben. Dazu kam die Beschreibung des ewigen Gefühls, zu kurz zu kommen bei Frau und Mann: zu wenig Zeit zu haben für sich selber, für entspannte Sinnlichkeit, wie auch für die Familie, für Kultur und für Freunde. Sie hätten zwar fleißig geplant und berechnet, erzählen einige, aber statt sich daran zu freuen, daß eigentlich so vieles gut läuft im Alltag, beschreibt ein Mann, Bautechniker und 42 Jahre alt, rückblickend einen »gemeinsamen ehelichen Trott wie von zwei chronisch ausgeleierten, müden Hausfrauen. Ich kontrollierte das Konsumverhalten meiner Frau, sie die Minuten, welche ich mit den Kindern verbrachte. Unsere Arbeits- und Familienwelt wurde von uns aufgebläht zuungunsten von Freundschaften, Außenwelt und Kultur. Bis wir merkten, daß wir beide, unabgesprochen, alle interessanten Projekte außerhalb der Routine ablehnten – aus dem Gefühl heraus, wir müßten ›sparsam‹ umgehen mit unserem Leben. Eben auf keinen Fall zuviel wollen, sonst würde sich das Schicksal an uns rächen.«

Beeindruckend ist für mich zu erleben, wie unermüdlich von den meisten Paaren, die diese Lebensform gewählt haben, im Beratungsprozeß »gearbeitet« wird. Das Wort von der »Arbeit an der Beziehung« ist zwar nicht von ihnen selber, sondern von uns Beraterinnen und Beratern in die Welt gesetzt worden, genau so wie andere puritanische Wörter, die sich auf Krisen und Entwicklungen im Lebenslauf beziehen, zum Beispiel »Trauerarbeit«. Aber gerade bei den vielen ehemaligen Musterkindern, die wie Anne und Bernd als Paar in eine Krise geraten, hüte ich mich davor, sie zum Arbeiten anzuleiten. Lieber ermutige ich sie zum spielerischen Experimentieren mit Versuch und Irrtum anstelle des unendlichen Reflektierens, das sie besser beherrschen als ich selber. Auf diese Weise erspare ich ihnen (und mir) mehr von der beschriebenen Abnützungsschlacht und lade sie zum Genuß ihrer vielen Fähigkeiten ein, an denen ich mich mehr freue als an ihrer fleißigen »Beziehungsarbeit«.

Ein wichtiger Teil der Therapie solcher Paare ist für mich auch, daraus keine unendliche Geschichte zu machen, sondern sie gelegentlich wieder auf ihren eigenen Weg zu schicken mit der Anregung zum Experiment und zum Spiel statt zur Versenkung im Selbst. Die Erkenntnis, daß uns niemand einen Rosengarten versprochen hat und daß Leiden zum Leben gehört, ohne daß es als »Pathologie« ausgezeichnet wird, ist für sie manchmal ärgerlich, weil sie ihnen den Anspruch auf das Besondere vergällt. Aber sie kann auch befreien zu neuer Lebenslust, wie die Frauen und Männer in der Gruppe der »Progressiven« erzählen.

Anstelle von angestrengter Persönlichkeitsentfaltung und Beziehungsarbeit also Chaos und Lebenslust. Anstelle der »sanften Führung durch meine Frau als Voraussetzung für mein beziehungsmäßiges Funktionieren«, wie Bernd sie sich ursprünglich von Anne wünschte, also eigenes Handeln mit Versuch und Irrtum, gerade auch was den Umgang mit anderen betrifft. Und anstelle von Annes »alles allen recht machen und sich dabei selber verlieren« das tun, was eigene Projekte vorantreibt, dabei gut zu sich selber schauen und individuelle Räume beanspruchen. Anstelle der angestrengten Ablehnung von Konventionen, für welche Anne und Bernd früher unendlich viel Energie brauchten, ein spielerisches Umgehen mit den Normen ihres Milieus. Und anstelle von Domestizierung der Leidenschaft durch verbissenen Fleiß ein »aufgeklärtes Eigeninteresse« leben, wie Sennett[9] es nennt:

»Die beste Definition eines ›funktionierenden‹ Ichs ist die folgende: Es hat gelernt zu nehmen und nicht bloß zu wünschen. Das klingt besitz- und herrschaftsorientiert; in Wirklichkeit jedoch sind Leute, die gelernt haben zu nehmen, bescheidener als die, die im Narzißmus eines ziellosen Wünschens steckengeblieben sind.«

Es ist also nicht die progressive Lebensform von »Zweikarrieren-Paaren« an sich, sondern ihre unheilvolle Verquickung mit puritanischen Vorstellungen, die ihnen zum Verhängnis werden kann. Wenn ich die Geschichten der Befragten in dieser Gruppe aufmerksam lese, ist die beschriebene Abnützungsschlacht nicht zwingend mit dieser Lebensform verbunden. Sie entspricht vielmehr der Meinung, welche solche Paare haben, wenn sie »alles« wollen: dem ewig schlechten Gewissen ehemaliger Musterkinder. Wenn sie zwar bei Woody-Allen-Filmen, welche diese Lage wunderbar karikieren, herzhaft lachen können, im eigenen Leben aber ihre »Gefühle bearbeiten« müssen, statt herzhaft zu lachen oder zu schimpfen und sich das zu nehmen, was sie brauchen, geben sie den Auftrag zur penetranten Selbst- und Beziehungsreflexion und das ewig schlechte Gewissen auch an ihre Kinder weiter. Besonders ihretwegen lohnt es sich, daß Vater und Mutter »nehmen lernen« statt bloß zu wünschen!

Es dürfte der Leserin und dem Leser deutlich geworden sein, daß ich ganz besonders in diesem Kapitel die eigene Geschichte in einer »progressiven« Lebensform mitlaufen ließ. Mein Interesse gilt dabei nicht nur der persönlichen Selbstentfaltung von Frau, Mann und Kind, wie sie in dieser Konstellation in besonderer Weise möglich ist, sofern Leben improvisiert statt perfektioniert wird. Mein Interesse gilt ganz besonders der Frage, wie in Familienformen, bei denen Menschen leidenschaftlich ihren Interessen und Projekten nachgehen und dadurch auch Anteil nehmen an nicht-persönlichem Leben, der so oft beklagte Ehe- und Familienmief überwunden wird durch eine Vielfalt von Engagements und Erfahrungen. Sennett nennt diesen Prozeß weg von der Intimisierung des Lebens die »Wiederentdeckung der Grundlagen politischen Verhaltens«[10]. Das bedeutet, und darin liegt der besondere Vorteil dieses Lebensmodells, daß auch Frauen und Kindern eine Tradition eröffnet wird, *sich selbstverständlich mit Dingen zu befassen, die nicht unmittelbar sie selber betreffen*, sondern über den engen Rahmen der Kleinfamilie hinausreichen. Das »Haus« des Paares und der Familie wird auf diese Weise zu einem gut gelüfteten Haus. Und das Leben draußen ist dann nicht ein kaltes, angstmachendes, wenn Familien als Gastgeber das Fremde einladen, ohne es domestizieren zu wollen.

Teil III Die Hauptanliegen und Empfehlungen der Befragten

Kapitel 11

Von Paaren, Leidenschaft und langer Weile: Kommunikation, Intimität und Sexualität in weiblichen und männlichen Vorstellungen

Ein Mann schreibt:
Wenn eine Liebe, die sich unabhängig von der Ehe entfaltet hat, in die Ehe überführt wird, dann ist dies nicht so sehr ein Vorgang physiologischer Art, der die Leidenschaft mit kaltem Wasser übergießt und der Langeweile die Türen öffnet, sondern es ist ein Vorgang, in dem eine bewegliche, aus sich selbst gesteuerte Beziehungsstruktur mit einer festen, vorgegebenen Einrichtung kollidiert.[1]
Eine Frau schreibt:
Nach meiner Erfahrung ist es nicht »naturgegeben«, daß eine auf Dauer angelegte Paarbeziehung erkalten muß. Wenn eine solche Beziehung entwickelt wird, indem die Partner miteinander reden, streiten, übereinstimmen, sich lieben, dann wieder auseinanderfädeln, sich nicht mehr ausstehen können und sich wieder finden – wenn auf diese Weise eine lange Vertrautheit entsteht, finde ich das sexy, nicht langweilig! Intimität, das heißt erkannt zu werden und zu erkennen, ist ein menschliches Wunder.[2]

Diese gegensätzlichen Aussagen eines Mannes und einer Frau Ende der achtziger Jahre treffen den Kern der Fragen, denen ich in diesem Kapitel nachgehen will: Warum wird die Leidenschaft eines Paares so leicht der langen Weile von Verbindlichkeit geopfert? Sind die beiden Grundanliegen jeder Liebesbeziehung, nämlich Erregung auf der einen Seite, Sicherheit und Bindung auf der anderen, überhaupt vereinbar? Wie kommt es, daß Frauen und Männer auch im Zeitalter der sexuellen Befreiung und der vielfältigen Möglichkeiten von Lebensformen solch große Mühe haben mit dem Balanceakt von Leidenschaft und Geborgenheit? Was für Erklärungsmöglichkeiten aus der Evolutionsgeschichte, den unterschiedlichen weiblichen und männlichen Sozialisationserfahrungen sowie der jeweiligen Paardynamik und -struktur gibt es für die beobachteten Unterschiede in den Intimitätsvorstellungen der Geschlechter? Und wie gehen Frauen und Männer mit dem offenbar verbreiteten Widerspruch ihrer Erwartungen bezüglich Sexualität um?

Die Ergebnisse meiner Befragung

Bei aller Unterschiedlichkeit der einzelnen Geschichten gibt es bei den über 30 Paaren, welche mir zur Frage nach der Bedeutung von Kommunikation, Intimität und Leidenschaft Auskunft gaben, ein paar gemeinsame Nenner, die mich in ihrer Einheitlichkeit überrascht haben. Die deutlichste Gemeinsamkeit aller antwortenden Frauen und Männer liegt in ihrer Sehnsucht nach *befriedigender Kommunikation*. Man könnte auch sagen: nach einer gemeinsamen intimen Welt, in welcher sowohl die Geborgenheit im Wir als auch die Leidenschaft, »die nur sich selber kennt und keine Gründe außerhalb von sich selber gelten läßt«[3], ihren Platz haben. Auf welche Weise allerdings ihre Sehnsüchte erfüllt werden könnten, darüber gehen die Ansichten der befragten Frauen und Männer in erstaunlichem Maß auseinander. *Deutlich ist jedoch, wie schwer es allen fällt, sexuelle Leidenschaft mit einer verbindlichen Dauerbeziehung zusammenzubringen.*

Im folgenden geht es darum, die *verschiedenartigen »Landkarten« von Frauen und Männern bezüglich Intimität und Sexualität* genauer zu betrachten. Ich will ihre Auswirkungen auf das Erleben individueller Paare beschreiben und dem Einmaligen ihrer Erfahrung die Folie des Allgemeinen unterlegen. Ich denke da an mögliche unterschiedliche weibliche und männliche Entwicklungen, welche zum Beispiel stammes- und vor allem lebensgeschichtlich begründbar sind, und ganz besonders an die historisch und gesellschaftlich bedingten inneren Bilder von Weiblichkeit und Männlichkeit. Mich interessiert, wie neben der Dimension von Geschichte und individueller Biographie auch jene der Kommunikations- und Entscheidungsmuster eines Paares seinen Umgang mit diesem Spannungsfeld beeinflußt. Oder anders: Wessen Landkarte von Intimität und Sexualität im konkreten Fall entscheidet, und welche Muster gelten, ihre oder seine. Allgemeine Ideen für Lösungen taugen bei diesem persönlichsten und verwirrendsten aller beschriebenen Paarthemen wenig. Ein Blick in die Schatzkammer individueller und gemeinsamer Geschichten der befragten Paare vermittelt aber trotz der offensichtlichen Widersprüche tröstliche Perspektiven. Dank ihrer Entwicklung zu mehr Gleichwertigkeit und Gelassenheit wurden Intimität, bezogene Kommunikation und Leidenschaft zwischen vielen Paaren durch

Krisen wieder möglich, wenn auch nicht in selbstverständlicher Übereinstimmung und Harmonie. Am Ende dieses Kapitels will ich auf ihre Lösungen verweisen.

Seine Intimität ist nicht ihre Intimität

Er will zuerst begehren und sexuelle Erfüllung haben und erst nachher zärtlich mit ihr reden. Sie will zuerst seine und ihre Gefühle erforschen und Intimität im gemeinsamen Gespräch erleben, dann erst mag sie ihn sexuell begehren und von ihm begehrt werden. Gibt es also einen eingebauten Konflikt, nicht nur bei Paaren, die in Therapie kommen: dem Mann die Sexualität, der Frau die Liebe? Wachgerüttelt durch die Antworten auf meine Befragung habe ich im letzten Jahr bei zahlreichen Veranstaltungen zum Thema »Moderne Partnerschaft und Familie« die folgende Passage aus einem Erstgespräch vorgelesen und immer wieder mit Faszination erlebt, wie ein Saal voller Männer und Frauen in Bewegung geriet:

Ein Paar, beide sind um die 40, hat 2 Kinder in den oberen Schuljahren. Er ist Maschinenmonteur, sie hat ein Schneideratelier in der Wohnung. Sie kommen mit dem gemeinsam definierten Problem *»erloschene Intimität und Sexualität«* in die Beratung.

Er: Wenn ich nur wüßte, was sie eigentlich will von mir. Ständig nörgelt sie an mir herum, nichts kann ich ihr recht machen. Immer will sie etwas von mir, was sie, glaube ich, selber nicht weiß. Ich fühle mich echt an die Wand gedrückt von ihren ständigen Forderungen nach Liebe. Liebe! Ist denn das, was ich täglich für sie und die Familie tue, keine Liebe?

Sie: Genau das ist es. Liebe ist Arbeit und Pflicht bei dir, den Sex nimmst du dir. Bei allem guten Willen: so nicht mehr, nicht mit mir. (Zur Therapeutin:) Nie redet er persönlich mit mir. Nie über seine Gefühle. Er will sich bloß an mich kuscheln und mit mir schlafen, ohne je ein persönliches Wort. Wie soll ich denn wissen: »Ich bin gemeint, nicht bloß mein Körper«? Wenn er mal etwas Persönliches sagt, dann ist es fast immer kritisierend. Zum Beispiel: »Warum bist du eigentlich so dick geworden?« Was in seinem Inneren vorgeht, muß ich erraten, weil er mir selber nie etwas von sich selber erzählt. Ich habe keine Ahnung, ob ich ihm noch etwas bedeute als Mensch oder ob er bei mir einfach seine Batterien wieder auflädt.

Er: Aber du solltest doch wissen, daß ich dich gern habe, so wie du bist. Warum brauchst du denn ständig dieses Süßholzgeraspel? (Zur Therapeutin:) Wissen Sie, ich habe überhaupt keine Lust, mich hier von ihr bloßlegen zu lassen. Das kann ich zu Hause haben. Dieses Zerreden von allem, was simpel und gut sein könnte, habe ich satt! Ständig dringt sie in mich ein. *Ständig soll ich bei ihr den Sex mit Reden verdienen. Ich will aber geliebt und begehrt werden von ihr, nicht beredet!* Nachher dann, wenn wir es gut gehabt haben sexuell, dann mag ich vielleicht reden, aber sicher nicht als Vorleistung!

Sie: Ja, genau so geht es. Und wenn ich nachfrage über seine Gefühle, sagt er, *ich dringe in ihn ein*, wie seine Mutter. Dann »mauert« er tagelang. Und jedesmal stirbt bei mir ein Stück Vertrauen. Wie soll ich mit ihm schlafen, wenn er mich gefühlsmäßig draußen vor der Tür stehen läßt? Da werde ich eiskalt innerlich, da geht gar nichts mehr.

Wenn ich beim Rezitieren dieses Dialoges Frauen und Männer einander lachend oder verlegen zunicken sehe und wenn sie schließlich davon erzählen, daß es bei ihnen zu Hause genauso sei, scheint mir etwas an der Sache zu liegen, das über den Einzelfall hinaus Gültigkeit hat. Sind es also vorwiegend Paare in »altmodischen« Strukturen, welche das Muster aufrechterhalten? Dutzende von Paaren in »progressiven« Beziehungskonstellationen sagen jedoch, daß sie dieselbe Erfahrung machen. Sie erzählen, daß das Muster für sie nach wie vor genau in der beschriebenen Art schwierig sei: Frauen wünschen sich, daß ihre Männer sich öffnen und daß sie von ihnen mit Worten, nicht mit Gesten begehrt werden. Mit Worten, die so persönlich sind, daß sie spüren, als Person gemeint zu sein und nicht als »Objekt«. »Ich möchte mir zuerst die Seele und erst dann die Haut streicheln lassen«, schreibt Anne im Paarporträt zur Lebensform der »Doppelkarriere«. Männer, wie ihr Partner Bernd, sehen es genau umgekehrt: »Wenn ich mit ihr schlafen will, habe ich einfach keine Lust, mich zuerst verbal zu entwickeln. Ich will angefaßt, gerochen, geleckt und begehrt werden von ihr, nicht psychotherapiert.«

In unserer Umgangssprache wird Intimität meistens gleichgesetzt mit Sexualität. »Die beiden sind intim miteinander« heißt, daß sie miteinander schlafen. Aber offenbar bedeutet *Intimität* etwas anderes für Männer und Frauen: *Voraussetzung zu sexueller Lust für die Frauen, Ergebnis sexueller Leidenschaft für die Männer. Sie sagt:* Intimität heißt für mich Bestätigung, daß ich nicht bloß dein Teddybär oder irgendein attraktives Ding bin, sondern mich als einmaliger Mensch mit Seele, Geist und Körper, gemeint fühle. Nicht anhänglich-schlapp oder fordernd-aggressiv, sondern zugewandt und persönlich will ich von dir begehrt werden. Für mich beginnt Intimität am Morgen beim Frühstück, wenn wir noch »zu« sind, nicht erst abends im Bett als Vorspiel zum Sex. *Er sagt:* Intimität ist für mich das Zeichen dafür, daß ich als Mann und als Mensch fraglos und ohne emotionale Entblößung von dir angenommen bin. Daß du meine Art zu lieben allen anderen vorziehst, aber mich nicht dominierst mit deinem Besitzanspruch und deiner verschlingenden Gefühligkeit! *Ich will nicht auch noch in der Liebe zuerst Leistungen erbringen, bevor ich etwas bekomme.*

Das alte Muster weiblichen Begehrens lebt auch in neuen Beziehungsformen:

»Immer noch, obwohl sich, vor allem im letzten Jahrzehnt, viele Frauen künstlerisch auf dem Gebiet der Erotik versucht haben, ist dieses alte Muster erkennbar. Zwar wird das begehrende weibliche Ich selbstbewußter; es bricht Tabus und wagt sich abenteuernd in bisher fremde Bereiche vor... Aber auch diese Heldinnen sehnen sich noch immer danach, daß etwas mit ihnen gemacht wird; sie begehren danach, begehrt zu werden.«[4]

Wo liegen die Wurzeln für dieses Muster? Was macht die intime Begegnung von Frau und Mann bei aller gemeinsamen Sehnsucht nach sexueller Erregung wie auch nach Geborgenheit und gefühlsmäßiger Nähe so schwierig? Ich habe darauf keine eindeutige, dafür vielfältige Erklärungsmöglichkeiten gefunden. Stammesgeschichtliche, sozialgeschichtliche und biographische Aspekte der Entwicklung von »Männlichkeit« und »Weiblichkeit« sowie psychologische und strukturelle zur Frage des Umgangs mit ihren Ressourcen beleben den Intimitäts-Diskurs. In den letzten Jahren wird dieser noch zögerlich, dafür unter verschiedensten Aspekten geführt, ganz besonders von Frauen in der Paar- und Familientherapie.

Die Theorie der »Geschlechterpolarität« als evolutionsgeschichtliches Erbe

Hier wird davon ausgegangen, daß das beschriebene Muster Wurzeln in der evolutionsgeschichtlichen Grundausstattung von Mann und Frau habe. Das Hauptargument der stammesgeschichtlichen Erklärung des charakteristischen Musters »er wirbt, sie will umworben werden« liegt gemäß dieser Theorie in den Konsequenzen der inneren Befruchtung,

»die erfunden wurde, um die zuvor unvermeidliche Vergeudung von Keimmaterial einzuschränken. (Sie)... erforderte die Entwicklung dimorpher Geschlechtsorgane. Dabei mußte eine der beiden gegebenen Morphen der Schauplatz der inneren Befruchtung werden. Und da die Samenzellen schon auf Beweglichkeit vorselektiert waren, kam nur der Produzent der Eizellen für Empfängnis und Schwangerschaft in Frage«.[5]

Die Unterschiedlichkeit im Selektivitätsverhalten der Geschlechter wird so begründet, daß als Folge des beschriebenen Differenzierungsprozesses der weibliche Organismus sich im Vergleich zum männlichen viel länger mit dem entstehenden neuen Lebewesen beschäftigen muß. Aus diesem anatomisch bedingten Ungleichgewicht wird abgeleitet, daß die Partnerin deutlich selektiver sein müsse als der Partner und auch eher dazu tendiere als dieser, »eine exklusive eheliche Bindung einzugehen«. Wenn das Weibchen die Auswahl trifft, wird es ausführlich damit beschäftigt sein müssen, »sein Herz zu befragen«, während die Selektivität auf seiten des Männchens, das zur Sicherung der Art die Initiative zu ergreifen hat, »für gewöhnlich viel weniger anspruchsvoll« sei. In diesem Wettkampf um Fortpflanzungsgelegenheiten muß also das männliche Geschlecht alle erreichbaren Chancen nutzen, während das weibliche Geschlecht ein Interesse an einem »höheren Qualitätsanspruch« haben muß, begründet durch seine längere Beschäftigung mit dem entstehenden neuen Lebewesen.

Kommt ihm also der impulsiv fordernde, ihr der anspruchsvoll wählerische Teil im stammesgeschichtlich begründeten Tanz der Geschlechter um sexuelle Vereinigung zu? Und was bringt uns eine solche Begründung? Sollen Frau und Mann sich angesichts ihrer alltäglichen Konflikte überhaupt mit solchen Hypothesen herumschlagen? Bedeuten diese nicht einfach, daß das, was uns unglücklich macht, »biologisch bedingt« und darum unveränderbar sei? Aus welcher Interessenlage wird eine solche Theorie vertreten? Dient sie einfach der Erhaltung des geschichtlich und gesellschaftlich bedingten Status quo: Der Mann muß naturbedingt nehmen, was er sexuell kriegt, und die Frau muß dazu schauen, daß sie wählerisch mit ihrer Sexualität umgeht... Ich bin, wohlgemerkt auf Umwegen, zu einer anderen Meinung gekommen. Für mich ist es tröstlich, nicht ärgerlich anzunehmen, daß unsere menschliche Art des Empfindens und unsere Kultur so etwas wie eine biologische Tiefenstruktur hat, die allerdings nicht mit individuellen Motiven, Bedürfnissen oder Interessen verwechselt werden darf. Ich verstehe es so, daß sich, wenn wir Annahmen darüber machen, wie etwas geworden ist, unsere Freiheit erhöht, etwas daraus zu machen. Nicht »alles neu zu machen«, aber Wesentliches zu verändern! Wenn wir das Motivationsspektrum der menschlichen Natur ahnend verstehen, fühlen wir uns dieser »Natur« weniger hilflos ausgeliefert und können leichter aufbrechen zu neuen Horizonten. Das Wissen, daß »Natur« nicht einfach Schicksal ist, so wenig wie Biographie oder Gesellschaft, und daß uns innerhalb der gegebenen Grenzen *Handlungsspielräume* zur Verfügung stehen, verstehe ich als Aufforderung, diese zu gestalten, und nicht als Begründung für die Festigung des Status quo. Die Theorie von der stammesgeschichtlichen Verschiedenheit begründet nämlich keineswegs, warum z. B. Lehrstühle und Direktionsposten immer noch bloß zu etwa 2 bis 3 % von Frauen besetzt sind!

»Der Mensch ist biologisch bestimmt, eine Welt zu konstruieren und sie mit anderen zu bewohnen. Diese Welt wird ihm zur dominierenden und definitiven Wirklichkeit. Ihre Grenzen sind von der Natur gesetzt. Hat er sie jedoch erst einmal konstruiert, so wirkt sie zurück auf die Natur. In der Dialektik zwischen Natur und gesellschaftlich konstruierter Welt wird noch der menschliche Organismus umgemodelt. In dieser Dialektik produziert der Mensch Wirklichkeit – und sich selbst.«[6]

In Kapitel 2, Seite 43, habe ich darauf verwiesen, daß Biologie und Sozialisation zwei Aspekte derselben Wirklichkeit sind und nicht gegeneinander ausgespielt werden dürfen. Dennoch bin ich der Meinung, daß die Frage, was Menschen sich aus den angelegten Bedingungen machen, für die Alltagsbewältigung die wichtigste ist.

Geschlecht als »gesellschaftliche Konstruktion von Wirklichkeit«: Unterschiedliche Entwicklungsgeschichten von Frauen und Männern

Dies beobachtet: Vorweihnachtszeit in der Kleinstadt. Felix und Regula, die 6jährigen Zwillinge, warten vor dem Supermarkt auf ihre Mutter, die drinnen einkauft. Felix steht in der Türecke, drückt seinen Plüschhund an sich und schaut verträumt und ein bißchen ängstlich den vielen Menschen zu, die hektisch ein- und ausgehen. Etwas später zieht er schlotternd die Schultern ein und schaut angespannt auf die Ladentür, wo noch immer keine Mutter erscheint. Schließlich rinnen ihm Tränen übers Gesicht, er kuschelt sich an seinen Hund und schaut wie ein Häufchen Elend in die Welt... Regula klettert auf dem eisbedeckten Gestänge über der Eingangstreppe herum, rutscht, fängt sich auf und klettert energisch weiter. Als ein alter Mann sie beim Vorübergehen vor der Gefahr des Absturzes warnt, zieht sie eine Grimasse und turnt noch höher. Dann bemerkt sie ihren heulenden Bruder, läßt sich auf den Boden neben ihn fallen und weist ihn zurecht: »So tu doch nicht so blöd. Mama kommt gewiß wieder«, putzt ihm die Nase und legt ihm den Arm um die Schultern, kräftig und tröstend.

Und das gedacht: Wann und wie geschieht die zu erwartende Rollenumkehr bei den beiden? Wann und wie lernt Felix, daß es sich für einen Mann nicht gehört, sich an ein Plüschtier zu klammern und vor Angst zu weinen? Wie wird aus dem verträumten und abhängigen kleinen Buben ein vernünftiger, vorwärtsstrebender Mann, der seine Gefühlsantennen einzieht und gradlinig auf ein Ziel – wessen Ziel – zuläuft?

»Wir setzen unsere Leute permanent unter Druck, und wir verlangen Unmögliches, um das Mögliche zu erreichen«, erzählt zum Neujahr 1992 der schweizerische Konzernleiter eines multinationalen Unternehmens stolz seinem Interviewpartner.[7]

»Unsere Leute«, damit sind hier selbstverständlich Männer gemeint. Und mit denen, die ihnen als warme »Kuscheltiere« Erholung vom Druck in der Arbeitswelt und als leidenschaftliche Gefährtinnen Entspannung vermitteln, sind vermutlich ebenso selbstverständlich Frauen gemeint. Wann und wie lernt also später die wilde Regula, daß es nicht in Ordnung ist, auf Geländer zu klettern, Grimassen zu ziehen und ihre Eigenständigkeit zu behaupten? Sondern daß sie, will sie Liebe bekommen, vorwiegend den zweiten Teil der Geschichte zu leben hat: die emotionalen Antennen ausfahren, gut auf Männer aufpassen, sie schützen vor dem übermäßigen Druck in der Arbeitswelt und dafür das eigene Spiel abbrechen. Wie kommt es umgekehrt, daß nach wie vor so viele Männer mit eingezogenen Gefühlsantennen durch die Welt laufen und sich ihre Sensibilität und ihre Angst abtrainieren lassen? Und daß so viele Frauen in Familie, in Schule und Arbeitswelt Männer vor ihrer eigenen Empfindsamkeit schützen und sie als Helden auf der Weltbühne auftreten lassen, indem sie sie von hinter den Kulissen aus versorgen und ihnen aus dem Zuschauerraum applaudieren? Warum vergessen Männer, daß sie einmal eine zärtlich-verletzbare, aber auch eine lustvoll-bezogene Seite gelebt haben? Und warum Frauen, daß sie mit Freude an ihrer eigenen Kraft auf Bäume und Treppengeländer kletterten, ohne sich um die warnenden Unkenrufe zu kümmern? Was hat es mit unserem Thema vom Widerspruch zwischen Intimität und Leidenschaft bei Paaren zu tun, daß so viele Frauen und Männer wichtige Teile ihrer selbst abspalten mußten, als sie ins Korsett stereotyper Weiblichkeit und Männlichkeit gesteckt wurden: er seine verträumte, weiche Seite, sie ihre wilde, lustvolle Körperlichkeit?

Das Erbe der überpräsenten Mutterfigur und der unterpräsenten Vaterfigur

Die völlig unterschiedlichen Leitmelodien von Frauen und Männern, zu denen sie ihren Tanz von Intimität und Leidenschaft tanzen, sitzen offenbar tief drin in den Hinterköpfen. Er versteht ihre Melodie kaum, und sie auch nicht die seine. Denn bei allen äußeren Ähnlichkeiten in den Geschichten einer bestimmten Generation und eines bestimmten Milieus trennt ein Fluß voll unterschiedlicher Vorstellungen von Intimität die Geschlechter. Er wird gespeist aus den Unterschieden ihrer Erfahrungen in Herkunftsfamilien, Kultur und Gesellschaft.

In meinem Alltag bewegt mich die Frage, wie Frauen und Männer über diese Verschiedenheit hinaus die Handlungsfreiräume nutzen könnten, welche ihre »Natur« ihnen offenläßt. Oder anders, unter welchen gesellschaftlichen Bedingungen solche Freiräume sichtbar werden. Ich will darum fragen, wie Jungen und Mädchen ihre Rolle lernen, wie sie durch Erziehung, aber auch durch ihre Beobachtung von Vorbildern in die Normen der Gesellschaft eingegliedert werden. Und wie sie später lernen können, sich Rollen nicht einfach wie Uniformen anziehen zu lassen, sondern sie mitzugestalten. Wenn wir wissen wollen, warum es Frauen und Männern so schwerfällt, ausgerechnet im Kern ihres

Zusammenseins, in der Intimität und der Sexualität, eine gemeinsame Sprache zu finden, müssen wir fragen, wie die dominierenden Vorstellungen sich in den Unterschieden von Geschlecht als sozialer Konstruktion niederschlagen und, besonders, wie Wandel möglich wird.

Sozialwissenschaftlerinnen sind in den letzten zehn Jahren der Frage nachgegangen, wie es kommt, daß Frauen und Männer in westlichen Gesellschaften zu »intimen Fremdlingen« erzogen werden. Sie untersuchten, warum es so schwierig ist, das herzustellen, was jedem von uns in gewisser Weise mangelt und was wir so innig ersehnen in einer Paarbeziehung: sowohl verbindliche Geborgenheit, als auch erregende Leidenschaft. Sie bringen die skizzierten Schwierigkeiten in Zusammenhang mit jenen Seiten, welche im Laufe unserer weiblichen oder männlichen Sozialisation so oft unterdrückt werden: die selbstsichere Lust am Eigenen bei Frauen und die sensible Bezogenheit auf andere Menschen bei Männern. Bei allen guten Möglichkeiten, unsere eingefrorenen Bilder von Weiblichkeit und Männlichkeit aufzutauen, wie sie mit den am Anfang dieses Buches beschriebenen gesellschaftlichen Umbrüchen verbunden sind, weisen die erwähnten Untersuchungen nach, daß es auch heute noch einen gewaltigen Unterschied ausmacht, ob ein Mensch als Junge oder als Mädchen erzogen wird. Seine Welt ist nicht ihre Welt! Die Kluft in den Intimitätsvorstellungen der Geschlechter wird entwicklungstheoretisch damit begründet, daß in unserer Kultur sowohl Buben wie Mädchen während vieler Jahre Frauen als primäre Bezugspersonen haben – in der Kleinfamilie, aber auch in Kindertagesstätten, Kindergarten und Schule –, daß jedoch später ein Bruch in ihrer geschlechtlichen Orientierung erfolgt, dessen Folgen sie lebenslänglich begleiten. Die Tatsache, daß Frauen das erste intime Gegenüber der meisten Kinder sind, bedeutet, daß sowohl Jungen wie Mädchen sich vorerst mit »weiblichen« Moral- und Beziehungsvorstellungen identifizieren. Verkürzt ausgedrückt kann angenommen werden, weibliche Moral bedeute Bezogenheit zu anderen Menschen, emotionale Nähe und Verantwortlichkeit für ihr Wohlergehen. So wurde in einer Studie[8] beobachtet, daß Mädchen um der Beziehungsharmonie willen eher entscheiden, ein begonnenes Spiel abzubrechen, wenn sich Konflikte anbahnen, als diese auszutragen. Regula in unserer Eingangsgeschichte läßt grüßen! Jungen neigen in ähnlicher Situation dazu, zu verhandeln oder zu kämpfen und dann ihr Spiel fortzusetzen. »Männliche« Moral bedeutet gemäß dieser Studie also, daß ihnen Autonomie um jeden Preis, »das Unmögliche zu verlangen um das Mögliche zu erreichen«, wie es im Interview mit dem Schweizer Manager hieß, wichtiger sein muß als persönliche Bezogenheit.

Wie kommt dieser Bruch in ihrer Orientierung zustande, nachdem ursprünglich sowohl Buben als auch Mädchen sich mit derselben »weiblichen Welt« identifiziert haben? Und wie wirken sich seine Folgen später auf ihre Vorstellungen von Intimität aus? Für das Mädchen kann die erste Orientierung an einer weiblichen Bezugsperson während der ganzen Kindheit aufrechterhalten bleiben. Selbst wenn seine Eltern sich scheiden lassen, wird es sich nicht nur mit der Mutter, sondern mit zahlreichen betreuenden und erziehenden Frauen identifizieren können. Um Frau zu werden, kann die Tochter vorerst mit ihrem Vorbild verschmelzen (ich bin wie Mama) und sich später von ihm abgrenzen oder mit ihm rivalisieren (ich bin schöner beziehungsweise mutiger als Mama) – immer steht ihr ein gleichgeschlechtliches Vorbild zur Verfügung. Daß sich bei dieser Nähe von Mutter und Tochter allerdings – besonders wenn der Vater psychisch oder physisch abwesend ist – eine verstrickte, zwiespältige »Notgemeinschaft« bilden kann, habe ich im Kapitel »Familienehe« beschrieben. Diese Notgemeinschaft ist geprägt von der Idealisierung des unerreichbaren Vaters durch die Tochter und ihren gleichzeitigen, unterdrückten Gefühlen von Wut und Mißtrauen ihm gegenüber. Mitleid mit der Mutter und Ärger über ihre Ohnmacht prägen diese Notgemeinschaft. Sie kann, wie wir das bei zahlreichen Paarporträts gesehen haben, den Ablöseprozeß der Tochter von der Mutter und ihre spätere *Intimität und Sexualität* mit einem Mann dramatisch behindern.

Um in unserer Gesellschaft zum Mann zu werden, muß sich der Junge – im Gegensatz zu seiner Schwester – im Laufe seiner Entwicklung energisch von der weiblichen Welt abgrenzen. Nachdem er seine erste Erfahrung von Sinnlichkeit und Geborgenheit mit der Mutter oder einer anderen Frau machte, kann dieser Prozeß nicht ohne Schmerzen und intensive Ambivalenz geschehen. Er erfolgt fast immer abrupt und auf Kosten dessen, was er an »weiblichen« Erlebensweisen und Bildern erworben hatte. Zwischen trotzigem »Kein Kuß für Mutter!« und ängstlicher Anklammerung oder hilfloser Verzweiflung darüber, daß sie ihn wegschickte, hinaus in die Welt der Männer, erlebt er Brüche, die ihn manchmal »für immer sehnsüchtig und gleichzeitig mißtrauisch machen Frauen gegenüber«, wie Robert in Kapitel 6 erzählte. Wenn einem solchen Jungen ein kräftiges väterliches Gegenüber fehlt (wie viele Männer berichtet haben), einer also, der ihn liebevoll in die Männerwelt begleitet, wird er darin entweder Fremdling bleiben oder kraft seines Fleißes und seines Verstandes in den Hierarchien der Männerbünde um einen Platz kämpfen. Natürlich gibt es viele Varianten zwischen diesen Polen von Flucht und Kampf. Daß der Kampf oft mit Angst vor dem Fallen verbunden ist, haben mehrere vaterlose oder vaterfremde soziale »Aufsteiger« berichtet – ausgesprochen häufig jene, die in einer traditionellen Familienehe leben und allein für ihre materielle Versorgung zuständig sind.

Wenn außerdem eine Mutter ihren Sohn durch Krankheit, emotionalen Rückzug, Trennung oder Tod in den frühen Jahren verlassen hat, kann es geschehen, daß ein solcher Mann fortan in jeder Frau die »verlorene Mutter« sucht und gleichzeitig mit seiner mißtrauischen Erwartung, sie werde ihn irgendwann sowieso verlassen, dauerhafte Intimität verhindert. Lieber verläßt er sie bei den ersten Anzeichen von Konflikt, als daß ihm das Schlimmste geschieht und er von ihr verlassen wird. Von ähnlichen Erfahrungen und Ängsten berichten einige Männer bei meiner Befragung, am eindrücklichsten einer, dessen Mutter durch Suizid aus dem Leben schied, nachdem sein Vater sich eine Freundin genommen hatte. Erst im Alter von über 40 Jahren konnte dieser Mann seine lang aufgestaute Wut auf seinen noch lebenden Vater, aber auch auf seine Mutter, die ihn im Stich gelassen hatte, für immer hinter sich lassen. Zuerst kam es zu einem Zusammenbruch, der ihn aus seiner alltäglichen Überanpassung in einem Unternehmen hinausriß und sich heilsam auf seine Entwicklung auswirkte. Später ließ er sich auf ein Abschiedsritual von dieser unerledigten Geschichte ein und machte einen beruflichen Neuanfang.

Das Dilemma der heimlichen männlichen Sehnsucht nach emotionaler Abhängigkeit und der weiblichen nach Autonomie hat also offensichtlich tiefe Wurzeln in unserer Erziehung als Jungen und als Mädchen. Wenn Frauen aus Angst vor Liebesverlust ihre

Unabhängigkeit dem Dienen und Pflegen opfern und wenn Männer aus Angst vor Statusverlust ihre abhängigen Seiten unterdrükken oder Frauen zur Pflege überlassen, hat das wesentlich mit gesellschaftlichen Entwicklungen zu tun. Durch die Rollentrennung zwischen Frau und Mann, Mutter und Vater in der Lebensform der Kleinfamilie, die bis weit über die fünfziger Jahre hinaus wegweisend war, haben die meisten Frauen und Männer, die ich befragte, emotional »über-präsente«, aber unglückliche Mütter und »unter-präsente«, emotional unerreichbare Väter erlebt. Zwar hat die neoromantische Bewegung der 68er Jahre das bürgerliche Ideal der Versorgungsehe radikal in Frage gestellt, aber die alten Bilder von Weiblichkeit und Männlichkeit sind unter dem Firnis des Neuen in der Form ihrer Mystifizierung erst recht wiederbelebt worden. Unsere Tendenz, diese »romantischen« Bilder trotz aller Aufweichung in den traditionellen Vorstellungen von Liebe, Ehe und Intimität alltäglich zu reproduzieren, ist darum naheliegend. Denn die Bilder leben nicht nur in unseren Köpfen weiter, sie sind aufgehoben in weiblichen und männlichen *Sprachformen*, welche auf subtile, oft kaum durchschaubare Weise soziale Wirklichkeit erzeugen. Und sie können täglich neu belebt werden durch unsere Erfahrung von Belohnung für Anpassung an Bestehendes sowie Strafe für Widerstand gegen die vorherrschenden Verhältnisse.

Die beschriebenen widersprüchlichen Vorstellungen von Frauen und Männern zu Intimität erscheinen also trotz aller kulturellen Veränderungen durch die sexuelle Revolution der sechziger und siebziger Jahre wie auch durch den Wandel des weiblichen Selbstverständnisses weitgehend unverändert. Ich habe auf Grund meiner Befragung zwei Vermutungen, warum das so sein könnte. Zum einen gehe ich davon aus, daß, trotz sozialen Wandels und der veränderten Bilder von uns selber, wir Frauen noch immer vorwiegend an den Normen der Männerwelt und der patriarchalen Tradition orientiert sind. Ich bin überzeugt, daß wir unsere Vorstellungen von Liebe und Sexualität vielmehr nach ihnen richten, als uns selbst und den Männern bewußt ist. Zwar ist die moderne, sexuell attraktive Frau gefragt, aber zu selbstsicher und vor allem zu direkt und sexuell fordernd soll sie auf keinen Fall sein. Das Gespenst der »Kastrations-Angst« der Männer vor starken Frauen sitzt uns bedrohlich im Genick. Sicherer ist darum, daß wir uns am alten Bild von passivem Geschehen-lassen orientieren, statt als Ich-nahe begehrende Frau einem Mann gegenüberzutreten. Zur Illustration dieser Idee zitiere ich Reaktionen von modernen Frauen auf erotische Vorlagen:

»Frauen teilen also offenbar beim Anschauen erotischer Vorlagen den männlichen Blick auf sich selbst. Sie identifizieren sich mit dem Objekt männlicher Begierde – aber das ist nur eine Seite der Angelegenheit. Eigentlich sind sie Objekt und Subjekt dieses Blickes zugleich; sie schauen sich selbst an und präsentieren sich zugleich dem fremden Blick, der sie begehrt... Der Mann begehrt, die Frau will begehrt werden. Wer begehrt, macht die Bilder. Die Frau... orientiert sich an ihnen, auch wenn sie mit ihnen spielt.« (4 op. cit)

Zum zweiten meine ich, daß die Anheizung der Intimsphäre in der Moderne – Ehe und Familie als Hafen in einer unsicheren Welt – Frauen gute Gründe dafür liefert, als traditionelle Gefühlsspezialistinnen ihre »weichen« Machtquellen von Intimitätsgestaltung in privaten Beziehungen so weit als möglich auszubauen. Solange den meisten Frauen in der öffentlichen Welt Ressourcen für »harte« Macht (zum Beispiel in Form von politischer und beruflicher Einflußnahme, Status und Geld) weit weniger zur Verfügung stehen als den Männern, ist die traditionelle weibliche Moral »Mach dich rar, wirf dich nicht weg« und die damit legitimierbare sexuelle Verweigerung zwar ich- und lustfeindlich, aber immerhin eine Machtquelle. Da sie jedoch an den engen Rahmen einer Paarbeziehung gebunden bleibt, handelt es sich eher um die Macht der Ohnmacht!

Unsere kollektive Sehnsucht nach Selbstfindung und Wärme in privaten Beziehungen, wie sie sich als »Tyrannei der Intimität«[9] aus dem Zerfall der öffentlichen Kultur entwickelt hat, scheint bisher noch kaum zu liebes- und menschenfreundlichen Beziehungsmustern zwischen den Geschlechtern geführt zu haben. Solange wir jedoch an einem geschichtslosen, individualistischen Bild von Liebe und Ehe festhalten, werden wir die prägenden Einflüsse der vorangegangenen Generationen und der sozialen Strukturen auf unsere Vorstellungen von Weiblichkeit und Männlichkeit kaum erkennen können. Das bedeutet, daß wir diese Vorstellungen weder grundsätzlich in Frage stellen noch sie verändern oder uns von ihnen verabschieden können. In der Auseinandersetzung mit historisch und biographisch gewachsenen inneren

Bildern und äußeren Strukturen, die sich gegenseitig reproduzieren, anstelle von simplen »Reparaturmodellen« für Beziehungskonflikte, liegen meines Erachtens vielfältige Chancen für die Intimitätsgestaltung von Frau und Mann, welche über den modernen Zweierkisten-Katzenjammer hinausführen. Es geht dabei nicht einfach um Liebe als Gefühl – zum Beispiel um »Frauen, die zu sehr lieben« oder um »Männer, die lieben lassen« –, sondern um die Einbettung des Intimitäts-Diskurses in den alltäglichen Rahmen sozialer und ehelicher Sprach- und Machtverhältnisse. Diesen will ich mich im folgenden Teil zuwenden.

Kommunikation, Intimität und Machtverhältnisse

Gespräche stiften subjektive Wirklichkeiten in der Form von »Welten«, von Paarwelt, Familienwelt, Arbeitswelt. Auch wenn die Gespräche eines lange zusammenlebenden Paares beiläufig und alltäglich werden, haben sie Wirklichkeits-wahrenden und Wirklichkeits-ordnenden Wert, weil eine gewisse Objektivierung von Erfahrung vorgegeben wird durch die Sprache, besonders die einmalige private Sprache eines Paares.

»Im weitesten Sinne sind alle, die dieselbe Sprache sprechen, füreinander wirklichkeitswahrende andere.« (6 op. cit.)

Damit Frau und Mann füreinander den Charakter des »jeweils wirklichkeitswahrenden anderen« bekommen, wodurch ihre alltägliche Rückkehr in die gemeinsame Welt ermöglicht wird, muß ihre sogenannte »Konversationsmaschine« (6 op. cit.) gut geölt und verläßlich sein. Das Reißen der Gesprächsfäden, der Abbruch ihrer sprachlichen Kontakte ist eine Gefahr für die persönliche Identität in einem Milieu, das eine solche in hohem Maße stiftet. Wie wird *die Konversationskultur* eines Paares entwickelt und erhalten? Und warum ist es so schwer, sie auf befriedigende Art zu pflegen? Ich denke, wir verstehen das besser, wenn wir einen Blick auf das Thema »Kommunikation« im Rahmen des in Kapitel 2 beschriebenen Modernisierungsprozesses werfen. In meiner Befragung wurde deutlich: Befriedigende Kommunikation ist der höchste Wert auf der Skala ehelicher Zufriedenheit für Frauen und Männer. Offene Kommunikation, konstruktive Kommunikation, persönliche Kommunikation sind gefragt in unserer Welt. Landauf und landab gibt es Kommunikationstrainings für Liebespaare, Eltern, Angehörige von helfenden Berufen, Angestellte und Kadermitglieder aus Wirtschaft und Politik, und sie werden mit hoher Motivation besucht und oft teuer bezahlt. Daß »offenes, persönliches Reden miteinander« Voraussetzung zum Verstehen und Verstandenwerden, Erkennen und Erkannt-werden ist, was der Definition von Intimität entspricht, gehört mittlerweile zu unserem Alltagswissen. Kommunikation und Intimität sind nicht nur im Mikrokosmos von Paar und Familie gefragt, sondern ebenso in der öffentlichen Welt. Wie kommt es nur, daß bei so viel Wertschätzung, so viel Anstrengung für dieses Anliegen dennoch so viel alltägliches Elend damit verbunden bleibt? Es gibt für mich zwei mögliche Erklärungen. Die erste hat mit dem modernen Kult von Selbstdarstellung und Selbstthematisierung zu tun, welche uns oft blind und taub macht für die *politischen Aspekte* unseres Lebens. Die zweite ist eng damit verknüpft: »Kommunikation« als Ritual kann zum unverbindlichen *Austausch von Sprechblasen* werden, wenn sie nicht verankert ist in der Alltagswelt, beziehungsweise wenn ignoriert wird, in welcher Weise Sprache Wirklichkeiten schafft und Machtverhältnisse festschreibt oder verflüssigt.

Die Darstellung der »wirklich wahren Gefühle« wie auch des »wirklich wahren Selbst«, welche in einer Gesellschaft ohne Götter und ohne verbindliche Institutionen gefordert wird, hat zu einer Rückzugsideologie ins Private geführt, die *mit vorgestanzten Erscheinungsbildern von Intimität und Liebe* als gleichmäßig fließenden Quellen von Wärme und Zuneigung verbunden ist. Die allgemeine Psychologisierung des Alltags von Familie, Schule und Arbeitswelt gebietet eine ständige Beschäftigung mit dem Ich, dem Zusammenleben und unseren persönlichen Gefühlen dazu. »Wenn die Beziehungen dieser Belastung nicht mehr standhalten, bringen wir das nicht mit unseren unausgesprochenen Erwartungen in Zusammenhang, sondern mit der Beziehung selbst« (9 op. cit.). Wir Modernen müssen also offen reden lernen über unsere intimsten Empfindungen. Aber die Art, wie unser sprachliches Handeln Wirklichkeiten schafft, ist selten das Thema von Beziehungsgesprächen. Schwierig finde ich, daß von dieser allgemeinen Forderung nach der freundlichen, anheimelnden Art der »offenen« Kommunikation und der Persönlichkeitsentfaltung im Rahmen von privaten Beziehungen wie auch von Institutionen die »harten« Aspekte, also die Verteilung der Ressourcen im menschlichen Zusammenleben, so leicht zugedeckt werden. Daß Aspekte ungleicher Machtverhältnisse ohne Artikulationsmöglichkeit besonders schmerzlich erlebt werden, erfahre ich täglich in der Beratung von Organisationen wie von Familien. Beim jungen Elternpaar aus dem Porträt »Das frohe Ereignis als kritisches Ereignis« zum Beispiel, wo die Frau jede Nacht mehrmals aufsteht und der Mann durchschlafen kann, um fit zu bleiben für seine Aufgabe als Ernährer, und wo umgekehrt die Frau den alleinigen Zugang zum Kind beansprucht und der Mann draußen bleibt, hat der Groll der beiden über ihr unverhandeltes Arrangement langfristig zum Erlöschen von Intimität und Leidenschaft geführt. Die Erfahrung, daß ein Mann seiner Frau keine Auskunft gibt über seine beruflichen und finanziellen Verhältnisse und sie sich umgekehrt emotionell und sexuell von ihm zurückzieht, ist in der Paarberatung alltäglich. »Offene Kommunikation« als Austausch von Gefühlen erzeugt da kaum Wandel, wenn nicht die verletzten Gefühle der Frau und des Mannes mit der schiefen Balance ihres Umgangs mit den geschlechtsabhängigen Ressourcen in Zusammenhang gebracht werden.

Dort, wo *strukturelle und politische Kategorien in psychologische von Wärme und Intimität verwandelt werden*, mag das zwar vorübergehend der Stabilisierung einer Beziehung dienen. Aber weil Männer und Frauen nicht bloß Träger und Trägerinnen von Informationen über Gefühlszustände sind, sondern auch von Machtquellen, scheint es mir wenig menschenfreundlich, ihnen den Mund mit Gefühlswörtern aus der alltäglichen Psychologisierung vollzustopfen und die Augen vor den ungleichen Verhältnissen in Familie oder Arbeitswelt zuzubinden. Auch die erwähnten Erklärungsmodelle von der evolutionsgeschichtlichen oder der entwicklungsmäßigen Unterschiedlichkeit von Frau und Mann können unseren Blick auf ihr *alltägliches Zusammenleben in der Gegenwart* verstellen! Ich meine, daß sowohl die »horizontalen« Bedingungen, das heißt die gegenwärtigen Austauschmuster eines Paares, als auch die »vertikalen«, das heißt seine geschichtlich entwickelten Motive, seinen Umgang mit Intimität prägen. Wenn wir nur die Erklärungen von biologisch oder sozial bedingten Motiven benützen, laufen wir Gefahr, festzuschreiben, warum Männer und Frauen so geworden sind, ohne daß wir fragen, wessen Weltbild in der Gegenwart die Normen dominiert und was für Spielräume jedem einzelnen offenstehen.

Als Reaktion auf das gängige Argument, daß die meisten Männer aus Angst vor dem Verschlungenwerden durch Frauen kämpfend oder schweigend ihre Autonomie verteidigen müssen, gibt es für die Frau zwei typische Möglichkeiten: einerseits die Zementierung der »Sohn«-Rolle im offiziellen Patriarchat durch das heimliche Matriarchat in der Form des »Geheimdienstmodells«[10]. Die Frau dient im geheimen und zieht ebenso geheim die Fäden, an denen der Mann zappelt, indem sie vorgibt, wie er zu fühlen und Gefühle auszudrücken habe. Andererseits die Möglichkeit, daß Frauen sich durch sexuelle Lustlosigkeit abwenden von den sich um sie schlingenden »unerwachsenen Söhnen«, die draußen die Starken sein müssen, und damit deren schlimmste Versagensängste bestätigen. Wenn behauptet wird, daß Frauen »sowieso nicht autonom sein wollen« und dafür das Argument von der »natürlichen« weiblichen Abhängigkeit beziehungsweise von ihrer »natürlichen« Unfähigkeit zu Ich-bezogenem sexuellem Begehren gebraucht wird, übersehen wir, in was für Lebensformen diese Beobachtungen gemacht werden: am häufigsten in solchen, welche die materielle Abhängigkeit einer Frau voraussetzen. Wo hingegen starke Frauen Einflußmöglichkeiten begehren und sich um eine eigene Position statt um Intimitätsgestaltung kümmern, werden sie durch den Vergleich mit sogenannt natürlicher Weiblichkeit rasch einmal als unweiblich beziehungsweise »männlich-phallisch« abgestempelt.

Zur Statusabhängigkeit von Sprache

Unsere Beziehungswelt wird produziert und reproduziert durch Sprache. Sie ist das Medium, das unsere persönliche Wahrnehmung organisiert, sie prägt unsere Interaktion mit anderen Menschen.

»Sprache drückt der Welt, an die sie gerichtet ist, ihren Stempel auf. Sie bezieht sich dabei immer auf die Anwendung eines Bildes des Menschen und des menschlichen Geistes.«[11]

Die Art, wie wir unsere Welt in Sprache erzeugen und wie dieser Vorgang legitimiert wird, ist entscheidend für die Verteilung der Ressourcen in einem menschlichen System. »Sprache ist nie unschuldig und schon gar nicht neutral«[12]. Im Lauf der menschlichen Geschichte haben sich immer die jeweils dominierenden Gruppen mittels ihres Umgangs mit Sprache durchgesetzt. Das Ideal der Gleichwertigkeit von Frau und Mann zum Beispiel zerbricht sowohl in der Öffentlichkeit als auch in der Intimsphäre eines Paares oft an der Art ihrer Sprachregulierung. Linguistinnen ist dafür zu danken, daß sie durch Mikroanalysen sprachlichen Handelns von Frauen und Männern auf solche Erfahrungen aufmerksam machen. Natürlich wird die Sprachregulierung der dominierenden öffentlichen Gruppe durch *Bilder* zusätzlich unterstützt, zum Beispiel durch das in einer gewissen Werbung präsentierte Frauenbild (»etwas beschränkt, aber schön«).

Bei aller Gemeinsamkeit der Sehnsüchte nach Intimität und lustvoller Leidenschaft von Frau und Mann und trotz meiner Überzeugung, daß grundsätzlich beide Geschlechter zu solchem Erleben fähig sind, komme ich also nicht darum herum zu fragen, wessen Vorstellung jeweils die Situation dieses oder jenes Paares prägt, ihre oder seine. Wenn zum Beispiel eine der Befragten sagt: »In meiner Erfahrung ist die Vorstellung des durchschnittlichen Mannes von Intimität die Vorstellung der durchschnittlichen Frau von einem beiläufigen Gespräch...«, interessiert mich, wessen Vorstellung bei ihr zu Hause maßgebend ist, ihre oder seine, und wie die beiden über Nähe und Distanz reden und entscheiden.

Frauensprache, Männersprache – Die Unzufriedenheit der Frauen mit dem gemeinsamen Dialog

Jede Botschaft hat zwei Ebenen: eine inhaltliche, welche der Informationsvermittlung dient, und eine markierende, welche die Beziehung zwischen Redenden und Zuhörenden definiert. Ich will nun fragen, in welcher Weise Frauen und Männer im Dialog mit diesen beiden Ebenen umgehen. Eine Kontext-bezogene Unterscheidung von Sprachschemata scheint mir dafür nützlich: Sie betrifft die Art, wie in einem bestimmten sozialen Rahmen durch

Sprache auf das Gegenüber Einfluß genommen wird. Douglas[13] verwendet dafür die beiden Kategorien von *positionaler* und *personaler* Einflußnahme. Ich werde noch erläutern, was damit gemeint ist. In sozio-linguistischen Untersuchungen wurde nachgewiesen, daß die *männliche* Art des Redens dem Austausch von Information sowie der Festlegung sozialer Positionen dient. Die *weibliche* Art des Redens dient vor allem der Beziehungsaufnahme und -pflege und erst in zweiter Linie der inhaltlichen Einflußnahme. Eine holländische Studie[14] über unterschiedliches Verhalten in weiblichen und männlichen Arbeitsgruppen stützt diese Beschreibung. Während die beobachteten *Männer* beim ersten Kontakt miteinander sofort eine Hierarchie mit führenden beziehungsweise zur Anpassung bereiten Mitgliedern bilden, organisieren sich *Frauen* in Arbeitsgruppen, indem sie einen Kreis bilden, damit alle auf derselben sozialen Ebene bleiben. Mit dem Begriff des »Krabbenkorb-Syndroms« beschreibt der Autor, wie in männlichen Arbeitsgruppen Rivalität als notwendig und sogar konstruktiv, in Frauengruppen jedoch vorwiegend als destruktiv bewertet wird. Frauen tendieren dazu, sich mit ihrem Harmonieanspruch gegenseitig am Hochkommen zu hindern, ähnlich wie Krabben, welche, einmal im Korb, vom Fischer nicht zugedeckt werden müssen, weil sie dafür sorgen, daß jede, die hochklettern will, heruntergeholt wird. Wer sich als Frau in einer weiblichen Arbeitsgruppe zum Beispiel mit Wissen und Erfahrung profiliert, kennt das Schimpfwort von der »weiblichen Rivalität« oder »mangelnden Solidarität« als besonders wirksames Anpassungsritual.

Interessant ist, daß sich im Gespräch von Frau und Mann ein bedeutender *Unterschied zwischen privatem und öffentlichem Reden* feststellen läßt. In der Öffentlichkeit, also der Arbeitswelt, der Schule und der Politik, setzen die ranghöchsten Männer die Redeordnung und die Themen sowie die Art, wie darüber geredet wird, fest. Sie beanspruchen das Artikulations- und das Deutungsmonopol. Frauen melden sich, selbst wenn sie ranggleich sind mit den dominierenden Männern, öffentlich oft zögernd und nervös zu Wort. Aus der Erfahrung, daß ihnen weniger Rederaum zur Verfügung steht als ihren männlichen Gesprächspartnern, reden sie häufig schnell und atemlos. Wenn sie sich ihren Rederaum trotzdem nehmen, werden sie nicht selten vom Gesprächsleiter unterbrochen. In der Privatsphäre eines traditionellen Paares wird häufig dieselbe unausgesprochene Regel wirksam, sobald Dritte dabei sind: Kinder, Gäste, Freundinnen und Freunde. Frauen rollen ihrem Mann den roten Teppich aus, damit er sich profilieren kann, indem sie ihm mit Stichworten oder Fragen die Bühne für seine Selbstdarstellung bereiten. Natürlich überlassen sie es ihm dabei auch, sich zu exponieren, zum Beispiel mit unpopulären Meinungen, während sie selber sich vorsichtig bedeckt halten. In der Lebensform der »Familien- oder Versorgungsehe«, der in meiner Untersuchung am meisten vertretenen, berichten Paare häufig über solche für beide »selbstverständliche«, aber besonders für Frauen zunehmend unbefriedigende Erfahrungen.

Ganz anders ist die Situation, wenn Frau und Mann allein sind. Hier erzählen fast alle befragten Paare, daß Männer über den alltäglichen Informationsaustausch hinaus schweigen, vor allem was das »Persönliche« betrifft, Frauen jedoch auch über ganz gewöhnliche Begebenheiten und persönliche Stimmungen erzählen möchten. Männer berichten irritiert von dem ständigen »Geräuschpegel« über die täglichen Kleinigkeiten, den umgekehrt eine Frau als ihr wichtigstes »Beziehungspolster« beschrieben hat. Einige Frauen erzählten mir verbittert davon, wie ihr Mann sie mit seinem arroganten Schweigen oder seiner Ironie »in die Wüste laufen lasse«, wenn sie durch ihr Erzählen Kontakt zu ihm suchen. Ihre (indirekte) Botschaft an den Mann, wenn sie ihm von sich erzählt, lautet zum Beispiel:

»Mach du, daß ich mich spüren kann, daß ich weiß, ich gefalle dir, ich bin die beste und einzige für dich. Auch wenn ich draußen meine Frau stelle, brauche ich deine Bestätigung mehr, als du ahnst. Du könntest den Himmel auf Erden haben, wenn du das tätest!«

Ist es möglich, daß dieses weibliche Verlangen nach Halt und Nähe für Männer gerade bei jenen Frauen schwer zu verstehen ist, die in mancher Hinsicht aus der Tradition ausgebrochen sind und zum Beispiel im Beruf auf eigenem Boden stehen? Mich wundert das eigentlich nicht. Angesichts der Widersprüche, die in hohem Maß in diese Übergangsphase weiblicher Identitätsfindung eingebaut sind, erleben sich viele von uns auf rutschigem Treibsand stehend und hoffen sehnlichst, daß ein Mann das verstehen kann –

ohne uns dafür kleinzumachen oder sich in hilfloses Schweigen zurückzuziehen. Der angesprochene Mann im Beispiel könnte jetzt also Macht ausüben, indem er dem Erzählfluß seiner Frau entweder mit überlegenem oder aber mit leer schluckendem Schweigen begegnet, bis sie ihn, außer sich vor Verzweiflung, anschreit oder resigniert wegläuft. Er könnte aber auch Stellung beziehen als ihr ebenbürtiges Gegenüber, weder als schweigender Besserwisser noch als hilfloser kleiner Junge – selbst wenn er eine radikal andere Meinung vertritt als sie –, und damit den Dialog offenhalten. Wenn er schweigt, lautet seine versteckt-trotzige Botschaft an sie häufig, wie Männer mir erzählten:

»Ich hasse dein Eindringen, ich fühle mich dir ausgeliefert, weil du mir im Erzählen von Geschichten und in der Gefühlssprache überlegen bist. Ich fürchte, daß du mich damit ausnützt und ich meine Überlegenheit verliere. Wer wäre ich denn ohne diese – ein Niemand!«

Falls er auf ihre Aufforderung hin jedoch Auskunft gibt, knapp und sachlich, wie er es in der technisierten Arbeitswelt gelernt hat, sie hingegen an Einzelheiten interessiert ist, die ihm als »Füllmaterial« erscheinen – wird sie dann seine andere Sprache verstehen oder zumindest nachfragen? Und wird er ihre Fragen als Interesse an ihm verstehen, statt sie als Kontrollversuch zu bekämpfen? Oder wenn er zum Beispiel ihre Erzählung in einer Gruppe unterbricht und das gewohnte Deutungsmonopol beansprucht, indem er väterlich »Nur langsam!« sagt zu ihrer Geschichte, um in der entstehenden Pause seine eigene zu präsentieren, wagt seine Frau ihn darauf hinzuweisen und sich ihren Rederaum zu nehmen? Oder läßt sie ihn ins Leere laufen und rächt sich später an ihm durch emotionale Kälte und sexuellen Rückzug?

Positionale und personale Formen der Einflußnahme durch Sprache

Ich habe es schon angedeutet: Der Umgang mit Sprache als Mittel von Beziehungsdefinitionen ist verankert in der öffentlichen Welt von Arbeit und Politik. Douglas (13 op. cit.) beschreibt zum Beispiel als »positionale« Form der Einflußnahme die Sprache in den qualifizierten Mittelschichtberufen. Dort diene sie der Erhaltung der vorgeschriebenen Rollenmuster und des Expertenwissens durch die Beseitigung von Mehrdeutigkeit: »So ist es und nicht anders« oder »Wer A sagt, muß auch B sagen.« Diese positionale Sprache ist Voraussetzung für Berufe, welche Kontrolle über Menschen und Dinge fördern: Juristen, Verwalter, aber auch konservativ-orientierte Ingenieure und Naturwissenschaftler gehören dazu. Sie haben, wie die Autorin schreibt,

»mit abstrakten Verhältnissen zwischen materiellen Objekten zu tun, eine Tätigkeit, welche die Verwendung des elaborierten Codes zur kritischen Reflexion über die Natur sozialer Beziehungen nicht eben nahelegt«.

Die Struktur triumphiert bei der positionalen Sprachform über das Individuum, die Rollenfestigung eines Berufsstandes ist wichtiger als ihre Infragestellung. Kritischer Überprüfung von vorgefaßten Denkkategorien gegenüber sind die Angehörigen dieser Berufe nicht eben offen. Was das Geschlecht betrifft, gehören vorwiegend, aber nicht ausschließlich Männer dazu. Mit ihrem Sprachcode versuchen sie zum Beispiel, mögliche Konflikte durch die entsprechende Rhetorik: »Sie müssen doch einsehen, daß« oder durch schnelle Kompromisse zu vermeiden. Was tun aber Frauen, wenn sie zu dieser positionalen Gruppe stoßen? Soweit ich sehe, passen viele von ihnen sich an, sowohl privat als auch in der Öffentlichkeit. Das kann besonders bei Politikerinnen zu großer Enttäuschung ihrer Wählerinnen und Wähler führen, welche von einer Frau in einer Führungsposition erwarten, daß wenigstens *sie* soziale Beziehungen kritisch reflektiert.

»Personale« Sprachformen der Vieldeutigkeit von Wissen passen hingegen zu jenen, die sich ein berufliches Infragestellen gängiger Erfahrungsmuster leisten können als Angehörige der Geistes- und Sozialwissenschaften oder von helfenden Berufen. Besonders paßt diese Sprachform natürlich zu Frauen, in deren Leben menschliche Beziehungen eine Hauptrolle spielen – zum Beispiel in Form von organisierter Mütterlichkeit, als Therapeutinnen oder Krankenschwestern. Der personale Sprachcode schließt »das Vokabular des Gefühls auf, tötet aber andererseits den Sinn für die Formen und Strukturen des sozialen Lebens ab«, schreibt dazu die zitierte Autorin.

Spannend und spannungsvoll wird die Sache, wenn die beiden Sprachschemata zusammentreffen, das positionale und das personale, sowohl in öffentlichen als in privaten Beziehungen. Wenn zum Beispiel ein Mann als Psychotherapeut gewohnt ist, beruflich in personalen Sprach-Codes von Vieldeutigkeit zu reden und zu schreiben, jedoch zu Hause als »Familienoberhaupt« ein positionales Schema von Eindeutigkeit vertritt – welcher Code gilt dann für wen? Oder wenn ein Naturwissenschaftler in einem traditionell-positionalen Arbeitskontext privat mit einer Frau lebt, welche als Kindergärtnerin und Mutter vorwiegend einen personalen Sprache-Code pflegt, kann der Konflikt sich folgendermaßen darstellen:

Sie: Mir geht es heute nicht so gut. Irgendwie bedrückt mich das Weltgeschehen und die Wohlstandsverwahrlosung der Kinder an solchen Nebeltagen mehr als sonst.
Er: Du mußt das schon präziser definieren. Ich verstehe überhaupt nicht, was du meinst, wenn du so vage daherredest.
Sie (schluchzend): Du Idiot, das war doch eindeutig genug! Aber wenn ich ein bißchen Trost brauche, stößt du mich weg!

Mir scheint, daß eine gute Möglichkeit darin bestünde, daß Frau und Mann sich nicht weiter polarisieren, indem *sie* immer den personalen und *er* den positionalen Sprach-Code vertritt, sie also in Fremdsprachen reden miteinander. Das würde voraussetzen, daß beide erst einmal verstehen, daß seine Welt nicht ihre Welt ist und daß die Sprache, die für ihn in der Arbeitswelt vielleicht Überleben bedeutet, Gift sein kann für das persönliche Gespräch. *Wo Frau und Mann sowohl die Sprache des Gefühls als auch die Sprache der Strukturen zur Verfügung stehen* – als Voraussetzung für gleichberechtigten Zugang zu den Ressourcen von Wissen und Positionen –, ist das die beste Basis für Intimität! Das kann heißen, daß ein Mann offen fragen und zuhören lernt, ohne Angst vor Prestigeverlust, und eine Frau eindeutig Position beziehen lernt, ohne daß ihre emotionale Bezogenheit darunter leidet. Die Antwort auf die Frage eines konstruktiven Umgangs mit den Unterschieden von Männersprache und Frauensprache liegt also in der Erkundung der Vorstellungen ihrer jeweiligen Welt. Sie liegt auch im Erkennen der Mythen und Aufträge der allgemeinen sowie ihrer individuellen Geschichte und darin, daß die Strukturen der männlichen positionalen Welt nach wie vor auf der Ergänzung durch personale Beziehungsarbeit der Frauen beruhen.

Lösungsmöglichkeiten

Mich interessierte bei der Analyse der Paarporträts die Frage, wie intime Beziehungen sich entfalten, wenn Frauen so viel an eigenem Raum in sich selber und in der Welt draußen gewonnen haben, daß sie Sexualität nicht mehr vorwiegend über den Umweg dienender Intimitätsgestaltung leben. Wenn sie also nicht mehr die ständige Bestätigungsleistung durch den Mann fordern, sondern ohne diesen pflegerischen Teil, selbstbezogen und kräftig, auf ihn zugehen. Wie kann eine Paarbeziehung sich entwickeln, wenn die Frau sich nicht in erster Linie mit dem männlichen Bild von Weiblichkeit identifiziert, sondern sich ihre eigenen Bilder schafft von Begehren und Begehrtwerden – spielerisch und aggressiv, nicht destruktiv. Und wie geht es dann dem entsprechenden Mann – genießt er diese neuen Möglichkeiten von Intimität und Leidenschaft, oder machen sie ihm mehr Angst als Lust? Ich habe Entwicklungen zu eigenem Begehren bei vielen der befragten Frauen festgestellt, ganz besonders nach dem Aufbruch der Lebensmitte. Und ich habe eine umgekehrte und zu den Frauen »passende« Entwicklung auch bei Männern in meiner Untersuchung beobachtet. Nicht bei allzu vielen Männern, aber bei bemerkenswert vielen dennoch! Männlicher Wandel bezieht sich dabei häufig auf einen neuen, spielerischen Umgang mit Intimitätsgestaltung – besonders mittels persönlicher Sprache und Zärtlichkeit als Teil ihres sexuellen Begehrens. Männer wagen dann mehr lustvolles Experimentieren als bisher, wie auch entspanntes Geschehen-lassen. Viele erzählten über ihre neue Entlastung vom Druck, Frauen mittels einseitiger Initiativen als der vielgepriesene »Eisenhans« zu imponieren. Die größte Veränderung bei den Männern sah ich darin, daß sie ihre Partnerin offen fragen lernten, statt zu monologisieren oder bockig zu schweigen.

Zum Schluß skizziere ich zwei der in meiner Untersuchung am häufigsten vorkommenden *Paar-Szenarien* des Umgangs mit Intimität und Sexualität:

1. »Bei uns läuft es wunderbar im Bett, aber außerhalb ist es wüst und leer«: *Die patriarchale Romanze*.
2. »Unser gemeinsamer Alltag ist schon in Ordnung, aber im Bett läuft nichts mehr«: *Familienliebe ohne Leidenschaft*.

1. »Die patriarchale Romanze«

Diese Konstellation habe ich sowohl bei der Lebensform der »offenen Zweierbeziehung« als auch bei bestimmten Formen der »Familienehe« besonders häufig getroffen. Sie scheint bei sexuellen Außenbeziehungen die Regel zu sein, meistens als Alternative zum bisherigen Szenario »Familienliebe ohne Leidenschaft«. Merkmal der patriarchalen Romanze ist, daß das Paar den Alltag entweder nicht miteinander teilt (das heißt dann in der postmodernen Sprache: »living apart together«) oder aber nach Aufgaben und Rollen geteilt unter demselben Dach in zwei verschiedenen Welten lebt, vereint durch das gemeinsame Schlafzimmer. Sexualität spielt die Hauptrolle der gegenseitigen Verbindung: Das erotisch-sexuelle Zusammenkommen muß dann jedesmal wieder ein großes Ereignis sein, weil der lästige, aber wirklichkeitsstiftende Alltag weitgehend ausgeklammert wird.

Das patriarchal-romantische »Spiel« eines solchen Paares ist jenes von Dornröschen und dem Prinzen: Sie wartet auf Erlösung durch ihn, und er bezieht seine Lust aus seiner männlichen Potenz und ihrem Warten. Er ist oben in der sozialen Hierarchie, nicht selten weil er älter ist als sie oder einen Beruf hat, der ihm Prestige und Status verleiht. Sie befindet sich in der Paarkonstellation unten, vielleicht als seine Studentin oder Mitarbeiterin, aber selbst wenn sie einen eigenen Status hat in der Welt draußen, läßt sie sich scheinbar von ihm führen. Er beschützt und kontrolliert sie, sie dient ihm und führt ihn gleichzeitig am Gängelband ihrer Bewunderung mit dem Wissen, daß sie allein bestimmt, wann und wie sie zu nehmen beziehungsweise zu »erlösen« ist. Seine Vorstellung von Sexualität ist: »Ich muß sie nehmen, von sich aus wäre sie nicht aktiv«, und die ihre: »Ich muß seine Macht dämpfen mit meiner Hingabe, sonst wird er mir gefährlich.«

Wenn ich mit einem Paar aus dieser Konstellation zusammensitze, welches in Konflikt geraten ist, nehme ich fast jedesmal ein kräftiges erotisches Knistern in der Luft wahr. Ob die spürbare Erregung zwischen Frau und Mann sich wandelt zu freundschaftlicher Nähe oder – weit häufiger – umschlägt in eine Form von Feindseligkeit, die zu Hause manchmal sogar zu Gewalt führt, scheint unter anderem abhängig davon, ob es mir gelingt, neutral zu bleiben, oder ob die erotisierte Feindseligkeit der beiden mich in ihren Bann zieht. Der Grund für eine Paartherapie liegt bei dieser Konstellation häufig darin, daß Dornröschen endlich versucht, aus eigener Kraft und ohne den Prinzen den Weg aus dem Schloß in die Welt eines erwachsenen Selbstverständnisses zu finden. Manchmal mit einem neuen Prinzen, was für sie lebensgefährlich sein kann, im besseren Fall durch die Freundschaft mit Frauen, die ihr zu Eigenständigkeit verhelfen. Seltener, aber auch das kommt vor, hat der »Prinz« die Nase voll von diesem Spiel und drängt seine Frau oder Freundin, »endlich erwachsen zu werden«. Eine gute Chance haben beide, wenn sie neugierig sind darauf, wie sie die Stunden oder Tage *zwischen* ihren sexuellen Begegnungen füllen könnten, das heißt, wenn sie herausfinden wollen, was sie außer Sex noch miteinander verbindet – vielleicht die lange Weile vertrauter Gespräche und alltäglicher Unternehmungen?

Die sexuelle Bindung von Frau und Mann wird bei dieser Konstellation nicht selten zu einer Art von »Bondage«, zur Zwangsjacke für beide durch die Erotisierung patriarchaler Klischees: Er bindet sie, sie läßt sich binden, leider auch mit Gewalt. Als erotisches Spiel kann diese Beziehungsform phantastisch und lustvoll sein. Sado-masochistische Phantasien sind, wie ich beobachte, auch in modernen Paarbeziehungen lebendig, trotz aller Wünsche nach gleichberechtigter Partnerschaft. Es gibt vielerlei Erläuterungen dafür, warum das so ist. Am plausibelsten scheint mir die, daß auch emanzipierte Frauen sich danach sehnen, »einmal alles mit sich geschehen zu lassen«. Und daß andererseits auch emanzipierte Männer gerne »kräftig nehmen mögen«, wozu sie Lust haben, ohne den Anspruch, alles richtig zu machen, den sie häufig mit den Intimitätsvorstellungen von Frauen verbinden. Solange beide, Frau und Mann, sich über den Spielcharakter dieser Form des sexuellen Zusammenseins einig sind und damit so umgehen, daß ihre Rollen auch umkehrbar sind – sie die aktiv Nehmende, er der passiv Gewährende – ist das wunderbar!

Die erotisierte Feindseligkeit, welche ich anfangs erwähnt habe, zeigt sich hingegen in den Situationen, in denen »Oben-Unten«-Verhältnisse auch außerhalb des Bettes die Beziehung dominieren. Das ist eher die Regel, weist doch die Biographie beider Partner meistens subtile oder weniger subtile Formen von Gewalt auf.[15] Bei der Frau sind es manchmal Erfahrungen in der »gewöhnlichen« Familie ihrer Herkunft, die mit ihrem Gewächshausklima von Bindung und Verwöhnung ein besonders wirksames Unterdrückungsmanöver darstellt. Nicht selten hat sie jedoch auch sexuelle Übergriffe in der Kindheit erlebt. Männer in dieser Konstellation haben in ihrer Herkunftsfamilie häufig emotionale oder aggressive Gewalt erlitten von ihren Vätern, aber manchmal auch von den Müttern. Ihr überwältigendes Bedürfnis nach besitzergreifender Nähe, gekoppelt mit Verlustangst, läßt sie leicht zu Verfolgern werden, wenn die »Prinzessin« nicht mehr gefügig ist.

Wenn zu den biographischen die gesellschaftlichen Verhältnisse mitbedacht werden, ist leicht zu verstehen, daß eine solche Konstellation als Teil der allgemeinen sozialen Ordnung dem Paar oft als die natürlichste vorkommt: er der Meister, sie die Gefährtin. Er idealisiert sie, indem er sie auf Händen trägt, sie läßt sich tragen und bewundert seine Fähigkeit zur Selbstdarstellung. Er ist paternalistisch, aber nicht väterlich, sie ist kindlich-anhänglich, aber unbeständig. Wenn die Konstellation kippt und beide sich nicht mehr von ihren Ängsten vor der Alltäglichkeit einer verbindlichen Partnerschaft verstecken, welche sie gleichzeitig ersehnen, gibt es nach meiner Erfahrung zwei Lösungsmöglichkeiten: Das Paar versucht eine Entflechtung, indem beide ihr Zusammenkommen nicht mehr von aggressiv-erotischen Stimmungen abhängig machen, sondern »trocken« von Mal zu Mal miteinander vereinbaren – einmal in ihrer Verantwortung, einmal in seiner. Jene Frauen und Männer, die mit der patriarchalen Romanze unter demselben Dach leben, *entflechten sich*, oft mühsam, indem sie sich zum Beispiel vom gemeinsamen Schlafzimmer trennen und lernen, für ihre Anliegen selber Verantwortung zu tragen und sich dafür stark zu machen. Die Erfüllung ihrer romantischen Vorstellungen von Leidenschaft wird dann nicht mehr dem anderen zugeschoben, sondern von jedem selbst in Wirklichkeit übersetzt, kräftig und eigenständig. Die zweite Lösung liegt darin, daß beide Partner sich vermehrt in ihrer *eigenen Welt als Frau und als Mann »einnisten«* und darin Wurzeln entwickeln, oft zum erstenmal bewußt. Von dieser Welt aus können sie dann mit geradem Rücken, ohne das bisherige Oben-Unten, einander neu kennenlernen und den Raum zwischen Bett und Bett mit Intimität füllen oder, wenn er trotzdem leer bleibt, auseinandergehen.

Es gibt Hinweise darauf, daß in den 90er Jahren die patriarchale Romanze wieder im Kommen ist. Anfang der 70er Jahre machten viele Frauen Inventur über ihre Beziehungen zu Männern und fanden nicht gut, was sie sahen. Das war der Grund, warum sie ihre eigene Sicht von Liebe, Arbeit und Familie zu kristallisieren und verbalisieren begannen und damit oft Ärger erregten bei Männern, aber auch in den Reihen der »angepaßten« Frauen. In der Zwischenzeit wird vieles, was die Bewegung der Frauen, die heute in der Lebensmitte und darüber sind, an Wandel in den Vorstellungen und zum Teil in den gesellschaftlichen Strukturen bewirkt hat, als selbstverständlich betrachtet. Außerdem gibt es wirtschaftliche und politische Unsicherheiten, welche bei Frauen und Männern Sehnsucht nach Rückzug in die patriarchale Romanze auslösen. Mir fällt auf, daß vor allem die vielen Zweitbeziehungen eines älteren Mannes mit einer jüngeren Frau vom sexuellen Modus der romantischen Verführung auch dort leben, wo die Frau ökonomisch unabhängig ist. Wenn solche Beziehungen dann auf Dauer angelegt werden, scheint die Form der »Familienliebe«, wie ich sie nun skizziere, vorprogrammiert, sobald das Paar Kinder bekommt.

2. »Familienliebe« ohne Leidenschaft

Ob wir es mögen oder nicht, sind die intimen Beziehungen von Erwachsenen in irgendeiner Weise den früher erlebten oder ersehnten Eltern-Kind-Mustern nachgebildet. In der Konstellation, die ich hier beschreibe, nennen Frau und Mann sich sogar manchmal »Mama« und »Papa«. Sie vergessen dabei nicht nur, wie anziehend sie zum Beispiel als Roland und Sonja einmal füreinander waren, sie vergessen sogar ihre Vornamen. Ich habe solche Paare besonders häufig in der Lebensform der traditionellen Familienehe und nach der Geburt des ersten Kindes gefunden, wenn Frau und Mann sich fast nur als Eltern und kaum noch als Liebende begegnen. Robert im Paarporträt (Kapitel 6) nennt diese Form des Zusammenlebens die »Kinderaufzucht, in der unsere Leidenschaft erstickte«. Die *Domestizierung des Exotischen*, des Fremdartigen, das die beiden früher zueinander gezogen hat, geschieht nun auf Kosten ihrer ursprünglichen Neugier aufeinander. Mit dieser Neu-Gier geht häufig auch ihr früheres Begehren verloren. Sie werden zu Vögeln im Käfig, die nur noch vom Fliegen träumen, mit gestutzten Flügeln.

Jellouschek[16] vergleicht die Frau in dieser Konstellation mit der mythologischen Hera, den Mann mit Zeus, dem Göttervater: zwei Menschen, die sich bei aller Unterschiedlichkeit ähnlich sind in ihrer heimlichen Überzeugung, daß sie eigentlich nicht das Recht hatte, ihren Vater zu verlassen, und er nicht das Recht, seine Mutter zu verlassen, so zwiespältig ihre Gefühle den Eltern gegenüber auch sind. Seine Liebe bleibt im mütterlichen Raum gefangen und ihre im väterlichen, in der kaum bewußten Hoffnung, daß beide voneinander für ihre Treue einmal die bedingungslose Liebe erringen, nach der sie sich sehnen. Wenn Kinder kommen, perfektionieren sie die Rolle ihrer idealisierten Eltern. Die Frau gestaltet mit Elan und Freude ihre Aufgabe als hingebungsvolle, zärtliche Mutter. Sie zieht sich in die Welt der Kinderstube zurück und versorgt von dort ihren Mann gleich mit. Er hat wohl Zutritt dazu, aber nur in der Rolle des Vaters, nicht als ihr Geliebter. Und weil er das Gewand des Verführers im Gehäuse der »Familienliebe« längstens eingemottet hat, macht er sich für diesen Part auch nicht stark. Wie es zu dieser Lebensform gehört, ist er jedoch ein vorbildlicher Versorger, nicht selten mit hohem Prestige für seinen besonderen Einsatz in der Welt draußen. Das offizielle Patriarchat, das der Mann nun immer selbstbezogener durchsetzt, wird begleitet vom heimlichen Matriarchat, »in dem es nur Frauen und Kinder gibt, unter ihnen einen Sohn-Geliebten, an den sich eine leise, vage Hoffnung nach Erlösung knüpft, wie damals an den jungen Zeus-Mann« (16 op. cit.).

Wenn ein solches Paar zu mir in die Beratung kommt, bin ich jedesmal beeindruckt davon, wie »gemütlich« die beiden auf den ersten Blick wirken und wie umgänglich und höflich sie miteinander umgehen. Sie leben in geordneten Verhältnissen, bewältigen ihre Alltagsangelegenheiten gut, haben nette Beziehungen zu Freunden und laden abwechslungsweise jeden Sonntag ihre oder seine Eltern zum Essen ein. Bloß: Lustvolle Leidenschaft gehört nicht mehr zu ihrem Leben, auch wenn sie erst vierzig sind. Als »Eintrittskarte« für die Beratung bietet sich, wie ich es beim Porträt von Claudia und Robert in Kapitel 6 beschrieben habe, manchmal eine Drittbeziehung an (heute eher als früher auch von seiten der Frau), aber noch öfters ist der Dritte der »Sohn-Geliebte«, der mit seinem aggressiv-destruktiven Verhalten beide Eltern alarmiert. Wenn es diesem gelingt, seinen Vater auf den Plan zu bringen, und wenn der sich schließlich einläßt mit dem Sohn, ihm ein Gegenüber wird und dadurch Halt gibt, leisten Frau und Mann sich oft zum erstenmal seit Jahren, sich miteinander zu befassen. Die bisherige Gemütlichkeit zeigt sich dann häufig als Firnis, unter dem ein erbitterter Machtkampf darüber tobt, wessen Träume von Liebe und Intimität wichtiger sind, seine oder ihre, und wie sie erfüllt werden sollen. Wenn zum Beispiel auf meine Frage, wann sie es als Frau und Mann zum letztenmal »so richtig schön gehabt haben miteinander«, die traurige Antwort kommt, daß sie seit Jahren nicht mehr miteinander intime Gespräche führen und nicht mehr miteinander schlafen, fällt es mir nicht schwer, den Machtkampf als Ausdruck dieser Sehnsucht zu verstehen.

Ein Beispiel von zwei 45jährigen:
Sie: Mein Mann macht es sich saumäßig bequem! Wenn ich nicht ständig Lärm mache, ist er so selbstzufrieden, daß ich mir wie ein Stück des häuslichen Inventars vorkomme. Nett, daß man es besitzt, aber nicht aufregend. Manchmal eine Streicheleinheit, der obligate Blumenstrauß am Samstag, wie man ein gutes Stück ein bißchen pflegt. Zur Gemütlichkeit des trauten Heims... Aber Nähe und Leidenschaft ist das nicht! Ganz im Gegenteil, erstickend langweilig!
Er: Es ist doch so, daß meine Arbeit mich einfach auffrißt. Sie hat das ja auch gewollt, daß ich Chef werde im Betrieb. Ich gehe ja auch mit ihr ins Theater, obwohl mich das nicht interessiert – aber zu Hause ist für mich der Ort der Erholung, nicht des Theaters, und Sex ist schließlich nicht alles.
Sie: Du bist schon lange nicht mehr an mir interessiert als Frau! Vornherum spielst du den braven Buben, wie gerade jetzt, und hintenherum hältst du dir die Ohren zu, wenn ich mit dir reden will. Innerlich hast du dich längst getrennt von mir als Frau. Dafür raspelst du Süßholz mit deinen Sekretärinnen.
Er: Du bist doch die Mutter unserer Kinder, also stehe ich zu dir durch dick und dünn...

Voraussetzung für lustvolle Geborgenheit: Einander abwechslungsweise Kind und Eltern sein

Die traurigste Erfahrung für die eben beschriebene Frau ist die Art und Weise, wie ihr Mann sie, ihren eigenen Geist und ganz besonders ihre Sinnlichkeit so energielos »abschreibt« und sich dafür mit seiner Arbeit stimuliert. Warum läßt sie das geschehen, manchmal über Jahrzehnte, bevor sie sich wehrt? Aus ihrer Lebenserfahrung bringt eine solche Frau die fraglose Vorstellung mit sich, daß Pflege und emotionale Versorgung von anderen Menschen ihr endlich die Zuneigung verschaffen werde, die sie ersehnt. Also versorgt sie ihn in der Hoffnung, daß sie dafür »erkannt und anerkannt« werde von dem, den sie einmal aus Liebe gewählt hat. Aber Pflegen und Gepflegtwerden ist nicht gleichbedeutend mit Intimität und schon gar nicht mit Leidenschaft zwischen Frau und Mann! Im warmen Gewächshausklima, das sie für ihn und die Kinder schafft, erstickt leider oft alles, was mit Ichbezogener Lust vereinbar wäre. Und wenn die Frau nach der ersten Phase der »Familienehe« sich endlich auf sich selber besinnt und ihre Leidenschaft wieder entdeckt, merkt sie nicht selten, daß sie ihrem Mann damit Angst macht, und sie zieht sich, ihn schützend, wieder zurück.

Für den Mann in dieser Konstellation ist die größte Enttäuschung, daß die ständige körperliche Nähe im Treibhaus und das ersehnte Eintauchen in die mütterliche Welt ihn so lustlos gemacht hat. Als »Sohn« wird er zwar zu Hause versorgt, aber als Mann weiß er nur noch in der Rolle des »Göttervaters« draußen, wer er ist. Erwachsene Sexualität erlebt er manchmal zum erstenmal in einer Außenbeziehung. – Meine Beobachtung zeigt, daß gerade in den Konstellationen, in denen die beiderseitige Sehnsucht nach kindlicher Regression und Obhut besonders stark ist, der versteckte Kampf darum, wer die Eltern- und wer die Kindrolle einnimmt, zeitweilig unvermeidbar ist. Bloß: *Kindliche Regression behindert auf Dauer Leidenschaft und Intimität, denn zu gesunden Eltern–Kind-Beziehungen gehört sexuelle Intimität nicht.* In dieser Konstellation wird dann verstehbar, daß die Partner sich nur noch Mama und Papa nennen. Wenn Frau und Mann in einer Eltern–Kind-Beziehung leben, einmal sie als Mutter und er als Sohn, dann wieder er als Vater und sie als Tochter, hat diese

Konstellation zwar den Vorteil des Vertrauten, Beständigen im gemeinsamen Gehäuse der Familienliebe. Die Pflege dieses »Gehäuses« ist dann ein zentrales, verbindendes Motiv für beide, manchmal mit verteilten Rollen, manchmal auch im Wettbewerb darum, wer sorgfältiger oder perfekter damit umgeht. Um aus dem Versinken in der stickig-warmen »Familienliebe« herauszufinden, ist der wichtigste Schritt die Ermutigung beider, endlich eigene Inseln zu beanspruchen, auf die sie sich straflos zurückziehen können. Nach meiner Erfahrung tendiert man als Therapeutin mit dem naheliegenden Vorschlag zur Pflege von *gemeinsamen* Paar-Inseln dahin, mehr desselben anzubieten: stickige Verklammerung. Ich meine, daß die spannungsvolle Fremdheit von Mann und Frau, welche im Treibhausklima erstickte, nur mit ihrer Entflechtung – als Voraussetzung von »Neu-Gier!« aufeinander – wiederentdeckt werden kann. Daß zu solchen individuellen Reisen ins Unbekannte auch Einbrüche und Ängste gehören, ist nicht zu vermeiden, und daß dabei eine Begleitung durch Dritte hilfreich sein kann, beispielsweise in einer Einzeltherapie, gehört zu meiner Erfahrung. Beim Wieder-Zusammenkommen des Paares als zwei Erwachsene entstehen neue Möglichkeiten, die einengenden Eltern – Kind-Muster zu überwinden.

Sexuelle Leidenschaft als Teil von Intimität ist auf Dauer nur bei Ich-nahen, ebenbürtigen Partnern möglich, davon bin ich überzeugt. Das heißt: Nur wer gut allein leben kann, ist auch fähig, ohne Angst vor dem Ausgenützt- oder Aufgefressenwerden einen gemeinsamen Raum von Verbindlichkeit zu pflegen und sich immer wieder lustvoll fallenzulassen in die sexuelle Verschmelzung. Das bedeutet jedoch nicht, daß erwachsene Intimität und Leidenschaft unvereinbar sind mit der gelegentlichen Übernahme der Eltern- oder Kindrolle! Solange ein solches Spiel von einander Kind und Eltern Sein flexibel ist und aus der Verwurzelung in der beidseitigen erwachsenen Welt gestaltet wird, ist es die beste Voraussetzung für eine leidenschaftliche *und* dauerhafte Beziehung. Ich bin der Meinung, daß jede Paarkrise eine Chance ist, daß Frau und Mann eine Balance zwischen einander Eltern und Kind Sein neu finden. Meine eigene Erfahrung hat mir gezeigt, wie gut die Entwicklungsmöglichkeiten für beide sind, wenn sie zulassen, daß diese Balance immer wieder in Bewegung gerät.

Zur Illustration möchte ich eine persönliche Erfahrung erzählen, die für unsere gemeinsame Beziehung zu einem Wendepunkt geworden ist.
Als ich, »Älteste« in meiner Herkunftsfamilie und früh getrimmt auf die Rolle der mütterlichen Gefährtin, in einer frühen Phase unserer Ehe in die Situation geriet, daß mir die Wellen über dem Kopf zusammenschlugen, bat ich meinen Mann (der eben an einem Spitalprojekt arbeitete), mir doch bitte ein Rezept für ein Beruhigungsmittel zu besorgen. Gelernt ist gelernt – wie so viele meiner Klientinnen es mit ihren Männern halten, wollte ich ihn mit meinem Elend verschonen. Darauf schrieb er mir in einem Brief, den er mir aufs Bett legte, den unvergeßlichen Satz: »Laß mich Dein Valium sein!« Ich konnte mich bei ihm fallenlassen wie noch kaum je in meinem Leben und mich von ihm »bevatern« lassen ohne Angst, dafür kleingemacht zu werden. Das Wissen: »Hier darf ich schwach sein, wenn ich es nötig habe, ohne dafür meine Stärke preiszugeben«, hat mich seither begleitet.

Wenn zwei Menschen durch Krisen ihre eigenen Träume wieder beanspruchen lernen, der Mann seine lustvoll-bezogene Seite zuläßt und die Frau ihren Körper und ihren Geist lieben lernt, ist das die beste Voraussetzung für ihre gemeinsame Entwicklung als Paar. Auf diese Weise kann es ihnen sogar gelingen, das Leben mit dem Widerspruch von *Leidenschaft* und *langer Weile* als »menschliches Wunder« zu erfahren, wie es im Eingangszitat heißt.

Kapitel 12

Untreue als Treue zu sich selbst: Es muß nicht unbedingt eine Tragödie sein…

»Es handelt sich um ein simples und ungeheures Lebensproblem, das der Treue. An dem Verlorenen festhalten, ewig beharren, bis an den Tod – oder aber leben, weitergehen, hinwegkommen, sich verwandeln, und dennoch nicht zum gedächtnislosen Tier hinabsinken.«
(Hugo von Hofmannsthal)

»In Liebesbeziehungen gibt es zwei Grundtendenzen und Prinzipien: Das eine ist das dem Kinderbereich zugehörige Gebot der Treue, des Zusammenhalts in guten und in schlechten Tagen. All das verlangt sehr viel Kultivierung, Erziehung des Herzens und der Gefühle, Toleranz und Einfühlung und all das. Das Gegenprinzip ist die Leidenschaft, die nur sich selber kennt und keine Gründe außerhalb von sich selber gelten läßt und natürlich auch so etwas wie moralische Gebote wie Treue und »man muß auch an andere denken« und Kinder usw. lächerlich findet und sich darüber hinwegsetzt, alle Normen verletzt, wenn es sein muß… Du kannst das nicht vereinbaren. Die Ehe ist insofern furchtbar, als sie tut, als ginge das zusammen.«
(Barbara Sichtermann)[1]

In diesem Kapitel geht es um die Widersprüche, die in den Zitaten zum Ausdruck kommen: Sind Leidenschaft *und* Treue möglich? Kann Untreue eine Art von Treue zu sich selber sein, die als Auslöser für eine Neuschreibung des Paarentwurfes dient, oder ist sie immer der Anfang vom Ende? Anhand von Berichten aus meiner Untersuchung und der Literatur[2] will ich das Thema Treue und Untreue in den kulturgeschichtlichen Rahmen verschiedener Ehebilder stellen und die Geschichten und Meinungen der Befragten dazu erzählen. Ich werde aus meiner Erfahrung dafür plädieren, daß es bei diesem Thema nicht so sehr die Tragödie des Herausfallens aus der ersehnten Verschmelzung ist, welche Abgründe von Angst, Wut und Gewalt eröffnet, sondern liebloses Verhalten und Kränkungen durch Verschleierung und Belogenwerden. Ich will zeigen, wie das Problem außerehelicher Beziehungen, wenn es eingegrenzt wird auf Moral oder Psychopathologie, zu Lösungen führt, die oft als unendliche Geschichten von Schuld und Unschuld zum eigentlichen Problem werden. Mit den Männern und Frauen, die hier erzählen und die »hinweggekommen sind und sich verwandelt« haben, bin ich der Ansicht, daß nicht Melodrama, sondern eine Paarkultur der Auseinandersetzung über die Bedeutung von Treue und Untreue sowie Erziehung des Herzens zur Annahme der Unvollkommenheit der Liebe angezeigt ist.

Ein stickiges Thema der Paartherapie

Das Thema von Treue und Untreue in Zweierbeziehungen ist kein Lieblingsthema von Paartherapeutinnen und -therapeuten, das zeigt die relativ spärliche Literatur. Obwohl keine und keiner von uns um das Thema herumkommt, weder im beruflichen Leben noch im privaten, ist es ein facettenreiches Ding, mit dem wir es da zu tun haben, und eines, das sich nicht ordentlich in psychologische Kategorien verpacken läßt. Den mit Treue und Untreue verbundenen Aspekten von Moral und Ethik können wir weniger gut mit dem therapeutischen Neutralitätsbegriff begegnen als anderen Themen im Alltag der Paarberatung. Das Problem geht unter die Haut, auch unter die unsere! Eigene Ängste vor den Abgründen, die sich für jeden Menschen auftun, wenn seine tiefe Sehnsucht nach Verschmelzung bedroht wird durch die Schritte des anderen in Richtung Eigenständigkeit, lassen sich nicht beiseite schieben.

Die schrecklich-vertraute Dreieckserfahrung, welche viele von uns den seltsamen Beruf als Paarberaterinnen und -berater ergreifen ließ, da wir das Metier als ehemals vermittelnde Dritte zwischen Vater und Mutter von Kindsbeinen an kannten, wird durch die ehelichen Außenbeziehungen unserer Klienten mächtig belebt. Beide zerren an uns, auf der einen Seite das sogenannte Opfer, auf der anderen der Täter oder die Täterin, und vor lauter Anstrengung, gleichzeitig bei beiden zu sein, schmerzt nach einer solchen Stunde das Genick. Aus böser Erfahrung mag ich mich jeweils weder ausschließlich mit dem »Ungetreuen« identifizieren, noch bin ich verführbar zum ausschließlichen Mitschwingen mit dem, der verlassen wurde. Wenn er oder sie als Opfer des »Liebesverrats« außerdem darauf beharrt, das Ereignis als Tragödie, und nur als Tragödie, zu sehen, nicht mehr essen und nicht mehr schlafen will und im schlimmsten Fall auch nicht mehr leben, fällt es mir schwer, mich in das Drama zu verlieben. Aber auch selbstgerechte Verteidigungsreden (»Du hast es Dir selbst zuzuschreiben«) des oder der Ungetreuen animieren mich wenig zu Komplizenschaft. Bei keinem anderen Thema im Alltag von Paartherapie ist wohl das teilnehmende »Draußenbleiben-Können« wichtiger als bei diesem. Sich einmal in seine und einmal in ihre Haut versetzen und eine Ahnung davon bekommen, wie es sich darin fühlt, ja! Aber durch meine eigene Empörung über den Treuebrüchigen oder mein Mitleid mit dem Opfer zu einer weiteren »stabilisierenden Dritten« zu werden (von denen es im Alltag des Paares nach meiner Erfahrung sowieso wimmelt), wäre eine verpaßte Gelegenheit. Die Frage der Freiwilligkeit, welche sich bei jedem solchen Ausbruch aus der Treuenorm als Chance auftut: »Bleiben wir zusammen, weil wir wollen oder weil wir müssen?«, wäre mit meiner Komplizenschaft mit einem gegen den anderen vertan. Nicht, daß die beiden meine Neutralität in solchen Augenblicken schätzten! Ich sage ihnen darum schon in der ersten Stunde, daß ich sie mit langem Atem begleiten und damit jedem die Möglichkeit zubilligen möchte, soviel Information über die *Bedeutung der Krise als Vorbote von Wandel* zu gewinnen, bis sie selbst entscheiden können, ob sie miteinander einen Neuanfang riskieren oder auseinandergehen wollen.

»Untreue als Treue zu sich selbst«, »lieber lebendig als treu« oder »Eifersucht ist kindisch«, diese Sätze sagen sich so leicht und laufen doch all unseren Sehnsüchten zuwider: nach Zusammenhalt in guten und schlechten Tagen, nach unbegrenzter Geborgenheit und nach Heimat in der Liebe eines anderen Menschen auch dann, wenn die Leidenschaft nicht mehr glüht. Ich will im folgenden von den Krisen der befragten Frauen und Männer berichten und besonders von den Entwicklungen, die sie nach dem Zusammenbruch ihres Liebesideals machten, und was ihnen geholfen hat, »weiterzugehen, hinwegzukommen und sich zu verwandeln«, wie es im Anfangszitat heißt. Ich will auch dieses Problem in den weiteren Rahmen gesellschaftlichen Wandels stellen, so individuell die Auseinandersetzung damit in der einzelnen Situation jeweils gestaltet werden muß.

Von den 33 Paaren, die mir geantwortet haben, leben inzwischen 6 getrennt oder als Geschiedene, zum Teil mit einer Partnerin oder einem Partner, mit welchem sie schon während der Ehe eine Außenbeziehung hatten, die offenbar wesentlich zum Bruch beigetragen hatte. Von den 27 Paaren, die nach der Therapie zusammengeblieben sind, haben 9 im Rückblick auf ihre damalige Krise »keine Probleme mit Außenbeziehungen« genannt. Diese leben in den Formen der »Familienehe« und des »progressiven Phasenmodells«. Bei allen anderen, das heißt *bei 18 der noch zusammenlebenden 27 Paare,* spielten Außenbeziehungen zur Zeit der Krise eine Rolle!

Von den 11 Paaren, bei denen eine Außenbeziehung nur durch eine/n von beiden gelebt wurde, sind es 6 Männer und 5 Frauen – eine wesentliche Abweichung von dem, was aus der patriarchalen Tradition bekannt ist. Offenbar kommen, wie die Paarporträts im mittleren Teil dieses Buches gezeigt haben, in erster Linie Menschen in Therapie, welche mit einiger Bewußtheit in inneren und äußeren Übergängen leben – besonders, was ihr Verständnis von Liebe und Sexualität betrifft. Interessant und zu dieser Beschreibung passend ist, daß das Thema Außenbeziehung bei vier der befragten Paare während der Therapie nie als Problem genannt wurde, auch nicht auf entsprechende Fragen von mir. Ich erfuhr davon erst in meiner Befragung einige Jahre später. Alle vier Paare bewerten das Ereignis denn auch übereinstimmend im Rückblick als »nicht sehr problematisch«, als »ein Alarmzeichen unter anderen«, wie ein Mann schreibt.

Bevor ich mich der Frage nach der *Bedeutung* der mit Untreue verbundenen Probleme/Ereignisse im Einzelfall und ihren Lösungsmöglichkeiten zuwende, kurz ein Überblick über kulturgeschichtliche Vorstellungen dazu. Ich bin auf vier solcher Vorstellungen gestoßen, von welchen die Befragten in unterschiedlichem Maß berührt sind:

1. »Leidenschaft und Ehe schließen sich aus«
2. »Zerschlagt die Institution der Ehe«
3. »Die postmoderne Liebsten-Liebe auf Zeit«
4. »Die neue Moral«

1. Sexuelle Doppelmoral: Leidenschaft und Ehe schließen sich aus

Die Spaltung von Liebe in den verbindlichen, aber leidenschaftslosen Teil innerhalb der Ehe und den aufregend leidenschaftlichen Teil außerhalb ist ein zentrales Thema der patriarchalen Kulturgeschichte. Die damit verbundene sexuelle Doppelmoral erwartet von Frauen, daß sie ihre Sexualität in den Dienst der Erhaltung der Sippe stellen, während umgekehrt vor- und nebeneheliche sexuelle Kontakte die Vitalität der Männer beweisen. Bei Frauen wird in dieser Kultur größter Wert auf voreheliche Keuschheit und eheliche Treue gelegt, Männern wird zugestanden, daß sie sexuell experimentieren, vor und neben der Ehe: »Ehefrauen für das Kinderkriegen, Hetären für die Geselligkeit und Sklavinnen für die Lust«[3]. Diese Dreiteilung des weiblichen Geschlechts in der Antike wird in der bürgerlichen Gesellschaft der letzten 200 Jahre von der Zweiteilung in »ehrbare Frauen« und »Huren« wiederbelebt. Mutterschaft und sexuelle Leidenschaft schließen einander in dieser Vorstellung aus.

Die sexuelle Doppelmoral lebt in unseren Köpfen und unserem Handeln auch nach den sozialen Aufbrüchen der letzten Jahrzehnte weiter – das zeigen die Erzählungen der befragten Frauen und Männer –, ganz besonders in der Auseinandersetzung mit dem Thema Ehebruch. Ob ein Mann oder eine Frau es tut, macht allemal einen Unterschied aus, auch bei den aufgeklärten, progressiven Paaren. Das Bild vom »gehörnten Ehemann«, der nicht so sehr die Untreue seiner Frau als seinen möglichen Statusverlust in den Männerbünden beklagt, ist noch lebendig. Besonders dramatisch habe ich es in einem Fall erfahren, wo die Ehefrau eine sexuelle Beziehung zu einer anderen Frau aufgenommen hatte und ihr Mann beiden Gewalt androhte, weil sie ihn massiv in seiner männlichen Ehre gekränkt hätten. Als Gegenstück zur Normalität sexueller Nebenbeziehungen bei Männern beobachte ich nach wie vor die Pathologisierung von Frauen, die eine solche leben – durch sie selber, ihre Umwelt und nicht selten ihre Therapeutinnen und Therapeuten. Der Ehebruch der Frau war über Jahrhunderte bis in die neueste Zeit ein Scheidungsgrund. Bei Effi Briest zum Beispiel – in Theodor Fontanes gleichnamigem Roman Ende des 19. Jahrhunderts – bedeutete er ihre Verstoßung, ihren sozialen Abstieg und schließlich ihren Tod; bei Männern blieb er ein Kavaliersdelikt.

Die Fakten sprechen hier eine deutliche Sprache, wie die Zahlen aus meiner Befragung und aus anderen Untersuchungen zeigen; die Meinungen, die wir von diesem Thema haben, jedoch eine andere. Zwar ist *vorehelicher Geschlechtsverkehr* kein Tabu mehr; in vielen Familien ist es heute in Ordnung, daß Sohn oder Tochter ihre Liebsten ins Zimmer nach Hause nehmen – eine Situation, von der ihre Eltern noch vor 25 Jahren nicht zu träumen gewagt hätten. Aber die *sexuelle Doppelmoral* lebt weiter in den Vorstellungen über die Unterschiede ehelicher Untreue von Mann und Frau. Das ist kein Wunder. Die Weltliteratur wird seit Jahrtausenden vom »Liebesverrat« gespeist, wie ein Literaturwissenschaftler ihn im gleichnamigen Buch nachzeichnet.[4] Der Autor zeigt, wie in den großen Ehebruchsromanen des 19. Jahrhunderts die Ehe verstanden wird als die »falsche Form der Liebe, als institutionalisierte Liebesleere ... und daß alles unbedingte Glück nur außerhalb der Ehe, gegen die Ehe, im Bruch der Ehe auf Tod und Leben« gesehen werden kann. Solche Vorstellungen sind lebendig in Witzen und Karikaturen, auch heute. Der Ehebruch eines Mannes wird dabei als natürliche Reaktion auf das Ehegefängnis legitimiert, der Ehebruch der Frau als moralisches Versagen oder Psychopathologie beschrieben.

Der Liebesverrat der Frau gilt als Verrat an den Säulen des Patriarchats, denn: »Die Struktur der Ehe ist immer eine Miniaturgestalt des gesamtgesellschaftlichen Machtgefüges« (4 op. cit.). Formen von mehr oder weniger subtiler Gewalt, zu der zum Beispiel drei Männer in der Gruppe der Befragten griffen (zweimal mit Entzug von Geld und einmal mit Ohrfeigen), als sie sich durch die Beziehung ihrer Frau zu einem anderen Mann verraten fühlten, müssen auch unter dem Aspekt geschlechtlicher Machtverhältnisse gesehen werden.

Die Spaltung der Liebe in die langlebige, aber langweilige Gattenliebe und die kurzlebige, aber aufregende außereheliche Leidenschaft ist ein altes Thema der Psychoanalyse. Freud begründete sie mit dem sogenannten ungelösten ödipalen Dreieck, das heißt dem Inzestverbot zwischen Vater und Tochter, Mutter und Sohn. Ein Verbot, das unter den meisten familialen Bedingungen ins Erwachsenenleben mitgenommen werde und eine nahe, vertraute Beziehung zum gegengeschlechtlichen Partner unvereinbar mache mit lustvoller Sexualität. Barbara Sichtermann verweist im Eingangszitat auf diesen in dauerhafte Beziehungen angeblich eingebauten Widerspruch zwischen der kindlich-regressiven Zärtlichkeit und der Ich-bezogenen, erwachsenen Sexualität. Die interessante Aussage der befragten Paare ist, daß es so vielen von ihnen gelingt, diesen Widerspruch zu leben, statt endlos die von Freud beschriebene ödipale Situation zu wiederholen. Sie leben zwar spannungsvoll mit gelegentlichen Außenbeziehungen und heftigen Krisen, aber gerade deshalb immer wieder auch leidenschaftlich. Hat sich seit Freud vielleicht doch einiges gewandelt in bezug auf eine mögliche *Gleichzeitigkeit von Leidenschaft und verbindlicher »langer Weile«* in dauerhaften Beziehungen?

2. Zerschlagt die Institution der Ehe: Das neoromantische Ideal der offenen Zweierbeziehung

Die romantische Beziehungsvorstellung, wie sie im 18. Jahrhundert als künstlerisches Ideal verbreitet, aber – soviel wir wissen – seither im Rahmen der Gattenehe nur von wenigen Paaren gelebt wurde, ist von der 68er-Generation wieder belebt worden. Sie entspricht der Gleichsetzung von Liebe mit Sexualität, die in ihrer Konsequenz den Zustand der »dauernden Verliebtheit« als einzig mögliche Begründung einer Paarbeziehung zuläßt.

In welcher Weise sich gerade beim Scheitern des neoromantischen Ideals durch die Hintertür wieder die bürgerliche Norm von der Unvereinbarkeit von Verbindlichkeit und Leidenschaft einschleicht – »da sieht man ja, daß es nicht geht, die beiden unter einen Hut zu bringen!« –, erzählen in meiner Untersuchung einige der jüngeren Frauen und Männer, die ich ohne negative Besetzung dieses Etiketts als »Alternative« oder »Progressive« bezeichnen möchte. Denn ich bin ihnen als den Lebendigen, wenn auch Anspruchsvollen in der Befragtengruppe, herzlich zugetan! In ihren Lebensformen von Partnerschaft auf Zeit und im Arrangement »living apart together« mit der Trennung von Alltag und Liebe versuchen sie, als Gegenentwurf zu den Katastrophenszenarien von der »Familienehe« sich ihre Liebe als dauerndes Ereignis von Verliebtheit zu erhalten. Sexuelle Außenbeziehungen gibt es theoretisch dabei keine, weil es ja eine verbindliche Innenbeziehung als Norm nicht geben darf. Das Leid über den praktischen Liebesverrat durch den einen oder die andere der beiden ist jedoch nach meiner Erfahrung in diesen Lebensformen genau so groß wie in den traditionellen – und oft schwerer zu fassen und auszudrücken, weil es belegt ist mit dem Ideal der Freiheit von bürgerlicher Spießigkeit. Die Erfahrung von Verwirrung und

Überforderung durch die neue Moral, in die sich die alte unbemerkt einschleicht, ist beeindruckend.

Auch bei der Gruppe der »Progressiven« ist nach meiner Beobachtung die Außenbeziehung des Mannes nicht dasselbe wie die der Frau. Verbrämt durch ihren gemeinsamen Glauben an die populäre Psychologie[5], welche Männern als den »Mutter-Geschädigten« ihre Flucht vor der emotionalen Nähe in einer festen Paarbeziehung in Form sexueller Außenkontakte eher verzeiht als Frauen, beleben solche Paare unbewußt das alte Drama des Liebesverrats. Unter dem Deckmantel des von ihnen vertretenen Anliegens »zerschlagt die bürgerliche Ehe« befolgen sie deren sexuelle Doppelmoral. Dieses Drama, bei welchem die *Verlassenen pathologisiert* werden, weil sie mit Panik und Eifersucht statt mit tolerantem Loslassen reagieren, wird genährt von den Schriften des sexuellen Aufbruchs.

3. Die postmoderne Liebsten-Liebe: Wenn es mit der Verliebtheit vorbei ist, geht man zur Nächsten oder zum Nächsten

Unmittelbar aus dem romantischen 68er-Ideal wächst offenbar auch jenes der postmodernen »Liebsten-Liebe«, wie es von einem Soziologen[6] als Szenario moderner Kälte beschrieben wird:

> »Die irdische Liebe ist eine *Liebsten-Liebe, keine Nächsten-Liebe*. Sogar die Liebsten-Liebe steht unter der Drohung ihres Gegenteils. Exliebste verlieren ihre Heimat, ihr Aufenthaltsrecht in der Liebe. Asyl nicht vorgesehen. Nichtliebe heißt, *erzwingt Verstoßenwerden*. Die Therapeuten – die Intensivstation für Scheidungsverletzte – können ein Lied davon singen.«

Wenn ich die Geschichten der befragten Männer und Frauen lese und mir unsere Gespräche bezüglich ihrer außerehelichen Erfahrungen vergegenwärtige, weiß ich nicht so recht, an wen der zitierte Sozialwissenschaftler dachte, als er diese lieblose, egozentrische Form der Liebsten-Liebe beschrieben hat. Jedenfalls bin ich bei meiner Befragung keinem Paar begegnet, dessen Auseinandersetzung mit dem schwierigen Thema der Grenzziehung nach innen und nach außen mit der beschriebenen Brutalität geschehen ist. Mit Stillosigkeit, sicher, und auf die will ich zurückkommen, aber nicht mit dem »erzwungenen Verstoßenwerden«, mit diesem

Verschleiß von Menschen und ihren gemeinsamen Geschichten, wie er hier so global dargestellt wird. Vielleicht hat meine Unkenntnis dieser Lage auch mit dem naiv-optimistischen Blick auf die Ressourcen jener Menschen zu tun, die zu mir kommen, sowie mit meiner Frage, was sie aus diesen machen.

Im Maßstab 1 : 1 der einzelnen Lebensgeschichte zeigt sich eben doch vieles, was sich nicht unter dem Aspekt allgemeiner Trends verstehen läßt. Mir sind die Theorien der postmodernen Trendsetter deshalb mühsam, weil sie so flächendeckend daherkommen mit ihren Vorstellungen davon, »wie die Welt heute ist«. In meinem Verständnis postmoderner Entwicklungen mit ihrer Vielfalt an Lebensformen ist es notwendig, daß wir Menschen in ihren unterschiedlichen Milieus und ihrer Generationenzugehörigkeit beschreiben. Gerade zum Thema Treue gibt es für diese Art von Spezifität einen Modellfall im ersten Buch der Reihe »Familienwelten«. Zwei Sozialwissenschaftler (1 op. cit.) beschreiben das Thema dort milieu- und paar-bezogen. Sie verweisen statt auf das Allgemeine auf das, was diese Milieus voneinander unterscheidet. Vielleicht übersteigt der Alltag von Frauen und Männern bestimmter Generationen und Welten einfach die wissenschaftliche Möglichkeit, sie aussagekräftig und repräsentativ für die Gesamtbevölkerung darzustellen? Ein Kollege schreibt zu solchen wissenschaftlichen Horror-Szenarien moderner Egozentrik:

> »Über viele Jahre fühlte ich mich dadurch persönlich verunsichert. Ich stellte mir laufend die Frage, ob ich zufällig in meiner Praxis gehäuft auf jene Paare und Familien stoße, die ein relativ traditionelles Familienbild anstreben, auch wenn ihnen die Realisierung oftmals nicht gelingt. Ich stellte mir auch die Frage, ob Paartherapie immer mehr zu einem Ritual wird, welches schicklicherweise zu zelebrieren ist im Zyklus zwischen Heirat und Scheidung.«[7]

4. Die neue Moral und die »fatale Affäre«

Die Erfahrungen haben es deutlich gemacht, auch jene meiner kleinen Untersuchung: Außereheliche Sexualität ist nicht mehr das Privileg der Männer und einer kleinen Gruppe von Frauen, wie das lange so war. Die Reaktion auf das wachsende Selbstbewußtsein von Frauen ist auch in dieser Hinsicht nicht ausgeblieben. Ein amerikanischer Film, *Fatal Attraction,* der 1988 die Kinos füllte, hat die Dinge wieder ins richtige Licht gerückt. Die Darstellung der treuen Ehefrau und der verführerischen, unersättlichen Berufsfrau in der Lebensmitte, welche den Ehemann mit ihrer Gier verfolgt, bis er sie »aus Notwehr« umbringt, war ein deutliches Signal der Wende – im Zeitalter von Aids und »nachfeministischer Ernüchterung« keine Überraschung. Das Bild von der guten Ehefrau im Film und der bösen Hure, die den Mann zum Opfer einer besitzergreifenden Frau macht, belebt die alten Mythen. Zur gleichen Zeit nahm sich ein amerikanischer Psychiater/Paartherapeut[8] des Themas und dessen moralischer und psychopathologischer Dimension an und wurde damit über Nacht zum Fernsehstar. Er klassifizierte außereheliche Beziehungen als »versteckte Psychosen« beziehungsweise als Ausdruck von »latenter Depression«, und er wies nach, daß in seiner Praxis sogenannte Affären fast immer zur Scheidung führten, also an sich schon ehezerstörerisch seien. Das heißt, zur Zeit wären etwa die Hälfte der verheirateten amerikanischen Frauen und Männer latent psychotisch. Die Kritik an diesen moralistischen beziehungsweise pathologisierenden Expertenideen ist nicht ausgeblieben. Paartherapeutinnen und -therapeuten, die der Meinung sind, Therapie sollte weder von moralistischen noch von pathologisierenden Ideen geleitet sein, stellten sich dem Feldzug ihres Kollegen entgegen. Durch seine Beschreibung alltäglicher »Abweichungen« als Krankheit sowie durch seine moralische Bewertung außerehelicher Liebe, argumentierten diese, würden Möglichkeiten von Wandel behindert und ein Entweder–Oder gefordert, welches individuelle Lösungen des jeweiligen Paares behindere.

Allerdings ist es nicht verwunderlich, daß in den begonnenen 90er Jahren mit ihrer wirtschaftlichen und politischen Unsicherheit und der Aids-Angst die heile Familie und die eheliche Treue wieder »in« sind, nicht nur in den USA. Wie das Thema jedoch in den USA abgehandelt wird, ist aus der eigenen Geschichte dieser Kultur zu verstehen, die anders ist als die europäische. Daß ein Fachmann, welcher die Fahne des puritanischen Ethos hochhält, mit dem Thema der fatalen Affäre in die Medien kommt, paßt dazu. Das öffentliche Geständnis ehebrecherischer Beziehungen als Sünde ist in den USA nicht nur für Führer von Glaubensfeldzügen und für Politiker wieder ein Muß geworden. Auch unbekannte Frauen und Männer bereuen öffentlich ihre »fatalen« Affären. Unter dem Titel »Die Affäre« hat eine Kollegin[9], bezeichnenderweise eine europäische Paartherapeutin, in die Kontroverse eingegriffen, das Thema auf den Boden des Alltäglichen gestellt und es vom Nimbus der Tragödie befreit. »Auch wenn Ihre Ehe perfekt war, was natürlich keine Ehe ist«, sagt sie zu einem Paar, bei dem der Mann eine außereheliche Beziehung hat, »bin ich überzeugt, daß Ihnen beiden so etwas hätte passieren können.«

Die Debatte zeigt übrigens, wie sehr auch die Therapiekultur eingebettet ist in das jeweilige Milieu und die jeweilige Kulturgeschichte. Auf der einen Seite die amerikanisch-puritanische Sehnsucht nach Vollkommenheit in der Übersetzung des Gebotes von der christlichen Nächstenliebe auf den Familienalltag, welche vom sogenannten »Aufbruch« der 68er nur oberflächlich bewegt wurde. In Zeiten der Unsicherheit ist dieses eindeutige Ethos mit seinem »Entweder – Oder« natürlich wieder gefragt. Auf der anderen Seite gibt es die Kultur von der Vielfalt menschlicher Entwicklung, wie sie aus den Zeilen von Hugo von Hofmannsthal spricht: »Weitergehen, hinwegkommen und sich verwandeln, und dennoch nicht zum gedächtnislosen Tier hinabsinken«. Sie stimmt mit der Haltung überein, die ich bei den meisten befragten Paaren gefunden habe und die – nicht überraschend – meiner persönlichen entspricht. Ihr Anliegen ist es, Treue und Untreue auf den Boden des Alltags zu stellen und vom Nimbus der Tragödie zu befreien, ohne damit die Frage von Schuld und Unschuld zu ignorieren.

Untreue als Treue zu sich selbst: Von den Motiven der befragten Frauen und Männer

So viele unterschiedliche Motive es gibt für eheliche Untreue – und es soll von ihnen noch die Rede sein –, scheint es mir sinnvoll, sie im weitesten Sinne als »Treue zu sich selbst« zu verstehen. Als Versuch also, jene Seiten bei sich selber und der Paarbeziehung zu beleben, welche eingeschlafen sind in den Jahren, da man sich gewöhnt hat aneinander, zum Beispiel Lebenslust und Leidenschaft. Als Ausdruck des Gefühls vielleicht auch: »Es muß doch noch mehr geben im Leben als die tägliche Plackerei«.

Manchmal benutze ich im Gespräch mit einem Paar zu diesem Thema das Bild des Mondes, der »nur noch halb zu sehen« und doch »rund und schön« ist, wie es im Lied von Matthias Claudius heißt. Ich ermutige damit beide, sich dieser abgedunkelten Seite nun zuzuwenden und sie für sich zu beanspruchen, auch wenn sie nicht mehr von der Sonne einer neuen Liebe beschienen oder durch den Liebesverrat ans Licht gezerrt wird.

So schrecklich die Erfahrung der Untreue sein mag – die Enttäuschung, die Angst und der Zorn des verlassenen und die Schuldgefühle des verlassenden Menschen sind tatsächlich überwältigend in ihrer Intensität –, so birgt sie doch in sich die Möglichkeit von Neuem wie kaum ein anderes Ereignis im gemeinsamen Leben. Die Konfrontation mit dem eigenen Frau- und Mann-sein, mit den Sehnsüchten nach dem »Kind in sich selbst«, die vielleicht von beiden dem Gut- und Erwachsensein geopfert wurden, kann tatsächlich Anlaß für Wandlungen sein, die ohne diesen Einbruch kaum vorstellbar waren. Allerdings braucht es dafür die Auseinandersetzung beider mit alten Geschichten, die vom Leben überholt wurden, und die Erweiterung ihrer Problemsicht auf die Frage, wie diesen nun neue Kapitel beigefügt werden könnten.

Die Untreue des einen oder anderen kann also, wie ich es sehe, in einer auf Dauer angelegten Paarbeziehung als *Treue zum ursprünglichen Lebensentwurf* verstanden werden und damit Vorbote notwendiger gemeinsamer Entwicklungen sein. Voraussetzung dazu ist, daß es einem Paar trotz des Schocks, der Panik und der Schuldgefühle gelingt, das Bisherige offenzuhalten für Wandel, einander zu halten und gleichzeitig ein Stückweit zu lassen. Nur auf diese Weise können *beide* sich Entscheidungsmöglichkeiten zu neuen Geschichten oder zum Abschied von den bisherigen zugestehen und einander mit langem Atem Raum geben, den Weg dahin zu gehen. Von einer *Außenperspektive* aus sich selber und das Ganze neu zu sehen, setzt voraus, daß nicht nur der oder die »Ungetreue«, sondern auch der oder die »Verlassene« eine solche gewinnt. Das bedeutet für diese, sich mit der Frage zu beschäftigen: »Was will denn eigentlich *ich*, was ersehne ich mir, was für Veränderungen stehen für mich an?«, und einen bedeutsamen Schritt über die Frage hinauszugehen: »Warum wurde mir das angetan?«

Es ist allerdings für den Verlassenen nicht einfach und mitten im

Geschehen meistens unmöglich, die Untreue des Partners als Treue zu dessen eigenem Lebensentwurf und als Möglichkeit eines neuen *Paarentwurfs* zu verstehen, schon gar nicht in der ersten Zeit des Erkennens, daß da noch jemand anderer geliebt wird. Eine solche Haltung kann sich jedoch entwickeln – irgendwann, in einem langen Prozeß von Wut, Schmerz, Abschied und Entflechtung, Versöhnung und Neuschreiben der eigenen und der gemeinsamen Biographie. Etliche der befragten Frauen und Männer erzählten davon. Aber verlangen kann eine solche Haltung keiner vom anderen. Erst seit ich selber so weit gekommen bin, Erfahrungen mit Untreue über Zorn, Trauer und Schuldgefühle hinaus zu verstehen als Anstöße zur Individualisierung, die einigen Paaren vermutlich ohne sie nicht gelungen wäre, kann ich mit langem Atem und ohne Aufregung die Frauen und Männer begleiten, die als sogenannte Opfer oder Täter/innen zu mir kommen. Ich kann die Bedeutung einer Untreue als Vorbote von Entwicklungen für sie zwar nie im vornherein verstehen, auch nicht nach der ersten gemeinsamen Stunde. Aber ich nehme immer an, daß selbst ein solch tiefer Eingriff in das Bisherige als Anstoß von Wandlungen begriffen werden kann, die beim einzelnen und dem Paar nun anstehen. Und ich nehme an, daß beide, wenn sie mit der Zeit verstehen, was diese fälligen Entwicklungen sind, *Facetten von »ungelebtem Leben«, welche sie dem Paarmythos oder der Alltagsroutine untergeordnet haben, wieder für sich beanspruchen und entfalten können.* Ich gehe auch davon aus, daß eine solche Entfaltung dann dem gemeinsamen Leben zugute kommt, vorausgesetzt, sie bleiben lange genug zusammen und stürzen sich nicht kopfvoran in die neue Situation, weder als chronisch außerehelich Verliebte noch als chronisch innerehelich Verlassene.

Wenn ein Paar auf einem langen, verbindenden Weg ist miteinander, kann manchmal eine erotische Beziehung zu einem Dritten eingebaut werden in den Rahmen einer Ehe. Die Außenbeziehung des einen oder von beiden Partnern wandelt sich dann zu einer »Amitié amoureuse«, einer verliebten Freundschaft. Bei zwei der befragten Paare, die seit Jahren in solchen Dreiecken leben, besteht offenbar auch eine respektvolle Beziehung zwischen Freund/in und den jeweiligen Ehepartnern. Aber das ist, wie ich beobachte, doch eher die Ausnahme und bedingt sehr viel Kultur des Herzens bei allen Beteiligten und sehr viel Selbstsicherheit und emotionale Unabhängigkeit, die wohl eher nach der Lebensmitte als in der Aufbauphase mit Kindern möglich ist. Die Paare, die undramatisch mit solchen Situationen leben, sind nach meiner Erfahrung immer über die Lebensmitte hinaus. Bei allen anderen war das klare Ausgrenzen einer erotisch-sexuellen Außenbeziehung zugunsten der ursprünglichen Paarbeziehung – vielleicht nicht sofort, aber als Folge eines gemeinsamen Prozesses – die Voraussetzung dafür, daß sie zusammenblieben.

Was die befragten Frauen und Männer erzählen

Im Eingangszitat von Barbara Sichtermann ist sie angesprochen, und später habe ich ihre geschichtlichen Wurzeln skizziert: die Annahme, eine Paarbeziehung auf Dauer sei unvereinbar mit lustvoller Sexualität. Das sei der Grund für die meisten außerehelichen Beziehungen, könnte man annehmen. So einfach ist es im Paaralltag aber nicht. Die Antworten der Befragten ergeben ein weitaus farbigeres Bild. Wenn ich ihre Geschichten lese, stelle ich fest, daß immer beide Ideale aufscheinen: sowohl ihre Sehnsucht nach der Vollkommenheit der Liebe als *Nächstenliebe* »in guten wie in schlechten Tagen«, als auch jene nach der Liebe als *Leidenschaft*. Das bedeutet, die antwortenden Frauen und Männer wollen beides, sowohl die romantische Form von Liebe als Leidenschaft, als auch, und unter demselben Dach, die Gattenliebe, welche moralische Güte als Nächstenliebe und Verbindlichkeit über die Leidenschaft stellt. Offenbar ein Widerspruch, der zum menschlichen Dilemma gehört, dieses Beideswollen: die Wurzeln der Zugehörigkeit und die Flügel von Leidenschaft und Autonomie.

Szenarien der Untreue als Vorboten von Wandel

Die einfachste und zugleich schrecklich vereinfachende Interpretation von Untreue ist, daß sie die Quittung sei für zu wenig Liebe oder für eine schlechte Ehe. Diese Interpretation ist zwar handlich, weil scheinbar klar ist, wo die Schuld liegt – nämlich beim anderen. Aber sie birgt weder den Keim zu Abschied und Versöhnung noch zu einem Neuanfang. Ganz im Gegenteil ist sie meistens der Anfang einer unendlichen Geschichte, bei der es in immer neuen Variationen darum geht, wer wann wem und warum unrecht getan hat. Natürlich enthalten Affären *verschlüsselte Botschaften*, genau so wie jede andere Abweichung von den bisherigen gemeinsamen Übereinkünften, den expliziten wie den im stillen angenommenen. Aber sie zu entziffern ist nicht einfach, weder von innen noch von außen. Das Herz hat Gründe, welche der Verstand nicht kennt. Noch nicht kennt... Meistens zerbrechen sich die beiden den Kopf darüber, auch der oder die, denen »es« passiert ist, wieso gerade jetzt und mit dem Menschen, und was das wohl bedeuten könnte. Selbst bei der stärksten Überschwemmung mit Gefühlen sind solche Fragen da, quälend und aufregend, manchmal bis zur Verrücktheit. Wie geht es denn nun weiter? Und: So einfach ist es doch nicht, sich einfach loszureißen von dieser neuen Liebe, aber wenn ich es nicht tue, verliere ich meine Frau/meinen Mann – und ob ich das will und ertrage, weiß ich am wenigsten... Oder: Er soll sich sofort entscheiden, sonst halte ich die Ungewißheit nicht mehr aus und schicke ihn weg.

Erotische Außenbeziehungen – ob damit Sexualität verbunden ist oder nicht – werden nach meiner Beobachtung am ehesten in den Lebenslagen eingegangen, die von der *Instabilität notwendiger Übergänge* geprägt sind. Es muß allerdings nicht immer eine Instabilität in der Paarbeziehung bestehen – auch individuelle Ein- oder Aufbrüche von Frau oder Mann können eine solche bewirken. So vielfältig die jeweils einmaligen Motive eines Menschen in einer bestimmten Lage sind, so allgemein ist das Thema der Neubalancierung von *Nähe und Distanz* und von der Regulierung der *Grenzen* innerhalb und außerhalb der Paarbeziehung mit dem Thema von Untreue verbunden. In der Entwicklung eines Paares gibt es bestimmte voraussehbare Übergänge, welche Instabilität mit sich bringen. Die Einbeziehung eines Dritten kann dann als unbewußter Versuch verstanden werden, eine Stabilisierung der Zweierbeziehung zu erreichen oder, anders gesagt, diese zu »schützen« vor den notwendigen Auseinandersetzungen. Typische kritische Übergänge in der Paarentwicklung sind in der Situation der herausgeschobenen Entscheidungen in der Lebensform der »unendlichen Liebeskindheit« zu finden sowie in den Aufbrüchen nach der ersten Phase in einer »Familienehe« und in der Lebensmitte. Ganz besonders anfällig für eine Außenbeziehung des Mannes scheint der Übergang vom Paar zur Familie nach der Geburt des ersten Kindes zu sein.

Ich will nun versuchen, anhand der Geschichten der befragten Paare *drei Übergangskrisen* zu skizzieren, die mit Außenbeziehungen verbunden sein können, mit ihren typischen, immer aber auch einmaligen Bedeutungen. Frauen und Männer haben erzählt, wie sie selber im Rückblick eine solche »Geschichte« verstehen und wozu diese vielleicht sogar gut war im Leben.

1. Paare in der Lebensform der unendlichen »Liebeskindheit«

David und Silvia erzählen (in Kapitel 4) davon, wie sie in einer Lebensform, die bewußt offen und modern geplant war, vor lauter Angst, einander zu verlieren, so kontrolliert tolerant miteinander umgingen, bis sie beinahe an dieser Enge erstickten. Sie übersahen tapfer alle möglichen Unterschiede und Konflikte, und ihre ganze Energie war darauf gerichtet, dem Ideal einer modernen, nicht einengenden Zweierbeziehung zu entsprechen. Beide hatten in ihrer eigenen Geschichte gelernt, daß Ärger und Konflikte gefährlich sind und nur Selbstkontrolle, Anpassung und Harmonie die Liebe garantieren. Heimliche Ressentiments über all die Themen, die unter den Teppich gekehrt wurden, waren zwar schon lange da, aber beiden nur dumpf bewußt.

In dieser stickigen *Glashausatmosphäre der »Liebeskindheit«* wirkt eine Außenbeziehung manchmal wie ein frischer Luftzug. »Ich weiß gar nicht, wie mir das passiert ist«, erzählt David seine Geschichte, »aber ich weiß, als ich mich in eine andere Frau verliebte, war es, als ob eine dicke Daunendecke von mir rutschte, unter der ich jahrelang fast erstickt bin.« Ein anderer junger Mann, ein Handwerker, der ebenfalls seit früher Jugend mit seiner Freundin zusammenlebte, erzählte im ersten Paargespräch von kürzlichen Besuchen bei Prostituierten, die er selber nicht verstehe und über die er sich »zu Tode schäme«. Oder eine 30jährige Frau, eine Laborantin, die seit 8 Jahren mit ihrem Freund zusammenlebt, meldete sich für ein gemeinsames Gespräch mit ihm an, weil sie schwanger sei von einem Mann, mit dem sie eine kurze Außenbeziehung gehabt habe, »und nun völlig verwirrt sei darüber, wie es weitergehen solle und was das alles bedeute«. Ihr

Freund wollte die Beziehung unbedingt fortsetzen und das Kind sogar »mit in Kauf nehmen«, wie er sagte.

In allen geschilderten Situationen war die Außenbeziehung Anlaß für eine gewaltige Erschütterung, aber auch für eine Auseinandersetzung des Paares, während der viele der Themen auf den Tisch kamen, vor welchen beide bisher die Augen verschlossen hatten. Die Laborantin im zitierten Beispiel entschied sich nach unendlichen gemeinsamen Gesprächen dazu, allein zu leben. Sie brach die Schwangerschaft schweren Herzens ab, um endlich auf eigene Füße zu kommen, bevor sie sich verbindlich mit Mann und Kind einlassen könne, wie sie erklärte.

Der junge Handwerker und seine Freundin entschieden sich, nachdem viele unausgesprochene Konflikte besprochen worden waren, beieinander zu bleiben und ihre individuellen Pläne wie auch ihren Paarentwurf neu zu schreiben. David und Silvia leben heute, nach seiner Außenbeziehung und dadurch ausgelösten Trennungen, noch immer »zusammen und nicht zusammen«, einmal im Gewächshaus der »Liebeskindheit« und einmal an der frischen Luft der Autonomie. Da sie keine Kinder wollen, wird wohl diese Beziehungsform auch über Jahre hinaus für sie eine Möglichkeit sein, sich nicht für und auch nicht gegen etwas zu entscheiden.

Der frische Luftzug einer Außenbeziehung bringt zwar bei Paaren in der Konstellation der Liebeskindheit »Erkältungen« mit heftigem Fieber und Schmerzen mit sich. Aber wenn beide die versteckte Botschaft verstehen, die in diesem Ereignis liegt, kann ein Heilungsprozeß beginnen, der mit dem Öffnen des Glashauses verbunden ist, ohne daß es zerschlagen werden muß. Manchmal erleben aber auch beide, daß die Welt draußen mit ihren Stürmen, mit Kälte, Sonne und frischer Luft, ihnen besser bekommt als die stickige Sicherheit und nehmen Abschied voneinander. Die Chance für Paare in dieser Situation liegt darin, daß sie sich nicht voreilig versöhnen und wieder unter die schützende Daunendecke kriechen, sondern sich den Konflikten stellen, die so lange weggesteckt worden sind. Wenn das nicht geschieht, wird der/die eine oder andere bald einmal mit einer neuen Beziehung, die »einfach so passiert«, die erstickende Decke wieder lüften. Das Arrangement kann dann zwar weitergehen, aber die Frage bleibt für immer unbeantwortet: »Bleiben wir zusammen, weil wir einander guttun und jeder sich dabei auch selber entwickeln kann oder bloß weil wir Angst haben vor Einsamkeit und Kälte.«

2. Wenn die Zweierbeziehung zur Dreierbeziehung wird

Mein Erstaunen über die relative Häufigkeit außerehelicher Beziehungen von jungen Vätern hat sich gelegt, seit ich besser verstehe, was für einen Bruch die Geburt des ersten Kindes nicht nur im Lebenslauf einer Frau, sondern – versteckter – auch in jenem eines Mannes bedeutet. Das ist besonders so, wenn der junge Vater mit der Welt der emotional abgeschotteten Männer nichts mehr zu tun haben möchte, aber auch in der Welt von Mutter und Kind nicht richtig Fuß fassen kann. Der *Verlust der früheren Intimität des Paares* durch das Erscheinen eines Dritten ist für Männer in der ersten Zeit nach der Geburt oft schmerzhafter als für Frauen, wenn sie trotz all ihrer bewußten Wünsche, »dazu« zu gehören, auf ihre Ernährerrolle festgeschrieben werden. Das heißt nicht – und ich habe beim Porträt von Lisa, Christoph und Mirjam davon erzählt –, daß Frauen deswegen glücklicher seien. Aber ihre Sehnsucht nach Intimität läßt sich in dieser ersten Zeit mit einem Säugling stillen, sie ist sogar lebensnotwendig für das Gedeihen des Kindes. Wenn allerdings aus der anfänglich notwendigen Verschmelzung von Mutter und Kind eine Liebesromanze entsteht – zum Beispiel, weil sie sich von ihrem Mann im Stich gelassen fühlte und sich jetzt am Kind schadlos hält –, schließt diese Symbiose, wie alle Symbiosen, den Dritten aus.

Die in der Untreue versteckte Botschaft des jungen Vaters an seine Frau mag zum Beispiel heißen: »Ich darf mich dir mit meiner großen Bedürftigkeit nicht zumuten, sonst schiebst du mich weg – als ein Kind zuviel«, oder aggressiver: »Da du dir mit dem Kind einen Geliebten genommen und mich verlassen hast, will ich jetzt auch jemanden für mich allein haben.«

Wenn es dem Paar gelingt, einander die eigenen Erfahrungen mit dem Eindringen eines Dritten in ihre bisherige Zweisamkeit zu erzählen, aus einer Ich-Position heraus: »So habe ich das erlebt, so war das für mich«, kann das zwar sehr schmerzhaft sein. »Ausgerechnet als ich dich am meisten brauchte, bist du zur Nächsten gelaufen« oder »Ich hab mich doch so bemüht um dich und das Kind, aber du hast mich ja gar nicht zugelassen«, sagen sie vielleicht. Solches Erzählen und Zuhören ebnet aber, wenn daraus ein fortlaufender alltäglicher Dialog wird, den Weg für gegenseitiges Verstehen und Verzeihen. Es ermöglicht neue Entwicklungen in den schwierigen Doppelrollen von Liebenden und Eltern. Gemeinsames Erzählen ermöglicht dem Paar dann eine Art von Intimität, die nicht mehr so selbstverständlich geschieht wie vor ihrer Elternschaft. Beide müssen dafür die Voraussetzungen schaffen: mit Inseln von Zeit und Raum für beide und mit Abgrenzung von der Vereinnahmung des Kindes und durch das Kind. Die Erfahrung, daß ein Dreieck mit einem Kind (oder einer Geliebten) zwar vorübergehend eine unsichere Zweierbeziehung stabilisiert, aber auch notwendige Wandlungen behindert, kann Anstoß zu einer Konfliktbereitschaft werden, wie sie dem Paar vorher fehlte. Anstelle von eingefrorenem Groll bei ihr und Flucht durch ihn also Aufbruch, wieder leidenschaftliche Spannung und Neugier aufeinander – ich kenne das aus Erfahrung mit Paaren in dieser Lage und habe es mit dem Porträt von Christoph und Lisa beschrieben. Die Prognose für die Paarentwicklung ist dann gut, wenn eine Außenbeziehung in den Rahmen des schwierigen Übergangs zur Elternschaft gestellt wird und der notwendige Wandel – auch mit Verspätung – geschehen kann. Wenn solche Entwicklungen fehlen, gefriert der Groll der verlassenen Frau manchmal über Jahre zu einem Eispanzer, der sie zwar vor weiteren Verletzungen schützt, in dem sie jedoch emotional eingesperrt bleibt. Ihr Mann interpretiert ihre Distanz dann vielleicht als Unabhängigkeit oder als »naturgegebene« erotische Interesselosigkeit der zur Mutter Gewordenen. Vielleicht verliebt er selbst sich im Laufe des gemeinsamen Lebens immer wieder in neue Frauen und manövriert dann jeweils schuldbeladen zwischen ihnen und seiner Partnerin. Erst wenn ein Kind Alarm schlägt – die ins Elterndreieck verstrickte Tochter zum Beispiel, welche mit einer Eßstörung zeigt, daß sie nicht Frau werden will –, können manchmal solche alten Geschichten abgeschlossen werden.

3. Lebensmitte: Die große Wut oder das leere Nest

Die Mehrheit der antwortenden Frauen und Männer kamen um das vierzigste Altersjahr herum in Therapie, die einen etwas früher, die anderen etwas später. Es ist die Gruppe, bei der in meiner Untersuchung *die meisten Außenbeziehungen vorkamen, sowohl bei Frauen als auch bei Männern.* Bei vielen führten sie zu einer Neuschreibung der eigenen und der gemeinsamen Geschichte und zu guten inner-ehelichen Entflechtungen, ohne daß das Ganze zerrissen wurde. Aber zu dieser Lebensphase gehören häufig auch Trennungen und Scheidungen. Es werden einander Quittungen präsentiert, zum Beispiel für eine jahrelange schiefe Verteilung der Ressourcen und Pflichten von Frau und Mann. Alte Verletzungen und unausgesprochene Enttäuschungen sind plötzlich nicht mehr wegzustecken.

Am schmerzlichsten ist die Quittung für *nicht gelebtes eigenes Leben*[10] – die abgedunkelte Seite des Mondes. Es gibt zwar keine naturgegebene Midlife-Krise, aber für viele Paare um die vierzig ist die Zeit reif und günstig, sich den Fragen zu stellen, die vorher von der Selbstverständlichkeit des Alltags mit beruflichem Aufbau und kleinen Kindern zugedeckt wurden. Eine Außenbeziehung von Frau oder Mann kann in dieser Phase, wie ich es anhand mehrerer Paarporträts erzählt habe, der Auslöser für den längst fälligen Erdrutsch sein.

Meine Stichworte für diese Phase sind »die große Wut« und »das leere Nest«. Sie lassen sich beschreiben als Chance zu neuen Fragen, zum Beispiel: Wieso ist uns diese schreckliche Anpassung an überkommene Bilder passiert? Wieso haben wir nie offen miteinander über unsere Wünsche und Sehnsüchte geredet? Warum sind wir so einsam geworden miteinander? Was bleibt uns noch, wenn die Kinder größer werden und keinen Grund mehr bieten, daß wir zusammenbleiben? Oder: Da unsere Kinderlosigkeit feststeht, die biologische Uhr abgelaufen ist – was hält uns noch zusammen? Wer oder was füllt unser gemeinsames Gehäuse als Paar?

Die Geschichten der befragten Frauen und Männer zeigen ihr *unterschiedliches Verstehen* von Außenbeziehungen in dieser Lebensphase. Die Frauen waren eher bereit als die Männer, eine solche in den weiten Rahmen ihrer Biographie, der Paargeschichte sowie des Aufbruchs der Frauen in den letzten Jahrzehnten zu stellen. Oder anders: sie als Signal, als Hinweis dafür zu verstehen, daß es höchste Zeit sei für Veränderungen, bei ihnen selber und miteinander. Das bedeutet jedoch nicht, daß Frauen in dieser Phase eher gewillt sind als ausbrechende Männer, in der Beziehung zu bleiben. Es zeigte sich vielmehr, daß Frauen seit Jahren, oft seit Beginn der Ehe, unzufrieden waren mit dem gemeinsamen Leben, und die Außenbeziehung ihnen zwar »passiert« ist, aber von ihnen als logische Folge ihres bisherigen Lebens und als Auftakt zu Veränderungen verstanden wird. Die Chancen allerdings, daß sie in der Beziehung bleiben, wenn ihr Partner in einen gemeinsamen Entwicklungsprozeß mit ihnen einsteigt, sind nach meiner Beobachtung gut. Wenn er sich jedoch distanziert, Konfliktgesprächen ausweicht und die Affäre ihr allein anlastet, oder ihr mit Gewalt droht, ist das meist der Anfang vom Ende.

Männer in der Lebensmitte berichten überwiegend, daß ihnen eine Affäre »unterlaufen« sei, ohne daß sie eine Ahnung hätten warum. Vielleicht war's einfach eine günstige Gelegenheit zu einem Zeitpunkt, als sie sich ausgeleiert und leer fühlten, vielleicht eine Reaktion auf die alltägliche Langeweile in Ehe und Beruf – vielleicht auch Angst vor dem Älterwerden, sagen sie. Es gibt, wie ihre Berichte zeigen, für sie dann zwei mögliche Lösungen: Entweder lassen sie sich nun in eine Auseinandersetzung mit ihrer eigenen und der Paargeschichte ein, welche sie bisher vermieden haben, oder sie verlassen das gemeinsame Haus so heimlich und so schnell es geht durch die Hintertür und ziehen zu ihrer Geliebten, von der sie noch gestern sagten, es sei eine »nette Freundschaft, sonst gar nichts«. Die Geliebte ist dann meistens eine viel jüngere Frau, eine »Ersatztochter« vielleicht, die dem Mann die Erneuerung seiner Vitalität verspricht. Die andere Variante, die direkte, offene Auseinandersetzung mit sich selber und der bisherigen Beziehung, bedeutet übrigens auch beim Mann nicht immer, daß er darin bleiben will. Wenn er sich schließlich nach gemeinsamen Gesprächen und dem Experimentieren mit neuen Verhaltensmustern dennoch zum Gehen entschließt, ist das im besten Fall das Ende eines Entflechtungsprozesses. Darin liegt die Chance für eine neue Beziehungsdefinition miteinander anstelle eines radikalen Abbruchs der Paargeschichte in Form von Flucht durch die Hintertür.

Meine Untersuchung zeigt, daß die meisten Szenarien ehelicher Außenbeziehungen von Frauen und Männern in der Lebensmitte *ähnliche Ausgangslagen* haben. Die beiden sind vielleicht 15 Jahre oder länger verheiratet, kennen sich seit früher Jugend und sind seinerzeit zusammengezogen in der Hoffnung, sich zu lösen von einengenden Familienbanden oder Ersatz zu finden für ein fehlendes Familiennest. Oft treffen ihre beiden Motive zusammen, das eine bei der Frau, das andere beim Mann, und ergänzen sich. Manchmal war auch eine ungeplante Schwangerschaft, vielleicht als unbewußter Ablöseversuch, Anlaß für die Heirat, bevor beide sich gut genug kannten. Eine tiefe emotionale Bindung aneinander konnte sich zwischen dem Paar nicht entwickeln, weil Kinder, Beruf und Existenzsorgen alle Energien verbrauchten. Bei zwei Paaren in meiner Befragung erschwerten chronische Krankheit und Behinderungen bei ihren Kindern eine frühzeitige Auseinandersetzung zwischen Frau und Mann. Die jahrelange latente Depression bei der einen Frau und die heimliche Alkoholabhängigkeit bei einem der Männer ließen sich, als sich ihre Partner in andere Menschen verliebten, nicht mehr verschleiern.

Solange in dieser Konstellation der Mann seine Frau als unbezahlte Servicestelle und die Frau ihren Mann als Garant für die materielle Sicherheit brauchte, hätte keines von beiden gewagt, an eine Trennung zu denken. Aber angesichts des leer werdenden Nestes und ermutigt durch eine neue Liebe kann der Gedanke an eine Trennung zumindest vom einen nun gedacht werden. Das muß, ich habe es angedeutet, dennoch nicht das Ende der bisherigen Beziehung sein. Dort, wo beide bereit sind, das Geschehen zu vernetzen mit ihrer Lebensgeschichte und es als Möglichkeit einer »zweiten Ablösung« von alten inneren Landkarten zu verstehen, wie Robert erzählt, sind die Entwicklungschancen gut. Und zwar gut unabhängig davon, ob das Paar schließlich zusammenbleibt, oder sich trennt.

Natürlich können aus einer solchen Erfahrung auch die schrecklichen und unendlichen Geschichten der *Nicht-Entscheidung und des Doppellebens* folgen, wo ein Mann oder eine Frau inoffiziell mit der neuen Liebe lebt, offiziell aber verheiratet bleibt. Der Mann zwar funktioniert im Beruf meist bemerkenswert gut und jongliert zwischen den beiden Frauen, ist aber nach meiner Beobachtung oft latent depressiv oder neigt zu psychosomatischen

Symptomen. Die Geliebten, meist Alleinlebende, tendieren in dieser Konstellation eher dazu, ihre Außenbeziehung zu verschleiern und auf »leisem Feuer« zu halten – entweder, weil sie überzeugt sind davon, daß der Mann sich auf diese Weise eher für sie entscheidet, oder weil sie nach gängigen Moralvorstellungen die Hexen sind, welche einen unschuldigen Mann von seiner Familie weglocken. Nicht selten zahlen sie den Preis für das Hüten des Geheimnisses mit einer gewissen Einsamkeit.

»Hinwegkommen und sich verwandeln« – und was es dazu braucht

Es ist in der Sicht der befragten Paare nicht das Drama einer sexuellen Außenbeziehung, das eine Ehe kaputt macht, sondern die Lieblosigkeit, der schlechte Stil und die unfairen Spiele, welche damit verbunden sein können. Können, nicht müssen! Ich gehe davon aus, daß lebenslängliche Monogamie für die meisten Menschen schwierig ist, vor allem, wenn wir von einer Beziehung alles und nichts von uns selber erwarten – das heißt, wenn wir uns selber nicht treu bleiben. Der Mythos vom Recht auf Wohlfahrt und von der Ausschließlichkeit der romantischen Liebe ist lebendig, sosehr er im Widerspruch steht zu der ebenso verbreiteten Idee der Unvereinbarkeit von Leidenschaft und Gattenliebe. Ich nehme einmal an, daß dieses Dilemma zwischen Treue und Untreue in der Welt von Paaren weiterhin existieren wird und es gut ist, von den Befragten zu hören, was ihnen das »Hinwegkommen und dennoch nicht zum gedächtnislosen Tier hinabsinken«, erleichtert oder erschwert hat.

Offenheit und Schweigen, ein jedes hat seine Zeit

Soll, muß eine Affäre gestanden werden, oder ist es besser, sie für sich zu behalten und Partnerin oder Partner zu schonen? Es gibt *zerstörerische Offenheit und zerstörerisches Schweigen*, und ob es so oder anders wirkt, ist eine Frage des Vorgehens und der rechten Zeit. »Ich habe ihr sofort gestanden, daß ich mit ihrer Freundin geschlafen habe«, erzählte Heiner, 29, der mit Lilly in der offenen

Beziehungsform einer Jugendliebe lebte, während der Krise, die das Paar vor einigen Jahren zu mir brachte. »Aber ich bedaure das im nachhinein. Für mich war es eine einmalige Sache, für Lillys Freundin auch, aber durch mein Geständnis ist daraus ein Drama geworden.« Lilly: »Mich hat nicht so sehr seine Außenbeziehung fertiggemacht, das kann ja einmal passieren. Aber die Art, wie Heiner durch sein sogenanntes Geständnis mir die Rolle der verständnisvollen Mutter zuschob, die ihn quasi tröstet und ihm versichert, daß sie ihn auf keinen Fall verläßt, war für mich mühsam, Wo sollte ich mit meiner eigenen Kränkung hin? Wer tröstete mich? Irgendwie hat diese Erfahrung mir gezeigt, daß ich von jetzt an mich selber pflegen und nicht mehr seine Wunden lecken will.«

Lilly und Heiner sind zusammengeblieben und einen gemeinsamen Weg gegangen. Sie sind dabei über das ursprüngliche Mutter-Sohn-Verhältnis hinausgekommen. Vier Jahre später erzählen sie, daß Heiners »Seitensprung« und die anschließende Krise zu einem Wendepunkt in ihrer Beziehung wurde. Lillys Zorn über seine kindliche Erwartung, »wenn ich ihr alles sage, verzeiht sie mir alles«, ermutigte sie, Heiner die Verantwortung für sein Verhalten zurückzugeben und sich ihm mit ihrer eigenen Verletztheit zuzumuten. Heiner akzeptierte das und stellte sich emotional zunehmend auf eigene Füße. Er braucht jetzt Lilly nicht mehr in der Rolle der schützenden und alles verzeihenden Mutter und sie ihn nicht mehr als schutzbedürftigen Sohn. Eine neue Balance von zwei Erwachsenen ist entstanden, die sich eigene Beziehungsräume wie auch Verantwortlichkeit für das Gemeinsame zutrauen.

Aber auch das *Geheimhalten einer Affäre* kann auf verantwortungslose oder verantwortungsbewußte Weise geschehen:

Bettina, 38, und Mutter von zwei Schulkindern, die seit 14 Jahren mit ihrem gleichaltrigen Mann Fritz lebt, verliebte sich »Hals über Kopf« in ihren Chef, einen 20 Jahre älteren, erfolgreichen Unternehmer. Sie und ihr Mann kamen mit dem Anliegen zu mir, ihre Kommunikation zu verbessern; von der neuen Beziehung war nicht die Rede. Nach fünf Paargesprächen bat mich Bettina um ein Gespräch für sie allein, bei dem sie mir eröffnete, daß sie in einem schrecklichen Dilemma sei. Seit Monaten treffe sie sich heimlich mit Marcel, ihrem Geliebten, und erlebe mit ihm leidenschaftliche Sexualität, wie sie mit Fritz nie möglich war. Sie wolle, antwortete sie auf meine Frage, mit Fritz verheiratet bleiben, weil sie ihn gern habe und wisse, daß sie sich in einen Tagtraum verliebt habe. Bloß könne sie sich von diesem Traum nicht so ohne weiteres trennen, bevor sie seine Botschaft verstanden habe.

Mit zwiespältigen Gefühlen stieg ich auf Bettinas Anliegen ein, sie einige Male allein zu sehen, bis sie bereit sei, offen mit Fritz zu reden. Ich bat sie, den »Schonraum« von Einzelsitzungen direkt mit ihrem Mann zu verhandeln. Bei den Gesprächen mit Bettina wurde deutlich, wie sie mit ihrem Freund stellvertretend die Liebe erlebte, die sie sich von ihrem emotional unerreichbaren Vater ein Leben lang ersehnt und ihm hatte geben wollen. Sie erkannte, daß sie daran war, am falschen Ort unerledigte Geschichten mit einer Vaterfigur abzuschließen. Schritt um Schritt löste sie sich von ihrem Geliebten, indem sie Kontakt aufnahm zu ihrem Vater und zum ersten Mal in ihrem Leben eine eindeutige Beziehungsdefinition fand mit ihm. Ihr Vater blieb zwar abwehrend, als sie über Vergangenes reden wollte. Aber er konnte ihr immerhin sagen, wieviel sie ihm bedeute und wie froh er über ihre Annäherung sei.

Bettina erzählte ihrem Mann das Geheimnis erst, als sie bereit war, sich von ihrem Freund zu trennen. Er habe seither nicht mehr gegessen und nicht mehr geschlafen, berichtete Fritz in der folgenden gemeinsamen Stunde, obwohl das alles eigentlich nichts Neues sei für ihn. Dennoch sei er jetzt unendlich erleichtert über die Klarheit. Im Rückblick auf die Krise, drei Jahre später, schreibt er mir: »Natürlich wußte ich immer, worüber Sie damals mit meiner Frau in den Einzelstunden geredet haben. Aber ich wollte es nicht wahrhaben und hoffte, Bettinas Affäre gehe einfach weg, ich hätte nichts damit zu tun... Weil Sie mir anschließend Ihr eigenes Dilemma als Geheimnisträgerin in der Paartherapie geschildert haben, ging mein Vertrauen in Sie nicht kaputt.«

In den Sitzungen nach Bettinas Eröffnung wurde das Thema »Treue zu sich selber« zentral, auch für Fritz. Beide erkannten, wie sie als treue Kinder ihrer wenig glücklichen Eltern schon früh sich selber aufgegeben hatten, um ihnen Freude zu machen. Es ging ihnen auch auf, wie sie sich später in das Gehäuse einer genormten Kleinfamilie einsperrten aus Angst, sich auf eigene Füße zu stellen und ihre Loyalität zu den Eltern zu verraten. »Lieber lebendig sein als normal und angepaßt« wurde ihr Motto für den neuen Lebensentwurf, der für Bettina und Fritz berufliche und persönliche Umbrüche mit sich brachte, welche sie sich vor der Krise nie zugetraut hätten.

In solchen Dreiecks-Situationen steht, zunächst unbewußt, fast immer die *Sehnsucht nach »eigenem Raum«* für beide zur Diskussion. Manchmal beansprucht der oder die, welche sich verliebt hat, tatsächlich durch die Geheimhaltung der Affäre zum ersten Mal einen solchen eigenen Raum. Das kann gut gehen, wenn, wie bei Bettina und Fritz, sich mit der Zeit daraus eine klare und eindeutige Botschaft aneinander kristallisiert. Wenn jedoch aus einer solchen Notlösung eine chronische Lebenslüge wird, welche der Neubalancierung von Intimität und Autonomie entgegensteht, ist das im harmlosesten Fall eine verpaßte Chance für das Paar. Eine solche Geheimhaltung kann als Dauerlüge jedoch auch weit schlimmere Auswirkungen haben und unglaublich viele Energien binden, beim Geheimniskrämer wie bei jenem, der dadurch in die Detektivrolle gerät. Der Verrat an der gemeinsamen Geschichte ist das eine, die Lieblosigkeit der Lügen und Verwirrungstaktiken das andere. Wenn einem Angehörigen wesentliche Informationen über die gemeinsame Beziehung vorenthalten werden, die sie oder er jedoch gleichzeitig aus tausend Kleinigkeiten abliest, zerstört das Geheimnis nicht nur den Respekt füreinander, sondern vor allem die Selbstsicherheit des Betrogenen. Und wenn sie oder er auf seine Fragen immer wieder hört »Du bildest dir das ein« oder »Du mit deinen Phantasien«, stößt ihn das in Abgründe von Chaos und von Verwirrungen, die oft schlimmer sind als die Wirklichkeit der Untreue. Je elender und verfolgter sich der verlassene Partner dann fühlt, je mehr er oder sie sich selber zum Verfolger macht und vielleicht einen Komplizen sucht in einem Privatdetektiv oder in einem Kind, desto aussichtsloser werden die Chancen, daß die eigentlichen Konflikte auf den Tisch kommen. Ein Ende mit Schrecken ist dann meist die einzige Möglichkeit für den Belogenen, aus dem bösartigen Spiel auszusteigen.

In meiner Erfahrung ist ein Beziehungsverrat in Verbindung mit fortgesetzter Geheimhaltung von existentiell wichtiger Information nicht selten der *Auslöser für dramatische Symptome bei der nächsten Generation*, für Selbstmord oder psychotische Verwirrungszustände[11]. Die Erfahrung des Belogenwerdens in Verbindung mit doppelbödigen Botschaften wie zum Beispiel »ich habe zwar eine Geliebte, aber du bildest dir das bloß ein, du mit deiner krankhaften Eifersucht« wirkt manchmal als schleichendes Gift in einer Familie über Jahrzehnte weiter. Wenn Menschen in solchen Lebenslagen ihre ganze Energie darauf verwenden, den Deckel auf ein Pulverfaß zu drücken aus Angst, es könnte explodieren, rächt sich das Leben früher oder später an ihnen oder an der nächsten Generation. Es ist wohl kein Zufall, daß an dieser Stelle meines Schreibens ein Telefongespräch mit einer Kollegin aus der ehemaligen DDR stattfindet:

»Weißt Du, seit die äußeren Mauern gefallen sind, stürzen auch die inneren zusammen. Ich sehe immer wieder Frauen in der Beratung, die betrogen oder vergewaltigt worden sind, aber starr vor Angst weggeblickt haben, wie das in unserer Gesellschaft zum Überleben nötig war. Wenn ich als Beraterin den Schaden bloß »reparieren« wollte, statt mit ihnen den Blick in den Abgrund zu tun und zu fragen, was sie tun können, damit sie nie mehr in eine solche Situation als Opfer geraten, würde ich neue Mauern aufrichten helfen, und alles wäre umsonst gewesen.« (Mündliche Mitteilung von Annegret Krätschell, Berlin-Pankow)

Schuld und Unschuld in Paarbeziehungen

Es gibt in meiner Erfahrung keine gute Möglichkeit für die Weiterentwicklung von menschlichen Beziehungen, die durch ein verstecktes Spiel von Schuld und Unschuld verbogen worden sind. Wenn ein solches »Spiel« gespielt wurde, ist die Voraussetzung für Weiterkommen und für Wandlung, daß die *Machtquellen* von Verfolgern und Verfolgten aufgedeckt und die Verhältnisse zwischen ihnen neu verhandelt werden. Lösungen, die auf unerledigte Schuld aufgepfropft werden, können nicht bloß wenig taugen, sie können sogar destruktiv sein. Wenn beim einen Partner das schlechte Gewissen zum Motor von Haß wird und beim anderen die versteckte Überzeugung, daß sie oder er durch die Macht seiner Unschuld das Spiel kontrolliert, kann es lebensgefährlich werden. Eugene O'Neill stellt dieses Drama in einem Theaterstück dar[12]:

Hickey, der ungetreue Ehemann, nachdem er seine Frau Evelyn erschossen hat, zu seinen Kumpanen:
»Wenn ich von 'ner Tour zurückkam, merkte Evelyn gleich, ob ich was mit 'ner Nutte hatte. Sie gab mir einen Kuß, schaute mir in die Augen und wußte Bescheid... Ihr könnt euch gar nicht vorstellen, wieviel Kummer

ich ihr gemacht habe und was für Schuldgefühle ich deswegen hatte. Wie ich mich gehaßt habe! Wenn sie nur nicht so verdammt brav gewesen wäre! Warum konnte sie's nicht genau so machen wie ich? ... Mein Gott, ich liebte sie so sehr, aber ich fing an, die Illusionen zu hassen, die sie sich machte. Ich war kurz davor durchzudrehen, weil ich ihr nicht verzeihen konnte, daß sie mir alles verzieh.«

Im Drama zwischen Evelyn und Hickey war ihr Motiv, ihn vom Bösen zu erlösen, und seines, Evelyn zu zeigen, daß sie das nie schaffen würde. Mit ihrer unendlichen Liebe schützte Evelyn ihren ungetreuen Mann auf verrückte Weise davor, aus der Rolle des Bösewichts auszusteigen, und Hickey seine Frau davor, die Machtposition ihrer ohnmächtigen Unschuld aufzugeben. Dem gemeinsamen Mythos aus der ersten Zeit ihrer Begegnung blieben sie treu, bis er sie zerstörte. Evelyn zahlt für ihre Untreue zu sich selbst und die Verleugnung ihrer eigenen Interessen mit dem Tod. Hickeys Preis für seine Untreue zu den eigenen Sehnsüchten nach Entflechtung von Evelyn ist die lebenslange Schuld des Mörders.

Ent-Schuldigungs-Rituale[13]

Zwei Rituale, die Paaren geholfen haben, das gefährliche Spiel von Schuld und Unschuld zu beenden, will ich zum Schluß beschreiben.

Das Opfer steht auf und bleibt durch seinen Zorn sich selber treu

Ich habe das entsprechende Ritual von einer jungen Frau, Helen (32), erfahren. Sie erzählte in der ersten Stunde der Paarberatung, wie sie in abgrundtiefe Verzweiflung gestürzt sei, als Georg (35) ihr gestand, er habe sich auf einem Bürofest verliebt in eine Kollegin und mit ihr eine sexuelle Beziehung begonnen, die im geheimen schon viele Monate dauere. Nun wisse er leider nicht mehr, wohin er gehöre, und bitte seine Frau um Geduld. Helen war zur Zeit des Bürofestes mit dem Baby daheim geblieben und hatte Georg die Chance zum Feiern gegeben. Sie empfand sowohl sein Verschweigen der Affäre, aber besonders seinen »schlechten Lohn für ihre gute Tat« als unglaubliches Unrecht.

Nach einigen durchweinten Tagen und Nächten habe sie Rache

beschlossen, erzählte sie im gemeinsamen Gespräch. Ihr Zorn wurde stärker als ihre Angst. Sie rief rundum ihre Freundinnen sowie ihre Schwester an und bat sie, am folgenden Abend zu ihr nach Hause zu kommen. Sie habe etwas Wichtiges mit ihnen zu besprechen. Georg forderte sie auf, daß er an jenem Abend zu seiner Freundin gehe und mit ihr die Zukunft ihrer Beziehung bespreche. Sie wolle dasselbe für sich selber tun und brauche dazu Ruhe sowie die Unterstützung ihrer Freundinnen. Georg, überrascht, konnte nicht anders, als Helens Entschiedenheit zu respektieren. Als er schließlich gegen Mitternacht nach Hause kam, waren die Gespräche noch im Gange. Die befreundeten Frauen begegneten ihm freundlich, ohne Vorwürfe, und Helen bat ihn nun ihrerseits um Zeit für ihre Entscheidung, ob sie bleiben oder gehen wolle.

Statt an der Position des unschuldigen Opfers festzuhalten, hatte Helen ihre Freundinnen gefragt, welchen Anteil der Krise sie bei ihr vermuteten. Sie hätte sich wirklich ausschließlich dem Baby zugewendet, meinten einige und Georg im Stich gelassen, als er selber beruflich in einer unsicheren Lage war. Helen weigerte sich dennoch, die Schuld für das erlittene Unrecht allein auf sich zu nehmen. Anstelle des bisherigen Täter-Opfer-Spiels blieb sie bei ihrer Empörung, auch als sie Georgs Motive anerkennen konnte. »Ich habe seit jenem Abend Helen respektiert, wie nie zuvor«, erzählt Georg im Rückblick auf die damalige Krise. Er machte darauf den Vorschlag für eine gemeinsame Therapie. Natürlich war Helens *Verweigerung der Opferrolle* nur der Anfang der Krisenbewältigung. Fünf Jahre und viele intensive Gespräche später erzählt Georg von seinem damaligen Erstaunen und seiner Neugier auf die Wandlungen bei seiner Frau. Helen, versöhnt, aber noch im Kontakt mit ihrem damaligen Zorn, sagt im gemeinsamen Gespräch: »Ich finde noch immer, daß diese Geschichte eigentlich unnötig war. Sie hätte auch anders herauskommen können. Aber wir haben gelernt, die unangenehmen Dinge heute rascher auf den Tisch zu bringen.«

Es gibt, wie Hickey und Evelyn zeigen, keine tödlicheren Geheimnisse als die im stillen nachgetragenen Konten von Schuld und Unschuld durch Menschen, die sich einmal geliebt haben. Je diffuser und unausgesprochener sie sind, desto dramatischer wirken sie im Untergrund, rasseln als gefährliche Skelette im »Paarspeicher«. Wenn die Stimmung zwischen einer Frau und einem Mann dauernd vergiftet ist, ob sie reden oder schweigen, nehme ich an, daß solche verborgenen Konten bei beiden vorhanden sind. Fast immer haben sie mit unerledigten Geschichten in bezug auf außereheliche Liebesbeziehungen zu tun.

Der erste Schritt eines in solchen Situationen wirksamen Rituals besteht darin, daß ich beide bitte, bis zur nächsten Stunde zwei alte Geschichten ans Licht zu heben. Jeder soll in der Phantasie in den »Keller« des anderen hinabsteigen, wo die Erinnerungen an gute und böse Taten gelagert sind. Dort soll sich jeder die Geschichte zu etwas Gutem suchen, was der Partner oder die Partnerin im gemeinsamen Leben von ihm empfangen hat. Aber auch eine unerledigte böse Geschichte, die ihm vom anderen angetan wurde, soll ans Licht geholt werden. In der nächsten Stunde erzählen sich beide, was sie gefunden haben. Meine Aufgabe besteht darin, sie dabei zu halten, vom Erinnerungskeller des *anderen* zu reden und für einmal nicht in den eigenen zu steigen. Nach den bisherigen Ermutigungen durch mich, »Ich« zu sagen und von Schätzen und Skeletten im eigenen Keller zu reden, ist so ein Kurswechsel manchmal schwierig. Erstaunlich und entlastend für beide ist jeweils, wie genau sie das Eingemachte ihrer Liebe, aber auch die Skelette des Liebesverrats im Keller des anderen kennen, und wie sehr sie gerade wegen der heimlichen Schuldkonten miteinander verstrickt blieben.

Das gemeinsame Erzählen in entspanntem Rahmen, bei dem es nicht um Wahrheit, sondern um neue Beschreibungen des Geschehenen wie auch des Zukünftigen geht, ist eine gute Möglichkeit, das schmerzliche Erlebnis der Untreue nun einzubetten in das gemeinsame Leben. Dabei geschieht es oft ganz selbstverständlich, daß der oder die Dritte aus der Rolle des Bösewichts herauskommt und daß mit dem Abschied Dankbarkeit verbunden wird für das, was durch diese Liebe in die Paarbeziehung eingeflossen ist. Wichtig ist mir als Begleiterin des Paares, daß sie ihre Entschuldigung aneinander oder die Drittperson so formulieren, daß sich diese auf ihr Verhalten, nicht auf ihre Liebesgefühle bezieht. Eine Botschaft an den »Ungetreuen« heißt dann vielleicht: »Für die Liebe zu einem anderen Menschen brauchen Sie sich nicht zu entschuldigen. Bloß für Ihr Verhalten gegenüber Ihrem Mann/Ihrer Frau und gegenüber Ihrer/Ihrem Geliebten tragen Sie Verantwortung.«

Epilog

> Denn die Liebe ist nichts ohne Pflicht, ohne Opfermut, ohne frühere Bindung ans Dasein. Sie ist nichts ohne Beruf, ohne gemeinsame Sicht der Dinge, die öffnet und birgt. Sie ist immer nur des geliebten Lebens kleinere Schwester.
>
> Botho Strauß (S. 129, Über Liebe)

Dies solle kein Rezeptbuch werden, habe ich am Anfang versprochen, und auch nicht eines über zu wenig oder zu viel Gefühl zwischen Frauen und Männern. Also will ich es auch so halten. Ich fasse dafür zusammen, was mir die Paare in meiner Studie über ihre damalige Krise und ihre seitherigen Entwicklungen erzählt haben.

Meine Hauptfrage war:

Wie gelingt es Paaren, die lange Weile von Verbindlichkeit mit der Kurzweil von Lebensfreude und Leidenschaft immer wieder neu zu beleben? Was erleichtert den Balanceakt der Geschlechter zwischen den Polen von Bindung und Autonomie? Und was macht dieses ständige Balancieren bei allem guten Willen so schwierig in der Welt moderner Paare – mit ihren unterschiedlichen Bildern von Weiblichkeit und Männlichkeit, den unterschiedlichen Erfahrungen ihrer Herkunft, ihrer Arbeit und der fast immer asymmetrischen Verteilung der Privilegien und Pflichten zwischen Frau und Mann?

Unter dem Firnis neuer Offenheit und Vielfalt leben die konservativen Bilder des »goldenen Zeitalters der Familie« aus der Jahrhundertmitte unbemerkt weiter. Das wurde mir bei jedem Paar in Krise deutlich, auch dort, wo eine offene Zweierbeziehung gelebt wurde. Die Sehnsucht der meisten Männer nach bedingungsloser Geborgenheit bei einer Frau (und gemeinsamen Kindern) sowie die gleichzeitige Hoffnung von Frauen, durch den Partner Identität und Anerkennung zu finden, welche ihnen bei sich selber wie auch in der Arbeitswelt nicht ohne weiteres zur Verfügung stehen, ergänzten sich bei den meisten Paaren anfänglich aufs schönste. Das war besonders so, nachdem Kinder kamen und die Zweierbeziehung sich auflöste in der Familie. Im Treibhaus von Gemütlichkeit und Wohlfahrt merkten beide oft erst gegen die Lebensmitte, daß sie in eine Arbeits- und Rollenteilung geraten waren, welche sie ursprünglich gar nicht gewollt hatten. Die ungleiche Verteilung ihrer Aufgaben und ihrer Ressourcen erlaubte mit der Zeit Mann und Frau nur noch ein halbes Leben: ihm jenes in der Welt draußen, die Arbeit, die Vernunft, die Unrast und, wenn es gutging, die materielle und berufliche Anerkennung. Ihr die Welt drinnen, die Kinder, die Häuslichkeit und Beziehungspflege sowie, wenn es gutging, freundliche Anerkennung dafür sowie einen Fuß in der Außenwelt. Aber das alles sei nur *ein* Aspekt der Schwierigkeiten mit ihrem »Balanceakt« gewesen, erzählten mir die Frauen und Männer in meiner Studie. Unter dem Einfluß des gesellschaftlichen Individualisierungsprozesses der letzten Jahrzehnte in Verbindung mit der neuen Liebesromantik sei ihr Anspruch an emotionale Intimität in der Paarbeziehung unendlich gestiegen, berichteten vor allem die »Aufgeklärten« unter ihnen. Mit fast religiösem Eifer muß dieser Anspruch, zumindest in der Theorie, erfüllt werden durch einen fortwährenden Austausch der innersten Gefühle von Frau und Mann, auf daß ihre Beziehung zum ersehnten Hafen in einer unsicheren Welt werde. Die Liebe wird damit zum Leben selber und ist nicht mehr seine »kleinere Schwester«, wie es im Eingangszitat heißt. Dieser Zwang zur absoluten Offenheit und Echtheit, die »Tyrannei der Intimität«, macht den Balanceakt zwischen frageloser Verbindlichkeit und täglich neu zu veranstaltender Beglückung für die erzählenden Paare ungeheuer anstrengend. Die Schwierigkeit ist offenbar, daß das fraglose »Bindungsmodell« nicht etwa abgelöst worden ist vom »Beziehungsmodell auf Zeit«. Beide Formen wollen von den meisten Befragten unter einen Hut gebracht werden. Das ist es, was moderne Liebe so spannend und gleichzeitig so spannungsvoll macht...

Die erzählenden Paare gerieten also nicht etwa in Krise, weil sie so wenig von Ehe und Familie halten. Sie kamen vielmehr in Schwierigkeiten, weil sie so unendlich hohe Ansprüche an die Liebe von Frau und Mann stellten als Ersatz für alles, was ihnen sonst fehlt, daß sie damit »den Paarschlitten hoffnungslos überladen haben«, wie ein Mann es ausdrückt. Um die Lebensmitte erhielten viele in der Konstellation der »Familienehe« dann die Quittung für dieses Überladen des Schlittens, häufig in Form von verlorener Leidenschaft und Lebensfreude.

Waren die progressiven Paare, welche Liebe, Kinder und Arbeit von Anfang an auf beide Schultern verteilt hatten, besser dran? Fußangeln für den Balanceakt zwischen den Polen von Wurzeln und Flügeln, Verbindlichkeit und Leidenschaft, gab es auch für sie. Ihr »Paarschlitten« wurde besonders in der Phase mit Kleinkindern fast immer auf Kosten der Frauen überladen, welche neben ihrer Berufstätigkeit die Verantwortung für die Familienarbeit behielten. Den Paaren in den progressiven Lebensformen allerdings, welche dieses Problem zeitig erkannten und gemeinsam immer wieder nach Lösungen suchten, blieben dafür die großen Krisen des »Erwachens« in der Lebensmitte weitgehend erspart.

Positive Entwicklungen nach der Krise

Für die befragten *Frauen* wurde das Bewußtsein, daß sie von nun an mit aller Kraft einen *Raum für sich allein* beanspruchen wollten, im konkreten wie im bildlichen Sinn, zur wichtigsten Quelle ihrer Entwicklung. Das heißt, daß jene, welche die Paarkrise auch als Aufforderung zu persönlichem Wandel erkannten, sich vermehrt vom eigenen Raum aus auf andere beziehen lernten, als geistig und emotional eigenständige Individuen. Daß sie also aufhörten, sich vorwiegend über den männlichen Blick auf sich selber zu definieren, abwechslungsweise als versorgende Mutter oder bewundernde Tochter, wie die meisten das von ihren Müttern gelernt hatten. Konkret hieß das zum Beispiel in den Worten einer Frau um vierzig: »Ich habe die Antennen zu mir selber einziehen und mich fragen gelernt, was *ich* mag und nicht mag. Das bedeutet nicht, daß ich meine Lust an Zärtlichkeit und mein Talent, meine Nächsten zu erspüren, deshalb verleugne. Bloß entscheide nun ich selber von Mal zu Mal, ob ich leidenschaftlich begehren, mütterlich nähren oder in meinem eigenen Raum bleiben will.«

Einen Raum für sich selber beanspruchen bedeutet für viele, aber nicht für alle erzählenden Frauen, daß sie sich endlich mit Interesse und einer Energie ihrem Beruf zuwandten, die sie vor der Krise nicht für möglich gehalten hätten. Es konnte aber auch bedeuten, daß sie mit dem, was sie vielleicht bisher mit der linken

Hand und ohne Anerkennung betrieben hatten, mit ihrer Kunst, ihrem politischen oder sozialen Engagement zum Beispiel, endlich an die Öffentlichkeit traten und dafür Anerkennung forderten, auch Anerkennung materieller Art. Besonders eindrücklich waren für mich die Geschichten der Frauen nach der Lebensmitte, welche alles dumme Gerede über die »Midlife-Krise und danach« Lüge strafen, indem sie ihre Flügel zu Höhenflügen nutzten, von denen sie in der Familienphase nicht zu träumen gewagt hätten.

Bei den positiven Entwicklungen der *Männer* in meiner Untersuchung fiel mir auf, daß vielen von ihnen die Krise ihrer Partnerschaft ermöglicht hat, endlich zu sich selber zu kommen, indem sie ihre Abhängigkeitsbedürfnisse anerkennen und in Worte fassen lernten. Gerade durch die Erschütterungen in der Paar- und Familienwelt, welche sie bisher zur Versorgung ihres hungrigen Egos benutzt hatten, merkten viele, wie sehr sie ihre eigene Sensibilität und Beziehungsfähigkeit den traditionellen Rollenzwängen geopfert hatten. Einige Männer nahmen wieder Kontakt auf mit dem zärtlich-sensiblen Buben, der sie in ihrer Kindheit gewesen waren – dem kleinen Felix zum Beispiel, den ich in Kapitel 11 beschrieben habe –, und besonders mit ihren Vätern, die sie oft kaum kannten. Neu an solchen männlichen Entwicklungen war, daß sie ihre Sehnsucht nach Intimität nicht mehr als »Söhne« an mütterlich-bergende Frauen delegierten oder mit rastloser Arbeit und Flucht vor sich selber zudeckten. Eigentlich jeder Mann erzählte mir in irgendeiner Form, daß er durch die Paarkrise in einen Dialog mit sich selber, seinen Gefühlen und Bedürfnissen eingestiegen sei, wie er ihn sich seit der Zeit als »verträumter Bub« nicht mehr gestattet habe. Und daß bei ihm dadurch Möglichkeiten der emotionalen Öffnung zur Partnerin, zu den Kindern und zu anderen Menschen entstanden seien, die er nie mehr mit der »Teflonschicht« seiner Erziehung zudecken wolle. Bei den Männern, die von solchen persönlichen Veränderungen erzählten, war damit auffallend häufig auch eine *Neuorientierung im Beruf* verbunden. In den Paarporträts dieses Buches finden sich dafür einige eindrückliche Beispiele, nicht nur bei den Freischaffenden. Im besten Fall waren jedoch nicht allein die Männer zu einer Neudefinition ihrer Berufsrolle bereit, sondern ihre Frauen unterstützten sie dabei, sowohl durch den Verzicht auf einseitige materielle Versorgung als auch durch ihren eigenen Beitrag. Der Haken bei solcher

Neubalancierung der Ernährerrollen zeigte sich allerdings bei vielen Paaren in der nach wie vor unterschiedlichen Entlöhnung von Frauen- und Männerarbeit.

Für die *Paare* in meiner Studie war die wichtigste Grundlage einer gemeinsamen Entwicklung, daß sie erkannten, *wie ähnlich sie sich als Frau und Mann sind* in ihrer Sehnsucht nach Abhängigkeit und Verwurzelung im gemeinsamen Boden sowie in der gleichzeitigen Lust auf die Flügel innerer und äußerer Autonomie. Gerade weil Frauen und Männer nach wie vor in weitgehend getrennten Welten mit unterschiedlichen Sprachen und Leitbildern leben, war den befragten Paaren die Erkenntnis dieser *gemeinsamen* Sehnsüchte so wichtig. Dort, wo ihre Wieder-Verwurzelung im gemeinsamen Boden möglich wurde, hatten beide, Mann und Frau, endlich auch allein »fliegen« gelernt. Mir ist deutlich geworden, daß dieser zweite Teil ihres Balanceakts, das emotionale Erwachsenwerden, die wichtigste Voraussetzung dafür ist, daß Liebende einander bis ins Alter immer wieder lustvoll und neu-gierig begegnen. Das klingt einfacher, als es im Leben ist. Im Alltag der Paartherapie bin ich immer wieder erschüttert über den abgrundtiefen Schmerz und die unglaubliche Wut bei Frauen und Männern, die mit solchen Entflechtungsprozessen verbunden sind. Denn ihre Entwicklungen erfolgen selten im Gleichschritt, sondern fast immer zeitverschoben, und das entstehende Ungleichgewicht löst notwendigerweise Angst und Schrecken aus. Der daraus resultierende Entflechtungsprozeß, der immer auch ein Stück Anerkennung der Fremdheit von Frau und Mann bedeutet, ist paradoxerweise *die* Voraussetzung zu Intimität. Intimität heißt in des Wortes tiefstem Sinn: Erkennen seiner selbst sowie Erkennen des Gegenübers als »nicht-Ich«.

Ein Konflikt, von dem alle Paare in irgendeiner Weise erzählt haben, ergibt sich daraus, daß in unserer Kultur die Gestaltung von Intimität so lange ausschließlich Frauensache war. Als Folge der immer noch vorherrschenden Asymmetrie zwischen der Männer- und Frauenwelt, verbunden mit der Geringschätzung von »Weiblichkeit«, hat kaum ein Mann auf selbstverständliche Weise gelernt, wie er Intimität gestalten kann. In einer Zeit, da mehr und mehr Frauen sich von der Idee trennen, daß Beziehungsarbeit ausschließlich ihre Sache sei, wird die Hilflosigkeit und Wut darüber bei vielen Männern spürbar. Die einen drohen ihren Partnerinnen mit den alten Mitteln – Moral, Geld- oder Liebesentzug –, die anderen schlagen zu oder rennen zur nächsten Frau, die vorerst wieder fraglos die Beziehungsarbeit leistet. Aber es gibt auch die zahlreichen Männer in meiner Befragung, die mir erzählt haben, wie sie ihre Verzweiflung über den Wandel ihrer Frauen mit Geduld und langem Atem verstehen lernten. Und wie sie schließlich erkannten, was für positive Möglichkeiten ihnen selber daraus erwuchsen, daß sie auf sich zurückgeworfen wurden und ihren Lebensentwurf neu entwickeln konnten. Die *Frauen*, die ihren eigenen Raum beanspruchten, haben das anfänglich oft aggressiv oder defensiv getan aus der Erfahrung, daß dieser Raum ihnen ein Leben lang nicht selbstverständlich zur Verfügung stand. Damit verstärkten sie tatsächlich die Angst und Wut bei ihren Männern. Dort, wo diese Männer eine Entwicklung machten und dabei ihre eigenen emotionalen Nährböden entdeckten – und wo die Frauen ihnen durch die Krisen hindurch verbunden blieben –, wandelte sich der Geschlechterkampf um Intimität und Autonomie im besten Fall zu einem Dialog. Im gemeinsamen Gespräch – so erzählte mir ein Paar –, lernten beide sich in einer Weise »in die Augen schauen« wie sie das in den ersten Zeiten der gegenseitigen Verklammerung nicht für möglich gehalten hätten.

Manchmal war für eine solche Entflechtung auch eine *zeitlich begrenzte äußere Trennung* nötig, bei der beide Partner ein Stück Entwicklung nachholten, die vielleicht in einer früheren Lebensphase verpaßt worden war. Den Frauen und Männern, die in der gemeinsam vereinbarten Trennungszeit tatsächlich »bei sich« blieben und nicht sofort das alte Spiel mit neuer Besetzung weiterführten, erwuchsen daraus gute Chancen für eine gemeinsame Weiterentwicklung, wie einige Paarporträts sie illustrieren. Allerdings sind leider solche »Trennungen auf Zeit« vorwiegend Lösungsmöglichkeiten von materiell Privilegierten.

Damit ein Paar den alltäglichen Kampf darum, wer mehr nehmen darf und wer mehr geben muß, hinter sich lassen kann, braucht es über die Erkenntnis ihrer gemeinsamen Sehnsüchte hinaus offensichtlich auch, daß die beiden ihre Arbeitsteilung in Beruf *und* Familie immer wieder neu verhandeln und organisieren. Es muß nicht unbedingt eine 50 : 50-Lösung sein, erzählten sie mir, aber das Arrangement soll verhandelbar sein und der jeweiligen Situation von Frau und Mann flexibel angepaßt werden, ganz besonders dort, wo beide zum Lebensunterhalt der Familie beitragen (müssen). Die hergebrachten »Geschlechterstrategien«, mit welchen Frauen zur Schonung ihrer Männer jahrelang die Augen verschließen vor der ungerechten Verteilung der Berufs- und Familienarbeit und die Männer geflissentlich wegschauen, wirkten sich bei vielen Paaren in Form von Dauergroll bei den Frauen und Schuldgefühlen bei den Männern destruktiv auf beide aus.

Langfristig scheint bei den befragten Paaren die Annäherung an einen *Rollentausch*, bei welchem die Frauen nach der Lebensmitte mehr Autonomie und die Männer mehr Bezogenheit entwickeln, die beste Basis für ein erfülltes gemeinsames Älterwerden zu sein. Das Beispiel von Theres und Paul in Kapitel 8, die nach heftigen Krisen in der Lebensmitte ihre Rollen neu definiert und eine Lebendigkeit gefunden haben, wie sie sie damals vermißten, ist tröstlich und ermutigend.

Was hat Paaren persönlich auf ihrem Weg aus der Krise geholfen? Es sind drei Dinge, die mir von den Befragten als hilfreich beschrieben wurden:

1. Der Rückgriff auf die *ursprünglichen Bilder voneinander*, die ich als »Paarmythos« aus der wunderbaren Zeit der ersten Liebe und als Anlaß für Veränderung und Entwicklung beschrieben habe.

2. Der Blick in den »Keller« ihrer *gemeinsamen Geschichte* als Paar, wo das Eingemachte ihrer Liebe neben den alten Skeletten von Schuld und unabgeschlossenen Geschichten lagert – als gute Möglichkeit, die Skelette nochmals zu betrachten und dann respektvoll zu begraben und die alten Geschichten so zu erzählen, daß sie Stoff für neue Lebenskapitel ergeben.

3. Der Rückgriff auf die Schätze an Lebenserfahrung und Zugehörigkeit in den Geschichten der eigenen Herkunftsfamilie sowie die Auseinandersetzung mit den unerfüllbaren elterlichen Aufträgen und den Enttäuschungen aus ihren Lebensgeschichten. Daraus ergab sich für Männer und Frauen manchmal die Möglichkeit einer *»zweiten Ablösung«* von den Eltern wie auch von Erwartungen, die längst nicht mehr zu ihnen paßten.

Es gibt keinen allgemeingültigen Weg, diese universellen Themen jedes Paares in Krise anzupacken; das wurde mir bei jeder einzelnen Geschichte deutlich. Aber es gibt unendlich viele gute

Möglichkeiten für jedes einzelne, immer wieder die eigene Brille zu putzen und aus unterschiedlichen Perspektiven das zu beschreiben, was Frau oder Mann bedrückt und wonach sie sich sehnen. Nicht bloß die berühmten »zwei Beschreibungsarten« sind dafür nötig, also zum Beispiel die Erkenntnis, daß wir selber wählen, ob wir das Glas der Beziehung als halb voll oder halb leer beschreiben. Ich meine, daß gerade in Krisenzeiten eine Vielfalt von Beschreibungen und Geschichten für beide Partner neue Möglichkeiten eröffnet, zur Tages- und Nachtzeit, mit Worten, mit Taten wie auch mit zärtlichen Berührungen. Was Mann und Frau einander nicht erklären und voneinander auch nicht verstehen können, sollten sie einander erzählen...

Jene Paare, denen eine gemeinsame Entwicklung oder schließlich eine respektvolle Entflechtung gelungen ist, haben einander erzählen und zuhören gelernt, indem beide dafür abwechslungsweise die Verantwortung übernahmen. Meine Lieblingsmethapher von Liebenden als »Gastgeber(in) und Gast«, die sich abwechslungsweise in ihren eigenen Raum einladen, als Erzählende und als Zuhörende, scheint für einige Paare hilfreich gewesen zu sein für das Redigieren ihrer gemeinsamen und ihrer persönlichen Biographie. Fast alle Frauen und Männer in meiner Untersuchung haben übrigens ihre persönliche Entwicklung mit einem »Besuch« bei ihren Eltern oder in deren Geschichte verbunden, selbst wenn diese längst gestorben waren. Einige erzählen, daß sie dadurch selbst in schmerzvollen Familiengeschichten endlich ein Stück Zugehörigkeit gefunden haben, nachdem sie diese Geschichten durchleuchtet und zu ihren eigenen gemacht hatten.

Ausblick

Als ich 1990 die Entwicklungen von Paaren nach der Therapie zu erfragen und aufzuschreiben begann, geschah das in einer Zeit europäischer Euphorie verbunden mit dem Glauben aus den Jahren des Wohlstands, daß bei gutem Willen eigentlich »alles möglich sei«, ökonomisch und politisch, und ganz besonders im zwischenmenschlichen Bereich. Inzwischen ist es 1992 geworden, Europa zersplittert sich mit Gewalt und drängt gleichzeitig auf Vereinigung, ein Widerspruch, der vielen Menschen Angst macht vor dem Verlust ihrer Identität. Es ist der Stoff, aus dem die meisten beschriebenen Paarkonflikte gemacht sind.

Die wirtschaftliche Rezession ist inzwischen kaum mehr zu übersehen, und die Furcht vor den Benachteiligten, mit denen wir unseren Wohlstand teilen müßten, beunruhigt bis hinein in den privaten Alltag. Die Frage, ob wir als eine Gesellschaft von »Wir-losen-Ichs« überhaupt eine Zukunft haben, wird drängender. Bei zahlreichen Männern, die in den letzten Jahrzehnten nach oben gelangt sind, ist die versteckte Angst vor dem Fallen, von der sie mir bei der Befragung erzählten, inzwischen Wirklichkeit geworden. Lebenslügen platzen täglich, in der Arbeit wie in Paarbeziehungen und Familien, die sich nicht mehr durch Wohlstand betäuben lassen. Die alte männliche Art des »Nicht-Hinschauens« zugunsten von verbissenem Kampf, mitsamt den zugehörigen Formen von Flucht und Sucht, hat sich für viele von ihnen schlecht gelohnt. Auch Frauen zahlen den Preis dafür, daß sie den Glauben an das immerwährende Wachstum mitproduzieren helfen, sowohl in der Arbeitswelt als auch in der Familie.

Das Thema *Auseinandersetzung oder Flucht* scheint aktueller denn in den fetten Jahren, auch in der privaten Welt von Paaren. Ich beobachte bei vielen, die in die Beratung kommen, nicht nur Existenzangst, sondern auch neue Energien auf der Suche nach gangbaren gemeinsamen Wegen. Die Frage, wer den Preis für Flucht oder radikalen Beziehungsabbruch bezahlt – die Kinder zum Beispiel –, darf wieder gestellt werden. Ich denke nicht, daß aus solchen Entwicklungen schon bald weniger Scheidungen resultieren. Dafür sind die soziale Revolution im Verhältnis der Geschlechter und die Auseinandersetzung mit dem gesellschaftlichen Individualisierungsprozeß zu unfertig. Aber ich beobachte, daß wieder mehr Frauen und Männer bereit sind als vor einigen Jahren, ihre Beziehung respektvoll zu entflechten statt sie zu zerreißen, sei es nun unter demselben Dach oder unter getrennten Dächern.

Mir scheint, daß es für Frauen und Männer gegen Ende des zwanzigsten Jahrhunderts grundsätzlich zwei Möglichkeiten gäbe, mit dem persönlichen und gesellschaftlichen »Erwachen« umzugehen: eine konstruktive und eine destruktive. Die zweite Variante würde bedeuten, daß wir die alten Verhältnisse zementieren, wie das in Zeiten kritischer Übergänge immer wieder geschieht. Das hieße, die Frauen an den Herd oder hinter die Kulissen der Arbeitswelt zurückzuschicken und die Männer herauszufordern, nun erst recht auf die Zähne zu beißen, noch mehr zu rennen und zu produzieren und sich wieder als graue Mäuse unterzuordnen. Damit würde die schiefe Verteilung der Ressourcen und der Fähigkeiten zwischen Frauen und Männern verstärkt – mit allen invalidisierenden Wirkungen für ihr privates und ihr öffentliches Zusammenleben durch die erneute Trennung ihrer Welten in zwei Hälften.

Beim zweiten Szenario würden wir die Lernerfahrungen, welche den erzählenden Frauen und Männern bei der Bewältigung ihrer Krisen geholfen haben, auf den Umgang mit der neuen gesellschaftlichen Situation übersetzen lernen: zum Beispiel die Erkenntnis, daß wir grundsätzlich die gleichen Sehnsüchte haben, jedoch unterschiedliche Lernerfahrungen und unterschiedliche Fähigkeiten, miteinander zu kooperieren und Probleme zu lösen. Wenn solche Unterschiede vermehrt genutzt würden, sowohl in der Arbeitswelt als auch im privaten Leben – wenn also Frauen und Männer sich im konkreten Sinne des Wortes in *beiden Welten einnisten* würden –, hätte ich keine Sorge, daß wir gemeinsam etwas Gutes aus den inneren und äußeren Krisen machen könnten.

Ich danke

Rudolf Welter für seine liebevolle, anregende Begleitung meines Lernprozesses mit diesem Buch und im Leben,

Bruno Hildenbrand und *Barbara Welter*, die Seite um Seite des entstehenden Manuskripts gelesen und aus ihrer Perspektive als Soziologe und als Historikerin kommentiert und ergänzt haben,

Kathrin Meyer-Waldherr und *Marguerite Jetzer*, deren sprachliche und nährende Fähigkeiten mich wunderbar über die Runden brachten,

Evan Imber-Black für die vielen Gespräche »über den Atlantik«, die mir die Augen geöffnet haben für die Bedeutung von Familienritualen und Familiengeheimnissen,

Helmut Ockel für seine freundschaftliche Unterstützung und seinen Kommentar aus psychoanalytischer Sicht,

Stefan Welter, der mich geduldig aus den Tiefen zahlreicher PC-»Abstürze« herausgeholt hat.

Meilen, Juni 1992

Anmerkungen

Zu Kapitel 1

1 Erikson, E. H.: Identität. Jugend und Krise. New York 1968
2 Strauß, Botho: Über Liebe, Geschichten und Bruchstücke. Stuttgart 1989, S. 15

Zu Kapitel 2

1 Beck, Ulrich und Elisabeth Beck-Gernsheim: Das ganz normale Chaos der Liebe. Frankfurt am Main 1990
2 Brose, Hanns-Georg und Bruno Hildenbrand: Vom Ende des Individuums zur Individualität ohne Ende. Opladen 1988 sowie Lüscher, Kurt, et. al.: Die postmoderne Familie. Konstanz 1988
3 Kind und Beruf. Deutsches Jugendinstitut. München 1988
4 Herrmann, Gabrielle: Zeitalter der Selbstbeobachtung. In: züri-tip, Wochenbeilage, Tages-Anzeiger Zürich, 21. 7. 1989
5 Salinger, J. D.: Der Fänger im Roggen. Köln 1982
6 Elias, Norbert: Über den Prozeß der Zivilisation. Bern, München 1969
7 von Roten, Iris: Frauen im Laufgitter. Zürich 1991 (Nachdruck)
8 Hochschild, Arlie R. und Anne Machung: Der 48 Stundentag. Wien, Darmstadt 1990
9 Berger, Peter L. und Hansfried Kellner: Die Ehe und die Konstruktion der Wirklichkeit. In: Zs. Soziale Welt 16, Eine Abhandlung zur Mikrosoziologie des Wissens, 1965, S. 220–235
10 Hare-Mustin, Rachel T. und Jeanne Marecek: Making a Difference, Psychology and the Construction of Gender. New Haven 1990
11 Schenk, Herrad: Freie Liebe – Wilde Ehe. Über die allmähliche Auflösung der Ehe durch die Liebe. München 1987
12 Krähenbühl, Verena, Hans Jellouschek, Margret Kohaus-Jellouschek und Roland Weber: Stieffamilien – Struktur, Entwicklung, Therapie. Freiburg i. Br. 1986
13 Burkart, Günter und Martin Kohli: Liebe, Ehe, Elternschaft. München 1992
14 Lorenzer, Alfred: Intimität im Zeitalter der instrumentalen Vernunft. In: Buchholz, M. B. (Hrsg.): Intimität. Über die Veränderung des Privaten. Basel, Weinheim 1989
15 Jellouschek, Hans: Lebens- und Liebesformen im Wandel. Unveröffentl. Manuskript

Weiterführende Literatur zu Kapitel 2

Bichsel, Peter: Aus Geschichten lernen. In: Irgendwo anderswo. Frankfurt a. M. 1987
Bischof, Norbert: Das Rätsel Ödipus. Die biologischen Wurzeln von Intimität und Autonomie. München 1985
Rücker-Embden-Jonasch, Ingeborg und Andrea Ebbecke-Nohlen (Hrsg.): Balanceakte. Heidelberg 1992
Gilligan, Carol: Die andere Stimme – Lebenskonflikte und Moral der Frau. München 1984
Chodorow, Nancy: Das Erbe der Mütter. Stuttgart 1985
Ungerer, Tomy: Kein Kuß für Mutter. Zürich 1979
De Beauvoir, Simone: Das Zweite Geschlecht. Hamburg 1951
Fausto-Sterling, Anne: Gefangene des Geschlechts? München 1988
Trömel-Plötz, Senta: Gewalt durch Sprache. Frankfurt 1984
Welter-Enderlin, Rosmarie: Der Mensch ist seines Glückes Schmied. In: Frauenleben heute. Weinheim, Basel 1990
Welter-Enderlin, Rosmarie: Tragödie oder Chance zum Neuanfang? In: Krabbe, H. (Hrsg.): Scheidung ohne Richter. Neue Lösungen für Trennungskonflikte, Hamburg 1991

Zu Kapitel 3

1 Schapp, Wilhelm: In Geschichten verstrickt. Würzburg 1976
2 Jellouschek, Hans: Männer und Frauen auf dem Weg zu neuen Beziehungsformen. In: Pflüger, P. M. (Hrsg.): Der Mann im Umbruch. Patriarchat am Ende? Olten und Freiburg i. Br. 1989, S. 174–189. Siehe auch ausführlich in: Jellouschek, Hans: Die Kunst, als Paar zu leben. Zürich 1992
3 Brecht, Bertolt: Gesammelte Werke 20. Frankfurt a. M., S. 169
4 Reich, Günter: Partnerwahl. Heidelberg 1988

Weiterführende Literatur zu Kapitel 3

Welter-Enderlin, Rosmarie: Familiengeschichten als Geschichte der Familie und im Beratungsprozeß. In: Lohse, T. (Hrsg.): Vom Heilen in Familien. Bremen 1992

Zu Kapitel 4

1 Neue Zürcher Zeitung, 86/1989
2 Strauß, Botho: Über Liebe. Op. cit., S. 19
3 Ebd., S. 117
4 Kafka, Franz: Sämtliche Erzählungen. Hrsg. von Paul Raabe, Frankfurt a. M. 1970

Zu Kapitel 5

1 Rerrich, Maria S.: Balanceakt Familie. Zwischen alten Leitbildern und neuen Lebensformen. Freiburg 1988
2 Badinter, Elisabeth: Die Mutterliebe. Geschichte eines Gefühls vom 17. Jahrhundert bis heute. München 1988
3 Combrinck-Graham, Lee und David Kerns: Intimacy in Families with Young Children. In: Kantor D. und B. F. Okun: Intimate Environments. London–New York 1989
4 Sichtermann, Barbara: Vorsicht Kind. Eine Arbeitsplatzbeschreibung für Mütter, Väter und andere. Berlin 1989, S. 71 (Zitat Hedi Wyss)
5 Farrell, William: Why Men are the Way they are. New York 1986
6 Cottin Pogrebin, Letty: The Teflon Father. Ms. Magazine, 9/10, page 95
7 Lukesch, Barbara: Nur mehr eine halbe Portion. Die ernüchternde Erfahrung eines Mannes mit einem 60%-Job. Weltwoche Zürich, 37/1991
8 Wolf, Christa: Nachdenken über Christa T., Frankfurt 1971

Weiterführende Literatur zu Kapitel 5

Laub, Dagmar-Tatjana: Aspekte des Mutter-Seins. In: Zs. System Familie, 1/1992

Lorenzer, Alfred: Der Weg in die moderne Intimität im Zeitalter der instrumentellen Vernunft. In: Buchholz, M. B. (Hrsg.): Intimität. Über die Veränderung des Privaten. Weinheim 1989

Zu Kapitel 6

1 Burkart, Günter und Martin Kohli: Liebe, Ehe, Elternschaft. Op. cit., Kap. 2
2 Härtling, Peter: Nachgetragene Liebe. Darmstadt 1980
3 Weber, Gunthard und Helm Stierlin: In Liebe entzweit. Hamburg 1989

Weiterführende Literatur zu Kapitel 6

Hildenbrand, Bruno: Geschichtenerzählen als Prozeß der Wirklichkeitskonstruktion. In: Zs. System Familie, 3/4/1990, S. 227–237

Welter-Enderlin, Rosmarie: Skelette im Keller und Schätze auf dem Dachboden. Ebd., S. 196–206

Wolf, Christa: Kindheitsmuster. Darmstadt 1979

Zu Kapitel 7

1 Burkart, Günter und Martin Kohli: Liebe, Ehe, Elternschaft. Op. cit., S. 220
2 Berger, Peter L. und Thomas Luckmann: Die gesellschaftliche Konstruktion der Wirklichkeit. Frankfurt a. M. 1987, S. 144
3 Ebd., S. 168
4 Ehrenreich, Barbara: Fear of Falling. The Inner Life of the Middle Class. New York 1989
5 Weber-Kellermann, Ingeborg: Dienen lerne beizeiten das Weib. In: Zs. System Familie, 3/4/1990, S. 206–227
6 Honegger, Claudia und Bettina Heintz (Hrsg.): Listen der Ohnmacht. Zur Sozialgeschichte weiblicher Widerstandsformen. Frankfurt a. M. 1981
7 Carter, Elizabeth and Monica McGoldrick: The Changing Family Life Cycle – A Framework for Family Therapy. New York 1988, Kap. 1 und S. 262
8 Berger, Peter L. und Thomas Luckmann: Op. cit., S. 171 ff.
9 Halper, Janice: Stille Verzweiflung. Die andere Seite des erfolgreichen Mannes. München 1989
10 Sennett, Richard: Autorität. Frankfurt a. M. 1990, S. 113 (Zitat von Michel Foucault)

Zu Kapitel 8

1 Strauß, Botho: Über Liebe. Op. cit. 1989, S. 131

Weiterführende Literatur zu Kapitel 8

Willi, Jürg: Was hält Paare zusammen? Hamburg 1991

Zu Kapitel 9

1 Borkowsky, Anna, Elisabeth Kaestli, Katharina Ley und Ursula Streckeisen: Zwei Welten – ein Leben. Berichte und Anregungen für Frauen zwischen Familie und Beruf. Zürich 1985
2 Hochschild, Arlie und Anne Machung: Der 48 Stundentag. Wien, Darmstadt 1990
3 Ross, Catherine E., John Mirowsky and Joan Huber: Dividing Work. Sharing Work and In-Between. In: American Social Review 1983/48, S. 809–823
4 Ebd.
5 In der Schweiz habe ich Kontakt mit zwei konkreten Projekten dieser Art. Das eine, »Taten statt Worte« (gegründet von Elisabeth Michel-

Alder) ist ein Zusammenschluß fortschrittlicher Unternehmungen und Organisationen, die frauen- und mütterfreundliche Arbeitsmöglichkeiten ausprobieren und ihre Erfahrungen damit austauschen. Das andere, der SV-Service in Zürich, ein Unternehmen auf dem Gebiet der Personalverpflegung mit 4000 Angestellten, beschäftigt bis hinauf in die Geschäftsleitung 80% Frauen. Zur geplanten künftigen Entwicklung des Unternehmens gehören vielfältige Arbeitszeitmodelle, welche Frauen (und Männer!), wenn sie Kinder haben oder wenn sie alte oder kranke Familienangehörige pflegen, Zeit dafür einräumen, ohne sie deswegen in ihrer Laufbahn zu benachteiligen.

Zu Kapitel 10

1 Kohut, Heinz: Narzißmus. Eine Theorie der psychoanalytischen Behandlung narzißtischer Persönlichkeitsstörungen. Frankfurt a. M. 1976
2 Sennett, Richard: Verfall und Ende des öffentlichen Lebens. Die Tyrannei der Intimität. Frankfurt a. M. 1986, S. 408
3 Miller, Alice: Das Drama des begabten Kindes. Frankfurt a. M. 1980
4 Sennett, Richard: Intimität. Op. cit.
5 Ebd., S. 412
6 Ebd., S. 335
7 Ebd., S. 411
8 Ebd., S. 283
9 Ebd., S. 428

Zu Kapitel 11

1 von Matt, Peter: Liebesverrat. München, Wien 1989, S. 73
2 Scarf, Maggy, in: Intimate Environments. New York 1989, S. 218 (Übersetzung durch Autorin)
3 Sichtermann, Barbara, in: Burkart, Günter und Martin Kohli, München 1992, op. cit., S. 106
4 Schenk, Herrad: Die Befreiung des weiblichen Begehrens. München 1991
5 Bischof, Norbert: Der biologische Sinn der Zweigeschlechtlichkeit. In: Sullerot, Evelyne und Odette Thibault (Hrsg.): Die Wirklichkeit der Frau. München 1979
6 Berger, Peter L. und Thomas Luckmann: Die gesellschaftliche Konstruktion von Wirklichkeit. Op. cit., S. 195/164
7 Weltwoche 1/1992, Gespräch mit Thomas P. Gasser, ABB Schweiz
8 Gilligan, Carol, 1982, op. cit.

9 Sennett, Richard, op. cit., S. 330
10 Weber-Kellermann, Ingeborg, in: Zs. System Familie 3/4/1990, S. 206–227
11 Bruner, Jerome: Actual Minds, Possible Worlds. Cambridge 1986, S. 121 (Übersetzung durch Autorin)
12 Hare-Mustin, Rachel T. und Jeanne Marecek: Making a Difference. 1990, op. cit.
13 Douglas, Mary: Ritual, Tabu und Körpersymbolik. Frankfurt a. M. 1981
14 Gleym, Hans: Working together, Women and Men. EWMD, London 1987
15 Welter-Enderlin, Rosmarie: Konflikt und Gewalt in Paarbeziehungen. In: Pflüger, P. M. (Hrsg.): Das Paar, Mythos und Wirklichkeit. Olten 1988, S. 61 ff.
16 Jellouschek, Hans: Semele, Zeus und Hera. Zürich 1987, S. 84 ff.

Zu Kapitel 12

1 Sichtermann, Barbara, in: Burkart, Günter und Martin Kohli: Liebe, Ehe, Elternschaft. Op. cit. S. 301
2 Thompson, Anthony P.: Extramarital Sex. A Review of the Research Literature. In: The Journal of Sex Research, 1983, S. 1–22
3 Demosthenes, in: Schenk, Herrad: Die Befreiung des weiblichen Begehrens. Op. cit., S. 43
4 von Matt, Peter: Liebesverrat. 1979, op. cit., S. 73
5 Körner, Heinz (Hrsg.): Eifersucht. Rotenburg, 1979
6 Beck-Gernsheim, Elisabeth und Ulrich Beck: Das ganz normale Chaos der Liebe. Frankfurt a. M. 1990
7 Willi, Jürg: Replik zu Hoffmann-Novotny. In: Zs. Familiendynamik, 16/4, 1991, S. 33
8 Pittman, Frank: What Now, Camelot? In: Zs. Family Therapy Networker, Washington 1987
9 Finzi, Sandra: Die Affäre. In: Zs. Familiendynamik 13/2, 1988
10 Jellouschek, Hans: Semele, Zeus und Hera. Zürich 1987, op. cit.
11 Welter-Enderlin, Rosmarie: Secrets in Couples and Couples Therapy. In: Imber-Black, Evan (Hrsg.): Secrets in Families and Family Therapy. New York 1992
12 O'Neill, Eugene: Der Eismann kommt. Frankfurt a. M. 1989
13 Imber-Black, Evan, J. Roberts und R. Whiting: Rituale in Familien und Familientherapie. Heidelberg 1992